VERSUNKENE SCHÄTZE

Nigel Pickford

VERSUNKENE SCHÄTZE

Schiffe und ihre Schicksale

ƎK

Delius Klasing
Verlag

Für meinen Vater Thomas Pickford

Originaltitel: The Atlas of Shipwreck and Treasure
Copyright © 1994 by Dorling Kindersley Limited, London
Textcopyright © 1994 Nigel Pickford
Kartencopyright © 1994 Dorling Kindersley Limited, London

Die Deutsche Bibliothek – CIP-Einheitsaufnahme
Versunkene Schätze: Schiffe und ihre Schicksale/Nigel Pickford
[Aus dem Engl. von Jürgen Hassel]. – Bielefeld:
Delius Klasing, 1995

Einheitssacht.: The atlas of shipwreck and treasure <dt.>
ISBN 3-7688-0895-5
NE: Pickford, Nigel; Hassel, Jürgen [Übers.]; EST

ISBN 3-7688-0895-5
Die Rechte für die deutsche Ausgabe liegen beim Verlag
Delius, Klasing & Co., Bielefeld
Aus dem Englischen von Dr. Jürgen Hassel
Schutzumschlaggestaltung: Buchholz/Hinsch/Hensinger, Hamburg
Printed in Italy 1995

Inhalt

Maurisches
Astrolabium

Azimut-
kompaß

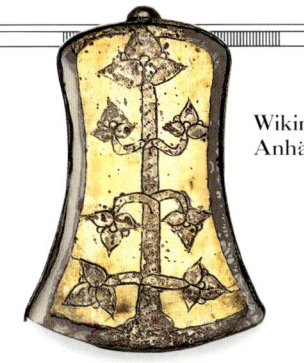

Wikinger-
Anhänger

Marineteleskop

Türkis-
schmuck

Halskette aus
Lapislazuli

ZWEITER TEIL: WRACKFINDER 121

Einleitung

WAS IST EIN SCHATZSCHIFF? Die meisten Menschen verbinden mit diesem Wort Vorstellungen von mit Gold und Silber beladenen spanischen Galeonen auf dem Rückweg von Amerika nach Europa. Doch Schätze wurden in den verschiedensten historischen Zeiten über alle möglichen Meere per Schiff transportiert. Die Ost-West-Route zwischen dem Orient und Europa war für den Transport von Gold- und Silberbarren genauso wichtig wie die spanische Karibik-Connection. Eines der Ziele dieses Buches ist die Verschiedenartigkeit und Reichhaltigkeit der Schiffe wie ihrer Routen im Handel mit kostbaren Gütern über die Jahrhunderte hin zu illustrieren.

Ich habe deshalb auf den folgenden Seiten eine sehr weite Definition verwendet, die besagt, daß jedes Schiff, das zum Transport kostbarer Metalle oder Kunstgegenstände benutzt wurde, die ihren Wert auch nach langer Zeit im Salzwasser nicht verlieren, ein Schatzschiff ist. Das kann demnach ebenso ein Panzerkreuzer aus dem Zweiten Weltkrieg mit einem Munitionsraum voll Gold sein wie ein Ostindienfahrer mit einer Fracht chinesischen Porzellans. Für viele Unterwasserforscher sind jedoch ein Pflaumenstein, eine lederne Schuhsohle, ein hölzerner Block mit Scheibe oder ein Stück von einem Kiel viel, viel größere Schätze als Golddublonen, weil sie uns etwas über das Leben der Seeleute in ihrer Zeit und über die technische Entwicklung der Schiffe erzählen.

Reisen zur See

Die Geschichte des Transports von Wertgegenständen per Boot reicht wenigstens 2500 Jahre zurück, wahrscheinlich viel weiter. Für viele Generationen war die See der beliebteste Reiseweg. Die griechisch-römische Zivilisation zum Beispiel entstand nicht zufällig rund ums Mittelmeer, sondern weil das Meer der einigende Faktor war. Die Gebirge des Hinterlandes waren ein viel größeres Hindernis für die Entwicklung des Handels.

Schiffe boten die schnellste und sicherste Transportmöglichkeit. Die Wahrscheinlichkeit, bei Reisen über Land ausgeraubt zu werden, war viel größer als die Angst vor den Gefahren der See. Das heißt nicht, daß der Ozean ungefährlich war. Ungenaue Karten und primitive Navigationsmethoden waren in der Frühzeit Ursache vieler Schiffsuntergänge. Dabei mag vielleicht überraschen, daß die große Mehrheit aller Wracks im flachen Wasser in Sichtweite des Ufers liegt: Das Ein- und Auslaufen des Hafens waren die gefährlichsten Abschnitte der Schiffsreise.

Meine frühen Einflüsse

In ganz verschiedenem Alter können sich Menschen von Schiffswracks faszinieren lassen. Ich war noch ein Kind, als ich halb vermoderte Lederbände wie den *Mariners Chronicle* von Archibald Duncan aus meines Vaters Arbeitszimmer heraustragen mußte und mich dabei erschrocken und gierig festlas. Damals richtete sich meine Aufmerksamkeit nur auf die tragischen Geschichten: herzerweichende Erzählungen von armen Emigrantenfamilien auf der Überfahrt nach Amerika oder von jungen Dienern der East India Company auf dem Weg von Europa nach Fort St. George in Indien. Es ging in ihnen immer um den ungewöhnlichen Mut einzelner in kritischen Momenten und um die Zähigkeit, mit der Überlebende von Schiffbrüchen am Leben festhielten. In manchen Fällen dauerte es Jahre, bis Seeleute oder Passagiere den Weg zurück in ihr Heimatland fanden und dabei schwerste Reisen unternahmen, bei denen sie wochenlang in offenen Booten auf See blieben, monatelang durch unwirtliches und feindliches Gebiet zogen oder auch lange Gefangene irgendeines fremden Potentaten waren. Für ein Kind, das in der plattesten Londoner Vorstadt heranwuchs, waren es wahrlich exotische Geschichten.

Zu der Zeit, als ich in diesen Büchern schmökerte, arbeitete mein Vater für Risdon Beazley Ltd, eine englische Firma, die sich auf das Bergen verlorener Frachten spezialisiert hatte; es war eine der erfolgreichsten, also zwangsläufig ge-

ROSENKRANZ
Europäische Eroberer brachten außer dem Handel auch den Katholizismus in den Fernen Osten.

CHINESISCHES PORZELLAN
Dieser Teller aus dem 16. Jh. wurde in China nach einem Entwurf portugiesischer Händler hergestellt. In der Mitte oben sieht man eine portugiesische Galeone unter vollen Segeln.

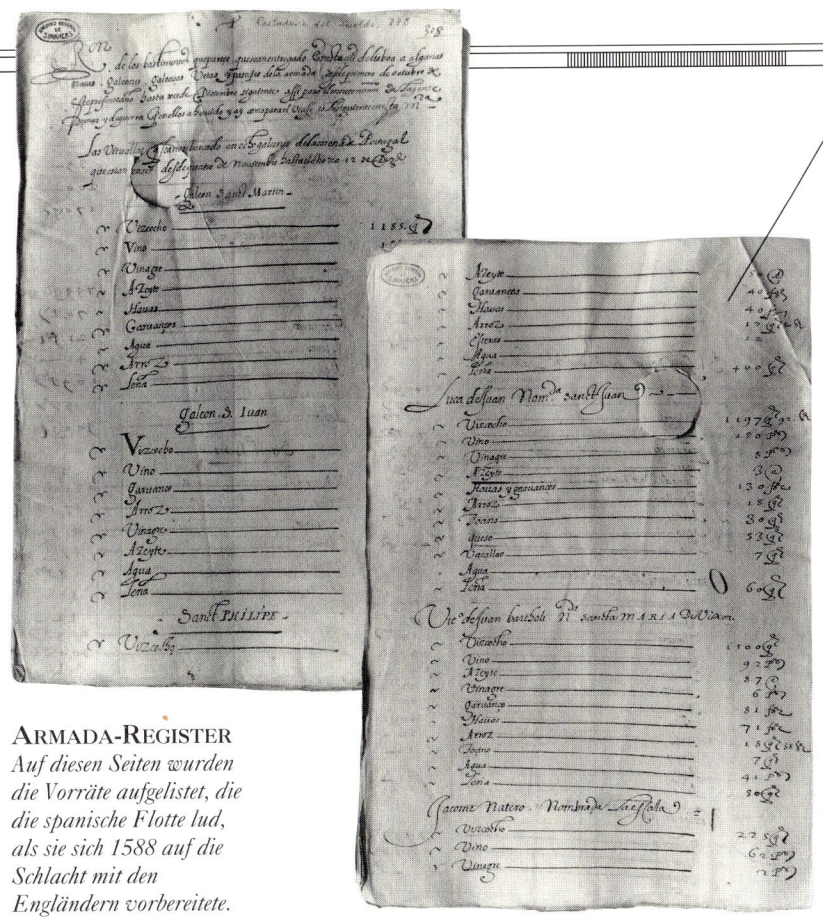

Spanisches Logbuch
Die Vorräte, die auf die „Galeonen, Galeassen, Naves und Pataschen der Armada" geladen wurden, umfaßten Wein, Wasser, Öl und Essig.

ARMADA-REGISTER
Auf diesen Seiten wurden die Vorräte aufgelistet, die die spanische Flotte lud, als sie sich 1588 auf die Schlacht mit den Engländern vorbereitete.

sicherungsrapports, Wetterberichte, alte Karten, Tidenströme, Fischerschnack, die Wanderung von Sandbänken und die Richtung der Strömungen – all dies muß sorgfältig studiert und abgeschätzt werden, will man zu einer einigermaßen richtigen Schlußfolgerung kommen, wo ein Schiff unterging, wo auf dem Schiff die Fracht verstaut gewesen sein könnte und um was für eine Fracht es sich gehandelt haben mag. Nicht alle Berichte von fabelhaften Schätzen an Bord sind wahr, ganz im Gegenteil. Die Arbeit des Rechercheurs ist es, die Wahrheit aus allem mythischen Beiwerk herauszusieben, die Lügen und Erfindungen, die sich wie Entenmuscheln am Rumpf eines gesunkenen Schiffes festsetzen, abzuschlagen. Erfolg hängt dabei von mühevoller Kleinarbeit und vom Verfolgen kleinster Hinweise ab, immer kontrolliert durch eine gesunde Skepsis gegenüber allen Schlußfolgerungen.

Zum Aufspüren der weit verstreuten Informationen braucht man Eingebung; oft ist es auch frustrierend. Viele, möglicherweise reiche Quellen sind zerstört. Ein großer Teil des portugiesischen Materials ging zum Beispiel beim Lissaboner Erdbeben von 1775 verloren, und der Brand der Londoner Börse von 1838 verursachte weitere große Verluste. Doch auch an den unwahrscheinlichsten Stellen können Informationen über Wracks auftauchen. Einmal entdeckte ich zum Beispiel faszinierende Details eines Schiffsuntergangs im Tagebuch eines Astrologen aus dem 17. Jahrhundert, dem man die Fähigkeit zum Auffinden verlorener Schätze, auch auf See, nachgesagt hatte.

Kein einzelnes Buch kann vorgeben, diesen Gegenstand lückenlos zu behandeln, schon deshalb nicht, weil für die meisten in Frage kommenden Jahrhunderte und für die meisten Teile der Welt Berichte darüber gar nicht zur Verfügung stehen. Darüber hinaus ist das verfügbare Archivmaterial zu verstreut, als daß ein einzelner, auch wenn er diesem Thema sein ganzes Leben widmete, mehr als an der Oberfläche kratzen könnte. Und doch hoffe ich, daß dieses Buch einen Eindruck davon vermittelt, welch reiches Wissen

heimsten Gesellschaften dieser Art. Mehr als 40 Jahre forschte er Tausenden wertvoller Wracks in der ganzen Welt nach, und bei fast 100 erfolgreichen Bergeaktionen war er beteiligt. 70 Prozent der Schiffe, die er ausgemacht hatte, wurden mit der erwarteten Fracht gefunden, ein beneidenswerter Rekord, mit dem nur wenige Spürnasen von heute mithalten können. Aus der Perspektive des Kindes erschien seine Arbeit mit ihrem stunden-, ja tagelangen Herumpokern in staubigem Archivmaterial jedoch zäh und langweilig. Es war fast unmöglich, diesen Herrn im dunklen Anzug und Bowler-Hut mit der glanzvollen Welt der Schatzsucher in Verbindung zu bringen. Und in der Tat hätte mein Vater den Ausdruck „Schatzsucher" niemals auf sich selbst bezogen. Sein Geschäft war das Aufspüren und Bergen von Frachten, eine ganz normale Beschäftigung.

Detektivarbeit

Später jedoch verschob sich mein Interesse an Schiffswracks von der menschlichen Leidensgeschichte mehr auf die intellektuellen Probleme, die diesen Geschichten innewohnen, und so glaube ich heute besser verstehen zu können, was meinen Vater antrieb. Die Recherche nach einem Schiffswrack kann man am besten mit einer schwierigen historischen Detektivarbeit vergleichen. Logbücher, Briefe, Schiffspläne, Berichte von Überlebenden, Zeitungsreportagen, offizielle Untersuchungen, Gerichtsakten, Ver-

PARALLELLINEAL
Die Navigatoren plotteten damit ihren Kurs entlang eines gegebenen Kompaßkurses in der Seekarte.

ERDGLOBUS
Dieser Globus wurde 1745 hergestellt und zeigt außer den Landmassen auch die Passatwinde auf den Ozeanen.

über Wracks und die mit ihnen untergegangenen Schätze tatsächlich vorhanden ist.

TAUCHHELM AUS KUPFER
*Er wurde 1819 erfunden und gestattete
Tauchern, in Tiefen von 60 Metern zu arbeiten,
wobei von der Oberfläche Luft in langen
Schläuchen nach unten gepumpt wurde.*

Grab oder Kommerz

Schatzsucher oder Bergeunternehmer,
wie man sie auch nennen mag, ziehen
selbstverständlich Kritik auf sich. Manche
glauben, alle Wracks seien Gräber und
müßten deshalb in Ruhe gelassen, jedenfalls
dürften sie nicht kommerziell ausgebeutet werden.
Dies ist kein unwichtiges Argument, zumindest nicht
für Wracks aus jüngster Vergangenheit. Doch wird es oft eher emo-
tional als logisch begründet. Zum ersten sind nicht bei allen
Schiffsuntergängen Menschenleben verlorengegangen. Zum zweiten, wo Menschen ums Leben kamen, ist es eher die Ausnahme,
daß ihre Leichen im Rumpfinnern blieben. Nur wenn das Schiff
sehr schnell unterging und der Rumpf sehr groß und aus Eisen
oder Stahl gebaut war, wurde er wahrscheinlich zur Falle für
Menschen an Bord. In der übergroßen Zahl der Fälle, in der
unglücklicherweise Menschenleben verlorengingen, trieben die
Leichen frei vom Schiff in der See. Erst kürzlich, anläßlich der
Entdeckung und Untersuchung der *Titanic* in den Jahren 1987 und
1993, wurde das „Grab"-Argument wieder einmal diskutiert. Die
New Yorker Gesellschaft RMS Titanic Inc. wurde beschuldigt, mit
dem Bergen einiger Dinge das Grab der Toten entweiht zu haben.
Interessanterweise wurde das amerikanische Team, das das Wrack
gefilmt und fotografiert hatte, viel weniger kritisiert. Ganz logisch
ist das nicht. Nimmt man an, daß die *Titanic* ein Grab ist, muß es
als ebenso unangebracht gelten, in sie einzudringen
und zu filmen wie Gegenstände aus ihr zu entfernen.

Die Idee der Heiligkeit von Schiffswracks ist
tatsächlich auf bestimmte Kulturen beschränkt. Die
Japaner haben zum Beispiel eine andere Be-
trachtungsweise. In den letzten Jahren gaben sie viel
Geld für die Bergung von Wracks aus dem Zweiten
Weltkrieg aus, um die Leichen ordentlich beerdigen
zu können. Die westli-
che Haltung ist unklarer.
Die britische Regierung
definierte zum Beispiel

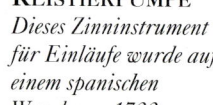

ORIENTALISCHE JADE
*Grüne Jade aus China
(oben) und blasserer
Nephrit aus Indien
(rechts), hoch geschätzt
von europäischen
Kaufleuten.*

Wracks der Royal Navy als Gräber, sprach die
gleiche Würde aber nicht den Tausenden von Handelsschiffen zu, die in
den beiden Weltkriegen verlorengingen. In Wirklichkeit sind auch Schiffe
der Navy nicht unbedingt von Ret-
tungsversuchen ausgeschlossen, wenn
die Regierung damit ein kommerzielles Interesse verfolgt. Das Gold von der *HMS
Edinburgh* wurde zum Beispiel 1981 geborgen
(siehe Seiten 112-113).

Meiner Meinung nach sollte ein Schiffswrack
überhaupt nicht als Grab betrachtet werden, wenn dieses Wort denn etwas bedeutet. Es wurde zum Wrack infolge eines
Unfalls oder von Kriegseinwirkung. Doch heißt das nicht, daß
seine Bergung nicht sensibel gehandhabt werden muß, besonders
wenn möglicherweise Leichen im Rumpf eingeschlossen sind und
wenn das Unglück vor so kurzer Zeit geschah, daß vielleicht noch
Menschen leben, die nahe Verwandte an Bord verloren.

Archäologische Argumente

Kritisiert werden die Schatzsucher auch aus der archäologischen
Gemeinde. Der Unterwasser-Archäologe ist in den Ozeanen noch
immer ein Neuling; Schatzsucher gibt es im Unterschied dazu
schon seit Tausenden von Jahren. Schon von den alten Griechen
sind Zeichnungen von Tauchern an Schiffswracks bekannt, und
man mag wohl zweifeln, ob sie dabei Gitternetz-Karten mit der
Lage des Wracks und der am Meeresboden verstreuten Scherben
anlegten. Doch hat der Archäologe ein legitimes Argument: Er ist
besorgt, daß ein unkontrolliertes Ausplündern historischer Wracks
einmalige Beispiele des maritimen Erbes unwiderruflich zerstört.
Ich habe nur meine Schwierigkeit mit extremen Positionen
einiger Puristen, die fordern, daß keinerlei Gegenstände vom
Meeresgrund gehoben werden und auch die Archäologen sich auf
das Lokalisieren und Vermessen beschränken sollen.

Es ist schade, daß Archäologen und kommerzielle Bergeunternehmer nicht in der Lage sind, öfter erfolgreich
zusammenzuarbeiten; denn sie haben sich gegenseitig viel zu
bieten. Der kommerzielle Schatzsucher kann tatsächlich vom
Fachwissen des Archäologen beim Identifizieren der Gegenstände, beim Enträtseln der Schiffskonstruktion und beim

KLISTIERPUMPE
*Dieses Zinninstrument
für Einläufe wurde auf
einem spanischen
Wrack von 1733
gefunden.*

GOLDENES MEDAILLON
Dieses Portrait der Jungfrau Maria wurde aus einem spanischen Schiff geborgen, das 1724 in der Karibik unterging. Die lateinische Inschrift heißt „Mutter des Retters".

Zersetzen des Materials profitieren. Umgekehrt profitiert der Archäologe von den unternehmerischen Fähigkeiten und den finanziellen Ressourcen des kommerziellen Bergers. Es gab solche Zusammenarbeit, die höchst erfolgreich war, zum Beispiel bei der Untersuchung des Whydah-Wracks (siehe Seiten 68–69), und vielleicht ist dies ein Muster für die Zukunft.

Der Reiz des Schatzschiffs

Die Motivation des Schatzsuchers wurde oft als einfache Habgier karikiert. Es wäre lächerlich zu leugnen, daß nicht der Wunsch, Profit zu machen, bei so manchem Möchtegern-Schatzheber im Vordergrund steht. Doch gibt es auch die anderen, die große Teile ihres Vermögens in ein Projekt nach dem anderen stecken, gewiß nicht im Blick auf unmittelbaren finanziellen Gewinn, sondern aus leidenschaftlichem und uneigennützigem Interesse an der Sache. Wie immer,

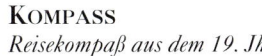

KOMPASS
Reisekompaß aus dem 19. Jh.

wenn es um menschliche Psychologie geht, sind die Dinge verzwickter, als es auf den ersten Anschein aussieht. Für den puren Profiteur gäbe es sinnvollere Wege, schnell Geld zu machen. Und umgekehrt geht auch die Uneigennützigkeit oft mit Spielsucht, Tagträumerei, grenzenlosem Optimismus, Leidenschaft fürs Unbekannte, Freude am körperlichen Risiko und einem irgendwie perversen Wunsch einer, gerade das zu versuchen, was von Natur aus schwierig ist.

Die höchste Attraktion, ein Schatzschiff zu erforschen, liegt darin, daß es dem Individuum die Möglichkeit zu einem unmittelbaren und sehr mächtigen Eintauchen in eine andere historische Zeit bietet. Ein Wrack ist eine perfekt erhaltene Zeitkapsel. Diese Reise zurück in der Zeit wird heute wie in den besten Science-Fiction-Filmen nur durch modernste Technologie – ferngesteuerte Unterwasser-Fahrzeuge, ferngesteuerte Kameras und computerkontrollierte Sonarscanner – ermöglicht. Bei der Erforschung eines am Meeresgrund liegenden Wracks treffen sich Zukunft und Vergangenheit. Ich hoffe, daß dieses Buch etwas von dieser einzigartigen Erfahrung vermittelt.

NIGEL A. PICKFORD

JURISTISCHE UNTIEFEN

Es ist ein verbreitetes Mißverständnis, daß alles, was auf See verlorenging, für jeden frei verfügbar ist. Dies ist keineswegs der Fall: Die rechtliche Situation in bezug auf Schiffswracks ist weltweit sehr unterschiedlich, so daß jeder, der ein solches Wrack zu bergen gedenkt, die rechtliche Situation vorab genauestens prüfen sollte. Im Prinzip muß sich jeder nur überlegen, mit welchen Interessen sein Unterfangen, ein Wrack zu heben oder Teile daraus zu entfernen und zu bergen, kollidiert. Vereinfacht kann man sagen, was verlorenging, hatte einen Besitzer. Dieser wird, wenn es ihm nur irgendwie möglich ist, weltweit seine Besitzansprüche geltend machen wollen. Dies um so mehr, je wertvoller der damals verlorengegangene Besitz heute ist. Werte können sich dabei nicht nur an Goldladungen messen, sondern auch an außergewöhnlichen wissenschaftlichen Raritäten oder ergänzenden Mosaikteilchen zu einem historischen Gesamtbild einer bestimmten Zeit. Sollte der eigentliche Besitzer seine Ansprüche nicht mehr geltend machen können, so sind in diese Besitzfolge im Normalfall Rechtsnachfolger eingetreten, die nun ihrerseits Anspruch auf die damalige Verlustsache anmelden, wenn sie zur Fundsache wurde. Dieses neuerlich erwachsende Interesse hat meist zwei Ursachen.

Entweder ist die Fundsache von großem finanziellen Wert, weil erhebliche Mengen an Edelmetallen und Edelsteinen, entweder in Rohfassung oder verarbeitet zu Schmuckstücken o. ä. gefunden wurden, oder aber, es handelt sich um historisch, d. h. wissenschaftlich wertvolle Fundstücke, an deren Besitz ein allgemeines Interesse besteht. Noch komplizierter wird die Situation dann, wenn sich sowohl finanzielle als auch wissenschaftliche Interessen durchmischen, so daß letztendlich der Wrackfund allein die Wertsache im eigentlichen Sinne darstellt, als vielmehr die Möglichkeit, mit entsprechenden Schaustücken Attraktionen zu schaffen, die Interessenten aus wissenschaftlichen und touristischen Bereichen holen, so daß solche Wrackfunde eigentlich dann zum Multiplikator für vielseitig eingebundene Interessen werden können.

All dies zusammen verdeutlicht, daß eine unterwasserwissenschaftliche Fundsache, egal welcher Größe, niemals ohne juristisch greifbaren Besitzanspruch sein kann. Leicht nachvollziehbar ist, daß selbst für den Fall eines wissenschaftlich und finanziell unbedeutenden Fundes ein Medien- und nachfolgend sogar touristisch vermarktbares, evtl. erst aufzubauendes Marketinginteresse besteht. Da hier Interessenskollisionen schon von vorne herein in der Sache begründet sind, kann man sich vorstellen, daß vor allen Dingen bei größeren finanziellen Werten, evtl. sogar gepaart mit wissenschaftlicher Bedeutung nicht nur die Rechtsansprüche, sondern auch unrechtmäßige Begierlichkeiten erweckt werden.

Für die juristischen Betrachtungsmöglichkeiten und die damit verbundenen Untiefen seien deshalb nur drei grundsätzliche Erwägungen herausgegriffen:

Eigentumsverhältnisse feststellen

Zunächst muß man zwischen den Eigentümern des Rumpfes und den Eigentümern der Fracht unterscheiden. In den meisten Fällen sind es verschiedene Eigentümer. East Indiamen zum Beispiel (die Schiffe der Englischen Ostindischen Compagnie, siehe Seiten 70–77) waren üblicherweise Eigentum privater Finanziers, doch die „English East India Company" war Eigentümer des größten Teils der Fracht. Als diese Gesellschaft verschwand, ging das Eigentumsrecht an der Fracht dieser Schiffe an die britische Regierung über, vertreten durch den Treasury Solicitor (Finanzanwalt), mit dem man gegebenenfalls verhandeln müßte.

Wurde eine Versicherungsleistung für den Verlust ausgezahlt, ging das Eigentum auf die Versicherungsgesellschaft über. In London handhabt die „Salvage Association" die Interessen der Versicherer inklusive der des staatlichen Kriegsrisiko-Versicherungsamtes, einer Behörde, die Versicherungsrisiken während der beiden Weltkriege übernahm. Da auch in diesem Bereich die Gesetze fortgeschrieben werden, ist es wichtig, sich jeweils über den aktuellen Stand innerhalb der Territorien eines bestimmten Staates zu informieren. Z. B. können in Großbritannien einzelne Wrackfunde unter besonderen Schutz gestellt werden. Bei anderen wiederum ist es möglich, nach Meldung der Fundstücke diese ohne Probleme offiziell im Handel zu verkaufen.

All diese Regelungen unterliegen aber wie gesagt einem dauernden Wandel und können so hier an dieser Stelle nicht als absolut sicher, auch für die Zukunft gültig, gegeben werden. Zudem ändert sich mit unterschiedlicher Gesetzeslage auch die Zuständigkeit der verschiedenen Behörden, die z. B. in Großbritannien nun davon abhängt, welches Ministerium die Verantwortung für die Aufgaben des Department of National Herritage übertragen bekommen hat.

In den USA ist in diesem Falle zur Zeit die MARAD (Department of Maritime Administration) mit ähnlichen Funktionen der Verwaltung von Wrackfunden und unterwasserarchäologischen Funden betraut. Können die Eigentumsverhältnisse ordentlich festgelegt werden, kann der zukünftige Bergunternehmer über diese Institutionen einen Vertrag mit dem Eigentümer machen. Alle Kosten trägt dabei üblicherweise der Berger, der den Eigentümer mit einem Prozentsatz des Wertes der eventuell geborgenen Gegenstände auszahlt.

Internationale und Territorialgewässer

Die rechtliche Situation wird weiterhin kompliziert durch die Existenz der Territorialgewässer. Einige Länder wie China und die Philippinen beanspruchen Exklusivrechte an allen Wracks in ihren Gewässern (auch wenn die Eigentumsverhältnisse geklärt werden könnten), falls solche Wracks schon eine gewisse Zahl von Jahren auf dem Meeresgrund liegen. Andererseits erkennen die meisten westeuropäischen und englischsprachigen Staaten ein Eigentumsrecht an, falls der Verlust schon vor Hunderten von Jahren sich ereignete. Schließlich hat noch jedes Land seine eigene Vorstellung von der Ausdehnung seiner Territorialgewässer. Die meisten Länder reklamieren 10,5 Seemeilen (19,3 km), aber einige, zum Beispiel Thailand, viel mehr.

Ist der Eigentümer unbekannt, und liegt das Schiff in Territorialgewässern, halten die meisten Länder für Recht, daß die Fracht dem entsprechenden Staat gehört. Viele Länder geben dem, der die Fracht hebt, jedoch einen reichen Bergelohn, um vor ungesetzlichen Aktionen abzuhalten. In britischen Gewässern beträgt dieser Bergelohn oft 75 Prozent oder mehr des Werts der gehobenen Fracht. Liegt ein Schiffswrack in internationalen Gewässern, wird es oft schwierig festzustellen, unter wessen Gesetzgebung das Wrack fällt. Es gibt internationale Übereinkommen wie die UNO-Konvention über die Offene See, aber nicht alle Staaten haben sie unterschrieben. So muß jeder Fall individuell entschieden werden.

Die Frage des Kulturerbes

Die verworrene rechtliche Lage wird noch undurchsichtiger, wenn der Gesichtspunkt des Bewahrens des kulturellen Erbes einer Nation mit ins Spiel kommt. Einige Länder erlauben keinerlei kommerzielle Bergung historischer Wracks, obwohl die Definition des Historischen interpretierbar ist. Australien zum Beispiel hat die strikteste Politik in bezug auf Unterwasser-Archäologie in der Welt, nach der die Regierung das Recht an allen über 50 Jahre alten Wracks hat. Allerdings werden Taucher, die Wracks finden und ihren Fund der zuständigen Behörde erklären, reich belohnt.

Frankreich, Spanien, Griechenland und Portugal verhalten sich ebenfalls restriktiv bei Wrackfunden in ihren Territorialgewässern. Großbritannien, die Vereinigten Staaten und viele der afrikanischen, südamerikanischen und fernöstlichen Staaten haben eher eine *laissez-faire*-Haltung aus dem Abwägen der Interessen der Bergunternehmers mit dem Schutz wichtiger Unterwasserareale von kultureller Bedeutung. Doch der Schutz, unter dem historische Wracks stehen, beschränkt sich insofern nur auf Wracks innerhalb der Territorialgewässer. Der Wandel der Archäologie, die sich ja verstärkt auch den Alltagsgegenständen zuwendet und daraus wertvolle Schlüsse auf Zeitgeschehen und Zeitgeschichte zieht, hat sich auch das Denken über den Unterwasser-Kulturbesitz der Nationen verändert. So sollte man auf allen Funden berücksichtigen, daß jedes Fundstück wichtiges Mosaik im Gesamtbild einer Zeit sein kann. Gerade Unterwasserfunde haben hier in den letzten Jahrzehnten erheblich dazu beigetragen, die Entwicklung der Schiffahrt, der Handelslinien und der Ausbreitung von kulturellen Strömungen neue wertvolle Erkenntnisse zu vermitteln. Der Anspruch der Archäologie, der daraus erwächst, dient somit sowohl dem kulturellen Aspekt der Gesamtschau als auch dem wachsenden Verständnis unserer eigenen kulturellen Hintergründe. Aus diesem Grund sollte jeder Taucher, der Wracks, Wrackteile, alte Hafenanlagen oder andere archäologische Fundstücke entdeckt, diese in Zusammenarbeit mit den zuständigen Behörden und den zuständigen Unterwasserarchäologen der Öffentlichkeit zuführen. Man sollte auch bedenken, daß größere Wrackfunde nicht lange verborgen bleiben und sich gerade in diesem Bereich sehr schnell kriminelle Organisationen ohne Rücksicht auf Menschenleben der neuen Schätze bemächtigen wollen. Diese Warnung ist keine übertriebene Aussage, sondern trifft in vielen Regionen der Weltmeere als traurige und gefährliche Wahrheit zu.

ERSTER TEIL

WRACKS

Fünf Faden tief liegt Vater dein,
Sein Gebein wird zu Korallen,
Perlen sind die Augen sein,
Nichts an ihm, das soll verfallen,
Das nicht wandelt Meeres Hut
In ein reich und seltnes Gut.

WILLIAM SHAKESPEARE, DER STURM, 1. AKT, 2. SZENE
(in der Übersetzung von Schlegel/Tieck)

Angefangen vom römischen Schiff, beladen mit klassischen Skulpturen, bis zum Gold transportierenden Blockadebrecher des Zweiten Weltkriegs erzählt dieses Kapitel die Geschichten von 40 der bedeutendsten Wracks aller Zeiten. Die Geschichten umfassen sehr verschiedene Zeitalter der Schiffahrt und geben damit ein Bild der Schatzschiffe durch die Jahrhunderte, zeigen die Unterschiedlichkeit der Schiffe, die Schätze transportierten, die Verschiedenartigkeit der Schätze selbst und die sich verändernde Technologie der Bergeunternehmungen. Handgezeichnete Karten illustrieren die verschiedenen historischen Perioden und in ihnen die wichtigsten Handelsrouten, die Schiffstypen und die Waren, die sie transportierten.

HANDELSSCHIFFE IN FERNOST
VON HENDRIK CORNELISZ VROOM
Diese Hafenszene von 1614 zeigt große europäische Handelsschiffe,
die draußen auf Reede ankern, während am Kai Waren ein- und
ausgeladen werden.

VON DER BRONZEZEIT BIS ZUR BYZANTINISCHEN ÄRA

Das Mittelmeer war viele Jahrhunderte lang das Zentrum internationalen Handels und enthält eine außerordentlich reiche Sammlung von Schiffswracks. Diesen Wrack-Lagerstätten verdanken die Archäologen faszinierende und wertvolle Einblicke in antike Zivilisationen bis zurück zur Bronzezeit. Zwischen 200 v. Chr. und 600 n. Chr. war der römische Staat ein großes Handelsimperium, aber ebenso eine Militär- und Seemacht. Seine bauchigen, rahgetakelten Handelsschiffe von bis zu 300 t segelten von den Häfen Brundisium (Brindisi) und Ostia in Italien über das Mittelmeer zu wichtigen Handelshäfen wie Alexandria in Ägypten, Hormuz in Persien (Iran) und Aden am Südende der Arabischen Halbinsel. Hier kaufte man kostbare Steine, exotische Tiere, Gewürze, Seide und Eisen aus Indien, Ceylon (Sri Lanka) und China. Die Rohstoffe wurden von den Manufakturen im Römischen Reich weiterverarbeitet. Edelsteine wurden geschliffen und zu herrlichen Geschmeiden, Textilien zu Kleidung verarbeitet. Diese wurden oft reexportiert; doch reichte der Export von Fertigprodukten nicht aus, um die Handelsbilanz auszugleichen, so daß vor allem kostbare Metalle im Römischen Reich beständig Mangelware blieben. So holte man Gold aus den Kolonien in Afrika und dem europäischen Hinterland, Silber aus Spanien und Kupfer aus Zypern.

HANDEL MIT DEM NORDEN
Viele Handelsvölker, auch die Phönizier, drangen über den Mittelmeerraum hinaus. Einige gelangten bis nach Britannien, andere bis zur Ostsee.

ILLYRIEN

ADRIATISCHES MEER

Aquileja

DAS SAN-PIETRO-SCHIFF ①
Ein römisches Schiff, das um 200–250 n. Chr. vor Süditalien verlorenging und Marmorsarkophage wahrscheinlich aus Kleinasien transportierte.

Ancona

ITALIEN

Narbo (Narbonne)

Massilia (Marseille)

② Piombino

KORSIKA

Rom
Ostia

Puteoli (Pozzuoli)

Brundisium (Brindisi)

Tarraco (Tarragona)

DAS GIGLIO-SCHIFF ②
Ein Bronzehelm, Steingut und Musikinstrumente wurden von diesem griechischen Schiff geborgen, das in den Jahren 750–500 v. Chr. zwischen der Toskana und Griechenland Handel trieb.

TYRRHENISCHES MEER

Tarentum (Taranto) ①

③

BALEAREN (ISLAS BALEARES)

SARDINIEN

LIPARISCHE INSELN

DAS LYSIPPOS-SCHIFF ③
Ein griechisches Schiff, das vor Italien mit einer Fracht von Skulpturen unterging, die sich jetzt im Paul-Getty-Museum in Kalifornien befinden.

MITTELMEER

Panormus (Palermo)

SIZILIEN

HISPANIA (SPANIEN)

Gades (Cadiz)

Carthago (Tunis)

④

DAS MAHDIA-SCHIFF ④
Dieses römische Handelsschiff wurde 1907 nahe Tunis gefunden und enthielt Marmorsäulen und -statuen.

RÖMISCHE GOLDKETTE
Diese kostbare römische Halskette mit sichelförmigem Anhänger wurde wohl für eine reiche Römerin gemacht. Es ist eine Art Panzerkette aus Golddraht, wobei das Gold wohl aus Afrika stammte.

Leptis Magna (Al-Hums)

AFRIKA

Die Handelsnationen im Mittelmeer

Intensiven Handel mit hochwertigen Gütern hatten schon viele Jahrhunderte zuvor die Ägypter, Phönizier, Phokäer und Griechen begonnen und setzten ihn auch in der Hochzeit der römischen Vorherrschaft fort. Die Ägypter brachten zum Beispiel Gold, Weihrauch und Myrrhe aus Punt in Süd-Arabien; die Phönizier verfolgten den einträglichen Handel mit den Schalen der Stachelschnecke (Murex), aus denen das Purpur zum Färben der Gewänder der reichen Römer gewonnen wurde, und handelten mit Gold aus Leptis Magna und Ophir – worunter man sich die somalische Küste in Ostafrika vorstellt; die Phokäer transportierten Rohmaterialien von so weit entfernten Gegenden wie den britischen Inseln herbei; und die Griechen handelten mit kostbaren Steinen aus Indien.

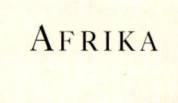

STATUE DES POSEIDON
Diese Statue des griechischen Meeresgottes, die aus dem Wrack vor Kap Artemisium geborgen wurde, befindet sich jetzt im griechischen Nationalmuseum in Athen.

SKYTIEN

•Olbia

•Panticapaeum

DAS KAP-GELIDONYA-SCHIFF ⑦
Dieses phönizische Wrack aus der Bronzezeit, das auf etwa 1200 v. Chr. datiert wird, wurde mit einer Fracht zypriotischer Bronze und Kupferbarren vor der türkischen Küste gefunden. Das Schiff war wahrscheinlich auf dem Wege von Syrien via Zypern in die Ägäis.

•Tomi (Constanta)

SCHWARZES MEER

THRAKIEN

DAS KAP-ARTEMISIUM-SCHIFF ⑤
Es wurde 1927 vor Griechenland lokalisiert, ging aber wieder verloren. Das Wrack enthielt die berühmte Poseidon-Statue (s. oben).

•Dyrrhachium (Durrës)

•Apollonia

•Byzantium (Istanbul)

MARMARA MEER

SCHWARZMEER-HANDEL
Schiffe, die vom Mittelmeer kamen und im Schwarzen Meer Handel treiben wollten, trafen im Hellespont auf starke Strömungen, was hier häufig zum Schiffsuntergang führte.

HELLESPONT (DARDANELLEN)

⑤

ÄGÄISCHES MEER

•Phocaea (Foca)

ASIA MINOR (Kleinasien)

DAS SERCE-LIMANI-SCHIFF ⑧
Dies war wahrscheinlich ein byzantinisches Handelsschiff von etwa 1000 n. Chr. Man fand es vor Marmaris mit Glas, Edelsteinen und Waffen (s. S. 16–17).

Piräus •Athen

Korinth

Halicarnassus (Bodrum)

⑨

KOS ⑧ Marmaris

⑥

⑦

RHODOS

KRETA

•Kyrenia

CYPRUS (ZYPERN)

DAS YASSI-ADA-SCHIFF ⑨
Ein kleines Schiff von etwa 625 n. Chr., gefunden 1961 vor der Türkei. Arbeitsgeräte, Lampen, Goldmünzen und Amphoren wurden geborgen.

DAS ANTIKYTHERA-SCHIFF ⑥
Dieses römische Schiff mit seiner wertvollen Fracht wurde 1900 vor Griechenland entdeckt (s. S. 14–15).

MITTELMEER

•Caesarea

MESOPOTAMIEN

PHÖNIZIEN

MUREX-SCHALEN
Die Phönizier extrahierten Purpurfarbe aus den Schalen der Stachelschnecke Murex, und damit wurde das Purpurtuch gefärbt, das die Römer als Symbol des Reichtums trugen.

CYRENAICA (BARQAH)

•Alexandria

•Ghaza

ÄGYPTEN

HANDEL MIT INDIEN UND CHINA
Schon früh handelten Kaufleute mit dem Orient über Zwischenstationen wie Alexandrien, Malakka in Malaysia und Calicut in Indien. Waren aus dem Indischen Ozean wurden via Persischer Golf oder Rotes Meer verschifft und dann über Land zu den in den Mittelmeerhäfen wartenden Händlern transportiert.

DAS
ANTIKYTHERA-WRACK

Im Oktober 1900 arbeitete Kapitän Dimitrios Kondos mit seinem Team von Schwammtauchern vor der Nordküste von Antikythera, einer winzigen Insel zwischen Kreta und dem griechischen Festland am Eingang zum Ägäischen Meer. Diese Insel, die im Zentrum einer vielbefahrenen Schiffahrtsroute im Mittelmeer liegt und eine abweisende Küste von senkrecht ins Meer abfallenden Klippen aufweist, war Tausende von Jahren eine natürliche Gefahr für die Schiffahrt, so daß hier viele Wracks liegen. Kapitän Kondos und sein Team hielten jedoch nicht Ausschau nach Schiffswracks sondern nach Schwämmen.

In den frühen Zeiten tauchten die Männer im Mittelmeer nackt nach Schwämmen. Um 1870 waren Kupferhelme und Tauchanzüge aus Leintuch in Gebrauch, mit denen die Taucher etwa fünf Minuten lang in 60 m Tiefe arbeiten konnten; so waren auch die Taucher von Kapitän Kondos ausgerüstet. Der Beruf war immer noch gefährlich, vielleicht gefährlicher, da jetzt die Risiken einer CO_2-Vergiftung und der Caissonkrankheit durch zu schnelles Auftauchen bestanden.

Als einer von Kondos' Tauchern vor Ablauf seiner fünf Minuten signalisierte, er wolle an die Oberfläche zurückkehren, vermutete man, daß etwas schiefgegangen sei. Die Vermutung verstärkte sich, als er herumphantasierte, er hätte Haufen nackter Menschen- und Pferdeleichen auf dem Meeresgrund gesehen. Erst als Kondos selbst getaucht und mit dem Arm einer Bronzestatue zurückgekehrt war, wurde man gewahr, daß man ein antikes Wrack gefunden hatte.

Kondos und seine Taucher wurden dann vom griechischen Erziehungsministerium engagiert, mit Hilfe der griechischen Marine das Wrack zu bergen. Ende 1901 hatte man in einer Operation, die einen Triumph für die frühe Unterwasser-Archäologie bedeutete, eine große Menge von Kunstgegenständen geborgen. Die wichtigsten Funde waren die Statue eines Jünglings und der Kopf einer Philosophen-Statue (s. gegenüberliegende Seite), ein Diskuswerfer, Hercules, ein Marmor-Bulle und eine Bronzelyra.

RÖMISCHES HANDELSSCHIFF
Man nimmt an, daß das Antikythera-Schiff diesem Modell in Aussehen und Bauweise sehr ähnlich war, außer daß sein Rumpf unter der Wasserlinie zum Schutz gegen aggressive Lebewesen im Wasser mit Blei beschlagen war. Beachte die Schwanenhals-Skulptur am Heck, ein üblicher Schmuck römischer Schiffe.

Großsegel
Mit mythologischen Tierbildern geschmückt.

Steuerruder
Ein Ruder an jeder Seite des Schiffs, beide von einem Mann an Deck bedient.

Holzrumpf
Wahrscheinlich mit einer Mixtur aus Teer und Flachs kalfatert.

JÜNGLINGSSTATUE
Diese Bronzeskulptur war in bemerkenswert gutem Zustand, obwohl sie fast 2000 Jahre lang im Seewasser gelegen hatte. Die Statue befindet sich jetzt im griechischen Nationalmuseum in Athen.

Die Identifizierung des Wracks

Das Alter des Wracks blieb jahrelang kontrovers. Die Bronzestatuen datieren aus dem vierten Jahrhundert v. Chr., doch die Marmorstatuen hielt man größtenteils für Kopien älterer klassischer Originale aus dem ersten Jahrhundert v. Chr. Die Amphoren aus der gleichen Lagerstelle stammten aus verschiedenen Quellen wie Rhodos, Kos und Süditalien, Steingut wahrscheinlich aus Kleinasien und Gläser aus Alexandrien. Eine genauere Analyse aller weniger bedeutenden Haushaltsgegenstände erlaubte, den Schiffbruch auf etwa 70–80 v. Chr. zu datieren, wobei man eine Handelsroute annahm, die die Ägäis mit Rom verband. Es gibt Hinweise, daß es sich bei dem Wrack um ein römisches Schiff handelt. Es war aus Ulme gebaut, wie sie die Römer oft benutzten. Die Vermutung wurde geäußert, es könne sich um Teile der Athener Kriegsbeute von General Sulla aus dem Jahre 86 v. Chr. handeln. Sulla war dafür bekannt, Mengen geplünderter Antiquitäten nach Rom verschifft zu haben. Nach seinem Sieg über Athen befand sich Sulla in Kleinasien, das dieses Schiff möglicherweise angelaufen hat. Außerdem gibt es einen interessanten, wenn auch nicht eindeutigen Hinweis des griechischen Schriftstellers Lukian, daß eines von Sullas Schiffen mit Kriegsbeute vor Malea gesunken sei, das ganz in der Nähe von Antikythera liegt. Die Ausgrabungen dauern immer noch an, weil man einige Dinge wie die Bleiteile des Ankerstocks oder kleinere Bronzegegenstände, die man bei einem solchen Schiff vermutet, noch nicht gefunden hat.

PHILOSOPHEN-KOPF
Er wurde 1901 während der Untersuchung des Antikythera-Wracks gefunden.

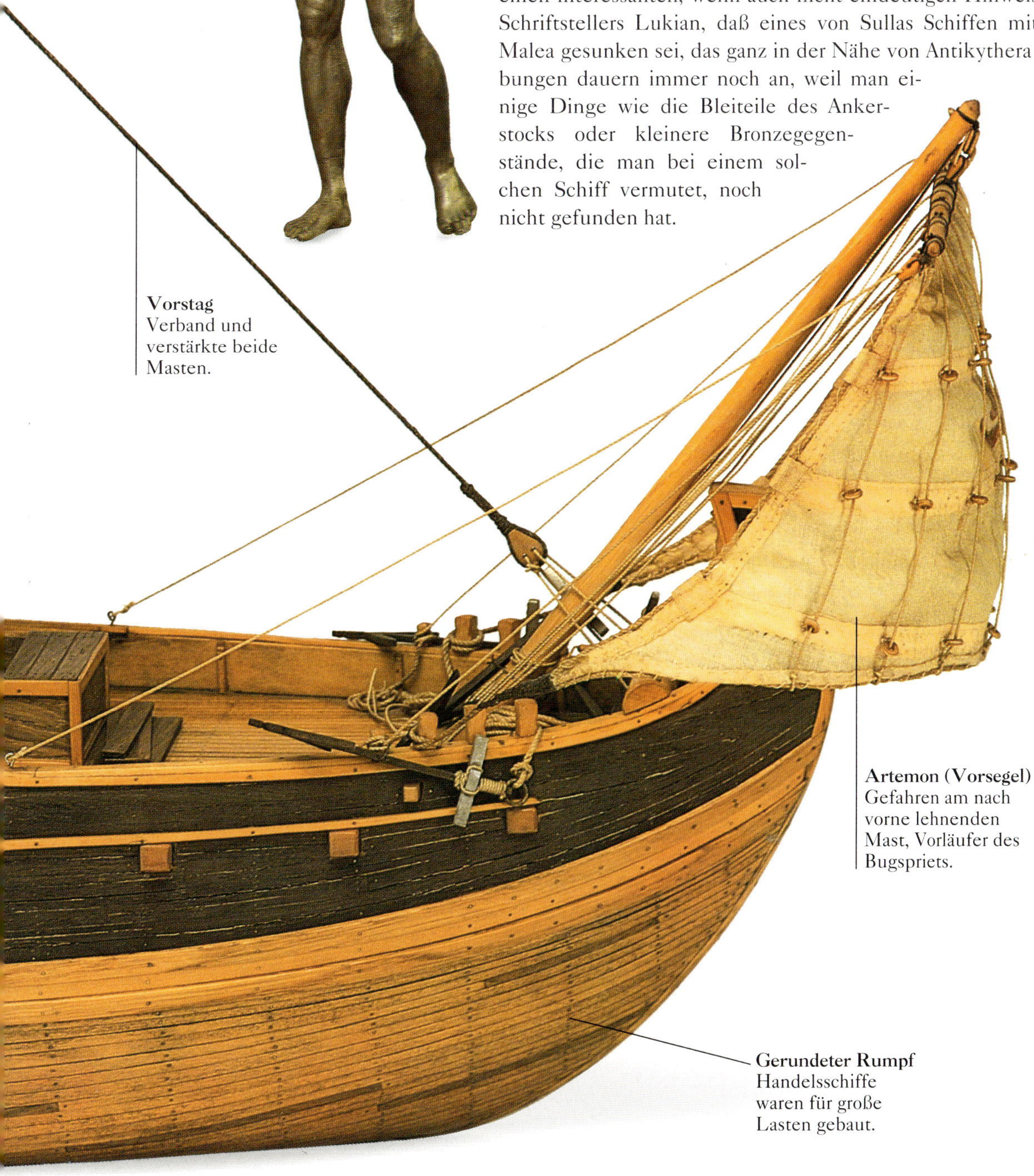

VORSTAG
Vorstag Verband und verstärkte beide Masten.

EINIGE FAKTEN

Schatz	Bronze- und Marmorstatuen
Entdeckt	1900 vor Griechenland
Ladevermögen	300 t
Route	Griechenland nach Italien

SCHWAMM-TAUCHER

In der klassischen Literatur wurde der winzige griechische Hafen Simi für die besten Schwammtaucher der Welt gerühmt. Die Tradition des Schwammtauchens geht mindestens bis ins 5. Jh. v. Chr. zurück.

Auch das Antikythera-Wrack wurde von Schwammtauchern aus Simi gefunden. Die Bergung war harte und gefährliche Arbeit an den Grenzen der derzeitigen technologischen Entwicklung.

TAUCHEN VOM BOOT
Detail von einer frühgriechischen Vase.

Artemon (Vorsegel) Gefahren am nach vorne lehnenden Mast, Vorläufer des Bugspriets.

Gerundeter Rumpf Handelsschiffe waren für große Lasten gebaut.

DAS
SERÇE-LIMANI-WRACK

Um das Jahr 1000 n. Chr. war das Mittelmeer fast vollständig ein arabisches Binnenmeer. Südspanien im Westen, die gesamte nordafrikanische Küste, Syrien im Osten und viele der strategisch wichtigen Inseln wie Sizilien standen unter islamischem Einfluß.

Es gab keine einheitliche arabische politische Struktur in dem Sinne, wie es zuvor ein einiges römisches Reich gegeben hatte. Doch die arabische Kultur war aus einem Guß, und die Handelsbeziehungen waren hochentwickelt. Die einzige andere wichtige Macht im Mittelmeer war zu dieser Zeit das christliche byzantinische Reich mit seinem Zentrum in jenen Gebieten, die heute zur Türkei und zu Griechenland gehören, und Istanbul (Konstantinopel) als Angelpunkt.

1973 entdeckte der amerikanische Archäologe George Bass ein Wrack von etwa 1000 n. Chr. in der Bucht von Serçe Limani an der türkischen Südküste. Selbstverständlich wollte er es ausgraben, weil so wenig über die Schiffe und den Seehandel dieser Zeit bekannt war.

Mischstil

1977 begannen die Ausgrabungen, und die Arbeit an diesem faszinierenden Unterwasserprojekt dauert immer noch an. Was dadurch bekannt wurde, hat das Denken über die byzantinischen Schiffsbautechniken und auch über die islamische Glasmanufaktur an einem Wendepunkt ihrer Geschichte verändert.

Die Konstruktion des Serçe-Limani-Schiffs zeigt einen interessanten Mischstil zwischen der griechisch-römischen Tradition (in der zuerst die Rumpfschale mit komplizierter Beplankung gebaut wurde) und einer allmählich sich entwickelnden „modernen" Methode (in der zuerst das Spantgerüst gebaut wurde, an dem dann die Planken befestigt wurden). So ist das Spantgerüst stärker als bei früher gefundenen Schiffen.

Arabische und christliche Einflüsse

Einer der schwierigsten Punkte bei der Untersuchung des Serçe-Limani-Wracks war das Auseinanderhalten von christlichen und arabischen Einflüssen. Fraglich ist auch immer noch, woher das Schiff kam, welche Art Handel es betrieb und wann es unterging. Zu Beginn der Gra-

bungsarbeiten dachten die Experten, es handele sich bei dem Schiff um das Eigentum eines Arabers. Neuere Hinweise führten George Bass jedoch zu dem Schluß, daß der Besitzer eher ein Christ gewesen sei und die Besatzung aus dem Bereich des Schwarzen Meeres stammte, daß es jedoch eindeutig Handel mit der arabischen Welt trieb. Das Serçe-Limani-Wrack datiert nur etwa 50 Jahre vor dem Beginn der Kreuzzüge, und zeigt doch eine starke Integration zwischen der christlichen und der arabischen Kultur.

Hinweise auf die arabische Kultur sind verstreut und zugleich durchgehend vorhanden. Keramiken aus dem Frachtraum zeigen ägyptische und syrische Einflüsse. Man fand auch einige Goldmünzen islamischen Ursprungs. Ebenso wurden Schachfiguren und ein schöner goldener Ohrring, beides in arabischem Muster, gefunden.

Andererseits weisen viele der geborgenen Gegenstände auf eine starke christliche Tradition. Bleierne Netzgewichte sind mit christlichen Kreuzen dekoriert und in einem Fall auch mit dem Namen Jesus. Zahlreiche Waffen scheinen aus dem christlich dominierten Balkan zu stammen. Die Amphoren schreibt man der Nachbarschaft des Marmarameeres zu. Einige sind innen mit Pech verschmiert, was die Vermutung zuläßt, daß sie Behälter für Wein waren, dessen Genuß den Moslems verboten war. Knochen von Schweinen, ebenso verboten für Moslems, wurden am Schiffsheck gefunden, wo Offiziere und Händler gelebt haben mögen.

Eine schwimmende Flaschenbank

Bei den Grabungen wurden bei dem Serçe-Limani-Wrack auch große Mengen von Glas gefunden. Alles geborgene Glas zeigt Spuren von Blei aus dem nordwestlichen Iran. Dieser Hinweis stimmt mit der Vermutung überein, daß das Schiff irgendwo an der Küste des heutigen Israel losfuhr. Dieses Gebiet war um das Jahr 1000 n. Chr. ein Hauptzentrum der islamischen Glasmanufaktur. Der Zielhafen des Schiffes könnte dann möglicherweise Caesarea oder ein naheliegender anderer Hafen gewesen sein.

Die Hauptfracht, die unter Wasser überdauert hat, besteht aus drei Tonnen Glasbruch im

Flaschenform
Der enge Hals und der weitere Körper erinnern an persische Glaswaren aus dem 10. Jh.

Gravuren
In den Körper des Gefäßes sind Löwen graviert; ein Gesicht und eine Mähne sind deutlich sichtbar.

**GLASGEFÄSS VOM
SERÇE-LIMANI-WRACK**
In dieser Zeit waren arabische Manufakturen wegen ihrer Glasprodukte berühmt. Künstlerisch und technisch waren sie den Produzenten in Westeuropa überlegen. Mehr als 80 unzerbrochene Glasgefäße wie dieses wurden im Kajütteil des Schiffes gefunden. Alle waren graviert, normalerweise sehr einfach, wenn auch dieses einen ausgefeilten Entwurf zeigt. Die Wandstärke des Glases reichte von 1 mm bis zu 2–3 cm. Das meiste Glas war klar, doch einiges war grün oder blau gefärbt.

FRÜHE HANDELSROUTEN

Die Hauptströmung im Mittelmeer fließt durch die Straße von Gibraltar nach Osten an der nordafrikanischen Küste entlang und spaltet sich dann: Ein Teil fließt an der Westküste Italiens nach Norden bis nach Frankreich, der andere Teil weiter bis zum Libanon und zur Türkei und schließlich in die Ägäis. Die Handelsrouten im Mittelmeer folgten diesen Strömungen, um schneller voranzukommen.

Der Handel mit Indien und China ging über Umschlaghäfen wie Alexandria, Hormuz, Aden, Calicut und Malakka. Arabische und indische Schiffe dominierten den Transport im Indischen Ozean, im Persischen Golf und im Roten Meer. Hinter Malakka waren die indonesische Proa oder der Sampan die dominierende Form des Handelsschiffs, und hinter dem südlichen Kambodscha herrschte die chinesische Dschunke vor. Doch bis zum 10. Jahrhundert n. Chr. handelten arabische Schiffe auch direkt mit China, und erst später beschränkten sie sich auf den Indischen Ozean.

GLASGEWICHTE

Diese Gewichte wurden zum Aufwiegen von Münzen benutzt. Glas war ein beliebtes Material dafür, weil es sich nicht manipulieren ließ. Diese Beispiele vom Serçe-Limani-Wrack sind vom Seewasser angegriffen, doch Inschriften auf anderen datieren das Wrack auf etwa 1024 n. Chr.

Frachtraum. Höchstwahrscheinlich war dies keine fertige Glasware, die zersplitterte, als das Schiff unterging. Zwar ist die Ursache des Untergangs noch unbekannt, doch gibt es keinen Hinweis darauf, daß das Ende sehr heftig war. Das schließt man daraus, daß ein großer Teil des Rumpfes, soweit er unter Schlick und Sand geschützt war, noch ziemlich intakt ist. Außerdem war zwar alles Glas, das aus dem Frachtraum geborgen wurde, zerbrochen, aber in den Unterkunftsbereichen wurden auch intakte Gläser gefunden. Und schließlich ist unter den Glasbruch auch eine gewisse Menge Gläsereiabfall gemischt. So scheint das Serçe-Limani-Wrack eine frühe Form von Flaschenbank gewesen zu sein: Der Glasbruch wurde wahrscheinlich zum Einschmelzen zu einer Manufaktur gebracht.

Andere Fracht und ihre Verteilung

Außer Glas hatte das Schiff wahrscheinlich gewisse Mengen an Rosinen und des Gewürzes „Sumac" an Bord (die allerdings mit der Zeit fortgewaschen wurden), da kleine Spuren davon gefunden wurden. Ohne ein beträchtliches Gewicht an Schüttladung aus solcher Frucht wäre das Schiff ernstlich instabil gewesen. Zwei Unterkunftsbereiche wurden identifiziert, was für ein so kleines Schiff ungewöhnlich ist. Der kleinere Bereich befand sich im Schiffsbug und enthielt Küchengeräte wie schwarzgebrannte Töpfe, außerdem Gläser, Keramik und Holzkämme. Der größere Bereich befand sich nahe des Hecks, wo man glasierte Keramik, Bronze- und Kupfergeräte wie Eimer und Krüge, Gewichtssätze, Silber- und Goldschmuck und eine größere Menge Waffen wie Schwerter, eine Axt, 11 Speere und 52 Wurfspieße fand.

Die meisten Waffen wurden wahrscheinlich eher zur Selbstverteidigung als zum Handel mitgeführt. Offenbar wurden sie an die Besatzung satzweise ausgegeben; der Satz, jeweils umwickelt mit Tuch ähnlich Sackleinen, bestand aus einem Speer und fünf Wurfspießen.

DIE KONSTRUKTION DES SCHIFFES

Das Serçe-Limani-Wrack war ein kleines Handelsschiff von etwa 15 m (50') Länge, das etwa 30 Tonnen Fracht tragen konnte und wahrscheinlich am Schwarzen Meer gebaut war.

Das Schiff hatte einen ziemlich flachen Boden und war relativ breit für seine Länge; das Verhältnis Breite zu Länge betrug ungefähr 1 : 3. Es hatte wohl einen einzigen Großmast mit zwei dreieckigen Lateinsegeln. Für die Verbindung von Planken und Spantengerüst wurden sowohl Eisen- wie Holznägel verwandt. Es gibt keinen Hinweis darauf, daß die Planken mit Tauwerk aus Kokosfasern verbunden waren, wie es traditionell bei den arabischen Dhaus im Indischen Ozean der Fall war. In dieser Hinsicht waren wohl die arabischen Einflüsse beim Bau des Serçe-Limani-Schiffs weniger stark als die Mittelmeer-Tradition.

FORM DES SERÇE-LIMANI-WRACKS

Das Schiff war – außer dem Ulmen-Kiel – ganz aus Kiefer. Seine Reste werden im Museum von Bodrum in der Türkei ausgestellt; die Rekonstruktion zeigt deutlich, wo die dicht gepackten Amphoren gefunden wurden.

Fernöstliche Fracht

Nicht alle von diesem Wrack geborgenen Dinge stammen aus dem Mittelmeerraum. Das Heft eines Bronzeschwerts zum Beispiel scheint auf fernöstlichen Einfluß zu weisen. Es ist mit dem Motiv des zweiköpfigen Hansavogels im indischen Stil ungewöhnlich dekoriert und erinnert daran, daß sich die arabische Schiffahrt sowohl auf den Indischen Ozean wie auf das Mittelmeer ausrichtete.

DIE WIKINGER

Die Periode massiver skandinavischer Expansion begann im 9. Jahrhundert. Die Skandinavier unternahmen unglaubliche Seereisen unterschiedlicher Art und mit unterschiedlicher Zielsetzung: Sie waren Händler, Plünderer und Kolonisatoren. Die Schweden segelten nach Osten bis zum Schwarzen und zum Kaspischen Meer; die Norweger und Dänen machten die Küsten von Irland, England, Frankreich, Spanien und im Mittelmeer bis nach Italien unsicher. Die Westwanderung ging bis nach Island, Grönland und zur amerikanischen Küste, die die Wikinger im 11. Jahrhundert erreichten.

Unsere wichtigsten Kenntnisse über die Wikinger-Schiffe stammen von den Langschiffen, die in den Grabstätten von Oseberg und Gokstad in Norwegen gefunden wurden. Diese Schiffe wurden gerudert, waren Spitzgatter mit hochgezogenen Vor- und Achtersteven, besaßen nur geringen Tiefgang und ein einziges großes Rahsegel. Sie waren schnell und leichtgebaut, da sie oft über Land getragen werden mußten. Ein Nachbau des Gokstad-Schiffes hat kürzlich den Atlantik mit Segel und Riemen in 28 Tagen überquert.

Es ist unwahrscheinlich, daß die Wikinger mit diesen Langschiffen nach Amerika oder auf ihren großen Reisen nach Island, Grönland oder Britannien segelten, über die in den Sagas so oft geschrieben wurde. Man vermutet, daß sie hierfür eher Handelsschiffe benutzten, wie eines in Skuldelev in Dänemark entdeckt wurde. Dies war ein Halbschiff oder „Knarr" (Knorr), wie es in den Sagas genannt wird, von etwa 20 m (66') Länge. Halbschiffe verließen sich eher auf Segel als auf Riemen, besaßen ein Seitenruder und waren breiter und tiefer, zugleich mit höherem Freibord als Langschiffe. Sie waren in leuchtenden Farben gestrichen, und ihre Segel waren rot-blau gestreift. Die Fracht wurde mittschiffs in einem offenen Raum ge-staut, abgedeckt nur mit einer Ochsenhaut. Jedes Schiff konnte zwischen 50 und 100 Passagiere plus Crew tragen, und seine durchschnittliche Lebensdauer betrug 30 Jahre.

Hohe navigatorische Fähigkeiten

Die Wikinger besaßen zur Navigation weder Kompaß, noch konnten sie die geographische Breite durch Quadrant oder Sextant bestimmen, und doch segelten sie weit außer Sicht von Land über die Meere. Ihre Haupthilfen waren eine Art Bleilot, eine Form von Koppelkursrechnung und ein großes Wissen um Sonne und Sterne. Trotz ihrer offenkundigen seemännischen Fähigkeiten verloren sie oft ihren tatsächlichen Schiffsort, was in den dichten Nebeln ihrer nördlichen Gewässer kaum überrascht. Dafür hatten sie sogar einen eigenen Ausdruck: *hafvilla*.

Davis-Straße

GRÖNLAND

GEFÄHRLICHES EIS
Die Anfahrt der grönländischen Ostküste war wegen der Nähe der Eisfelder gefährlich.

HANDELSWAREN
Die Grönländer handelten mit Elfenbein vom Walroß, Narwal-Häuten und gelegentlich exotischeren Dingen wie einem lebendigen Eisbären. Dagegen tauschten sie Lebensmittel, Haushaltsgegenstände und Bargeld ein.

Dänemark Straße

DIE SCHIFFE DES ERIK RAUDI ①
Auf einer frühen Kolonisierungsreise von Island nach Grönland ging 986 eine Flotte von Schiffen an der grönländischen Südwestküste verloren.

Brattahlid

Cape Farewell

LABRADOR-SEE

MARKLAND

St.-Lorenz-Golf

VINLAND (NEUFUNDLAND)

STANGARFOLI ②
Dieses Schiff strandete 1189 an der grönländischen Küste mit einer Fracht Geld und Waren aus Island.

DAS SCHIFF DES ARNBJØRN ③
Ein Wikingerschiff, das 1125 an der Ostküste Grönlands verlorenging. Eine große Menge Geld wurde kurz darauf an der Stelle gefunden.

ATLANTISCHER OZEAN

SEEBEBEN
Die Wikinger fürchteten das Phänomen der „Seemauern", wenn die Ozeanwellen das Schiff an drei Seiten wie mit undurchdringlichen Mauern zu hemmen schienen.

SCHEIDE EINES WIKINGERSCHWERTS, ca. 1100
Aus Messing gegossen und mit Tiermotiven verziert, zeigt diese Schwertscheide die typische Kunst der Wikinger-Handwerker. Sie wurde 1991 im Smalls-Riff nahe der Küste von Wales gefunden.

WIKINGER-SCHWERT, ca. 900–1000
Die Klinge war doppelseitig, die Spitze leicht abgestumpft. Der Metallgriff war wahrscheinlich mit Leder bekleidet.

SARGASSO-MEER

BARENTS-
SEE

NORWEGISCHE
SEE

STRANDIR-KÜSTE
Die Nordwestküste Islands war
berüchtigt, und viele Wikinger-
schiffe strandeten hier.

SCHIFF VON CECILIA ⑦
Cecilia, die Tochter König
Hakon, war 1248 auf der
Heimreise nach Bergen in
Norwegen, nachdem sie König Harald
von den Hebriden geheiratet hatte, als
ihr Schiff südlich der Shetland-Inseln
verlorenging. Wichtige Würdenträger
waren an Bord, und später wurden
Wrackteile angeschwemmt.

ISLAND-HANDEL
Island exportierte Wolle,
Tuche, Häute, Fisch
und Falken im Tausch
gegen Wein, Nah-
rungsmittel, Kupfer,
Eisen und Zinn.

ISLAND
④

SCHIFF VON BISCHOF OLAF ④
Dieses Schiff ging bei Hitarnes auf
Island mit einer reichen Ladung
Walroß-Elfenbein und anderen
Waren verloren.

FIFA UND HJALP ⑧
Schiffe, die 1151 vor den
Shetland-Inseln untergingen,
hatten Waren
aus Bergen
an Bord.

FÄRÖER
INSELN

WEISSES
MEER
(BELOJEMORE)

WIKINGER-TRINKGEFÄSS Der Dekorationsstil ist
charakteristisch für
Westeuropa im 8. oder 9. Jh.

NOVGOROD

•Trondheim

OSEBERG-SCHIFF ⑪
Dieses königliche Grab-
schiff des 9. Jhs wurde
1904 in Norwegen aus-
gegraben (s. S. 22–23).

Bottnischer
Meerbusen

GOKSTAD-SCHIFF ⑫
Grabschiff aus dem 9. Jh.
mit hölzernen Kunst-
gegenständen.

Finnischer
Golf

RUSSLAND

SILBERTASSE
Diese stark dekorierte
Wikingertasse, die auf das 11.
Jh. datiert wird, zeigt
byzantinischen Einfluß.

SHETLAND-INSELN
⑧ ⑦
⑤
Pentland
Firth

NORWEGEN
•Bergen
⑫ ⑪
Gokstad

Skagerrak

Golf von
Riga

Wolga

SCHIFF VON FLOSSI ⑤
Ein Schiff aus dem 12. oder
13. Jh., das sank, weil es
überladen von Norwegen
nach Island segelte.

SCHOTTLAND

NORDSEE

SCHWEDEN

GOTLAND

DÄNEMARK
⑩
Skuldelev•
Roskilde•

OSTSEE

Kiew•

**ROUTEN ZUM
SCHWARZEN MEER**
Über den Dnjepr hatte
man Zugang nach Istanbul,
einem wichtigen Hafen
zwischen Ost und West.

IRLAND

IRISCHE
SEE

NORMANNISCHES
ENGLAND

WALES
⑨

Englischer
Kanal

SUTTON HOO ⑨
Grabschiff von ca. 625,
1939 ausgegraben
(s. S. 20–21).

Rhein

HANDELSSCHIFF ⑩
„Hafskip" von ca. 1000, ausgegraben in Skuldelev, Dänemark
(s. gegenüberliegende Seite).

Dnjepr

**HANDEL MIT
DEM ORIENT**
Wikinger befuhren die
Wolga bis zum Kaspi-
schen Meer, um gegen
Pelze, Gold und Silber
fernöstliche Juwelen,
Gewürze und Seide
einzuhandeln.

Wolga

DAS SMALLS-WRACK ⑥
Dieses Schiff strandete etwa
1100 vor der walisischen
Küste. Eine Schwertscheide
wurde geborgen (s. gegen-
überliegende Seite).

Maas

Paris•

FRANKREICH

Loire

Rhône

BINNENROUTEN
Die Wikinger segelten
Flüsse wie die Loire, die
Garonne und die Maas hin-
auf. Kirchen und Klöster
waren besondere Ziele ihrer
Plünderaktionen.

Garonne

Golf
von Genua

ITALIEN

ADRIATISCHES
MEER

Donau

SCHWARZES MEER

KASPISCHES
MEER

SPANIEN

Bucht von
Biskaya

Golfe du
Lion

TYRRHENISCHES
MEER

•Konstantinopel
(Istanbul)

BYZANTINISCHES REICH

IONISCHES
MEER

ÄGÄISCHES
MEER

Euphrat

Tigris

Straße von
Gibraltar

MITTELMEER

MOSLEMISCHE
KALIFATE

•Bagdad

Persischer
Golf

SUTTON HOO

EIN GRABSCHIFF

Die Entdeckung eines der ungewöhnlichsten Schatzschiffe aller Zeiten begann gleichsam auf Umwegen. 1938 stellte eine gewisse Mrs. Pretty, die leidenschaftlich an Archäologie interessiert war, den Archäologen Basil Brown ein, um drei Grabhügel auf ihrem Land Sutton Hoo im englischen Suffolk auszugraben. Die Funde ermutigten sie, im nächsten Jahr einen weiteren Hügel in Angriff zu nehmen. Dieser war etwa 30 m (100 Fuß) breit, und die Ausgrabungen förderten einen reichen Schatz an Schmuck aus Gold, Bronze und Edelsteinen aus der Wikingerzeit zutage.

Das Schiff, das dabei in Sutton Hoo entdeckt wurde, ist kein Schatzschiff im üblichen Sinne des Wortes. Es ging nicht auf See durch Unfall oder Krieg verloren, sondern war absichtlich an Land als Teil eines angelsächsischen Begräbnisrituals eingegraben worden. Tatsächlich fand man eigentlich gar kein Schiff: Bis auf das letzte Stückchen war alles Holz wieder zu Erde geworden.

Geisterhafte Eindrücke

Die feuchte Umgebung und der stark säurehaltige Boden hatten alles organische Material verrotten lassen, doch war der wundervolle Geist des Schiffes übriggeblieben. Die Form jeder einzelnen Planke hatte sich im Sand abgedrückt, und die eisernen Nieten, mit denen die Planken zusammengehalten waren, lagen noch genau an ihrer Position. Der Sand war um das Schiff herum komprimiert worden, aber doch sehr brüchig, und so war die allmähliche Enthüllung der Schiffsform ein Triumph geduldiger und sorgfältiger archäologischer Handarbeit.

Am Schandeck befand sich eine Reihe von Ruderdollen oder -pflöcken, die die Schiffsruderer benutzt hatten. Auf beiden Seiten der gesamten Schiffslänge hätten 40 Ruderer hineingepaßt. Doch im Mittelteil des Schiffs fehlten die Ruderpflöcke. Vielleicht waren hier im Bereich der Grabkammer mit der Leiche und den Schätzen die Dollen entfernt worden. Es wäre aber auch möglich, daß sich hier nie Ruderdollen befanden, weil hier Mast und Segel waren oder weil dieser Bereich ausschließlich für Passagiere und ihre Habe vorgesehen war. Dann wäre die Zahl der Ruderer etwas weniger als 40 gewesen. An der Steuerbordseite vor dem Heck scheint ein Ruder

GRABUNGSSTELLE 1939
Der Blick geht über die ganze Schiffslänge zum Bug. Die Lage von Planken und Nieten ist deutlich sichtbar. Das Heck ist runder als der Bug, was bei einem Langschiff ungewöhnlich ist und durch Beschädigung während des Begräbnisses verursacht worden sein kann.

angelascht gewesen zu sein; die Verdopplung der Spanten in diesem Bereich und die Verdickung an den Enden dieser Hölzer auf der Steuerbordseite weisen darauf hin.

Der Grabhügel war schon im 16. oder 17. Jahrhundert von Räubern heimgesucht worden, die einen drei Meter tiefen Schacht in ihn hineingetrieben hatten. Glücklicherweise hielten sie direkt vor der Grabkammer an. Vielleicht wurden sie gestört, oder sie wurden nervös, weil die Sandwände des Schachts einzustürzen drohten.

Der Wikinger-Schatz

Der Schatz von Sutton Hoo zeigt den Mann, der hier begraben wurde, aus verschiedenen Blickwinkeln. Ein furchteinflößender Bronzehelm, eine brutale Streitaxt und ein schön dekoriertes Schwert mit Schild zeigen, daß es sich offensichtlich um einen Krieger handelte. Ein ungewöhnlicher, mit einem Bronzehirsch gekrönter und mit geschnitzten Gesichtern geschmückter Wetzstein wurde als eine Art Szepter identifiziert, was die Vorstellung von einem König oder einem mächtigen Herrscher vermittelte. Die großzügigen Silberbecher und exquisiter Schmuck, Spangen und Schnallen deuten auf einen Mann von großem Reichtum hin.

Die eher private und häusliche Seite seines Lebens wird durch Trinkgefäße aus Horn, Tassen aus Klettenholz, eine Lyra, Eimer und einen Kessel angedeutet. Einige Gegenstände wie eine bronzene Hängeschale auf einem Ständer mit einem Fisch, der sich frei im Wasser drehen kann, wenn die Schale gefüllt ist, geben eine Vorstellung von einer Eleganz, die man diesen sogenannten „dunklen" Zeiten nicht immer zumißt. Obwohl keine Textilien wie Decken oder Wandbehänge überlebt haben, kann ihr Vorhandensein aus Faserabdrücken rekonstruiert werden, die sich in rostigem Eisen, gegen das sie einmal gedrückt waren, überliefert haben.

DER FEHLENDE LEICHNAM

Sutton Hoo ist nicht nur ein Grabschiff ohne Schiff, sondern auch ohne Leichnam. So wie alles Holz verschwunden ist, gibt es auch keine Überreste von Gebeinen, nicht einmal von Zähnen. Die Archäologen vermuten, daß der säurehaltige Boden alle organischen Substanzen vollständig zerstört hat. Ein Vergleich des Bodens innerhalb und außerhalb der Grabkammer, den man kürzlich angestellt hat, zeigt allerdings einen höheren Phosphatanteil innen, was darauf deutet, daß innerhalb der Grabkammer einmal Gebeine gewesen sein müssen.

Unter den vielen Fundstücken befand sich auch eine Börse voller Goldstücke von ganz verschiedenen Münzen aus Gallien. Sicherlich waren sie dem Grab beigegeben worden, um die Reise des Toten in eine andere Welt zu erleichtern. Nach den Münzen datiert sich die Grablegung auf ungefähr 625 n. Chr., was auch das Jahr ist, in dem der angelsächsische König Raedwald starb. So vermutet man heute, daß das Grabschiff von Sutton Hoo Raedwalds Grab gewesen sein kann.

Exotische Einflüsse

Die Funde vermitteln eine Vorstellung von kosmopolitischen Einflüssen, die mit dem ruhigen Flüßchen Debden, an dessen Ufer Sutton Hoo liegt, nicht unmittelbar assoziiert werden. Einige Muster auf den Silberschalen deuten auf Einflüsse aus dem Mittleren Osten und der römischen Kultur, während andererseits komplizierte keltische Muster eher auf die künstlerischen Traditionen aus Schweden oder Deutschland verweisen. Alles zusammen läßt vermuten, daß das Gebiet um den Debden im 7. Jahrhundert im Zentrum angelsächsischer Wirtschaftsaktivitäten lag.

Schmuckpaneele
Die Schmuckflächen sind durch Ränder eingefaßt und werden durch runde Granatsteine gestützt.

DRACHEN
Dieser Schildgriff aus vergoldeter Bronze ist 20–25 cm lang und hat ein poliertes Granatauge und grimmige Fangzähne. Es war anscheinend Schmuck eines Schildes von rund 90 cm Durchmesser.

Mann und zwei wilde Tiere
Könnte den Mythos Odins darstellen, der vom Wolf Fenrir verschlungen wird.

Mythischer Vogel
Ein Raubvogel mit einem kleineren Vogel in seinen Krallen. Das Bild wiederholt sich umgekehrt links.

BÖRSENSCHNALLE AUS BEIN ODER ELFENBEIN
Feine Goldlinien machen ein kompliziertes Design aus Granat und farbigem Glas sichtbar. Die Lederbörse wurde mit dem Kopf nach unten im Sand gefunden und enthielt 37 Goldmünzen.

DIE LAGE

Das Wikinger-Grabschiff lag hoch über einem Fluß und konnte zweifellos schon aus großer Distanz erkannt werden. Um das große Schiff vom Fluß zur gewählten Position zu bringen, mußte es über etwa zwei Kilometer einen Abhang hinauf über Land transportiert werden. Wahrscheinlich erreichte man dies, indem man das Schiff auf hölzerne Rollen setzte.

Die Position für das Grab war eindeutig nicht das Resultat von Bequemlichkeit oder von Zufall. Sie war sorgfältig gewählt, und die Grablegung wurde mit großer Kunstfertigkeit durchgeführt.

DIE AUSGRABUNG DER SCHIFFSFORM

Das Schiff, das bei den Grabungen in Sutton Hoo zutage kam, war über 27 m (90') lang bei einer Breite von fast 4 m (16') mittschiffs. Man schätzte die Höhe von Vorder- und Achtersteven auf 4 m (13') über dem Kiel, obgleich es dafür keinen Beweis gab.

Die Eindrücke im Sand bewiesen, daß das Schiff neun Gänge (oder Planken) an jeder Seite des Kiels besaß, die jeweils aus mehreren Teilen zusammengesetzt waren. Die Planken waren überlappend zusammengenietet („Klinker-Bauweise"). Innen gab es 26 Spanten, an die die Planken mit Holznägeln aus Eiche befestigt waren; nur die oberste Planke war mit Eisenbolzen befestigt.

Die Abdrücke im Sand waren so detailliert, daß die Archäologen sogar sagen konnten, wo das Schiff repariert worden war. Sie lokalisierten drei Stellen, an denen das Spantwerk geflickt worden war, weil dort eine größere Häufung an Nieten auftauchte. Diese Reparaturen deuten darauf hin, daß das Sutton-Hoo-Schiff lange Dienst getan haben muß und möglicherweise erst gegen Ende seiner natürlichen Lebensdauer als Grabschiff benutzt wurde.

OSEBERG

EIN GRABSCHIFF

Die Person, die mit dem Oseberg-Schiff beigesetzt wurde, kann die Königin Aasa, Tochter von Harald Granraude, des Königs von Agder, gewesen sein. Gemäß den Sagas hielt Gudrod der Jäger bei Harald um die Hand seiner Tochter an, doch Harald verweigerte sie ihm. Gudrod antwortete im klassischen Wikingerstil, indem er sie raubte und dabei Vater und Bruder tötete. Aasa gefiel diese Brautwerbung verständlicherweise nicht, und sie überredete einen Diener, Gudrod zu töten, während er nachts betrunken war. Der Diener wurde am nächsten Morgen getötet, doch Aasa scheint diese häusliche Auseinandersetzung überstanden zu haben.

Rahsegel
Das Schiff von Oseberg ist eines der ersten in nördlichen Gewässern mit einem Segel.

Im Jahre 1904 gruben Archäologen eine Grabanlage bei Oseberg am Oslofjord in Norwegen aus und entdeckten ein wunderbarerweise gut erhaltenes Schiff von ungefähr 800 n. Chr., das seitdem vollständig restauriert wurde und jetzt in der Ausstellung im Wikingerschiff-Museum in Oslo besichtigt werden kann. Der Fund ist bedeutend, weil es sich hier um ein faszinierendes Beispiel der Schiffsbaumethoden der Wikinger und der Stile dieser Periode handelt, aber auch um ein einzigartiges Kunstwerk, dessen reich beschnitzte Bug- und Heckpartien die komplizierten Muster mythischer Tiere zeigen.

Die Struktur des Schiffs war größtenteils intakt geblieben, weil es in Tonerde eingegraben war, die es gegen alle Schadstoffe abschloß. Die Grabkammer war zusätzlich unter einem Grabhügel aus Rasen versiegelt worden. Das Schiff besaß nur geringen Freibord, wäre also auf offener See nicht seetüchtig gewesen, jedoch geeignet für die geschützten Gewässer eines Fjords. Die unverhältnismäßig hohen Bug- und Heckpartien hätten es auf See auch sehr windanfällig gemacht.

Das Oseberg-Schiff ist eines der frühesten, das Hinweise auf einen Mast enthält. Interessanterweise sind die Mastduchten, die den Mast auf Deckhöhe halten, irgendwann gebrochen und wurden mit zwei Eisenbändern repariert. Der Schaden überrascht nicht, weil die Trägerstruktur des Masts ziemlich leicht ist. Ursache dafür könnten ungenügende Kenntnisse über die neuen Segeltechniken in dieser Zeit gewesen sein, doch ebenso ist es möglich, daß die Mastduchten absichtlich klein gehalten wurden, um den Raum an Deck zu vergrößern, wobei es dann eher um persönliche Bequemlichkeit als um Bedürfnisse des Handels ging. Andere Hinweise deuten in die gleiche Richtung, wenn man zum Beispiel entdeckt, daß die Decksbeplankung über die größte Schiffslänge festgenagelt war, statt wegen besserer Lademöglichkeiten lose zu bleiben.

WETTERFAHNE
Hergestellt aus vergoldetem Kupfer mit durchbrochenem Mittelteil, festem, geschnittenem Rand und einer Tier-Krone. Die Wikinger besaßen ein intimes Verständnis der Zeichen der See und der Natur und wußten, wie sie sie zur Navigation nutzen mußten.

Geschnitzter Bug
Der Schlangenkopf sollte den Feind erschrecken.

Steuerruder
An der Schiffsseite mit Tau befestigt, hergestellt aus Kieferwurzel.

MODELL DES OSEBERG-SCHIFFES
Dieses Schiff war zum Segeln auf offenem Meer nicht geeignet und war vielleicht eher ein königliches Vergnügungsboot als ein Kriegs- oder Handelsschiff.

Staugabel
Zum Stauen der Riemen, wenn nicht in Gebrauch.

Zentralmast
Die Masthalterung
war zu dünn.

Zwei Leichname im Grab

Im Grab wurden zwei Leichname entdeckt, beides Frauen. Eine war Ende 20, die andere eine ältere Frau, die an schwerer Arthritis litt. Die junge Frau war offensichtlich ein bedeutendes Mitglied einer mächtigen Familie, wahrscheinlich von königlicher Abstammung, und die alte Frau war höchstwahrscheinlich ihre Sklavin. Araber, die in dieser Zeit Norwegen bereist hatten, berichteten, daß es dort Sitte war, daß der Sklave beim Begräbnis seines Herrn oder seiner Herrin geopfert wurde, damit im nächsten Leben für Bedienung gesorgt war. Überreste von Pferden, Hunden und Vieh wurden ebenfalls im Grabhügel gefunden, außerdem Äpfel, Weizen und Nüsse als Nahrung für die letzte Reise.

Darüber hinaus enthielt der Grabhügel von Oseberg eine Auswahl eher alltäglicher häuslicher Gegenstände wie einen Eimer aus Eibenholz und einen Eisenkessel mit Dreifuß, offenbar ebenfalls notwendig für die Reise ins Jenseits.

**RUNDE DÄNISCHE
SILBERBROSCHE**
10. Jh., mit einem in sich verschlungenen, wilden Tier. Die Wikinger stellten oft reale oder mythische Tiere dar; unter den Schnitzereien am Oseberg-Schiff wurden sehr viele gefunden.

Kunstvolle Holzschnitzereien

Die Haushaltsgegenstände sind zwar bedeutsam für die Erforschung des Lebens in dieser Zeit, doch der eigentliche Schatz des Osebergschiffs sind seine wundervollen und komplizierten Tierschnitzereien. Diese finden sich am Schiff selbst wie auch an verschiedenen, ebenfalls im Grabhügel gefundenen Kunstgegenständen: einem vierrädrigen Wagen, einem königlichen Bett mit Stuhl und einem Schlegel. Monsterköpfe auf der Kreuzblume des Schlegels sollten offensichtlich böse Geister abhalten. Die Schnitzereien zeigen eine ausgefeilte künstlerische Tradition mit Sinn für Struktur und Design.

Bronzefigur
Die Vermutung zielt auf eine Buddha-Figur, was zeigte, daß die Wikinger Verbindungen nach Osten hatten.

TIERPFOSTEN
Fünf in Form von Tierköpfen geschnitzte Holzpfosten wurden beim Oseberg-Schiff gefunden, vier in der Grabkammer selbst. Ihr Sinn ist noch unbekannt, doch die kunsthandwerkliche Ausführung ist bewundernswürdig.

EINIGE FAKTEN

Schatz	Geschnitzte Kunstgegenstände
Datierung	ca. 800 n. Chr.
Entdeckung	1904
Lokalisierung	Norwegen

HÖLZERNER EIMER
Im Oseberg-Schiff gefunden, wahrscheinlich zum Verstauen oder Servieren von Flüssigkeiten benutzt.

Vordersteven
Mit dekorativer Schneckenverzierung.

Holzbeplankung
Die Konstruktion bestand hauptsächlich aus Eiche; kleine Teile an Bug und Heck waren aus Buche.

Freibord
Der Abstand zwischen Schandeck und Wasserlinie war sehr gering.

Riemen aus Kiefer
Frisch gemacht vor dem Begräbnis.

CHINESISCHE DSCHUNKEN

Chinesische Kaufleute waren seit dem 13. Jahrhundert perfekte Seeleute, die zum Handel riesige Distanzen zurücklegten. Es ist bemerkenswert, wie gleichmäßig es chinesische Exporte über Jahrhunderte hinweg gab. Auf ihren Reisen hinaus in die Welt waren die chinesischen Dschunken mit Gold, Silber, Porzellan, Spezialtees, Lackwaren, Seide, Ginseng, Rhabarber, Sätteln und Säbeln beladen. Dagegen wurden andere kostbare Dinge eingetauscht wie Ebenholz, Elfenbein und Kampferholz von Champa (Südvietnam); Korallen und Rhinozeros-Horn aus Sumatra; Edelsteine und Perlen aus Ceylon (Sri Lanka); Betelnüsse, Zinn, Sago, Tiger und Krokodile aus Malakka in Malaysien; Ambra, Kaurischnecken und Kokosnüsse von den Malediven; und Opium und Rosenwasser aus Aden auf der Arabischen Halbinsel.

Cheng Hos Reisen

Die große Periode der chinesischen Seefahrtsgeschichte waren die ersten 30 Jahre des 15. Jahrhunderts. Zu dieser Zeit bestand die Marine der regierenden Ming-Dynastie aus mehreren tausend Kriegsschiffen, die die Meere westlich bis zur afrikanischen Ostküste, östlich bis nach Japan und im Süden inklusive des indonesischen Archipels beherrschten.

Diese chinesische Vorherrschaft wird vor allem deutlich in den sieben Expeditionen, die der Großeunuch Cheng Ho zwischen 1405 und 1433 im Namen des Kaisers Yung Lo unternahm. Diesen Reisen lag vor allem die Absicht zugrunde, fremde Länder mit chinesischer Größe und Macht zu beeindrucken, in manchen Gegenden auch die Tributleistungen an China wiederherzustellen, neue Arten von Tieren und Pflanzen für Natur- und Medizinwissenschaft zu sammeln und Handel zu treiben. Die Expeditionen waren eindrucksvoll; die erste Reise bestand zum Beispiel aus 30000 Mann in 300 Schiffen, von denen 62 Schätze mit sich führten. Die meisten Männer waren Soldaten, doch gab es auch Dolmetscher, Meteorologen, Geschäftsleute, Beamte, Köche, Ärzte, Naturwissenschaftler, Kalfaterspezialisten, die die Schiffe auf der langen Reise reparierten, und Steuerleute, die sich in unbekannten Gewässern zurechtfinden sollten. Es ist nicht klar, wie groß Cheng Hos Schatzschiffe wirklich waren, doch gibt es Quellen, die eine Länge von 138 m bei einer Breite von 56 m (452 mal 183 Fuß) nennen. Sie erreichten Geschwindigkeiten von 6 bis 8 Knoten, doch lag ihre Durchschnittsgeschwindigkeit eher bei 3 Knoten. Eine typische Rundfahrt beanspruchte fast zwei Jahre und ging über 24000 km (13000 Seemeilen).

MAGNETSTEIN
Die Chinesen entdeckten als erste vor ca. 2000 Jahren die natürlichen magnetischen Eigenschaften des Magnetsteins (Eisenoxid). Daraus entwickelte sich der Magnetkompaß.

HANDEL AN DER INDISCHEN WESTKÜSTE
Die Häfen Quilon, Cochin und Calicut versorgten die Chinesen mit Pfeffer, Ingwer und Zimt, aber auch mit exotischeren Dingen wie Elefanten und Papageien.

ADEN
Die Chinesen landeten hier zum Kauf von Glaswaren und kunsthandwerklichen Gegenständen. Cheng Hos siebte Expedition ging von hier aus sogar noch weiter, bis nach Dschidda am Roten Meer.

OSTAFRIKANISCHER HANDEL
Wie chinesische Münzen, die an den Küsten von Somalia und Moçambique gefunden wurden, zeigen, trieben die Chinesen schon seit dem 11. und 12. Jh. Handel mit Afrika.

DSCHUNKE VON DER MITTE DES 19. JH.S [1]
Shap'ng Tsai, ein berüchtigter vietnamesischer Pirat, operierte im Golf von Tongking. Er verlor mehrere Schiffe, darunter diese chinesische Dschunke, die 1850 mit Schätzen an Bord im Kampf sank.

ARAL-SEE

PERSIEN

Ormuz (Hormuz)

Persischer Golf

Golf von Oman

Indus

Ganges

INDIEN

ARABISCHES MEER

Dhofar

Aden

Golf von Aden

SOMALIA

Calicut

Cochin

Quilon

CEYLON (SRI LANKA)

MALEDIVEN

INDISCHER OZEAN

Malindi

MADAGASKAR

CHINESISCHER KOMPASS
Chinesische Navigatoren benutzten Kompasse wie diesen, wenn sie über die Ozeane segelten. Die chinesischen Seeleute verwandten außerdem den Jakobsstab zum Berechnen der Breite, Sternkarten und Navigationskarten, die „Wasserspiegel" genannt wurden.

JAPANISCHES MEER

GELBES MEER KOREA JAPAN

Gelber Fluß (Huang Ho)

MING CHINA

PORZELLANFABRIKEN
Die Stadt Fowling (Jingdezhen) war im 17. Jh. ein Zentrum der chinesischen Porzellanfabrikation. Die Frachten auf dem *Vung-Tau-* und dem *Sinan*-Schiff stammten von hier.

Nanking • (Nanjing)
Wusong
Yangtse
• Fowliang (Jingdezhen)

OSTCHINE-SISCHES MEER

NORDPAZIFISCHER OZEAN

SINAN-SCHIFF ⑦
Diese Dschunke ging im frühen 14. Jh. mit einer großen Menge Kupfermünzen und Keramik unter (s. S. 26–27).

T'AI PING ⑧
Eine chinesische Dschunke, die um 1056 nahe der Mündung des Min-Flusses verlorenging. An Bord war ein Botschafter, der dem chinesischen Kaiser Gaben bringen sollte.

BENGALEN
Die Chinesen handelten hier Waren gegen Seide, Tuche, Zucker und Stahl aus dieser Gegend.

TIBET

FUKIEN (FUJIAN)
Amoy (Xiamen)
Min Fluß
⑧

Canton (Guangzhou)
Pearl River (Hongshui)
Macao ⑨

BENGALEN

BURMA

Golf von Bengalen

CHINESISCHE DSCHUNKE, 14. JH. ②
Die Fracht chinesischen Porzellans wurde 1992 von Michael Hatcher geborgen. Die thailändische Regierung machte Eigentumsrechte geltend, arrestierte das Bergeschiff und beschlagnahmte die Fracht.

Irrawaddy

①
Golf von Tongking
HAINAN

④

SÜDCHINESISCHES MEER

WRACK VOM MANDARIN-KAP ⑨
Diese Dschunke sank um 1200 mit einer Fracht Silberbarren und Porzellan. Teilweise wurde sie um 1980 geborgen.

ANNAM
Mekong
CHAMPA (SÜDVIETNAM)
Qui Nhon

SIAM (THAILAND)
②

CHINESISCHE DSCHUNKE ④
Dieses Schiff ging 1611 verloren. Es transportierte Gold und Porzellan von Macao nach Japan.

⑩
• Manila

PHILIPPINEN

GINSENGWURZEL
China exportiert Ginseng seit Jahrhunderten. Noch immer wird es wegen seiner medizinischen Eigenschaften geschätzt.

Golf von Siam
⑤

KEDAH
③

VUNG-TAU-SCHIFF ⑤
Eine chinesische Dschunke, die um 1690 sank und nach 1990 geborgen wurde (s. S. 28–29).

WRACK AUF DER UNTIEFE ROYAL CAPTAIN ⑩
Diese kleine Handelsdschunke segelte um 1600 mit Keramik, Glasperlen und Bronze von Manila nach Borneo, als sie auf eine Sandbank lief.

Malakka •
• Singapur
⑥

SUMATRA

BORNEO

NEUGUINEA

Palembang •

SRIVIJAYAN-REICH

SCHIFF VON TU YUAN ③
Es ging um 1400 vor Sumatra verloren und war vielleicht eines der Schiffe aus Cheng Hos erster Expedition, einer Flotte von über 300 Schiffen, darunter 62 Schatzschiffe, mit fast 30000 Mann Besatzung.

Straße von Bangka (Selat Sunda)
Batavia (Djakarta)
JAVA

WRACK AM ADMIRAL-STELLINGWERF-RIFF ⑥
Diese Dschunke ging 1643 mit Porzellan von China nach Java verloren. Die Fracht wurde um 1980 von Michael Hatcher geborgen und bei Christie's für mehrere Millionen Pfund Sterling versteigert.

AUSTRALIEN

- - - Handelsrouten
—— Cheng Hos Reisen

DAS
SINAN-WRACK

CHINESISCHE HANDELSDSCHUNKE
Dieses Modell stammt von 1938, stimmt jedoch in vielen Punkten mit den aufgefundenen Dschunken des 14. Jh.s überein. Während westliche Schiffe eher stromlinienförmig wie ein Fisch waren, ähnelten Dschunken eher der Form einer Ente. Das Sinan-Schiff hatte keinen flachen Boden wie dieses Modell, sondern besaß einen Kiel und auch nur zwei Masten.

Toppsegel
Nur der Großmast trug mehr als ein Segel.

1975 entdeckte ein Fischer beim Trawlen vor der Südwestküste von Südkorea ein Wrack mit einer Porzellan-Ladung. Das Porzellan wurde zunächst als Imitation abgetan, doch später fand man heraus, daß es sich tatsächlich um Keramik aus dem 14. Jahrhundert handelte. Das koreanische Kultusministerium und die Marine bargen mit der Zeit eine Menge gut erhaltener Kunstgegenstände, darunter auch Kupfermünzen, Celadon-Steingut (Keramik mit graugrüner Glasur), Silber- und Eisenbarren, Kochgeräte aus Bronze und Eisen und rotes Sandelholz. Das Schiff lag unter einer dicken Schlickschicht, was für die Bergungstrupps schlechte Sicht bedeutete, aber schließlich die Fracht und die Holzkonstruktion des Schiffes erhalten hatte. Mehr als 200000 Kupfermünzen im Gewicht von 28 Tonnen wurden gerettet, die zumeist kurz vor 1310 datierten.

Kupfermünzen benutzten die Chinesen in dem von ihnen so genannten Nanhai-Handel, um damit fremde Waren wie Gewürze, Glas, Pferde, Elfenbein, Perlen und Medizinkräuter einzukaufen. China exportierte Seide, Lackwaren, Gold, Silber, Celadon- und andere Keramikarten. Es war üblich, daß einzelne Kaufleute Raum auf einem Schiff für ihren persönlichen Handel mieteten, obgleich der Handel insgesamt unter der Aufsicht der Regierung stand, die auch Anteile vom Gewinn erhielt. Ein chinesisches Sprichwort sagt: Eine glückliche Reise macht den Mann reich, eine zweite glückliche Reise macht ihn extrem reich und eine dritte glückliche Reise macht ihn über alle Vorstellung reich. In dieser Hinsicht war die Reise des Sinan-Schiffs jedoch wohl weniger glücklich.

Besanmast
Die Masten waren zumeist aus Kiefer.

Frachtraum
Dschunken besaßen Querschotten, die sie weniger leicht sinken ließen und die Fracht schützten. Das Sinan-Schiff hatte acht Schotten.

Rudersteven
Die waren oft aus Ulme oder Eiche.

Zweiter Mast
Im Vorderteil des
Schiffs plaziert.

Bambussegel
Die Segel drehten
um den Mast, so
daß chinesische
Schiffe sehr dicht
am Wind segeln
konnten.

CHINESISCHES PORZELLAN

Die Porzellan-Keramiken, die man auf dem
Wrack fand, stammen möglicherweise aus
den Brennöfen von Fowliang (Jingdezhen),
einer Stadt, in der im frühen 18. Jahrhundert etwa eine Million Menschen in der
Porzellanindustrie arbeiteten.

Celadon-Porzellan wurde wegen seiner
Farbe und der ihm zugeschriebenen Eigenschaft, Leben schützen zu können, geschätzt: Es hieß, daß es sich verfärbte oder
zerbrach, wenn es mit vergiftetem Essen in
Berührung kam.

CELADON-FRACHT
*In diesen Original-
Holzkisten blieb die
Fracht fast 600 Jahre
lang bestens erhalten.
Die chinesischen
Schriftzeichen bedeuten
„großes Glück".*

HANDELSROUTEN

Das Sinan-Schiff trieb wahrscheinlich Handel zwischen Süd-China und Japan; ein aus dem Wrack
geborgenes Bronzegewicht trug als Inschrift den
Ortsnamen Yinxian (Ningbo), was vielleicht sein
Bestimmungshafen war. Die drei wichtigsten
Häfen und Schiffsbauzentren an der südchinesischen Küste waren in dieser Periode Guangzhou
(Kanton), das mit Südost-Asien Handel trieb, und
Quanzhou und Mingzhou, Zentren für den Handel
mit Japan, Korea und den Philippinen.

Schiffe mit Bestimmung Korea verließen
China im Sommer und kehrten im Winter zurück,
während jene mit Ziel Japan sich wahrscheinlich
die Südwest-Winde des Frühsommers zunutze
machten und zur Rückreise die Nordost-Winde im
folgenden Frühjahr abwarteten.

Die Keramiken der Yuan-Dynastie

Man vermutet, daß das Sinan-Schiff um das Jahr
1323 unterging, womit es in die Zeit der Yuan-
Dynastie (1279-1368) gehört, nachdem die Mongolen unter Kublai Khan vom Norden her nach
China eingefallen waren. Zu dieser Zeit hatte sich
die grundlegende Technologie der Keramikindustrie schon seit einiger Zeit durchgesetzt, doch gerade erst hatten die Töpfer begonnen, Kobaltblau
unter einer klaren Glasur zu verwenden, womit
das charakteristische blau-weiße Porzellan erfunden war, das in späteren Jahrhunderten so hoch
geschätzt werden sollte. Die Dekorationsstile und
Glasurtechniken entwickelten sich rasch, und die
Keramiken dieser Zeit gelten als kühner und
phantasievoller als jene der unmittelbar vorangehenden Sung-Periode. Vielleicht spiegelte dies
den Geschmack der Mongolen, oder aber das
neue Regime gestattete den Künstlern größere
Freiheiten.

EINIGE FAKTEN

Länge	32 Meter (105 Fuß)
Breite	10 Meter (33 Fuß)
Tiefgang	3,50 Meter (11 Fuß)
Ladung	200 Tonnen
Crew	mehr als 300

Schräge Masten
Dschunken besaßen
bis zu neun Masten,
die in verschiedenen
Winkeln schräg
gesetzt wurden.

Ersatzsegel
Aufgerollt und auf
dem offenen Deck
verstaut.

Holzrumpf
Aus Tanne und
Kiefer gemacht.

Eiserner Anker
Vierankiger
Anker vom Typ
des Draggen.

Die Struktur des Sinan-Schiffes

Wie die wertvolle Fracht wurde auch das hölzerne
Spantwerk des Schiffes selbst vom Meeresboden
geborgen und einer Konservierungsbehandlung
unterzogen, bevor das Schiff rekonstruiert wurde.
Es besaß acht Querschotten und nur zwei Masten.
Der Großmast muß etwa 30,50 m (100') und der
Vormast etwa 24,50 m (80') hoch gewesen sein.
Die Anker waren wahrscheinlich eiserne Draggen
mit vier Flunken; doch konnte keiner geborgen
werden.

Das Sinan-Schiff wurde ziemlich sicher in Süd-
China gebaut, da die Hölzer Rotkiefer ('red pine')
und Tanne waren, die nur in jener Gegend wachsen. Wissenschaftliche Analysen und die Abmessungen der Hölzer deuten darauf hin, daß die
Stämme um die 100 Jahre alt waren, als sie für
den Schiffsbau gefällt wurden.

DAS
VUNG-TAU-WRACK

Mitte des Jahres 1980 entdeckte ein vietnamesischer Fischer ein Gebiet vor der winzigen Insel Hon Bay Canh, die zur Gruppe der Con-Dao-Inseln gehört und rund 100 Seemeilen vor Vung Tau in Südvietnam liegt, in dem er massenweise Schnapper (*Lutianus campechinus*) fing. Er vermutete, er habe ein besonders produktives Korallenriff gefunden, wo sich Schnapper gerne aufhalten, und bestimmte deshalb seine Position sehr genau, die etwa 6 Seemeilen Ost-Südost der Insel war, um später wieder an diese Stelle zurückkehren zu können.

Der Fischzug war so reichlich, daß der Mann mehrmals wiederkam. Eines Tages hing jedoch etwas ganz anderes an seiner Leine: ein zusammengebackener Haufen Eisen mit mehreren Porzellananteilen. Ganz offensichtlich hatte er über einem Wrack gefischt, und dem verdankte er den guten Fischzug; denn auch Wracks sind Anziehungspunkte für Fische.

Der Fischer brachte das Porzellan zu einem vietnamesischen Antiquitätenhändler, der sich erbot, mehr der gleichen Ware zu kaufen, und nicht lange danach wurden die Antiquitätenläden von Ho-Chi-Minh-Stadt über Singapur bis Hong Kong mit blau-weißem China-Porzellan überschwemmt.

ENTDECKUNG UNTER WASSER
Bei der Arbeit in der Dunkelheit unter Wasser beleuchteten Sverker Hallströms Taucher mit Lampen die sauber aufgestapelten Haufen der Fracht. Das Heben des Schatzes war eine delikate Aufgabe, weil dicke Lagen Schlick und Sand das Porzellan bedeckten. Die meiste Fracht lag noch an der gleichen Stelle, an der sie vor der Abreise zuerst verstaut sein mußte.

Endlich merkten die vietnamesischen Behörden, was hier vorging, und befahlen der staatseigenen Bergegesellschaft Visal, systematischere Bergeversuche zu unternehmen. Doch nach wenigen Monaten war Visal klar, daß man eine außenstehende Gesellschaft mit Spezialausrüstung benötigte, um die Fundstelle ordentlich auszugraben. Ein in Singapur ansässiger schwedischer Bergungsexperte, Sverker Hallström, wurde ausgewählt und begann im Herbst 1990 mit den Bergeoperationen beim Wrack.

Ein unkonventionelles Schiff

Das Wrack erwies sich als Rest eines chinesischen Schiffs ungewöhnlicher Art; denn seine Struktur verband Elemente der traditionellen chinesischen Dschunke mit westlicher Schiffsbautradition, wie sie durch den Typ der portugiesisch beeinflußten Lorcha, einem in Ostasien verbreiteten, flachen und leicht gebauten Leichter, repräsentiert wird. Kiel, Achtersteven und die ziemlich stromlinienförmige Form des Rumpfs wiesen auf westliche Einflüsse; Schotten, Mastspur und die zum Kalfatern verwendeten Materialien (Tung-Öl und Kalk, gemischt mit zerrissenen Jute- oder Bambusfasern) entsprachen hingegen mehr chinesischer Tradition. Das Schiff war etwa 33,50 m lang und 10 m breit (110 bzw. 33 Fuß).

Feuer auf See

Man fand verkohlte Hölzer bis hinunter zur Wasserlinie, womit klar war, daß das Schiff wegen Feuers gesunken war. Ob dies durch Blitzschlag oder einen anderen Unfall oder vielleicht auch durch einen Piratenüberfall verursacht wurde, ließ sich nicht rekonstruieren. Das Wrack wurde auf etwa 1690 datiert. Die wenigen Münzen, die man fand, stammen aus der Regierungszeit des chinesischen Kaisers Kangxi (1662-1722), und ein kleiner chinesischer Tintenstein, den man ebenfalls barg, trägt eine reliefartige Datierung, die dem Jahr 1690 entspricht.

Schalen

Schalen
Alle mit glasierten Rändern.

Weißglasierte Teller

KLASSIFIZIERUNG DES SCHATZES
Nach der Bergung wurde die Fracht an Deck des Bergeschiffs sortiert. Bevor die Stücke zur Auktion geschickt wurden, legte man ein genaues Inventar für jedes Fundstück an.

Suppenlöffel

Teller

Bechervase

Ovale Vase
Mit Paneelen aus stilisierten Glyzinen und Kiefern.

AUKTIONSFIEBER

In einer der bestpublizierten Auktionen der
letzten Jahre wurden Teile der geborgenen
Porzellan-Fracht vom Auktionshaus Christie's
1992 in Amsterdam versteigert. Die Auktion
zog viel Aufmerksamkeit besonders aus Europa, Nordamerika und dem Fernen Osten auf
sich. Es gab mehr als 1000 Einzellose, unter
denen die begehrten blau-weißen Becher, Tee-
schalen und -kannen, Senftöpfchen und Pillen-
döschen, aber auch kleine *blanc-de-chine*-
Figuren, Schalen und Suppenlöffel zur Versteigerung kamen. Die Auktion war ein großer Erfolg und erbrachte mehr als 7 Millionen US $.

Keramik-Schätze

Eine enorme Menge an Gegenständen wurde in
und um die Reste des Rumpfes gefunden. Am
wertvollsten war das berühmte blau-weiße und
das *blanc-de-chine*-Porzellan. Beides sollte möglicherweise in Djakarta (Batavia) auf Schiffe nach
Europa umgeladen werden. Die Porzellanöfen in
Fowliang (Jingdezhen) hatten in den Jahren um
1680 gerade erst wieder mit der Produktion begonnen, nachdem die Manchu-Invasion vom Norden des Ming-Reiches für jahrzehntelange
Unterbrechung gesorgt hatte.

Höchst interessant ist, in welchem Maße die
geborgenen Stücke westliche Einflüsse in der
Wahl von Form und Design offenbaren. Einige
der größeren Vasen zeigen zum Beispiel Giebel-
häuser, die holländischen Grachtenhäusern aus
der Zeit gleichen. Man kann sich vorstellen, daß
Händler aus dem Westen ihren chinesischen Ge-
schäftspartnern bereits Musterzeichnungen lieferten, in denen sie den Stil angaben, den sie
dargestellt wissen wollten.

Handelswaren und persönliche Gegenstände

Das Vung-Tau-Schiff enthielt auch einige eher
alltägliche Waren, die unter dem Namen
„Küchen-Qing" bekannt sind, die wohl für die
chinesischen Händlerfamilien in der Hafenstadt
Djakarta bestimmt waren. Außerdem fand man
Steingutgefäße, in denen möglicherweise verschiedenartige Öle, Pasteten, Drogen und Delika-
tessen transportiert wurden. Walnüsse, Betelnüsse, Lychees, Reis und Dattelpflaumen
wurden unter den Resten von Nahrungsmitteln

identifiziert. Nur sehr wenige persönliche Dinge
wurden geborgen, doch darunter befanden sich
ein Satz Waagschalen, eine Taschen-Sonnenuhr
westlicher Herkunft und ein Spiegel. Dann fand
man noch eiserne Kochtöpfe und Woks, Bodenka-
cheln aus Fayence, Ohrstocher, Knöpfe aus einer
Metallegierung, Pinzetten, Läusekämme aus
Bambus, kleine Messingkästchen, Würfel und
Tintenfässer. Alles fand sich in solchen Mengen,
daß man auf Handelsware schließen muß. Das
Schiff folgte wahrscheinlich der üblichen Handelsroute von Xiamen (Amoy) in China, in südlicher Richtung an der vietnamesischen Küste
entlang bis zur Insel Tioman nahe der Straße von
Singapur, dann entlang der Ostküste von Sumatra
und schließlich nach Djakarta.

CHINA-MANIE

Im späten 17. Jahrhundert war Europa von einer
damals schon so genannten „China-Manie" ergriffen worden. Top-Mode war, ganze Wohn-
räume der Ausstellung orientalischen Porzellans
zu widmen. Der Schriftsteller Daniel Defoe beschrieb es etwas sarkastisch als „die Sitte oder
Mode, wie ich es nennen will, die Häuser mit
Chinoiserien zu bemöbeln, die sich derartig be-
fremdlich entwickelte, daß man China-Ware auf
jeden Schrank, jede Anrichte, auf jeden Kamin-
sims bis hoch zur Decke stellte und schließlich
sogar eigene Borde dafür anbrachte, wo überhaupt noch Platz war".

LEVANTE-HANDEL

Venedig in Italien besaß eine ideale Lage, um zwischen den aufs Festland orientierten großen Mächten, dem Heiligen Römischen Reich Deutscher Nation und dem Ottomanischen Reich, der muslimischen Levante, Handel zu treiben. Um das Jahr 1000 hatte sich Venedig zu einem mächtigen Stadtstaat entwickelt, dessen Reichtum fast vollständig auf Handel und Schiffahrt beruhte. Venedigs Marine dominierte die Adria, exportierte Holz und Sklaven aus Dalmatien, importierte Gold aus Nordafrika und belieferte das europäische Hinterland mit Seide und Gewürzen aus dem Orient. Die venezianischen Händler nutzten Alexandria in Ägypten, Akkra im heutigen Israel und Konstantinopel (Istanbul) in der Türkei als Umschlaghäfen für die begehrten orientalischen Güter. Bis zum 15. Jahrhundert hatte Venedig seinen Einfluß nach Westen und Norden ausgebreitet und betrieb Handel mit Spanien, Frankreich, England und den Niederlanden.

VIDALA ①
Ein venezianisches Schiff auf dem Weg zum Orient, das 1592 vor Anker in einer Bucht vor der dalmatinischen Küste sank. Die Fracht aus Wolle, Seide und anderen Gütern wurde auf 130.000 Dukaten geschätzt und von Piraten geplündert.

ANNA MARIA ④
Diese Galeone von 400 Tonnen und ihre Fracht aus Silber, Schwefel und Reis ging 1682 vor Portland Beach, England, verloren. Das Schiff war auf dem Weg von Venedig nach den Niederlanden.

SANTO CRISTO DE CASTELLO ②
Ein Genueser Schiff, 1666 mit einer Fracht Silbermünzen aus Genua in einer Bucht von Cornwall gesunken.

TOBIE ③
1593 strandete dieses englische Handelsschiff an der marokkanischen Küste auf dem Weg nach Italien und ins östliche Mittelmeer (s. S. 34–35).

Die Entwicklung von Handel und Schiffahrt

Venezianische Händler exportierten Silber- und Goldmünzen, und mit Goldbarren kauften sie orientalische Gewürze und andere östliche Waren inklusive Seide, Indigo, Perlen, kostbaren Steinen und Porzellan.

Venedig handelte aber nicht nur mit der Levante, sondern auch innerhalb des Mittelmeers, importierte kretischen Wein und Trockenfrüchte, sizilianischen Weizen, Rohgold aus den nordafrikanischen Häfen Tunis und Tripolis und Wolle, Olivenöl, Korallen und Kupfer aus dem Languedoc und aus Spanien.

Venedig war auch eine der ersten westlichen Seefahrer-Nationen, die Karten, Kompasse und Sanduhren benutzte. Mit diesen Navigationshilfen segelten die Schiffe schon im 13. Jahrhundert unabhängig von den Sternen. So konnten sie auch im Winter segeln, wenn die Sterne oft unsichtbar bleiben, vor allem aber quer über die Meere statt an der Küste entlang. Zwei Typen von Schiffen wurden dafür als besonders geeignet empfunden: Galeeren, die gerudert oder gesegelt werden konnten, und die größeren Rundschiffe, die allein Segel besaßen.

Map labels

NORDSEE
ENGLAND
London
Brügge
NIEDERLAND
Portsmouth
ISLE OF WIGHT
Englischer Kanal
Seine
FRANKREICH
Loire
Bucht von Biskaya
Garonne
LANGUEDOC
Marseille
NAVARRA
Ebro
Andorra
Golfe du Lion
Duero
KATALONIEN
ARAGON
Barcelona
PORTUGAL
Tajo
BALEAREN
KASTILIEN (SPANIEN)
Valencia
MITTELMEER
Lissabon
Guadalquivir
Kap St. Vincent
KÖNIGREICH VON GRANADA
Cadiz
Straße von Gibraltar
Cape Spartel
Ceuta
Fez (Fes)
MAROKKO
AFRIKA

SZENE AUS VENEDIG, 1338
Das Venedig des 14. Jh.s war ein lebhaftes Handelszentrum. Diese Szene zeigt venezianische Galeeren und Rundschiffe auf der dicht befahrenen Route von der Adria zum Markusplatz.

GEWÜRZE AUS DEM ORIENT
Venezianische Kaufleute tauschten orientalische Gewürze wie Pfeffer, Muskatnüsse und Muskatblüten, Nelken, Ingwer und Zimt gegen Falken und Pelze aus Nordeuropa, Safran und Honig aus Katalonien und venezianische Manufakturwaren wie Glas, Metallarbeiten, Juwelen, Woll- und Seidentextilien, Spiegel und Seife.

Tamarinde

Muskatnuß mit Blüte

RUSSLAND

KHANAT DER GOLDENEN HORDE

POLNISCH-LITAUEN

SEIDENSTRASSE
Die Handelsstraße von China über Tana über Land war wegen der politischen Instabilität leicht verwundbar.

KHANAT

MOLDAWIEN

WALACHEI

Tana

HEILIGES RÖMISCHES REICH (Deutschland)

WRACK VON DER ULBO-INSEL ⑤
Ein venezianisches Handelsschiff, das 1417 vor der dalmatinischen Küste verlorenging, während es nachts durch ein gefährliches Gebiet segelte (s. S. 32–33).

Venedig

Genua

Pisa • Livorno

LIGURISCHES MEER

⑤ ①

DALMATIEN

KORSIKA

APULIEN

Rom

ITALIEN

Ragusa (Dubrovnik)

ADRIATISCHE SEE

RAGUSA
Hier kauften venezianische Händler Silber, Wachs und Häute. Ragusa war so wichtig, daß es für Venedig zu einem ernsthafter Handelsrivale zu werden drohte.

KONSTANTINOPEL
Seit Jahrhunderten wegen der strategisch günstigen Lage umkämpft, fiel die Stadt 1204 an Venedig. Damit dominierte Venedig den wichtigen Gewürzhandel mit dem Orient und schickte jedes Jahr zwei Handelskonvois nach Konstantinopel. Die Hin- und Rückreise dauerte etwa zwei Monate.

Konstantinopel (Istanbul)

SCHWARZES MEER

KRIM

Kaffa

Trebizon

VENEZIANISCHES SCHIFF ⑨
Dieses Schiff sank 1452 nahe Konstantinopel mit wertvoller Fracht nach einer Attacke des Militärführers Mehmed II.

⑨

VOM ORIENT NACH KONSTANTINOPEL
Orientalische Waren erreichten das Handelszentrum Konstantinopel (Istanbul) via Persischen Golf, Trebizon und Schwarzem Meer.

VENEZIANISCHES REICH

KÖNIGREICH VON NEAPEL

Neapel

TYRRHENISCHES MEER

SARDINIEN

Palermo

SIZILIEN

Straße von Messina

Tunis

Korfu

ÄGÄISCHES MEER

IONISCHES MEER

⑥ MOREA

Kap Matapan

KYKLADEN

KRETA

OTTOMANISCHES REICH

TÜRKEI

RHODOS
Rhodos war ein wichtiges Handelszentrum des Ottomanischen Reichs und wurde besonders von Kaufleuten von der katalanischen Küste angelaufen.

RHODOS

PIRATENSCHIFF ⑩
Dieses Schiff sank 1607 im Kampf, als es bei Salinas, Zypern, ein venezianisches Schiff angriff.

ZYPERN

⑩

GUIDOTTA E SIMONA ⑥
Dieses venezianische Schiff wurde 1613 nahe der griechischen Insel Zante (Zakynthos) von Berberpiraten angegriffen, die seine für Alexandria in Ägypten bestimmte Gold- und Schmuckfracht haben wollten.

MITTELMEER

SAN MICHELE ⑧
Dieses Schiff gehörte dem König von Neapel und transportierte Wertsachen, als es 1479 nahe Alexandria in Ägypten verlorenging.

DIE ROUTE DURCHS ROTE MEER
Waren aus dem Orient wurden das Rote Meer hinauf bis nach Mekka gesegelt und gingen dann per Kamel über Land entweder nach Akkra oder Damaskus, oder sie wurden per Schiff sogar bis Suez gebracht und dann per Kamel nach Kairo. Letztere Route war unbeliebt wegen der vielen Riffs im Nordteil des Roten Meeres, und Suez war auch ein schlechter Hafen.

ROTES MEER

Tripoli

WRACK VON ABU QIR ⑦
Diese catalanische Kogge transportierte Safran, Mandeln, Olivenöl und Tuch nach Ägypten, als sie 1418 unterging.

ALEXANDRIA
Hier liegen viele Wracks, weil die vorherrschenden Nordwestwinde das Hinaussegeln aus dem Hafen auf dem Rückweg nach Venedig besonders im Spätherbst und Vorfrühling schwer machten. Um das Risiko zu vermindern, segelten zurückkehrende Venezianer oft zuerst NNO nach Zypern.

ÄGYPTEN

Kairo

Suez

⑦ ⑧

KREUZRITTER
Diese Schmuckplatte von einem Grab zeigt einen schwerbewaffneten Ritter zu Pferde. Im 11. Jh. nahm Venedig an den Kreuzzügen teil und transportierte Pilger ins Heilige Land. Dabei wurden Handelsposten eingerichtet, und beim 4. Kreuzzug 1202 nahm die venezianische Flotte einen Teil von Konstantinopel ein.

MAMELUCKISCHES REICH

Weichsel

Don

Dnjepr

Wolga

Rhein

Kirchenstaat

DAS WRACK VON DER
ULBO-INSEL

VENEZIANISCHE BOTSCHAFT IM OSTEN, SCHULE VON BELLINI
Nach den Kreuzzügen des 12. Jh.s und dem Sieg bei Istanbul (Konstantinopel) 1204 errichtete Venedig mehrere strategische Handelsposten und Schiffsbasen im ganzen östlichen Mittelmeerraum. Es dominierte den einträglichen Gewürzhandel mit dem Orient und importierte andere Schlüsselprodukte wie Baumwolle aus Syrien und Wein aus Kreta.

Nicolo Barbarigo war der stellvertretende Kommandeur einer Flotte von Handelsgaleeren, die sich im Dezember 1417 auf der Rückfahrt von Alexandria in Ägypten nach Venedig befand, als eines ihrer Schiffe unterging. Wahrscheinlich war Barbarigos Flotte in Eile, um bis zum Weihnachtsmarkt zurück zu sein; denn dies war eine günstige Gelegenheit, die wertvolle Fracht aus Gewürzen, Edelsteinen und Porzellan profitabel zu verkaufen.

Wie alle venezianischen Galeeren waren auch diese vom Staat Venedig gebaut und in seinem Besitz, der sie einzelnen Händlern für jeweils eine Reise vermietete. Die wiederum untervermieteten üblicherweise den verfügbaren Frachtraum an kleinere Händler.

Ruderer und Ruderkraft

Venezianische Galeeren, deren Entstehung man auf das Ende des 9. Jahrhunderts datiert, hingen nicht nur von Segeln ab, sondern nutzten auch Ruderer zum Manövrieren bei der Ein- und Ausfahrt aus den Häfen und um sich bei zuwenig Wind von den Küsten freizuhalten. Auf frühen Galeeren waren die Ruderer gewöhnlich freie Venezianer, die sich gegen Lohn verdingten. Aber als Barbarigo Kommandeur war, begann sich dieses System zu ändern. Venedig litt unter chronischem Arbeitermangel, teils wegen der Verluste durch die Pest, teils wegen der erst vor kurzem beendeten Kriege mit Genua; so wurden immer mehr Fremdarbeiter beschäftigt.

Das Fahren mit Ruderkraft war besonders arbeitsintensiv - wenigstens 200 Männer wurden für eine typische venezianische Galeere benötigt. Die Ruderer arbeiteten gewöhnlich in drei Schichten, wobei zwei (bei einer „Bireme") oder drei Männer (bei einer „Trireme") auf einer Bank jeweils ihr eigenes Ruder bedienten.

ITALIENISCHE BANKER
Venedig war eine der ersten Städte, die ein modernes Handelssystem inklusive der doppelten Buchführung, Versicherung, Banken und Wechsel entwickelte. Im 13. Jh. gaben Venedig und Florenz Goldmünzen heraus, die in Venedig Dukaten oder Sequinen, in Florenz Florin genannt wurden.

VENEZIANISCHE FRACHT

Die venezianischen Galeeren segelten nach Alexandria, Akkra und Istanbul (Konstantinopel), wo Verbindung mit den Handelsrouten nach Osten bestand (s. S. 30–31). Wegen ihrer Schnelligkeit transportierten sie Waren von hohem Wert, obwohl sie nur eine Tonne Fracht per Crewmitglied tragen konnten. Auf der Hinreise nahmen sie Gold- und Silbermünzen mit, dazu Goldbarren, mit denen die orientalischen Waren bezahlt wurden. Venezianische Händler exportierten auch Glas, Metallarbeiten, Schmuck, Seide und Wolltextilien, Spiegel und Seife. Auf der Heimreise brachten sie wertvolle Gewürze, Trockenfrüchte, Baumwolle, Wachs, Indigo, Perlen, Edelsteine und Porzellan mit. Diese Waren waren vor allem für den Re-Export nach England, in das deutsch-ungarische Hinterland, nach Spanien, Frankreich und in die Niederlande bestimmt.

INGWER
Ingwer wächst in Asien und kam als eines der ersten Gewürze in den Westen.

SULTANINEN
Diese getrockneten Früchte wurden aus Syrien importiert.

Ruderkraft
Riemen wurden beim Aus- oder Einfahren in den Hafen benutzt, wenn der Wind einschlief, oder um in der Schlacht zusätzliche Geschwindigkeit zu ermöglichen.

Pilgerquartiere
Galeeren wurden gelegentlich zum Transport von Pilgern benutzt, die dann im dunklen Laderaum untergebracht wurden.

Windkraft
Wann immer möglich, besonders auf offener See wurde die Galeere gesegelt.

Großmast
Auf frühen Galeeren nahe dem Bug; spätere Galeeren besaßen zwei Masten – einen am Bug und einen in der Mitte des Schiffs.

STUDIE EINER GALEERE, RAFAEL ZUGESCHRIEBEN
Typisch für diese frühe venezianische Galeere sind Riemen, ein Mast und ein Segel. Wenn Ruderer und Segel zusammenarbeiten, konnte die Galeere eine eindrucksvolle Geschwindigkeit erreichen.

Schiffsidentifizierung
Stander zeigten an, wer Eigner des Schiffs war.

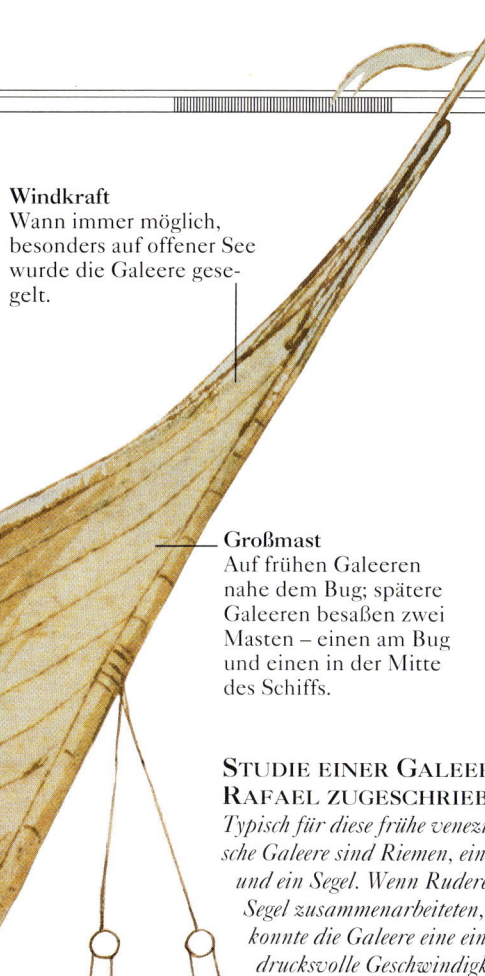

Lebensbedingungen an Bord

Der größte Teil der Crew lebte, aß und schlief an Deck dicht neben den Ruderbänken. Am Heck des Schiffes, der Poop, befand sich ein erhöhter Bereich, der mehrere Etagen umfaßte. In der untersten Etage wurden Schätze und Munition verstaut; die wichtigeren Passagiere und die Schiffsoffiziere schliefen in der mittleren Etage, wo sich auch die Messe befunden haben soll; und in der obersten Etage befand sich das Quartier des Kapitäns und stand der Kompaß. Hinter diesem Bereich lag der Ruderstand. Die Küche befand sich an Deck vor der Poop.

Die Schicksalsnacht

Barbarigos Flotte scheint hinter ihrem Zeitplan gewesen zu sein, als sie sich der Küste Italiens näherte. Zur Zeit des Schiffbruchs segelte sie bei Nacht durch den gefährlichsten Teil der Adria, was strikt gegen die Anweisungen war. Eine der Galeeren fuhr auf einen Felsen vor Ulbo, einer Insel nahe der dalmatinischen Küste, und sank.

Nicolo Barbarigo stoppte nicht, um Hilfe zu leisten, sondern brachte den Rest der Flotte in den nächsten Hafen. Man darf annehmen, daß diese Entscheidung nicht aus Gefühllosigkeit gefällt wurde, sondern weil die Wetterverhältnisse schwierig waren oder die Strömungen gefährlich. Doch die in der Regierung Venedigs für maritime Dinge zuständige Organisation hielt ihn verantwortlich für den Verlust, und so wurde er nach einer Verhandlung für schuldig befunden und mit 10000 Dukaten Strafe belegt, was damals eine beträchtliche Summe war.

EINFAHRT NACH ALEXANDRIA
Das Boot des Heiligen Markus nähert sich Pharos, dem großen Leuchtturm Alexandrias, der eines der sieben Weltwunder der Antike war. Alexandria war ein wichtiges Handelszentrum – daher die Abbildung seines berühmten Leuchtturms auf diesem Mosaik. Das Mosaik datiert von ca. 1200 und hängt jetzt in der Kapelle der St.-Markus-Kathedrale in Venedig.

DIE RUNDSCHIFFE VENEDIGS

SCHIFFBAUER BEI DER ARBEIT
Am erhöhten Achterdeck arbeiten zwei Zimmerleute, während ein dritter Wasser aus der See hochholt. Im Vordergrund wird unter Aufsicht des Schiffszimmermanns ein Holz als Decksbalken zurechtgeschlagen.

Venedig verdankte seine Herrschaft auf den Meeren zwei grundverschiedenen Schiffstypen: den Galeeren und den Rundschiffen. Letztere waren nur mit Segeln ausgestattet und deshalb beträchtlich langsamer als die Galeeren, besaßen aber ein viel größeres Tragevermögen und benötigten eine sehr viel kleinere Crew (etwa 60–80 Mann). Sie wurden vor allem für den Transport von Massengütern wie Korn aus Apulien und Sizilien, Salz aus Zypern und Soda und Kalialaun aus Syrien benutzt. Je Crewmitglied konnten die Rundschiffe fünf Tonnen Ware tragen. Das Ladevermögen betrug üblicherweise um 200 Tonnen, bei manchen jedoch sogar bis zu 500 Tonnen, wobei sie 20 Anker mit sich führten. Sie besaßen Rahsegel und ein Ruder, das am Achtersteven befestigt war.

Kampfstrategie
Von einem erhöhten Teil am Bug des Schiffs schossen Bogenschützen während des Kampfes Pfeile ab.

Unterkünfte
Seeleute, die im Vorschiff arbeiteten, lebten und schliefen in einem Bereich unter dem Bug.

EINIGE FAKTEN

Die üblichen venezianischen Galeeren waren:

36,50 Meter (120 Fuß)		lang
4,50 Meter (15 Fuß)		breit
250 Tonnen	Ladevermögen	

DIE
TOBIE

D ie *Tobie* war ein englisches Handelsschiff von 250 Tonnen aus London. Als es den Londoner Hafen am 16. August 1593 mit Ziel Livorno in Italien und Zakynthos und Patras in Griechenland verließ, trug es eine Fracht, die man auf den verhältnismäßig hohen Wert von 12 000 £ Sterling schätzt. Wahrscheinlich gehörten dazu Zinn, Wolle und Münzen. Für den Kapitän George Goodlay war es die erste Reise als Schiffsführer auf der Levante-Route. Der zeitgenössische Chronist und Geograph Richard Hakluyt beschrieb ihn als schweinsköpfig und inkompetent, und er wurde denn auch für das bevorstehende Desaster verantwortlich gemacht.

Nach Verlassen der Themsemündung segelte die *Tobie* den Englischen Kanal hinunter und lief Portsmouth an, um Weizen zu laden. Am 6. Oktober schließlich verließ sie die gegenüberliegende Isle of Wight. Am 18. Oktober näherte sich das Schiff der Einfahrt zur Straße von Gibraltar, doch das Wetter verschlechterte sich, und um nicht auf Land zu laufen, mußte die Crew wieder auf See

DIE THEMSE IN LONDON
Rechts fließt der Fluß in Richtung Meer und Europa. Er war ein dichtbefahrener Verkehrsweg sowohl für Handelsschiffe, die die Gezeiten ausnutzten, wie auch für kleinere Boote, die Passagiere durch das Herz der Innenstadt trugen.

hinaushalten. Als der Wind abgeflaut war, versuchten sie wieder, die Einfahrt zur Straße zu erreichen, doch der Kapitän berechnete den Schiffsort falsch, und in der Nacht des 19., eineinhalb Stunden vor Morgengrauen, steuerte er das Schiff auf Grund. Zur Zeit des Schiffbruchs trug die *Tobie* alle Segel, was nachts vor einer unbekannten Küste immer gefährlich ist. Die Position zu diesem Zeitpunkt wurde auf vier „Leagues" (etwa 19 km) südlich von Kap Spartel, Marokko, geschätzt.

Die fatale Entscheidung

Angesichts dieser schrecklichen Lage gab der Kapitän zu, daß er allein verantwortlich war, und in der nun folgenden Krise verlor er völlig sein

Ruderboot
Die Themse war oft für Menschen wie für Waren die direkteste Route durch die Stadt.

Vierstöckiges Lagerhaus
Stufen führten direkt vom Wasser hinauf, doch Güter wurden auch per Winde zu den oberen Fenstern gehoben.

DER ELISABETHANISCHE HANDEL

Zu der Zeit, als die *Tobie* ihre Fahrt unternahm, bestand eine starke Handelsbeziehung zwischen England und der Levante. Zehn Jahre vorher hatte England einen erfahrenen Kaufmann als Handels-Gesandten an den Hof von Istanbul (Konstantinopel) entsandt und zugleich eine neue Gesellschaft gegründet, die Türkische oder „Levant Company". England handelte mit Tuch, Zinn und Zinngerät gegen Seide, Baumwolle, Korinthen, Indigo und Gewürze. Allmählich konnte England im profitablen Gewürzhandel mit Venedig mithalten (bis dahin war Portugal Venedigs Hauptkonkurrent gewesen).

Man vermutet, daß die *Tobie* vor allem Zinn und Wolle, zwei der üblichen englischen Exportgüter der Zeit, geladen hatte.

Der Elisabethanische Wollhandel
Wolle spielte eine wichtige Rolle in Englands Wirtschaft. Wegen des milden Klimas konnten fast überall Schafe gehalten werden, und rund 50 Jahre vor der Reise der *Tobie* waren große Weidebereiche eingezäunt worden, um Viehzucht in größerem

ENGLISCHER SCHÄFER
Die Wollindustrie war wesentlich für Englands Ökonomie. Die meiste Wolle wurde exportiert, doch Ziel der Schafhaltung war auch die Erzeugung von Milch und Fleisch, was am Ort verkauft wurde.

ZINNERZ
Dies war eines von Englands Hauptexportgütern.

Maßstab zu ermöglichen. Landwirtschaft dominierte; neun von zehn Männern arbeiteten auf dem Land. Doch die Wollindustrie war schlecht organisiert. Die Schafhirten verkauften die Wolle auf Marktplätzen an kleine Spinnereien, und diese brachten sie wieder auf den Markt zum Verkauf an Weber, die ihrerseits das Tuch an Tuchhändler oder Färber verkauften. Dann erst gelangte das fertige Tuch an Londoner Händler zum lukrativen Export in die Levante.

Der Zinnhandel
England besaß viel Zinn, Eisen und Kohle, die schon damals erfolgreich ausgebeutet wurden. Die Zinnminen konzentrierten sich im Südwesten, Cornwall lieferte das meiste Roherz für den Export. In der elizabethanischen Zeit war England der größte Zinn-Exporteur.

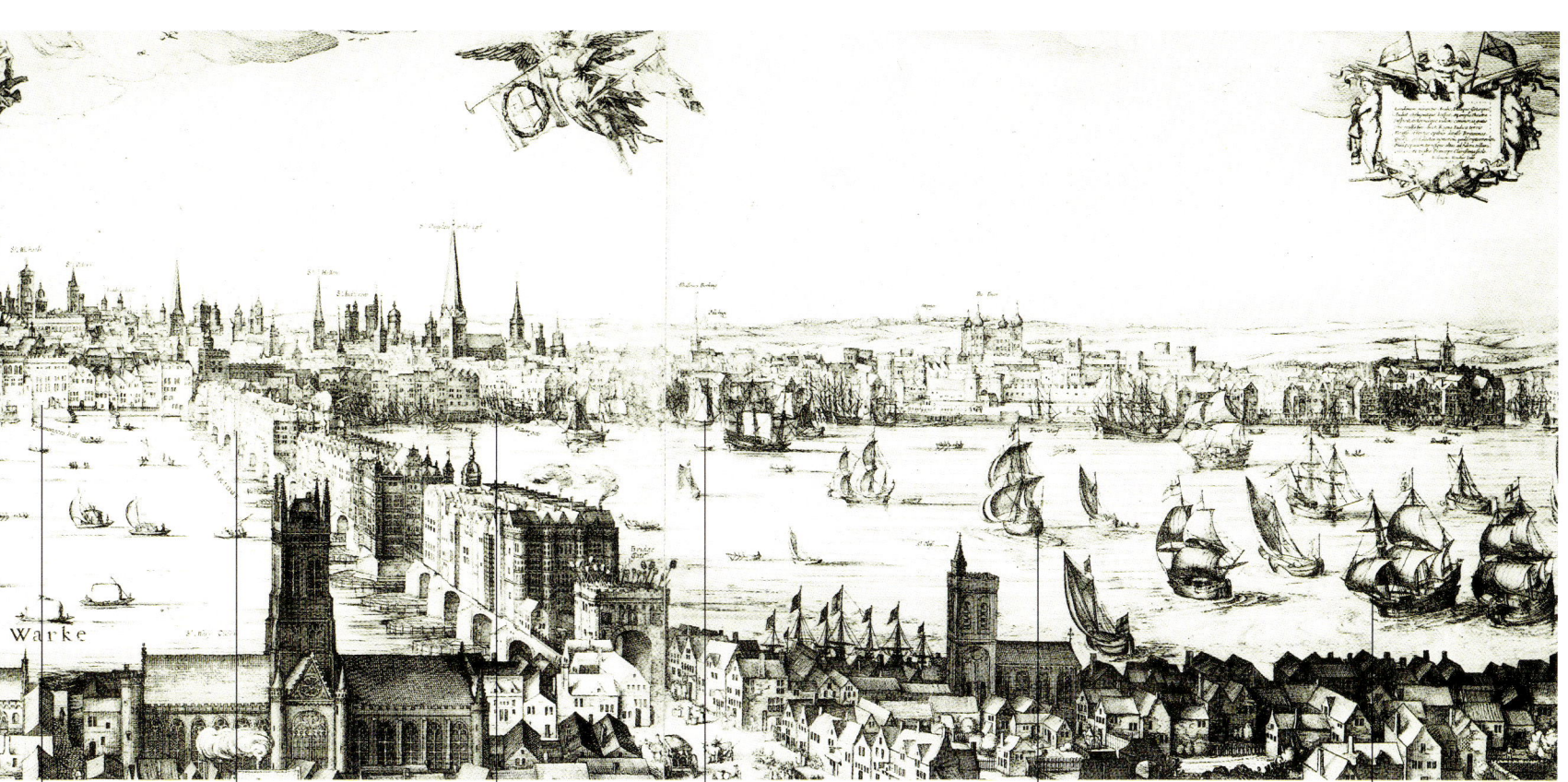

Fishmongers' Hall
Fischfang und -handel waren wichtig, weil Fisch in den Mahlzeiten der elisabethanischen Zeit religiöse Bedeutung hatte.

London Bridge
Die Brücke besaß 19 niedrige Bögen für die kleineren Flußboote und eine Zugbrücke für größere, seetüchtige Schiffe.

Billingsgate Kai
Wichtigster Anlandeplatz für Fisch; auch von seetüchtigen Schiffen benutzt, um London Bridge zu vermeiden.

Frachtschiff
Halbgetakeltes englisches Schiff, geankert in Richtung offene See, also in Vorbereitung auf eine große Reise.

Kurswechsel
Ungewöhnlicherweise steht dieses Schiff quer zur Flußströmung, und das in einer stark befahrenen Schiffahrtsstraße.

Einfahrende Schiffe
Von See kommend, fahren sie am Ende ihrer Reise nach London den Fluß hinauf.

Selbstvertrauen und seine Entscheidungsfähigkeit. Als die Mannschaft vorschlug, den Hauptmast zu kappen, um den Druck auf die Holzkonstruktion zu mindern, und eventuell sogar ein Floß zu bauen, um damit das Ufer zu erreichen, entschied er dagegen und befahl, das Boot zu Wasser zu lassen. Doch als das Wasser im Boot weiter stieg, änderte er seine Ansicht und stimmte zu, den Mast zu kappen. Bevor jedoch irgend etwas getan werden konnte, brach das Schiff auseinander, und die Crew suchte sich in den Wanten des Fockmasts in Sicherheit zu bringen.

In Erwartung des Todes

Die Besatzung hatte alle Hoffnung aufs Überleben verloren und begann einen Psalm zu singen. Noch bevor sie zur vierten Strophe kamen, brach der Fockmast, und sie fielen ins Wasser. Von den 50 Mann ertranken 38, bevor sie das Ufer erreichten, das nur 400 m vom Wrack entfernt war. Unter den Ertrunkenen befanden sich auch der Kapitän und sein erster Steuermann.

Die zwölf überlebenden Seeleute konnten schwimmen oder hatten sich an Kisten oder andere Wrackteile geklammert. Sie hielten Ausschau nach Anzeichen von Besiedlung, fanden aber nur wilde Tiere und ausgebrannte Häuser, die von den Portugiesen verwüstet worden waren. Sie ernährten sich von Wasser und wilden Datteln und stiegen in der folgenden Nacht in Olivenbäume, weil sie Angst vor Löwen und anderen wilden Tieren hatten.

Spät am nächsten Tag trafen sie auf Menschen; eine Schlacht zwischen Mauren und spanischen oder portugiesischen Streitkräften war im Gange. Die Seeleute beschlossen, sich den Siegern zu ergeben; das waren die Mauren. Doch als sie sich ihnen näherten, drangen mehrere hundert Soldaten mit Wurfspießen auf sie ein. Es sah aus, als ob sie die Seeleute töten wollten, doch im letzten Augenblick schlugen sie sie nur mit der flachen Seite ihrer Waffen. Die Mauren nahmen zunächst an, ihre Gefangenen seien Spanier, doch durch einen Dolmetscher konnten sie deutlich machen, daß sie englische Handelsleute auf dem Weg zur Levante waren und daß ihr Schiff nicht weit entfernt auf einen Felsen gelaufen war.

Der Anführer der Mauren befahl, die Seeleute auszuziehen und zu durchsuchen. Er nahm ihnen etwa 200 £ Sterling in Gold und Perlen ab und gab ihnen Brot und Wasser. Am nächsten Tag brachte man sie zurück zum Wrack, das etwa 26 km entfernt war. Dabei wurden sie von den Mauren schlecht behandelt: Sie mußten deren Ausrüstung tragen und wurden geschlagen, wenn sie zu langsam gingen. Die Mauren bargen soviel wie möglich aus dem Wrack und brachten dann die Seeleute nach Ksar el Kebir (Cassuri) im Herzen Marokkos.

Gefangen wegen Lösegeld

In Ksar el Kebir wurden die Seeleute zusammen mit spanischen Soldaten und französischen Opfern eines anderen Schiffbruchs gefangengehalten. Nach einer Woche brachten sie jedoch 900 Soldaten über Fes und Salé zur marokkanischen Hauptstadt Tanger. Auf der Reise bekamen sie Zelte und fanden bei jedem Lager frisches Wasser, obwohl sie durch völlig unbewohntes Land zogen. Schließlich wurden sie vor ein marokkanisches Gericht gestellt, das sie zu 15 Tagen Kerker verurteilte, während man das Lösegeld arrangierte. Das Geld wurde von der Kolonie englischer Kaufleute in Marokko aufgebracht, so daß sie schließlich freikamen. Von den 12 Überlebenden des Schiffbruchs kehrten nur 10 nach London zurück: Einer starb in der Gefangenschaft und ein weiterer auf der Heimreise.

PORTUGIESISCHE KARACKEN

Im Jahre 1498 war der portugiesische Seefahrer Vasco da Gama um das Kap der Guten Hoffnung bis nach Indien gesegelt. Er war der erste Europäer, der den Fernen Osten auf direkter Seeroute erreichte. Das bedeutete zugleich eine Umorientierung des gesamten Welthandels. Bis dahin hatte Venedig den Handel mit dem Osten dominiert, wobei Land- und Seerouten kombiniert wurden, um die begehrten orientalischen Waren nach Europa zu bringen (s. S. 30–35).

In den nächsten 20 Jahren versuchte Portugal seinen Handelsvorteil zu konsolidieren, indem es befestigte Handelsposten in strategischen Häfen wie Ormuz in Persien (Iran), Goa in Indien und Malakka im Fernen Osten errichtete.

Im frühen 16. Jahrhundert benutzten die Portugiesen für Forschungs- und Handelsreisen leichtgebaute Karavellen von etwa 100 Tonnen, die in Flotten von 7 bis 14 Schiffen segelten. Doch Ende des Jahrhunderts hatte sich die Schiffskonstruktion von der Karavelle zur riesigen Karacke von 1500 Tonnen und mehr weiterentwickelt, und damit wurden auch die Flotten kleiner. Die Rundreise nach Goa beanspruchte etwa 18 Monate inklusive eines drei- bis viermonatigen Aufenthalts in Indien, währenddem die Schiffe überholt und beladen wurden. Die Route hieß die „Carrera da India". Sie bedeutete hartes Segeln, und nur vier von fünf Schiffen kamen zurück.

JULES ①
Eine Karacke, die 1673 mit einer Fracht Bernstein und Perlen auf der Rückreise von Goa auf den Sandbänken bei Lissabon verlorenging.

LAGOS
Einer der Haupt-Abfahrtspunkte für portugiesische Schiffe zur Reise in den Fernen Osten war Lagos an der Algarve-Küste.

CABO BOJADOR
Diese psychologische Grenze wurde 1434 von Kapitän Gil Eannes durchbrochen, der damit die afrikanische Küste für den Handel öffnete. Bis dahin glaubten die Seeleute, daß dahinter Seeschlangen lauerten, die jeden Furchtlosen verschlangen.

SANTA ROSA ②
Dieses Schiff ging 1726 mit seiner Fracht südamerikanischen Goldes nahe Recife unter.

KALMEN
Die Route von Portugal zum Fernen Osten wich bis nach Brasilien aus, damit die Schiffe nicht im Kalmengürtel steckenblieben, einem Bereich von Windstille, der die Reise um Monate verlängern konnte.

HANDEL MIT AFRIKA
Nach ca. 1440 importierte Portugal aus Westafrika Sklaven, Gold und Elfenbein. Große Mengen Gold stammten von den Oberläufen der Flüsse Niger, Volta Noire und Senegal.

MONOMATAPA
Die ostafrikanischen Goldminen von Monomatapa lieferten den Portugiesen Gold. Dieses Gold nahmen die Schiffe auf der Ausreise in den Fernen Osten an Bord, dann wurden daraus in Goa Sao-Tomé-Münzen geprägt, und schließlich wurde es zum Kauf von Gewürzen und Pfeffer von den Pfefferhändlern an der Malabar-Küste in Indien verwendet.

FRAMENGO ④
Auf der Rückfahrt von Indien überstand dieses Schiff Stürme am Kap der Guten Hoffnung, strandete jedoch an der Insel Sao Tomé.

MINAS GERAIS
Die Portugiesen waren von 1500 an in Brasilien präsent, doch erst, als im Gebiet von Minas Gerais in Zentralbrasilien 1690 Gold und 1720 Diamanten gefunden wurden, wurde die Fahrt zwischen Brasilien und Portugal zur Handelsroute.

SACRAMENTO ③
Dieser Ostindienfahrer sank 1688 vor Brasilien. Bronzekanonen, Majolikaplatten und religiöse Gegenstände wurden geborgen.

SANTO ALBERTO ⑤
Dieser völlig überladene Ostindienfahrer segelte 1593 aus Cochin in Indien ab und ging dicht unter Land unter, so daß sein Gold, Silber und Kristallrosenkränze geborgen werden konnten.

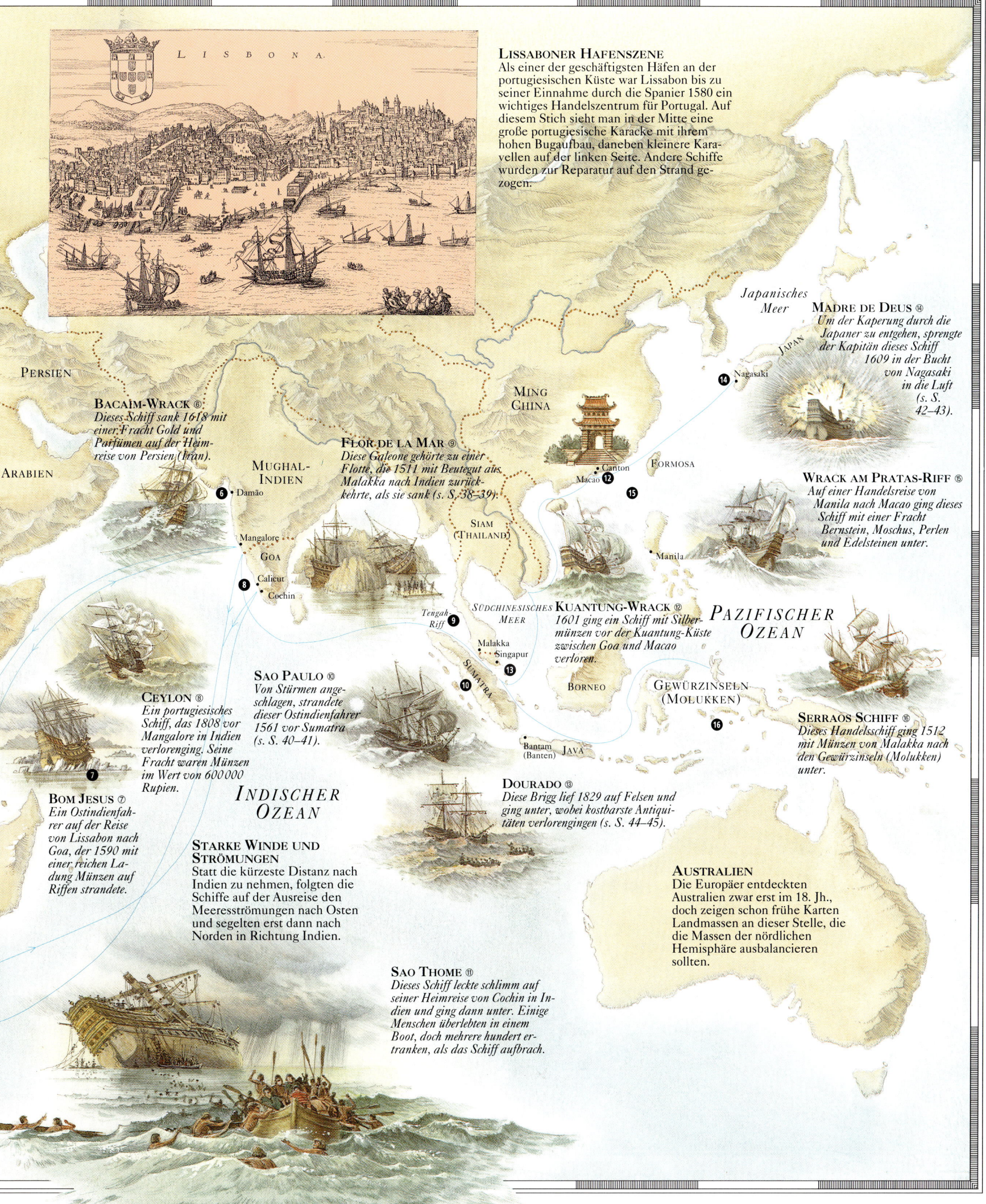

LISSABONER HAFENSZENE
Als einer der geschäftigsten Häfen an der portugiesischen Küste war Lissabon bis zu seiner Einnahme durch die Spanier 1580 ein wichtiges Handelszentrum für Portugal. Auf diesem Stich sieht man in der Mitte eine große portugiesische Karacke mit ihrem hohen Bugaufbau, daneben kleinere Karavellen auf der linken Seite. Andere Schiffe wurden zur Reparatur auf den Strand gezogen.

MADRE DE DEUS ⑭
Um der Kaperung durch die Japaner zu entgehen, sprengte der Kapitän dieses Schiff 1609 in der Bucht von Nagasaki in die Luft (s. S. 42–43).

BACAIM-WRACK ⑥
Dieses Schiff sank 1618 mit einer Fracht Gold und Parfümen auf der Heimreise von Persien (Iran).

FLOR DE LA MAR ⑨
Diese Galeone gehörte zu einer Flotte, die 1511 mit Beutegut aus Malakka nach Indien zurückkehrte, als sie sank (s. S. 38–39).

WRACK AM PRATAS-RIFF ⑮
Auf einer Handelsreise von Manila nach Macao ging dieses Schiff mit einer Fracht Bernstein, Moschus, Perlen und Edelsteinen unter.

KUANTUNG-WRACK ⑫
1601 ging ein Schiff mit Silbermünzen vor der Kuantung-Küste zwischen Goa und Macao verloren.

SERRAOS SCHIFF ⑯
Dieses Handelsschiff ging 1512 mit Münzen von Malakka nach den Gewürzinseln (Molukken) unter.

CEYLON ⑧
Ein portugiesisches Schiff, das 1808 vor Mangalore in Indien verlorenging. Seine Fracht waren Münzen im Wert von 600 000 Rupien.

SAO PAULO ⑩
Von Stürmen angeschlagen, strandete dieser Ostindienfahrer 1561 vor Sumatra (s. S. 40–41).

BOM JESUS ⑦
Ein Ostindienfahrer auf der Reise von Lissabon nach Goa, der 1590 mit einer reichen Ladung Münzen auf Riffen strandete.

STARKE WINDE UND STRÖMUNGEN
Statt die kürzeste Distanz nach Indien zu nehmen, folgten die Schiffe auf der Ausreise den Meeresströmungen nach Osten und segelten erst dann nach Norden in Richtung Indien.

DOURADO ③
Diese Brigg lief 1829 auf Felsen und ging unter, wobei kostbarste Antiquitäten verlorengingen (s. S. 44–45).

AUSTRALIEN
Die Europäer entdeckten Australien zwar erst im 18. Jh., doch zeigen schon frühe Karten Landmassen an dieser Stelle, die die Massen der nördlichen Hemisphäre ausbalancieren sollten.

SAO THOME ⑪
Dieses Schiff leckte schlimm auf seiner Heimreise von Cochin in Indien und ging dann unter. Einige Menschen überlebten in einem Boot, doch mehrere hundert ertranken, als das Schiff aufbrach.

PERSIEN

ARABIEN

MUGHAL-INDIEN

⑥ Damão

Mangalore
GOA
Calicut
⑧
Cochin

Tengah Riff ⑨

SÜDCHINESISCHES MEER

Malakka
⑬ Singapur

SUMATRA

⑩

Bantam (Banten)
JAVA

MING CHINA

• Canton
Macao ⑫

⑮

• Manila

FORMOSA

Japanisches Meer

JAPAN

⑭ Nagasaki

SIAM (THAILAND)

BORNEO

GEWÜRZINSELN (MOLUKKEN)

⑯

PAZIFISCHER OZEAN

INDISCHER OZEAN

LISBONA.

DIE
FLOR DE LA MAR

Im Jahre 1511 segelte Alfonso de Albuquerque, ein portugiesischer Gouverneur, stationiert im indischen Goa, nach Malakka, um diesen reichen Seehafen zu erobern. Nachdem er die Stadt eingenommen hatte, ließ Albuquerque ein Fort bauen und errichtete eine Münze, was die Verbindung von militärischen und kommerziellen Motiven seiner Expedition deutlich macht. Dann entschloß er sich, nach Indien zurückzukehren, und lud einen Teil seiner Beute in vier Schiffe, von denen eines die *Flor de la Mar* war. Zum Schatz gehörten mit Blattgold überzogene Palankins (ostindische Sänften), ein Tisch mit Füßen aus Gold und der Thron der Königin von Malakka, der mit Edelsteinen übersät war und den man seinerzeit auf 300 000 Cruzados schätzte. Das Beste waren möglicherweise vier Löwen-Skulpturen, die Geschenke des chinesischen Herrschers an den König von Malakka gewesen sein mögen oder aus den uralten Grabstätten der Könige von Malakka stammten. Sie waren vermutlich aus Gold mit Juwelen für Augen, Zungen, Zähne und Klauen. An Bord war auch ein besonderer goldener Halsschmuck, besetzt mit Knochen eines Cabal genannten Tieres aus den Bergen von Thailand. Diese Knochen sollten magische Kräfte haben: Solange der Halsschmuck getragen wurde, sollte kein Blut aus irgendeiner Wunde fließen. Die letzte Fracht, die an Bord verstaut wurde, bestand aus hübschen jungen malayischen Frauen und Männern.

Schiffbruch am Riff

Auf der Rückreise wurde die Flotte nahe der Ostküste von Sumatra von einem Sturm überrascht. Die *Flor de la Mar* ankerte, doch als es Nacht wurde, verstärkte sich der Sturm, und das Schiff lief auf ein Riff. Schnell brach der Rumpf auseinander, das Heck war in den Felsen gerammt und das Vorderteil schwamm frei. Man baute ein Floß, und die meisten Portugiesen wurden gerettet. Doch Albuquerque ließ häßlicherweise nur weiße Europäer auf das Floß. Die anderen wurden mit Spießen weggestoßen, so daß die jungen Sklavinnen und Sklaven wohl ertranken.

EINIGE FAKTEN

Fracht Exotische Schätze und Sklaven

Bergung   Wird noch versucht, doch bisher keine Schätze geborgen

Route   Malakka–Goa

PORTUGIESISCHE KARAVELLE
Die Karavelle war ein kleines Handelsschiff und Vorläuferin der größeren Karacke des 16. Jh.s. Die leichtgebauten Karavellen mit ihren Lateinersegeln wurden auf Handels- und Forschungsreisen eingesetzt.

Rah (oder „Rute")
Diese Spieren waren charakteristischerweise so lang wie das Schiff, bis zu 30 m.

KARACKEN UNTER VOLLZEUG
Diese Szene, die im frühen 16. Jh., etwa zur Zeit des Untergangs der Flor de la Mar *gemalt wurde, zeigt die sehr hoch gebauten Vor- und Achterdecks der großen portugiesischen Karacken, die sie plump und nicht sehr seetüchtig machten.*

ALFONSO DE ALBUQUERQUE

Einer der ersten Kolonial-Gouverneure, die der portugiesische Hof schickte, Alfonso de Albuquerque der Große (wie er in portugiesischen Chroniken gewöhnlich genannt wurde), war wesentlich beteiligt an der Errichtung der Vorherrschaft Portugals auf den Schiffahrtsrouten zum Fernen Osten. Die Strategie der Portugiesen war, mit befestigten Handelsposten den einträglichen Gewürzhandel mit dem Osten zu sichern. 1510 errichtete er einen Posten im indischen Goa. Nachdem er dort ein Jahr lang die Gegenwehr niedergekämpft hatte, setzte er Segel, um Malakka zu erobern.

Fockmast
Besitzt einen Toppmast mit einem Vortoppsegel.

Rahsegel
Ideal für achterliche Winde; Dreiecksegel waren besser geeignet für leichte Winde oder plötzliche Böen.

MALAKKA

Im frühen 16. Jahrhundert galt Malakka (damals Malacca oder Malaca geschrieben) als einer der wichtigsten Seehäfen der Welt. Hier trafen sich West und Ost und zogen Vorteil aus der Öffnung der Seewege zwischen Europa und dem Fernen Osten. Händler aus China und den Molukken (den Gewürzinseln)

handelten mit den Gujerati-Händlern aus Westindien, die die Waren per Schiff nach Indien und zum Mittleren Osten brachten.

Malakka war strategisch und kommerziell ein ungeheuer wertvoller Hafen, und die Portugiesen herrschten dort 130 Jahre lang, bis er 1641 von der neuen Macht im Fernen Osten, den Holländern, eingenommen wurde.

KÜSTE VON MALAKKA
Diese portugiesischen Zeichnungen von Küstenprofilen sollten den Seeleuten zeigen, wie die Küstensilhouette von einem Schiff, das etwa 10 km (2 „Leagues") auf See stand, aussah.

Ortsangaben
Einzelne Orte an der Küste wurden zusammen mit der Richtung, aus der die Zeichnung gemacht wurde, eingezeichnet.

Klüverbaum
Zum Abstagen der Segel am Fockmast.

Vorderdeck
Niedriger bei Karavellen als bei Karacken.

Rumpf aus Eiche oder Kiefer
Mußte oft neu kalfatert werden. Die Portugiesen legten das Schiff zu diesem Zweck im Wasser auf die Seite, was sich jedoch als ungenügend erwies, und zahlreiche Schiffe wurden leck und sanken.

ERSTE BERGEAKTIONEN

1991 behauptete die indonesische Firma PT Jayatama Istikacipta, die Reste der *Flor de la Mar* unter Schlick auf 36,50 m (120 Fuß) Wassertiefe nahe des Tengah-Riffs, nördlich von Tanjong Jambuair oder Diamond Point geortet zu haben. Das ist weit nördlicher, als die Dokumente andeuten, doch die können oft in die Irre führen. Die Gesellschaft bezeichnet ihre bisherigen Bergekosten mit 20 Millionen US $. Die Fracht wurde auf einen heutigen Wert zwischen 1 und 8 Milliarden US $ geschätzt, doch ist kaum zu verstehen, wie solche Schätzungen zustande kommen. Bisher wurden nur Zinnmünzen, Messer und Holz geborgen. Inzwischen hat die malaysische Regierung Eigentumsansprüche am Wrack erhoben, mit der Begründung, daß die Fracht aus Malaysia gestohlen wurde. Doch auch Indonesien beansprucht das Wrack, weil es in seinen Gewässern liegt.

DIE
SAO PAULO

Die *Sao Paulo* verließ den portugiesischen Hafen Belem eben außerhalb von Lissabon zusammen mit vier weiteren portugiesischen Ostindienfahrern am 20. April 1560. Es war ein großes und starkes Schiff, wahrscheinlich über 400 Tonnen, ganz aus indischem Teakholz gebaut. Die Abfahrtszeit Ende April lag weit hinter dem empfohlenen Termin Februar oder März, und schon bald kam die *Sao Paulo* in Schwierigkeiten. Nachdem sie im Nordatlantik mehrere Stürme überstanden hatte, wurde sie vor Westafrika bekalmt und brauchte zwei Monate, um von 7⁰ N auf 5⁰ N zu segeln, wobei mehrere Seeleute krank wurden und zu delirieren begannen. Nach einer Ruhezeit im brasilianischen Salvador (damals als die Bucht Aller Heiligen bekannt), segelte die *Sao Paulo* mit Kurs Kap der Guten Hoffnung. Von dort nahm sie die äußere Route östlich von Madagaskar, statt durch die Straße von Moçambique zu kreuzen. Doch wurde das Wetter stürmisch, und die Sao Paulo trieb vor einem heftigen Westwind, bis sie schließlich vor der Westküste von Sumatra strandete. Die Schuld bürdete man dem glücklosen Navigator auf, den ein zeitgenössischer Bericht als „Narr" beschieb, der nur mit „dekorierten Karten und vergoldeten Astrolaben" beschäftigt war.

Die *Sao Paulo* trieb am 21. Januar 1561 auf eine kleine, unbewohnte Insel nahe des Äquators. Das dahinterliegende Land war sumpfig, dampfend, dichtbewaldet und ängstigend.

UMWEG ÜBER BRASILIEN

Die übliche Route von Portugal nach Indien führte nach Westafrika, von dort in südwestlicher Richtung über den Atlantik zur brasilianischen Küste und dann wieder zurück zum Kap der Guten Hoffnung an der afrikanischen Südspitze. Mit diesem Umweg wollte man die Kalmen vermeiden, die vor der Küste von Guinea besonders stark waren, so daß ein Schiff dort monatelang ohne Vorankommen festgehalten werden konnte. Die *Sao Paulo* hing zwei Monate lang in dieser Falle, kam jedoch schließlich nach Salvador, bevor sie nach einer Ruhezeit mit Kurs auf das Kap absegelte.

Schiffbrüchig

Anfangs ging alles gut. Die Schiffbrüchigen aßen, was an Land trieb oder geborgen werden konnte, darunter die besten Muskateller-Weine, Käse und Oliven. Sie erkundeten die Insel, die etwa fünf Kilometer Umfang hatte und dicht an der Hauptinsel Sumatra lag. Sie bauten ein Lager und eine Kapelle und deckten die Hütten mit Palmwedel,

die sich als wirkungsvoller gegen den Regen erwiesen als die Wandteppiche aus Arras und die Tuche aus Flandern, die sie vom Wrack gerettet hatten. Also verwendeten sie diese zur Dekoration der Kapelle.

Die Insel war voller Affen, die ihre Nahrungsmittel stahlen. Die schiffbrüchigen Seeleute schossen einige von ihnen, doch erwies sich ihr Fleisch als nicht genießbar. Die Affen waren jedoch das geringere Problem. Nach kurzer Zeit wurden einige Portugiesen krank, und andere wurden von Eingeborenen einer nahen, größeren Insel gefangen und aufgegessen. Freundliche Gesten und Gaben hatten sie abgelehnt.

Fluchtpläne

Aus den Resten der Barkasse begannen die Überlebenden ein großes Boot zu bauen; auch das Ruderboot vergrößerten sie und bauten ein weiteres kleines Boot. Die Barkasse sollte 260 Leute tragen und die anderen beiden Boote die restlichen 70. Beim Bau dieser Boote gingen sie sehr geschickt vor, errichteten sogar eine Schmiede und machten Sägen aus Schwertern.

Nach zwei Monaten waren die Boote fertig, doch auf der Überfahrt nach Sumatra wurde deutlich, daß die Barkasse überbesetzt war, vor allem weil einige Händler mengenweise Waren an Bord verstaut hatten. Als sie Sumatra erreichte, wurden 172 Mann, mehr als die Hälfte, vom Kapitän an Land gejagt, darunter die meisten Kranken und die Kinder; sie sollten sich einen Weg über Land suchen. Sie zogen an der Westküste Sumatras entlang und trugen dabei ein Banner mit Reliquien an der Spitze, während Priester mit einem Kruzifix die Nachhut bildeten.

KRANKHEIT AUF SEE

Die Rundreise von Lissabon nach Indien und wieder zurück wurde als die schwierigste und grausamste Reise der Zeit betrachtet. Die portugiesischen Schiffe waren oft überbelegt und unhygienisch – auf der Hinreise waren bis zu 800 Menschen an Bord. Krankheiten gab es immer, besonders Typhus und Durchfall. Nahrung und Getränke waren von schlechter Qualität und oft zuwenig. Es war nicht ungewöhnlich, daß die Hälfte von Besatzung und Passagieren starb, bevor sie ihr Ziel erreicht hatten.

Die Bedingungen an Bord der Sao Paulo

Wer das Pech hatte, krank zu werden, während das Schiff vor Afrika bekalmt wurde, erhielt nur die primitivste medizinische Behandlung. Die kranken Männer, meist delirierende Soldaten und junge Seeleute, wurden an Deck der extremen Sonne und dem Regen der Kalmen überlassen. Man ließ sie wiederholt zur Ader, was damals die übliche medizinische

Praxis war, sie aber zusätzlich schwächte. Außerdem wurden sie aneinander festgebunden, damit sie nicht selbst über Bord springen konnten. Einmal waren 350 von insgesamt 500 Menschen an Bord krank.

Wer nicht krank war, hatte ein nur wenig besseres Leben. Regelmäßig kam es vor, daß ein Matrose aus dem Mast fiel. Während eines besonders schweren Sturms fiel ein Leichtmatrose vom Haupt-Topp-mast ins Meer, wobei ein Teil seines Hirns an einer Rah hängenblieb.

TRAGBARES MEDIZINKÄSTCHEN
Dieses Kästchen aus dem 17. Jh. war für Seereisen geeignet und enthielt die grundlegenden Arzneimittel wie Brechmittel, krampflösende Mittel und Opium gegen Schmerzen, die wahrscheinlich auch auf der Sao Paulo vorhanden waren.

Kasten aus Walnußholz Hartholz, das der Belastung der Reise widerstand.

Metallkanister Zum Verstauen lichtempfindlicher Arzneimittel.

Luftdichte Behälter Glasflaschen mit Schraubverschlüssen aus Zinn hielten den Inhalt frisch.

NOVA ₰ ACVRATA TOTIVS ASIÆ TABVLA, auð G. BLAEV

Signum der Blaue
Die Blaue hatten eine berühmte Kartenherstellung in Amsterdam.

Polargebiet
Detail im Kontext zur Hauptkarte.

Lokale Schiffahrt
Kleines Schiff im fernöstlichen Stil.

Mythisches Seeungeheuer
Zur Dekoration der Karte.

Seetüchtiges Schiff
Frachtschiff im westlichen Stil, ähnlich der *Sao Paulo*.

Moskowiter-Portrait
Moskauer in Pelzen und bunten Wollsachen.

Glück im Unglück

Mittlerweile hatten die in den Booten gebliebenen Männer auf See eine große Dschunke überrascht und nach einem heftigen Kampf genommen. Da die Portugiesen nun ein Boot besaßen, das groß genug für alle Überlebenden war, kehrten sie um, um die anderen an Land aufzunehmen. Diese hatten gerade erst ein über vier Meter großes Krokodil getötet, dessen gebratenes Fleisch sich als köstlich erwies. Gemeinsam segelten sie nun in westlicher Richtung, bis sie die Mündung des Menencabo erreichten, drei Grad südlich des Äquators, wo sie auf anscheinend freundliche Eingeborene stießen, die sie überredeten, den Fluß hinaufzufahren, um den König der Region zu treffen. Als dieser ankam, schenk-

DONA FRANCISCA

Dona Francisca war einer der vornehmsten Passagiere und galt zugleich als eine der schönsten Frauen ihrer Zeit. Sie überlebte die Strandung und den anstrengenden Marsch an der Küste Sumatras, wurde aber beim Überfall am Abend des 17. April von den Eingeborenen gefangen, und man hörte oder sah nie wieder etwas von ihr. Die Portugiesen vermuteten, der König habe sie in seinen Harem gesteckt, und dies sei eines der wesentlichen Motive für den Überfall gewesen.

WANDKARTE VON ASIEN, 1673
Diese stark geschmückte Karte des Kartenmachers G. Blaue hat den Titel: „Eine neue akkurate Karte des ganzen Asien". An beiden Seiten erkennt man 16 Szenen in Nationalkostümen, darunter Menschen aus Sumatra links unten; daneben sind in den unteren Medaillons Ansichten wichtiger Handelsposten in Fernost zu erkennen wie zum Beispiel Banten, Kandy und Kalkutta. Der Ausschnitt zeigt einige der Orte, die in der Geschichte vom Untergang der Sao Paulo *eine Rolle spielen.*

ten sie ihm Textilien, Pokale aus Kristallglas und einen sehr wertvollen Spiegel.

An diesem Punkt scheinen die Überlebenden der *Sao Paulo* nicht sehr um ihre Sicherheit besorgt gewesen zu sein. Nicht nur ließen sie zu, daß die Flußmündung hinter ihnen quasi geschlossen wurde, sie ignorierten auch die wachsende Zahl der in Kanus herbeikommenden bewaffneten Eingeborenen und die offensichtliche Begierde des Königs für ihre Waffen. Statt dessen schwelgten sie in Essen und Trinken. So wurden sie Opfer eines Überraschungsangriffs in der Nacht auf den 17. April, bei dem über 70 von ihnen getötet wurden.

Wer entkam, segelte nach Banten (Bandung) auf Java, wo sie von den dort lebenden Portugiesen herzlich begrüßt und versorgt wurden – vielleicht zu gut, denn rund ein Dutzend starb an Völlerei. Dort hielten sich die restlichen Überlebenden etwa einen Monat auf – jetzt waren es etwa 250 –, und segelten dann nach Malakka, wo sie am 25. Juli 1561, mehr als sechs Monate nach ihrem Schiffbruch, ankamen.

Ort der Strandung
Insel eine halbe „League" (5 km) vor der Westküste Sumatras, an die die *Sao Paulo* geweht wurde.

Menencabo-Fluß
Hier spielten sich Hinterhalt und Massaker ab.

Malakka, Ort der Rettung
Ziel der schiffbrüchigen Seeleute.

DIE
MADRE DE DEUS

Poopdeck
Kurzes, erhöhtes Achterdeck.

Andre Pessoa wurde zum Kapitänmajor der *Madre de Deus* ernannt, einer portugiesischen Karacke, die 1609 von China nach Nagasaki in Japan segelte. Es war das erste Schiff seit zwei Jahren auf dieser Route, und so trug es eine außerordentlich reiche Fracht, die nach zeitgenössischen Berichten 8 Millionen Cruzados wert gewesen sein soll. Das Schiff hatte über 200 Kaufleute an Bord, die alle reichlich Geld in Nagasaki ausgeben wollten, um die Waren dann wieder in China zu verkaufen. Die *Madre de Deus* verließ Macao am 10. Mai und kam, nachdem sie unterwegs einen Taifun überstanden hatte, am 29. Juni in der Bucht von Nagasaki an.

Hier brach gleich ein Streit aus zwischen Pessoa und dem Gouverneur von Nagasaki, Hasegawa. Es ist unklar, worum genau es ging, doch Hasegawa stiftete den König des benachbarten Arima an, den Shogun Iyeyasu zu einem Angriff auf die Portugiesen zu überreden. Iyeyasu mochte selbst die Portugiesen nicht: Die vielen Jesuiten hatten in seinem Königreich zu einer sich rasch vermehrenden Zahl japanischer Christen geführt, was seine Macht zu untergraben drohte. So gab Iyeyasu dem König von Arima Erlaubnis, die *Madre de Deus* und ihre Fracht zu konfiszieren und Pessoa, tot oder lebendig, gefangenzunehmen.

Nächtlicher Angriff

Pessoa war sich der Gefahr bewußt und befahl alle portugiesischen Händler zurück an Bord, um schnell aufbrechen zu können. Viele waren nicht bereit, so verlegte Pessoa das Schiff etwas außerhalb von Nagasaki in den Hafen von Fakunda, um auf die letzten Händler und einen für die Rückfahrt nach Macao günstigen Wind zu warten. Inzwischen kam der König von Arima in Nagasaki an und lud Pessoa zu einem friedlichen Gespräch an Land ein. Pessoa traute ihm nicht und weigerte sich, sein Schiff zu verlassen. So änderte der König seine Taktik, schiffte 1200 Soldaten in 33 kleine Ruderboote ein und fuhr nachts einen Angriff mit Musketen und Pfeilen auf die *Madre de Deus*. Doch die Japaner trafen auf Gewehrfeuer und mußten unverrichteter Dinge abziehen. Dies geschah drei Nächte hintereinander, bis die Japaner am 9. Juli mit einem großen, schwimmenden Turm angriffen, mit dem es ihnen gelang, die *Madre de Deus* in Brand zu setzen. Pessoa begriff, daß das Schiff verloren war, und befahl, das Pulvermagazin zur Explosion zu bringen, und sprang dann selbst in die See. Offensichtlich gab es keine portugiesischen Überlebenden.

SEIDEN-FRACHT

Chinesische Rohseide (zum Färben oder Besticken in Japan) war Teil der Fracht der *Madre de Deus* zum Handel in Nagasaki. Rohseide ist das Tuch, das aus den Kokons der Seidenwürmer gewebt wird. Wenn die Seidenwürmer ihre Eier in die Blätter des weißen Maulbeerbaums gelegt haben, spinnen die Larven einen Kokon aus Seidenfäden. Die Kokons werden geerntet und der Faden zum Herstellen von Tuch abgesponnen.

SEIDENSPINNEREI IM CHINA DES 17. JAHRHUNDERTS
Die Spinnerin arbeitet am ersten Schub, während ihr ein neuer Korb mit Kokons gebracht wird. Sie arbeitet über einer Art Ofen, damit die Würmer in ihren Kokons getötet werden. Der Faden wird dann vorsichtig – er darf nicht reißen – auf ein Gestell vor der Spinnerin und ihrer Helferin gewickelt und ist damit fertig zum Weben zu Rohseidentuch.

Boote
Kleinere Boote dienten zum Transport der Handelsware vom Schiff zum Ufer.

Steuern in Richtung Land
Mit Paddeln wurden die Boote vom Meer zum flacheren Hafen gebracht.

Kisten
Holzkisten enthielten die Handelsfracht.

„Krähennest"
Im Topp des Groß-
masts, groß genug
für einen Ausguck.

Großmast
Etwa in der Mitte
des Schiffes.

Vordeck
Charakteristisch
hoch gebaut, machte
das Schiff instabil.

Schwarzer Rumpf
Die Japaner nannten
die portugiesischen
Fahrzeuge
„Schwarze Schiffe".

Tauchen nach Schätzen

Nach zeitgenössischen Erzählungen gelang es den japanischen Angreifern, gleich nach der Explosion einige Ballen Seide und drei Kisten Silber zu bergen. Ein holländischer Kaufmann in Japan berichtete, daß Seide und Silber im Wert von 200 000 Dukaten gerettet wurden. Die Tatsache, daß Rohseide (ein Exportprodukt aus China, das gegen japanische Waren getauscht wurde) noch an Bord war, deutet die Richtigkeit der Theorie an, daß die Händler noch keine Zeit gehabt hatten, ihre Geschäfte in Nagasaki zu erledigen.

Tauchunternehmungen dauerten das ganze 17. Jahrhundert an. Ein Bericht sagt, daß zur Zeit des Untergangs 150 Kisten Silber an Bord waren, von denen 70 im Jahre 1617 geborgen wurden. 1653, mehr als dreißig Jahre später, brachte ein weiterer Bergungsversuch drei Silberbarren und einige verschiedenartige, kunsthandwerkliche Gegenstände zutage. Da das Wrack auf 33 Faden (etwa 60 m oder 200 Fuß) Wassertiefe liegen sollte, muß die Bergaktion schwierig und zugleich außerordentlich beeindruckend gewesen sein. Der Untergang der *Madre de Deus* und ihre vermuteten Reichtümer sind in die japanische Folklore eingegangen, und für Taucher und Bergeunternehmer hat sie immer noch eine magische Anziehungskraft. In den späten 20er Jahren gab es wiederum Bergeversuche, und noch 1980 soll die japanische Maritime Development Company an der Stelle Bergungsversuche durchgeführt haben.

Fernöstliche Perspektive
Japanische Künstler übertrieben
Größenunterschiede zwischen
ihren Landesgenossen und den
Europäern.

ANDRE PESSOA

Ein Jahr vor der *Madre-de-Deus*-Episode war Pessoa Gouverneur in Macao, als zwischen Japanern und Portugiesen Kämpfe ausbrachen. Pessoa unterdrückte die Unruhen und warf einen japanischen Seemann ins Gefängnis, der dann erhängt wurde, während sich die restlichen Japaner in zwei Häusern verschanzten. Pessoa befahl, eines der Häuser niederzubrennen und die Japaner zu erschießen. Die Überlebenden zwang er, ihre Schuld schriftlich anzuerkennen. Aus diesem Grund wurde Pessoa in Japan gehaßt, was auch zu dem Konflikt um die *Madre de Deus* geführt haben mag.

Handel beendet
Kaufleute warten
am Kai, um auf
ihr Schiff
zurückkehren zu
können.

JAPANISCHE VORSTELLUNG VON PORTUGIESEN
Diese Szenen von Händlern einer großen Karacke stammen von einem klappbaren Wandschirm aus dem frühen 17. Jh. Sie zeigen, wie die Japaner die fremden Händler sahen. Die typischen Merkmale des Europäers wie lange Nasen, Schnurrbärte und die Körpergröße sind übertrieben dargestellt.

DIE
DOURADO

Mitte des 17. Jahrhunderts waren die Tage des portugiesischen Seereichs bereits gezählt. Doch die portugiesische Schiffahrt spielte noch bis weit ins 19. Jahrhundert eine große Rolle im Handel zwischen Macao und Indien, wie die Geschichte der *Dourado*, einer portugiesischen Brigg, belegt.

Die *Dourado* verließ Macao mit Ziel Bombay in Indien am 18. Januar 1829; östlich von Point Romania soll sie eine Woche später, am 25. Januar, auf einen Felsen gelaufen sein. Beim Auflaufen verlor sie ihr Ruder und wurde manövrierunfähig. Der Versuch, das Schiff mit Segeln zu steuern, blieb erfolglos, und so trieb es steuerlos nach Süden und dann Süd-Süd-osten, wobei der Wassereinbruch so stark war, daß die Pumpen nicht dagegen ankamen. Um Mitternacht beschloß der Kapitän, das Schiff aufzugeben. Passagiere und Besatzung gingen in die Barkasse und ein kleineres Boot und versuchten, Singapur zu erreichen. Nur einer ertrank. Soweit war alles für diese Zeit reine Routine.

Gerüchte von Schätzen

Was die *Dourado* zu etwas Besonderem machte und damals beträchtliche Aufregung verursachte, waren Gerüchte, nach denen sie 500.000 $ an Bord gehabt haben soll, als sie strandete. Sobald das größere der beiden Boote in Singapur angekommen war, berichtete der Kapitän der *Dourado*, daß sein Schiff auf einem Felsen, der als Mount Formosa bekannt war, verlorengegangen war, und bat darum, umgehend eine bewaffnete Wache auszusenden, während er die Bergung der Fracht vorbereitete. Die britischen Behörden schickten sofort ein Taucherteam und ein Kommando Soldaten in drei Schiffen, die die *Dourado* vor malaiischen Piraten bewachen sollten. Doch man fürchtete, daß das Schiff in tiefem Wasser gesunken war und sich die Expedition als Fehlschlag erweisen sollte. Die skeptische Haltung scheint sich gerechtfertigt zu haben, und die drei Schiffe kehrten nach kurzer Zeit zurück, ohne das Wrack gefunden zu haben.

Inzwischen steigerte sich die Aufregung über den Wert der Fracht der *Dourado*, als ein paar Tage nach der Barkasse im kleineren Beiboot Monsieur le Chevalier Louis Domenic de Rienzi in Singapur ankam.

SINGAPUR 1830
Diese Hafenszene mit all ihrer Geschäftigkeit zeigt die maritime Bedeutung Singapurs. Wegen der günstigen Lage an der kürzesten Route vom Indischen Ozean zum Südchinesischen Meer liefen ständig viele Handelsschiffe hier ein.

Vollschiff
Ein europäischer Dreimaster, an jedem Mast drei Segel.

Sampan
Schmale, flachgehende Boote transportierten Passagiere und Waren.

Britische Siedlung
Erbaut im Stile Palladios durch den Städteplaner George Coleman.

Infanterie
Truppen sorgten für die britische Herrschaft im neu erworbenen Singapur.

SINGAPUR

Mit seiner Lage an der Südspitze der Malaiischen Halbinsel konnte sich Singapur zu einem Brennpunkt für den Handel von und nach Südostasien entwickeln. 1819 hatte Sir Thomas Stamford Raffles (s. auch S. 90–91) eine britische Siedlung auf der Singapur-Insel begründet, die er beschrieb als

> *... ein Kind von mir... Es ist unmöglich, einen Ort zu erfinden, der mehr Vorteile miteinander verbindet; mit einer Woche Segeln ist man in China, näher noch an Siam, Cochin, China usw., im Herzen des Archipels oder, wie die Malaien sagen, im „Nabel der malaiischen Länder".*

Raffles flügge gewordene Kolonie erwies sich als augenblicklicher Erfolg. Und als er den Osten 1824 verließ, war aus Singapur ein aufstrebendes Handelszentrum und ein wichtiger Hafen geworden.

Der Forscher Rienzi

Nach langen und weiten Reisen war Rienzi nach Macao gekommen, um dort seinem Idol, dem portugiesischen Autor der *Lusiade* aus dem 16. Jahrhundert, Camoes, in der Grotte von Patane ein Monument zu errichten. Dann hatte Rienzi alle Schätze, die er auf seinen Reisen gesammelt hatte, in die *Dourado* geladen und erwartete eine triumphale Heimkehr in Frankreich.

Doch es ging nicht wie geplant. Rienzi behauptete später, sein gesamtes Lebenswerk im Wrack der *Dourado* verloren zu haben: eine riesige und wertvolle Sammlung der kostbarsten Medaillen, Kameen, Statuen, Inschriften und anderer Antiquitäten, Gegenstände von naturwissenschaftlichem Wert, seltene Bücher, ägyp-

tische und orientalische Manuskripte, Waffen, astronomische Instrumente und, was wohl am bedauerlichsten ist, die Reste der Ruinen von Petra in Arabien und Syre und Assab in Abessinien. Rienzi behauptete auch, er sei der erste gewesen, der die Lage all dieser antiken Stätten wiederentdeckt habe.

Monsieur Rienzi ergriff jede Gelegenheit, um in allen möglichen Publikationen die Größe seines persönlichen Verlustes und sein heroisches Verhalten während des Schiffbruchs lang und breit zu beschreiben. Er habe seinem besten Freund, der nicht schwimmen könne, und auch seinem Hund das Leben gerettet. Melodramatisch beschrieb er, wie er während der Fahrt nach Singapur unter Hunger und Durst gelitten hatte. Und wenn man ihm glauben darf,

Frachtschiffe
Europäische Frachtschiffe, auf tiefem Wasser gleich außerhalb des Hafens geankert.

Landeplatz
Kleine Schiffe, festgemacht am geschützten Anlegeplatz in der Hafeneinfahrt.

verhinderte er auch, daß einige Seeleute mit dem zweiten Boot davonzogen, während sich noch Passagiere an Bord der *Dourado* befanden.

Leider haben keine anderen Quellen überlebt, um diese außergewöhnlichen Geschichten von wertvollen Dingen und heroischen Taten zu bestätigen oder zu widerlegen. Maßhalten war offensichtlich kein Charakterzug des Monsieur Rienzi.

Entdeckung und Bergung

Die drei zunächst von Singapur ausgeschickten Schiffe konnten das Wrack der *Dourado* vielleicht nicht orten, doch schon bald tauchte es vor der Insel Bintan auf. Kolonel Elout, der örtliche niederländische Kommandant, schrieb noch

am 1. Februar einen Brief an den britischen Gouverneur von Singapur, K. Murchison, in dem er die Entdeckung des Wracks mitteilte und weitere Informationen über die Fracht erbat. Am 3. Februar antwortete Murchison:

Ich habe die Ehre, Ihnen als Antwort mitzuteilen, daß der Schatz auf der Dourado *die Summe von 500.000 $ beträgt, und ganz zweifellos wird der Kapitän der* Dourado *Sie für alle Ausgaben, die beim Versuch, sein Eigentum zu bergen, entstehen, entschädigen.*

Die folgenden Bergeversuche waren jedoch offensichtlich erfolglos. Drei Monate später hatte Rienzi die Hoffnung aufgegeben, einen wesentlichen Teil seines Besitzes zu retten. Die Taucher hatten nur wenige relativ wertlose Gegenstände bergen können: eine silberne Statue, eine Bronzetafel mit Inschrift, eine Kiste mit einigen Papieren und ein oder zwei kleinere Dinge. Über die Bergung der

500.000 $, die dem Kapitän gehörten, war nichts zu hören.

Aus den unterschiedlichen Erzählungen über den Schiffsuntergang läßt sich schließen, daß die *Dourado* wahrscheinlich nicht vor Point Romania strandete, sondern auf die Felsen von Pedra Branca gelaufen und dann südlich und süd-südöstlich getrieben war, um schließlich vor der Küste von Bintan zu enden. Ende Januar ist gewöhnlich der Nordost-Monsun am stärksten, und Unfälle wie dieser auf Pedra Branca waren üblich.

Pedra Branca (Weißer Stein) wurde so benannt, weil es tatsächlich dank der Ausscheidungen der hier beheimateten Seevögel weiß aussieht. 1847 wurde auf diesen Felsen das Horsbrough Leuchtfeuer gebaut (benannt nach dem Hydrographen James Horsbrough der English East India Company), um die beträchtlichen Schiffsverluste in diesem Gebiet vermindern zu helfen.

MONSIEUR RIENZI

Rienzi war Forscher, Revolutionär, Soldat, Lyriker, Dramatiker, Archäologe und Universalgelehrter von eigenen Gnaden, ganz im Stile Byrons. So behauptete er denn auch, sein episches Gedicht *Barde Voyageur* habe Byrons *Child Herold* beeinflußt. Ebenso behauptete er, der einzige lebende Nachkomme des mittelalterlichen römischen Volkstribuns und Revolutionärs Cola Gabrino di Rienzi zu sein (über den Bulwer-Lytton einen Roman und Wagner eine Oper schrieben).

Rienzi wurde im bewegten Jahr 1789, dem Beginn der französischen Revolution, geboren. Er kämpfte 1809 bei Wagram, war 1812 in die Verschwörung von Malet verwickelt, floh in die Vereinigten Staaten und bereiste Mexiko und die Karibik. Nach der Rückkehr nach Frankreich kämpfte er 1815 in der Schlacht von Waterloo, unterstützte dann die Griechen in ihrem Kampf gegen die Türken. Er reiste um das Kaspische Meer, zum Kaukasus und nach Kleinasien, ging 1819 nach Kolumbien und half Simon Bolivar. 1821 kam er nach Italien, kämpfte in den Reihen der Carbonari, wurde bei Marathon verwundet, erforschte Ägypten, Abessinien und den Sudan und begann dann seine schicksalhafte Reise nach China und in den Fernen Osten.

Nach dem Schiffbruch kehrte Rienzi nach Frankreich zurück, wo er zahlreiche Bücher herausbrachte, darunter 1835 die *Océanie* und 1840 das *Dictionnaire usuel et scientifique de géographie*. Melodramatisch war auch sein Ende, 1843 tötete er sich selbst in Versailles.

ANTIKE RUINEN VON PETRA
In Petra in Arabien hatte Rienzi Antiquitäten gesammelt, die alle beim Untergang der Dourado *verlorengingen.*

OCÉANIE
OU
CINQUIÈME PARTIE DU MONDE.

REVUE GÉOGRAPHIQUE ET ETHNOGRAPHIQUE
DE LA MALAISIE, DE LA MICRONÉSIE, DE LA POLYNÉSIE ET DE LA MÉLANÉSIE;

OFFRANT LES RÉSULTATS DES VOYAGES ET DES DÉCOUVERTES DE L'AUTEUR
ET DE SES DEVANCIERS, AINSI QUE SES NOUVELLES CLASSIFICATIONS ET DIVISIONS
DE CES CONTRÉES,

PAR

M. G. L. DOMENY DE RIENZI,

VOYAGEUR EN OCÉANIE, EN ORIENT, ETC., ETC., MEMBRE DE
PLUSIEURS ACADÉMIES DE FRANCE ET D'ITALIE, DE LA SOCIÉTÉ DE GÉOGRAPHIE,
DES SOCIÉTÉS ASIATIQUES DE PARIS ET DE BOMBAY (INDE), ETC., ETC.

« Cherchez la science et la vérité, dussiez-vous ne les trouver
« qu'à l'extrémité du monde. »
MOHAMMED.

TOME PREMIER.

PARIS,
FIRMIN DIDOT FRÈRES, ÉDITEURS,
IMPRIMEURS-LIBRAIRES DE L'INSTITUT DE FRANCE,
RUE JACOB, N° 24.

M DCCC XXXVI.

TITELSEITE VON RIENZIS *OCÉANIE*
Das Buch erschien sechs Jahre nach dem Schiffsuntergang. Rienzi berichtete über seine Reisen im Fernen Osten.

DIE ARMADA

Im Jahre 1588 wollte König Philip II. von Spanien Queen Elizabeth I. von England in einem Überraschungsangriff besiegen. Nie zuvor hatte ein europäischer Monarch eine so riesige und kostspielige Flotte wie die Spanische Armada mobilisiert. Viele der Schiffe, die sich in Lissabon sammelten, waren in ferngelegenen Orten wie Venedig oder Rostock requiriert worden. Insgesamt waren es 130 Schiffe, darunter 22 spanische und portugiesische Galeonen, die wichtigsten Schlachtschiffe der Flotte. Die Armada besaß mit ihren 30.000 Mann, mehr als die Hälfte davon Infanteriesoldaten, eine ungeheure Angriffskraft.

Philips Motive waren die damals übliche Mischung aus Religion und Strategie. Er bezeichnete sich selbst als den Katholischen Kreuzritter-König, der den unter protestantischer Herrschaft leidenden englischen Katholiken die Glaubensfreiheit wiedergeben wollte. Doch gleich wichtig war sein Wunsch, Elizabeths Unterstützung für die Rebellen in den Niederlanden, mit denen sich Spanien im Krieg befand, abzuschneiden. Philip plante, eine Flotte unter dem Kommando des Herzogs von Medina Sidonia nach Dünkirchen zu schicken, die sich dort mit den Truppen des Herzogs von Parma, die in den Niederlanden stationiert waren, vereinen sollte. Gemeinsam sollten sie die Invasion Englands betreiben. Die spanische Flotte verließ Lissabon am 28. Mai 1588, doch traf sie auf Stürme und versammelte sich erneut bei La Coruna in Spanien; am 30. Juli traf sie vor Plymouth ein. Dort gab es einige Scharmützel mit den Engländern, die etwa eine Woche andauerten, während die Spanier den Englischen Kanal hinaufsegelten, um die Truppen bei Dünkirchen zu treffen.

MINERVA-MEDAILLE, 1602

Geprägt zur Erinnerung an Englands Seesieg über Spanien. Die Medaille zeigt Queen Elizabeth I. als Minerva, die Göttin der Weisheit. Unten sieht man sie über einen Drachen und eine Schlange (ihre Feinde symbolisierend) triumphieren; die Inschrift heißt übersetzt: „Für die Reine eine ewige Krone".

Die besiegte Armada

Die Armada erreichte Calais am 6. August. Da der Hafen jedoch nicht tief genug für die großen Galeonen war, mußten sie, allen Angriffen ausgesetzt, auf See ankern. Noch in der Nacht schickten die Engländer Brander (unbemannte, mit Explosivstoffen vollgepackte Schiffe, die Panik unter dem Feind verbreiten sollten), und die spanischen Schiffe verließen ihre Formation und wurden versprengt. Die am 8. August folgende Schlacht bei Gravelines war die heftigste des Kriegszugs, und die Spanier verloren dabei vier Schiffe. Zwar war die Spanische Armada noch lange nicht besiegt, doch konnten die Truppen des Herzogs von Parma nicht an Bord gehen, so daß die Invasion unmöglich wurde. Dank starker Südstürme konnte sich die Armada auch nicht über den Englischen Kanal zurückziehen und mußte statt dessen den langen Umweg um Schottland und Irland nehmen.

Im August und September traf die Flotte im Atlantik auf eine ungewöhnliche Anhäufung von Stürmen, die sie weit auseinandertrieben und fast die Hälfte der Schiffe zerstörten. Die meisten gingen an den Klippen vor Irland verloren, doch die restlichen Schiffe erreichten schließlich die Häfen in Nordspanien. Von der Invasions-Streitkraft starben Tausende während dieser Heimreise.

LA GIRONA ⑥

Diese Galeasse lief vor Irland auf Felsen und sank mit über 1.000 Menschen und sehr kostbarer Fracht (s. S. 50–51).

ATLANTISCHER OZEAN

LA TRINIDAD VALENCERA ⑦

Dieses umgebaute Kornschiff liegt in flachem Wasser.

LA RATA ENCORONADA ⑧

Ging vor Westirland verloren, hatte viele reiche Passagiere an Bord und wurde gleich nach dem Untergang von Ortsansässigen geplündert.

SANTA MARIA DE LA ROSA ⑨

Mit dem Prinzen D'Ascoli, Sohn Philips II., an Bord lief die Galeone auf ein Riff.

LA URCA DONCELLA ①

Hatte Stürme auf dem Atlantik überstanden, ging aber im Hafen des spanischen Santander unter.

ANGRIFF AUF DIE ARMADA

Die Stärke der Spanier lag in der Überlegenheit ihrer Infanterie. Deshalb plante die Armada, die Schiffe der Feinde zu entern und die Besatzung zu überwältigen. Die englische Flotte besaß die bessere Artillerie und konnte schneller nachladen; deshalb hielt sie sich auf Distanz und feuerte von weitem.

ABFAHRTSPUNKT

1580 eroberte Philip II. von Spanien Portugal. So nutzte er acht Jahre später Lissabon als Basis und Sammelpunkt der von weither zusammengezogenen Schiffe seiner Großen Spanischen Armada.

Corunna (La Coruña)

GALIZIEN

PORTUGAL

Simancas

SPANIEN

Rio Tajo · *Madrid*

Guadalquivir · *ANDALUSIEN*

Cadiz

TOBERMORY-GALEONE ⑤
*Diese große Galeone, die angeblich
Schätze geladen hatte, explodierte im
geschützten schottischen Hafen (s. S.
48–49).*

SHETLAND-
INSELN

EL GRAN GRIFON ④
*Von Stürmen vor Irland
beschädigt, wurde dieses
Schiff bis zu den Shetland-
Inseln zurückgetrieben. Es
wurde kürzlich geborgen.*

ÄUSSERE
HEBRIDEN
MULL
Tobermory
Aberdeen
SCHOTTLAND

NORD-
SEE

Port na
Spaniagh

IRLAND

Edinburgh
*Firth of
Forth*

SAN FELIPE ③
*Nach einer Schlacht
im Englischen Kanal
trieb diese Galeone
auf die Sandbänke
vor dem flandrischen
Nieuwpoort.*

**ENGLISCHER
RÜCKZUG**
*Etwa auf 56° N stoppten
die englischen Schiffe
die Verfolgung der
Spanischen Armada
und zogen sich
nach Süden
zurück.*

Dublin

ISLE OF
MAN

Liverpool

ENGLAND

London

NIEDERLANDE

Hamburg
Rostock

Elbe

Lizard
Point
Plymouth
Portsmouth
Dover

ISLE OF
WIGHT
Englischer Kanal

Calais
Oostende
Antwerpen
Boulogne
Dünkirchen
(Dunkerque)
FLANDERN

Rhein

**SAN PEDRO
MAYOR ②**
*Dieses Hospitalschiff von 580 Tonnen sank
nahe Plymouth in England und wurde
gleich ausgeplündert.*

Dieppe
Le Havre

LUXEMBOURG

Paris

Seine

Loire

FRANKREICH

CHAROLAIS

FRANCHE-
COMTÉ

*Bucht von
Biskaya*

Garonne

KÄRNTEN

SCHLACHTFORMATIONEN
Dieser Stich von John Pine aus dem Jahre 1739 basiert
auf einer Reihe von Karten, die Robert Adams unmittelbar nach dem Untergang der Armada zeichnete. Die
Karten zeigen die Abfolge der Ereignisse; manchmal
sind zwei Schlachtszenen in einem Bild dargestellt. Das
erste Bild zeigt links, wie die englische Flotte die Spanier den Kanal hinaufjagt, und rechts den Anfang der
Schlacht vor Portland Bill am 2. August 1588. Das zweite
Bild zeigt ein späteres Stadium dieser Schlacht, dann
auch, wie sich am nächsten Tag die englische Flotte in
vier Geschwader umgliedert. Die Randzeichnung stellt
Sir Francis Drake beim Verteilen von Kriegsbeute an
seine Offiziere und Seeleute dar.

Rhône
Mailand
Venedig
Genua
Avignon

KIRCHEN-
STAAT

Rhône

ITALIEN
*Adriatisches
Meer*

Ragusa
(Dubrovnik)

MITTELMEER

*TYRRHENISCHES
MEER*

Sardinien
Neapel

BALEAREN

DIE
TOBERMORY-GALEONE

Eines der rätselhaftesten Schatzschiffe aller Zeiten liegt in den geschützten Gewässern der Tobermory Bay an der schottischen Westküste. Seit mehr als 400 Jahren streiten sich Könige mit Earls, werden langdauernde Gerichtsverfahren ausgetragen, gehen Leben verloren und Firmen bankrott auf der Suche nach Gold und Juwelen im Wert von 30 Millionen £ Sterling, die sich angeblich auf einem in der Bucht gesunkenen Schiff befinden. Und doch war nicht einmal der richtige Name des Schiffs bekannt, bis vor kurzem Nachforschungen in König Philips Archiv im nordspanischen Schloß von Simancas angestellt wurden.

Ankunft einer mysteriösen Galeone

Einige Fakten waren unstreitig. Im September 1588 suchte eine große und gut bewaffnete spanische Galeone an der Isle of Mull Schutz vor schlechtem Wetter. Sie gehörte zur geschlagenen und versprengten Spanischen Armada auf ihrem langsamen und qualvollen Rückzug um die Nordspitze Schottlands nach West-Irland. Der Anblick dieses großen spanischen Kriegsschiffs in den wenig befahrenen Gewässern einer abgelegenen schottischen Insel machte offensichtlich großen Eindruck auf die Bevölkerung. Berichte besagen, daß es 1400 Tonnen groß war, 800 Soldaten an Bord hatte und mit 80 Bronzegeschützen bestückt war. Die Spanier trafen mit dem lokalen schottischen Oberhaupt, Maclean of Duart Castle, eine Vereinbarung, in der sie ihm Soldaten für eine blutige Rache an einem seiner traditionellen lokalen Feinde gegen Nahrungsmittel, Wasser und Holz zum Reparieren des Schiffs versprachen. Sechs Wochen lang ging diese Vereinbarung gut, als völlig unerwartet die bereits reparierte Galeone explodierte und sank.

Es gibt viele unterschiedliche Erklärungen dafür. Die Legende will, daß Macleans Frau an ihrem Mann für seinen Ehebruch mit einer schönen spanischen Prinzessin, die an Bord war, Rache nahm. Andererseits behauptete auch ein Gemüsehändler namens Smallet, der sich selbst als englischen Spion bezeichnete und zweifellos auf Belohnung aus war, dafür verantworlich zu sein. Wie oft ist die prosaischste Erklärung auch die wahrscheinlichste: ein Unfall in der Pulverkammer an Bord.

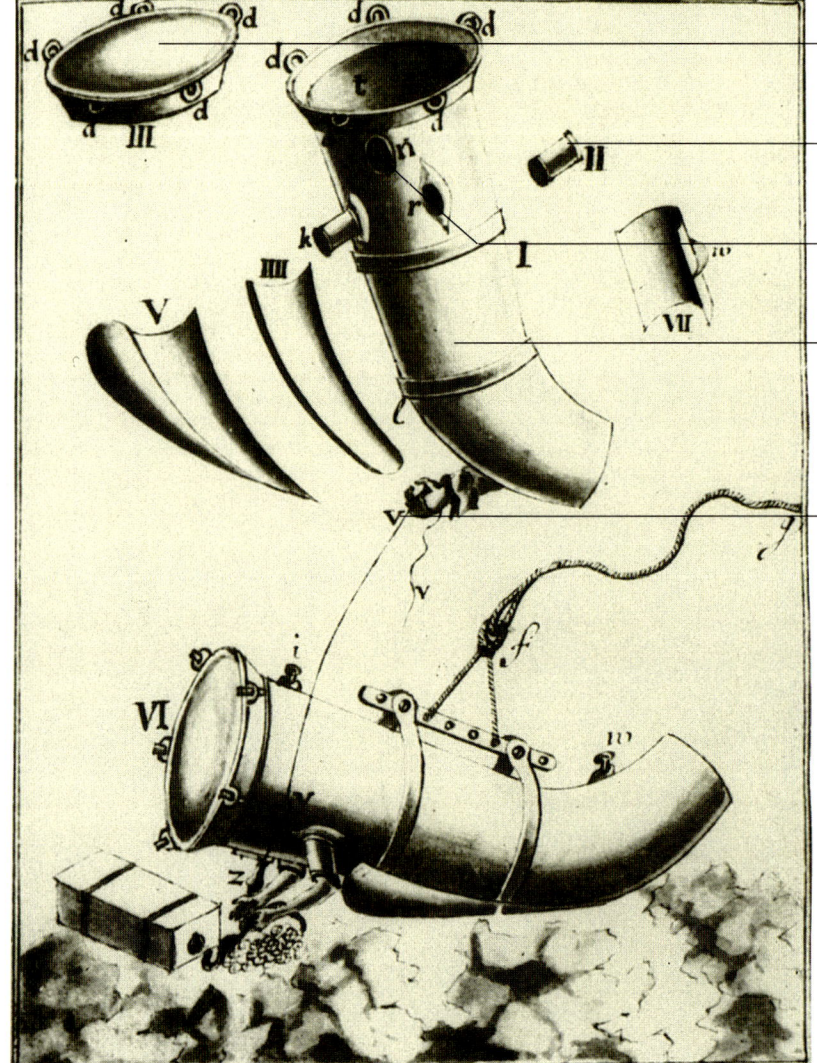

Deckel
Bei Position „d" festgeschraubt.

Ledermanschette
Genau auf den Arm jedes Tauchers zugeschnitten.

Guckloch
Glasscheibe zum Durchschauen für den Taucher.

Metallkörper
Die Knie waren am Punkt „l" festgezurrt.

Rettungsleine
An einem Ring über dem Arm des Tauchers befestigt, so daß er durch Ziehen Hilfe rufen konnte.

JACOB ROWES TAUCHMASCHINE
Dieser „Taucheranzug" war genial, aber extrem unbequem. Der Taucher lag in einem hornförmigen Kupferzylinder auf dem Bauch. Durch Löcher mit Ledermanschetten steckte er die Arme nach draußen, und der Körper war gegen den Wasserdruck, der ihn nach oben hochzudrücken versuchte, mit Gurten am Boden festgezurrt.

Kampf um Bergerechte

Bald nachdem entstanden Gerüchte über den fabelhaften Reichtum, der jetzt am Meeresboden lag. Der Siebte Earl of Argyll besaß als Admiral der Westlichen Inseln das Recht an jedem Wrack in diesen Gewässern, doch in den folgenden hundert Jahren stritten die glücklosen Earls of Argyll mit den Stuart-Königen um die Rechte am Tobermory-Schatz. Während noch gestritten wurde, unternahmen führende Experten der Zeit mehrere Bergeversuche. Die dicke Beplankung des Rumpfs war unter Wasser noch fester geworden und machte das Eindringen ins Wrack schwierig. Mehrere Bronzekanonen wurden aus dem Schlick der Tobermory Bay gehoben, doch von dem fabelhaften Schatz kam nichts zutage. Erst 1729

kam ein Durchbruch. Jacob Rowe hatte eine neue Technik entwickelt und damit bereits einen riesigen Schatz in Form von Barren aus einem Wrack bei den schottischen Shetland-Inseln geborgen. Rowe war ganz offensichtlich eine Art Erfinder: Neben einer Tauchmaschine hatte er die Kunst der Unterwassersprengung und auch eine Art Bohrer entwickelt, mit dem zementierte Strukturen unter Wasser aufgebrochen werden konnten. Damit gelang es ihm, in den Rumpf vorzudringen, doch nach zwei Jahren Arbeit an der verfestigten Holzkonstruktion gab es noch immer keine Anzeichen für einen Schatz. Jacob Rowe packte seine Geräte zusammen und zog in ein angenehmeres Klima. Nach diesem Fehlschlag schlief der Enthusiasmus für weitere Bergeaktionen erst einmal ein.

Bagger und Wahrsager

Mit der Heraufkunft des 20. Jahrhunderts belebte sich das Interesse an der Tobermory-Galeone wieder. 1903 führte ein Westschottisches Syndikat eine Ausgrabung mit Saugpumpen aus. Nach zwei Jahren war nichts Interessanteres als ein Messingzirkel und ein zerbrochenes Schwert geborgen worden, so daß sich die Gesellschaft aufs Baggern verlegte und damit mehrere Dinge zutage förderte, darunter einen silbernen Kerzenhalter, aber immer noch keinen Schatz. Erfolglos beschäftigte sie sogar einen Wahrsager. Um 1909 hatte das Syndikat seine Mittel erschöpft, als der zweideutige Colonel Foss in Erscheinung trat. Auch seine Unternehmung erbrachte wenig (s. rechts), aber das Schiff wurde nicht in Ruhe gelassen.

Nach dem Zweiten Weltkrieg kümmerte sich der Elfte Duke of Argyll persönlich um einen weiteren Versuch, den Schatz zu lokalisieren. Er beschäftige einen Vermessungstrupp der Admiralität, um die Lage des Schiffs genau festzustellen, und ließ den prahlerischen Kriegshelden Commander Crabb die Arbeiten überwachen. Doch außer dem Schädel eines Schiffsjungen wurde nur wenig geborgen.

Antwort aus dem Archiv

Man sollte denken, daß diese wiederholten Fehlschläge schließlich auch die optimistischsten Schatzsucher entmutigt hätten. Vielleicht ist am bemerkenswertesten an diesem langen Katalog von Fehlschlägen und Frustrationen, daß die Bergeunternehmer so wenig Anstrengungen unternommen haben, die ergiebigen und höchst detaillierten spanischen Archive zu untersuchen. Sie bieten einen weit billigeren und verläßlicheren Weg zur Wahrheit als Ausgrabungen an Ort und Stelle. Die Forschung hat nun zweifellos ergeben, daß die legendäre Tobermory-Galeone die *San Juan de Sicilia* aus Ragusa war. Noch ärgerlicher für jene, die ihr Vermögen auf der Suche nach dem königlichen Schatz ausgegeben haben, ist die Erkenntnis, daß es nie einen größeren Schatz an Bord gegeben hat. Philip II. schickte mit der ganzen Armada nur 150.000 Escudos, die auf vier oder fünf sorgfältig ausgesuchte Schiffe verteilt waren – zu denen die *San Juan de Sicilia* nicht gehörte.

COLONEL FOSS UND SEINE CREW

25 Jahre lang folgte Colonel Foss seiner persönlichen Obsession, den Tobermory-Schatz finden zu müssen, und bildete zur Finanzierung ein Syndikat nach dem anderen. Seine Talente als Bergeunternehmer waren fragwürdig, aber er besaß eine beträchtliche Fähigkeit, Menschen zum Herausgeben ihres Geldes zu überreden. Der Bereich, in dem er das Wrack vermutete, wurde in einer Art, die modernen Archäologen die Haare zu Berge stehen läßt, wieder und wieder abgebaggert. Zinnplatten und andere Dinge wurden geborgen – doch nicht der versprochene Schatz. Im Frühjahr 1930 hatten ihn seine Finanziers über, und, mit Betrugs- und Korruptionsanklagen überhäuft, verlor Foss die Kontrolle über die Bergeaktion, gab jedoch nie seinen Glauben auf, daß unter dem nächsten Kubikmeter Schlick der Schatz bestimmt gefunden würde.

TAUCHER AUS DEM TEAM VON COLONEL FOSS
Einem Taucher für Foss' Syndikat wird ca. 1910 oder 1911 die Sichtscheibe vor dem Tauchgang justiert.

DER FLUCH DES SCHIFFSJUNGEN

Unter den 1954 gefundenen menschlichen Überresten befand sich auch ein Schädel, den man einem Schiffsjungen zuschreibt. Man gab ihn einem örtlichen Hotelier, der ein Loch hineinzubohren versuchte, um ihn über der Bar aufzuhängen. Unmittelbar danach litt er an blindmachenden Kopfschmerzen, und da er unter einem schrecklichen Fluch zu stehen glaubte, verbarg er den Schädel hinten in einem Schrank. Dort blieb er, bis ihn 1985 ein neuer Besitzer des Hotels in die Tiefen des Sound of Mull versenkte.

GALEONEN, GALEASSEN, UND KARACKEN

Das Tobermory-Wrack war eine Galeone und damit eines der Gefechtsschiffe der Armada. Galeonen und Galeassen waren die wichtigsten Kampfschiffe mit 40 bis 50 Kanonen, speziell für diesen Zweck gebaut.

Galeonen: Spanische Galeonen waren größer und breiter und lagen höher im Wasser als englische. Die großen Galeonen waren nicht leicht zu manövrieren und mußten gelegentlich mit Ruderbooten in Position gebracht werden. Da die englischen Galeonen flachere Aufbauten hatten, besaßen sie einen geringeren Windwiderstand und bessere Manövrierfähigkeit.

Galeassen: Diese waren länger und schmaler als die Galeonen und außer mit Segeln auch mit Riemen bestückt, wodurch sie leichter zu manövrieren waren, sogar wenn es windstill war.

Spanische Galeone
Liegt hoch im Wasser.

Spanische Galeasse
Feuert auf die englische Flotte.

Englische Galeone
Ausguck im „Krähennest" des Großtopps.

Verteidigungskräfte
Infanterie und Kavallerie in Reih und Glied am Ufer.

Karacken und Karavellen (Handelsschiffe):
Diese formten die zweite Linie und erhielten für die Schlacht zusätzliche Kanonen. Eine Karavelle war die leichtere Version der größeren Karacke.

DIE RIVALISIERENDEN FLOTTEN IN AKTION
Außer Galeonen und Galeassen gab es noch verschiedene kleinere Boote, die zur Nachrichtenübermittlung und zum Navigieren in flachen Gewässern benutzt wurden.

DIE
GIRONA

Fast 400 Jahre lang blieb das Wrack der *Girona*, einer spanischen Galeasse, vor der irischen Küste, wo sie im Herbst 1588 ihr Schicksal ereilt hatte, unberührt. Geborgen wurde es in den späten 60er Jahren durch ein von Robert Stenuit geleitetes Taucherteam. Seine intensiven Untersuchungen hatten ergeben, daß die *Girona*, als sie sank, Mannschaften, Soldaten und Passagiere nicht nur von einem, sondern von drei Schiffen der Armada an Bord hatte, darunter viele hervorgehobene Figuren der spanischen Aristokratie.

Einer der populärsten spanischen Kommandeure, Don Alonso de Leiva, war das Wahrzeichen höfischer Ritterlichkeit, tapfer im Kampf und großzügig gegenüber seinen Soldaten. Er war der stellvertretende Kommandeur der gesamten Armada und segelte auf der *Santa Maria Encoronada*, einer behäbigen Karacke, die bei ungünstigem Wind schwierig zu manövrieren war. Diese suchte wie viele andere Schiffe der geschlagenen Armada vor den Stürmen Schutz an der gefährlichen irischen Küste. Am 17. September ankerte sie in der Blacksod Bay und schickte eine Landetruppe von 14 Mann auf die Suche nach Wasser aus. Prompt wurden sie von einem lokalen Terroristen, Richard Burke, Devil's Hook, Teufelsklaue, genannt, gefangen, doch wenig später gerettet. Dann strandete die *Santa Maria*. Don Alonso führte seine Männer an Land, barg soviel wie möglich vom Schiff und setzte die Reste in Brand.

Bald hörten sie, daß ein anderes spanisches Schiff wenig entfernt die Küste angelaufen habe. Dies war die *Duquesa Santa Ana*, ein schwerfälliges andalusisches Schiff von 900 Tonnen mit 23 Kanonen, 280 Soldaten und 77 Seeleuten an Bord. Ein spanischer Seemann von der *Duquesa*, der später von den Engländern gefangen wurde, berichtete: „Da sie (die *Santa Maria*) verloren war, wurden Don Alonso und seine Gesellschaft auf der *St. Ann* mit allem, was sie an Wertvollem bergen konnten,

DIE BERGUNG

Das Wrack der *Girona* wurde erst 1967 von dem belgischen Taucher Robert Stenuit entdeckt. Er hatte 600 Stunden in Archiven der ganzen Welt gewühlt und zeitgenössische Berichte und Karten der Gegend studiert, in der die *Girona* untergegangen sein sollte.

An der wilden irischen Küste gab es eine Bucht, die Port na Spaniagh genannt wurde. Stenuit dachte sich, daß die Anwohner sie aus irgendeinem Grund so genannt haben müßten. Überzeugt, die richtige Gegend gefunden zu haben, machte er seine ersten Tauchgänge. Nach nur einer Stunde entdeckte er Bleibarren, die die Spanier als Ballast benutzt hatten, zwei Bronzekanonen und eine Kupfermünze aus der passenden Periode. Da war er sicher, daß er sein Schatzschiff gefunden hatte.

EINIGE FAKTEN

Schatz	Wertgegenstände von drei Schiffen
Datierung	28. Oktober 1588
Tiefe	6–9 m (20–30 Fuß)

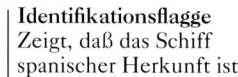

Identifikationsflagge
Zeigt, daß das Schiff spanischer Herkunft ist.

BEWAFFNETE SPANISCHE GALEASSE
Zwar waren die Schiffe mit Kanonen, die aus der Distanz Schaden anrichten konnten, ausgestattet, doch verließen sich die Spanier mehr auf ihre überlegene Zahl von Soldaten und versuchten, die gegnerischen Schiffe zu entern.

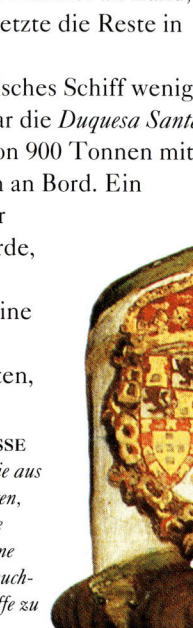

NAVIGATIONS-ZIRKEL
Die Navigationszirkel der Girona, *mit denen Distanzen auf der Karte gegriffen wurden, funktionieren nach 400 Jahren auf dem Meeresboden immer noch.*

Kanonenfeuer
Spanische Kanonen waren schwer wiederzuladen – Männer mußten sich dazu über die Reling hängen.

wie Silbertellern, Kleidern, Geld, Juwelen, Waffen und Rüstungen, aufgenommen."

Eine Folge von Mißgeschicken

Don Alonso erging es mit der *Duquesa* nicht besser als mit der *Santa Maria*: Winde und Strömungen trieben das Schiff nordwärts, wo es ebenfalls strandete. Noch einmal führte Don Alonso die Mehrheit seiner Leute in Sicherheit und brachte alles Wertvolle an Land. Ein lokales irisches Oberhaupt half den Spaniern, und wieder hörten sie von einem weiteren spanischen Schiff, das für Reparaturen einen Hafen angelaufen hatte.

Dieses Schiff war die *Girona*, die Spanien ursprünglich mit 121 Seeleuten, 186 Soldaten, 50 Bronzekanonen und 224 Ruderern, von denen viele Strafgefangene oder Sklaven waren, verlassen hatte. Auf ihrer letzten Reise trug die *Girona* über 1.000 Mann und die gesammelten Schätze aller drei Schiffe, inklusive Stücke des feinsten Renaissance-Schmucks.

Don Alonso segelte wieder einmal los, doch statt nach Spanien zurückzukehren, nahm er Kurs auf Schottland, das im anglo-spanischen Krieg politisch neutral war. Beim dritten Mal verließ ihn das Glück. Die *Girona* lief „auf den Felsen von Bunboys ... dicht bei Sorley Boy's Haus" und sank spurlos. Von den über 1.000 Menschen an Bord erreichten nur fünf das sichere Ufer.

Katholischer Priester an Bord
Neben politischen und ökonomischen hatten die Spanier auch religiöse Motive, das protestantische England anzugreifen.

Fockmast
Hier wurden eine kleinere Flagge, dekorative Wimpel und zwei Segel gesetzt.

Klüverbaum
Zum Anschlagen der Vorsegel.

Ruderbank
Die *Girona* war mit 18 großen Riemen auf jeder Seite ausgestattet, was ihr bessere Manövrierfähigkeit gab.

DER SCHATZ

Taucher brauchten zwei Jahre, um mehr als 12.000 Gegenstände aus der *Girona* zu bergen, darunter 405 Goldmünzen aus sechs verschiedenen Ländern, 12 Goldringe und acht Goldketten. Als Teil einer stolzen Invasions-Streitkraft und einer Kreuzfahrer-Armee trug die *Girona* exquisiten Schmuck, Goldketten von höchster Kunstfertigkeit und religiöse Dinge wie Kruzifixe und einen Satz Altartafeln an Bord. Das Kreuz eines Ritters von Santiago – ein wunderschöner Goldschmuck, der dem Kommandeur Don Alonso de Leiva selbst gehört hatte – wurde ebenso geborgen wie andere Abzeichen von Ritterorden. Andere persönlichere Dinge haben ein spezielles Flair wie zum Beispiel ein Goldring mit einem von einer Hand gehaltenen Herzen und der Inschrift *„No tengo mas que darte"* (Nichts anderes habe ich Dir zu geben). Man hat vermutet, daß dies die Gabe einer Dame an ihren Liebhaber war, als er sich der Armada anschloß. Aufschlüsse über das alltägliche Leben auf See gaben die Entdeckung von ledernen Schuhsohlen und sogar eines Pflaumensteins. Teile der Navigationsausrüstung und der Bewaffnung wurden ebenfalls gefunden, darunter Drehbassen, Bleikugeln und mehrere Lotbleie. Die *Girona* war mit 50 Kanonen, die auf Seitendecks über den Ruderreihen montiert waren, sehr schwer für den Kampf gegen die Engländer ausgerüstet gewesen.

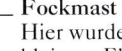

Malteserkreuz

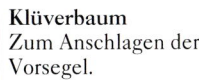

Salamander-Anhänger mit Rubinen

Goldener Escudo

NACH DER NIEDERLAGE
Diese zeitgenössische Karte zeigt den Weg der Armada um die Küsten von Schottland und Irland vor der Heimreise nach Spanien. Die geschlagenen Schiffe segelten mit ungenauen Karten auf unbekannten und gefährlichen Gewässern und trafen auf heftige Stürme. Bis zu 11.000 Menschen und über 30 Schiffe gingen verloren, bevor der Rest der Flotte Spanien erreichte.

SPANISCHE SILBER-FLOTTEN

Die großen spanischen Galeonen unterhielten den Handel zwischen Spanien und Amerika. Sie brachten Kleidung, Waffen und Haushaltsdinge von Europa für die Siedler in der Neuen Welt, die dort auf der Suche nach Gold und Silber Kolonien errichtet hatten. Doch ebenso wichtig war Quecksilber aus den Minen in Süd-Kastilien, das für die Silberproduktion der südamerikanischen Industrie benötigt wurde. Gegen diese Waren tauschte man Gold- und Silberbarren. Ende des 16. Jahrhunderts brachten die Flotten über drei Millionen Pesos für die geldhungrige spanische Monarchie und ein Mehrfaches für private Kaufleute zurück. Um Steuerhinterziehung zu verhindern und den Handel zu kontrollieren, wurden alle Barren von den spanischen Behörden in Amerika gewogen und gestempelt; und die Menge, die eine Flotte mitnehmen durfte, war limitiert, damit der Verlust bei Schiffsuntergang oder Kaperung möglichst gering blieb. Außer Gold und Silber brachten die Flotten Kokosnüsse, Perlen, Smaragde, Leder und Talg mit zurück.

Die Handelsgaleonen reisten in Konvois von 10 bis 40 Schiffen. Ein Kapitän, der den Flottenverband ohne Not verließ, wurde mit der Todesstrafe bedroht. Die Flotte wurde von zwei bis vier bewaffneten Galeonen bewacht, für die Steuern von den Kaufleuten erhoben wurden. Während internationaler Konflikte begleiteten bis zu acht Kriegsschiffe die Flotte.

JAPAN

CHINA

Amoy (Xiamen) ❷

Canton (Guangzhou)

PHILIPPINEN (Manila)

SAN FELIPE ①
Ein Schiff, das 1596 mit einer Fracht Gold und Porzellan auf der Rückreise von Manila nach Acapulco verlorenging.

FERROLENA ②
1802 sank dieses Schiff mit über 1 Mill. Pesos in Silber auf der Route von Manila an der chinesischen Küste.

❹ ❸

NÖRDLICHE MARIANEN

GEWÜRZINSELN (MOLUKKEN)

ROUTE NACH ACAPULCO
Hatten die spanischen Flotten die Philippinen verlassen, segelten sie in nordöstlicher Richtung bis auf etwa 35° N, wo sie Westwinde nach Acapulco in Mexiko trugen.

PAZIFISCHER OZEAN

HAWAII

SANTA MARGARITA ③
Dieses erst kürzlich geortete Schiff war auf dem Weg nach Acapulco, als es unterging. Gleich nach dem Untergang wurde es schwer geplündert.

ROUTE NACH MANILA
Die Flotten starteten in Acapulco in Mexiko üblicherweise im Dezember und benötigten nur 8–10 Wochen bis Manila auf den Philippinen, da sie vor dem Ostpassat segeln konnten.

NS DE LA CONCEPCION ④
1638 wurde dieses Schiff auf der Manila-Acapulco-Route von Stürmen überrascht, lief auf ein Riff und ging verloren (s. S. 56–57).

Routen zwischen Acapulco und Manila

Manila wurde 1571 als spanischer Kolonialposten in den Philippinen gegründet. Ende desselben Jahrhunderts wurde für drei bis fünf Millionen Pesos Silber aus den südamerikanischen Minen nach Manila geschickt, um dafür Seide, Porzellan und andere fernöstliche Waren zu kaufen. Die spanischen Behörden versuchten diesen Handel einzugrenzen, weil sie das Silber lieber nach Spanien senden wollten, doch der kommerzielle Anreiz war für die Kaufleute sehr groß, weil sie für Investitionen im Philippinen-Handel einen sechsfachen Gewinn erwarten durften. Offiziell war der jährliche Handel auf zwei Schiffe von jeweils 300 Tonnen beschränkt, die zusammen nicht mehr als 200.000 Pesos Wert transportieren durften. Tatsächlich war der Gewinnanreiz so stark, daß jedes Schiff bis zu zwei Millionen Pesos Wert transportierte. Dieser Handel war so lukrativ, daß das Kommando einer Galeone, die von Acapulco in Mexico nach den Philippinen segelte, dem Kapitän an Kommission, Geschenken und Bestechungsgeldern 40.000 Pesos einbrachte – auch wenn er selbst keinen Handel treiben durfte. Die Galeonen für diesen Handel waren oft auf den Philippinen aus dortigem Teakholz gebaut, das für seine Dauerhaftigkeit bekannt ist, und das war entscheidend für eine Reise, die insgesamt vier bis sieben Monate dauern konnte.

Kruzifix aus Silber und Holz

Ohrschmuck aus Gold und Perlen

SPANISCHER SCHMUCK
Diese persönlichen Schmuckgegenstände wurden von einem 1715 untergegangenen spanischen Schiff geborgen.

SPANISCHE GOLDMÜNZE
Dieses Zwei-Escudo-Stück ist Teil eines aus einem spanischen Wrack geborgenen Schatzes und wurde in der Münze von Lima in Peru geprägt; es wird auf 1709 datiert.

SAN PEDRO DE ALCANTARA ⑩
1786 vor Spanien mit 7 Mill. Pesos in Gold und Silber untergegangen.

WRACKS IN DER VIGO-BUCHT ⑫
1702 wurde eine spanisch-französische Flotte von englisch-holländischen Schiffen in dieser Bucht eingeschlossen; die Schiffe entgingen der Kaperung durch Verbrennen und Versenken (s. S. 58–59).

TORTUGAS-WRACK ⑨
Diese spanische Galeone wurde mit ihrer Fracht von Goldbarren und Perlen vor Florida gefunden (s. S. 54–55).

NS DE LA CONCEPCION ⑪
Dieses Schiff mit Gold, Silber und Juwelen lief 1641 auf ein Riff vor Hispaniola.

GUADALUPE UND TOLOSA ⑧
Diese Quecksilber-Transporter sanken 1724 nordöstlich von Hispaniola. (s. S. 60–61.)

Missouri

NORD-AMERIKA

Ohio

San Francisco ⑤

SAN AGUSTIN ④
Diese spanische Galeone ging mit Gold und Porzellan 1599 bei San Francisco unter.

Rio Grande

Mississippi

MEXICO
VIZEKÖNIGTUM VON VERA CRUZ
Vera Cruz (Veracruz)
Acapulco

NEU-SPANIEN

FLORIDA

⑨ ⑧
Havanna
KUBA

BAHAMAS

⑪
HISPANIOLA (DOM. REP.)

WESTINDISCHE INSELN

ATLANTISCHER OZEAN

⑬

Vigo ⑫
SPANIEN
Madrid

⑩
Sevilla
Cadiz

CADIZ
Obgleich der Hafen nicht sturmsicher und für feindliche Angriffe offen war, blieb er von der Mitte des 17. Jh.s an der Haupthafen für heimkehrende Schiffe.

WRACKS VON SERRANILLAS ⑥
Südlich von Kuba liegen die Wracks von vier Schiffen, die 1605 mit Silber, Gold und Smaragden von Kolumbien nach Spanien segelten. Diese Schiffe wurden nie gefunden.

Porto Bello (Portobelo)
Cartagena
Maracaibo
Caracas
⑭

⑥

⑦

Orinoco

KOLUMBIEN

Guayaquil

Amazonas

PERU
Lima

SÜD-AMERIKA

BRASILIEN

WRACKS VOM CHANDUY-RIFF ⑦
Mindestens drei spanische Schatzschiffe sanken auf diesem Riff vor der Westküste von Südamerika. Eines sank 1659 mit einer Fracht Silbertellern und 12 Mill. Piastern.

Potosí
Arica

VIZE-KÖNIGREICH VON PERU

SAN PEDRO ⑭
Dieses Kriegsschiff transportierte Schätze im Wert von 800.000 US $; es explodierte 1815 nahe Caracas. Alle 500 Menschen an Bord kamen um, doch die Schätze wurden später geborgen.

⑧ **ATOCHA**
Diese Galeone ging in einem Hurrikan 1622 nordwestlich von Havanna auf dem Rückweg nach Spanien unter. Sie transportierte über 2 Mill. Pesos in Gold und Silber. Das Wrack wurde 1985 von Mel Fisher nach einer 16jährigen Suche entdeckt.

SILBERMINE IN POTOSI, PERU, UM 1584
Das Silber aus den Bergwerken Perus bildete den wertvollsten Teil der Schatzladungen, die die Flotten nach Spanien zurückbrachten.

DAS
TORTUGAS-WRACK

In den 60er Jahren fing ein Krabbenfischer, der vor der Küste von Florida in den Vereinigten Staaten, südwestlich der Dry Tortugas, arbeitete, einen Olivenkrug in seinem Netz. Später stellte man fest, daß dieser Krug von der Art war, wie sie auf spanischen Schiffen der frühen Kolonialzeit zum Transport von Wein und Öl verwandt wurden. Die Stelle, an der der Krug aufgefischt wurde, war bei weitem zu tief, um für jene Zeit eine kommerziell aussichtsreiche Untersuchung auf ein mögliches Schiffswrack zu erlauben.

Lokalisierung und Bergung

In den späten 80er Jahren hatte sich die Technik soweit entwickelt, daß dieses Projekt sinnvoll wurde, und so machte sich eine amerikanische Firma, die Seahawk Deep Ocean Technology Inc., an die Ar-

beit. Eine erste Ortung wurde mit einem ferngesteuerten Fahrzeug (ROV), dem Phantom DHD2, ausgeführt. Es war mit Videokameras und Roboterarmen bestückt und wurde von der Wasseroberfläche mit Joystick und Fernsehmonitor gesteuert. Bilder von der Wrackstelle, die Holzspanten, einen Haufen Ballaststeine, viele Keramiken und Olivenkrüge zeigten, wurden mit der Videokamera auf dem Monitor sichtbar gemacht.

Dank dieser fortgeschrittenen Technik konnte Seahawk eine Bronzeglocke vom Meeresgrund heben. Damit wurde die Gesellschaft „salvor in possession" (tatsächlicher Besitzer ohne Rechtsanspruch) nach dem US Admirality Law und konnte damit das Bergerecht erhalten. Dieses Gesetz stellt das Recht eines Bergers fest, wenn er erst einmal ein Wrack gefunden hat, es auch ohne Einmischung anderer Parteien bergen zu dürfen.

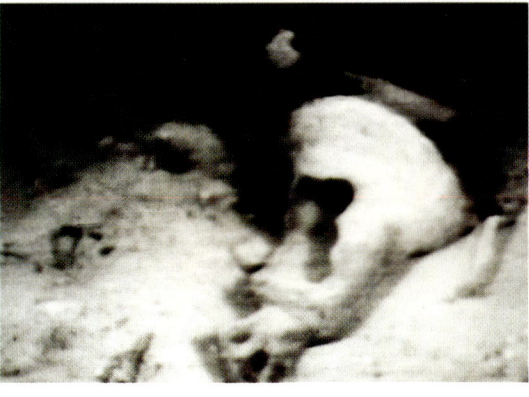

BRONZEGLOCKE VOM WRACKORT BEI TORTUGAS
Das Bild einer Bronzeglocke auf dem Meeresboden wurde von den Videokameras des ferngesteuerten Phantom-Fahrzeugs während seiner ersten Suche am Wrackfundort aufgezeichnet.

Identifizierung des Wracks

Das Wrack ist noch nicht identifiziert, doch gibt es starke Hinweise, daß es sich um eines der Schiffe der spanischen Flotte von 1622 handelt, das in einen Hurrikan geriet und auf tiefem Wasser verlorenging, während andere aus derselben Flotte an den Riffen vor Florida strandeten.

In diesem Jahr kehrte die spanische Flotte, nachdem sie ihre Fracht in Havanna auf Cuba entladen und neue Fracht übernommen hatte,

HÖLZERNE KARAVELLE
Nach der Größe des Wracks könnte das Schiff eine kleine Karavelle wie dieses Modell gewesen sein. Karavellen verwandten die Spanier und Portugiesen im 16. Jh.

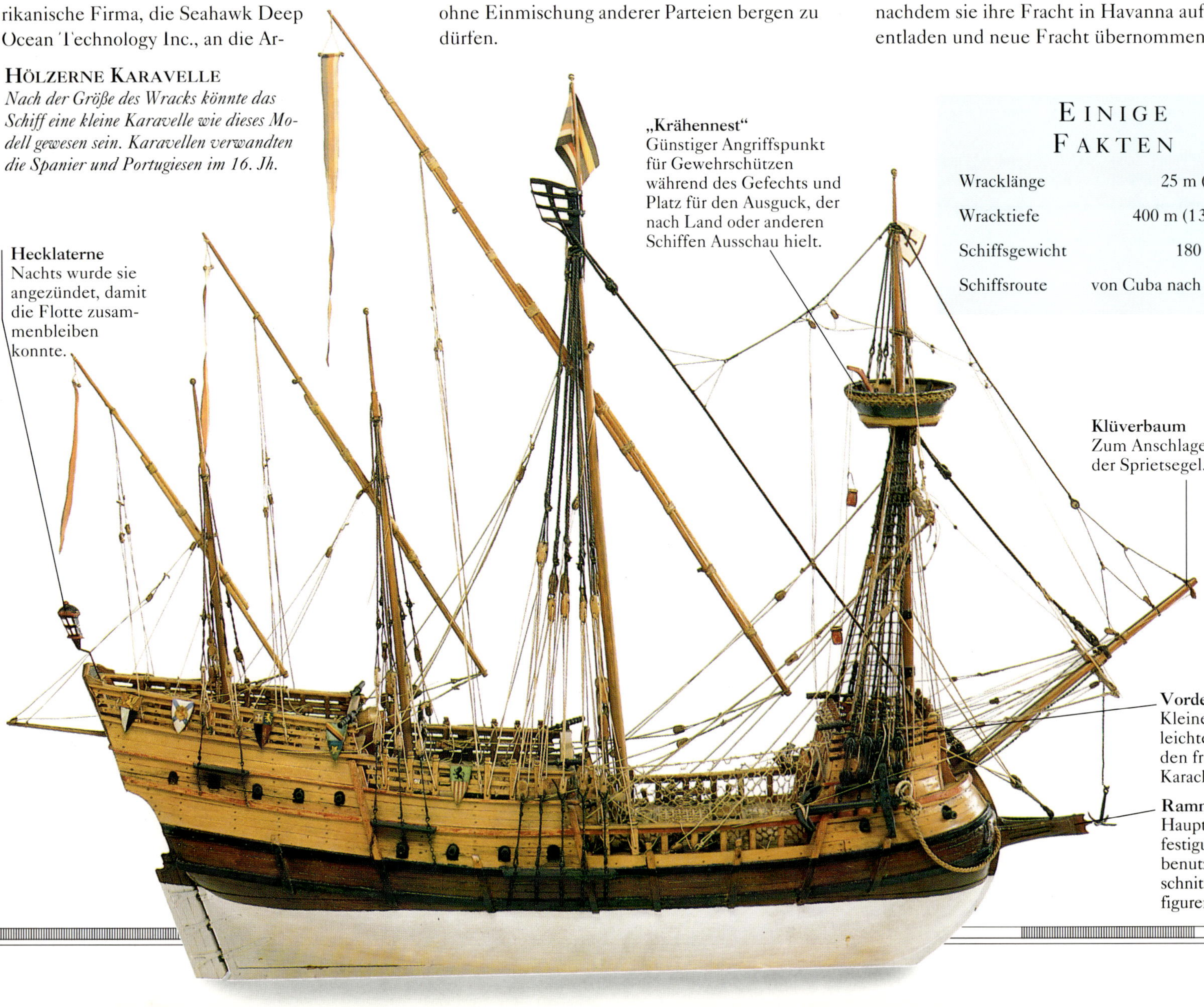

Hecklaterne
Nachts wurde sie angezündet, damit die Flotte zusammenbleiben konnte.

„Krähennest"
Günstiger Angriffspunkt für Gewehrschützen während des Gefechts und Platz für den Ausguck, der nach Land oder anderen Schiffen Ausschau hielt.

Klüverbaum
Zum Anschlagen der Sprietsegel.

Vordeck
Kleiner und leichter als bei den frühen Karacken.

Rammsporn
Hauptsächlich zur Befestigung der Takelage benutzt; später mit geschnitzten Galionsfiguren geschmückt.

EINIGE FAKTEN

Wracklänge	25 m (82 Fuß)
Wracktiefe	400 m (1 300 Fuß)
Schiffsgewicht	180 Tonnen
Schiffsroute	von Cuba nach Spanien

MERLIN AN DECK DES BERGUNGSSCHIFFS
Das ausgefeilte, ferngesteuerte Fahrzeug Merlin ist fertig, um per Winde über die Seite des Schiffs hinabgelassen zu werden. Einen der beiden Greifarme sieht man in der Mitte unten.

REGISTRIERUNG DES SCHATZES
Bevor irgend etwas vom Wrack geborgen wurde, fertigte man Fotos mit einem Gitternetz an, um seine Lage genau zu registrieren.

GREIFER IN AKTION
Merlins Greifarm kann sowohl schwere Gewichte (bis zu 113 kg) als auch zerbrechliche Objekte wie diesen Oliventopf aus Keramik heben. Er arbeitet mit Saugpolstern.

erst am 4. September wieder nach Spanien zurück. Das war viel später als empfohlen und schon weit in der Sturmsaison. Einen Tag nach Verlassen des Hafens geriet die Flotte in einen starken Hurrikan. Von ihren 28 Schiffen sollen 11 oder 12 verlorengegangen sein. Wenn dieses Schiff tatsächlich dazugehört, ist es entweder die *Nuestra Señora de los Reyes*, die *Jesus y Nuestra Señora del Rosario* oder die *Nuestra Señora de la Consolación*, die alle hinter die Flotte zurückgefallen waren.

Anspruchsvolle Bergung

Nachdem sich Seahawk die Bergerechte am Tortugas-Wrack gesichert hatte, brachte die Firma ein größeres Bergungsschiff mit einem Tiefwasser-Ankersystem und einem verfeinerten ROV an Ort und Stelle. Dieses Gerät, Merlin, ist eines der vielfältigsten und fortgeschrittensten Bergegeräte; es hat zwei Arme, die sowohl schwere (bis zu 113 kg) wie auch sehr fragile Objekte greifen können – die Arme können ein rohes Hühnerei fas-

sen, ohne es zu zerbrechen. Merlin besitzt auch einen Saugbagger, der ebenfalls zerbrechliche und sehr kleine Dinge fassen kann. Die Anforderung für diesen Saugarm besagte, daß er ein Weinglas ohne Zerbrechen durch den Schlauch transportieren können mußte. Außerdem trägt Merlin mehrere Video- und Fotokameras, deren Bilder per Glasfaserkabel vom Wrack zum Schiff übertragen werden. Mit diesen Kameras konnte auch Merlins Position über einen Bildschirm kontrolliert werden.

Mehr als 17000 Gegenstände wurden an der Wrackstelle geborgen, wobei die Berger genauso viel Sorgfalt auf die archäologische Bedeutung wie

den kommerziellen Wert legten. Alle Dinge, inklusive Goldbarren, Astrolaben und ein Smaragdring, wurden noch im Moment der Bergung auf Datenträger registriert, so daß man genau weiß, von welcher Stelle sie stammen. Die meisten Goldbarren und die Astrolaben wurden vom Nordwest-Ende des Wracks geborgen, wo auch die meisten Holzteile liegen, im Gegensatz zu den Ballaststeinen, die im Vorderteil des Schiffs die achtern gestaute Fracht ausbalancieren sollten. Demnach müßte das Nordwest-Ende des Schiffs das Heck gewesen sein, da Gold und Navigationsausrüstung traditionell hier, nahe den Offiziersquartieren, verstaut war.

NUESTRA SENORA DE LA
CONCEPCION

Die *Nuestra Señora de la Concepción* war eine der größten spanischen Galeonen auf der Handelsroute Manila – Acapulco. Als sie 1638 Manila auf den Philippinen mit Ziel Acapulco in Mexico verließ, war sie auch eines der am reichsten und schwersten beladenen Schiffe, das je auf diese Reise ging. Die Spanische Krone hatte wiederholt Verordnungen erlassen, die die Größe der Schiffe wie ihre Ladung limitierten, um mögliche Verluste geringzuhalten, doch hatte man sich wenig um bürokratische Anordnungen gekümmert, und so segelten regelmäßig Schiffe, die bis über die Sicherheitsmarge beladen waren.

Manila war von den Spaniern 1571 als wichtigster Kolonialposten zur Sicherung des Handels zwischen Acapulco und dem Osten gegründet worden. So war die Reise von Schiffen wie der *Concepción* eines der wichtigsten Ereignisse des Jahres. Ihre Abfahrt wurde mit Kanonenschüssen, Glockenläuten, kirchlichen Segnungen und Straßenparaden gefeiert; denn der Erfolg ihrer Reise war lebenswichtig für die spanische Kolonie auf den Philippinen.

Der Untergang der Concepción

Doch die *Concepción* erreichte Acapulco nie. Als sich das Schiff den nördlichen Marianen, einer Inselgruppe im Pazifischen Ozean, näherte, geriet es in einen starken Sturm. Während sich der Sturm verschlimmerte, waren Lotse, Offiziere und Kapitän uneins über den besten Kurs. Die Masten brachen, das Schiff wurde unsteuerbar, und am 20. September 1638 lief es auf ein Riff an der Südwestecke von Saipan in den Marianen. Es waren mehr als 400 Menschen an Bord, und nur eine Handvoll von ihnen überlebte. Von denen, die nicht ertranken, wurden die meisten von Eingeborenen getötet. Sechs Spanier entkamen nach Guam in der Nähe der Marianen und gelangten schließlich nach Manila zurück. Diese Reise dauerte länger als ein Jahr.

In den folgenden Jahren bargen die Inselbewohner große Teile der Fracht, und 46 Jahre nach dem Untergang der *Concepción* rettete die spanische Regierung noch 35 der 36 an Bord befindlichen Kanonen. Dennoch barg das Wrack noch einen großen Reichtum an Schmuck und kunsthandwerklichen Gegenständen, die bis 1987/88 auf ihre Bergung warten mußten.

Darunter befanden sich ein Filigrandöschen aus Gold, ein Goldkamm (s. gegenüberliegende Seite), ein mit Diamanten überhäufter, goldener Anhänger in Schuhform, in dem man ein Parfümfläschchen zu erkennen glaubt, meterweise Goldketten und eine Reihe von Steingutkrügen.

Die Reise von Acapulco nach Manila verlief ziemlich geradeaus. Die großen Handels-Galeonen segelten die 15.000 km vor den vorherrschenden Ostwinden in rund vier Monaten ab.

Die entgegengesetzte Route von Manila nach Acapulco, auf der die *Concepción* schließlich ihr Ende fand, war schwieriger. Hatte man die gefährliche San-Bernardino-Straße hinter sich, mußten die Schiffe in nordöstlicher Richtung um die nördlichen Marianen bis auf eine Breite von ca. 35° N segeln, um dort die Westwinde zu suchen, die sie bis zur amerikanischen Westküste tragen sollten. Dort segelten sie dann bis Acapulco.

PARFÜMPHIOLE
Diese Phiole in Schwertform, die am Hals getragen wurde, stammt von einem 1715 untergegangenen spanischen Schiff.

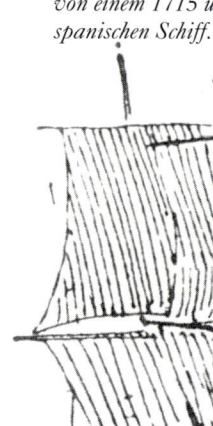

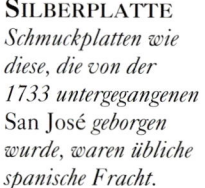

SILBERPLATTE
Schmuckplatten wie diese, die von der 1733 untergegangenen San José *geborgen wurde, waren übliche spanische Fracht.*

TINTENFASS UND STREUSANDDOSE
Tintenfaßhalter aus Zinn (ganz links) und Streusanddosen (links) fanden sich in den Offiziersquartieren der meisten Schiffe. Diese Stücke stammen von einem 1733 gesunkenen spanischen Schiff.

Tintenfaßhalter   **Streusanddose**

SPANISCHE GALEONE
Diese Abbildung ist der Concepción, *einer großen spanischen Galeone, ähnlich. Die Galeonen, die von Manila nach Acapulco segelten, waren zumeist auf den Philippinen aus lokalem Teakholz gebaut, das wegen seiner Haltbarkeit besonders für diese Route als das geeignetste galt.*

Großmast
Der Mastbruch trug zum Untergang der *Concepción* entscheidend bei.

Segel
Spanische Galeonen fuhren Rahsegel.

Tiefer Frachtraum
Hier wurden enorme Mengen Fracht verstaut, darunter Seide, Porzellan, Gewürze und Gebrauchsgegenstände aus Kupfer und Eisen.

GEBORGENES DÖSCHEN
Diese von der Concepción *geborgene, zusammengedrückte Dose aus Goldfiligran war ursprünglich oval.*

GOLDKAMM
Auch dieser Kamm wurde von der Concepción *geborgen; der Name der Doña Catalina de Guzman, einer Witwe aus Manila, war erhaben ausgearbeitet.*

REICHE LADUNG

Die *NS de la Concepción* transportierte eine der wertvollsten Ladungen, die je auf diese Reise gingen. Darunter waren wunderschöner filigraner Goldschmuck und Hunderte von Metern Goldkette wie auch mehr alltägliche Gebrauchsgegenstände wie Steingutkrüge, in denen die Vorräte an Wein, Essig, Salz und getrocknetem Fleisch aufbewahrt wurden.

Der größere Teil der Fracht stammte aus anderen Ländern und war auf die *Concepción* umgeladen worden. Seide und Porzellan kamen hauptsächlich aus China, ebenso Kupfer und Eisengerät, Lackdosen und geschnitzte Figuren. Aus Indien und Sri Lanka (Ceylon) stammten Edelsteine, Holzschnitzereien und Baumwolltextilien. Schwerter, Messer und Pulver waren aus Japan importiert, und Muskat, Zimt, Nelken und Pfeffer von den Molukken, den Gewürzinseln.

EINIGE FAKTEN

Länge	45 m (150 Fuß)
Ladefähigkeit	1500 Tonnen
Route	von Manila nach Acapulco
Fracht	Gold, Silber und Juwelen

DIE
WRACKS DER VIGO-BUCHT

Die spanische Silberflotte von 1702 verließ den Hafen von Havanna auf Cuba am 24. Juli und machte sich mit einer besonders reichen Silbersendung auf den Heimweg nach Cadiz in Spanien. Ein Teil war für die immer leeren Schatztruhen Philips V. von Spanien bestimmt. Wie üblich genoß die Flotte den Schutz der *Armada de Barlovento*, einer Flotte von Kriegsschiffen, die speziell für diesen Zweck geschaffen worden war. Außerdem standen die Schatzschiffe unter dem Schutz einiger französischer Kriegsschiffe, die von François Louis de Rousselet Châteaurenault kommandiert wurden.

Als die kombinierte Flotte sich den spanischen Gewässern und damit dem Ende ihrer Reise näherte, schickte der spanische Kommandeur, Manuel de Velasco, ein schnelles Boot nach Sevilla voraus, um die Behörden von der Annäherung der Flotte zu informieren.

Krieg bricht aus

Kurz danach erreichte sie die Nachricht, daß zwischen Frankreich und Spanien auf der einen und Britannien und den Niederlanden auf der anderen Seite Feindlichkeiten ausgebrochen waren und daß Cadiz selbst von der englisch-niederländischen Flotte unter dem Kommando von Admiral Rooke angegriffen wurde. Die spanische Silberflotte war mitten in den Spanischen Erbfolgekrieg hineingesegelt. Die Franzosen und Spanier dachten nicht daran, sich Admiral Rooke auf See zu stellen; seine Flotte galt als zu mächtig, und die Silberfracht war zu wertvoll, um sie in einer Seeschlacht zu riskieren. Statt dessen entschieden Châteaurenault und Velasco, nördlich nach Vigo auszuweichen.

Die Schlacht in der Vigo-Bucht

Am 23. September fuhren sie in die Ria de Vigo hinein, verbarrikadierten sich in dem kleinen Hafen Redondela und besetzten die Küstenforts.

Admiral Rookes Flotte kam am 22. Oktober auf der Suche nach der Silberflotte an und begann sofort eine heftige Attacke (s. unten). Schnell wurde deutlich, daß die französisch-spanische Flotte keine Chance hatte, und so entschloß sich der französische Kommandeur Châteaurenault, die französischen und die spanischen Schiffe zu versenken, damit sie nicht gekapert werden konnten. Dennoch wurden fünf spanische und sechs französische Schiffe von Rookes Flotte gekapert, der Rest sank oder brannte ab. Der große Schifffahrtshistoriker des 19. Jahrhunderts, W. L. Clowes, schrieb darüber:

> *Der Schatz und die Beute waren von enormem Wert, da die Flottille von Galeonen die reichste war, die je Europa aus Westindien erreicht hatte. Einige Ladung war vor der Aktion bereits entfernt worden; doch schätzte man, daß Gold, Silber & Fracht im Wert von 13 Millionen „pieces of eight" (Pesos oder Piaster) in die Hände der Sieger fielen oder zerstört wurden.*

Fast sogleich entstanden Legenden um den in der Vigo-Bucht verlorenen Schatz. Am 19. Januar 1703 berichtete der *Postboy*, eine englische Zeitschrift, daß eines der gekaperten spanischen Schiffe, die *Tauro*, nach England gebracht worden sei, wo man sagte, es besitze „einen unendlichen Reichtum an Silberbarren, Pesos und anderen wertvollen Gegenständen, und diese seien so reichlich, daß die gesamte Fracht 200.000 £ Sterling wert sei".

Fehlgeschlagene Bergungen

Unter diesen Umständen wird es kaum überraschen, daß in den letzten 250 Jahren fast ohne Unterbrechung ein Schatzsucher-Konsortium nach dem anderen das spektakuläre Vermögen, das unter dem schlammigen Wasser der Ria de Vigo vermutet wird, zu bergen versuchte.

1720 fand ein erster Bergeversuch durch einen Schweden statt. Seitdem haben italienische, französische, britische und niederländische Berger ebenfalls ihr Glück versucht. Die letzte größere Anstrengung stammt wahrscheinlich von einem Amerikaner, John Potter, und der Atlantic Salvage Company in den 50er Jahren. Keine dieser Expeditionen hatte Erfolg beim Heben des erhofften Schatzes.

Der fehlende Schatz

Eine sorgfältige Untersuchung der Dokumente macht deutlich, warum die Berger so wenig Erfolg hatten. Das meiste Silber, über 13,6 Millionen Pesos wert, war entladen und ins Inland gebracht worden, bevor die englisch-niederländische Flotte eintraf. Daß die Schiffe kaum noch Silber be-

ADMIRAL SIR GEORGE ROOKE UND DIE SCHLACHT IN DER VIGO-BUCHT

Admiral Rooke spielte während des Spanischen Erbfolgekriegs, in dem England mit den Niederlanden gegen Frankreich und Spanien standen, eine Schlüsselrolle in der englischen Navy.

Eine große englisch-niederländische Flotte unter Rookes Kommando hatte den spanischen Hafen Cadiz angegriffen, und Berichte von dieser Schlacht hatten die spanische Silberflotte dazu gebracht, einen der nördlicheren Häfen, nämlich Vigo, anzulaufen. Rookes Angriff auf Cadiz erwies sich als Fehlschlag, doch glücklicherweise lief er den neutralen Hafen Lagos an. Dort hörte er, daß die reiche spanische Silberflotte in der Bucht von Vigo ankerte. Rooke segelte geradewegs dorthin und fand 16 bis 17 spanische Schiffe, beschützt von einer ähnlichen Anzahl französischer Schiffe. In der Hafeneinfahrt lag eine Sperre. Am nächsten Tag segelte das britische Kriegsschiff *Mary* geradewegs auf die Sperre zu und durchbrach sie überraschend leicht. Wenig später wurden die Küstenforts von englischen und niederländischen Soldaten überrannt, und es wurde klar, daß die französisch-spanische Flotte verloren war.

Admiral Sir George Rooke, 1650–1709

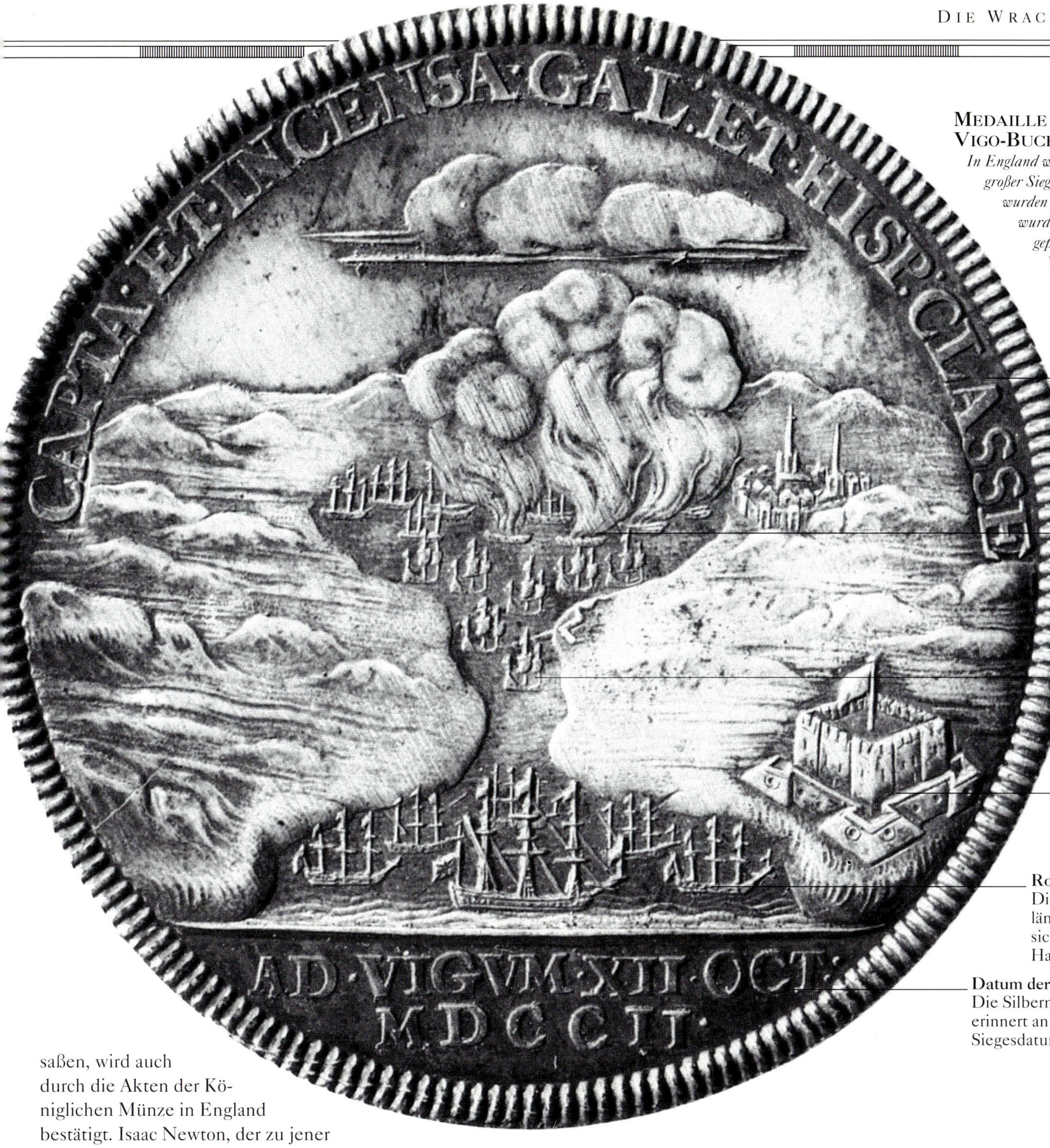
CAPTA·ET·INCENSA·GAL·ET·HISP·CLASSE
AD·VIGVM·XII·OCT·
MDCCII·

MEDAILLE ZUR SCHLACHT IN DER VIGO-BUCHT

In England wurde die Schlacht in der Vigo-Bucht als großer Sieg gefeiert: Zahlreiche Mitkämpfer wurden zum Ritter geschlagen und Medaillen wurden aus einem Teil des gekaperten Goldes geprägt. Diese Ansicht von Vigo zeigt die Vorteile seiner Lage – eine geschützte Bucht, in die man nur durch eine enge Mündung einfahren kann. Trotzdem erlitt die spanische Flotte riesige Verluste.

Übersetzung
„Französische und spanische Flotte überwältigt und verbrannt".

Brennende Schiffe
Französische und spanische Schiffe im Hafen von Redondela in Flammen.

Hafeneinfahrt
Am engsten Punkt mit Holz und Ketten verbarrikadiert.

Hügelfestung
Strategisch auf einem Hügel über dem Hafen gelegen.

Rookes Flotte
Die englisch-niederländische Flotte bereitet sich draußen vor dem Hafen auf den Angriff vor.

Datum der Schlacht
Die Silbermedaille erinnert an das Siegesdatum 1702.

saßen, wird auch durch die Akten der Königlichen Münze in England bestätigt. Isaac Newton, der zu jener Zeit die Münze leitete, stellte fest, daß das gesamte Silber, das in der Schlacht gewonnen wurde, nur 2043 kg betrug. Auch wenn einiges unterwegs gestohlen sein mag, rechtfertigt dies doch nicht die schwärmerischen Presseberichte, nach denen über 30 Expeditionen ausgerüstet wurden.

Ein unentdecktes Vigo-Wrack lockt jedoch auch heute noch immer Schatzsucher, das der *Santo Cristo de Maracaibo*. Dieses Schiff war von den Engländern gekapert und nach England eskortiert worden, als es gerade außerhalb von Vigo auf einen Felsen lief und in 60 m (200 Fuß) tiefes Wasser sank. Diese große Wassertiefe hat bisher Bergeversuche verhindert. Es ist unwahrscheinlich, daß es sehr viel Silber enthält, doch wären die kunsthandwerklichen Gegenstände an Bord von großem historischen Interesse.

JULES VERNE

Ende der 60er Jahre des 19. Jahrhunderts schrieb Jules Verne seinen Roman *Zwanzigtausend Meilen unter dem Meer*, in dem es um Kapitän Nemos Erfindungen, Reisen und Abenteuer unter dem Meeresspiegel geht. Eines der Abenteuer ist die Schatzsuche in Vigo, und dabei beschreibt eine Szene Menschen, „die halbverrottete Fässer, aufgebrochene Kisten unter noch immer geschwärzten Wracks wegräumen. Aus diesen Kisten und Fässern tauchten Gold- und Silberbarren und Kaskaden von Piastern und Juwelen auf".

SCHATZSUCHE UNTER WASSER

Diese atmosphärische Abbildung aus Zwanzigtausend Meilen unter dem Meer *verdankt sich vor allem der Phantasie Jules Vernes, der in seinem Buch zukünftige Entwicklungen der Tauchtechnik vorausnahm.*

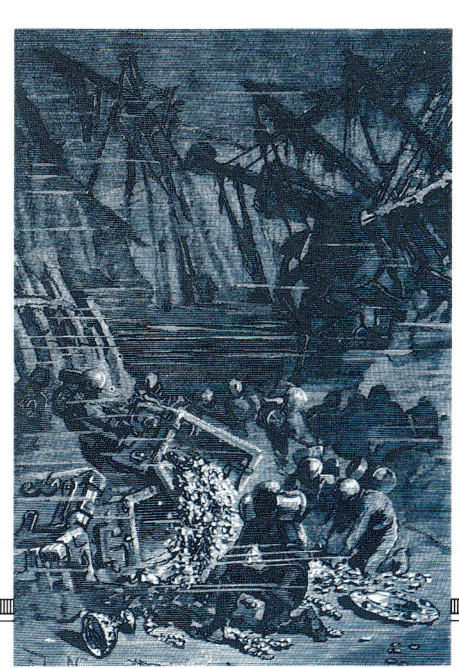

DIE
GUADALUPE UND DIE TOLOSA

Die *Nuestra Señora de Guadalupe* und die *Conde de Tolosa*, Galeonen der spanischen Flotte von 1724, waren auf der Fahrt von Cadiz in Spanien nach Havanna auf Kuba und weiter nach Veracruz in Mexiko (damals Vera Cruz geschrieben). Zusammen hatten sie über 1200 Menschen als Mannschaft und Passagiere an Bord, etwa 250 Tonnen Quecksilber und 144 Kanonen, außerdem Pulver, Handelsware, persönliche Gegenstände und Nahrungsmittel, Wasser und Wein.

Die Quecksilber-Frachter

Die *Guadalupe* und die *Tolosa* waren als „azogues" klassifiziert, was die spanische Bezeichnung für Schiffe mit Quecksilber-Fracht war. Die *Tolosa* war, anders als die kleinere *Guadalupe*, nicht für die Quecksilber-Fracht entworfen worden und auch nicht so stark gebaut.

Quecksilber wurde für das Extrahieren des reinen Silbers aus dem abgebauten Erz benötigt und war deshalb für das Funktionieren der Silberminen unentbehrlich. Die Silberminen in Mexiko waren von dem aus Spanien per Schiff herbeigebrachten Quecksilber abhängig. Das Verpacken des Quecksilbers war sehr kompliziert: Ein halber Quintal Quecksilber (18 Quintals wogen etwa eine Tonne) wurde in einen dichtvernähten Ledersack gegossen und in ein wasserdichtes Faß gesteckt. Zwei oder drei Fässer wurden dann in eine Holzkiste geladen, die zugenagelt, mit Garn umwickelt und in eine besondere Schutzmatte gewickelt wurde.

Der Hurrikan

Die beiden spanischen Galeonen hatten den Atlantik erfolgreich überquert, waren an der Südküste von Puerto Rico entlanggesegelt und liefen dann Aguadilla (Aguada) an der Nordwestspitze der Insel an, um dringend benötigten Nachschub an Frischwasser und Nahrungsmitteln zu übernehmen. In der Nacht des 24. August, wenige Tage, nachdem sie Aguadilla verlassen hatten, traf sie nahe der Samaná-Bucht (Bahía de Samaná), Dominikanische Republik (Hispaniola), ein

SILBER AUS DER NEUEN WELT
Quecksilber wurde in die Neue Welt transportiert, weil es für das Extrahieren des Silbers aus dem Erz gebraucht wurde.

TAUCHEN AN DER TOLOSA
Tracy Bowden, Präsident der Caribe Salvage Gesellschaft und Kapitän des Bergungsschiffs Hickory, gießt von der Tolosa geborgenes Quecksilber aus. Erst durch diese Entdeckung von Quecksilber wurde die Identität der Tolosa festgestellt. Zuvor hatten schon fünf Taucher wochenlang das Wrack untersucht.

Hurrikan. Sowohl die *Guadalupe* wie die *Tolosa* ankerten, um den Sturm auszureiten.

Die Überlebenden der Tolosa

Der *Tolosa*, die von der *Guadalupe* zu Beginn des Sturms getrennt worden war, gelang es, in der Einfahrt zur Samaná-Bucht zu ankern und den Sturm bis zum Morgengrauen abzureiten. Doch der Wind war zu stark für die Anker, und sie driftete in die Bucht hinein, wo sie etwa fünf Kilometer vom Ufer entfernt gegen die Felsen eines massiven Korallenriffs getrieben wurde. Sie sank in relativ tiefem Wasser an einem schützenden Riff, und so blieb der größte Teil der Ladung intakt.

Weniger als 40 Menschen von den 600 Mann Besatzung und Passagieren an Bord überlebten. Acht der Überlebenden hatten die Geistesgegenwart und Kraft, in den Topp des Großmasts zu klettern, und sieben von ihnen lebten noch, als 32 Tage später Rettungsboote aus Santo Domingo ankamen. Offenbar hatten sich die Überlebenden im Mast mit Nahrungsmitteln und Frischwasser aus den Fässern versorgt, die aus dem Rumpf nach oben getrieben waren.

Die Überlebenden der Guadalupe

Die *Guadalupe* strandete auf einer Sandbank, und etwa 550 der 650 Besatzungsmitglieder und Passagiere erreichten das Ufer. Durch die Quecksilber-Fracht besaß die *Guadalupe* wahrscheinlich zusätzliche Stabilität, so daß sie nicht kenterte.

Als die Überlebenden Land erreicht hatten, waren ihre Sorgen jedoch nicht vorbei. Um die Stadt Santo Domingo zu erreichen, stand ihnen ein grausamer 320-Kilometer-Marsch an der Küste entlang bevor.

Der Marsch in die Sicherheit

Der erste Teil der Expedition war nicht zu schwierig, weil das Land flach war und es Flüsse gab, aus denen sie trinken konnten. Als die Überlebenden jedoch nach einigen Tagen zum Cape San Raphael kamen, wurde die Küste felsig und unregelmäßig, und unter den hohen Klippen gab es keinen Strand, dem sie folgen konnten. Hier mußten sie mehrere zurücklassen, und weitere starben vor Hunger oder physischer Erschöpfung auf dem Weg vom Cape San Raphael nach Santo Domingo.

Als sie ihrem Ziel näherkamen, wurden sie von Fischern gesehen. Die riefen Hilfe aus Santo Domingo, und Boote retteten die restlichen Überlebenden.

Bergung im 20. Jahrhundert

1976 machte die nordamerikanische Bergegesellschaft Caribe Salvage SA einen Vertrag mit der

ANSICHT VON HAVANNA AUF KUBA, 1683
Dieser kubanische Hafen war der Hauptsammelplatz für die spanischen Flotten, die Waren aus Europa in die neuen Kolonien in Süd- und Mittelamerika brachten. Havanna besaß zu dieser Zeit auch große Schiffswerften, und viele der spanischen Schiffe wurden hier gebaut.

dominikanischen Regierung, die Wracks der *Tolosa* und der *Guadalupe* auszubeuten. Die Arbeiten an der *Guadalupe* begannen 1976 und dauerten etwa ein Jahr. 1977 begannen die Suche nach der *Tolosa* und ihre Bergung.

Am Wrack der *Guadalupe* fanden die Berger Beweise für die Quecksilber-Fracht, waren jedoch nicht in der Lage, eine größere Menge Quecksilbers zu bergen, weil der Zugang zu den unteren Teilen des Rumpfes, in denen das Quecksilber wahrscheinlich verstaut war, durch einen Wall von Eisenbeschlägen versperrt wurde. Auch dies waren Exportgüter für die Schiffbauindustrie in Havanna.

DER SCHATZ

Sowohl an der Wracklage der *Guadalupe* wie an der der *Tolosa* wurden mit einigem Erfolg in Europa hergestellte Waren geborgen, die für die allmählich kultivierten Bewohner der Kolonien exportiert wurden. Offiziell war nur der Export spanischer Waren erlaubt, doch bestand wie in vielen Bereichen des spanischen Lebens ein gewisser Widerspruch zwischen den bürokratischen Anordnungen und der täglichen Praxis.

Geborgene Waren

Feine gravierte Gläser aus Deutschland und elegante britische Uhren wurden sowohl bei der *Guadalupe* wie bei der *Tolosa* geborgen, was auf eine starke Nachfrage nach Qualitätswaren in Mexiko schließen läßt. Typischer für Spanien war die große Menge religiöser Dinge an Bord beider Schiffe. Außerdem wurden bei den Ausgrabungen Perlen, die bemerkenswerterweise kaum vom Seewasser angegriffen waren, Drehbassen aus Messing, eiserne Handgranaten, Silber, Porzellan und Zinngeschirr, Glaskännchen, Krüge, in denen Trinkwasser verstaut gewesen war, Messinglaternen und mehrere Stücke persönlichen Juwelenschmucks gefunden.

GOLDKREUZ
Dieses sehr seltene, auf der Tolosa *gefundene Kreuz gehörte zum Orden der Ritter von Santiago.*

GOTT DES WEINS
Dieses Medaillon aus Glas und Blattgold mit einem Bacchus stammt von der Tolosa *und war einst an einem Glas befestigt.*

KOSTBARE JUWELEN
Zum auf der Tolosa *gefundenen Schatz gehörten auch 1000 intakte Perlen und vier Stücke diamantübersäter Goldjuwelen.*

PIRATEN UND FREIBEUTER

Solange Waren über See transportiert wurden, gab es auch Piraten und Freibeuter, die es als ihren Job begriffen, diese Waren an sich zu bringen. Piraten handelten gänzlich auf eigene Verantwortung, während Freibeuter von anderen gesponsert wurden, die sie manchmal sogar mit Kaperbriefen ausstatteten (s. gegenüberliegende Seite). Die Schiffe, die Piraten und Freibeuter benutzten, waren sehr unterschiedlich, doch ihre Anforderungen waren immer dieselben: Schnelligkeit und Manövrierfähigkeit vor allem. Im 16. und 17. Jahrhundert favorisierten zum Beispiel die Araber und andere Piraten an der nordafrikanischen Küste geruderte Galeeren; Schebecken mit Lateinersegeln bevorzugten die Piraten von Salé an der afrikanischen Atlantikküste; und Karavellen waren die besten Schiffe von Sir Francis Drake und seiner Zeitgenossen. Ruderkraft wurde vor allem im Mittelmeer eingesetzt, weil sie bei leichten Winden einen Geschwindigkeitsvorteil barg. Auf dem rauheren Atlantik benötigte man jedoch größere Schiffe.

HENRY ④
Um Kaperung durch französische Freibeuter zu vermeiden, setzte Kapitän Hudson 1695 sein Schiff auf den Strand der irischen Küste und verbrannte es. Das Schiff war mit Diamanten im Wert von 75.000 £ Sterling auf dem Weg von Indien nach Britannien.

WRACK VON ALS EFFERNE ⑤
Dieses Schiff wurde 1589 mit einer Fracht im Wert von 100.000 £ Sterling vom Duke of Cumberland gekapert, sank jedoch an den Klippen von Cornwall in England.

NS DE GUIA ⑥
Englische Piraten versenkten dieses spanische Schiff mit Gold, Silber und Perlen im Wert von 200.000 Dukaten, als es sich den Azoren näherte.

WHYDAH ②
Ein Schiff des Piraten Sam Bellamy, das 1717 mit einer Fracht Silber und Gold vor Cape Cod strandete (s. S. 68–69).

OXFORD ③
Die Oxford, Flaggschiff des berüchtigten Piraten Henry Morgan, explodierte und sank 1669, als Morgan einen Angriff auf Cartagena in Columbien plante.

LAS CINQUE CHAGAS ⑦
Vermutlich eines der am reichsten beladenen Schiffe, das je aus Fernost segelte, 1594 von englischen Piraten angegriffen und versenkt (s. S. 64–65).

ROSARIO ①
Dieses Schiff war auf der Fahrt von Lima in Peru nach Panama, als es 1681 von englischen Piraten gekapert wurde. Sie ließen es mit seiner Silberladung, in der sie nur Zinn gesehen hatten, treiben.

MAGDALENA ⑧
1669 vor Venezuela vom Piraten Henry Morgan versenkt. Das Schiff hatte 40.000 Piaster, Silberplatten und Schwerter geladen. Morgan barg damals ca. 15.000 Piaster.

ATLANTISCHER OZEAN

Karibisches Meer

Golf von Mexiko

FLORIDA
BAHAMAS
Havanna
KUBA (SPANISCH)
JAMAICA (BRITISCH)
ST. DOMINIQUE (FRANZÖSISCH)
PORTO RICO (SPANISCH)
PORT-LOUIS
GUADELOUPE (FRANZÖSISCH)
VIZE-KÖNIGTUM VON NEUSPANIEN
Maracaibo
Porto Bello (Portobelo)
PANAMA
NIEDER-LÄNDISCH
FRANZÖSISCH
BRASILIEN (PORTUGIESISCH)
VIZE-KÖNIGTUM VON PERU
Amazonas
Cape Cod
Baltimore
England
La Roch
SPAN
PORTUGAL
Cartag
AZOREN
KANARISCHE INSELN
Arguin (französisch)
St. Louis (französisch)
Cacheu (portugiesisch)
Freetown (britisch)
Niger
ASCENSION INSEL
Bahia (Salvador)

PORT ROYAL AN DER SÜDKÜSTE VON JAMAIKA
1655 vertrieben die Engländer die spanischen Siedler und ermutigten Piraten, Port Royal zur Basis ihrer Operationen zu machen, um damit die Spanier an der Rückkehr zu hindern. Der Hafen lag günstig für Angriffe auf spanische Schiffe, die mit ihrer Gold- und Silberladung aus der Karibik nach Europa zurückkehrten, und wurde zum Piratennest.

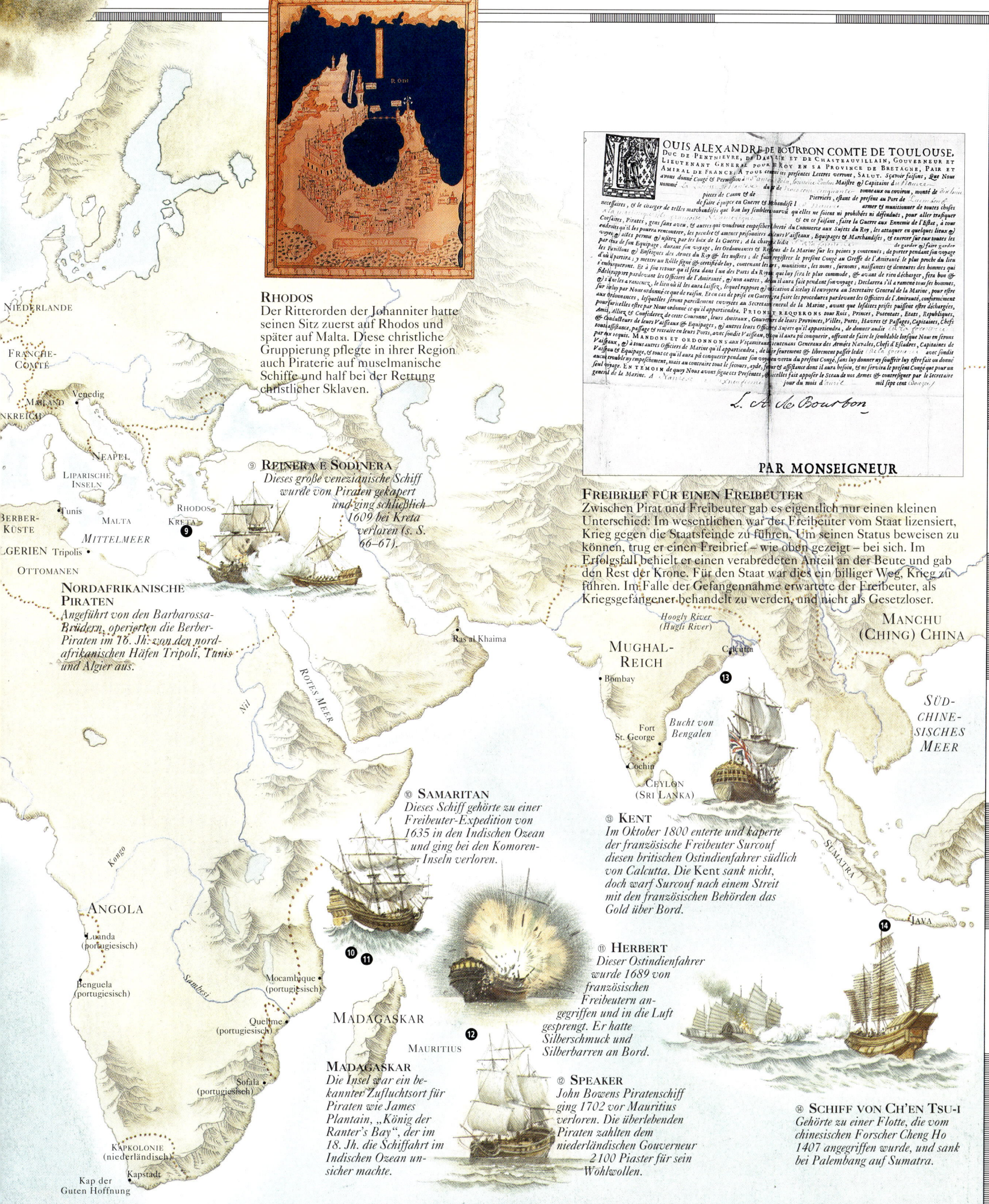

RHODOS
Der Ritterorden der Johanniter hatte seinen Sitz zuerst auf Rhodos und später auf Malta. Diese christliche Gruppierung pflegte in ihrer Region auch Piraterie auf muselmanische Schiffe und half bei der Rettung christlicher Sklaven.

⑨ REINERA E SODINERA
Dieses große venezianische Schiff wurde von Piraten gekapert und ging schließlich 1609 bei Kreta verloren (s. S. 66–67).

NORDAFRIKANISCHE PIRATEN
Angeführt von den Barbarossa-Brüdern, operierten die Berber-Piraten im 16. Jh. von den nordafrikanischen Häfen Tripoli, Tunis und Algier aus.

⑩ SAMARITAN
Dieses Schiff gehörte zu einer Freibeuter-Expedition von 1635 in den Indischen Ozean und ging bei den Komoren-Inseln verloren.

MADAGASKAR
Die Insel war ein bekannter Zufluchtsort für Piraten wie James Plantain, „König der Ranter's Bay", der im 18. Jh. die Schiffahrt im Indischen Ozean unsicher machte.

⑫ SPEAKER
John Bowens Piratenschiff ging 1702 vor Mauritius verloren. Die überlebenden Piraten zahlten dem niederländischen Gouverneur 2100 Piaster für sein Wohlwollen.

FREIBRIEF FÜR EINEN FREIBEUTER
Zwischen Pirat und Freibeuter gab es eigentlich nur einen kleinen Unterschied: Im wesentlichen war der Freibeuter vom Staat lizensiert, Krieg gegen die Staatsfeinde zu führen. Um seinen Status beweisen zu können, trug er einen Freibrief – wie oben gezeigt – bei sich. Im Erfolgsfall behielt er einen verabredeten Anteil an der Beute und gab den Rest der Krone. Für den Staat war dies ein billiger Weg, Krieg zu führen. Im Falle der Gefangennahme erwartete der Freibeuter, als Kriegsgefangener behandelt zu werden, und nicht als Gesetzloser.

⑬ KENT
Im Oktober 1800 enterte und kaperte der französische Freibeuter Surcouf diesen britischen Ostindienfahrer südlich von Calcutta. Die *Kent* sank nicht, doch warf Surcouf nach einem Streit mit den französischen Behörden das Gold über Bord.

⑪ HERBERT
Dieser Ostindienfahrer wurde 1689 von französischen Freibeutern angegriffen und in die Luft gesprengt. Er hatte Silberschmuck und Silberbarren an Bord.

⑭ SCHIFF VON CH'EN TSU-I
Gehörte zu einer Flotte, die vom chinesischen Forscher Cheng Ho 1407 angegriffen wurde, und sank bei Palembang auf Sumatra.

NIEDERLANDE
FRANCHE-COMTÉ
MAILAND
Venedig
NKREICH
NEAPEL
LIPARISCHE INSELN
BERBER-KÜSTE
Tunis
MALTA
RHODOS
KRETA
MITTELMEER
LGERIEN
Tripolis
OTTOMANEN

NIL
ROTES MEER
Ras al Khaima
MUGHAL-REICH
Bombay
Hoogly River (Hugli River)
Calcutta
MANCHU (CHING) CHINA
Fort St. George
Bucht von Bengalen
Cochin
CEYLON (SRI LANKA)
SÜD-CHINE-SISCHES MEER
SUMATRA
JAVA

Kongo
ANGOLA
Luanda (portugiesisch)
Benguela (portugiesisch)
Sambesi
Mocambique (portugiesisch)
Quelme (portugiesisch)
MADAGASKAR
MAURITIUS
Sofala (portugiesisch)
KAPKOLONIE (niederländisch)
Kapstadt
Kap der Guten Hoffnung

PAR MONSEIGNEUR

LAS CINQUE CHAGAS

Einer der glänzendsten englischen Amateur-Freibeuter (gesponsert durch die Regierung) der späten elizabethanischen Zeit war George Clifford, der Dritte Earl von Cumberland. Er war ein vollendeter Höfling und einer der größten Grundbesitzer im Königreich, war jedoch spielsüchtig und verschuldete sich hoch. Ein Zeitgenosse schrieb, daß „seine extreme Liebe zu Pferderennen, Turnieren, Bowls-Spielen ... und ähnlichen teuren Sports zum Verlust seines Grundbesitzes aufs Höchste beitrug". Also überrascht es nicht, daß ihn die Freibeuterei anzog, eine riskante Unternehmung mit höchsten Gewinnerwartungen. Die Gewinnsucht war aber nicht sein einziges Motiv, auch die Ehre der Nation spielte eine Rolle: Seine potentiellen Ziele waren ausschließlich spanische oder portugiesische Schiffe. (Portugal war damals unter spanischer Herrschaft, und Spanien führte Krieg mit England.)

Die Kaperung der Madre de Dios

Mit seinen ersten fünf Unternehmungen erzielte Cumberland wenig Gewinn. Im Jahre 1592 änderte sich jedoch sein Glück. Eine Flotte, die er mitfinanziert hatte, kaperte die Madre de Dios vor den Azoren. Es war eine portugiesische Karacke, die vom Fernen Osten mit sehr wertvoller Fracht zurückkehrte, zu der sowohl Juwelen und Porzellan wie auch Gewürze gehörten. Es war das erste Mal, daß die Engländer ein so großes Schiff genommen hatten, und als es in Dartmouth in England ankam, war seine Größe eine Sensation.

Die Fracht der Madre de Dios war 500.000 £ Sterling wert, doch als das Schiff in den Hafen kam, war es schon größtenteils ausgeraubt. Dennoch hatte die verbliebene Fracht immer noch einen Wert von 150.000 £ Sterling.

Cumberlands neue Flotte

Zwei Jahre später, 1594, tat sich Cumberland mit einer Gruppe reicher Londoner Kaufleute zusammen, und gemeinsam rüsteten sie drei Schiffe von jeweils 300 Tonnen aus, die *Sampson*, die *Royal Exchange* und die *Mayflower*, dazu eine Pinasse (ein kleines Fahrzeug mit zwei Masten), *Violet* genannt. Die Schiffe verließen Plymouth in Südengland am 6. April und kaperten später im gleichen Monat nahe Berlenga, einer Insel vor Portugal, ein kleines Segelschiff (eine Bark), obwohl nichts Wertvolles an Bord war. Aber während sie am 13. Juli südlich von Fayal, einer der Azoren-Inseln, kreuzten, machten sie eine große portugiesische Karacke, *Las Cinque Chagas*, aus, die auf dem Heimweg von Ostindien war. Das war die Gelegenheit, auf die sie gewartet hatten.

Die Fracht der Las Cinque Chagas

Die *Chagas* war noch größer und wertvoller als die *Madre de Dios*. Außer ihrer offiziellen Fracht hatte sie viele portugiesische und italienische Kaufleute mit ihren eigenen Waren an Bord. Sie hatte auch Passagiere und Fracht von anderen Schiffen übernommen: von der *Santo Alberto*, die an der ostafrikanischen Küste gestrandet war, und von anderen vor Mocambique gescheiterten Schiffen.

Die *Chagas* hatte in Mocambique überwintert, da die Reise um das Kap der Guten Hoffnung zu schwierig geworden wäre, und lief dann noch Angola an der afrikanischen Ostküste an, um die Vorräte an Wasser und Nahrungsmitteln aufzufüllen. Aus Angola kamen auch Sklaven, und so hatte

WERTVOLLE JUWELEN
Sowohl auf der Las Cinque Chagas *wie auf der* Madre de Dios *trugen die Passagiere ihren persönlichen Schmuck mit sich. Auf der* Madre de Dios *wurden alle übriggebliebenen Juwelen jedoch geplündert, bevor sie England erreichte, und Passagiere von der* Chagas, *die vor dem Ertrinken gerettet werden wollten, mußten mit Juwelen bezahlen.*

SILBERKREUZ
Dekorative Kreuze wie dieses wurden im Europa des 16. Jh.s getragen.

EDELSTEINE
Sehr modischer persönlicher Schmuck im 16. Jh. Wohlhabende Passagiere der Madre de Dios *und* Las Cinque Chagas *haben sicherlich Kleider getragen, die mit solchen Juwelen besetzt waren.*

MADRE DE DIOS

Die *Madre de Dios* wurde von einer Flotte englischer Freibeuter (s. S. 62–63), die vom Dritten Earl of Cumberland mitfinanziert worden war, gekapert.
Sie war das größte Schiff, daß den Engländern je in die Hände fiel. Ihre Länge betrug 50 m (165 Fuß), sie war fast 15 m (47 Fuß) breit, und ihr Großmast war 32 m (106 Fuß) hoch.

Auf der Rückreise aus Fernost hatte die *Madre de Dios* Gewürze wie Muskat, Zimt und Nelken geladen, dazu Arzneimittel, Seide, Kattun, Decken und Teppiche, chinesisches Porzellan und Juwelen – die jedoch geplündert waren, bevor die *Madre de Dios* England erreicht hatte.

die *Chagas* noch 400 Sklaven geladen, was zur Überfüllung beitrug.

Angola hatte als Zwischenhafen zwei große Nachteile. Zunächst war die Gefahr ansteckender Krankheiten sehr groß. Zweitens war es sehr wahrscheinlich, daß man im Kalmengürtel steckenblieb – in den Bereichen mit Windstillen, die vor Westafrika besonders breit sind. Die *Chagas* fiel beidem zum Opfer.

Als die *Chagas* sich der Breite der Azoren näherte, stand ihr Kapitän, Don Francisco de Mello, unter dem Druck von Besatzung und Passagieren, einen Hafen wegen frischer Nahrungsmittel anzulaufen. Viele waren schon am Fieber gestorben, und andere waren nahe am Verhungern. De Mello war sich der Piratengefahr in der Nähe der Azoren bewußt und ließ seine wichtigeren Offiziere und Passagiere abstimmen. Die Abstimmung ging ziemlich unentschieden aus, doch stimmte er zu, einen Hafen anzulaufen, ließ sich aber versprechen, daß alle an Bord im Falle eines Angriffs bis zum Tode kämpfen würden.

Die Kaperung der
Las Cinque Chagas

De Mellos Ängste wurden Realität, und die *Chagas* wurde von Cumberlands englischer Flotte angegriffen. Die Schlacht dauerte bis Mitternacht, und um zehn Uhr am nächsten Morgen näherten sich die englischen Freibeuterschiffe wieder. Die *Mayflower* konnte nicht eingreifen, doch die *Royal Exchange* und die *Sampson* setzten den Angriff auf

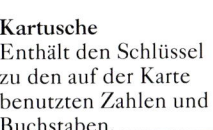

Kartusche
Enthält den Schlüssel zu den auf der Karte benutzten Zahlen und Buchstaben.

Fayal
Die englische Flotte überfiel die *Chagas* südlich dieser Azoreninsel.

Plymouth, England
Hier begann am 6. April 1592 Cumberlands Flotte ihre Reise zu den Azoren.

KARTE DER AZOREN
Diese Karte, 1657 vom Kartographen Edward Wright gezeichnet, zeigt die Reise der vom Earl of Cumberland mitfinanzierten Flotte, an deren Ende der Angriff auf die portugiesische Karacke Las Cinque Chagas *und ihr Untergang im Jahre 1594 stand.*

die *Chagas* fort. Schließlich brannte der Bugspriet der *Chagas*, und die Flammen breiteten sich rasch aus. Bei diesem Anblick dachten einige Portugiesen an Aufgabe und hißten eine weiße Flagge, doch sie wurden überwältigt. Den englischen Schiffen gelang es, sich aus dem Bereich der Flammen zurückzuziehen, wobei die Besatzungen die Decks mit Wasser übergossen, damit sie nicht Feuer fingen.

Tod durch Feuer oder Wasser

Die Portugiesen hatten nur die Wahl, lebendigen Leibes auf der *Chagas* zu verbrennen oder ins Meer zu springen. Die meisten wählten letzteres, doch nur 13 von ihnen wurden von den englischen Booten gerettet. Nach portugiesischen Berichten retteten die Engländer nur die, die ihnen Juwelen ins Gesicht warfen, töteten jedoch alle anderen mit Spießen. Englische Berichte erwähnen, was niemanden überraschen wird, dieses Verhalten nicht.

Brennend trieb die *Chagas* den Rest des Tages und die folgende Nacht. Am nächsten Morgen explodierte sie und nahm ihre wertvolle Fracht mit in die Tiefe. Über diese Fracht hat keine Aufstellung überlebt, doch war sie sicher nicht geringer als die der *Madre de Dios* (siehe Kasten auf der gegenüberliegenden Seite).

EARL OF CUMBERLAND
Teil einer Miniatur von Nicholas Hilliard von 1590, die George Clifford, den Dritten Earl of Cumberland als Günstling der Queen Elizabeth I. zeigt.

Lanze
Diese Lanze für Turnier und Schlacht ist mit Sternen geschmückt, um zu Cumberlands Kleidung zu passen.

DONA LOUISA DE MELO

Eine der Frauen an Bord der *Chagas*, Dona Louisa de Melo, erlitt ein böses Schicksal. Sie war aus dem Wrack der *Santo Alberto* gerettet worden, hatte dann den 1050 km langen Treck quer durch den afrikanischen Urwald nach Angola überstanden, wo sie sich auf die *Chagas* einschiffte, nur um erneut Schiffbruch zu erleiden. Dabei siegte offensichtlich ihr Sinn für Anstand über ihren Überlebenswillen. Sie weigerte sich, ihre schweren Kleider abzulegen, bevor sie ins Meer sprang. Später wurde ihre Leiche bei Faial angeschwemmt.

Handschuh der Queen
Der Handschuh Elizabeth I. in der Kopfbedeckung symbolisiert die hohe Stellung des Earl of Cumberland bei Hofe.

Juwelengeschmückte Kleidung
Reich mit Saphiren und Diamanten dekoriert.

Sternenrüstung
Cumberlands Rüstung war in den königlichen Werkstätten in Greenwich, England, hergestellt worden.

DIE
REINERA E SODERINA

John Ward war einer von vielen elizabethanischen Seeleuten, die das kriegerische Leben als Freibeuterkapitän genossen hatten, während England in den letzten Jahrzehnten des 16. Jahrhunderts mit Spanien im Krieg lag. Doch als James I. 1603 den englischen Thron bestieg und zwischen den beiden Ländern friedlichere Zeiten begannen, wurde er plötzlich arbeitslos. Wie viele andere Freibeuter, die nun nicht mehr von der Krone unterstützt wurden, wurde er Pirat.

Das wichtigste Operationsgebiet war für die Piraten zu Beginn des 17. Jahrhunderts die nordafrikanische Küste, wobei sie die von Arabern kontrollierten Häfen von Tunis, Algier und Tripolis, auch die Berberküste genannt, zur Ausgangsbasis nahmen, um reiche Schiffe von und nach Nahost im Mittelmeer zu ihrer Beute zu machen. Das war nur möglich, wenn sie mit den örtlichen muslimischen Herrschern in jenen Häfen zusammenarbeiteten.

Die Piraten der Berberküste

Die Piraten dieses Gebiets waren schon seit dem frühen 16. Jahrhundert der Schrecken der christlichen Seefahrt gewesen, als die Barbarossa-Brüder (s. Seite gegenüber) große Galeerenflotten kontrolliert hatten, die unter dem Schutz des ottomanischen Kaisers Selim I. und des Dei von Tunis operierten. Neu zu Beginn des 17. Jahrhunderts war die Beteiligung christlicher Renegaten wie Ward und die durch sie vorangetriebene Verwendung von Rahseglern mit größerer Kanonenkapazität, die aus dem Atlantik kamen. Wegen der Vorteile dieser neuen Technik waren die Moslemherr-

PIRATENSCHIFF
Geruderte Galeeren ähnlich dieser französischen Galeere aus dem 17. Jh. waren bei den Piraten, die von der nordafrikanischen Küste aus operierten, sehr beliebt. Piraten favorisierten Schiffe mit Riemen, weil sie schnell und leicht zu manövrieren waren.

EINIGE
FAKTEN

Typ	Venezian. Schiff
Kanonen	55
Route	Zypern – Italien

Lateinersegel
Eines von zwei dreieckigen Segeln, die auf längeren Seereisen benutzt wurden.

Rammsporn
Nur zur Dekoration, nicht stark genug zum Einsatz in der Schlacht.

Erhabenes Deck
Kampfplattform, von der aus Gewehre abgefeuert wurden; Kanonen waren tiefer montiert.

scher bereit, die störrischen und unzuverlässigen Seeleute aus den westeuropäischen Seefahrtnationen wie England, Frankreich und den Niederlanden zu akzeptieren. Diese Männer, Ward ganz besonders, waren berüchtigt für ihre Zügellosigkeit, Trunkenheit und Gewalttätigkeit, wurden jedoch wegen ihrer nützlichen Kampftüchtigkeit von den Moslems im Prinzip toleriert.

Kaperung der Reinera e Soderina

1607 kaperte John Ward ein venezianisches Handelsschiff, die *Reinera e Soderina*, auf dem Weg von Zypern nach Venedig. Sie hatte Indigo, Salz, Gewürze und andere orientalische Waren geladen, und ihre Fracht wurde auf 500.000 Kronen geschätzt. Ward brachte das Schiff nach Tunis und verkaufte die Fracht. Damit, heißt es, sei Ward reich geworden; auch die Seeleute erhielten jeder 80 £ Sterling als ihren Anteil an der Beute.

Die Kaperung der *Reinera e Soderina* verursachte diplomatische Turbulenzen, die Jahre anhielten. Die Fracht wurde über mehrere Zwischenhändler in Tunis weiterverkauft, bis schließlich ein englisches Schiff einiges davon kaufte, mit der Absicht, es im belgischen Flandern zu veräußern. Der Botschafter Venedigs veranlaßte jedoch den britischen Lord High Admiral, das englische Schiff daran zu hindern und ihm die Fracht wegzunehmen. Zum Ärger der englischen Kaufleute, die protestierten, sie hätten die Waren guten Glaubens von türkischen Händlern erstanden, geschah dies auch. Längere Gerichtsverhandlungen waren die Folge, bei denen die Venezianer schließlich siegten.

Ward hatte inzwischen die *Reinera e Soderina* in Besitz genommen und war mit ihr auf der Suche nach neuen Opfern ausgelaufen. Nach einigen weiteren Kaperungen soll die *Reinera e Soderina* 1609 etwa 160 km vor der griechischen Insel Kythera gesunken sein, weil sie leck war, wobei viele Menschen den Tod fanden. Ward war jedoch zuvor auf ein anderes Schiff umgestiegen – oder, wie auch berichtet wird, in einem kleinen Boot entkommen. Es ist unbekannt, wieviel von seinen geraubten Schätzen mit der *Reinera e Soderina* mit unterging.

Ward verlebte seine letzten Jahre im Kastell von Tunis. In hohem Alter soll er die moslemische Religion wie die arabische Tracht übernommen und sich mit der Aufzucht von Küken in Brutkästen beschäftigt haben. 1622 starb er an der Pest.

Dekorativer Wimpel
Von gekaperten Schiffen entfernten Piraten jedes Erkennungszeichen.

Beiboote
Zum Transport der Besatzung zwischen Ufer und Schiff.

Ruderkraft
Gab dem Schiff zusätzliche Geschwindigkeit, so daß die Piraten hinter ihren Opfern aufkommen konnten.

DIE BARBAROSSA-BRÜDER
Als sie Anfang des 16. Jh.s nach Nordafrika gekommen waren, bauten Aruj und Khair-ed-Din Barbarossa, auch „Rotbart" genannt, eine mächtige und gefürchtete Piratenflotte auf, die es auf christliche Schiffe im Mittelmeer abgesehen hatte.

WASSERFLASCHE
Zugehörig zum Johanniterorden, einem Ritterorden, der moslemische Schiffe zu erbeuten suchte und christliche Sklaven befreite.

GEFANGENE CHRISTEN
Bevor im 16. Jh. christliche Piraten von den Moslems akzeptiert wurden, bestraften die Türken Christen schrecklich. Wahrscheinlich übertrieben christliche Holzschnitte wie der oben gezeigte jedoch die Torturen aus Propagandagründen.

DIE
WHYDAH

Am 24. Juli 1715 segelte eine spanische Schatzflotte aus 11 Schiffen (s. S. 52–53) von Havanna auf Kuba nach Spanien. Eine Woche später waren 10 der 11 Schiffe vor der Küste von Florida gestrandet. Die spanischen Behörden organisierten schnell ein starkes Rettungskommando, und nach einigen Monaten waren über vier Millionen Pesos geborgen.

Die Nachricht von dem Unglück zog viele Schatzsucher der Karibik auf die Szene, darunter auch den Amerikaner Paul Williams und den Engländer Sam Bellamy, die hier ihr Glück zu machen hofften. Im Frühjahr 1716 segelten sie von Rhode Island in den Vereinigten Staaten, doch als sie die Bahamas in Westindien erreichten, waren alle zugänglichen Schätze bereits gehoben, und da nun ihre Hoffnung, mit der Schatzsucherei rasch reich zu werden, zerstört war, beschlossen sie, Piraten zu werden. Williams und Bellamy taten sich bald mit zwei weiteren Piraten, Benjamin Hornigold und Louis Leboud, zusammen. Gemeinsam hatten sie zwei einmastige Segelschiffe (Slups) und 140 Männer.

Eine internationale Flotte

Einige Monate später, nachdem sie bereits mehrere wertvolle Frachten gekapert hatten, entstand ein interessanter moralischer Streit über die Rechtmäßigkeit, englische Schiffe zu nehmen. Hornigold war strikt gegen das Kapern von Schiffen unter englischer Flagge, doch Bellamy hatte keine Skrupel, Schiffe jeder Nationalität anzugreifen. So ging Hornigold seine eigenen Wege, und Bellamy verfolgte jedes Schiff, das ihn dazu einlud, darunter spanische, französische, englische und holländische Schiffe. Viele Seeleute von den gekaperten Fahrzeugen liefen zu den Piraten über, manche freiwillig und andere gezwungenermaßen. Die Piraten waren ebenso international wie die Schiffe, die sie angriffen. Die meisten waren Engländer, aber es gab auch Franzosen, Niederländer und karibisch-indianische Piraten.

Kaperung der Whydah

Im Februar 1717 kulminierte Bellamys Piratenspaß in der Kaperung der Whydah. Diese englische Galeere wog etwa 300 Tonnen und trug 18 Kanonen. Sie war im üblichen atlantischen Dreieckshandel des frühen 18. Jahrhunderts eingesetzt:

ZECHENDE PIRATEN
Dies ist die populäre Vorstellung vom „High life" der Piraten auf der offenen See. Trunkenheit spielt auch in der Whydah-Geschichte eine Rolle: Die Piraten hatten sich am Madeira-Wein aus einem gekaperten Schiff betrunken, und als sie unter den Nachwirkungen litten, kam Sturm auf, und ihr Schiff strandete.

von England nach Afrika, von Afrika nach Jamaika und dann zurück nach England. Jetzt war sie gerade auf der Fahrt von Jamaica nach England mit einer Ladung Zucker, Indigo, Gold, Silber und Elfenbein, nachdem sie zuvor Sklaven von Westafrika in die Karibik gebracht hatte.

Bellamy sichtete das Schiff zuerst in der Windward Passage zwischen Cuba und Puerto Rico, und dann begann eine dreitägige Jagd, die mit der Übergabe der Whydah vor Long Island in den Bahamas endete. Kein Menschenleben ging verloren, und wie üblich behandelte Bellamy seine Opfer relativ gut. Der Kapitän wurde mit Waren, die die Piraten nicht gebrauchen konnten, in einem anderen gekaperten Schiff weggeschickt, wobei man ihm noch 20 £ Ster-

SPANISCHE GOLDMÜNZEN
Diese von einem 1715 untergegangenen Schiff geborgenen Münzen gleichen denen, die Williams und Bellamy zur Schatzjagd in die Karibik zogen.

MODERNE BERGUNG

1984 lokalisierte Barry Clifford von der nordamerikanischen Maritime Explorations die Überreste der Whydah auf etwa 7,50 m (25 Fuß) Wassertiefe, unter einer dicken Schicht von Sand, was die Ausgrabung schwierig und teuer machte. Man schätzte den Wert der Fracht auf 400 Millionen US $, doch nach den tatsächlich geborgenen Dingen scheint dies allzu optimistisch gewesen zu sein.

Rund 8000 Münzen wurden bisher geborgen, dazu ein wunderschönes Paar Duellpistolen aus schwarzem Walnußholz mit eiserner Trommel und Messingdekoration und eine Seidensocke, bei der man sich einen dandyhaften Piraten vorstellen kann. Anker, Kanonen, die Schiffsglocke und Tonpfeifen der Seeleute wurden bei der sehr professionellen Bergung, die ungefähr 6 Millionen US $ kostete, zutage gefördert.

ling in Goldmünzen mitgab. Den Rest des Goldes und Silbers im geschätzten Wert von 20.000 £ Sterling nahmen die Piraten. Jeder Pirat erhielt einen Beutel mit 50 £ als seinen Anteil an der Beute.

Bellamy verlegte sein Hauptquartier auf die *Whydah*, und während die Piraten nordwärts segelten, plünderten sie weitere Schiffe. Im April trennte sich aus unbekannten Gründen Paul Williams von dem Rest der Piraten, doch verabredete er sich mit ihnen zu einem Treffen vor Block Island, südlich von Rhode Island.

Kaperung der Mary Ann

Am 26. April 1717 kaperten die restlichen Piratenschiffe, die *Whydah*, ein zweimastiges Handelsschiff (eine Schnau) und eine Slup, die *Mary Ann*. Dies war ein kleines rahgetakeltes Dreimastschiff (eine Pinke) auf dem Weg von Dublin in Irland nach New York mit einer Fracht ausschließlich aus Madeirawein. Die Kombination von Wein und schlechtem Wetter wurde den Piraten zum Verhängnis. Sie nahmen die *Mary Ann* und betranken sich fürchterlich.

Unglücklicherweise zog währenddessen ein schwerer Sturm aus Ost auf, und die *Mary Ann* trieb auf eine Sandbank nahe Sluttsbush, Massachusetts. Da sie das Schlimmste befürchteten, gingen sie unter Deck und befahlen einem gefangenen Iren, eine Stunde lang laut aus einem Gebetbuch vorzulesen. Das Boot zerbrach jedoch nicht, und am folgenden Tag holten sie zwei Seeleute aus der Gegend in ihrem Segelkanu herunter, wobei einige der Piraten immer noch stark betrunken waren. Die ursprüngliche Besatzung der *Mary Ann*, die nicht auf die *Whydah* übernommen worden war, denunzierte bald einige der Geretteten als Piraten. So wurden die Piraten gefangen und ins Gefängnis geworfen.

Strandung und Bergung der Whydah

Inzwischen strandete die *Whydah* an der äußeren Barre vor Cape Cod, etwa 16 km nördlich der Position der *Mary Ann*, jedoch viel weiter draußen auf See und mit viel schlimmeren Folgen. Nur zwei der 146 Menschen an Bord überlebten: ein Mann namens John Julian und der Schiffszimmermann Thomas Davis. Davis ging zum nächsten Haus, das Samuel Harding gehörte, und gemeinsam begannen sie alles, was ihnen möglich war, aus dem Wrack zu bergen. Bald schon war die gesamte Bevölkerung von Cape Cod auf den Sandbänken und plünderte, was auch immer an Land trieb. Währenddessen wurde Paul Williams' Schiff vor der Küste gesichtet, und er schickte ein Boot zum Wrack, um eventuell verlorenes Silber und Gold zu retten.

Als der Gouverneur der Kolonie Massachusetts von dem Wrack hörte, schickte er einen gewissen Captain Southack, um vor Ort die Leitung zu übernehmen. Southack war als Kartograph und Künstler bekannt, und seine Karte von Cape Cod mit Hinweisen und Notizen zum Wrack der *Whydah* ist seitdem ein klassisches Dokument für alle nachfolgenden Schatzsucher-Generationen geworden. Als Southack vor Ort erschien, war seit der Strandung fast schon eine Woche vergangen. Viele Dinge waren verschwunden, und die Einwohner von Cape Cod weigerten sich zu Southacks Ärger, ihre Verstecke anzugeben; in sein Tagebuch schrieb er, „Leute sehr starr und wollen nicht herausgeben, was sie aus dem Wrack holten".

Southack berichtete, die Lage des Wracks sei 5,6 km von Billingsgate in Massachusetts, und stellte fest, daß es sich auf den Kopf gedreht habe, was die Bergung von Schätzen sicherlich erschwerte. Er blieb mehrere Wochen, doch gelang es ihm nur, Waren und Schiffsausrüstung im Wert von schätzungsweise 200 £ Sterling zu bergen. Offensichtlich verdächtigte er Thomas Harding und Thomas Davis, den Hauptschatz vor seiner Ankunft gestohlen zu haben, doch kann man sich kaum vorstellen, daß sie überhaupt etwas Wertvolles bergen konnten, da ihre Hilfsmittel zu gering und die Aufgabe zu schwierig war.

Inzwischen war ein Streit ausgebrochen, wer für die Beerdigung der Leichen, die an Land getrieben waren, verantwortlich sei. Southack sah

ERHÄNGEN WEGEN PIRATERIE
Dies war für überführte Piraten die übliche Exekutionsmethode in England und Nordamerika. Normalerweise fand das Hängen auf einer Exekutionspier statt, und die Zuschauer versammelten sich auf der Pier oder auf nahebei verankerten Booten oder Schiffen. Dieser Stich aus dem 19. Jh. zeigt einen Piraten, der gerade auf einer Pier in Wapping in England gehängt werden soll.

nicht ein, daß der Staat dafür aus den mageren Werten, die er aus dem Wrack der *Whydah* hatte bergen können, zahlen sollte, doch der Untersuchungsrichter konfiszierte die geborgenen Güter, und Southack stimmte widerwillig zu.

Das Schicksal der Piraten

Im Oktober 1717 wurden acht der Piraten in Boston vor Gericht gestellt. Davis, der Zimmermann, und Thomas South, einer von der Mannschaft, der auf der *Mary Ann* gewesen war, wurden als unfreiwillige Komplizen freigelassen. Die anderen sechs wurden in Charlestown Ferry in Boston wegen Piraterie gehängt.

OSTINDIEN-FAHRER

Die Ostindischen Gesellschaften wurden zu Beginn des 17. Jahrhunderts gegründet, um den gerade zwischen Europa und dem Orient entstehenden vielversprechenden Handel weiterzuentwickeln. Die beiden größten waren die englische (EEI), 1600, und die niederländische Gesellschaft (VOC), 1602 gegründet. Später stiegen noch französische, schwedische, portugiesische und dänische Gesellschaften in den Handel ein. Die Ostindischen Gesellschaften benutzten für diesen Handel große Schiffe, die als Ostindienfahrer bekannt wurden.

Ostindienfahrer transportierten ungeheuer wertvolle Frachten. Auf der Hinreise waren der wertvollste Teil der Ladung Gold und Silber, das gewöhnlich aus den Heimathäfen stammte, gelegentlich aber auch im portugiesischen Lissabon, im brasilianischen Bahia (Salvador) oder in Persien (heute Iran) zugeladen wurde. Andere Handelsfrachten waren Metalle wie Blei, Kupfer, Zinn und Eisen – die üblicherweise als Ballast geladen wurden; dann auch Wolltextilien und andere Fertigprodukte wie Hüte, Schreibgeräte, Uhren und Feuerwaffen.

Hauptattraktion waren besonders in den frühen Jahren die Gewürze des Fernen Ostens: Pfeffer aus Sumatra und Indien, Zimt aus Ceylon (Sri Lanka), Nelken von den, passend, Gewürzinseln genannten Molukken und Balsam aus Java. Begehrt waren aber auch Edelsteine, Kristall und Teppiche aus Surat in Indien, persische Seide und Parfüme, chinesisches Porzellan und später Tee. Nicht alle diese Dinge wurden nach Europa zurückgebracht, sondern unterwegs auch als Tauschware für andere Güter verwendet. Textilien aus Bengalen wurden zum Beispiel überall in Indonesien verkauft, und ebenso kauften die Niederländer persische Waren mit japanischem Silber. Etwa um das Jahr 1700 hatten sich die Niederländer und die Engländer im Fernen Osten fest etabliert, die britische Gesellschaft besaß auch noch eine starke Basis in Mughal-Indien.

VENDELA ①
Dieser dänische Ostindienfahrer ging 1737 vor den Shetland-Inseln unter. Er transportierte Silbermünzen und Silberbarren.

PRINCE DE CONTY ②
Im Dezember 1746 ging dieser französische Ostindienfahrer auf den Klippen der Belle Île in Frankreich verloren. Er transportierte Porzellan, Goldbarren und andere orientalische Güter.

HANDELSROUTEN
Auf der Hinfahrt waren die nordöstlichen Passatwinde günstig; auf der Rückreise segelten die Schiffe vor dem Südost-Passat den Atlantik hinauf.

HARTWELL ③
Dieses Schiff segelte 1798 Kurs Kapverdische Inseln, um Meuterer an Land zu setzen, fuhr jedoch auf ein Riff und ging an einer der Inseln unter (s. S. 76–77).

BRITANNIA ④
Beim Segeln in einem Konvoi fuhr die Britannia 1805 vor Brasilien auf Riffe. Alle überlebten bis auf einen Seemann, der an den Schätzen hing und reich sterben wollte.

QUEEN ⑤
Außer Geld und Silber trug dieses Schiff eine Fracht Pulver; es explodierte 1800 im brasilianischen Hafen von Bahia (Salvador).

WITTE LEEUW ⑥
Auf der Heimreise wurde die Witte Leeuw 1613 mit einer Ladung Diamanten, Ming-Porzellan und Gewürzen von portugiesischen Karacken zusammengeschossen.

JOHANNA ⑦
Die Johanna ging mit 70 Schatzkisten auf dem Weg zur Bucht von Bengalen vor dem Kap der Guten Hoffnung in Südafrika unter.

Nach Bahia (Südamerika) ⑤

NORWEGEN
SCHWEDEN
SHETLAND-INSELN
DÄNEMARK   Kopenhagen
BRITANNIEN
London
Plymouth
Lorient
FRANKREICH
Amsterdam
SANDBÄNKE
Einfahrt oder Ausfahrt aus dem Hafen waren oft der gefährlichste Teil der Reise; viele Schiffe gingen an den Sandbänken vor der niederländischen Küste unter.
PORTUGAL   SPANIEN
Lissabon
OTTOMANIS
MITTELMEER
OTTOMAN
ATLANTISCHER OZEAN
Azoren
KANARISCHE INSELN
AFRIKA
KAP VERDE
GOLDKÜSTE   SKLAVENKÜSTE
Golf von Guinea
SÜD-ATLANTISCHER OZEAN
KAPKOLONIE
Kapstadt Kap der Guten Hoffnung

Allgemeine Handelsrouten
Niederländische Routen
Englische Routen

PFEFFER
Dies war eine hoch-
bezahlte Massenfracht
auf heimkehrenden
Ostindienfahrern.

NELKEN
Dieses wertvolle Gewürz,
das auf den Gewürzinseln
(Molukken) natürlich
wächst, wurde im Osten
schon seit Jahrhunderten
verwendet, bevor es
Europa erreichte.

PFEFFERERNTE
Pfeffer war in Europa
stark gefragt; die Händler
kauften es aus Sumatra
und aus Malabar an der
indischen Westküste.

MANCHU
CHINA

JAPAN

HANDEL MIT CHINA
Später kauften die Ost-
indischen Gesellschaften
in China Tee im Tausch
gegen Waren, die sie
auf der Hinreise
eingekauft
hatten.

Nagasaki

DER GANGES
Bis zum Hafen von
Kalkutta hinauf war der
Ganges durch wandernde
Sandbänke sehr
gefährlich.

Nanjing
(Nanking)

FORMOSA
(TAIWAN)

PERSIEN
(IRAN)

MUGHAL-
INDIEN

Gombroon
(Bandar 'Abbas)

Surat
Masulipatnam
(Machilipatnam)

BENGALEN

Calcutta

BURMA

Canton
(Guangzhou)

ARABIEN

Bombay

Bucht von
Bengalen

16
13

FREDRICK ADOLPHUS ⑭
1781 ging dieser schwedische
Ostindienfahrer im Südchinesischen Meer unter. Er hatte
39 Kästen Silber an
Bord.

Manila

**SÜDWEST-
PASSAT**
Die englischen Navi-
gatoren segelten vor dem
Südwestpassat den Indischen
Ozean hinauf.

Malabarküste

CEYLON
(SRI LANKA)

Saigon

PHILIPPINEN

RYNSBURGH ⑰
Die Rynsburgh ging in einem
Taifun 1772 vor China unter.
Acht chinesische Taucher wurden
von Haien gefressen, doch die
Fracht wurde geborgen.

RAVENSTEIN ⑨
Dieses Schiff lief 1725 vor
den Malediven auf ein
Riff. Neun Kisten der
Fracht wurden geborgen.

MALEDIVEN

9

Pinang

SÜD-
CHINESISCHES
MEER

INDISCHER
OZEAN

MALAKKA

Singapur

14

BORNEO

GEWÜRZINSELN
(MOLUKKEN)

NEU-
GUINEA

Bangkahulu

Sunda-Straße

Makassar
(Ujung Pandang)

JAVA

GELDERMALSEN ⑲
Sie sank 1752, und ihre erst kürzlich geborgene Fracht chinesischen Porzellans wurde
für über 10 Mill. £ Sterling
versteigert (s. S. 74–75).

**PERLENSCHNÜRE AUS
BOMBAY**
Aus dem Orient wurden die
Perlen ins indische Bombay
gebracht, dort durchbohrt
und auf Seidenschnüre
gezogen und mit Silber-
quasten geschmückt.

WINTERTON ⑱
Sie segelte zu
schnell vor achter-
lichem Monsunwind
und lief 1792 vor
Madagaskar auf
ein Riff.

12

MADAGASKAR

10

Tulear

11

MAURITIUS

SAINT GERAN ⑳
Dieser französische Ostindienfahrer ging
am 17. August 1744 dicht vor Port
Louis auf Mauritius mit 18 Kisten
und einem Faß Geld an Bord
unter. Das Schiff brach
auseinander, bevor das Geld
gerettet werden konnte. Einiges wurde
später von Einheimischen geplündert.

HOUTMAN
ABROLHOS
INSELN

15

WEST-
AUSTRALIEN

GROSVENOR ⑳
Man weiß, daß die Grosvenor
Diamanten und den Schatz
von William Hosia, eines
Offiziers aus Ostindien, an
Bord hatte, als sie am 4. Au-
gust 1782 vor Afrika sank.

SOLEIL D'ORIENT ⑳
Mit kostbarsten Gaben des
Königs von Bantam an
Ludwig XIV. ging die Soleil
d'Orient 1681 vor
Madagaskar unter.

**DIE NIEDERLÄNDISCHE
ROUTE**
Diese alternative Route für
die Hinreise folgte den
„Roaring Forties" auf einem
Kurs von etwa 40° S über
den südlichen Ozean nach
Osten.

BATAVIA ⑳
Mit Silberwaren und einer wertvollen Sammlung Juwelen an Bord kam die Batavia durch
Stürme vom Kurs ab und lief 1629 in australischen Gewässern auf Felsen (s. S. 72–73).

DIE
BATAVIA

Die *Batavia* segelte am 27. Oktober 1628 von Amsterdam ab; ihr Ziel war die Stadt, nach der sie benannt war, das heutige Djakarta auf Java. Es war ein von der Niederländischen Ostindischen Gesellschaft (VOC) neu gebautes Schiff.

Die Fracht der *Batavia* war wertvoll: 250.000 Gulden an Silber, eine wertvolle Sammlung von Juwelen und Silberbarren, dazu Handelswaren wie Tuch, Blei und Koschenille (rote Farbe zum Färben). Ungewöhnlich an der Fracht waren behauene Sandsteine

für ein Tor (s. unten).

An Bord befanden sich 316 Menschen inklusive einer Abteilung Soldaten und Frauen und Kinder. Unter den Frauen war auch Lucretia van der Mylen, die zu ihrem Mann in Indonesien wollte. Auf der Reise zog sie mehr als die übliche Aufmerksamkeit auf sich. Gerüchte besagen, daß der Kapitän, Pelsaert, mit ihr eine Affäre hatte und der Navigator, Jacobsz, gerne seine Stelle eingenommen hätte. Dafür gibt es zwar keine konkreten Beweise, außer daß zwischen diesen beiden Männern offensichtlich Unstimmigkeiten bestanden.

Nachdem sie sich am südafrikanischen Kap der Guten Hoffnung mit frischem Nachschub versorgt hatte, segelte die *Batavia* auf einer südlichen Route, um die Westwinde am besten ausnutzen zu können. Eines der Risi-

BERGUNG

Kurz nach den Ereignissen von 1629 bargen von Djakarta (Batavia) ausgeschickte Taucher 10 Silberkisten von der *Batavia*. Danach blieb das Wrack ungestört, bis es 1963 lokalisiert und mehrere Kanonen und Münzen an der Stelle gehoben wurden. Die niederländische Regierung übertrug die Rechte am Wrack an Australien, und 1972 begann das Western Australian Museum intensive archäologische Untersuchungen und Bergeoperationen. Es barg enorme Mengen an kostbaren und persönlichen Dingen, Schiffsausrüstung und Nahrungsmitteln, die jetzt öffentlich ausgestellt sind.

VON DER *BATAVIA* GEBORGENES SILBER
Sehr unterschiedliche, fein gearbeitete holländische Silberwaren wurden an der Lage des Wracks gefunden. Pelsaert exportierte sie und wollte dagegen andere Waren eintauschen.

SANDSTEINPORTAL
Die Batavia *trug vorgeformte Steinblöcke für ein imposantes Portal, wahrscheinlich für die Festung in Djakarta (damals Batavia genannt) bestimmt. Mit dem Schiff sanken sie 1629, wurden jedoch in den 70er Jahren geborgen.*

Bettpfosten
Geschmückt mit indischen oder mittelöstlichen Szenen einer Person, die sich über ein Bett beugt.

Silberteller
Mit ähnlichen Mustern graviert wie die Kanne.

Kanne in Form einer Träne
Der fehlende Ausguß (wahrscheinlich beim Schiffsuntergang abgebrochen) hätte in dieses Loch gepaßt.

AUF KURS IN DIE GEFAHR
Dieser zeitgenössische Stich (links) stellt dar, wie die
Batavia *in der Nacht des 4. Juni 1629 unter vollen Segeln
auf den untiefen Gewässern der Houtman Abrolhos Inseln
vor Australien segelte, bevor sie dort auf ein Riff lief.*

VERSUCHE, DIE *BATAVIA* ZU RETTEN
*In der Hoffnung, daß es vom Riff abtriebe, kappte die
Besatzung den Großmast, um das Schiff leichter zu
machen; doch es krängte auf die Backbordseite (unten), und
Besatzung und Passagiere mußten das Schiff aufgeben.*

seinen Plan, die Macht und den Schatz der *Batavia* an sich zu reißen. Das meiste Silber war noch
im Rumpf gefangen, doch die Juwelen hatte er in
seinen Besitz gebracht. Sein nachfolgendes Verhalten läßt jedoch nicht auf einen durchdachten
Plan schließen, eher auf die wahnsinnigen Phan-
tasien eines Psychopaten mit beträchtlichem
Charisma.

In den nächsten Wochen töteten Cornelisz
und seine Leute in einer Terrororgie 125 der
Überlebenden, darunter auch Frauen und Kinder.
Er kleidete sich in scharlachrote Roben, die er
sich aus vom Wrack geborgenem Tuch anfertigen
ließ, errichtete eine gewalttätige, autokratische
Herrschaft und machte die unselige Lucretia zu
seiner Mätresse.

Es gab nur einen, der Cornelisz Widerstand
bot: ein Mann namens Hayes, der sich mit etwa
40 Soldaten seinen Befehlen widersetzte. Hayes'
Gruppe konstruierte sich selbst Waffen und widerstand zwei Angriffen von Cornelisz' Henkern.
Dann wagte Hayes selbst einen Überraschungsangriff, nahm Cornelisz gefangen und tötete die
Anführer seiner Gruppe.

Pelsaert rettet die Überlebenden

Am 2. Juli 1629 wurden Pelsaert, Jacobsz und ihre
beiden Boote von der *Sardam* aufgegriffen und
nach Djakarta gebracht. Der Generalgouverneur
befragte Pelsaert und schickte ihn zur Rettung
der Überlebenden aus. Jacobsz wurde eingesperrt.

Pelsaert hatte Schwierigkeiten, die Inseln, an
denen die *Batavia* verlorenging, zu finden, doch
am 16. September sichtete er das Wrack. Hayes
gelang es, Pelsaert vor den Meuterern zu warnen.
Diese gaben auf und wurden entsprechend
bestraft (s. Kasten unten). Pelsaert erholte sich
nie von dem Trauma und starb im folgenden
Jahr.

ken auf dieser Route bestand darin, daß (damals)
schwer zu berechnen war, wie weit nach Ost das
Schiff tatsächlich gesegelt war, bevor es nach
Nord abdrehen mußte. In der Nacht des 4. Juni
1629 strandete die *Batavia* denn auch am Morning
Riff der East Wallabi Insel, die zu der Houtman
Abrolhos Inselgruppe etwa 65 km vor der Westkü-
ste Australiens gehört.

Die *Batavia* saß auf dem Riff fest, und so gingen die meisten Passagiere in die Barkassen und
erreichten die kleinen, öden Inseln im Norden.
Etwa 80 Mann blieben an Bord und – was offensichtlich Seeleuten, deren Schiff gestrandet ist,
immer wieder passiert – betranken sich; sie
erbrachen und plünderten auch eine der Silberkisten.

Frischwassermangel war die größte Gefähr-
dung für die, die auf die Inseln gelangt waren. Einige Fässer Wasser wurden vom Wrack an Land
getrieben, doch zunächst schienen die Inseln
keine natürliche Frischwasserquelle zu besitzen.
In dieser schrecklichen Lage ergriffen Pelsaert,
Jacobsz und 45 andere die beiden restlichen
Boote und machten sich davon. Diese plötzliche
Allianz zwischen Jacobsz und Pelsaert, die über
ein Jahr Feinde gewesen waren, kann man sich
nur so vorstellen, daß beide in dieser Krise ihre

einzige Überlebenschance in einem zeitweiligen
Waffenstillstand sahen.

In den ersten Tagen verdursteten einige auf
den Inseln, doch dann entdeckte man Wasser.
Zum Glück gab es genug Nahrungsmittel in Form
von Seehundfleisch, Vogeleiern und Fisch.

Cornelisz's Schreckensregiment

Einer der auf dem Wrack Zurückgebliebenen war
Cornelisz, ein Amsterdamer Apotheker, der für
die Handelsfracht verantwortlich war (der „Superkargo"). Er erwies sich als der wahre böse Geist.
Schon während des letzten Teils der Reise hatten
Cornelisz und Jacobsz mit einer Gruppe Seeleute
die *Batavia* zu übernehmen und alle Nicht-Ver-
schwörer über Bord zu werfen geplant, um sich
mit dem Schiff und seinem Schatz davonzuma-
chen; doch bevor sie ihre Pläne ausführen konnten, war das Schiff gestrandet.

Nach zehn Tagen verließ Cornelisz das Wrack
der *Batavia*. Er ging als letzter von Bord, doch sobald er an Land kam, riß er als Ranghöchster der
restlichen VOC-Leute das Kommando an sich. Er
teilte die Leute zwischen den verschiedenen Inseln auf. Damit wollte er offensichtlich eine Über-
belegung verhindern, doch erleichterte es auch

DAS SCHICKSAL
DER MÖRDER

Nach der Strandung der *Batavia* waren die Aus-
gesetzten auf kleine Inseln zersplittert. Ihr Unglück war noch nicht zu Ende; denn Cornelisz
und seine Leute töteten 125 von ihnen. Als die
Überlebenden schließlich über zwei Monate später von Pelsaert gerettet wurden, ergaben sich die
demoralisierten Meuterer schnell.

Sieben wurden erhängt, darunter auch Cornelisz. Nach niederländischem Recht konnte damals niemand gehängt werden, der nicht sein
Verbrechen gestanden und dieses Geständnis
nicht innerhalb von 24 Stunden widerrufen hatte.
Doch konnte zum Erlangen eines Geständnisses
die Wasserfolter angewandt werden. Bei Cornelisz dauerte es fast zwei Wochen, bis er gestand.

DIE
GELDERMALSEN

Die *Geldermalsen*, ein typischer niederländischer Ostindienfahrer, lief Guangzhou (Kanton) in China im Juli 1751 mit einer Fracht Zinn und Baumwolle aus Djakarta (Batavia) an, dazu die Geschenke, die nötig waren, um die Handelswege zwischen den niederländischen Kaufleuten und den chinesischen Behörden zu schmieren.

Das fünf Jahre alte Schiff gehörte der Zeeländischen Kammer der Niederländischen Ostindiengesellschaft (VOC) und war etwa 45 m (150 Fuß) lang. Sein Kapitän war Jan Morel.

Nachdem die Fracht aus Djakarta entladen war, nahm die *Geldermalsen* Seide, Ingwer, Rhabarber, Lackwaren und etwa 200.000 Stück Porzellan an Bord, das mehr als 200 Jahre später berühmt werden sollte, als es im April 1986 in Amsterdam versteigert wurde.

Das Porzellan der Geldermalsen

Man nannte dieses Porzellan damals im Volksmund Nanking-Porzellan, da man fälschlicherweise glaubte, daß es in dieser Stadt produziert werde. Es war im Auftrag von in Kanton ansässigen VOC-Händlern eigens nach den VOC-Entwürfen hergestellt worden, die man aus den Niederlanden geschickt hatte. Doch wegen der langsamen Kommunikation und möglicherweise auch wegen Nachschubschwierigkeiten bestanden beträchtliche Unterschiede zwischen den in Auftrag gegebenen und einigen der später aus dem Wrack der *Geldermalsen* geborgenen Stücke. Zum Beispiel gab es keine Bestellung für Brechtöpfe, doch wurden rund 500 solcher Töpfe geborgen. Umgekehrt wurde offensichtlich eine Bestellung für Kaffeetassen ignoriert.

Das Porzellan war nicht von feinster Qualität und auch nicht für den anspruchsvollen Sammler gedacht. Es war Massenproduktion aus den Porzellanfabriken in Fowliang (Jingdezhen) für den expandierenden niederländischen Mittelklasse-Markt, der in den vorausgehenden Jahrzehnten enthusiastisch die Mode des Teetrinkens aus Porzellanservicen übernommen hatte. Von Fowliang wurde das Porzellan nach Nanjing (Nanking) gebracht und dann nach Guangzhou (Kanton) eingeschifft, wo es nach Europa umgeladen wurde. Es war in über 200 Kisten im unteren Laderaum des Schiffs verstaut.

TEEANBAU UND -HANDEL

Dieser Stich einer chinesischen Teemanufaktur reflektiert die Popularität des Teetrinkens in China, die angeblich bis auf das Jahr 2750 v. Chr. zurückgeht. In Europa wurde Tee jedoch erst im 17. Jh. eingeführt. Die Hauptfracht der Geldermalsen *bestand aus grünem und schwarzem Tee, der von China in die Niederlande gebracht werden sollte.*

Trocknen der Teeblätter
Nach kurzer Fermentationszeit wurden geerntete Blätter über heißen Öfen getrocknet.

Überwachung der Produktion
Chinesische Kaufleute überwachten die Produktion und verkauften dann den Tee an die Europäer.

GRÜNER UND SCHWARZER TEE
Verstaut in Kisten, transportierte die Geldermalsen *chinesischen grünen und schwarzen Tee. Diese Teekisten waren für die harte Reise nach Europa im Frachtraum des Schiffs dicht gepackt.*

Die Tee-Ladung

Zwar verursachte das Porzellan bei seiner Versteigerung durch Christie's 1986 eine große Sensation, doch stellte es ursprünglich nur etwa fünf Prozent des Werts der Fracht dar. Sowohl an Wert wie an Volumen bestand die Hauptfracht aus China aus Blättern grünen und schwarzen Tees; riesige Mengen Tee waren im Frachtraum des Schiffs sorgfältig über dem Porzellan verstaut worden.

Als sie ihre wertvolle Fracht an chinesischem Porzellan und Tee übernommen hatte, verließ die *Geldermalsen* im späten Dezember 1751 den Hafen von Kanton. Im Nordwestmonsun kam das Schiff auf seinem ersten Schlag der Heimreise in die Niederlande gut in südlicher Richtung über das Südchinesische Meer voran.

Tee von der Plantage
Die Blätter wurden gepflückt und dann zu einer Weiterverarbeitungsanlage gebracht, die wegen des leichteren Transports nahe dem Ufer lag.

LOKALISIERUNG UND BERGUNG

1985 lokalisierten der Engländer Michael Hatcher und sein Schweizer Partner Max de Rham das Wrack der *Geldermalsen* mit einem Sonar-Scanner. Hatcher hatte schon jahrelang nach dem Schiff gesucht und dabei dicht bei der schließlichen Fundstelle der *Geldermalsen* das Wrack einer Dschunke mit wertvollem Ming-Porzellan gefunden. 1986 wurde die Fracht der *Geldermalsen*, darunter neben dem berühmten Porzellan auch Bronzekanonen und Goldbarren, für etwa 10 Millionen £ Sterling versteigert.

Würdenträger
Trägt einen offiziellen Hut.

Mutter mit Kind
Etwa 16 cm groß.

Pferdefigur
Mit Sattel und Steigbügel.

Frau
Mit Rosenschmuck auf der Schulter.

war auch besser gepackt. Um mithalten zu können, mußten die Niederländer ihre Schiffe von Kanton direkt nach Europa schicken, durch die Straße von Sunda vorbei an Djakarta. Das brachte Probleme für den wichtigen Goldhandel zwischen Djakarta und Kanton mit sich.

Gold war in China traditionell billiger als in den meisten Handelszentren, und so war es kommerziell sinnvoll, es in Kanton zu kaufen und in Djakarta zu verkaufen. Als die Niederländer dann regelmäßig den direkten Weg nach Europa nahmen, luden sie die Goldbarren auf kleinere Schiffe um, die auf sie bei Noord Island in der Straße von Sunda warteten, und verzichteten auf Djakarta als Zwischenhafen.

GEBORGENE PORZELLANFIGUREN
Diese chinesischen Figuren für den Export in die Niederlande waren auf der Geldermalsen, *als sie 1751 sank. Die Figuren sind hellblau, weiß und hellbraun glasiert; Spuren der 200 Jahre im Seewasser sind zu erkennen. Sie wurden 1985 geborgen und 1986 in Amsterdam versteigert.*

Der Untergang der Geldermalsen

Als die *Geldermalsen* zu ihrer letzten Reise in Kanton Segel setzte, waren 112 Menschen an Bord. Die meisten waren Niederländer, doch auch eine ganze Reihe Engländer. Am Abend des 3. Januar 1752 segelte das Schiff bei gutem Wetter auf das Admiral Stellingwerf Riff, obgleich der Bootsmann Van Dijk früher am Tag behauptet hatte, er habe das Riff bereits gesichtet, und das Schiff habe es sicher passiert.

Die Besatzung kappte den Großmast, um die *Geldermalsen* zu stabilisieren, und dabei kam das Schiff schließlich vom Riff ab. Doch später in der Nacht sank die *Geldermalsen*, wobei ungefähr zwei Drittel der Mannschaft ertrank.

Bei der folgenden Untersuchung des Unglücks in Djakarta wurde Van Dijk wegen seiner fehlerhaften Aussage ins Kreuzverhör genommen. Man muß ihn wenigstens zum Teil für verantwortlich für den Verlust der *Geldermalsen* gehalten haben, denn er wurde degradiert.

GOLDBARREN

Insgesamt wurden nahe dem Wrack der *Geldermalsen* 126 Goldbarren gefunden und in Amsterdam von Christie's versteigert. Jeder Barren wog etwa 365 g; ein Gramm Gold war 1750 etwa einen holländischen Gulden wert. Einige Barren hatten Schuhform, und beim Verkauf erzielten die ersten von ihnen das Zwanzigfache ihres Metallwerts, während die konventioneller geformten Goldbarren nur das Dreifache ihres Werts erreichten.

Die Barren wurden außerhalb des Rumpfs, nicht weit vom Wrack entfernt gefunden. Man stellt sich vor, daß möglicherweise ein Versuch, während des Schiffsuntergangs die Kiste mit den Barren zu retten, fehlgeschlagen war.

BARREN IN SCHUHFORM
Die Schuhform dieser Barren ist im Chinesischen ein Zeichen für Reichtum.

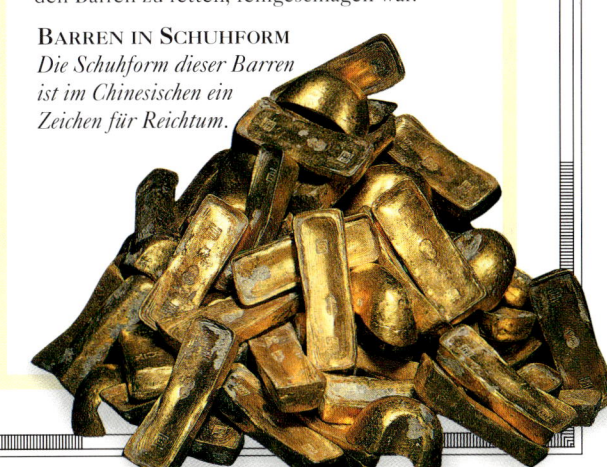

Niederländischer Handel im Fernen Osten

Im 17. Jahrhundert liefen VOC-Schiffe auf der Heimreise von Kanton nach Europa zunächst Djakarta an, um dort noch zusätzliche Fracht zu übernehmen. Als der Tee im Westen populärer wurde, dominierte Djakarta auch den niederländischen Teehandel. Tee wurde dann in chinesischen Dschunken nach Djakarta gebracht und dort auf einen Ostindienfahrer, der nach Amsterdam zurückkehrte, umgeladen.

Doch die Niederländer kamen gegenüber ihren Wettbewerbern schnell ins Hintertreffen, besonders gegenüber den Engländern, die den Tee von China direkt nach Europa transportierten. Dabei kam der Tee frischer an, und er

DIE
HARTWELL

Die *Hartwell* war nach den Worten ihres stolzen Eigners John Fiott das größte Schiff seiner Art im Dienste der English East India Company (EEI Co.). Mit einer großen Feier lief sie vom Stapel und machte sich im Februar 1787 auf ihre ehrgeizige Jungfernreise nach China. Sie verließ England mit einer ungewöhnlich reichen Fracht, darunter 5.933 kg Feinsilber auf Rechnung der Gesellschaft. Andere Handelsware wie Uhren, Juwelen, Textilien und Blei ging auf Rechnung privater Kaufleute. John Fiotts Bruder war der Kapitän, und weitere Familienmitglieder waren Anteilseigner.

Vom Start weg kam die *Hartwell* in Schwierigkeiten. Stürme ließen das Schiff hinter seinen Zeitplan zurückfallen, und am 20. Mai brach eine Meuterei aus (s. Kasten auf der nächsten Seite). Nachdem sie wegen des Aufruhrs drei Nächte lang hintereinander nicht geschlafen hatten, setzten die Offiziere das Schiff nordöstlich der Insel Boa Vista in der Kapverdischen Inselgruppe vor Westafrika auf ein Riff. Schnell brach es auseinander, so daß die gesamte Fracht verloren war, während die ganze Besatzung gerettet wurde.

Nach England zurückgekehrt, wurden Kapitän Fiott und sein Erster Offizier vom Gericht der Englischen Ostindischen Gesellschaft für schuldig befunden, in der Dunkelheit zuviel Segel gefahren und außerdem noch Navigationsfehler gemacht zu haben. Dann wandte die EEI ihre Aufmerksamkeit der Bergung ihres Eigentums zu.

EIN OSTINDIENFAHRER UNTER SEGELN, 1801
Dieses englische Handelsschiff, die Warley, *wurde 1788 gebaut, ein Jahr nach der* Hartwell, *die ganz ähnlich ausgesehen haben muß. Auf diesem Ölbild passiert das Schiff gerade Kapstadt in Südafrika auf dem Weg in den Fernen Osten.*

MESSINGSEXTANT
Half bei der Bestimmung der Position des Schiffes. Kapitän und Erster Offizier der Hartwell *wurden für schuldig erklärt, damit schlecht umgegangen zu sein, wodurch das Schiff auf ein Riff lief und unterging.*

Besanmast
Ausdruck für den dritten Mast.

Kanonen
Ostindienfahrer waren immer gegen Piraten oder Kriegsschiffe anderer Nationen bewaffnet.

MODELL EINES OSTINDIENFAHRERS
Die Hartwell *war ein stark gebautes Frachtschiff, das den Widrigkeiten der langen Reise nach Fernost widerstehen sollte. Die Hin- und Rückreise nach China oder Japan konnte drei Jahre dauern, und die Lebensdauer der Schiffe betrug üblicherweise vier Reisen. Dieses Modell zeigt die* Scaleby Castle, *gebaut 1798 und der* Hartwell *sehr ähnlich.*

Kapitänsquartier
Wo aus Sicherheitsgründen wertvolle Privatsachen gestaut waren.

DAS LOGBUCH DER *HARTWELL*
Das durch Kapitän Fiott vom Wrack gerettete Logbuch beschreibt in seiner letzten Eintragung, wie die Meuterer „allen Befehlen trotzten … und das Leben von Offizieren zu riskieren neigen". Die Anführer dieser „Gefährlichen Meuterei" wurden mit zwei Dutzend Peitschenhieben bestraft.

Brotraum
Wo die Silberkisten der *Hartwell* weggeschlossen waren.

Frachtraum
Als erstes lud die *Hartwell* Blei als Ballast.

Erster Bergungsversuch

Die English East India Company beauftragte die erfolgreichsten Bergunternehmer der Zeit, William und John Braithwaite, das Silber zu bergen. Die Braithwaite-Brüder schlossen einen Vertrag, der ihnen die Kostenerstattung plus 12,5 Prozent des Wertes aller geborgenen Güter garantierte. Das ist scheinbar günstig, doch war der Job sehr gefährlich und forderte größte Erfahrung. In den ersten beiden Jahren ihrer Unternehmung hatten sie nur begrenzte Erfolge. Die Schatzkisten waren von der See alle aufgebrochen worden, so daß die wertvollen Münzen an der Wrackstelle über das ganze Riff verteilt lagen. Die Brüder wurden auch durch dauernde Scharmützel mit marodierenden karibischen Piraten abgelenkt. Bei einem dieser Kämpfe wurden William schwer verwundet und zwei seiner Taucher getötet, und die Piraten machten sich mit den geborgenen Schätzen im Wert von 10.000 spanischen Dollars davon. Nach diesem Rückschlag kehrte John Braithwaite nach England zurück, um die Taucherglocke umzuarbeiten und bessere Waffen zu ihrer Verteidigung zu erstehen.

Zweiter erfolgreicher Bergungsversuch

John Braithwaite kehrte 1790 zu seinem Bruder auf die Kapverdischen Inseln zurück, und sogleich begannen sie erneut mit der Bergung. Diesmal hatten sie größeren Erfolg. Als sie 1791 schließlich entschieden, daß mehr nicht zu erreichen war, und ihre Arbeiten einstellten, hatten sie beeindruckende 97.650 Silberdollar geborgen.

Das ergab für die Braithwaite-Brüder einen hübschen Profit, doch blieb für abenteuerhungrige und unternehmerische moderne Schatzsucher noch eine große Menge Dollars bei dem Wrack. Gut erhaltene Silberdollars dieser Zeit haben heute einen großen Wert, und so schätzt man, daß noch ein Schatz im Wert von 2.500.000 £ Sterling auf dem *Hartwell*-Riff, wie es heute genannt wird, auf die Bergung wartet.

MEUTEREI AUF DER *HARTWELL*

Eine Meuterei brach auf der *Hartwell* während ihrer Jungfernreise aus, veranlaßte den Kapitän zur Kursänderung und führte schließlich zum Untergang. Der unmittelbare Anlaß für die Rebellion war die Weigerung, Lichter auszumachen. Messer flogen, man beschimpfte sich aufs heftigste, und nach einem Kampf wurden drei Mann eingesperrt und in Eisen geschlagen. Die Unordnung breitete sich jedoch weiter aus, und nach kurzer Zeit „sangen 50 Mann sehr gefährliche Lieder und verweigerten alle Befehle der Offiziere". Nach drei Tagen war die Meuterei niedergeschlagen, und der Kapitän änderte den Kurs auf die Kapverdischen Inseln, um die Meuterer dem dortigen Gouverneur zu übergeben. Doch das Schiff ging vorher unter.

Luftzufuhr
In einem Faß mit Gewichten heruntergelassen.

Austretende Luft
Hier wurde die benutzte Luft herausgedrückt.

TAUCHERGLOCKE UND TAUCHER
Eine ähnliche Taucherglocke benutzten die Braithwaite-Brüder bei den Bergungsarbeiten am Wrack der Hartwell *1790. Der feste Taucheranzug war primitiv und gefährlich; dennoch war die Bergung erfolgreich, so daß die Brüder einen Nettoverdienst von 12.206 spanischen Silberdollars hatten.*

Axt
Zum Durchbrechen des Schiffsrumpfs bei der Bergung.

Bleigewicht
Sorgte dafür, daß der Taucher unter Wasser blieb.

Decksluke
Zum Laden von Fracht.

Beiboot
Darin floh die Besatzung, als die *Hartwell* zum Wrack geworden war.

Flaches Deck
Gebaut mit glattem Deck, anders als die erhöhten Vordecks auf früheren Ostindienfahrern.

Holzrumpf
Aus Eiche mit 15 cm dicken Planken.

EINIGE FAKTEN

Gewicht	938 t
Kosten	11 £ Sterling per t
Werft	Itchenor, England

ZEITALTER DER REVOLUTION

Um 1775 befand sich das Vereinigte Königreich im Konflikt mit seinen amerikanischen Kolonien, versuchte aber, seine Machtbasis an der Ostküste zu erhalten. Nach der amerikanischen Unabhängigkeitserklärung von 1776 wurde ein großer internationaler Krieg auf dem Atlantik unausweichlich. Die britische Royal Navy, die in dieser Zeit als die die Weltmeere beherrschende Seemacht galt, spielte die entscheidende Rolle. Sie war Blockadestreitkraft, unterbrach den amerikanischen Handel und versorgte die bedrängte britische Armee auf dem Festland mit Nachschub. Die amerikanische Marine konnte sich mit der britischen nicht messen, rüstete jedoch Freibeuter aus (s. Seite 63), die dem britischen Handel schaden sollten.

1778 trat Frankreich an der Seite der amerikanischen Rebellen in den Krieg ein, und damit wurde der Seekrieg fast weltumspannend. Sowohl für die britische wie für die französische Wirtschaft war die Kontrolle über den einträglichen karibischen Zucker- und Tabakhandel wesentlich; beide schickten Flottenverbände, und das Ergebnis war eine Art Patt.

Im Frieden von Paris 1783 wurde die Unabhängigkeit der Vereinigten Staaten anerkannt. Es folgte ein Jahrzehnt des Friedens, doch 1793 brach wieder Krieg aus, diesmal zwischen Britannien und dem revolutionären Frankreich, ein Krieg, der sich über 22 Jahre hinzog und einen nie dagewesenen Tribut an Schiffen und Menschenleben forderte. Französische Freibeuter griffen überall auf den Weltmeeren britische Handelsschiffe an. Die Briten ihrerseits entwickelten eine Art Konvoisystem für ihre Handelsschiffe, so daß Flotten von bis zu 600 Schiffen den Atlantik gemeinsam überquerten.

1799 stürzte Napoleon Buonaparte die französische Regierung und machte sich zum Ersten Konsul von Frankreich, 1804 dann zum Kaiser. Seine militärische Überlegenheit wuchs, so daß auch niederländische und spanische Flotten unter seine Kontrolle kamen. Trotz seiner Erfolge baute Britannien die Herrschaft über die Weltmeere durch eine Folge brillanter Seeschlachten aus. Als um 1812 die Vereinigten Staaten an Frankreichs Seite in den Krieg eintraten, war die eigentliche Gefahr für Britannien schon vorbei.

Linienschiffe

Ganz wesentlich in den Seekriegen dieser Zeit war das Linienschiff. Das strategische Konzept der Schlachtlinie, in der die Schiffe strikt Bug an Heck hintereinander blieben und dabei dem Feind ihre Breitseiten zukehrten, war schon rund 150 Jahre früher eingeführt worden, doch erst während der französischen Revolution und den napoleonischen Kriegen erhielt es seine endgültige Ausformung.

Kriegsschiffe wurden in Klassen von 1 bis 6 eingeteilt, doch nur die ersten vier Klassen wurden normalerweise als Linienschiffe in der Haupt-Kampfflotte eingesetzt. Die 5. und 6. Klasse, leichtbewaffnete Fregatten, wurden eher bei speziellen und unabhängigen Missionen verwandt. Das typische Linienschiff 1. Klasse war etwa 2500 Tonnen groß, trug 120 Kanonen in drei Decks und war etwa 60 m (200 Fuß) lang. Damit war es wesentlich größer als jedes Handelsschiff seiner Zeit; der wichtigste Faktor war jedoch die Feuerkraft, die gegen den Feind gerichtet werden konnte.

KANADA

FRANZÖSISCHE SCHIFFSBAUBASIS
Wegen Holzmangels bauten die Franzosen viele ihrer Schiffe in anderen Kontinenten, besonders in Quebec.

NEUFUNDLAND

Québec

Halifax

New York
Philadelphia
DELAWARE
Cape Henlopen

DONNERBÜCHSE
Viele verschiedenartige Waffen wurden in den Konflikten des 18. Jh.s benutzt. Die Hakenbüchse mit Feuersteinschloß, die mehrere leichte Schüsse abgeben konnte war auf nahe Distanz am wirksamsten.

HUSSAR ①
Diese britische Fregatte von 627 Tonnen und 28 Kanonen geriet 1763 vor New York in eine Windstille. Sie wurde unmanövrierbar, lief gegen einen Felsen und trieb an den Strand, wo sie sank.

HMS DE BRAAK ②
1798 sank diese Segelslup von 255 Tonnen und 14 Kanonen mit vielen Menschen vor der Küste von Delaware.

ATLANTISCHER OZEAN

DIE KARIBIK
Ohne Ergebnis führten Briten und Franzosen eine Reihe von Seeschlachten, um den ertragreichen Handel zu beherrschen. Die „Battle of Saints" sicherte 1782 Jamaica für die Briten, obwohl die französische Marine eine nicht zu unterschätzende Kraft blieb.

BAHAMAS (UK)

KUBA

JAMAICA
Port Royal

KARIBISCHES MEER

ANTIGUA
DOMINICA
MARTINIQUE
ST. LUCIA
BARBADOS

Orinoco

SÜD-AMERIKA

VIZEKÖNIGTUM VON NEU-GRANADA

Amazonas

VIZEKÖNIGTUM VON BRASILIEN

⑤ BONHOMME RICHARD
Dieses franko-amerikanische Schiff sank nach einer historischen Schlacht mit den Briten 1779 (s. S. 80–81).

SCHLACHT VON KOPENHAGEN
Nelson griff 1801 bei Kopenhagen erfolgreich die dänische Flotte an und verhinderte damit, daß Napoleon seine Vorherrschaft auf die Ostsee und ihren ertragreichen Handel ausdehnen konnte.

TELEMAQUE ⑥
1790 sank diese Brigg vor Quilleboeuf, beladen mit Kirchenschätzen, und den Schätzen von Aristokraten, die vor der französischen Revolution flohen.

ZEELILIE ③
Dieser große niederländische Ostindienfahrer war auf dem Weg von Irland nach London, als er bei den Scilly-Inseln auf Felsen lief und sank.

POLLUCE ⑧
Angeblich mit königlichem Schatz sank dieses spanische Schiff 1806 nahe der italienischen Insel Elba auf der Flucht vor Napoleon.

SCHLACHT VON KAP ST. VINCENT
Der britische Sieg von 1797 über die große franko-spanische Flotte kam zur moralischen Aufrüstung der Briten im Krieg gegen Frankreich gerade rechtzeitig.

⑨ DIE ORIENT
Das Flaggschiff der französischen Flotte wurde 1798 in der Bucht von Aboukir (Abu Qir), Ägypten, von Nelsons Marine gesprengt (s. S. 82–83).

BRITISCHE BLOCKADEN
Rigoros durchgehaltene Blockaden hielten während des Kriegs zwischen Britannien und Frankreich die Masse der französischen Flotte in den Häfen von Brest und Toulon fest.

ATHENIENNE ⑦
Auf dem Weg von Gibraltar nach Malta ging dieses britische Schiff mit 74 Kanonen 1806 nachts an den Klippen Siziliens unter.

FRANZÖSISCHE FREIBEUTER-BASIS
Französische Korsaren wie ein gewisser Allemand griffen während des Englisch-Französischen Krieges zwischen 1793 und 1815 britische Handelsschiffe vor der westafrikanischen Küste an.

DREISPITZ EINES BRITISCHEN FLAGGENOFFIZIERS
Dieser Hut gehörte zwischen 1795 und 1812 zur Paradeuniform der Royal Navy und hat eine Kokarde aus schwarzer Seide und eine Bindung aus Goldspitze.

MERCEDES ④
Diese spanische Galeone kehrte von Montevideo in Uruguay mit einer kleinen Flotte nach Europa zurück, als sie von den Briten in Flammen geschossen wurde. Sie hatte enorme Mengen Gold und Silber an Bord. Die Suche nach diesem Schiff dauert noch immer an.

NELSONS MANTEL
Zwischen 1795 und 1812 war dies die Uniform aller britischen Vizeadmirale. Dies war der Mantel des britischen Seehelden Lord Horatio Nelson, der 1805 die britische Marine bei Trafalgar zum Sieg über die Franzosen führte. Einige seiner vielen Ehrenzeichen sind auf dem Mantel zu sehen.

Map labels: NORWEGEN · SCHWEDEN · Ostsee · Wolga · SCHOTTLAND · DÄNEMARK · Leith · Kopenhagen · RUSSISCHES ZARENREICH · IRLAND · BRITANNIEN · Nordsee · Shannon · Yarmouth · Vlieland · ENGLAND · Cork · Plymouth · Boulogne · Falmouth · Englischer Kanal · Le Havre · Quilleboeuf · ÖSTERREICH · Brest · FRANKREICH · Donau · SCHWARZES MEER · Toulon · ITALIEN · KORSIKA · OTTOMANEN-REICH · PORTUGAL · Tajo · Madrid · SARDINIEN · NEAPEL · AZOREN (PORTUGIESISCH) · Lissabon · SPANIEN · BALEAREN · MITTELMEER · MOREA · Kap St. Vincent · Cadiz · Algier · Tunis · Straße von Gibraltar · Oran · ALGERIEN · Alexandria · Aboukir (Abu Qir) · MADEIRA (PORTUGIESISCH) · MAROKKO · OTTOMANEN-REICH · ÄGYPTEN · KANARISCHE INSELN (SPANISCH) · AFRIKA · Niger · Nil · KAPVERDISCHE INSELN · Kongo

DIE
BONHOMME RICHARD

Die *Bonhomme Richard* war, als sie unterging, kein Schatzschiff im üblichen Sinne, indem sie große Mengen Gold, Silber und Kunstgegenstände von wirklichem Wert geladen hatte. Doch sie war ein Schiff von großer historischer Bedeutung, das in einer Schlacht verlorenging, die der erste größere Sieg der amerikanischen Marine war, der Schlacht von Flamborough Head; und sie stand unter dem Kommando des ersten amerikanischen Seehelden, John Paul Jones. Damit wäre ihre Bergung von großer ideeller Bedeutung. Doch alle Versuche, sie zu lokalisieren, waren bisher erfolglos.

Gegen Ende des Jahres 1778 verhandelte dieser John Paul Jones in Lorient an der französischen Westküste mit der Regierung Frankreichs, die ein Alliierter der amerikanischen Rebellen war (S. Seite 78–79), um ein Schiff zu bekommen, mit dem er die britische Handelsflotte verfolgen wollte. Ein alter französischer Ostindienfahrer wurde zum Kriegsschiff umgebaut (s. Kasten unten) und in *Bonhomme Richard* umbenannt.

Bonhomme Richard setzt Segel

Im August 1779 war das 40-Kanonen-Schiff *Bonhomme Richard* mit einer Flotte kleinerer Begleitfahrzeuge bereit, Segel zu setzen. Sie sollte britische Schiffe angreifen und die Aufmerksamkeit von der viel größeren franko-spanischen Invasionsflotte ablenken, die die englische Südküste anzugreifen plante.

Jones' Flotte fuhr nördlich um Schottland herum nach Westirland und zurück in die Nordsee. Dort segelte sie in südlicher Richtung an der Ostküste Englands entlang, als sie die britische Ostseeflotte sichtete. Die Flotte transportierte Nachschub für die Marine und war von zwei Kriegsschiffen begleitet, der Kriegsslup *Countess of Scarborough* mit 20 Kanonen unter Kapitän Piercy und der *Serapis* mit 50 Kanonen unter Kapitän Pearson.

Die britischen Kriegsschiffe legten sich zwischen Jones' Flotte und die britischen Handelsschiffe, die schnell die Küste hinauf entkamen. Um 6 Uhr abends am 23. September standen *Serapis* und *Bonhomme Richard* in Kampfdistanz.

UMBAU DER
BONHOMME RICHARD

John Paul Jones wollte ein schnelles Schiff mit starker Feuerkraft, möglichst großer Besatzung und Entertruppen an Bord. Das einzig verfügbare Schiff war die *Duc de Duras*, ein französischer Ostindienfahrer, der 1766 gebaut worden war und schon vier Reisen in den Fernen Osten hinter sich hatte und deshalb bald ausgemustert werden sollte.

Jones benannte es in *Bonhomme Richard* um und baute es zum Kanonen tragenden Kriegsschiff aus. Die Umrüstung dauerste sechs Monate, und dabei wurden gefährlich nahe über der Wasserlinie Kanonenpforten ins Deck geschnitten, um sechs zusätzliche 18-Pfünder unterzubringen.

Ineinander verhakte Schiffe
Die *Bonhomme Richard* und die *Serapis* kollidierten, der Klüverbaum der *Serapis* verfing sich, und beide Schiffe waren ineinander verhakt.

DIE SCHLACHT VON FLAMBOROUGH HEAD
Dieser Stich zeigt das britische Kriegsschiff Serapis *im Kampf mit der amerikanischen* Bonhomme Richard. *Die* Bonhomme Richard *war von den Fregatten* Alliance *und* Pallas *und von der Brigg* Vengeance *begleitet. Sie fuhren die amerikanische Rebellenflagge, waren aber von Frankreich finanziert.*

EINIGE
FAKTEN

Länge	44 m (145 Fuß)
Ladefähigkeit	900 Tonnen
Route	Frankreich – England

Die *Serapis* war an Feuerkraft überlegen, und die vergrößerte sich noch, als einige der 18-Pfünder, die Jones auf dem Kanonendeck der *Bonhomme Richard* installiert hatte, beim Abfeuern explodierten und dabei ein Blutbad anrichteten. Jones befahl, die anderen nicht mehr zu benutzen.

Hätte sich die *Serapis* von der *Bonhomme Richard* auf Abstand gehalten, wäre sie höchstwahrscheinlich Sieger geblieben, da sie schneller, besser bewaffnet und besser gebaut war. Doch fünf Kilometer südlich von Flamborough Head verhakten sich beide Schiffe ineinander, und das Resultat war eine extrem blutige Schlacht mit vielen Toten auf beiden Seiten. Jones' Entertruppen siegten beim Kampf an Deck, doch die Kanonen der *Serapis* schlugen weiter Loch auf Loch in *Bonhomme Richards* Rumpf unter der Wasserlinie, so daß sich der Rumpf mit Wasser zu füllen begann. Gegen Sonnenuntergang gelang es einem von Jones' Männern, eine Granate durch ein Luk der *Serapis* zu werfen, was zu einer Explosion im Pulvermagazin führte und einen Teil der Besatzung tötete. Kurz danach ergab sich Kapitän Pearson, gerade bevor der Großmast der *Serapis* brach. Die Schlacht endete um 10.30 Uhr in der Nacht, und obwohl die *Bonhomme Richard* schwer beschädigt war, gab Jones sie nicht auf. Seine Zimmerleute begannen die Löcher zu stopfen und auch die gekaperte *Serapis* zu reparieren.

Am Abend des nächsten Tages war es klar, daß die *Bonhomme Richard* aufgegeben werden mußte. In der zweiten Nacht wurden alle Männer auf andere Schiffe gebracht. Der letzte verließ das Schiff um 10 Uhr vormittags am 25. September; eine halbe Stunde später war das Kriegsschiff gesunken.

JOHN PAUL JONES
Jones, der Kommandeur der Bonhomme Richard, *war wegen seiner Siege in Amerika zur Legende geworden.*

SERAPIS ERGIBT SICH
Dieser Stich zeigt die Übergabe von Kapitän Pearson an Deck des franko-amerikanischen Kriegsschiffs Bonhomme Richard. *Kapitän Pearson war Kommandeur des britischen Schiffs* Serapis *gewesen, das im September 1779 in der Schlacht von Flamborough Head verloren hatte.*

Die **ALLIANCE**
Eine amerikanische Fregatte mit 36 Kanonen unter dem Kommando von Kapitän Landais, der sich geweigert hatte, sich Jones' Kommando zu unterstellen und seine Befehle zu akzeptieren.

DIE
ORIENT

Geankerte Fregatte
Neben der Haupt-Schlacht-
flotte liegen andere Schiffe
in der schützenden Bucht
von Neapel

BRITISCHE FLOTTE BEI NEAPEL
*Dieses Gemälde von Giacomo Guardi zeigt Nelsons Flotte am 17. Ju-
ni 1798, wie sie in der Bucht von Neapel auf Neuigkeiten von Napo-
leons Flotte wartet. Der britische Botschafter am Hof von Neapel, Sir
William Hamilton, berichtete Nelson, die französische Flotte sei vor
Sardinien, und damit begann eine Jagd durch das ganze Mittelmeer.*

Linienschiffe
Die britische
Flotte bestand aus
13 Kriegsschiffen
mit 74 Kanonen
und einem Schiff
mit 50 Kanonen

Fregatte 6. Ranges
Mit 28 Kanonen
leicht bewaffnet,
wurden diese Schiffe
eher für spezielle
Aufgaben als für die
Schlacht verwendet

N ach Napoleons Siegen in Italien hörten die
Briten im Frühjahr 1798, daß in Toulon
am Mittelmeer eine neue französische
Flotte inklusive zahlreicher Truppentransporter
ausgerüstet wurde. Sie wußten jedoch nicht, was
das Ziel dieser neuen Flotte war. In London favo-
risierte man die Vorstellung, daß Napoleon entweder einen Feldzug durch Spanien auf Portugal
plante oder daß die Flotte durch die Straße von
Gibraltar segeln und eine Invasion Irlands unternehmen sollte.

Die britische Flotte

Am 2. Mai 1798 wurde Konteradmiral Horatio
Nelson von der Flotte des Earl of St. Vincent, die
vor dem spanischen Cadiz stationiert war, losge-
schickt. Er segelte auf der *Vanguard* in Begleitung
zweier anderer Linienschiffe (s. Seite 78 - 79),
zweier Fregatten und einer Slup. Sein Ziel war,
die Absichten und Bewegungen der französischen
Flotte auszuspionieren.

Am 7. Juni wurde Nelsons kleine Spionage-
flotte durch zusätzliche Schiffe aus der Flotte vor
Cadiz verstärkt, die ihrerseits durch einen aus
England geschickten Verband ergänzt worden
war. Jetzt umfaßte Nelsons Flotte 13 Schiffe von
74 Kanonen und ein Schiff von 50 Kanonen. Er
hatte den Befehl, die französische Flotte „zu nehmen, zu versenken, zu verbrennen oder zu zer-
stören", und damit begann eine der größten
Schiffsjagden aller Zeiten.

Die französische Flotte

Napoleons Flotte bestand aus 72 Kriegsschiffen,
inklusive Kanonenbooten und Fregatten und
etwa 200 bis 400 Truppentransportern, die mehr
als 32.000 Soldaten tragen konnten. Das Flaggschiff der Flotte war die *Orient* mit 118 Kanonen,
auf der Napoleon segelte. Die Flotte verließ Toulon und segelte via Sizilien nach Malta, wo sie am
9. Juni auf weitere Transporter traf, die von Civi-
tavecchia in Italien ausgeschickt worden waren.

Napoleons Flotte nahm Malta gegen wenig
Widerstand. Die wertvolle Beute umfaßte 30.000
Musketen und Schätze, darunter auch das Silber
der St. John Kirche, das auf über drei Millionen
französische Francs geschätzt wurde. Fragwürdige
Berichte aus späterer Zeit erwähnten auch 12
große Apostelstatuen aus massivem Silber und die
Silbertore der Kathedrale von Valletta.

Die britische Jagd

Am 17. Juni segelten die Briten in die Bucht von
Neapel und wurden vom britischen Botschafter
benachrichtigt, daß die Franzosen vor der Insel
Sardinien gesichtet worden waren, wo sie in südlicher Richtung, wahrscheinlich nach Malta segelten. Nelsons Flotte segelte ebenfalls in diese
Richtung, doch am 20. Juni erfuhr Nelson im sizilianischen Messina, daß die Franzosen Malta bereits eingenommen hatten. Am 22. Juni hörte
Nelsons Flotte 10 Seemeilen (19 km) südöstlich
von Kap Passero auf Sizilien von einem vorbei-
segelnden Handelsschiff, daß die Franzosen
Malta vier Tage zuvor verlassen hatten und jetzt
Kurs auf den Hafen von Alexandria in Ägypten
nahmen. Am 28. Juni kamen die Briten in
Alexandria an, doch waren keine französischen
Schiffe da; so segelten sie nach Norden und
erreichten Siracusa auf Sizilien am 19. Juli, wo sie
frische Vorräte übernahmen.

Napoleon hatte tatsächlich, wie das abgefan-
gene Handelsschiff behauptete, Malta verlassen
und war nach Alexandria gesegelt. Doch brauchten die Franzosen wesentlich länger als die
Briten; Napoleons Flotte kam erst am 1. Juli in
Ägypten an, zwei Tage, nachdem Nelsons Flotte
wieder weggesegelt war. Die französischen
Truppen gingen an Land und nahmen Alexandria
ein.

Es war für große Schiffe sehr schwierig, in
den Hafen von Alexandria einzufahren. So
befahl Napoleon Vizeadmiral Brueys, Kapitän
der *Orient*, mit allen 13 Linienschiffen und vier
Fregatten in der Bucht von Aboukir etwa 32 Kilometer ost-nordöstlich von Alexandria vor Anker
zu gehen. Dann marschierte Napoleon mit seiner
Armee durch die ägyptische Wüste und griff
Kairo an.

DIE NAMEN DER
ORIENT

Das Flaggschiff der französischen Flotte war die
Orient, die 1790 als *Dauphin Royal* gebaut worden
war. 1792 wurde ihr Name in *Sans Culotte* geän-
dert, doch für seinen neuen Feldzug nannte Napoleon sie *Orient*. Es ist unklar, ob die Briten es
begriffen, doch dieser Name gab einen deutlichen
Hinweis auf Napoleons wahre Absicht – den Osten
zu erobern und den Briten Indien abzunehmen.

Die britische Flotte verließ Siracusa am 25.
Juli. Nelson wußte, daß Napoleons Flotte noch
im östlichen Mittelmeer war, und segelte nach
Griechenland, wurde jedoch unterwegs infor-
miert, daß die französische Flotte vier Wochen
zuvor vor Chania auf Kreta mit südwestlichem
Kurs auf Alexandria gesichtet worden war. Also
nahm die britische Flotte wieder Kurs auf Alexandria.

Die Schlacht am Nil

Gegen Abend des 1. August hatte Nelson schließlich Brueys Flotte ausgemacht, die in Linienformation auf den untiefen Gewässern der Bucht von
Aboukir ankerte, direkt vor einer trügerischen
Sandbank. Bruey dachte, daß Nelson bis zum folgenden Tag keinen Angriff wagen würde, weil das
Befahren der Bucht bei Nacht so gefährlich war.
Doch die Lage, die gekonnte Seemannschaft und
unkonventionelle Taktik erforderte, war genau
das, was Nelson lag und worin er brillierte. Seine
Schiffe segelten sofort an beiden Seiten der französischen Flotte in die Bucht, stoppten jedoch auf
der halben Länge der Linienformation, so daß die

DIE ZERSTÖRUNG DER *ORIENT* IN DER SCHLACHT AM NIL, 1. AUGUST 1798

Dieses Ölgemälde von George Arnaud zeigt die Explosion von Napoleons Flaggschiff, der Orient, *während der Schlacht am Nil. Beim Angriff der Briten fing die* Orient *Feuer, das sich zum Pulvermagazin ausbreitete, so daß das Schiff explodierte und mit unzähligen Menschen unterging.*

Hälfte der französischen Schiffe nicht eingreifen konnte, weil sie in Lee stand. Die französische Flotte besaß die größere Feuerkraft: ein Schiff mit 118 Kanonen, zwei mit 80 Kanonen, neun mit 74 Kanonen und vier Fregatten gegen dreizehn britische Schiffe mit 74 Kanonen und eines mit 50 Kanonen. Doch durch Nelsons Überraschungsangriff besaßen die Briten einen taktischen Vorteil. Die Briten verloren kein Schiff, doch die Franzosen hatten schwere Verluste - bis auf zwei wurden alle Schiffe gekapert oder versenkt, darunter auch die *Orient*, auf der während der Schlacht Feuer ausbrach, so daß sie explodierte. Vizeadmiral Bruey starb verwundet auf dem Achterdeck der *Orient*. Statt sich unter Deck behandeln zu lassen, bestand er darauf, dort hingetragen zu werden.

Bergungsversuche

Seit ihrem Untergang war die *Orient* das Ziel vieler Schatzsucher. Der erste bekanntgewordene Bergungsversuch fand 1814 statt, doch die Taucher fanden die Überreste nicht. Und bis heute sind alle weiteren Projekte gescheitert. In den

30er Jahren versuchte zum Beispiel Ägypten die Bergerechte zu versteigern. Die französische Regierung fühlte sich verletzt. Sie behauptete, das Wrack der *Orient* gehöre dem französischen Staat, und nichts könne ohne ihre Erlaubnis geborgen werden. Die Frage blieb im juristischen Morast stecken, und der Zweite Weltkrieg brach aus, bevor sie beantwortet werden konnte.

In den 50er Jahren organisierte König Faruk von Ägypten einen neuen Bergungsversuch, doch scheinen die Ergebnisse nicht bedeutend gewesen zu sein, ja, es ist nicht bekannt, ob überhaupt je etwas geborgen wurde. Ebenso ungewiß ist, ob die in Malta gestohlenen Schätze überhaupt auf der *Orient* waren, als sie explodierte. Einiges war sicher schon auf die Fregatte *Sensible* verfrachtet worden, die auf ihrem Heimweg nach Frankreich von den Briten gekapert wurde.

NELSONS BELOHNUNG

Der britische Sieg von 1798 über die Franzosen, der Napoleon an der Eroberung des Ostens hinderte, brachte Nelson viele Ehren und Geschenke dankbarer ausländischer Machthaber ein. Er wurde zum Baron Nelson vom Nil ernannt, und sowohl das englische wie das irische Parlament setzten ihm Jahrespensionen aus. Die Englische Ostindische Gesellschaft belohnte ihn außerdem mit 10.000 £ Sterling.

FELDFLASCHE UND NIL-CUP
Der Cup war ein Geschenk einer im Osthandel tätigen Firma an Nelson, und die Feldflasche stammt vom türkischen Sultan.

DIE GROSSEN SAMMLER

Das 18. Jahrhundert betrachtet man üblicherweise als die Zeit, in der die Vernunft ihren Siegeszug begann. Es war das Zeitalter des großen französischen Enzyklopädisten und Philosophen Diderot und des französischen Weisen Voltaire. Daß die Kriege so blutig, die Krankheiten so bösartig und die Armut so verbreitet wie immer waren, schien die großen Geister nicht zu stören. In der kulturellen Oberschicht gab es ein neues, weit verbreitetes Vertrauen, den Glauben, daß der vernunftgeleitete Gedanke schließlich über all diese bösen Auswüchse der Unordnung triumphieren würde.

Diese Berufung auf die sogenannten zivilisierten Werte manifestierte sich unter anderem in dem wachsenden Interesse am Sammeln von Antiquitäten und Kunst als angemessene Beschäftigung des gebildeten Menschen. In der zweiten Hälfte des 18. Jahrhunderts war dies in aristokratischen Kreisen eine Art Manie, und nicht zufällig wurde zum Beispiel das Britische Museum in London 1753 gegründet. Ganz besonderes Interesse fanden Skulpturen und Gebäude des klassischen Altertums und des antiken Ägypten.

Die königlichen Sammlungen

Die Herrscherhäuser hatten immer schon Dichter, Musiker und Maler angezogen, doch legte man früher Wert auf zeitgenössische Formen der Unterhaltung und auf die Widerspiegelung des Glanzes des gegenwärtigen Monarchen, statt sich auf die Errungenschaften der Vergangenheit zu richten. Jetzt jedoch wetteiferten europäische Herrscher miteinander um die größte Sammlung an Kunstwerken aus früheren Zeiten. Die russische Zarin Katharina die Große kaufte ihre Sammlung teuer zusammen. Der französische Kaiser Napoleon hatte eine direktere Methode. Er schickte die Schätze der eroberten Länder ins Pariser Musée du Louvre.

Wissenschaftliche Fortschritte

Doch auch in die Wissenschaft fand die Sammelwut Eingang. Seit dem 16. Jahrhundert hatten Forscher Zeichnungen und Proben von Dingen aus den von ihnen besuchten Gebieten mit zurückgebracht, doch richtete sich das Interesse vor allem auf einen zukünftigen Handel. Im späteren 18. Jahrhundert ging es mehr und mehr um die systematische Klassifizierung verschiedener Arten, Pflanzen und Mineralien. James Cooks große Forschungsreisen zwischen 1768 und 1779 waren natürlich ein Zeichen für den Aufbau des britischen Empire, doch nahm er auch den reichen Amateurbotaniker Joseph Banks mit, der die vielen neuen Arten, die sie in Flora und Fauna antrafen, gewissenhaft aufzeichnete. In den 30er Jahren des 18. Jahrhunderts machte Charles Darwin ähnliche Expeditionen und benutzte später die gesammelten Informationen als Basis für seine Evolutionstheorie.

VROUW MARIA ④
1771 ging dieses kleine niederländische Schnauschiff auf dem Weg von Amsterdam nach St. Petersburg in der Ostsee unter. Auch die Katharina der Großen gehörende Ladung an Schätzen ging verloren (s. S. 86–87).

GENERAL BARKER ②
Dieser große Ostindienfahrer transportierte eine Sammlung orientalischer Kuriositäten, die dem heimkehrenden Gouverneur von Madras in Indien gehörten, und außerdem Kisten mit Geld und Silberplatten, als es 1781 an der niederländischen Küste sank.

ST. PETERSBURG
Im russischen Winterpalast von St. Petersburg befand sich die Sammlung Katharina der Großen, die sie aus ganz Europa zusammengetragen hatte.

MENTOR ⑤
1802 charterte Lord Elgin diese Brigg, um griechische Marmorstatuen nach England zu bringen, doch das Schiff lief auf einen Felsen vor dem griechischen Hafen Kythera, und die Fracht versank mit dem Schiff (s. S. 88–89).

HMS COLOSSUS ①
Dieses englische Magazinschiff mit 74 Kanonen trieb auf dem Weg von Neapel via Lissabon nach London 1798 auf ein Riff bei den Scilly-Inseln. Es transportierte Kriegsbeute, die den Franzosen bei Aboukir abgenommen worden war, und eine Sammlung antiker griechischer Vasen. Es wurde 1974 geborgen.

LISSABON
Im 18. Jh. transportierten englische Kriegsschiffe für Privatkaufleute regelmäßig Bargeld und Rohsilber zwischen Lissabon und London. Dies war eine Möglichkeit für die britische Navy, ihre Unkosten zu decken.

WRACK VON ARLES ③
Dieses Schiff sank 1805 in der Rhône in Frankreich, als es Napoleons Sammlung römischer Statuen und Reliquien zu den Pariser Museen bringen sollte. Ein Bergungsversuch war 1933 nicht erfolgreich.

GEDENKMEDAILLE
Diese Medaille erinnert an Napoleons Marsch durch die Ägyptische Wüste zu den Pyramiden im Jahre 1798. Die europäische Faszination am antiken Ägypten führte zur Plünderung der Tempel und Grabstätten, oft durch Amateurarchäologen, die dann ihre Beute nach Hause schickten.

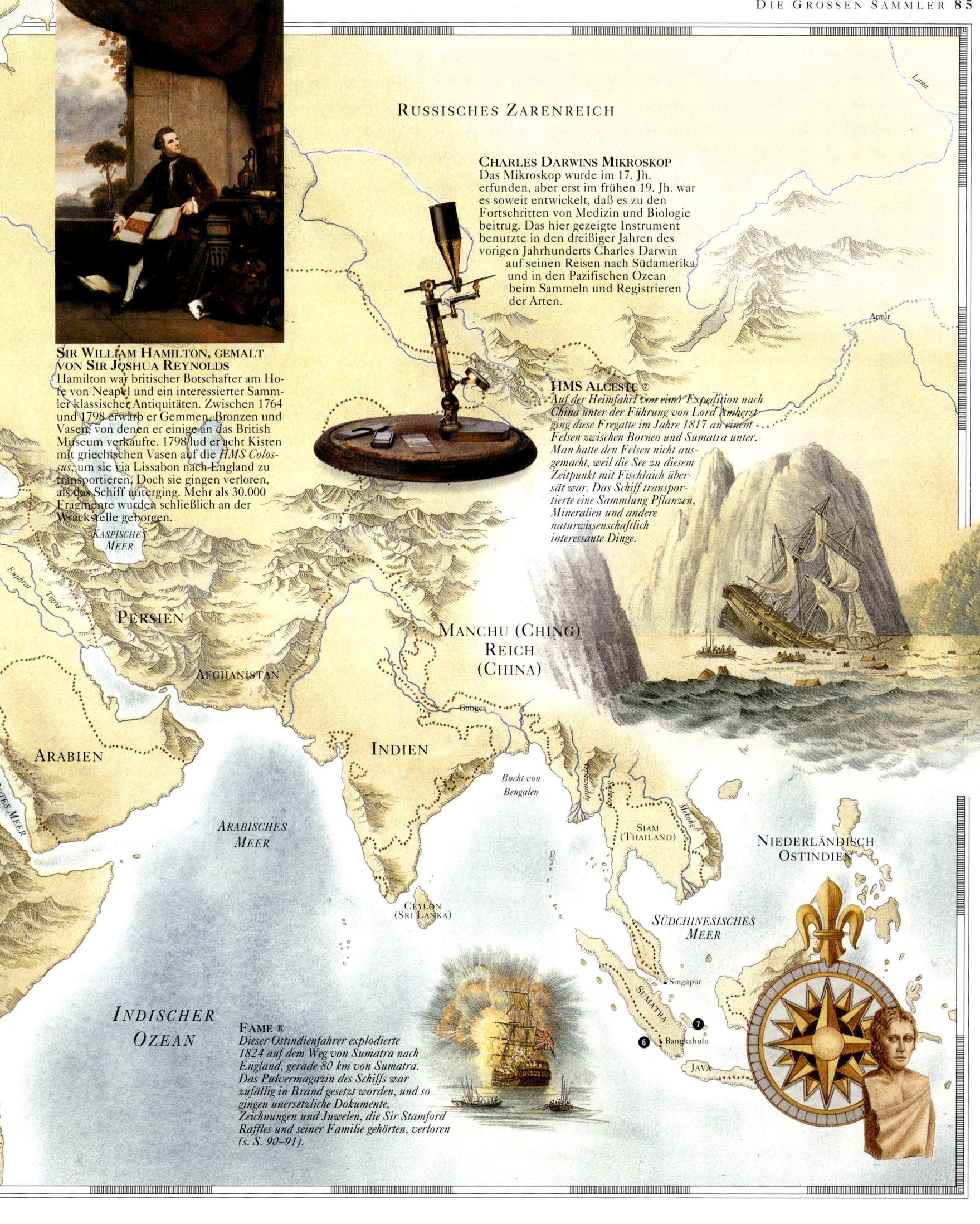

RUSSISCHES ZARENREICH

CHARLES DARWINS MIKROSKOP
Das Mikroskop wurde im 17. Jh. erfunden, aber erst im frühen 19. Jh. war es soweit entwickelt, daß es zu den Fortschritten von Medizin und Biologie beitrug. Das hier gezeigte Instrument benutzte in den dreißiger Jahren des vorigen Jahrhunderts Charles Darwin auf seinen Reisen nach Südamerika und in den Pazifischen Ozean beim Sammeln und Registrieren der Arten.

SIR WILLIAM HAMILTON, GEMALT VON SIR JOSHUA REYNOLDS
Hamilton war britischer Botschafter am Hofe von Neapel und ein interessierter Sammler klassischer Antiquitäten. Zwischen 1764 und 1798 erwarb er Gemmen, Bronzen und Vasen, von denen er einige an das British Museum verkaufte. 1798 lud er acht Kisten mit griechischen Vasen auf die *HMS Colossus*, um sie via Lissabon nach England zu transportieren. Doch sie gingen verloren, als das Schiff unterging. Mehr als 30.000 Fragmente wurden schließlich an der Wrackstelle geborgen.

HMS ALCESTE ⑦
Auf der Heimfahrt von einer Expedition nach China unter der Führung von Lord Amherst ging diese Fregatte im Jahre 1817 an einem Felsen zwischen Borneo und Sumatra unter. Man hatte den Felsen nicht ausgemacht, weil die See zu diesem Zeitpunkt mit Fischlaich übersät war. Das Schiff transportierte eine Sammlung Pflanzen, Mineralien und andere naturwissenschaftlich interessante Dinge.

KASPISCHES MEER

Euphrat

Tigris

PERSIEN

AFGHANISTAN

MANCHU (CHING) REICH (CHINA)

Ganges

ARABIEN

ROTES MEER

INDIEN

Bucht von Bengalen

SIAM (THAILAND)

Mekong

NIEDERLÄNDISCH OSTINDIEN

ARABISCHES MEER

CEYLON (SRI LANKA)

SÜDCHINESISCHES MEER

SUMATRA

Singapur

⑦

⑥ Bangkahulu

JAVA

INDISCHER OZEAN

FAME ⑥
Dieser Ostindienfahrer explodierte 1824 auf dem Weg von Sumatra nach England, gerade 80 km von Sumatra. Das Pulvermagazin des Schiffs war zufällig in Brand gesetzt worden, und so gingen unersetzliche Dokumente, Zeichnungen und Juwelen, die Sir Stamford Raffles und seiner Familie gehörten, verloren (s. S. 90–91).

Lena

Amur

Die
Vrouw Maria

Am 31. Juli 1771 kaufte die russische Zarin Katharina die Große durch ihre niederländischen Agenten mehrere hervorragende Kunstwerke aus einer Amsterdamer Sammlung (s. Kasten Seite gegenüber). Einige wurden auf dem Landweg zu ihrem Palast in St. Petersburg transportiert, doch der größere Teil wurde auf eine ziemlich kleine, zweimastige niederländische Schnau, die *Vrouw Maria*, geladen. Zum Leidwesen aller Beteiligten und zukünftiger Kunstkenner sank die *Vrouw Maria* in der Ostsee, wo sie auch heute noch alle ihre Schätze birgt. Ihr Kapitän war ein Holländer namens Reinhold Lorentz, und auch die meisten Besatzungsmitglieder waren Holländer. Am 12. August übernahmen sie die Fracht im Amsterdamer Hafen, und nachdem sie lange auf günstige Winde warten mußten, segelten sie am 5. September ab. Am 18. passierten sie Skagen an der Nordspitze des dänischen Jütland, und am 23. ankerten sie bei Helsingør unterhalb von Schloß Kronborg. Der Kapitän ging an Land, um den Zoll zu bezahlen – Steuern, die Dänemark von der Fracht aller Schiffe forderte, die in die Ostsee hinein oder wieder aus ihr hinaus segelten. Als sie den engen Öresund und die Südspitze Schwedens geschafft hatten, segelten sie wieder nordwärts in die Ostsee. Währenddessen wurden die Tage immer dunkler und kürzer.

Am 3. Oktober um 8.30 Uhr, während die Besatzung gerade betete, lief die *Vrouw Maria* auf Felsen. Das Schiff war schwer beschädigt und das Ruder verloren. Mit Schwierigkeit ankerte die Besatzung die *Vrouw Maria* auf 13 Faden Wassertiefe und bemannte die Pumpen. Im Morgengrauen beschlossen sie, das Schiff aufzugeben. Sie beluden zwei kleine Boote mit Nahrung und Betten und erreichten einen nahe gelegenen, sichereren Felsen.

KATHARINA DIE GROSSE
Katharina war eine große Kunstsammlerin; einige ihrer Ankäufe wurden auf der Vrouw Maria *zu ihrem russischen Palast transportiert.*

SCHNAU UNTER VOLLEN SEGELN AUF OFFENER SEE
Schnauschiffe sind zweimastige europäische Handelsfahrzeuge, die vom 16. bis 19. Jh. benutzt wurden. Sie können an beiden Masten relativ große Rahsegel tragen, aber auch ein kleineres Gaffelsegel hinter dem Großmast. Die größten Schnaus konnten bis zu 1000 Tonnen tragen, doch die Vrouw Maria *war wahrscheinlich viel kleiner und glich dem Schiff auf dieser Abbildung.*

Nationalflagge
Zeigt, daß der Eigner dieses Schiffes Niederländer ist

Einige Fakten

Ladevermögen	etwa 150 Tonnen
Fracht	Wertvolle Kunstschätze
Route	Amsterdam – St. Petersburg

U-förmiger Rumpf
Um die Fracht-Tragfähigkeit zu vergrößern

SCHLOSS KRONBORG, 1801

Das Schloß liegt direkt unterhalb der Stadt Helsingør in Dänemark und bewacht die Einfahrt zum Öresund, den Schiffe auf dem Weg in die Ostsee passieren müssen. Hier nahm man auch Lotsen auf, die die Schiffe durch den Sund führten.

ZOLLREGISTER DER VROUW MARIA

Dies ist die Zoll-Liste der Vrouw Maria *auf ihrer letzten Reise, datiert 23. September 1771. Sie listet die Fracht auf, für die etwas mehr als 361 dänische Kronen Zoll zu zahlen waren.*

KUNSTSCHÄTZE

Am 31. Juli 1771 kaufte Katharina die Große Kunstwerke aus der Braamcamp-Sammlung. Braamcamp war ein erfolgreicher Geschäftsmann im Wein- und Holzhandel und hatte eine der höchstbewunderten Kunstsammlungen in Europa aufgebaut. Nach seinem Tod wurde seine Sammlung verkauft. Katharina kaufte Skulpturen, Porzellan, Gläser und Gold- und Silberschmuck. Unter den Malereien, die sie auch erstanden hatte, befanden sich Bilder von Coedyk, Metsu, Dou, Wouverman und Ostade. Diese sollten die schon im Winterpalast in St. Petersburg zusammengetragene fabelhafte Sammlung ergänzen. Ein Teil der aus der Braamcamp-Sammlung gekauften Dinge wurde über Land von Amsterdam nach St. Petersburg geschickt, doch der größte Teil wurde auf der *Vrouw Maria* eingeschifft und ging beim Untergang auf den Felsen verloren.

Rettungsversuche

Am Abend rief die Besatzung ein vorbeifahrendes Boot an, und dessen Kapitän versprach, mit Hilfe wiederzukommen. Es wurde windstill, und so kehrte die Besatzung zur *Vrouw Maria* zurück und barg zehn Fässer und eine Kiste. Am nächsten Tag kam die versprochene Hilfe an, und zusammen fuhr man zurück zur *Vrouw Maria*. Sie pumpten den ganzen Tag, doch der Wasserspiegel im Schiff sank nur geringfügig, und so schickten sie um weitere Hilfe. Am 7. Oktober waren 34 Mann mit der Rettung beschäftigt, doch ohne Erfolg. Die Pumpen waren mit Kaffeebohnen verstopft, und das Wasser war undurchsichtig von dem aufgelösten Zucker, die beide zur Fracht gehört hatten. Am Morgen des 9. schien das Schiff unter dem Wasserspiegel zu liegen, womit alle Hoffnung auf Rettung verloren war.

Als der russische Hof von dem Unglück erfuhr, waren bald hochrangige Diplomaten beschäftigt, herauszufinden, was getan werden konnte. Solche diplomatische Aktivität um das Wrack einer kleinen holländischen Schnau, bei deren Untergang kein Leben verloren ging, war höchst ungewöhnlich. Es drang durch, daß nicht nur Katharina die Große, sondern auch der russische Außenminister, Graf Panin, und einige andere Mitglieder der russischen Aristokratie wertvolle Güter mit der *Vrouw Maria* verloren hatten.

Im folgenden Frühjahr dachte ein Fischer, er habe das Wrack der *Vrouw Maria* gefunden, doch es erwies sich als falscher Alarm. Bis heute war dies die letzte Nachricht vom Schiff und seiner Fracht.

BILD VON GERARD DOU, KOPIE VON LAQUI

Das Original war auf dem Weg zum Palast Katharinas der Großen, ging aber beim Untergang der Vrouw Maria *verloren.*

„Schnauzenförmiger" Bug
Der Begriff Schnau kommt vom holländischen „snuit" oder „snoet", was Schnauze meint und womit die Bugform beschrieben wird

DIE
MENTOR

G egen Ende des 18. Jahrhunderts zeigten wohlhabende europäische Aristokraten ein wachsendes Interesse an griechischer und römischer Kunst. Architektur und Wohnungseinrichtung spiegelten dieses Interesse wider. Als zum Beispiel Lord Elgin sein neues Landhaus in Broomhall in Fifeshire, Schottland, plante, schlug sein Architekt vor, das Haus nach Plänen zu bauen, die den antiken Ruinen im griechischen Athen nachempfunden waren. Elgin war Feuer und Flamme und ging sogar so weit, einen großen Teil des Original-Parthenons mit einzuplanen.

1799 erhielt Elgins Repräsentant in Athen, Lord Hunt, die Erlaubnis, ja sogar einen Schutzbrief, der ihm Ausgrabungen und das Errichten von Gerüsten, sogar die Mitnahme von Steinskulpturen erlaubte. Schon bald beschäftigte Elgin 300 bis 400 Mann, die die Schätze Athens abbauten und in Kisten verpackten. Zu Elgins Verteidigung muß gesagt werden, daß die Skulpturen in einem äußerst vernachlässigten Zustand waren. Seit Hunderten von Jahren hatte man sie systematisch abgebrochen und zur Herstellung von Kalk verbrannt. Elgin war auch nicht der erste, der Teile der Originaltempel wegschleppte, doch war zuvor noch niemand so umfangreich und systematisch an die Sache herangegangen.

Dabei bekam Elgin ein Transportproblem. Die Kisten häuften sich im Hafen von Piräus schneller als sie nach England transportiert werden konnten. Zwei Schiffe der britischen Marine, *HMS La Diane* und *HMS Mutine*, wurden in seinen Dienst gepreßt. Außerdem hatte Elgin seine eigene Brigg, die *Mentor*, und charterte noch eine weitere Brigg, die *Dorinda*.

Die *Mentor* wurde mit 17 Kisten beladen, in denen unter anderem 14 Teile des Parthenon-Frieses, vier Teile vom Fries des Tempels der Athena Nike und andere Dinge wie ein antiker Thron verpackt waren. Am 16. September 1802 verließ die *Mentor* Piräus. Zwei Tage später rammte sie bei stürmischem Wetter beim Einlaufen in den Hafen der nahegelegenen Insel Kythera einen Felsen und sank. Die Besatzung gelangte ans Ufer, doch die wertvolle Fracht versank mit dem Schiff.

BRIGG UNTER VOLLEN SEGELN

Eine Brigg ist ein zweimastiges Schiff, dessen beide Masten mit Rahsegeln getakelt sind. Briggs wurden oft für kurze Reisen oder Küstenfahrten benutzt. Lord Elgin kaufte seine Brigg, die Mentor, *ursprünglich für eine Fahrt durch die griechischen Inseln, machte sie aber in Piräus zum Transporter seiner gesammelten Skulpturen nach England.*

Leesegel
Diese Zusatzsegel wurden bei leichtem Wind gesetzt, um mehr Fahrt zu machen

Galionsfigur
Man glaubte, sie gäbe dem Schiff symbolischen Schutz

KLASSISCHE GALERIE
Modische Aristokraten und Sammler dekorierten ihre Häuser mit ausgewählten römischen und griechischen Statuen und Urnen. Dieses Gemälde von Zoffany zeigt einen Raum in einem Londoner Haus, der mit einer Privatsammlung klassischer Statuen und Friese gefüllt ist.

Rumpf
Taucher brachen *Mentors* Rumpf unter Wasser auf, um die Schätze zu finden

EINIGE FAKTEN

Schatz	Griechische Antiquitäten
Wassertiefe	22 m (72 Fuß)
Route	Griechenland – England

Rahen
Diese trugen die Rahsegel; sie konnte um den Mast drehen, um den Wind am günstigsten zu nehmen

Deck
Elgin wollte zum Laden der Skulpturen größere Luken einbauen lassen, doch aus Sicherheitsgründen wurde dies nicht ausgeführt

Bergeversuche

Bergeversuche begannen sofort, und mit der Hilfe lokaler Schwammtaucher wurden vier der 17 Kisten gehoben. Elgin gab den einem Lord angemessenen Befehl, daß jedes Navy-Schiff in der Gegend sofort Kythera anlaufen und bei der Bergung helfen sollte. Mit dem griechischen Reeder Basilio Menachini machte er einen Vertrag, der ihn zum britischen Vizekonsul in La Spezia in Italien zu machen versprach, wenn er Schiffe und Ausrüstung zur Verfügung stellte. *HMS La Victorieuse* kam als erste in Kythera an und wartete auf Menachinis Schiffe. Nach zwei Wochen wurde die Besatzung ungeduldig und entschied, nicht länger abzuwarten, sondern selbst zu versuchen, den gesamten Rumpf vom Meeresboden zu heben. Das Vorhersehbare geschah. Die Kabel brachen, als die *Mentor* halbwegs oben war, und sie krachte zurück auf den Meeresboden. *La Victorieuse* gab die Bergung auf und widmete sich wieder ihren eigenen Aufgaben.

Nur Stunden nach der Abfahrt von *La Victorieuse* erschienen Menachinis Schiffe in Kythera. Doch waren auch diese Schiffe nicht in der Lage, die *Mentor* allein zu heben. Die Winterstürme setzten ein, und so wurde das Bergungsprojekt bis zum folgenden Frühjahr aufgegeben.

Im Sommer 1803 brachen Schwammtaucher *Mentors* Rumpf auf. So kam man leichter an die Fracht heran, und fünf weitere Kisten wurden geborgen. 1804 machte Elgin eine Art Schatzbilanz auf, und auf seine Bitte schickte Admiral Nelson ein Schiff nach Kythera, um die geborgenen Dinge nach England zu bringen. Elgin kostete die Bergeunternehmung 5.000 £ Sterling.

FRIES VON DER MENTOR
Vier Stücke vom Tempel der Athena Nike, der zum Komplex der Akropolis über Athen gehört, versanken mit der Mentor. *Dieser geborgene Teil des Frieses zeigt deutlich Abnutzungserscheinungen durch das Seewasser.*

KONTROVERSEN

Der Abbau des Parthenon durch die Engländer dauerte nach dem Verlust der *Mentor* noch bis 1807, als die Franzosen die Kontrolle über Athen gewannen. 18 Kisten mit Marmor brachten die Franzosen an sich, konnten sie aber nicht nach Frankreich bringen, da die britische Marine noch immer das Mittelmeer dominierte. Als schließlich England wieder die Oberhand gewann, wurden die Marmorteile 1812 nach London gebracht. Seitdem streiten Griechenland und England um die Eigentumsrechte.

LORD ELGIN
Er wurde berühmt, weil er riesige Mengen aus Athen abtransportierte. Einiges verkaufte er 1816 an das British Museum.

DIE
FAME

Zu Beginn des Jahres 1824 wartete Sir Thomas Raffles, der britische Resident in Bangkahulu (Bencoolen) auf Sumatra besorgt auf die Ankunft der *Fame*. Auf diesem Ostindienfahrer (s. Seite 70 - 71) hatte er für sich selbst und seine zweite Frau Sophia die Heimreise nach England gebucht. Raffles Ruhm als dynamischer Verwalter im Auftrag des Direktoriums der English East India Company war geschwunden. Um 1824 war Raffles ausgelaugt, teils wegen seines aufreibenden Verwaltungsjobs, teils auch wegen familiärer Verluste – vier der fünf Kinder Sophias waren während seiner Residentschaft gestorben. Raffles wollte lieber als Grundbesitzer in England leben und sich vielleicht ins Parlament wählen lassen.

Verzögerungen bei der Abreise

Die *Fame* ließ auf sich warten, und Raffles und Sophia konnten ihre Ungeduld darüber kaum verbergen:

> Sie können sich die ernstliche Enttäuschung all unserer Hoffnungen und Pläne durch dieses Ereignis selbst kaum vorstellen. Wir beginnen zu denken, daß wir hier bis ans Ende unserer Tage bleiben müssen und eine Art Fluch über unserem Wegzug liegt.

Während sie noch auf die *Fame* warteten, lief ein Schiff namens *Borneo* Bangkahulu an, um Pfeffer nach England zu laden. Raffles war gerade soweit, dieses Schiff für seine eigene Rückkehr zu chartern, obwohl es doch für die enorme Menge an Besitztümern, die er mit sich nehmen wollte, eigentlich zu klein und zu unbequem war, als die *Fame* schließlich am Horizont erschien und er zu seinem ursprünglichen Plan zurückkehrte.

Die Fracht

Raffles lud 122 Kisten auf die *Fame*. Diese enthielten seine Sammlung von Dokumenten, Büchern (darunter sehr seltene, auch Manuskripte), Karten, Zeichnungen und unterschiedliche Dinge von wissenschaftlichem Wert. Sie wurden im Laderaum verstaut und nahmen dort etwa ein Drittel des gesamten Frachtraums ein. Darunter war auch Raffles Karte von Sumatra, auf die er besonders stolz war, eine tausendseitige Geschichte von Borneo und ähnliche Geschichtssammlungen von Celebes und den Molukken (Gewürzinseln).

Eine Reihe von Kisten wollte Raffles in seiner Kabine bei sich haben, um sie während der Reise leichter zu Rate ziehen zu können. Als ob dies noch nicht genug sei, gab es noch

> ... kaum ein seltenes und unbekanntes Tier, Vogel, Wild oder Fisch, oder interessante Proben von Pflanzen, die wir nicht an Bord hatten: einen lebenden Tapir, eine unbekannte Art Tiger, fabelhafte Fasanen etc., die für die Reise gezähmt waren; in Kürze, wir waren in dieser Hinsicht eine richtige Arche Noah.

Außer seinem eigenen Besitz nahm Raffles noch eine große Zahl persönlicher Geschenke, die er

VERLORENE SCHÄTZE

Raffles verlor ein Vermögen in den Flammen der *Fame*. Er schätzte, daß sein persönlicher Verlust durch das Feuer zwischen 20.000 und 30.000 £ Sterling gelegen habe. Diese Summe umfaßte jedoch nur den Wert der gekauften Dinge, also nicht die Geschenke. Nichts war versichert. Doch Raffles ließ sich nicht zu sehr deprimieren. Am Morgen nach dem Unglück nahm er die Arbeit an einer neuen Karte von Sumatra wieder auf, befahl, neue Zeichnungen von naturgeschichtlich wertvollen Dingen anzufertigen und schickte seine Diener aus, um die wilden Tiere, die im Feuer umgekommen waren, zu ersetzen.

während seiner Jahre als Gouverneur erhalten hatte, mit an Bord, darunter ein besonders graviertes Silbergeschirr von den Javanern, eine Sammlung Diamanten, die ihm die britischen Kaperer Djakartas (Batavias) geschenkt hatten, und ein Diamantring, den er von der britischen Queen Charlotte erhalten hatte. Raffles Frau Sophia nahm auch eine wertvolle Sammlung persönlicher Juwelen mit sich.

Feuer bricht aus

Die *Fame* segelte im Morgengrauen des 2. Februar mit 41 Mann Besatzung und Passagieren an Bord. Raffles beschrieb die Zeit als eine der glücklichsten seines Lebens. Doch sollte dieses Glück nur kurz dauern. In einem Brief, den er zwei Tage nach dem Feuer schrieb, beschreibt er das Unglück anschaulich:

> Sophia war gerade zu Bett gegangen, und ich hatte schon einen Teil meiner Kleider abgelegt, als ein Schrei „Feuer, Feuer!" uns aus unserer zufriedenen Ruhe wachrüttelte, und in fünf Minuten stand das ganze Schiff in Flammen! Ich lief nachzuschauen, wo das Feuer eigentlich ausgebrochen war, und fand, daß sein Herd unmittelbar unter unserer Kabine lag. Herunter mit den Booten. Wo ist Sophia? – Hier. Ein Tau über die Seite. Herunter mit Lady Raffles. Gib sie mir, sagt einer; ich nehme sie, sagt der Kapitän. Wirf das Kanonenpulver über Bord. Man kommt nicht heran; es liegt im Magazin dicht beim Feuer. Bleibt weg vom Pulver. Eile mit den Wasserfässern. Wasser! Wasser!

Das Feuer war offensichtlich im Laderaum ausgebrochen und dort durch einen Steward verursacht worden, der sorglos Branntwein nahe einer offenen Kerze aus einem Faß verschüttet hatte. Der

JAVA, 1812
Gouverneurshaus, Bogor, gemalt nach der britischen Besetzung Javas. Diese Zeichnung war ein früher Teil von Raffles Sammlung und gehörte nicht zur Fracht der Fame. *Raffles regierte Java von 1811 bis 1816.*

VERLUST DER FAME

Zehn Minuten, nachdem das Feuer begonnen war, waren Besatzung und alle Passagiere in zwei offenen Booten entkommen. Nur zehn Minuten später stand die Fame *lichterloh in Flammen.*

LADY SOPHIA RAFFLES

Nachbildung eines Miniatur-Portraits, das verlorenging, als die Fame *1824 in Flammen aufging.*

Alarm wurde um 8.20 abends gegeben, und nach zwanzig Minuten stand das gesamte Schiff in Flammen. Es brannte ohne Unterbrechung bis Mitternacht, als das Pulver Feuer fing „.... und eine der brillantesten Flammen emporschoß, die man je gesehen hat; in jeder Richtung wurde der ganze Horizont auf nicht mehr als vierzig Meilen (80 km) illuminiert".

Alle Passagiere und Besatzungsmitglieder verließen die *Fame* und gelangten sicher in zwei kleine Boote. Sogar ein Mann namens Johnson, der krank in seiner Koje lag, wurde gerettet, obwohl die Boote erst umkehrten, als sie seine Schreie hörten. Sie befanden sich etwa 80 km südwestlich von Bangkahulu und hatten weder Nahrungsmittel noch Wasser noch Schutz vor der Sonne an Bord. Sophia trug nur eine Decke und war ohne Strümpfe und Schuhe. Auf dem Boot, in dem Raffles und Sophia waren, fehlte ein Stop-

fen, und so mußte ein Besatzungsmitglied seinen Finger in das Loch des Wasserablaufs stecken. Das Boot mußte dennoch ununterbrochen ausgeschöpft werden.

Land erreicht

Sie begannen mit Hilfe des Kapitänskompasses in nord-nordöstliche Richtung zu rudern und hielten dabei vor gegen die starke Strömung, die sie nach Süden versetzte. Bei Sonnenaufgang sichteten sie die Küste Sumatras, und am gleichen Morgen erreichten sie Land. Wenig später holten sie Rettungsboote, die von Bangkahulu ausgesandt waren. Dort kamen sie am Nachmittag an, als, wie es hieß, Sophia bereits „wiederholt ohnmächtig geworden" war.

Heimreise

Raffles charterte ein anderes Schiff, die *Wellington*, für ihre Heimreise nach England, doch als sie schon an Bord gehen wollten, wurde der Kapitän verrückt, und so verzögerte sich die Reise erneut. Am 10. April schließlich segelten sie auf der *Mariner*, die von Botany Bay in Australien auf dem Heimweg nach England war. Dort kamen sie nach einer ereignislosen Reise am 22. August an.

RAFFLES

Sir Thomas Stamford Raffles (1781 - 1826) spielte eine wichtige Rolle bei der Errichtung der britischen Macht im Fernen Osten. Zwischen 1811 und 1816 war er Gouverneurs-Leutnant auf Java und von 1818 bis 1824 Resident von Bangkahulu in Südwest-Sumatra. Während dieser Zeit legte er auch den Grundstein für die britische Kolonie Singapur (s. Seite 44).

SIR THOMAS STAMFORD RAFFLES, 1817

DER GOLDRAUSCH

Im Januar 1848 wurde bei Sutter's Mill in Kalifornien Gold gefunden, und nach wenigen Monaten hatte der erste der großen Goldrushes des 19. Jahrhunderts begonnen. Die Bevölkerung Kaliforniens wuchs innerhalb eines Jahres von 26.000 auf 115.000. Ein glücklicher Goldschürfer konnte in einer Woche 16.000 US $ verdienen, normal waren aber 25 US $. Die Anziehungskraft des Goldes war so groß, daß Ladenbesitzer, Lehrer, Zimmerleute, Arbeiter und manchmal auch ganze Schiffsbesatzungen desertierten, um ihr Glück zu versuchen. Bald wurde es schwierig, Leute für einfache Arbeiten zu finden: Jeder in Kalifornien war zum Goldschürfer geworden.

Ähnliche Funde in Australien, Neuseeland, Südafrika, Mexico und Alaska führten zu weiteren Runs aufs Gold. Die Goldfunde fielen mit einer Bevölkerungsexplosion der emigrierten Nationen zusammen, so daß viele Arbeitskräfte bereit waren, alles zu riskieren und sich auf den Goldpfad zu begeben. Es waren die Gründerjahre des liberalen Individualismus, und das Image des einsamen Schürfers, der sich in die Berge wagte, um sein Glück zu versuchen, wurde in der öffentlichen Meinung und von den staatlichen Behörden gefördert.

Schiffe im Dienst des Goldrauschs

Mit der Entwicklung der Goldfelder entstand ein dramatischer Bedarf an Schiffen, und viele der Schiffe, die hoffnungsvolle Emigranten transportierten, waren nicht seetüchtig oder überbelegt, was zu zahlreichen Tragödien führte. Die verschiedensten Schiffstypen wurden zum Transport des Rohgolds eingesetzt. Klipper segelten von San Francisco nach Kanton (Guangzhou) in China, um Gold gegen Tee zu handeln, und eiserne Dampfer reisten von Australien nach England. Das mit den Goldtransporten dieser Zeit am stärksten verbundene Schiff ist der hölzerne Seitenrad-Dampfer (s. Post- und Linienschiffe, S. 100 – 101).

LETZTER BLICK AUF ENGLAND, 1852–1855, VON FORD MADOX BROWN
Der ursprüngliche Titel dieses Gemäldes war *Die Emigranten*. Es wurde durch die Emigration des prärafaelitischen Bildhauers Thomas Woolner inspiriert, der sich in Australien den Goldgräbern anschließen wollte. Das Bild zeigt Madox Brown und seine Frau Emma auf einem von England absegelnden Boot.

ROYAL CHARTER ①
Dieser eiserne Schraubendampfer ging 1859 auf dem Weg von Australien nach England nur Stunden vor seiner Ankunft an Felsen vor der walisischen Küste verloren (s. S. 98–99).

DIAMANTEN UND GOLD
1868 wurden Diamanten in der Kapkolonie entdeckt, und ein Jahr später hatte man einen einzelnen Stein im Wert von 25.000 £ Sterling bei Kimberley gefunden. Die Goldfelder am Rand wurden 1886 entdeckt und gleich industriell und nicht von einzelnen ausgebeutet.

QUEEN OF THE THAMES ②
Dieses Schiff sank 1871 auf der Fahrt von Melbourne nach London, nachdem man ein Buschfeuer für ein Leuchtfeuer gehalten hatte. Es transportierte Goldstaub im Wert von 7.000 £ Sterling.

TRECK DER GOLDGRÄBER INS INLAND
Die Goldgräberei war harte Arbeit; denn man mußte jedes Stück Ausrüstung in ungastlichem Terrain mit sich tragen. Dennoch begaben sich, angezogen von dem möglichen hohen Profit für geringe Unkosten, viele auf diesen Treck.

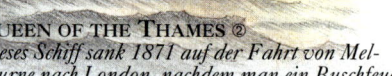

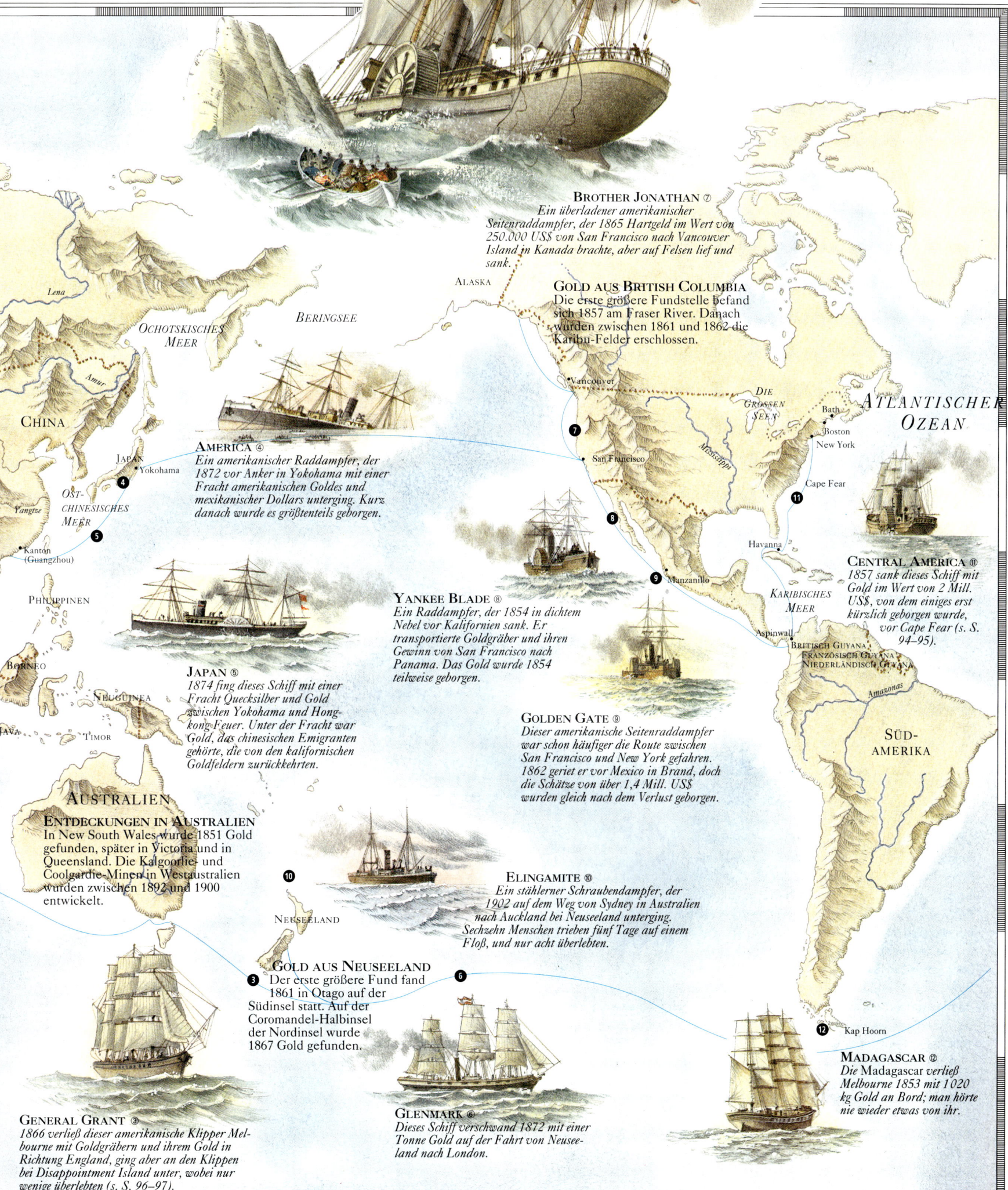

BROTHER JONATHAN ⑦
Ein überladener amerikanischer Seitenraddampfer, der 1865 Hartgeld im Wert von 250.000 US$ von San Francisco nach Vancouver Island in Kanada brachte, aber auf Felsen lief und sank.

GOLD AUS BRITISH COLUMBIA
Die erste größere Fundstelle befand sich 1857 am Fraser River. Danach wurden zwischen 1861 und 1862 die Karibu-Felder erschlossen.

AMERICA ④
Ein amerikanischer Raddampfer, der 1872 vor Anker in Yokohama mit einer Fracht amerikanischen Goldes und mexikanischer Dollars unterging. Kurz danach wurde es größtenteils geborgen.

YANKEE BLADE ⑧
Ein Raddampfer, der 1854 in dichtem Nebel vor Kalifornien sank. Er transportierte Goldgräber und ihren Gewinn von San Francisco nach Panama. Das Gold wurde 1854 teilweise geborgen.

JAPAN ⑤
1874 fing dieses Schiff mit einer Fracht Quecksilber und Gold zwischen Yokohama und Hongkong Feuer. Unter der Fracht war Gold, das chinesischen Emigranten gehörte, die von den kalifornischen Goldfeldern zurückkehrten.

GOLDEN GATE ⑨
Dieser amerikanische Seitenraddampfer war schon häufiger die Route zwischen San Francisco und New York gefahren. 1862 geriet er vor Mexico in Brand, doch die Schätze von über 1,4 Mill. US$ wurden gleich nach dem Verlust geborgen.

CENTRAL AMERICA ⑪
1857 sank dieses Schiff mit Gold im Wert von 2 Mill. US$, von dem einiges erst kürzlich geborgen wurde, vor Cape Fear (s. S. 94–95).

AUSTRALIEN

ENTDECKUNGEN IN AUSTRALIEN
In New South Wales wurde 1851 Gold gefunden, später in Victoria und in Queensland. Die Kalgoorlie- und Coolgardie-Minen in Westaustralien wurden zwischen 1892 und 1900 entwickelt.

ELINGAMITE ⑩
Ein stählerner Schraubendampfer, der 1902 auf dem Weg von Sydney in Australien nach Auckland bei Neuseeland unterging. Sechzehn Menschen trieben fünf Tage auf einem Floß, und nur acht überlebten.

GOLD AUS NEUSEELAND
Der erste größere Fund fand 1861 in Otago auf der Südinsel statt. Auf der Coromandel-Halbinsel der Nordinsel wurde 1867 Gold gefunden.

MADAGASCAR ⑫
Die Madagascar verließ Melbourne 1853 mit 1020 kg Gold an Bord; man hörte nie wieder etwas von ihr.

GENERAL GRANT ③
1866 verließ dieser amerikanische Klipper Melbourne mit Goldgräbern und ihrem Gold in Richtung England, ging aber an den Klippen bei Disappointment Island unter, wobei nur wenige überlebten (s. S. 96–97).

GLENMARK ⑥
Dieses Schiff verschwand 1872 mit einer Tonne Gold auf der Fahrt von Neuseeland nach London.

DIE
CENTRAL AMERICA

Im August 1857 lud die *Central America* in Aspinwall an der karibischen Seite von Panama eine beträchtliche Menge Goldbarren und Münzen im Wert von 1.219.179 US $, die zumeist der Wells Fargo American Exchange Bank gehörten. Sie waren von den Goldfeldern bei San Francisco mit einem anderen Schiff, der *John L. Stephens*, nach Aspinwall transportiert und für den letzten Abschnitt ihrer Reise nach New York auf die *Central America* umgeladen worden. Außerdem transportierte das Schiff eine große Zahl von Goldsuchern, die von Kalifornien zurückkehrten.

Die *Central America* war ein hölzerner Seitenrad-Dampfer (s. Seite 100–101) mit drei Decks, drei Masten und einer Bruttotonnage von 2.141 Tonnen. Sie war 85 m (278 Fuß) lang und 12 m (40 Fuß) breit und besaß einen Tiefgang von 9,75 m (32 Fuß).

Die *Central America* lief Havanna auf Kuba an, um mehr Passagiere und Gold zu übernehmen. Am 8. September segelte sie von dort mit 575 Menschen und Gold, das damals auf einen Wert von 2 Millionen US $ geschätzt wurde, an Bord. In den ersten beiden Tagen war das Wetter schön, und die *Central America* legte mehr als 800 Meilen zurück, was einer Durchschnittsgeschwindigkeit von 10 Knoten entsprach.

In der Bahn des Hurrikans

Gegen Abend des 10. September begann sich das Wetter zu verschlechtern, und ein starker Wind kam auf. Am Morgen war die *Central America* mitten in einem Hurrikan, ziemlich viel Wasser brach in den Maschinenraum, und das Schiff neigte sich stark nach Steuerbord. Am Abend lagen die Maschinen still, und die *Central America* konnte sich nicht länger mit dem Bug zum Wind halten. Sie wurde hilflos und rollte stark in der hochgehenden See. Ein verzweifelter Versuch, Segel an den Masten zu setzen, um den Bug in den Wind zu drehen und damit die Kontrolle über das Schiff zurückzugewinnen, erwies sich als vergeblich.

Kurz nach Mittag des 12. September sichtete die *Mariner*, eine Brigg aus Boston, das angeschlagene Schiff. Die *Central America* setzte Boote aus, und 148 Passagiere, inklusive aller Frauen und Kinder, wurden gerettet. Die *Central America* sank schließlich um 8.30 abends mit über 300 Menschen und all ihrem Gold.

PER SCHIFF NACH KALIFORNIEN ZUR GOLDSUCHE
Der Goldrausch begann 1848; er zog Goldgräber aus der ganzen Welt, besonders aus Europa an. Zahlreiche Goldgräber waren auf ihrer Rückreise von San Francisco an Bord der Central America, *als sie 1857 sank.*

WARUM DIE CENTRAL AMERICA SANK

Der Untergang der *Central America* verursachte damals großes öffentliches Aufsehen. Raddampfer waren an sich instabil, doch war die *Central America* besonders verwundbar, weil sie nicht genügend Ballast trug. Auf ihrer Hinreise von New York hatte sie üblicherweise eine volle Ladung Kohlen, doch waren auf dieser schicksalhaften Rückreise die Bunker nicht wieder aufgefüllt worden, wodurch das Schiff leichter und weniger stabil war. Ebenso wurde heftig kritisiert, daß kein qualifizierter Schiffszimmermann an Bord war, um die anfänglichen Lecks zu stopfen oder die Pumpen, die von Schlamm zugesetzt waren, zu reparieren, daß die Besatzung zu klein war und daß es nur Rettungsboote für 300 Mann gab.

Suche und Streit

Man schätzt heute den Wert der Fracht der *Central America* auf zwischen eine halbe und eine Milliarde US Dollar. Das Gewicht des Goldes allein beträgt nur 3 Tonnen mit einem Metallwert von 35 Millionen US $, doch Münzen auf dem Wrack, die frisch mit dem Doppeladler geprägt worden waren, sind höchst selten und haben heute einen Wert von bis zu 8.000 US $ per Stück. An Bord befanden sich außerdem Pionier-Münzen, privat geprägte Münzen, die während des Goldrauschs

Umgebautes Schiff
Aufgegebene Schiffe wie dieses wurden an Land gezogen und zu Unterkünften umgebaut

SCHIFFE IN SAN FRANCISCO, 1849
Vor dem Run aufs Gold war San Francisco ein kleinerer Hafen; doch als in Kalifornien Gold entdeckt worden war, wurde die Stadt zum Zentrum für Schiffe aller Art, die Menschen auf der Suche nach Gold herbeibrachten und Rohgold zu anderen Handelszentren transportierten. Innerhalb von nur zwei Jahren erhöhte sich die Zahl der einlaufenden Schiffe von 4 auf 400.

als legales Zahlungsmittel galten.

1987 ortete ein in den USA ansässiges Bergeteam, Columbus America Discovery Group, die Überreste der *Central America* auf über 2.000 m Wassertiefe und barg mit einem ferngesteuerten Unterwasserfahrzeug Goldbarren und Münzen. Wie oft, wenn es um Schätze geht, fanden sich die Bergeunternehmer rasch vor Gericht wieder. Rechte an dem Gold forderten unter anderen die Columbia University in New York, Kapuzinermönche, der exzentrische Millionär und Schatzsu-

Reiseproviant
Trockenwaren
warten am Kai
darauf, verstaut zu
werden

Seitenraddampfer
Gold wurde während des
kalifornischen Goldrauschs
zumeist auf diesem
Schiffstyp transportiert

Verlassenes Schiff
Schiffe, deren Besatzung zur
Goldsuche desertiert war, warteten im Hafen darauf, daß jemand Anspruch auf sie erhob

Segeltrocknen im Hafen
Dieses Schiff, die *Vicar of
Bray*, war ein Handels-
schiff, das um Kap Hoorn
herum segelte

Proviant laden
Nachschub und
Waren werden
für die Reise an
Bord genommen

cher Harry John und der Bergungsveteran Jack
Grimm. John und Grimm behaupteten, daß die
Columbus-Gruppe das Wrack nur mit Hilfe von
Forschungsdaten der Columbia University, die
diese beiden in Auftrag gaben, gefunden hatten.
Die Kapuziner behaupteten, die Bergerechte
seien ihnen von John überlassen worden. Die
London Salvage Association forderte ebenfalls
einen Teil des Erlöses, da sie die ursprünglichen
Versicherer vertrat.

Die Columbus-Gruppe argumentierte, daß das
Wrack und das Gold aufgegeben worden waren
und sie demnach als „salvors in posession" als ein-

zige den Rechtstitel am Schatz besäßen. Das erste
Gericht entschied zugunsten von Columbus, doch
ein Revisionsgericht verwarf diese Entscheidung, und der Oberste Gerichtshof
der Vereinigten Staaten bestätigte dies.
Angesichts der rechtlichen Unsicherhei-
ten kehrte die Columbus-Gruppe nicht
wieder zum Wrack zurück, und so blieb

ARMIERTE SCHATZKISTE
*Goldbarren und Münzen wurden in Kisten
wie dieser, die speziell für die Wells Fargo
Bank konstruiert war, transportiert.
Der größte Teil der Fracht auf der* Central
America *gehörte dieser Bank.*

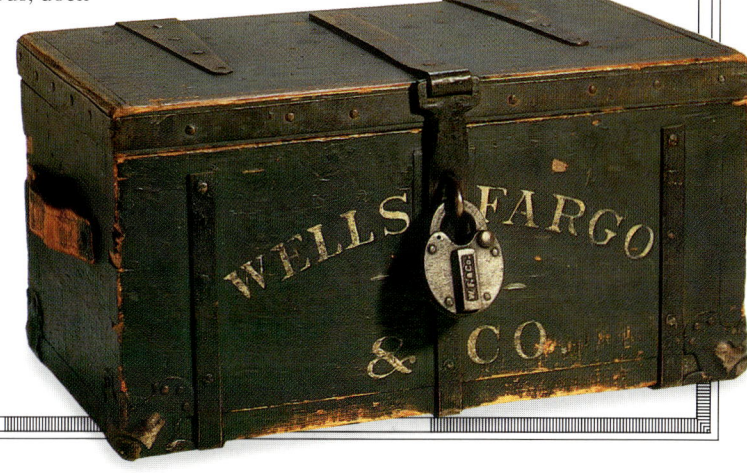

Die
General Grant

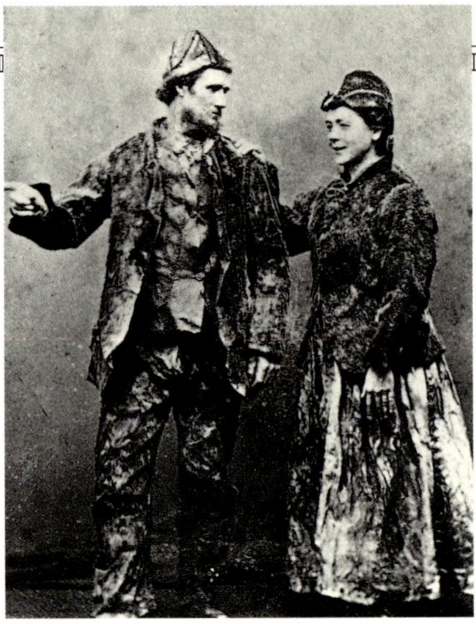

Joseph und Ann Jewell
Schiffbrüchige von der General Grant *in Kleidern aus Seehundfell.*

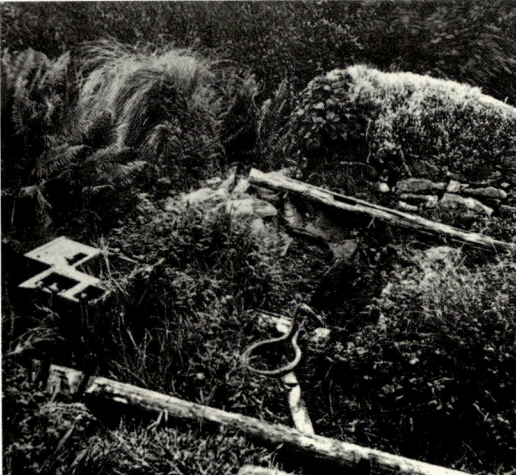

Im Mai 1866 segelte die *General Grant* von Melbourne in Australien ab nach England. Sie transportierte eine gemischte Fracht, zu der 2.057 Ballen Wolle, Felle, Häute, Lohe und Bauholz, 9 Tonnen Zink oder Rohzink und 73 kg Gold in zwei mit Eisen beschlagenen Kisten gehörten. An Bord kehrten zahlreiche Goldsucher zurück nach England, die wahrscheinlich auch privates Gold mit sich führten. Das Schiff sollte via Kap Hoorn segeln, wobei es die vorherrschenden Westwinde ausnutzen konnte. Der Nachteil dieser Route lag darin, daß die Riffe und Inseln schlecht kartographiert waren und man allgemein wenig über die Strömungen wußte.

Am 11. Mai geriet das Schiff in dichten Nebel. Als sich dieser zwei Tage später hob, sichtete man Land direkt voraus, schwarze, steile Klippen von über 120 m (400 Fuß) Höhe. Es wurde völlig windstill, und das Schiff driftete immer dichter an die Felsen und hatte keine Möglichkeit, der drohenden Kollision auszuweichen. Überlebende berichteten später, wie sich die Klippen vor ihnen zu öffnen schienen, als sie sich ihrem Verhängnis näherten. Die *General Grant* trieb in eine Höhle in den Felsen, bis der Großmast an der Höhlendecke festsaß und das Schiff einkeilte. Es war 1 Uhr nachts am 14. Mai.

Noch vor Morgengrauen sank das Schiff, und nur 15 Leute konnten sich in den kleinen Booten von den kahlen Felsen retten. Erst nachdem sie zwei Tage und zwei Nächte ununterbrochen gerudert waren, erreichten sie Auckland Island, wo sie ein Lager aufschlugen. Die Führung der kleinen Gruppe fiel wie natürlich an James Teer, einen großen irischen Goldgräber. Teer gelang es denn auch, mit ihren letzten Streichhölzern ein Feuer zu entzünden. Sie hielten dieses Feuer, das wesentlich für ihr Überleben war, die ganzen nächsten anderthalb Jahre am brennen. Teer hielt in der Gruppe strikte Disziplin, und er arbeitete, sie durch sein Beispiel führend, unermüdlich, um Nahrungsmittel und Schutz zu schaffen, und hielt beständig Ausschau nach einem Segel, das die Rettung der Schiffbrüchigen bedeuten könnte.

Das zweite Lager der Schiffbrüchigen
Die 15 Überlebenden schlugen ihr Lager auf einer Insel auf, sammelten Feuerholz, bauten Hütten, nähten sich Kleidung aus Seehundfell und begannen sogar mit der Schweinezucht. Spannungen waren unausweichlich; so zog sich zeitweilig ein Teil der Gruppe in ein anderes Lager an der Südspitze der Insel zurück.

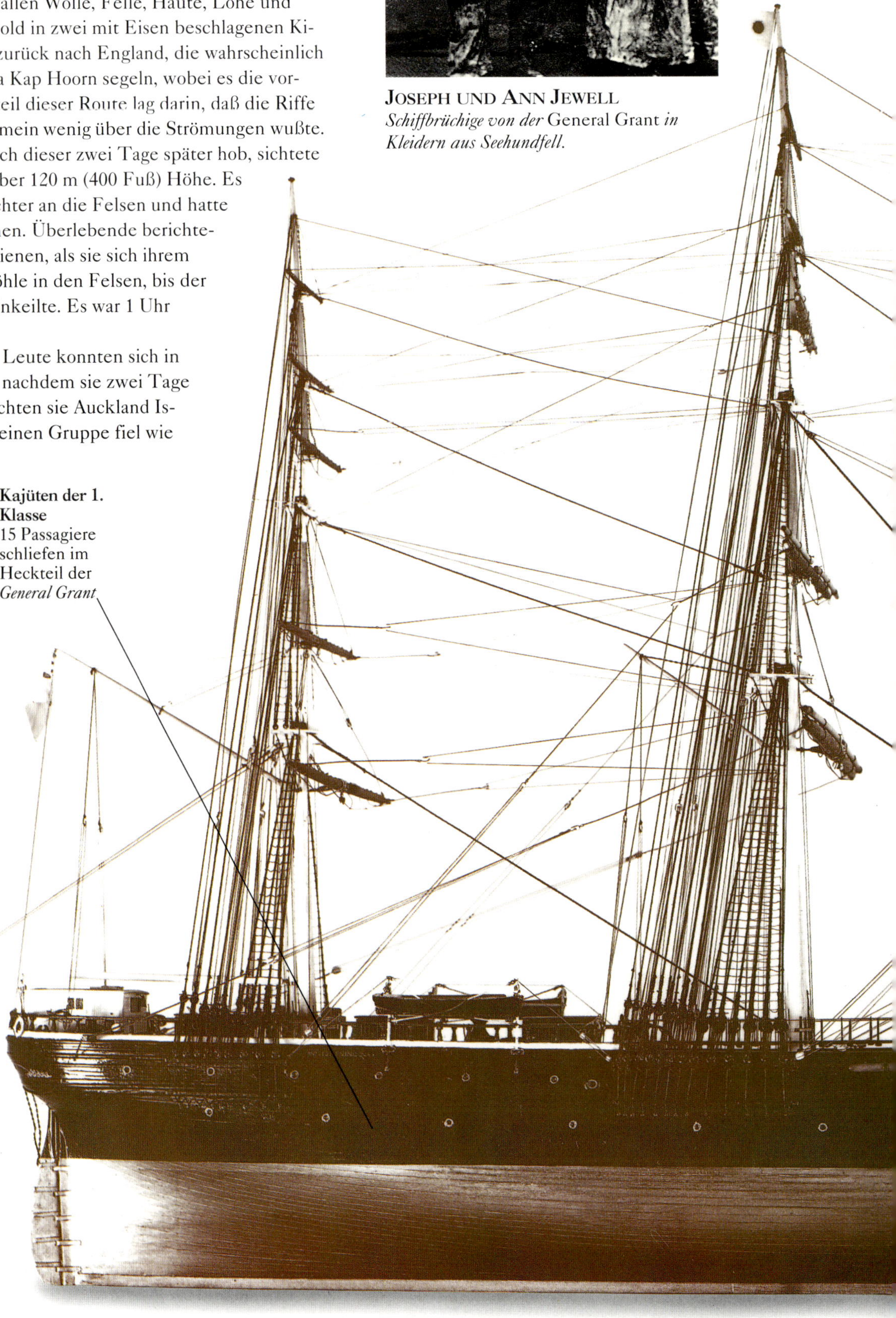

Kajüten der 1. Klasse
15 Passagiere schliefen im Heckteil der *General Grant*

Rettung der Schiffbrüchigen

MODELL EINES KLIPPER-SCHIFFS
Es ist der General Grant *ähnlich, die 1863 für 81.166 US$ von Jacob Morse am Kennebec River in Maine in den USA gebaut worden war. Klipper waren schnelle Segelschiffe für den Frachttransport, sehr geeignet für lange Reisen.*

Eine Gruppe von vier Männern beschloß, die Chance zu ergreifen und in die Freiheit zu segeln, obwohl sie das Meer nicht kannten und keine Seekarten besaßen. Sie segelten in einem Beiboot mit genug Nahrungsmitteln für drei Wochen. Unwissentlich segelten sie einen Kurs, der sie in die Leere des pazifischen Ozeans brachte, und man hat sie nie wieder gesehen.

Nach der Abfahrt der Gruppe erreichte die Moral ihren Tiefpunkt, als auch noch einer der restlichen Schiffbrüchigen an Blutvergiftung starb. Doch am 21. November 1867 wurde ihre Geduld schließlich belohnt. Die Schiffbrüchigen sichteten ein Segel und ließen sofort ein kleines Boot zu Wasser, um das Schiff abzufangen. Dies war die *Amherst*, die auf Seehundfang war. Der Kapitän bot an, die Schiffbrüchigen direkt nach Neuseeland zu bringen, doch James Teer und seine Genossen entschlossen sich, weitere sechs Wochen auf der Insel zu bleiben und beim Seehundfang zu helfen.

Bergungsversuche

Zwischen 1860 und 1876 versuchten drei der Überlebenden in drei unterschiedlichen Expeditionen, das Gold der *General Grant* zu bergen. Es muß sie viel Mut gekostet haben, an den Ort ihrer Qual zurückzukehren. Doch keiner dieser Versuche war erfolgreich. Um 1912 wurde der Metallwert des in der *General Grant* verlorenen Goldes auf 500.000 £ Sterling geschätzt. Eine Expedition des Unternehmers E. C. May ging bankrott. Eine weitere Expedition, die er 1914 organisierte, endete mit dem Untergang des Bergungsschiffs. 1916 drangen Berger in eine Höhle ein, die sie als die der *General Grant* vermuteten, doch fanden sie keinen Hinweis auf das Schiff oder sein Gold. Keiner dieser und weiterer Bergeunternehmungen gelang es, das Gold zu heben, dessen Wert um 1934 auf 4,5 Millionen £ Sterling gestiegen war. Der letzte bekannte Versuch fand 1969 statt, doch wieder fand man keine Spur von dem Schiff.

DAVID ASHWORTH
Er überlebte den Schiffsuntergang 1866, verlor aber sein Leben 1870 bei einem Versuch, das Gold zu bergen.

Hauptkajüte
Für 41 Zwischendeckspassagiere und 17 Besatzungsmitglieder

Holzrumpf
Die *General Grant* war aus Eiche und Kiefer gebaut

Frachtraum
Hier war die gemischte Fracht inklusive Gold, Wolle und Zink verstaut

EINIGE FAKTEN

Länge	55 m (179,5 Fuß)
Tonnage	1103 Tonnen
Route	Australien – England

DIE
ROYAL CHARTER

Die *Royal Charter* war ein Dampfklipper (s. Abb. rechts) von 2.719 Tonnen und etwa 100 m (320 Fuß) Länge mit drei Masten und einem Schornstein. Sie war 1855 vom Stapel gelaufen und schaffte auf ihrer Jungfernreise die Fahrt von Plymouth in England nach Melbourne in Australien in nur 60 Tagen. Die Heimreise via Kap Hoorn nahm üblicherweise etwas mehr Zeit in Anspruch.

Als die *Royal Charter* Melbourne am 26. August 1859 verließ, hatte sie sehr unterschiedliche Passagiere an Bord. Im Zwischendeck befanden sich eine Reihe von Goldgräbern, die mit ihrem neugewonnenen Vermögen auf dem Weg zurück zu ihren Familien in England waren. In der Ersten Klasse reisten Geschäftsleute wie eine Mrs. Foster, eine Hotelbesitzerin, die, wie berichtet wird, Geld und Wertgegenstände für ungefähr 5.000 £ Sterling mit sich hatte. An Bord befand sich aber auch ein verrückt gewordener Juwelier, Samuel Henry, der die Reise in seiner verschlossenen und bewachten Kabine verbrachte. Insgesamt waren 390 Passagiere an Bord, darunter viele Frauen und Kinder, und 112 Besatzungsmitglieder.

EIN LUXUSKLIPPER

Die *Royal Charter* wurde angepriesen als Verbindung aller Vorteile eines Dampfers mit denen eines segelnden Klippers. Sie hatte die schlanken, schnellen Linien des Klippers mit einem Längenverhältnis von 7 : 1, war aber nicht aus Holz, sondern aus Eisen gebaut. Dieser Typ war eigentlich ein Zwischenglied zwischen dem hölzernen Segelschiff der Vergangenheit und dem eisernen Dampfer der Zukunft. Dampfkraft wurde nur eingesetzt, wenn nicht genug Wind wehte, um das Schiff in die richtige Richtung voranzutreiben, garantierte aber schnelle Reisezeiten zwischen dem Vereinigten Königreich und Australien: 59 Tage nach Melbourne war „eine Zeit, die noch nie zuvor ein Schiff erreicht hatte".

Die *Royal Charter* war als komfortables Schiff entworfen, und mit unvergleichlichen Kabinen für alle Passagierklassen wurde Reklame gemacht. Billets kosteten in der Ersten Klasse bis zu 75 Guineas und begannen in der Dritten Klasse bei 16 Guineas.

ANSCHLAGZETTEL DER *ROYAL CHARTER,* **1856**
Dieses Schiff war eines der schnellsten auf der Route zwischen England und Australien, und so hebt diese Werbung besonders auf die Geschwindigkeit ab.

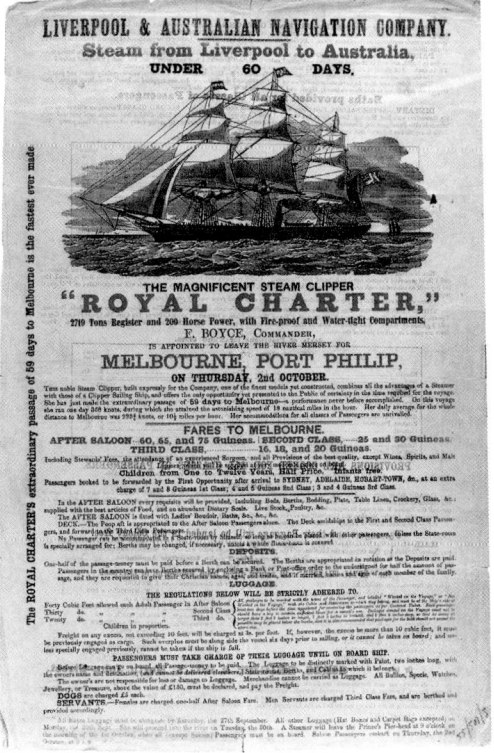

Ein Sturm nahe der Heimat

Die Reise nach England verlief noch schneller als üblich. Das Old Head of Kinsale im Süden Irlands wurde im Morgengrauen des 24. Oktober gesichtet, und hier gingen 14 Passagiere von Bord. Am frühen Nachmittag war die *Royal Charter* vor Holyhead, Nordwales. Das Wetter wurde schlechter, ein Starkwind aus Südost kam auf, doch auf den Orkan, der noch kommen sollte, gab es keinen Hinweis.

Um 9 Uhr abends war die *Royal Charter* so dicht bei der Bucht von Liverpool, daß Verwandte schon Telegramme erhielten, in denen ihnen die sichere Ankunft der Passagiere mitgeteilt wurde. Um 10 Uhr hatte sich der Sturm zum Orkan ausgewachsen. Auch dies wäre noch nicht problematisch gewesen, da die *Royal Charter* ein starkes Schiff war, wenn nicht der Wind plötzlich von Südost auf Nordost umgesprungen wäre. Nach dieser plötzlichen Winddrehung hatte die *Royal Charter* in nur 8 km (5 Meilen) Abstand eine Felsenküste in Lee.

Verzweifelt versuchte Kapitän Taylor das Schiff in die relative Sicherheit der Irischen See zurückzubringen, doch die Maschinen war nicht stark genug, und der Wind war zu stark, um Segel zu setzen. Er befahl, Notsignale abzugeben, feuerte Raketen in den Himmel und ließ an Bord blaue Lichter entzünden zum Signal, daß sich das Schiff jetzt in tödlicher Gefahr befand. Doch in dem schrecklichen Sturm konnte ihm kein anderes Schiff zu Hilfe kommen. In dieser Nacht gingen nicht weniger als 133 Schiffe an den Küsten von England und Wales unter.

Um etwa 10.30 Uhr abends, als die *Royal Charter* nur noch 5 km (3 Meilen) vom Ufer entfernt war, befahl Kapitän Taylor, die Anker auszubringen, doch reichten sie nicht, das langsame Treiben auf die Küste zu stoppen. Um etwa 1.30 Uhr in der Nacht riß die Kette des Backbordankers, und eine Stunde später brach auch die des Steuerbordankers. Nichts konnte jetzt das Schiff vom Land abhalten, und so bereiteten sich alle auf das Unausweichliche vor. Um etwa 2.30 Uhr ließ der Kapitän die Masten kappen, um den Windwiderstand zu verringern; dabei wurden alle Passagiere unter Deck eingesperrt, damit die fallenden Masten sie nicht verletzten.

Eine Stunde später strandete das Schiff. Kapitän Taylor gab bekannt, daß sie bei ablaufender Tide auf eine Sandbank gelaufen seien. Er befahl allen, geduldig bis zum Morgen zu warten; dann könnten sie zu Fuß in Sicherheit gehen. Doch da hatte er einen Fehler gemacht. Es war eindeutig auflaufendes Wasser, und zwischen dem Schiff und dem Ufer befanden sich zahlreiche gefährliche Felsbänke.

Rettungsversuch

Inzwischen war die Gewalt des Sturms noch stärker geworden, und er schlug den Eisenrumpf gegen die Felsen. In dieser verzweifelten Lage bot Joseph Rodgers, ein einfacher Seemann, an, er wolle eine Leinenverbindung zum Land herzustellen versuchen. Er ließ sich über die Schiffsseite in die kochende See hinunter, und es gelang ihm auch, mit Hilfe einiger Dorfbewohner, die an die Küste geeilt waren, ans sichere Land zu klettern. Ein Bootsmannsstuhl wurde an die Leine gehängt, und damit sollten zuerst die Frauen und Kinder evakuiert werden. Die erste junge Frau,

IM ORKAN AUF DEN FELSEN
Die Royal Charter *wurde an die walisische Küste getrieben, wo sie strandete und auseinanderbrach. Die wenigen Überlebenden hatten sich an Wrackteile geklammert und waren an Land geschwemmt worden.*

noch in den 70er und 80er Jahren dieses Jahrhunderts haben Taucher gelegentlich Gold-Sovereigns geborgen.

Offizielle Untersuchung

Die Leichen der *Royal Charter* wurden in der kleinen Kirche von Llanallgo in Wales aufgebahrt und in den Tagen nach dem Schiffsuntergang durch geschockte Familienangehörige identifiziert. Die Verwandten klagten verständlicherweise, daß die Behörden sich auf die Bergung des Goldes statt auf die der noch fehlenden Leichen konzentrierten. Deren Tod wie auch der Schiffsuntergang wurden schließlich Gegenstand offizieller Untersuchungen. In beiden Fällen wurde Kapitän Taylor trotz wildester Anschuldigungen, er sei betrunken und die *Royal Charter* sei nicht seetüchtig gewesen, posthum von aller Schuld am Verlust seines Schiffes freigesprochen.

der diese Möglichkeit geboten wurde, wollte sich jedoch dem Bootsmannsstuhl nicht anvertrauen, und so gingen Besatzungsmitglieder an ihrer Stelle. Später wurde behauptet, sie sollten von Land aus eine zweite Leine einrichten, doch von dieser Leine war nichts zu sehen. Noch bevor die Mehrheit der Frauen und Kinder aus dem unteren Deck hervorgeholt werden konnten, brach das Schiff entzwei und trennte sie von ihrer einzigen Hoffnung aufs Überleben. Das Schiff muß etwa um 7 Uhr früh auseinandergebrochen sein; denn alle Uhren, die man bei den Toten fand, waren zwischen 7.20 und 8 Uhr stehengeblieben.

Eine Handvoll Menschen, die sich an Wrackteile geklammert hatten, wurden auf die Felsen geworfen und retteten sich von dort. Die Leute an Land machten Ketten, um diese Glücklichen aus der See zu ziehen. 28 Dorfbewohner nahmen an dieser Rettungsaktion teil. Es war eine sehr riskante Operation, weil die Retter selbst jeden Augenblick in die See hinausgerissen werden konnten. Dennoch wurden die meisten von den Wellen gegen die Felsen geschlagen und starben.

Insgesamt gab es nur 41 Überlebende, alles Männer, und 18 von ihnen Besatzungsmitglieder. Der Kapitän und alle Offiziere des Schiffs starben. Die meisten Überlebenden hatten das Land über die zum Schiff gespannte Rettungsleine erreicht. Die Frauen waren möglicherweise durch ihre stärkere Bekleidung behindert. Einer der glücklichsten Überlebenden war James Dean, ein junger Goldgräber aus Wigan. Er schlief während des gesamten Orkans, bis das Schiff auseinanderbrach. Er war Nichtschwimmer, klammerte sich aber wild an ein Wrackteil, und wurde schließlich an den Strand gespült.

Bergung des Schiffsgolds

Ein Zöllner namens Smith war schnell zur Stelle, und noch bevor es am 25. Oktober Nacht wurde, war die Küstenwache von Liverpool gekommen, um das Wrack zu schützen. Dennoch ist in die örtliche Folklore eingegangen, daß viele der Dorfbewohner durch das, was sie zwischen den Felsen aufgesammelt hatten, über Nacht reich geworden seien. Vier Leute wurden wegen Plünderung verfolgt, und alle Häuser wurden durchsucht, doch fand man kaum etwas.

Am 29. Oktober begannen Bergungsoperationen, doch erwiesen sie sich als schwierig, weil der Tresorraum auseinandergebrochen war und sich das Gold über einen großen Bereich verteilt hatte. Dennoch war bis zum Februar 1860 ein guter Teil geborgen worden. Es war unmöglich zu unterscheiden, was davon zu der offiziellen Sendung gehörte und was Privatbesitz war. Bergungsunternehmungen gingen bis etwa 1873 weiter, doch

SOVEREIGNS VON DER ROYAL CHARTER
1851 wurde Gold in Australien gefunden, und 1853 wurde schon die Münze in Sydney eingerichtet. Diese Goldmünzen stammen aus dieser Münze.

Dampfschlepper
Das Hilfsfahrzeug für die Tauchteams auf den drei Tauchbooten

TAUCHEN NACH GOLD
Der erste Bergungsversuch begann fünf Tage nach dem Untergang der Royal Charter. *Der Tresorraum war beim Anschlagen des Schiffes gegen die Felsenküste schwer beschädigt worden, so daß das Gold weit verstreut war. Dennoch bargen Taucherteams Gold im Wert von ca. 290.000 £ Sterling.*

PAKETBOOTE UND PASSAGIERDAMPFER

In den mittleren Jahrzehnten des 19. Jahrhunderts fanden zahlreiche Neuerungen im Entwurf und Bau von Schiffen statt, die die Schiffbauindustrie in ungekanntem Maße veränderten. Rund 400 Jahre lang waren die wichtigsten Merkmale seegehender Segelschiffe die gleichen geblieben, doch gegen Ende des 19. Jahrhunderts waren diese Schiffe vollständig veraltet.

Grundzug dieser Revolution war, daß die Windkraft durch die soviel verläßlichere Dampfenergie ersetzt wurde. Die ersten seetüchtigen Dampfschiffe waren Seitenraddampfer, die vor allem in den Zeiten des Goldrauschs zum Goldtransport eingesetzt wurden (s. Seite 92–93). Weil sie so umständlich einzudocken waren und in schwerer See auch nicht genug Stabilität besaßen, folgten ihnen im Laufe des Jahrhunderts die wirkungsvolleren, eisernen Dampfschiffe mit Heckpropeller. Bedeutsam war auch der Wandel vom Holz- zum Eisenbau. Eisen widerstand den enormen Vibrationen der Maschinen besser, und es ließen sich damit viel größere Schiffe bauen. Die Entwicklung der wesentlich sparsameren Compoundmaschine in den 50er Jahren führte zum Triumph der Dampfkraft und zur Entwicklung der Paketfahrt. Die Dampfer waren jetzt in der Lage, regelmäßig und termingerecht bestimmte Häfen anzulaufen und dabei auch Post zu befördern.

Die Entstehung der Schiffahrtslinien

Die Einführung des aus Eisen gebauten, von Heckpropellern angetriebenen Dampfers in den 30er Jahren des 19. Jahrhunderts fiel mit einem enormen Nachfrageschub nach Reisen zwischen Europa und den Kolonien und mit einem steigenden Bedarf an zuverlässigen Kommunikationsmöglichkeiten zusammen. Zu dieser Zeit vergab die Britische Regierung lukrative Postaufträge an neu entstandene Schiffahrtsgesellschaften wie Cunard, Royal Mail und Peninsular and Orient. Andere europäische Nationen entwickelten eigene Passagierflotten, doch im ganzen 19. Jahrhundert war Großbritannien die dominierende Seefahrtsnation. Noch 1914 war fast 50 Prozent der registrierten Dampftonnage britischer Nationalität.

Im 19. Jahrhundert trugen die großen Schiffahrtslinien Menschen in die neuen Länder der Zukunft – nach Australien, Kanada, in die Vereinigten Staaten und nach Südafrika. Und ebenso transportierten sie riesige Mengen Bargeld im Auftrag von Regierungen und Zentralbanken, womit sie wichtige Handelsverbindungen bildeten.

Zu Beginn des 20. Jahrhunderts waren die prachtvollen, riesigen Passagierschiffe Ausdruck einer selbstbewußten und genußorientierten Zeit. Diese Schiffe boten einen luxuriösen Reisestil, der ihnen den Beinamen „Reisepaläste" einbrachte. Sehr fraglich ist jedoch, ob sich trotz der verläßlicheren Versorgung mit Nahrung und Wasser auch die Lebensbedingungen des einfachen Seemanns verbesserten.

KANADA

Kap Race

New York

EGYPT ③
1922 sank dieser P&O-Dampfer nach einem Zusammenstoß in dichtem Nebel (s. S. 106–107).

PRINS FREDERIK ⑤
Auf der Fahrt von Amsterdam via Genua nach Java ging dieses Passagierschiff 1890 nahe der Biskaya verloren (s. S. 102–103).

ANDREA DORIA ①
Sie war eines der letzten Passagier-Linienschiffe und kollidierte 1956 auf der Fahrt von Genua in Italien nahe New York mit der Stockholm.

TITANIC ④
Dieses Linienschiff der American White Star sank 1912 nach dem Zusammenstoß mit einem Eisberg auf der Fahrt von Southampton nach New York. Bergeversuche waren kürzlich Gegenstand von Auseinandersetzungen (s. S. 104–105).

GROSS-BRITANNIEN
Amsterdam
Falmouth
Le Havre
Brest
FRANKRE
Bucht von
Biskaya
Marse
PORTUGAL
SPANIEN
Gibraltar

ATLANTISCHER OZEAN

WESTINDIEN

BRITISCH GUYANA
NIEDERLÄNDISCH GUYANA
FRANZÖSISCH GUYANA

Amazonas

Valparaiso

SENEGAL
GAMBIA
PORTUGIESISCH GUINEA
SIERRA LEONE
GOLD
KÜSTE
Golf
Guin

CLEOPATRA ⑥
Der Kapitän hatte die starken Strömungen in einem Fluß Sierra Leones mißachtet, und so ging das Schiff 1862 mit seiner Fracht Goldstaub und Silbermünzen verloren.

JOHN ELDER ②
Das britische Dampfschiff von 4.169 t gehörte der Pacific Steam Navigation Company und transportierte eine große Ladung Gold und Silber von Valparaiso nach Liverpool, als es 1892 nordöstlich von Cape Carranza in Chile verlorenging.

GEDENKTELLER
Dieser Teller wurde zum Andenken an den Stapellauf der *Lusitania* im Jahre 1906 hergestellt. Am 7. Mai 1915 wurde das britische Linienschiff auf dem Weg von New York nach Liverpool nahe der irischen Küste von einem deutschen U-Boot torpediert. Es sank mit etwa 1.200 Menschen an Bord. Der Verlust der *Lusitania* führte mit dazu, daß die USA in den Ersten Weltkrieg eintraten.

GEPÄCK VON LOUIS VUITTON
Louis Vuitton setzte seit dem 19. Jahrhundert den Maßstab für Reisegepäck höchster Qualität. Als zu Beginn des 20. Jahrhunderts die Popularität der Linienschiffe auf dem Höhepunkt war, stieg auch die Nachfrage nach schönen Koffern, sie wurden zum modischen Accessoir wohlhabender Passagiere.

RUSSISCHES REICH

Hamburg
DEUTSCHLAND

Wolga

SCHWARZES MEER

Neapel

OTTOMANEN-REICH

Messina
MALTA

MITTELMEER

KASPISCHES MEER

CHINA

Hakodate

JAPAN

⑩

Tokio
Yokohama

Shanghai

OST-CHINESISCHES MEER

PERSISCHER GOLF

⑦

Indus

Hongkong

SÜD-CHINESISCHES MEER

ASIATIC PRINCE ⑩
Das Dampfschiff der Prince Line verschwand im März 1928 mit zwei Tonnen Gold an Bord auf dem Weg von Los Angeles nach Yokohama in Japan.

ROTES MEER

ARABIEN

Aden

INDIEN

Bombay

ARABISCHES MEER

Bucht von Bengalen

Mekong

PHILIPPINEN

PAZIFISCHER OZEAN

CARNATIC ⑦
Dieses Linienschiff lief 1869 auf dem Weg von Suez nach Bombay im Roten Meer auf ein Riff. Die Fracht war Bargeld und wurde größtenteils geborgen, bevor das Schiff vom Riff in tieferes Wasser rutschte.

CEYLON (SRI LANKA)

⑧

MALABAR ⑧
Der britische P&O-Dampfer sank 1860 vor Ceylon (Sri Lanka). Er war mit 1.080 Kisten Rohgold unterwegs von Hongkong nach Bombay.

SUMATRA

Padang

BORNEO

NEU-GUINEA

ANISCH UNEA

BUN

Sansibar

Batavia (Djakarta) JAVA

INDISCHER OZEAN

MADAGASKAR

MAURITIUS

RÉUNION

MOÇAMBIQUE

AUSTRALIEN

KAP-KOLONIE

Kap der Guten Hoffnung

CATTHERTHUN ⑪
Im Sturm lief dieses australische Dampfschiff 1895 auf Felsen und sank. Es war auf dem Weg von Sydney nach Hongkong und hatte Gold-sovereigns im Wert von 11.000 £ Sterling an Bord, von denen mehr als zwei Drittel geborgen wurden.

⑪

Newcastle
Sydney

AGULHAS-RIFFE
Diese gefährlichen Riffe nahe dem Kap der Guten Hoffnung wurden für viele Schiffe zur Endstation.

AMAZON ⑨
Dieses Holzschiff, das neben der Dampfmaschine auch Segel führte, explodierte 1852 auf seiner Jungfernreise von England nach Westindien in der Bucht von Biskaya. Die Maschinen waren überhitzt, und so geriet das Schiff in Brand. Viele Menschenleben und Bargeld im Wert von 20.000 £ Sterling gingen verloren.

Lena

OCHOTSKISCHES MEER

Amur

DIE
PRINS FREDERIK

DECKSPLÄNE DER PRINS ALEXANDER
Diese Baupläne zeigen die Ausstattung des Schwesterschiffs der Prins Frederik. *Beide wurden für dieselbe Schiffahrtslinie gebaut, die Maatschappij Nederland, eine der besten Schiffahrtsgesellschaften der Zeit. Die* Prins Frederik *bot ihren Passagieren bequeme Unterbringung auf der langen Reise nach Fernost. Das Schiff wurde in die Klasse 100-A1, die höchste Klasse der Zeit, eingeordnet.*

Am 21. Juni 1890 verließ der Dampfer *Prins Frederik* Amsterdam in den Niederlanden mit Kurs auf Java in Indonesien. Neben Kapitän Klaus Visman und seiner Besatzung war er mit 193 Passagieren voll besetzt. Das Schiff trug allgemeine Fracht und die übliche Post, hatte aber auch im Tresorraum im Heck an der Steuerbordseite des Schiffs 400.000 silberne Rijksdaalders (Münzen), die in Holzkisten verstaut waren und für den Sold der niederländischen Armee in Batavia (Djakarta) bestimmt waren. Der Tresorraum war zusätzlich mit 6 mm dicken Eisenplatten verstärkt worden; auch die Holztüren waren mit Eisen beschlagen und mit Tresorschlössern gesichert.

Die Route des Schiffs

Die *Prins Frederik* lief Southampton in England an und verließ den Hafen am 24. Juni wieder. Um 13.30 Uhr am folgenden Tag stand das Schiff gerade nördlich der Biskaya. Die Insel Ouessant/Ushant wurde SO ein Viertel O im Abstand von etwa 16 km (8,6 sm) beobachtet, und der Kapitän befahl, den Kurs auf SW ein Viertel W zu ändern. Zu dieser Zeit fuhr die *Prins Frederik* mit etwa 11,5 Knoten volle Fahrt. Etwa um 18 Uhr begann der Nebel dichter zu werden, und deshalb reduzierte das Schiff seine Fahrt in Übereinstimmung mit den üblichen Seefahrtsregeln.

Gleichzeitig fuhr das britische Dampfschiff *Marpessa* unter Kapitän Geary in entgegengesetzter Richtung über die Biskaya. Um 10.40 Uhr am 25. Juni berechnete Kapitän Geary seine Position mit 47.00°N 6.30°W, als er etwas backbord voraus die Sirene eines anderen Schiffes hörte. Später behauptete Kapitän Geary, daß die *Marpessa* nur 3 Knoten Fahrt gemacht hatte und daß er beim Hören der Sirene des anderen Schiffes schnell die Maschinen auf rückwärts gestellt habe.

Positionen beim Zusammenstoß

Trotz dieser Maßnahmen kreuzte die *Prins Frederik* den Bug der *Marpessa*, und die beiden Schiffe kollidierten. Der Bug der *Marpessa* wurde eingedrückt, und die *Prins Frederik* hatte an der Steuerbordseite in Höhe der Maschinenräume ein Loch.

Kurz nach der Kollision sank die *Prins Frederik*. Doch waren ihre Boote schon zu Wasser gelassen,

PLAN DES HAUPTDECKS

Tresorraum
Da er nahe an der Außenseite liegt, wird es für Taucher nicht zu schwer sein, dort einzudringen, wenn das Schiff nicht zu tief liegt

Weinlager
Im Unterdeck wurden neben Post und Rohgold alkoholische Getränke, Gemüse und trockene Nahrungsmittel gelagert

PLAN DES UNTERDECKS

und alle Passagiere und die gesamte Besatzung wurden an Bord der *Marpessa* genommen. Der Bug der *Marpessa* füllte sich mit Wasser, doch der Rest des Schiffes blieb heil.

Nach Kapitän Visman fuhr die *Prins Frederik* nicht mit voller Fahrt, wie Kapitän Geary behauptet hatte, sondern nur mit 2-3 Knoten. Ebenso wie Geary behauptete Visman, daß er beim Hören der Sirene des anderen Schiffes sogleich die Maschinen der *Prins Frederik* gestoppt und dann auf rückwärts gestellt habe. Visman sagte aus, daß das Schiff zur Zeit der Kollision 113 km (61 sm) SW bei W von Ouessant gestanden habe, wonach es rund 80 km (43 sm) von der durch Geary angegebenen Position entfernt gewesen sein müßte.

Die Positionen beider Schiffe in den Stunden vor der Kollision waren wichtige Beweismittel, weil sie eine der wenigen Möglichkeiten waren, festzustellen, wie schnell beide Schiffe vor dem Unfall bei durch Nebel beschränkter Sicht gefahren waren. Beide Kapitäne mußten an der

Behauptung interessiert sein, weniger Distanz zurückgelegt, also geringere Fahrt gemacht zu haben, als dies tatsächlich der Fall war, und dies ist möglicherweise eine Erklärung für die Diskrepanz beider angegebenen Positionen.

Der Fall kommt vor Gericht

Sobald die Besitzer der *Prins Frederik* von dem Unglück unterrichtet waren, unternahmen sie rechtliche Schritte gegen die Eigner der *Marpessa*. Während des Verfahrens wurde der Erste Offizier der *Marpessa* für schuldig befunden, das Logbuch nach der Kollision gefälscht zu haben, so daß es statt der tatsächlichen 8 Knoten nun nur 6 Knoten Fahrt zeigte. Geary versuchte dies als Korrektur eines Schreibfehlers hinzustellen. Und der Richter glaubte ihm offensichtlich, da er zugunsten der *Marpessa* und gegen die *Prins Frederik* entschied. Die niederländische Presse schrie auf und beschuldigte das britische Gericht des Nationalismus, doch die Entscheidung stand.

Dampfmaschinen
Sie wurden mit Kohlen geheizt und brachten das Schiff auf eine Reisegeschwindigkeit von 11,5 Knoten

Wäschebereich
Die Trocken- und Wäscheräume lagen dicht beim Schornstein, um dessen Wärme auszunutzen

Gepäckraum
Weil das Schiff für weite Reisen bestimmt war, mußte viel Gepäck untergebracht werden können

Frachtluk
Eine weite Öffnung zum einfachen Verladen sperriger Güter

Mast
Obwohl das Schiff primär durch Dampf angetrieben wurde, führte es auch Masten und Segel

Segelmacher-Kabine
An Bord waren ein Segelmacher und ein Schiffszimmermann, die während der Reise Reparaturen ausführten

Besatzungsquartier
Kojen und Tische für 18 Seeleute und 18 Heizer

PROPELLERGETRIEBENE EISEN-DAMPFER

Die *Prins Frederik* war 1882 von J. Elder & Co. in Glasgow in Schottland gebaut worden. Sie war ein durch Propeller angetriebenes eisernes Dampfschiff mit zwei Decks und einem Spardeck und einer Bruttotonnage von 2.978 t. Die ersten Dampfschiffe waren noch aus Holz, doch im Verlauf des 19. Jahrhunderts bekam Eisen den Vorzug, weil es den Schwingungen der Maschinen besser gewachsen war und den Bau viel größerer Schiffe gestattete. Die Größe war ein wichtiger Faktor, weil die Maschinen und Kessel soviel Platz einnahmen und für die Kohlen zusätzliche Bunker benötigt wurden. Die Entwicklung der Compoundmaschine (Hoch- und Niederdruck-Maschine) um 1850 war ebenfalls bedeutsam für den Sieg der Dampfenergie, weil damit aus der gleichen Menge Kohlen die doppelte Energie erzeugt werden konnte.

Schwierigkeiten der Bergung

Der Unterschied in den Positionsangaben der Kapitäne der *Prins Frederik* und der *Marpessa* war nicht nur für das Gerichtsverfahren von 1890 wichtig, sondern auch für heutige Bergeunternehmungen. Wenn die vom Kapitän der *Prins Frederik* angegebene Position (113 km/61 sm SW zu W von Ouessant) richtig ist, liegt das Wrack auf nur 150 m (500 Fuß) Wassertiefe; doch wenn die vom Kapitän der *Marpessa* angegebene Position richtig ist (47.00° N 6.30° W), liegt das Wrack außerhalb des Küstensockels in einer Tiefe von möglicherweise 1.800 m (6.000 Fuß).

1987 lokalisierte eine französische Gesellschaft ein Wrack auf dem Meeresgrund, das der Beschreibung der *Prins Frederik* sehr ähnlich war, ein dreimastiges, propellergetriebenes, eisernes Dampfschiff von schätzungsweise gleichem Alter und richtiger Länge ungefähr an der Position, die der Kapitän der *Prins Frederik* angegeben hatte und auf etwa 150 m (500 Fuß) Wassertiefe.

Zwar wurde das Wrack auf Video aufgezeichnet, doch war es stark mit Fischernetzen bedeckt, so daß eine positive Identifizierung zur Zeit der Beobachtung unmöglich war. Man weiß, daß auch andere dreimastige, propellergetriebene, eiserne Dampfschiffe in der gleichen Gegend gesunken sind. 1876 wurde hier zum Beispiel die *Sarpedon*, auch ein Schatzschiff, ebenfalls Opfer einer Kollision. Für den Sommer 1994 plante eine britische Gesellschaft, eine genauere Identifizierung vorzunehmen, Ergebnisse sind aber noch nicht bekannt. Ist es die *Prins Frederik*, wird möglicherweise der gute Ruf des Kapitäns Klaus Visman mehr als 100 Jahre nach dem Ereignis endlich wiederhergestellt.

REKLAME VON 1890
Dieses Poster des Dampfschiffs Prins Alexander, *des Schwesterschiffs der* Prins Frederik, *zeigt etwas von dem Luxus an Bord: die elegant ausgestatteten Salons, gut ausgerüstete Kabinen und geräumige Decks.*

Passagiersalon
Eine breite Treppe führte zu dem mit Holzpaneelen ausgeschlagenen Raum, der komfortablen Wohnzimmern der Zeit glich

Ladebaum
Damit wurde Fracht vom Kai an Bord gehievt und durch die Frachtluks in die Frachträume herabgelassen

Außenkabine
Eine Dreibett-Kabine mit zwei Kojen und einem Einzelbett unter dem Bullauge

Erster-Klasse-Salon
Mit drei langen Tischen für die Passagiere

DIE TITANIC

EISBERG SCHÜRFT AM STEUERBORDBUG DER TITANIC VORBEI

Kein anderer Schiffbruch hat je soviel öffentliche Aufmerksamkeit erregt wie der der *Titanic*. Kein anderer ist so sehr mit kontroversen Diskussionen und Mythen umrankt. Der Verlust dieses Schiffes im Jahre 1912 bedeutete zugleich das Ende der britischen Selbstgewißheit und elitären Selbstgefälligkeit. Kurz danach sollte der Erste Weltkrieg ausbrechen und die alte Sozialordnung zusammenfallen.

Die *Titanic* war als Passagier-Linienschiff von Harland and Wolff für die American White Star Line als Teil eines neuen Schiffbauprogramms gebaut worden, mit dessen Hilfe die Gesellschaft mit Cunard konkurrieren wollte, das kurz zuvor zum ernsthaften kommerziellen Konkurrenten geworden war. Führende Technologieexperten der Zeit beschrieben das Schiff als „praktisch unsinkbar".

Jungfernreise

Am 10. April 1912 brach die *Titanic* zu ihrer ersten Seereise von Southampton in England auf, die über Cherbourg in Frankreich und Queenstown in Irland nach New York führen sollte. Sie war nur zur Hälfte belegt, doch wurde dies als kommerziell durchaus zufriedenstellend betrachtet. Die größte der Erster-Klasse-Suiten kostete nur für die Hinreise 4.350 US $.

Eiswarnungen

Bis zum 14. April verlief die Reise ereignislos; dann erreichten die *Titanic*, die ihre Reise schon zu zwei Dritteln vollendet hatte, über Funk von anderen Schiffen mehrere Warnungen, daß voraus Eisberge gesichtet worden waren. Ein warmer Winter hatte dazu geführt, daß Eis weiter nach Süden als üblich trieb. Trotz der Warnungen wurden keine Vorsichtsmaßnahmen getroffen; im Gegenteil, Kapitän Smith befahl, die Fahrt zu erhöhen. Um 10 Uhr vormittags gab die *SS Californian*, die in einem Eisfeld etwa 15 bis 30 km (8 bis 16 sm) nördlich gestoppt lag, eine neue Warnung durch, doch da der Funker mit dem Senden von Botschaften der Passagiere beschäftigt war, erreichte diese besonders wichtige Warnung die Brücke der *Titanic* möglicherweise nie.

Um 11.40 Uhr sah ein Ausguck voraus eine Eisscholle und läutete die Warnglocke. Der Wachoffizier gab Befehl, das Ruderrad hart nach Steuerbord zu drehen, was das Schiff mit dem Bug nach Backbord wendete. Dann ließ er die Maschinen auf rückwärts stellen und befahl, das Steuerrad in die entgegengesetzte Richtung zu drehen, um den Bug zurück nach Steuerbord zu bringen. Diese Befehle waren eine instinktive Reaktion, widersprachen jedoch der bestmöglichen Praxis. Die *Titanic* brauchte lange, bevor sie zu drehen begann, und dann war es schon zu spät. Der Eisberg hatte ein Loch in die Steuerbordseite des Rumpfes gebohrt.

Zwar gilt bis heute die offizielle Ansicht, daß das Schiff in einem Stück sank, doch wurden Augenzeugen wie auch der Künstler, der es auf diesen Skizzen in zwei Teile auseinandergebrochen zeigte, bestätigt, als das Wrack lokalisiert wurde.

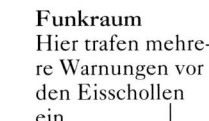

AUSEINANDERGEBROCHENES SCHIFF
Das Vorderteil versank zuerst.

DAS LETZTE BILD
Nach Augenzeugenberichten verharrte die Titanic *fünf Minuten in dieser Lage, bevor sie auf den Meeresgrund sank.*

DIE TITANIC
Als letzter Schrei des Transatlantikluxus war das Schiff gebaut worden, sogar mit einem Swimmingpool, einer Sporthalle und türkischen Bädern. Es besaß neun Decks und konnte 2.500 Passagiere transportieren.

Funkraum
Hier trafen mehrere Warnungen vor den Eisschollen ein

Erster-Klasse-Treppe
Zugang für Passagiere der Ersten Klasse zu den Boots- und Promenadendecks

Speisesaal
Der für die Passagiere der Dritten Klasse lag über den Kesseln und Kohlenbunkern

Krähennest
Von hier aus sichtete der Ausguck zuerst die tödliche Eisscholle

Bootsdeck
Hier befanden sich die Rettungsboote und die Offiziersquartiere

Mannschaftsquartiere
Es gab 915 Besatzungsmitglieder, die Hälfte für Bedienung und Versorgung der Passagiere

Nachwirkungen der Kollision

Der Aufprall auf den Eisberg störte die Passagiere kaum bei ihren fröhlichen Beschäftigungen: Sie fühlten nur ein leichtes Schütteln. Doch die Beschädigung war tödlich. Sechs Sektionen waren aufgerissen, und für die Schiffsoffiziere war klar, daß das Schiff trotz des Schließens der wasserdichten Türen nicht überleben konnte.

Der Funkraum sendete SOS – fast das erstemal, daß dieses neue Notsignal benutzt wurde –, und man traf Vorbereitungen zum Ausschiffen von Frauen und Kindern in die Rettungsboote.

Die *Titanic* besaß jedoch nur für weniger als die Hälfte der Menschen an Bord Rettungsboote. Und die meisten der Rettungsboote, die ausgesetzt wurden, waren außerdem nur halb besetzt. Die Ursache war zum einen das unvermeidliche Durcheinander zu diesem Zeitpunkt, zum andern aber auch Absicht. Die Offiziere wollten die Boote nicht mit 60 Menschen voll beladen niederlassen, weil sie zweifelten, ob sie diese Last beim Abfieren aushalten würden.

Im allgemeinen benahmen sich Passagiere und Besatzung ruhig und diszipliniert beim Verlassen des Schiffs. Nur ein Offizier sagte später, er habe eine Pistole einsetzen müssen, damit die Boote nicht gestürmt wurden.

Als Skandal galt es seinerzeit, daß Menschen in der relativen Sicherheit der nur halb besetzten Rettungsboote sich weigerten, umzudrehen und andere, die im Wasser schwammen, aufzunehmen. Sie fürchteten, daß die Boote von den verzweifelten Schwimmern geentert und zum Kentern gebracht wurden. Wer im eiskalten Wasser schwamm, überlebte nicht lange, doch die in den Rettungsbooten wurden nach eineinviertel Stunden von der *Carpathia* gerettet. Dieses Schiff war 93 km (50 sm) entfernt gewesen, als die *Titanic* sank, und war ihr mit Höchstgeschwindigkeit zu Hilfe geeilt.

Wer überlebte?

Insgesamt starben 1.490 Passagiere und Besatzungsmitglieder, unter ihnen auch der Kapitän, der mit seinem Schiff unterging. Statistiken lassen vermuten, daß das Prinzip „Frauen und Kinder zuerst" weitgehend befolgt wurde. Von den Passagieren der Ersten Klasse überlebten 94 Prozent der Frauen und nur 31 Prozent der Männer. Doch nur 47 Prozent der Frauen aus dem Zwischendeck überlebten, bei den Männern waren es hier 14 Prozent. Es hat Diskussionen gegeben, ob nicht die Zwischendeckspassagiere absichtlich bis zum letzten Augenblick in ihrem Bereich des Schiffes festgehalten wurden, doch könnte die Ursache für die höhere Todesrate auch darin begründet sein, daß ihre Kabinen weiter vom Bootsdeck entfernt waren.

Lokalisierung des Wracks

Unvermeidlich mußte wohl irgendwann jemand die *Titanic* auf dem Meeresboden zu lokalisieren versuchen. 1985 begannen Robert Ballard und ein Forschungsteam des Woods Hole Institute in den Vereinigten Staaten zusammen mit der französischen Gesellschaft Ifremer mit der Suche. Mit einem in großer Tiefe geschleppten Side-Scan-Sonar wurde das Wrack lokalisiert und anschließend mit einem bemannten Tauchfahrzeug und einem ferngesteuerten Fahrzeug untersucht. Das Wrack lag in zwei Teilen auf dem Meeresgrund, und zwar so, daß man ein Auseinanderbrechen vor dem Sinken vermuten muß. Damit wurden Augenzeugenberichte bestätigt, denen die offizielle Untersuchung nicht geglaubt hatte. Unterwasseraufnahmen zeigten auch, daß der physische Schaden am Schiff relativ gering war und nur aus einem schmalen, unterbrochenen Riß bestand. Das hat neuere Forscher auf die Idee gebracht, daß die *Titanic* wahrscheinlich eher deshalb sank, weil ihre Stahlplatten bei Temperaturen unter Null brüchig wurden und deshalb beim Anprall brachen, als infolge des direkten Schadens durch den Eisberg.

Bergung der Schätze

Die *Titanic* soll angeblich Diamanten im Wert von 5 Millionen US $ und andere kostbare Dinge wie eine mit Juwelen besetzte Kopie der *Ruba'ijat* („Algebra" aus dem 12. Jahrhundert) des Omar-i Chaijjam neben den persönlichen Besitztümern und Juwelen der Passagiere selbst an Bord gehabt haben. Doch der wahre „Schatz" der *Titanic* sind die Tausende von Schiffsbeschlägen und -armaturen, die für Sammler enormen Wert hätten.

Ballard selbst und andere streiten heftig dafür, das Schiff als Grab vieler Menschen in Ruhe zu lassen, und dies ist auch die offizielle Haltung der amerikanischen und kanadischen Regierungen. Doch läßt sich diese Argumentation nicht ganz damit zur Deckung bringen, daß ein bemanntes Unterseeboot in die Eingeweide des Schiffs geschickt wurde, um persönliche Besitztümer zu filmen. Außerdem liegt das Schiff in internationalen Gewässern. Zwar weist Kanada darauf hin, daß das Wrack in seiner Wirtschaftszone liegt, doch kann es daraus keine Rechte ableiten; denn die „Convention of the Sea" der Vereinten Nationen führt in ihrer Liste von Rechten in Wirtschaftszonen Schiffswracks nicht auf. Eine New Yorker Gesellschaft, RMS Titanic Inc., ließ sich von diesen Argumenten denn auch nicht beeindrucken. 1987 kehrte sie zum Wrack zurück und barg mehrere Gegenstände, um sie in einer *Titanic*-Ausstellung zu zeigen.

Erster-Klasse-Kabinen
12 Multimillionäre befanden sich unter den 337 Passagieren der Ersten Klasse

Maschinenraum
Mit Kohlen beheizte Kessel gaben die Kraft für die Maschinen, die die Propeller antrieben

Frischwassertanks
Hier war ausreichender Vorrat für die einwöchige Reise

Zweiter-Klasse-Kabinen
Hier waren 271 Passagiere mit eigenem Aufgang zu den Decks

Laderäume
Gekühlte Räume im Heck des Schiffs über dem Wellentunnel

Dritter-Klasse-Kabinen
Für 712 Zwischendeckspassagiere, zumeist Auswanderer

Landungsdeck
Zum An- und Vonbordgehen über das Poopdeck

DIE
EGYPT

DIE LAGE DES EGYPT-WRACKS

Das Wrack wurde am 30. August 1930 von dem schwedischen Ingenieur Peter Sandberg und der italienischen Firma Sorima lokalisiert. Dieses Bild zeigt die Egypt *auf dem Meeresgrund, nachdem die Berger sich durch drei Decks bis zum Tresorraum hindurchgesprengt hatten. Gold wurde erst am 22. Juni 1932 geborgen.*

EINIGE FAKTEN

Schatz	Gold und Silber
Bergung	fast vollständig
Geborgen	über 1 Mill. £ Sterling

Das Passagierschiff der Peninsular and Oriental Line, die *Egypt*, verließ London am 19. Mai 1922 mit Kurs auf Bombay in Indien via Suezkanal. An Bord waren 294 Besatzungsmitglieder, hauptsächlich asiatischer Herkunft, und 48 Passagiere. Neben der üblichen gemischten Fracht an Industriegütern transportierte die *Egypt* 1.083.527 £ Sterling in Gold, Rohsilber und Münzen, etwa 10 Tonnen Silber und 5 Tonnen Gold.

Vor der Insel Ouessant an der Westspitze der Bretagne lief die *Egypt* in dichten Nebel. Kapitän Collyer befahl, die Fahrt des Schiffes zu verringern und die Schiffssirene ununterbrochen tönen zu lassen. Man hörte an Backbord eine zweite Sirene, die des französischen Dampfschiffs *Seine*, und dann rannte die *Seine* auch schon mittschiffs in die *Egypt* hinein, wodurch diese in 20 Minuten sank.

Unmittelbar nach der Kollision entstand großes Chaos an Bord der *Egypt*, und einige Besatzungsmitglieder ließen die Rettungsboote zu Wasser. Insgesamt ertranken 86 Menschen: 71 Besatzungsmitglieder und 15 Passagiere.

Bergungshindernisse

Zunächst schien eine Bergung nicht möglich zu sein. Ein Blick in die Seekarten zeigte, daß die *Egypt* auf einer Wassertiefe von rund 120 m (400 Fuß) gesunken war, und zu jener Zeit lag die technologische Grenze für erfolgversprechende Bergeversuche bei 45 m (159 Fuß). Außerdem befand sich der Tresorraum der *Egypt*, eine enge Kammer von 7,50 m mal 1,50 m, drei Decks tief am Boden des Schiffes, wohin man nur unter großen Schwierigkeiten gelangen konnte.

Bergungsgreifer
Damit wurden Sprengstoffe angebracht, mit denen der Rumpf geöffnet wurde, und anschließend der Schatz geborgen

Tauchkapsel
Der Mann in dieser Beobachtungskapsel leitete den Greifer über Telefonverbindung mit dem Bergungsschiff an der Wasseroberfläche

URSACHEN DES UNGLÜCKS

Bei der Kollision der *Seine* mit der *Egypt* herrschte dichter Nebel mit einer Sicht von gerade einmal 20 m. Nebel ist eine bekannte Gefahr vor der bretonischen Küste, doch hätte das Unglück wohl verhindert werden können, wenn die üblichen Sicherheitsregeln auf See befolgt worden wären. Die *Egypt* hörte die Sirene der *Seine* an ihrer Backbordseite, und da die Regeln besagen, daß Schiffe beim Vernehmen von Nebelhörnern nach Steuerbord ausweichen, hätte hier eigentlich kein Problem sein müssen. Die *Seine* folgte der Küstenroute von La Rochelle nach Le Havre, die sie eigentlich dichter unter der Küste entlang führte, wollte jedoch wegen des Nebels den gefährlichen Felsen vor Ouessant ausweichen und hatte ihren Kurs weiter außerhalb gelegt. Das war zweifellos verständlich, doch für andere Schiffe in dem Gebiet verwirrend.

Während der gerichtlichen Untersuchung des Unfalls wurde behauptet, die *Egypt* sei mit überhöhter Geschwindigkeit gefahren, doch wurden Kapitän und Offiziere der *Egypt* von aller Schuld freigesprochen.

DAS BERGUNGSSCHIFF
Ein schweres Objekt wird von der Egypt, *die 120 m (400 Fuß) tief liegt, hochgehievt, was das Schiff zum Krängen bringt. Die Berger verloren 1930 ein Schiff und mehrere Taucher bei der Arbeit an einem anderen Wrack.*

Tauchhelm
Die glatte Oberfläche half, den Wasserwiderstand zu verringern

Gesprengtes Deck
Um den Tresorraum zu erreichen, sprengten sich die Berger einen Weg durch das Schiff

Greifzangen
Per Hand innerhalb des Panzeranzugs bedient, konnten damit Gegenstände aufgenommen werden

Gelenke
Die wasserdichten Gelenke an Hüfte, Knie und Knöchel gaben Bewegungsfreiheit

Tresorraum
Gold und Silber waren in dieser engen Kammer drei Decks tief im Schiff gestaut

TAUCHER-SPEZIALANZUG
Mit solchen Panzeranzügen rüstete die Bergegesellschaft Sorima ihre Taucher aus. Damit konnten sie in großen Tiefen arbeiten, was auch bei der Egypt *der Fall war. Doch der Einsatz eines Greifers erwies sich schließlich als effektiver.*

Zerborstener Rumpf
Während die Berger am Schiff arbeiteten, brach der Rumpf nach außen auf den Grund

Weißgestrichener Rumpf
Er half, die *Egypt* zu identifizieren: Das Zugkabel brach am Wrack und war mit weißer Farbe markiert, als es an die Oberfläche kam

Doch ein weitsichtiger schwedischer Ingenieur, Peter Sandberg, dachte, daß Fortschritte in der Konstruktion von Unterwassergeräten schließlich die Bergung ermöglichen müßten. Feste Stahlkonstruktionen, die den Wasserdruck in Tiefen von 150 m (500 Fuß) und mehr aushalten konnten, waren schon entstanden. Sandberg baute selbst einen Apparat, den er das „Auge" nannte und den er mit ausgeklügelten Unterwasserwerkzeugen zum Eindringen ins Schiff und zum Bergen der Fracht ausrüsten wollte. Zunächst mußte er jedoch das Wrack lokalisieren.

Nach zwei vergeblichen Versuchen, die *Egypt* zu finden, tat sich Sandberg mit der italienischen Gesellschaft Sorima zusammen, die von Commendatore Quaglia geleitet wurde. Sorima verfügte über die modernste Bergetechnik und hatte im Mittelmeer mit von Neufeldt und Kuhnke gerade neu entwickelten Taucheranzügen gearbeitet, die stark genug waren, um den Wasserdruck in 120 m (400 Fuß) Tiefe auszuhalten. Mehr als ein Jahr verbrachte das Team mit der Suche nach dem Wrack und setzte dabei die verschiedensten Methoden ein, darunter auch einen Kapuzinermönch, der mit der Wünschelrute Metall nachweisen sollte, und ein primitives Magnetometer. Doch den Erfolg brachte schließlich eine altmodische Methode: Am 30. August 1930 verfing sich ein zwischen zwei Schiffen gespanntes Kabel in einem Objekt am Meeresgrund, das sich als die *Egypt* erwies.

Der Weg zum Schatz wird freigesprengt

Sorima entwickelte eine einfachere bemannte Beobachtungskammer, die Sandbergs „Auge" glich, aber statt mit Werkzeugen am Meeresgrund zu arbeiten, wurde ein Greifer mit Winden an der Seite des Bergeschiffs herabgelassen. Der Greifer legte Sprengkörper auf das Wrack, die dann vom Schiff über Fernbedienung gezündet wurden. Nach jeder Sprengung entfernte der Greifer Metallhindernisse. Auf diese Weise arbeitete sich Sorima allmählich im Schiff bis zum Tresorraum hinunter. Das erste Gold wurde erst am 22. Juni 1932 geborgen, fast zwei Jahre, nachdem das Wrack gefunden worden war, und mehr als 10 Jahre nach seinem Untergang. Noch ein Jahr dauerte die Arbeit, dann war bis auf 36.693 £ alles Gold und Silber geborgen. Unentdeckt blieben bis heute 14.929 Sovereigns, 17 Goldbarren und 30 Silberbarren.

DIE TRIUMPHIERENDEN BERGER MIT EINEM TEIL DES GEBORGENEN GOLDES
Dies ist ein Erinnerungsphoto für die sehr erfolgreiche Bergeaktion. Oben rechts sieht man Quaglia, den Leiter des Projekts. Als die Arbeit 1933 abgebrochen wurde, hatten sie für über 1 Million £ Sterling Gold und Silber geborgen.

DIE
ANDREA DORIA

Die *Andrea Doria*, benannt nach einem berühmten Genueser Admiral des 16. Jahrhunderts, war eines der letzten der großen Transatlantik-Linienschiffe. Bald nachdem dieses Schiff 1956 seine letzte Reise gemacht hatte, wurde das Angebot an Langstreckenflügen so groß, daß das Geschäft mit den Linienschiffen zusammenbrach.

Die *Andrea Doria* verließ Genua in Italien am 17. Juli, Zielhafen war New York mit Zwischenstopps in Cannes und Gibraltar. Alles verlief in üblicher Unterhaltsamkeit und erzwungener Muße bis zum 25. Juli, als sie gerade einen Tag vor der Ankunft in New York in der Nähe des Nantucket-Feuerschiffs in Nebel lief. Diese Gegend ist für ihren Nebel berüchtigt, der durch das Zusammentreffen des warmen Golfstroms mit den aufsteigenden kälteren Wasserströmungen aus dem Norden entsteht. Der Kapitän der *Andrea Doria*, Piero Calmai, befahl eine Verminderung der Fahrt um wenig mehr als einen Knoten. Das war eine vernünftige Entscheidung: Nebel waren nicht unüblich, die Fahrpläne der Linienschiffe eng kalkuliert, und die *Andrea Doria* war mit der neuesten Radartechnik ausgerüstet.

Kollisionskurs

Etwa um 22.20 Uhr änderte die *Andrea Doria* ihren Kurs und hielt direkt auf New York zu. Um 22.45 Uhr machte man auf dem Radarschirm ein Schiff aus, das im Abstand von etwa 27 km (14,5 sm) auf sie zu hielt. Dieses Schiff war die *Stockholm*, ein schwedisch-amerikanisches Linienschiff. Um 22.50 Uhr zeigte das Radar der *Stockholm* die *Andrea Doria* im Abstand von 19 km (10,3 sm). Keines der Schiffe reduzierte seine Geschwindigkeit erheblich.

Die Schiffe waren weniger als 1,6 km (unter einer Seemeile) voneinander entfernt, als sie sich schließlich gegenseitig sahen, eine Distanz, in der Schiffe dieser Größe nicht zum Stillstand kommen können. Schlimmer noch, beide beurteilten die Aktionen des jeweils anderen falsch. Die *Stockholm* drehte

DIE GERADE GEBAUTE *ANDREA DORIA* 1952
Die Andrea Doria *wurde auf der Werft Ansaldo im italienischen Genua für die Italia Line gebaut. Sie war für drei Klassen mit separaten Swimmingpools, Tanz- und Speisesälen eingerichtet. Auf ihrer letzten Reise waren in der Ersten Klasse 190, in der Kabinenklasse 267 und in der Touristenklasse 677 Passagiere an Bord.*

DIE PASSAGIERE

Auf der Passagierliste der letzten Reise der *Andrea Doria* war unter anderen auch der Liedtexter Mike Stoller, der kurz danach als Autor von Elvis Presleys „Hound Dog" berühmt wurde.

Andere Passagiere stammten von beiden Enden des sozialen Spektrums: Sehr Reiche, die den Komfort und Luxus einer Schiffsreise dem Flugzeug vorzogen, und sehr arme Emigranten in die Neue Welt, für die eine Kabine tief unten im Schiff die billigste Form des Reisens bedeutete.

Die Brücke
Dort erschien auf dem Radarschirm zuerst die Stockholm

Ladekran

EINIGE FAKTEN

Bruttotonnage	29.083 t
Länge	200 m (656 Fuß)
Spitzengeschwindigkeit	23 Knoten
Route	von Genua nach New York

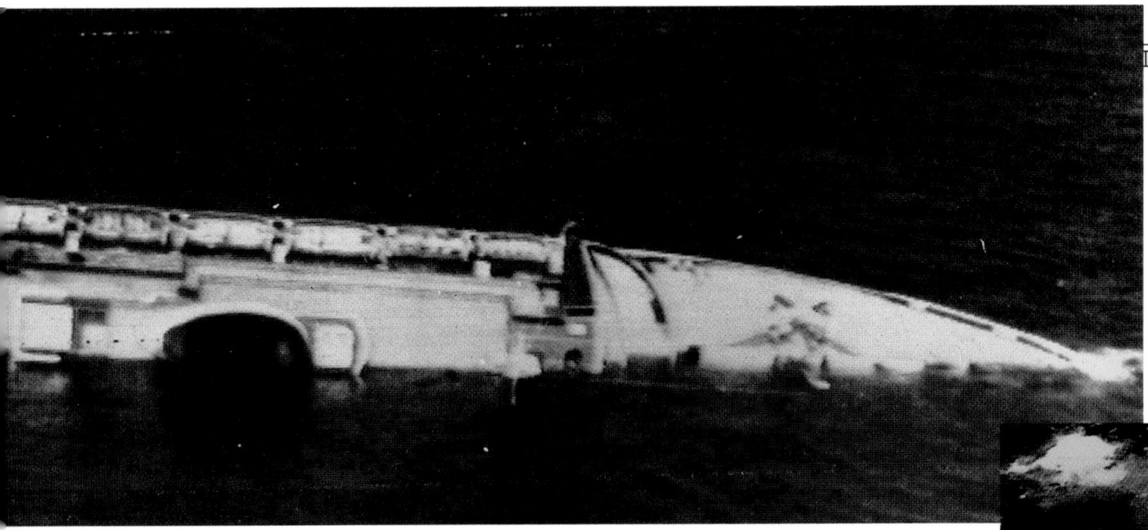

DIE *ANDREA DORIA* ROLLT AUF DIE SEITE
Das dramatische Photo links zeigt die letzten Momente der Andrea Doria. *Da nach der Kollision mit der* Stockholm *mehrere Stunden vergingen, bis das Schiff sank, war Zeit genug für solche Photos.*

LUFTAUFNAHME VOM SINKENDEN SCHIFF
Sekunden nach dem Photo links sank die Andrea Doria *73 m (240 Fuß) tief auf den Meeresgrund. Zurück blieben nur die zusammenschlagenden Wellen und Treibgut.*

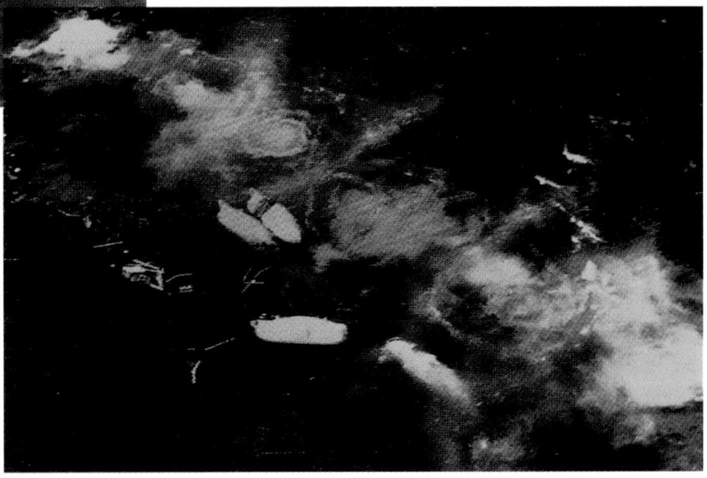

nach Steuerbord, weil sie dachte, die *Andrea Doria* befände sich an ihrer Backbordseite. Doch die *Andrea Doria* drehte ebenfalls nach Backbord und ignorierte damit eine der grundlegenden Schiffahrtsregeln: Ein Schiff sollte sich eher zu der Gefahr hindrehen, als seine Flanke dem Bug eines näherkommenden Schiffes zu öffnen. Das Ergebnis war eine schreckliche Kollision um 23.10 Uhr, bei der sich der scharfe Bug der *Stockholm* tief in die *Andrea Doria* hineinbohrte und 46 Passagiere tötete. Fünf Besatzungsmitglieder der *Stockholm* wurden ebenfalls getötet. Die Kollision fand auf einer vielbefahrenen Schiffahrtsroute statt, und so kamen mehrere Schiffe schnell zur Hilfe. Die *Andrea Doria* sank, doch die *Stockholm* konnte sich in den Hafen retten.

Schatz-Legenden

Die *Andrea Doria* lag in tiefem Wasser, doch trotzdem wurden in den Tagen nach dem Unglück mehrere Tauchgänge unternommen, um das Wrack zu photographieren. Einer der ersten Taucher war Peter Gimbel, der von dem Wrack besessen wurde. In den folgenden Jahren entstanden Gerüchte über fabelhafte Schätze in Form von Juwelen und Geld, die in den Schiffstresoren lägen. 1985 finanzierte Gimbel eine Expedition, die den Schiffstresor zutage förderte, doch zu seiner Enttäuschung fand sich nur Papiergeld.

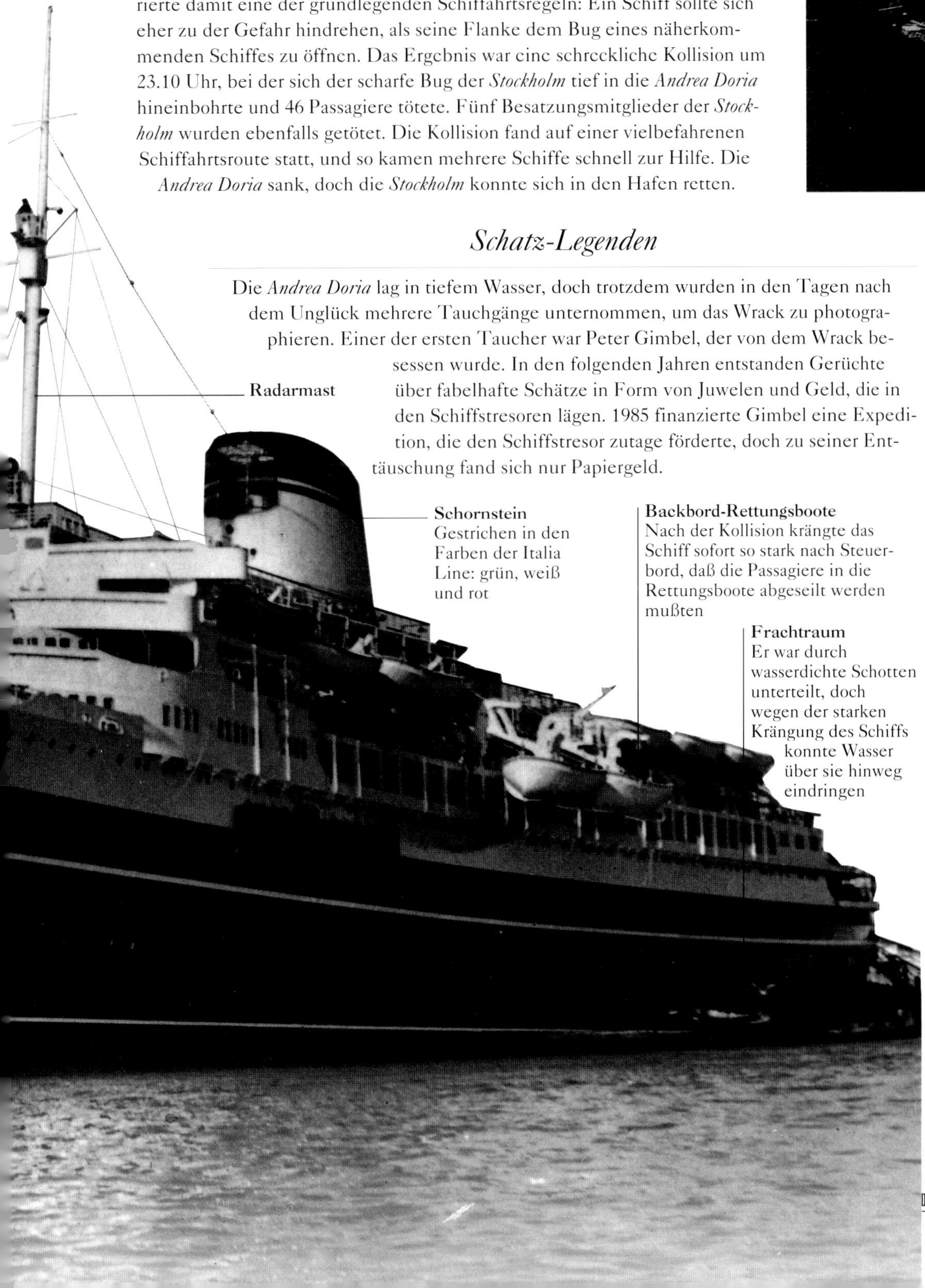
Radarmast
Schornstein
Gestrichen in den Farben der Italia Line: grün, weiß und rot
Backbord-Rettungsboote
Nach der Kollision krängte das Schiff sofort so stark nach Steuerbord, daß die Passagiere in die Rettungsboote abgeseilt werden mußten
Frachtraum
Er war durch wasserdichte Schotten unterteilt, doch wegen der starken Krängung des Schiffs konnte Wasser über sie hinweg eindringen

GRÜNDE FÜR DAS SINKEN DER *ANDREA DORIA*

Die Konstrukteure dieses luxuriösen Passagierschiffs behaupteten, es sei unsinkbar. Es besaß 11 wasserdichte Schotten, und nur eine Abteilung war bei der Kollision mit der *Stockholm* zerstört worden, so daß das Schiff eigentlich nicht hätte sinken dürfen. Doch die *Andrea Doria* war kurz vor dem Ende ihrer Reise; Treibstoff und Frischwasser waren fast aufgebraucht, doch hatte die Besatzung nicht die leeren Tanks mit Seewasser geflutet, möglicherweise weil dies wertvolle Zeit in Anspruch genommen hätte und die Kapitäne der Linienschiffe unter Druck standen, die engen Fahrpläne einzuhalten. Als die *Stockholm* sich dann in die Steuerbordseite bohrte und Seewasser hineinströmte, krängte die *Andrea Doria* sofort so stark, daß das Wasser über die Schotten hinweg in die übrigen Abteilungen zu laufen begann und diese damit nutzlos machte.

ÜBERLEBENDE DER *ANDREA DORIA* IN NEW YORK
Diese Überlebenden wurden von der Île de France, *einem französischen Linienschiff, aufgenommen. Insgesamt wurden 1.600 Passagiere und Besatzungsmitglieder gerettet.*

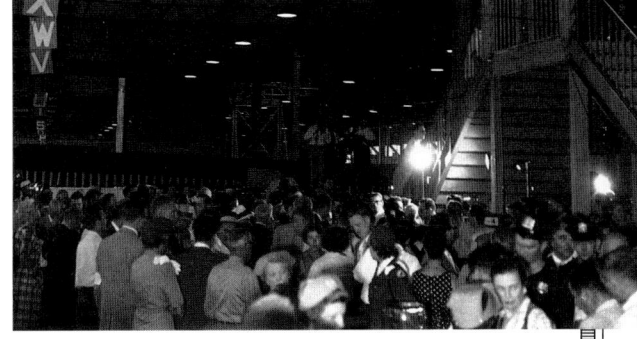

ZWEITER WELTKRIEG

Ende 1939 und im Jahr 1940, als die deutschen Armeen in die Niederlande, nach Belgien, Frankreich und Polen einmarschierten, wurden riesige Mengen an Gold und anderen Wertgegenständen mit Kriegs- und Passagierschiffen aus Europa abtransportiert. Alleine 7.500 Tonnen Goldreserven aus Regierungsbesitz im heutigen Wert von 54 Milliarden £ Sterling wurden zumeist in die Vereinigten Staaten, nach Kanada oder Westafrika gebracht. Außerdem wurden Wertpapiere in ähnlicher Höhe und eine unbekannte Menge privaten Reichtums verladen. Die Evakuierung fand oft so hastig statt, daß das Gold nicht angemessen verpackt wurde. Gold ist bei geringem Volumen extrem schwer, und so konnte solches Gewicht übliche Deckstrukturen schwächen, wenn nicht zusätzliche Träger eingebaut wurden. Für die Passagierschiffe war dies ein geringeres Problem; denn im allgemeinen transportierten sie kleinere Mengen und besaßen ordentlich eingerichtete Tresorräume. Kriegsschiffe transportierten Gold üblicherweise in Munitionskästen oder Torpedokammern.

Erfolgreiche Goldtransporte

Vielleicht noch ungewöhnlicher als die pure Masse dieses aus Europa flüchtenden Reichtums ist die Tatsache, daß mit einer Ausnahme diese riesige Menge an evakuiertem Gold in den ersten Monaten des Krieges alle seine Bestimmungsorte erreichte. Und dies, obwohl das Gold in einer Zeit transportiert wurde, in der deutsche U-Boote große Verwüstungen unter alliierten Schiffen anrichteten. Im Gegensatz dazu gab es in den späteren Kriegsjahren, als das Verlustrisiko wesentlich geringer war, eine Anzahl von nachweisbaren Verlusten. Eine Theorie besagt, daß tatsächlich 1940 Gold verloren ging, dies aber offiziell verschwiegen wurde, um die Glaubwürdigkeit der britischen Finanzwelt zu erhalten.

Fast 50 Prozent des flüchtenden Goldes stammte aus Großbritannien und war für die Vereinigten Staaten oder Kanada bestimmt. Frankreich war der zweite große Exporteur von Gold, und das meiste französische Gold ging in die westafrikanische Kolonie Dakar. Neben den Hauptrouten von Europa über Großbritannien in die Vereinigten Staaten oder Kanada und von Frankreich nach Dakar, wurde Gold und Silber über mehrere andere Routen in Sicherheit gebracht. Deutsche und japanische Schatztransporte fanden in viel geringerem Umfang statt. Über beide Länder gehen Gerüchte um, sie hätten große Mengen an Werten evakuiert, aber Einzelheiten über diese Transporte sind selten, und die meisten Geschichten von fabelhaften Schätzen haben sich niemals als wahr erwiesen.

GAIRSOPPA ③
Dieses umgebaute britische Passagierschiff transportierte 1941 Silber von Bombay in Indien nach England, als es vor Irland von einem deutschen U-Boot versenkt wurde; es gab nur einen Überlebenden.

EMPIRE MANOR ①
1944 wurde dieses Schiff bei einer Kollision in einem Konvoi, der von New York nach Großbritannien unterwegs war, beschädigt. 62 der 70 Goldbarren an Bord wurden geborgen.

I-52 ②
Dieses japanische U-Boot, das von Singapur nach Lorient in Frankreich unterwegs war, wurde vermutlich 1944 durch Wasserbomben amerikanischer Flugzeuge versenkt (s. S. 116–117).

CITY OF CAIRO ④
1942 wurde dieses Schiff, das Flüchtlinge via Indien nach England transportierte, mitten im Atlantik von einem U-Boot torpediert. Die Überlebenden verbrachten Wochen in offenen Booten auf See, bevor einige von ihnen gerettet wurden (s. S. 114–115).

NORDSEE

GROSS- BRITANNIEN

DEUTSCHLAND

BELGIEN

Brest
Lorient

FRANKREICH

La Coruña

Halifax

New York

Norfolk

FRANZÖSISCH NORD- AFRIKA

DEUTSCH- BESETZTES AFRIKA

FRANZÖSISCH WEST- AFRIKA

Dakar

ATLANTISCHER OZEAN

SÜDAMERIKA

Recife

St. Helena

WASSERDICHTE LAMPE
Solche Taschenlampen wurden von der britischen Armee im Zweiten Weltkrieg auf U-Booten verwendet.

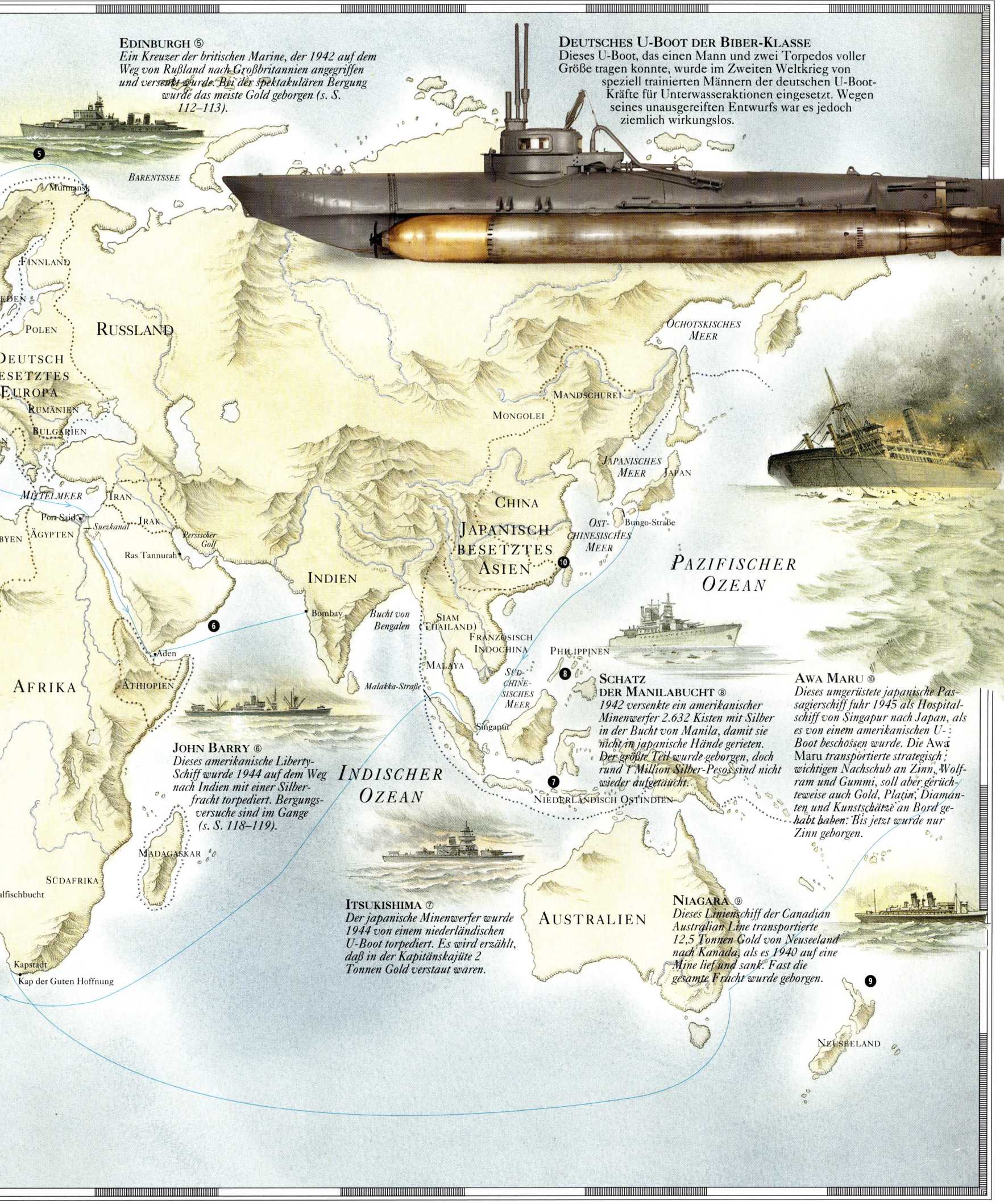

EDINBURGH ⑤
Ein Kreuzer der britischen Marine, der 1942 auf dem Weg von Rußland nach Großbritannien angegriffen und versenkt wurde. Bei der spektakulären Bergung wurde das meiste Gold geborgen (s. S. 112–113).

DEUTSCHES U-BOOT DER BIBER-KLASSE
Dieses U-Boot, das einen Mann und zwei Torpedos voller Größe tragen konnte, wurde im Zweiten Weltkrieg von speziell trainierten Männern der deutschen U-Boot-Kräfte für Unterwasseraktionen eingesetzt. Wegen seines unausgereiften Entwurfs war es jedoch ziemlich wirkungslos.

BARENTSSEE

Murmansk

FINNLAND

RUSSLAND

POLEN

DEUTSCH
ESETZTES
EUROPA

RUMÄNIEN

BULGARIEN

MITTELMEER   IRAN

Port Said   Suezkanal   IRAK

ÄGYPTEN   Ras Tannurah   Persischer Golf

IBYEN

AFRIKA

ÄTHIOPIEN

MADAGASKAR

SÜDAFRIKA

Walfischbucht

Kapstadt

Kap der Guten Hoffnung

INDIEN

Bombay

Bucht von
Bengalen

SIAM
(THAILAND)

FRANZÖSISCH
INDOCHINA

MALAYA

Malakka-Straße

SÜD-
CHINE-
SISCHES
MEER

Singapur

INDISCHER
OZEAN

OCHOTSKISCHES
MEER

MANDSCHUREI

MONGOLEI

JAPANISCHES
MEER   JAPAN

CHINA

JAPANISCH
BESETZTES
ASIEN ⑩

OST-
CHINESISCHES   Bungo-Straße
MEER

PHILIPPINEN ⑧

NIEDERLÄNDISCH OSTINDIEN ⑦

AUSTRALIEN

PAZIFISCHER
OZEAN

NEUSEELAND ⑨

JOHN BARRY ⑥
Dieses amerikanische Liberty-Schiff wurde 1944 auf dem Weg nach Indien mit einer Silberfracht torpediert. Bergungsversuche sind im Gange (s. S. 118–119).

ITSUKISHIMA ⑦
Der japanische Minenwerfer wurde 1944 von einem niederländischen U-Boot torpediert. Es wird erzählt, daß in der Kapitänskajüte 2 Tonnen Gold verstaut waren.

SCHATZ DER MANILABUCHT ⑧
1942 versenkte ein amerikanischer Minenwerfer 2.632 Kisten mit Silber in der Bucht von Manila, damit sie nicht in japanische Hände gerieten. Der größte Teil wurde geborgen, doch rund 1 Million Silber-Pesos sind nicht wieder aufgetaucht.

NIAGARA ⑨
Dieses Linienschiff der Canadian Australian Line transportierte 12,5 Tonnen Gold von Neuseeland nach Kanada, als es 1940 auf eine Mine lief und sank. Fast die gesamte Fracht wurde geborgen.

AWA MARU ⑩
Dieses umgerüstete japanische Passagierschiff fuhr 1945 als Hospitalschiff von Singapur nach Japan, als es von einem amerikanischen U-Boot beschossen wurde. Die Awa Maru transportierte strategisch wichtigen Nachschub an Zinn, Wolfram und Gummi, soll aber gerüchteweise auch Gold, Platin, Diamanten und Kunstschätze an Bord gehabt haben. Bis jetzt wurde nur Zinn geborgen.

HMS
EDINBURGH

„MOON POOL" AUF DEM BERGESCHIFF
Durch diese „Mondwanne", eine Öffnung im Boden des Bergeschiffs, wurde eine Kapsel mit Tauchern zur HMS Edinburgh herabgelassen. Um die zeitraubende Dekompression nach jedem Tauchgang zu vermeiden, lebten die Taucher wochenlang in dieser Kammer und atmeten dabei eine Mischung aus Helium und Oxygen. Sie arbeiteten in mehreren Schichten.

Während des Krieges gab es kaum unriskante Schiffahrtsrouten, doch die Schiffskonvois, die im Jahre 1942 Zinn, Aluminium, Panzer und Flugzeuge von England nach Rußland brachten, machten besonders traurige Erfahrungen. Um Rußland, das gerade in den Krieg gegen Deutschland eingetreten war, mit Rüstungsmaterialien zu versorgen, war es lebenswichtig, diese Routen offenzuhalten. Das Risiko des Angriffs durch deutsche U-Boote und Flottenverbände war ständig vorhanden. Außerdem waren die Wetterverhältnisse in den arktischen Regionen eisig und feindlich: Es konnte sich soviel Eis auf den Decks eines Schiffes bilden, daß es in Gefahr geriet, topplastig zu werden. Jeder Seemann, der unglücklicherweise ins Wasser geriet, hatte dort eine Überlebenschance von nur einigen Minuten.

Am 29. April 1942 verließ das große, schwer bewaffnete Kriegsschiff *HMS Edinburgh* den russischen Eismeerhafen Murmansk, um den Konvoi QP 11 auf seiner Rückreise nach England zu eskortieren. An Bord waren 850 Mann, die Spitzengeschwindigkeit betrug 32,5 Knoten. In einem seiner Bombenräume tief unten im Rumpf transportierte es auch schätzungsweise 4,5 Tonnen Gold in 93 Kisten, das damals 1.547.080 £ Sterling wert war. Dieses Gold war Teil von Stalins Zahlung für den Kriegsnachschub, den Rußland erhalten hatte.

Deutsche Luftüberwachung hatte schon die Zusammenstellung des Konvois in Murmansk beobachtet, und am 30. April feuerte das U-Boot 456 einen Torpedo ab, der *HMS Edinburgh* auf der Steuerbordseite traf. Das Schiff krängte sofort stark, doch wurden die Schotten geschlossen, so daß das Seewasser nur in den Bereich eindrang, den der Torpedo getroffen hatte. Doch einige Männer, die zu der Zeit unter Deck waren, wurden direkt getötet, und höchstwahrscheinlich waren andere eingeschlossen und konnten vor dem eindringenden Wasser nicht fliehen. Ein zweiter Torpedo traf das Heck und beschädigte die Ruderanlage. *HMS Edinburgh* versuchte nach Murmansk zurück zu humpeln, doch wegen der beschädigten Ruderanlage fuhr es im Kreis und kam kaum voran.

Am 2. Mai wurde *HMS Edinburgh* von drei deutschen Zerstörern angegriffen, und dabei kamen 57 weitere Besatzungsmitglieder um. Die restliche Besatzung verließ das Schiff und flüchtete auf einen der britischen Zerstörer aus ihrer Begleitung. Dann brachten die Briten das Schiff zum Sinken, damit seine Goldfracht nicht dem Feind in die Hände fiel.

DIE BERGUNG

Im April 1981 sandte die Bergegesellschaft Jessop Marine ihr Vermessungsschiff *Dammtor* in die Barentssee, um nach dem Wrack der *HMS Edinburgh* zu suchen. Nach einer Suche von nur 10 Tagen fand man das Schiff ungefähr auf der Position 72°00'N 35°00'E. Ein ferngesteuertes Fahrzeug machte detaillierte Filmaufnahmen vom Wrack, die die Bergegesellschaft analysierte, um ihre Vorgehensweise zu planen. Noch am 30. August des gleichen Jahres machte sich das Taucherschiff *Stephaniturm* mit einem Team handverlesener Tiefseetaucher auf den Weg ins Eismeer. Es hatte die neueste Tauchausrüstung an Bord.

Alle, die an der Bergung beteiligt waren, auch die Taucher, arbeiteten auf der Baisis „no cure no pay": Wenn das Gold nicht geborgen wurde, erhielten sie nichts. Die Tauchunternehmung war ein Triumph genauester Planung und physischer Ausdauer. Kein Taucher hatte bisher in solchen Tiefen längere Zeit gearbeitet. Einige Taucher litten an schlimmen Ohrinfektionen, einer üblichen Berufskrankheit, und andere erlitten Quetschungen oder verbrannten sich die Füße an dem heißen Wasser, das in ihren Tauchanzügen zirkulierte, damit sie in dem arktischen Gewässer nicht erfroren.

SCHWESTERSCHIFF DER *HMS EDINBURGH*
Die HMS Belfast *ist in Konstruktion und Ausstattung mit dem Kriegsschiff* HMS Edinburgh *identisch. Es war 187 m (613.5 Fuß) lang und wog 10.000 t. 1942 wurde die* HMS Edinburgh *von einem deutschen U-Boot angegriffen. Sie hatte eine Sendung russischen Goldes für England an Bord.*

100-mm-Kanonen
Diese Flugabwehrkanonen hatten eine Reichweite von über 16 km und konnten auch Ziele an der Wasseroberfläche beschießen

Achterdeck
Es wurde bei einem deutschen Angriff aufgerissen

Wahl der Bergegesellschaft

BLICK AUF DAS GOLD
Die russischen Goldbarren lagen auf der HMS Edinburgh in Holzkisten in einem der ursprünglichen Bombenräume verstaut. In der oberen linken Ecke dieses Unterwasserphotos sieht man eine der Bomben.

Das Gold der *HMS Edinburgh* lag vor Rußland, 245 m (800 Fuß) unter dem Meeresspiegel, aber man hatte es keineswegs vergessen. 1954 gab die britische Regierung der Bergegesellschaft Risdon Beazley Ltd die Erlaubnis zur Bergung, doch gab es damals viele andere, unmittelbar anzugehende attraktive Ziele in weniger politisch empfindlichen Gewässern, so daß das Projekt verschoben wurde. 1957 wurde *HMS Edinburgh* zum Kriegsgrab deklariert, was später bedeutsam wurde, als verschiedene Firmen sich in den frühen 80er Jahren erneut um einen Vertrag bemühten.

Ende der 70er Jahre war erneut Interesse am Wrack entstanden. Die britische Regierung wollte unbedingt das Gold geborgen sehen. Es galt nicht nur als willkommene Zusatzeinnahme für den Finanzminister, sondern die Gefahr war auch gewachsen, daß sich Piraten an das Schiff heranmachen oder die Russen versuchen könnten, es selbst zu bergen, wenn nicht bald ein Vertragsunternehmen gefunden war.

Jessop Marine, eine von dem Taucher Keith Jessop geleitete Bergefirma, erhielt den Vertrag, wohl auch, weil die Regierung der Meinung war, daß ihre Methoden, mit Schneidemaschinen und Tauchern an das Wrack heranzugehen, für ein Kriegsgrab geeigneter waren als die anderer Mitbewerber, die das Schiff sprengen wollten. Jessop Marine bedingte sich 45 Prozent der geborgenen Werte aus, und der Rest sollte zu einem Drittel an die britische Regierung und zu zwei Dritteln an Rußland gehen, was dem Verhältnis der ursprünglichen Kriegsversicherung entsprach.

Am 15. September 1981 drang ein Taucher in das Wrack vor und barg einen Barren Gold. Bis am 7. Oktober schlechtes Wetter den Abbruch der Bergung erzwang, waren 431 der insgesamt 465 Barren geborgen worden, die mehr als 43 Millionen £ Sterling wert waren.

Identifizierungszeichen
CCCP und Hammer und Sichel weisen diesen Goldbarren als Eigentum der russischen Regierung aus

GOLDBARREN VON DER *HMS EDINBURGH*
Dies ist der erste der 431 Goldbarren, die von der Jessop Marine aus einem der Bombenräume des Wracks geborgen wurden. Er wurde 1937 in Moskau gegossen.

DER TRIUMPHIERENDE KEITH JESSOP
Der Berger und Mitglieder seiner Tauchergruppe feiern die Bergung des ersten Goldbarrens am 15. September 1981 von der HMS Edinburgh. Innerhalb von drei Wochen wurden 430 weitere Goldbarren aus dem Wrack geborgen.

Bombenräume
Sie lagen an der Steuerbordseite, und in ihnen wurden außer Bomben auch das Gold verstaut

Trefferbereich
Der erste Torpedo, den U-456 abschoß, traf dicht bei den Bombenräumen und beschädigte die *HMS Edinburgh* schwer

Flugzeugdeck
Die *HMS Edinburgh* trug zwei Aufklärungsflugzeuge, die von diesem Deck per Katapult gestartet wurden; bei der Rückkehr landeten sie auf dem Wasser und wurden per Kranwinden an Bord zurückgeholt

Leitturm
Kampftätigkeiten wurden von diesem Kontrollturm, der mit Ausgucks bemannt war, geleitet

152-mm-Kanonen
Mit ihnen wurden feindliche Schiffe auf eine Entfernung bis zu 22,5 km mit 50-kg-Geschossen angegriffen

EINIGE FAKTEN

Schatz	93 Kisten mit Gold
Bergung	fast vollständig
Route	von Rußland nach England

DIE
CITY OF CAIRO

Die *City of Cairo* war 1915 für Ellerman Lines in Hull in England gebaut worden und besaß zwei Decks, zwei Masten, ein Ladevermögen von 8.034 t und war 137 m (449,9 Fuß) lang. Am 1. Oktober 1942 lag sie in den Docks von Bombay in Indien, bereit zur Abreise nach England um das Kap der Guten Hoffnung. Das Schiff hatte eine Besatzung von 150 Mann und trug 150 Passagiere, von denen fast ein Drittel Frauen und Kinder waren. Die meiste Fracht, Baumwolle und Manganerz, war bereits übernommen. Im letzten Augenblick fuhren schwer beladene Armeelastwagen am Kai auf, und etwa 2.000 Kisten mit Silbermünzen (85 Millionen Gramm Silber) wurden in den Frachträumen versenkt. Die Anforderungen des Krieges führten manchmal dazu, daß große Schätze auf den unwahrscheinlichsten Fahrzeugen wie auf diesem Passagierschiff eingeschifft wurden.

Der erste Teil der Reise nach Kapstadt verlief ereignislos aber langsam, da die *City of Cairo* nur eine Höchstgeschwindigkeit von 12 Knoten hatte und ihre Maschinen sehr viel Qualm ausstießen, was beides zu U-Boot-Angriffen einlud. Zahlreiche U-Boote operierten vor Südafrika und hatten bereits von alliierten Schiffen einen schweren Zoll gefordert.

Fahrt in die Gefahr

Der gefährlichste Teil der Reise war der Abschnitt von Kapstadt nach Recife in Brasilien. Die *City of Cairo* verließ Kapstadt am 1. November und folgte der afrikanischen Küste bis auf die Breite von 23°30'S, wo sie nach Westen über den Atlantik abdrehte. Sie hatte keine Eskorte, und man hatte ihr empfohlen, im Zickzack zu fahren, bis sie sichere Gewässer erreichte. Am 6. November begannen sich Passagiere und Besatzung etwas zu entspannen, weil sie dachten, das Schlimmste sei vorüber.

Zum gleichen Zeitpunkt bemerkte Karl-Friedrich Merten, der Kommandant von *U-68*, das über Wasser fuhr, eine Rauchsäule am Horizont. Ob dieser Rauch von einer Schwefelkerze stammte, mit der man eine Katze, die als blinder Passagier an Bord versteckt war, ausräuchern wollte (s. rechts), oder durch das Wiederauftreten des alten Problems mit den qualmenden Maschinen verursacht war, ist unbekannt. Eine Stunde später feuerte Merten einen Torpedo auf die *City of Cairo* ab, der den Rumpf durchbohrte und

auch einige der Kisten mit den Silbermünzen zerstörte.

Sobald er begriffen hatte, was geschehen war, befahl Kapitän Rogerson, das Schiff zu verlassen. Alle Frauen und Kinder gingen sicher von Bord, und nur sechs Menschen kamen bei der Evakuierung um. Um den Menschen an Bord die Flucht zu ermöglichen, feuerte Merten erst zwanzig Minuten nach dem ersten einen zweiten Torpedo ab, und die *City of Cairo* sank mit dem Heck zuerst zusammen mit ihrer wertvollen Fracht.

Überlebende in Rettungsbooten

Merten nahm Menschen aus dem Rettungsboot, das seinem Schiff am nächsten war, ins Kreuzverhör, und informierte sie über ihre Position. Es gab sechs kleine, offene Boote, die mit fast 300 Überlebenden schwer überladen waren; eines besaß einen kleinen Motor, aber wenig Treibstoff. Sie waren mehr als 1.600 km (864 sm) von der afrikanischen Küste und doppelt so weit von Südamerika entfernt, und dazwischen lag nur die winzige Insel St. Helena 800 km (432 sm) nördlich. Angesichts der sehr beschränkten Vorräte gab es nur eine Entscheidung: St. Helena anzusteuern. Das Problem lag darin, eine so winzige Insel inmitten des riesigen, leeren Ozeans zu finden. Zum Navigieren hatten die Überlebenden nur einen Sextanten, eine Oyster Rolex Uhr und mehrere Kompasse, so daß es lebenswichtig war, daß alle sechs Boote zusammenblieben.

Die Überlebenden berechneten, daß sie St. Helena in zwei bis drei Wochen erreichen könnten, und rationierten das Trinkwasser entsprechend. Jeder durfte nur 110 ml am Tag

VERSENKTE KATZE SCHIFF?

Eine Katze, die in Bombay als blinder Passagier an Bord der *City of Cairo* gekommen war, spielte möglicherweise eine Rolle beim Versenken des Schiffs. Sie hatte sich in einem der Rettungsboote verborgen, und man versuchte sie mit einer Schwefelkerze auszuräuchern. Der Kommandant des deutschen U-Boots hatte eine Rauchsäule ausgemacht. Die Katze überlebte den Torpedo und flüchtete auf eines der Rettungsboote, verlor jedoch zwei Wochen später ihr Leben, nachdem die Menschen im Boot gerettet, das Boot jedoch versenkt worden war, um kein Schiffahrtshindernis zu sein.

verbrauchen, obwohl sie der gnadenlosen Tropensonne ausgesetzt waren.

Anfangs hatten die Schiffbrüchigen Glück mit schönem und ruhigem Wetter. Doch hielt das Glück nicht lange an: Die Boote waren so überbemannt, daß es unmöglich war, sich in ihnen zu bewegen; sie leckten so stark, daß alle ständig im Wasser saßen; und während die Tage brennend heiß waren, wurde es nachts bitter kalt.

Gesundheit und Mut von Besatzung und Passagieren begannen zu schwinden. Man begann zu diskutieren, ob nicht die Kränksten zusätzliches Wasser erhalten oder für die Kräftigsten, auf die sie sich alle verlassen mußten, zusätzliche Essensrationen aufgespart werden sollten.

Die Flottille zerstreut sich

Das schnellste der Boote verließ die Flottille am 11. November, um vorauszueilen und Hilfe zu holen. In der Nacht zum 12. ging der Kontakt zu einem weiteren Boot verloren. In der folgenden Nacht kam ein Sturm auf, und bei einem dritten Boot brach eine Spiere; ein viertes sah dessen Notsignal und kam zu Hilfe. Am folgenden Morgen hatte sich die Gruppe vollständig aufgelöst, und Kapitän Rogersons Boot war als einziges noch mit dem Navigationsboot in Kontakt, von dem sie alle vollständig abhingen.

DAS AUSGEBROCHENE BOOT

Das schnellste der sechs Rettungsboote der torpedierten *City of Cairo* stand unter dem Kommando des Ersten Offiziers Sidney Britt. Er entschied, vorauszufahren, um St. Helena schnell zu erreichen und Hilfe für die anderen Boote zu organisieren. So brach er am 11. November vom Rest der Flottille aus. Nach einer Woche wurde es den 54 Menschen an Bord klar, daß sie die Insel verfehlt hatten. Ihr Mut sank. Nachts zapfte einer unerlaubt Wasser aus dem kostbaren Vorrat. Britt starb am 20. November, und mehrere gaben den Kampf auf und ließen sich über Bord fallen. Als das Boot vom deutschen Blockadebrecher *Rhakotis* am 12. Dezember aufgenommen wurde, befand es sich 800 km (432 sm) nordwestlich von St. Helena. Es gab nur drei Überlebende, und einer von ihnen starb nach der Rettung. Die anderen beiden wurden noch einmal schiffbrüchig, als die *Rhakotis* selbst versenkt wurde. Einer von ihnen erreichte England, aber der andere wurde Kriegsgefangener.

Rettung der Überlebenden

Am frühen Morgen des 19. November sichteten die Menschen in dem Boot, das am 12. den Kontakt zu den anderen verloren hatte, am Horizont ein Schiff. Sie signalisierten mit Lampen und schossen SOS-Signale in die Luft. Nach quälenden Augenblicken drehte das Schiff, die *SS Clan Alpine*, auf das kleine Boot zu und rettete die Insassen. Die meisten lebten noch, waren jedoch sehr schwach. Erstaunlicherweise war das Boot, das in der letzten Woche nur nach Wind und Kompaß gesegelt war, auf direktem Kurs auf St. Helena und nur noch 80 km (43 sm) von seinem Ziel entfernt.

Später am gleichen Morgen nahm *SS Clan Alpine* die Überlebenden aus zwei weiteren Rettungsbooten auf. Die Menschen in diesen Booten hatten schon die Bergspitzen von St. Helena gesehen, wurden jedoch wegen der schwierigen Navigationsbedingungen in diesen Gewässern an Bord genommen. Von den 166 Menschen in diesen drei Booten waren 16 gestorben, und zwei weitere starben später auf St. Helena.

Am gleichen Tag wurden die Überlebenden eines vierten Rettungsboots, das noch 320 km (173 sm) hinter den führenden Booten herzockelte, zufällig von einem anderen britischen Schiff, der *SS Bendoran*, ausgemacht. Von den ur-

DIE CITY OF CAIRO
Foto des Schiffs vor dem Tafelberg in Südafrika. Wegen des dicken, schwarzen Rauchs, der aus dem Schornstein aufsteigt, konnte das Schiff auf See leicht ausgemacht werden. Das machte es verwundbar und hat möglicherweise auch zu seiner Versenkung beigetragen.

ÜBERLEBENDE KINDER
Einige der Kinder, die das sichere St. Helena erreichten. Bei zweien sieht man deutliche Zeichen von Verbrennungen durch die Sonne, eine der Gefahren auf der zwei Wochen langen Reise nach dem Schiffbruch in offenen Rettungsbooten.

sprünglich 55 Menschen an Bord lebten noch 47. Die *Bendoran* fuhr nach Kapstadt, und so befanden sich die Überlebenden bald wieder in dem Hafen, in dem sie schon weniger als einen Monat zuvor gewesen waren

Im fünften Boot waren nur 17. Sie hatten damit gerechnet, St. Helena bis zum 20. November zu erreichen. Doch am 23., als schon mehrere gestorben waren, hatten sie noch kein Anzeichen der winzigen Insel ausgemacht. Sie waren sich sicher, an St. Helena vorbei gesegelt zu sein, und statt umzukehren entschlossen sie sich, nach Westen auf die Küste Südamerikas zuzuhalten, die sie 2.400 km (fast 1.300 sm) entfernt wußten. Das

war ein ungewöhnlich ehrgeiziges Unternehmen für eine kleine Gruppe von Menschen, die schon die Grenze ihrer Leidensfähigkeit erreicht hatte. In der Nacht des 27. Dezember, nach einer Reise von 51 Tagen, wurden sie schließlich vom brasilianischen Schiff *Caravellas* aufgenommen. Sie waren nur 130 km (70 sm) von ihrem Ziel entfernt, aber nur noch zwei waren am Leben. Eine grausame Ironie wollte es, daß einer von ihnen drei Monate später über den Atlantik zurück nach England auf einem Schiff fuhr, das ebenfalls torpediert wurde und mit allen Mann unterging. Der andere weigerte sich verständlicherweise, vor Ende des Krieges den Atlantik zu überqueren.

DIE
I-52

Eines der größten Probleme Deutschlands im Zweiten Weltkrieg war der Mangel an strategisch wichtigen Rohstoffen, besonders an Gummi und Metallen wie Wolfram und Zinn. Der wichtigste Alliierte, Japan, hatte besonders nach der erfolgreichen Invasion Malayas 1942 im Überfluß Zugang zu diesen Gütern. Doch der Transport zu dem von Deutschland besetzten Teil Europas war extrem gefährlich, weil die Kriegsmarinen der Vereinigten Staaten und Großbritanniens den Nord- und Südatlantik beherrschten.

Von 1941 an machte Deutschland eine Reihe von Versuchen, diese Nachschubgüter entweder über die Nordroute (durch die Barentssee) oder über die Südroute (durch den Indischen Ozean) herbeizuschaffen, doch zahlten diese Blockadebrecher, wie sie genannt wurden, einen hohen Blutzoll. Im Fortgang des Krieges wurden die Verluste unannehmbar hoch, doch der Bedarf in Deutschland war noch größer. Gegen Ende 1943 entwickelte Deutschland die verzweifelte Strategie, frachttragende Unterseeboote einzusetzen. Das erste Unterseeboot, das die Reise von Japan über den Indischen Ozean nach Lorient ins besetzte Frankreich erfolgreich beendete, war 1943 die *I-29*. Neben den strategisch wichtigen Gütern hatte sie auch zwei Tonnen Gold geladen, mit denen Japan Deutschland für technische Information und Material bezahlte.

Die I-52 und ihre Jungfernreise

Am 18. Dezember 1943 wurde der Bau der *I-52* auf der Kure-Marinewerft in Japan vollendet. Dieses Unterseeboot hatte eine Verdrängung von 2.095 Tonnen und war 109 m (356.5 Fuß) lang. An der Wasseroberfläche konnte es mit einer Höchstgeschwindigkeit von 17,75 Knoten fahren und getaucht mit 6,5 Knoten. Es war speziell entworfen für weite Frachtreisen. Die *I-52* trug 19 Torpedos, wurde auf 100 m (330 Fuß) Wassertiefe getestet, und da sie mit besonders großen Treibstofftanks ausgerüstet war, konnte sie bei 12 Knoten eine Distanz von 27.000 Seemeilen zurücklegen.

Im März 1944 verließ die *I-52* Kure mit Bestimmung Singapur zu ihrer ersten Reise. Ihr Kommandant war Kameo Uno, und der Erste Ingenieur war Korvettenkapitän Shin-ichi Matsuura. Die Besatzung bestand aus 94 Mann, und außerdem war eine kleine Zahl von technischem Elitepersonal an Bord. Kurz bevor die *I-52* Kure verließ, hatte sie eine große Menge Gold in Barren

Kommandoturm
In aufgetauchtem Zustand war dies der Beobachtungsturm. Die *I-52* konnte ohne Schwierigkeiten 100 m tief tauchen

Bordkanone
Flugabwehrkanonen waren auf Deck montiert, damit sich das U-Boot in aufgetauchtem Zustand verteidigen konnte

Schlepper-Eskorte
Der Schlepper begleitete das U-Boot in den Hafen

Torpedoröhre
Auf der *I-52* waren die Torpedoröhren wahrscheinlich entfernt worden, um mehr Frachtraum zu bekommen

JAPANISCHES U-BOOT LÄUFT IN DEN HAFEN
Die I-8 läuft 1943 in den Hafen von Lorient in der Bretagne ein. Die Besatzung steht in Hab-Acht-Stellung an Deck vor den Kanonen. Ein Jahr später hatte auch die I-52 Kurs auf Lorient, als sie von amerikanischen Wasserbomben versenkt wurde.

übernommen, womit die offenstehende Rechnung Japans an Deutschland ausgeglichen werden sollte.

Die *I-52* erreichte Singapur Ende März und lud rund 230 Tonnen Wolfram, Molybdän und Zinn, 54 Tonnen Gummi und 5 Tonnen Chinin. Am 23. April 1944 fuhr sie mit Ziel Lorient in Frankreich ab.

Gegen Abend des 23. Juni traf die *I-52* planmäßig mit dem deutschen Unterseeboot *U 530* auf einer Position ungefähr 1.290 km (696,5 sm) südwestlich der Azoren zusammen. Drei Deutsche (ein Verbindungsoffizier, ein Signalmann und ein Lotse) und eine Radioausrüstung wurden auf das japanische Unterseeboot übernommen. Etwa um die gleiche Zeit hatte Korvettenkapitän Taylor aus einem vom amerikanischen Flugzeug-

träger *USS Bogue* aufgestiegenen Flugzeug ein aufgetauchtes Unterseeboot gesichtet, das auf die Beschreibung eines japanischen Fracht-U-Bootes – „sehr groß und mit spitzem Bug und Heck" – paßte. Dies war nicht reiner Zufall: Die Alliierten hatten die feindlichen Radiosignale abgehört und ausgewertet und waren so über die Bewegungen der *I-52* und des deutschen U-Boots genauestens unterrichtet.

Die Alliierten griffen mit MK 24-Minen an und warfen auch eine große Menge von Bojen mit Unterwasserortungsgeräten ab. Diese „Sonar-Bojen" waren neu entwickelt worden und nahmen Schwingungen von U-Boot-Propellern auf, mit deren Hilfe Überwachungsflugzeuge die Position des feindlichen Unterseeboots ziemlich genau berechnen konnten. Die Alliierten nahmen an, daß ihre Wasserbomben beide Schiffe getroffen hatten (siehe Kasten auf gegenüberliegender Seite).

Tatsächlich überlebte das deutsche U-Boot den Angriff, doch sein Logbuch zeigt, daß die Besatzung etwa eine Stunde nach dem Treffen Ex-

FLUGZEUGTRÄGER *USS BOGUE* 1943
Die USS Bogue *war im Zweiten Weltkrieg vom Frachtschiff zum Flugzeugträger umgebaut worden. Sie konnte 30 Flugzeuge tragen; einige erkennt man auf dem Photo. Eines dieser Flugzeuge warf die Wasserbomben, die wahrscheinlich 1944 die* I-52 *versenkten.*

WASSERBOMBEN EXPLODIEREN 1944
IN DER NÄHE EINES U-BOOTS
Wasserbomben sind mit Explosivstoffen gefüllte Kanister, die von Tiefensensoren zur Explosion gebracht werden. Beim Angriff auf die I-52 *warfen die amerikanischen Flieger erst Sonarbojen ab, die die Position des feindlichen U-Boots entdecken sollten, und erst dann folgten die Wasserbomben.*

NACH DEM ANGRIFF AUF DAS U-BOOT

Nach dem Angriff auf das japanische U-Boot *I-52* am 23. Juni 1944 wurden die amerikanischen Zerstörer *USS Janssen* und *Haverfield* in das Gebiet geschickt, in dem man das Unterseeboot zerstört zu haben glaubte. Sie fischten eine grausige Sammlung von Dingen aus der See, darunter Scheiben aus Rohgummi, eine Gummisandale mit japanischen Schriftzeichen, Holz, das man als philippinisches Mahagoni identifizierte, einige leichte Angelleinen aus schwarzer Seide, und eine geringe Menge Fleisch, das in einer Laboruntersuchung als wahrscheinlich vom Magen einer orientalischen Person stammend identifiziert wurde. Auf dem Wasser schwamm auch eine beträchtliche Menge Öl. Daraus schloß man, daß der Angriff erfolgreich gewesen war, doch später tauchten Zweifel daran auf.

plosionen aus der Richtung hörte, in der sich das japanische U-Boot zu dieser Zeit wahrscheinlich befand. Der Nachweis für den Verlust der *I-52* ungefähr auf einer Position 15°16'N 39°55'W schien relativ schlüssig zu sein.

Sank die I-52 *wirklich?*

Doch sowohl deutsche wie japanische Berichte lassen auch andere Schlüsse zu. Deutsche Berichte geben an, daß die *I-52* am 24. Juli über Radio nach neuen Kursinstruktionen gefragt habe, also einen ganzen Monat, nachdem sie südwestlich der Azoren gesunken sein soll. In einem weiteren Radiosignal, das am 30. Juli aufgefangen wurde, gab sie ihre Position mit 36 Stunden vor Lorient an. Später berichteten die Japaner, daß die *I-52* vermutlich in der Biskaya verloren ging, nachdem am 1. August der Radiokontakt abgebrochen war. Ist es so, dann könnte die *I-52* ein Opfer der schweren Luftangriffe geworden sein, die zu dieser Zeit dort stattfanden. Sowohl in

deutschen wie japanischen Quellen werden die Toten offiziell mit „Ende Juli im Bereich der Bucht von Biskaya untergegangen" geführt.

Danach kann man die interessante Theorie aufstellen, daß die *I-52* beim Angriff am 24. Juni nur beschädigt wurde. Die Trümmer, die die amerikanischen Zerstörer nach dem Angriff auf-

fischten (siehe Kasten oben), wären dann auf eine List der Japaner zurückzuführen, die Alliierten zu der Annahme zu verleiten, die *I-52* sei gesunken, um sie von weiteren Angriffen abzuhalten. Sicher ist aber nur, daß die Kriegsladung Gold nie ihre Bestimmung erreichte und bis jetzt die *I-52* und ihre Fracht nicht gefunden wurden.

DIE
JOHN BARRY

Die *John Barry* war eines der ersten Liberty-Schiffe (in Amerika am Fließband produzierte Frachtschiffe, siehe unten). Es wurde in Portland, Oregon gebaut, und Besitzer war die United States Maritime Commission. Es verließ Hampton Roads in Norfolk in einem Konvoi am 24. Juli 1944 und kam am 19. August in Port Said in Ägypten an. Dann fuhr es allein via Suez nach Aden und über das Arabische Meer mit Kurs auf den saudi-arabischen Hafen Ras Tannurah nahe Bahrain im Persischen Golf. Dabei folgte es einer Zickzack-Route, um den Angriff mit Torpedos zu erschweren.

Am Abend des 28. August war der Mond von leichten Wolken verdeckt, und die See war bei Wind Beaufort 6 aus West-Südwest rauh. Trotz des Zickzack-Kurses, und obwohl die Besatzung alle Lichter gelöscht hatte und die Funkstille einhielt, wurde das Schiff um 22.00 Uhr an Steuerbord von einem Torpedo des deutschen U-Boots *U 859* getroffen. Die *John Barry* stoppte ihre Maschinen, und der Funkoffizier gab ein SOS-Signal durch. Die Position des Schiffes war ungefähr 15°10'N und 55°18'E. Der Kapitän, Joseph Ellerwald, gab den Befehl, in die Rettungsboote zu gehen, und bis auf zwei entkamen alle Besatzungsmitglieder. Kurz nach der Evakuierung traf die *John Barry* ein zweiter Torpedo an der Steuerbordseite und dann ein dritter Backbord. Das Schiff schien auseinanderzubrechen und sank mit Bug und Heck in der Höhe. Am folgenden Tag wurden alle Überlebenden vom amerikanischen Schiff *Benjamin Bourne* und vom niederländischen Schiff *Sunetta* aufgenommen.

Als die *John Barry* torpediert wurde, hatte sie eine gemischte Fracht geladen, darunter Autoteile für Rußland und Kisten mit saudischen Silber-Riyals (siehe gegenüberliegende Seite). Diese Fracht allein wäre noch kein lohnendes Ziel für eine Bergung. Was die *John Barry* jedoch zu einem der meist diskutierten Schatzschiffe aller Zeiten und zugleich zu einem der faszinierendsten Unterwasser-Mysterien macht, ist die Frage, ob sie in ihren Laderäumen auch rund 2.000 Tonnen Silberbarren trug.

Die Vermutung, daß eine so große Menge Silber im heutigen Wert von fast 300 Millionen US $ an Bord war, hat vieles für sich. Zunächst einmal gab der Zahlmeister bei der offiziellen Befragung durch die Behörden in Aden an, daß die Fracht auch Silberbarren im Wert von 26 Millionen US $ enthielt, eine Summe, die 1944 rund 1,200 Tonnen Silber entsprach. Er machte diese Aussage aber nicht nur einmal, was auf eine Verwirrung durch das Trauma des Sinkens zurückgeführt werden könnte, sondern auch noch ein zweitesmal, als er in Washington vernommen wurde.

Weitere Beweise für die Silberfracht

Es gibt noch weitere Faktoren, die die Aussage des Zahlmeisters stützen, zum Beispiel die Tatsache, daß die *John Barry* rund 1.200 Tonnen weniger geladen hatte als ihre Kapazität zuließ. Es erscheint unwahrscheinlich, daß sie nicht voll beladen gefahren sein soll, besonders wenn man weiß, daß sogar ein großer Teil der Fracht auf Deck, und nicht in den Laderäumen gestaut

PROPELLED WEAPONS

TORPEDO

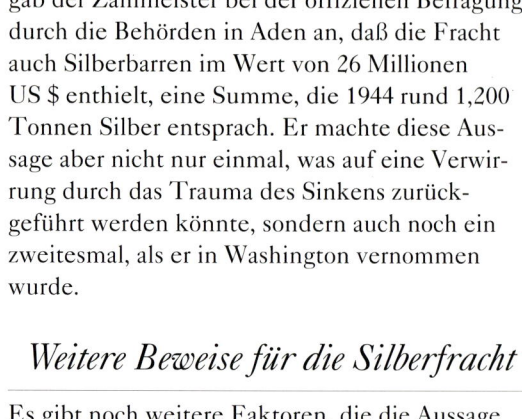

ZIGARETTENBILDCHEN MIT TORPEDO
Zeitgenössische Illustration eines Torpedo-Abschusses. Diese selbstgetriebenen Unterwasser-Waffen konnten von einem U-Boot, einem leichten Fahrzeug oder einem Flugzeug abgefeuert werden. Die John Barry *wurde von drei Torpedos, abgefeuert von einem deutschen U-Boot, getroffen. Das Schiff brach auseinander und sank mit seiner gesamten Fracht.*

Derrickkran
Damit wurde Fracht vom Kai in die Frachträume geladen; die *John Barry* hatte auch Fracht auf Deck gestaut

MODELL EINES LIBERTY-SCHIFFS
Mehr als 2.750 Liberty-Schiffe wurden während des Zweiten Weltkriegs in Amerika gebaut. Sie waren eher Fracht- als Kriegsschiffe. Die John Barry *besaß zwei Decks und fünf Frachträume.*

Drehbare Kanone
Auch Frachtschiffe trugen Kanonen zur Verteidigung gegen den Feind

LIBERTY-SCHIFFE

Im Krieg transportierten die Alliierten mit Liberty-Schiffen, die billig und wirkungsvoll waren, Nachschub über den Atlantik nach Europa und über das Mittelmeer zu den Alliierten im Osten. Fast 3.000 Liberty-Schiffe wurden zwischen 1941 und 1945 in den USA gebaut, eine ungeheure industrielle Leistung. Sie rollten von den Werften wie vom Fließband einer Fabrik. Der Rekord beim Bau eines dieser Schiffe von der Kiellegung bis zum Stapellauf betrug 4 Tage und 15 1/2 Stunden. Daß in solchem Tempo gebaut wurde, war nötig, weil die Alliierten durch deutsche U-Boote so große Verluste erlitten.

Propeller
Angetrieben von Dampfmaschinen

DIE FRACHT

Als die *John Barry* versenkt wurde, trug sie eine gemischte Hilfsfracht für Rußland, darunter 11 Tonnen Autoteile, 65 Tonnen Lastwagen, 108 Tonnen Kräne, 23 Tonnen Traktorketten und eine große Menge Stahlplatten und -rohre für Ölraffinerien.

An Bord befanden sich auch 750 Kisten, die 3 Millionen saudische Silber-Riyals enthielten. Diese Münzen bestanden aus einer Legierung, die 30 Prozent Silber enthielt, und stellen also nur etwa 28 Millionen Gramm Silber dar. Was das Wrackschiff für Berger viel interessanter macht, sind die verlockenden Gerüchte, daß das Schiff außerdem fast 2.000 Tonnen in Silberbarren in seinen Fracträumen hat.

war. Außerdem berichtete eine Wache, die Zeuge des Beladens war, daß nachts unter großer Geheimhaltung Lastwagen mit Silber an Bord gebracht worden seien. Doch können die Lastwagen zu der Lieferung an Rußland gehört haben, die wegen des Zeitdrucks und nicht aus Geheimhaltungsgründen nachts geladen wurden.

Widersprüche und Verwirrung herrschen auch um die verfügbaren Statistiken. Angaben über den Export von Silber nach Indien im Jahre 1944 übersteigen die Angaben über den Import in Indien um etwa die gleiche Menge, die auf der *John Barry* vermutet wird. Jedoch können diese Statistiken Mißverständnisse beinhalten; denn sie wurden von verschiedenen Regierungen erstellt und nach unterschiedlichen Kriterien berechnet. Die beiden Datensätze stimmen nicht exakt überein – der eine bezieht sich auf das Steuerjahr, der andere auf das Kalenderjahr.

Beweise gegen die Silberfracht

Die Argumente, daß Silberbarren nie an Bord waren, wiegen ebenfalls schwer. Zunächst hat keine Regierung je Eigentumsansprüche erhoben, obwohl sowohl die Russen wie die Inder, die Amerikaner und die Briten befragt wurden. Zweitens wurde zwar der Verlust der saudischen Riyals sorgfältig dokumentiert, doch tauchen fehlende Silberbarren in den Berichten nicht auf. Drittens erwähnten bei langen Befragungen weder der Kapitän noch der Erste Ingenieur die Barren. Und schließlich und vielleicht am wichtigsten ist da die Frage, warum wohl jemand das Risiko eingegangen sein sollte, soviel Silber in einem verletzlichen Schiff, das bei Höchstgeschwindigkeit nur 12 Knoten erreichte, verschickt haben sollte. Es ist kein anderer Fall bekannt, daß ein Schiff von so niedrigem Stellenwert wie die *John Barry* eine Silberladung von solcher Größe transportiert hat.

Die Bergung ist im Gange

Eine Gruppe jedoch ist so sehr davon überzeugt, daß die Silberbarren tatsächlich an Bord sind, daß sie mehrere Millionen Dollar für die Lokalisierung und die vorbereitenden Bergungsarbeiten ausgegeben hat. Dieses Konsortium, zu dem Scheich Ahmed Farid von Oman, der amerikanische Kapitän Shoemaker und der britische Bergeunternehmer Keith Jessop, der die *HMS Edinburgh* barg (s. Seite 112–113), gehören, hat gerüchteweise die Bergerechte für rund 750.000 US $ gekauft. Die Gruppe beschäftigte Eastport International, eine Firma, die sich auf das Aufspüren von Objekten am Meeresgrund in großer Tiefe spezialisiert hat, um das Wrack zu finden. 1991 gelang es Eastport, die Überreste der *John Barry* zu finden und zu photographieren.

Eine großangelegte Bergung hat jetzt begonnen, an der auch das größte niederländische Bergeunternehmen, Smit-Tak, neben der französischen Spezialfirma Ifremer beteiligt ist, die bei der Lokalisierung der *Titanic* half (s. Seite 104–105). Ferngesteuerte Fahrzeuge haben Unterwasser-Explosivstoffe sehr genau angebracht, mit denen man in den Rumpf eindringen will. Ein von der Wasseroberfläche bedienbarer Greifer soll die Fracht, wenn sie denn gefunden wird, heben. Zwar wurde nach zwei Jahren noch kein Silberbarren vom Wrack heraufgebracht, doch vertrauen die Berger immer noch auf ihren Erfolg.

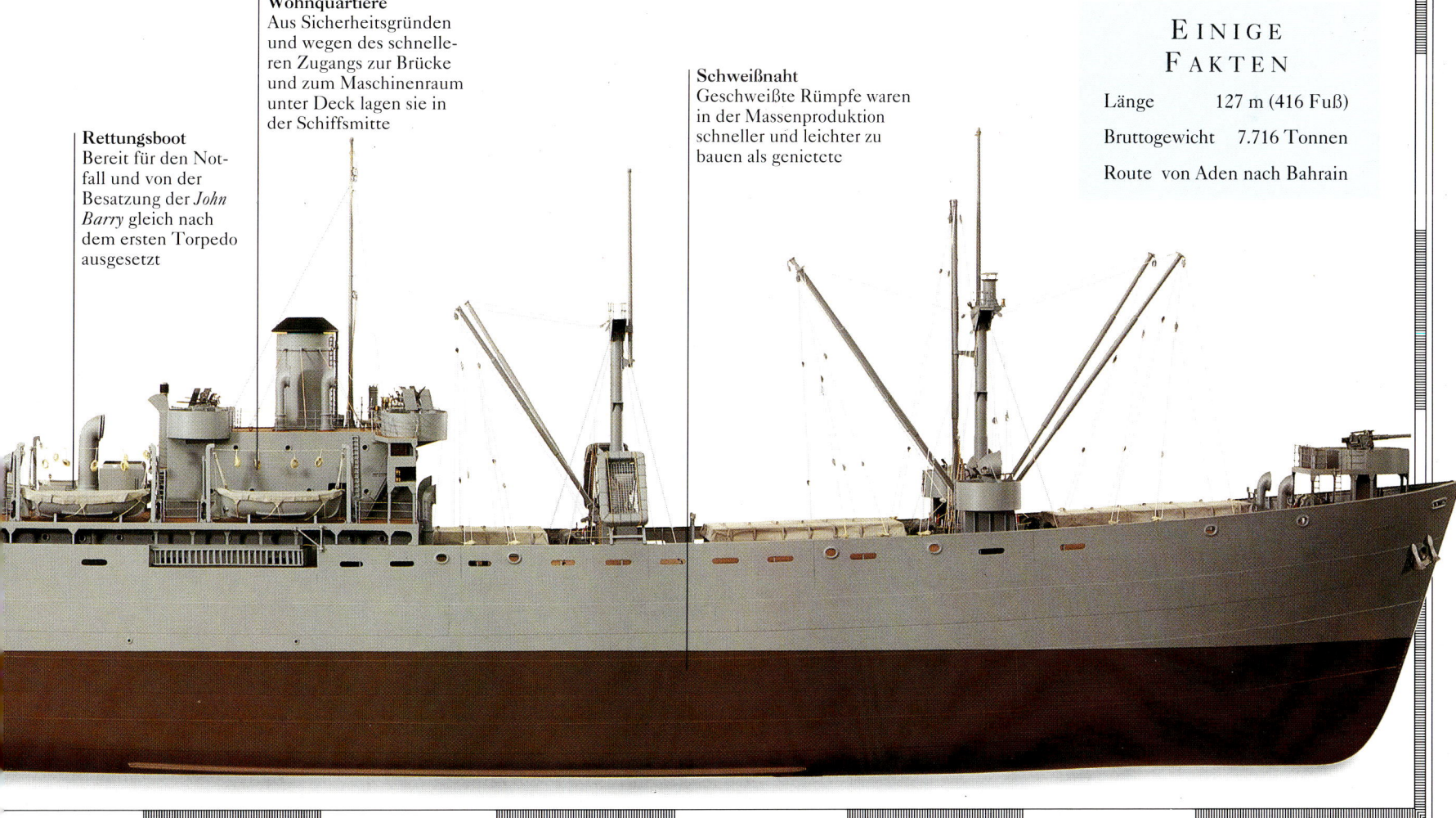

Rettungsboot
Bereit für den Notfall und von der Besatzung der *John Barry* gleich nach dem ersten Torpedo ausgesetzt

Wohnquartiere
Aus Sicherheitsgründen und wegen des schnelleren Zugangs zur Brücke und zum Maschinenraum unter Deck lagen sie in der Schiffsmitte

Schweißnaht
Geschweißte Rümpfe waren in der Massenproduktion schneller und leichter zu bauen als genietete

EINIGE FAKTEN

Länge   127 m (416 Fuß)

Bruttogewicht 7.716 Tonnen

Route von Aden nach Bahrain

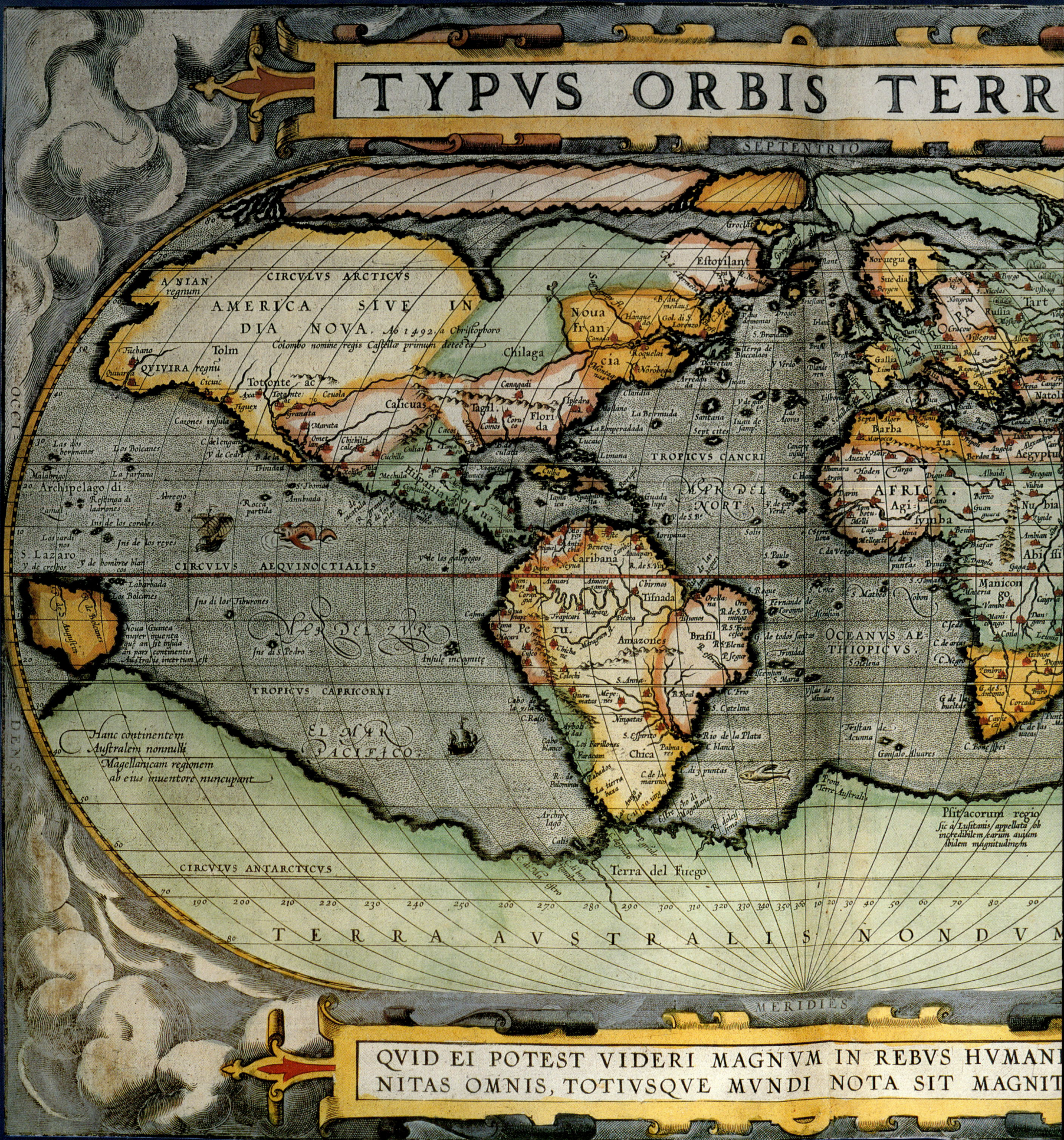

ZWEITER TEIL

Wrackfinder

Der Himmel, scheint es, würde Schwefel regnen,
Wenn nicht die See, zur Stirn der Veste steigend,
Das Feuer löschte. O ich litt mit ihnen,
Die ich so leiden sah: ein wackres Schiff,
Das sicher herrliche Geschöpfe trug,
In Stücke ganz zerschmettert! Oh, der Schrei
Ging mir ans Herz! Die Armen, sie versanken.

WILLIAM SHAKESPEARE, DER STURM, 1. AKT, 2. SZENE
(in der Übersetzung von Schlegel/Tieck)

Der Wrackfinder gibt einen komprimierten
Überblick über mehr als 1.400 Wracks auf der
ganzen Welt. In allen Gebieten werden jeweils
Wracks von den Anfängen der Schiffahrt, darunter
einige der frühesten gesunkenen Schiffe überhaupt,
bis ins 20. Jahrhundert katalogisiert. Alle Wracks
sind auf eigens entworfenen Karten eingezeichnet,
aus denen auch die Tiefe ihres Lageortes ablesbar
ist. Detaillierte Wracklisten geben Informationen
über die Art des Schiffes, seine Route, die Fracht
und eine eventuelle Bergung.

WELTKARTE VON ABRAHAM ORTELIUS, 1598
Handkolorierter Stich des flämischen Kartenmachers Ortelius. Wegen
seines Atlasses Theatrum Orbis Terrarum, *aus dem diese Illustra-*
tion stammt, war er berühmt.

WRACKFINDER

Der Wrackfinder besteht aus zwei Teilen: Karten und Wracklisten. Es folgen als erstes 20 Karten (s. die Einteilung unten), auf denen die Lage von über 1.400 Schiffswracks eingezeichnet ist. Anschließend folgen Listen, die Einzelheiten über jedes der auf den Karten verzeichneten Wracks enthalten. Beide zusammen bieten detaillierte Informationen über sehr unterschiedliche Wracks auf der ganzen Welt, von der römischen Zeit bis ins 20. Jahrhundert.

KARTENAUSSCHNITTE DES WRACKFINDERS

Diese Weltkarte zeigt die Regionen, die die 20 Karten des Wrackfinders abdecken, mit den entsprechenden Seitenzahlen. Details über die auf den Karten lokalisierten Wracks finden sich in den Wracklisten.

Die Karten

Die Weltkarte unten zeigt die Gebiete, die von den 20 Karten in diesem Teil abgedeckt werden. Der Kasten auf der gegenüberliegenden Seite enthält den Titel jeder Karte und die Seiten, auf denen sie gefunden werden kann. Jede einzelne Karte enthält folgende Informationen:

• Die Lage von bis zu 99 Wracks, numeriert in zeitlicher Folge.

• Die historische Periode, zu der das Wrack gehört: Jedes verzeichnete Wrack ist mit einem Farbcode versehen, der auf die Zeitspanne, in der das Schiff sank, hinweist. Ein Farbschlüssel befindet sich auf jeder Karte.

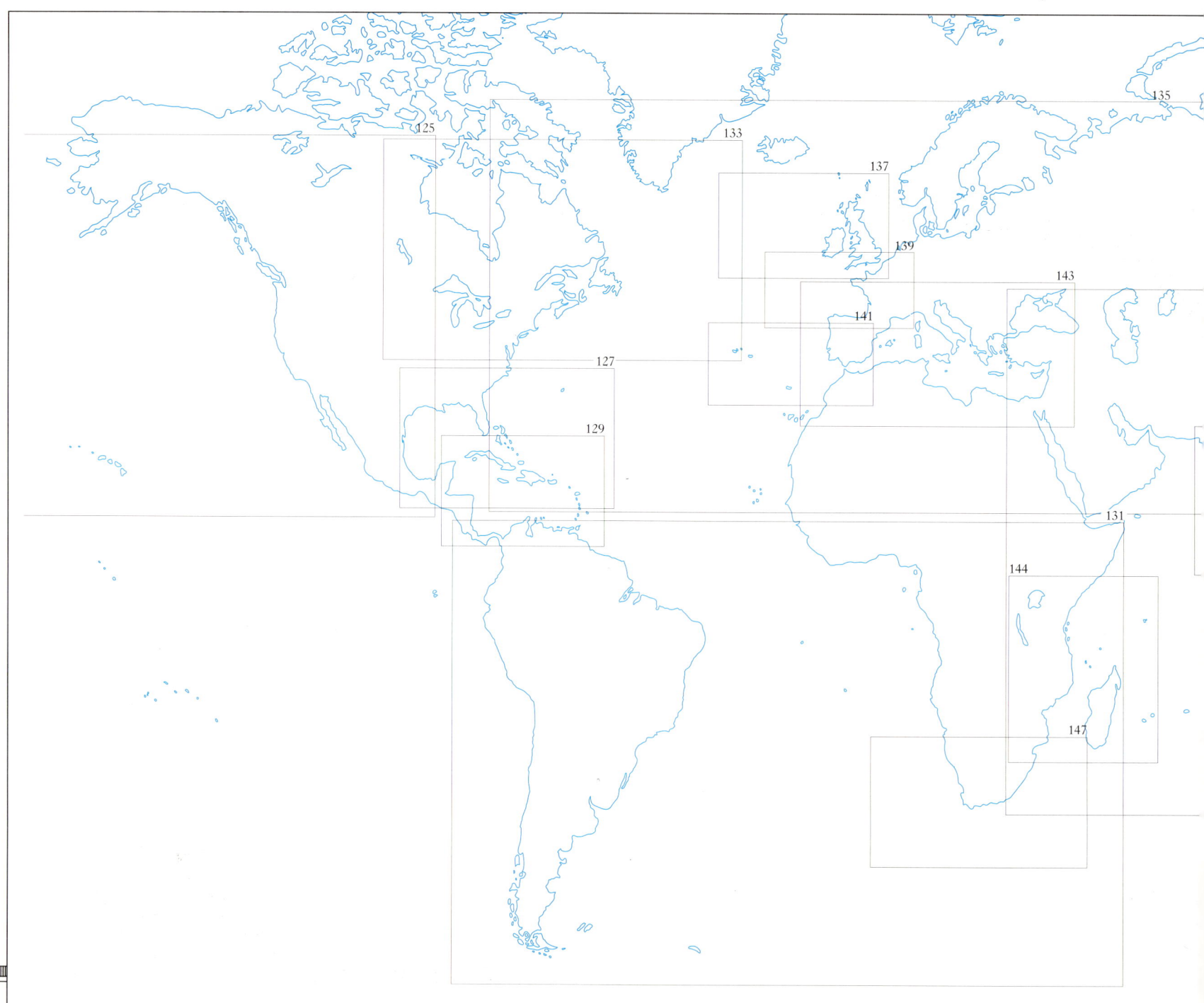

- Falls eine Bergung bekannt ist, erscheint die Nummer des Wracks in einem Quadrat, falls nicht, in einem Kreis.
- Die ungefähre Tiefe, auf der das Wrack liegt, wird durch unterschiedliche Blaufärbung angegeben. Ein Farbschlüssel hilft bei der Identifizierung.

Die Wracklisten

Für jede der 20 Karten gibt es eine entsprechende Liste, in der man über alle der auf den Karten verzeichneten Schiffe weitere Informationen findet. Diese Listen beginnen auf Seite 160; der Kasten rechts zeigt, auf welchen Seiten welche spezielle Liste zu finden ist. Für jedes Wrack enthalten die Listen folgende Informationen:

- Den Namen des Schiffs und das Datum des Untergangs.
- Angaben zur Lokalisierung der Wrackposition auf der Karte.
- Der Schiffstyp, sein Fundort, die Fracht und die Route (falls bekannt).
- Daten und Einzelheiten über jeden bekanntgewordenen Bergeversuch, dazu weitere verfügbare Angaben über Schiff, Fracht oder Besatzung.

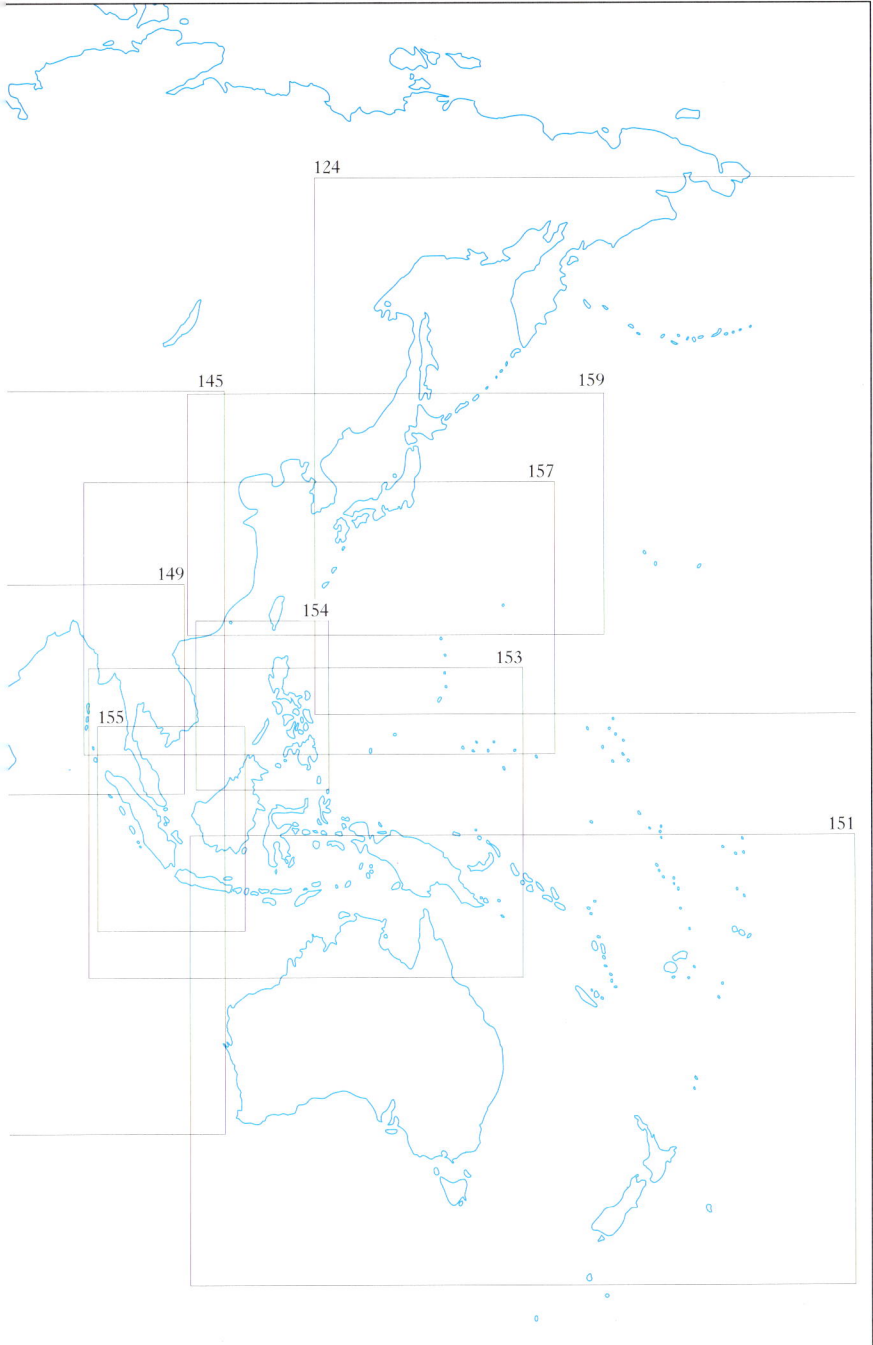

SCHLÜSSEL ZU
KARTEN UND LISTEN

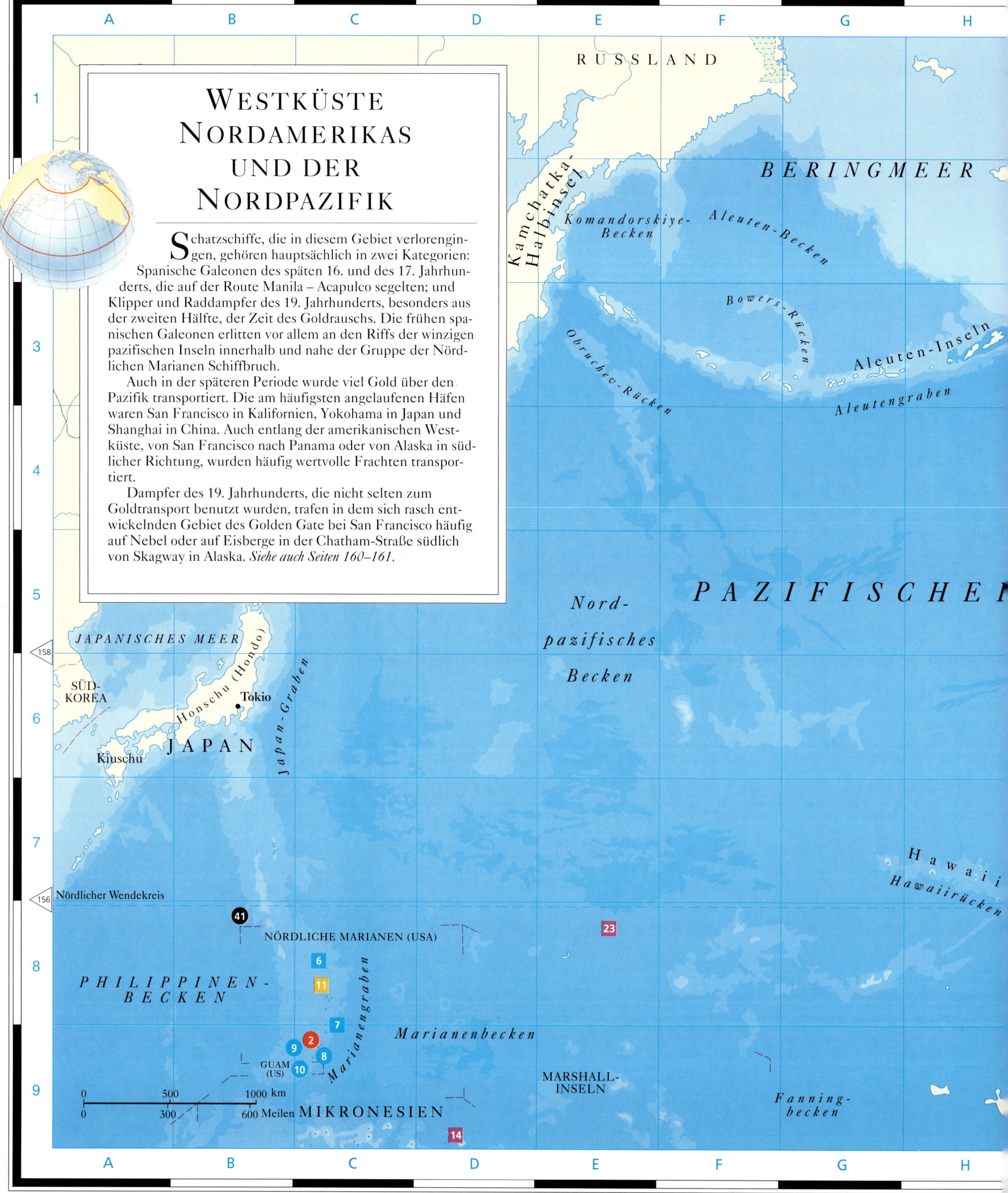

WESTKÜSTE NORDAMERIKAS UND DER NORDPAZIFIK

Schatzschiffe, die in diesem Gebiet verlorengingen, gehören hauptsächlich in zwei Kategorien: Spanische Galeonen des späten 16. und des 17. Jahrhunderts, die auf der Route Manila – Acapulco segelten; und Klipper und Raddampfer des 19. Jahrhunderts, besonders aus der zweiten Hälfte, der Zeit des Goldrauschs. Die frühen spanischen Galeonen erlitten vor allem an den Riffs der winzigen pazifischen Inseln innerhalb und nahe der Gruppe der Nördlichen Marianen Schiffbruch.

Auch in der späteren Periode wurde viel Gold über den Pazifik transportiert. Die am häufigsten angelaufenen Häfen waren San Francisco in Kalifornien, Yokohama in Japan und Shanghai in China. Auch entlang der amerikanischen Westküste, von San Francisco nach Panama oder von Alaska in südlicher Richtung, wurden häufig wertvolle Frachten transportiert.

Dampfer des 19. Jahrhunderts, die nicht selten zum Goldtransport benutzt wurden, trafen in dem sich rasch entwickelnden Gebiet des Golden Gate bei San Francisco häufig auf Nebel oder auf Eisberge in der Chatham-Straße südlich von Skagway in Alaska. *Siehe auch Seiten 160–161.*

RUSSLAND

BERINGMEER

Kamchatka-Halbinsel

Komandorskiye-Becken

Aleuten-Becken

Bowers-Rücken

Obrushev-Rücken

Aleuten-Inseln

Aleutengraben

PAZIFISCHE

Nord-pazifisches Becken

JAPANISCHES MEER

SÜD-KOREA

Honschu (Hondo)

Tokio

JAPAN

Kiuschu

Japan-Graben

Hawaii

Hawaiirücken

Nördlicher Wendekreis

41

NÖRDLICHE MARIANEN (USA)

6

11

7

2

9

8

GUAM
(US)

10

Marianengraben

Marianenbecken

23

MARSHALL-INSELN

PHILIPPINEN-BECKEN

Fanning-becken

0   500   1000 km
0   300   600 Meilen

MIKRONESIEN

14

158

156

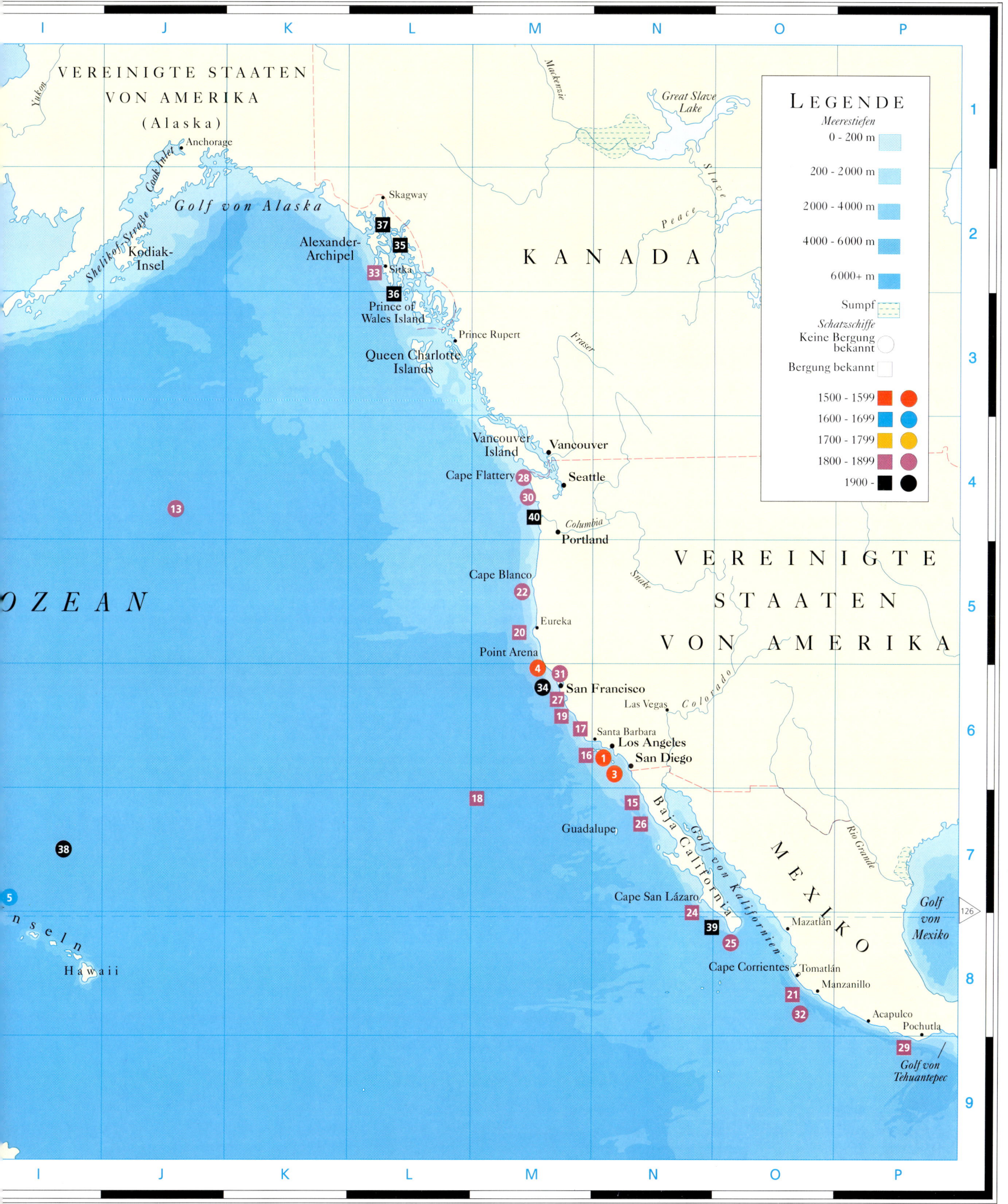

VEREINIGTE STAATEN
VON AMERIKA
(Alaska)

KANADA

Golf von Alaska

Anchorage

Cook Inlet

Shelikof-Straße

Kodiak-
Insel

Skagway

37

35

33 Sitka

36

Alexander-
Archipel

Prince of
Wales Island

Prince Rupert

Queen Charlotte
Islands

Mackenzie

Great Slave
Lake

Peace

Slave

Fraser

OZEAN

13

Vancouver
Island

Vancouver

Cape Flattery **28**

30

Seattle

40

Columbia

Portland

VEREINIGTE

Cape Blanco

22

Snake

STAATEN

20

Eureka

Point Arena

4

31

34 San Francisco

VON AMERIKA

27

19

17

Santa Barbara

Las Vegas

Colorado

16 **1** Los Angeles

3 San Diego

18

15

26

Guadalupe

Baja California

MEXIKO

Rio Grande

Golf
von
Mexiko

126

38

Cape San Lázaro

24

39

25

Golf von California

Mazatlán

5

nseln

Hawaii

Cape Corrientes

21

32

Tomatlán

Manzanillo

Acapulco

Pochutla

29

Golf von
Tehuantepec

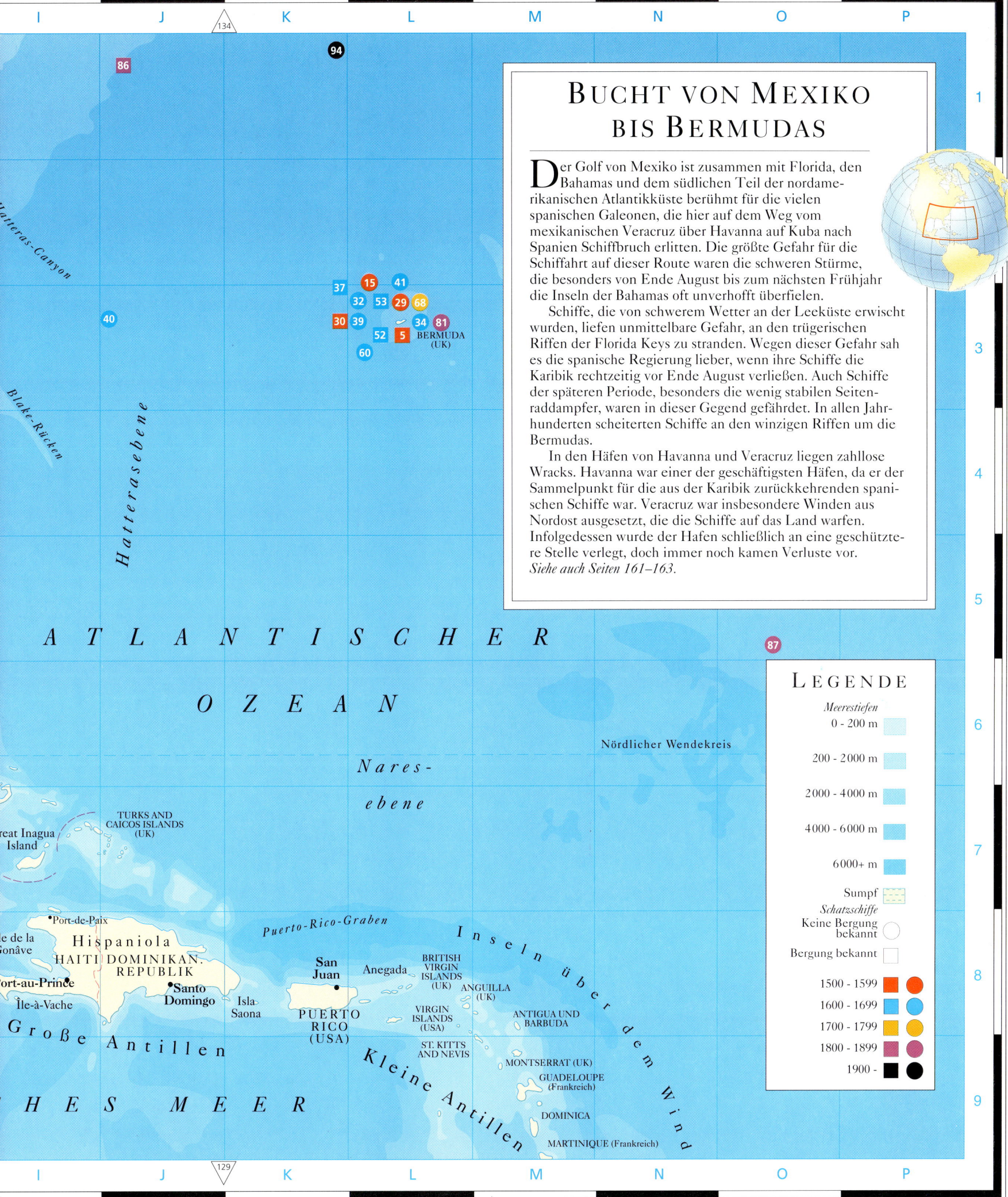

BUCHT VON MEXIKO BIS BERMUDAS

Der Golf von Mexiko ist zusammen mit Florida, den Bahamas und dem südlichen Teil der nordamerikanischen Atlantikküste berühmt für die vielen spanischen Galeonen, die hier auf dem Weg vom mexikanischen Veracruz über Havanna auf Kuba nach Spanien Schiffbruch erlitten. Die größte Gefahr für die Schiffahrt auf dieser Route waren die schweren Stürme, die besonders von Ende August bis zum nächsten Frühjahr die Inseln der Bahamas oft unverhofft überfielen.

Schiffe, die von schwerem Wetter an der Leeküste erwischt wurden, liefen unmittelbare Gefahr, an den trügerischen Riffen der Florida Keys zu stranden. Wegen dieser Gefahr sah es die spanische Regierung lieber, wenn ihre Schiffe die Karibik rechtzeitig vor Ende August verließen. Auch Schiffe der späteren Periode, besonders die wenig stabilen Seitenraddampfer, waren in dieser Gegend gefährdet. In allen Jahrhunderten scheiterten Schiffe an den winzigen Riffen um die Bermudas.

In den Häfen von Havanna und Veracruz liegen zahllose Wracks. Havanna war einer der geschäftigsten Häfen, da er der Sammelpunkt für die aus der Karibik zurückkehrenden spanischen Schiffe war. Veracruz war insbesondere Winden aus Nordost ausgesetzt, die die Schiffe auf das Land warfen. Infolgedessen wurde der Hafen schließlich an eine geschütztere Stelle verlegt, doch immer noch kamen Verluste vor. *Siehe auch Seiten 161–163.*

LEGENDE

Meerestiefen

- 0 - 200 m
- 200 - 2000 m
- 2000 - 4000 m
- 4000 - 6000 m
- 6000+ m

Sumpf

Schatzschiffe

Keine Bergung bekannt ○

Bergung bekannt □

- 1500 - 1599
- 1600 - 1699
- 1700 - 1799
- 1800 - 1899
- 1900 -

ATLANTISCHER OZEAN

Nares-ebene

Nördlicher Wendekreis

Hatteras-Canyon

Hatterasebene

Blake-Rücken

BERMUDA (UK)

TURKS AND CAICOS ISLANDS (UK)

Great Inagua Island

Port-de-Paix

Hispaniola

HAITI DOMINIKAN. REPUBLIK

Port-au-Prince

Santo Domingo

Isla Saona

Île-à-Vache

Île de la Gonâve

Große Antillen

Puerto-Rico-Graben

San Juan

Anegada

PUERTO RICO (USA)

BRITISH VIRGIN ISLANDS (UK)

VIRGIN ISLANDS (USA)

ANGUILLA (UK)

ANTIGUA UND BARBUDA

ST. KITTS AND NEVIS

MONTSERRAT (UK)

GUADELOUPE (Frankreich)

DOMINICA

MARTINIQUE (Frankreich)

Inseln über dem Wind

Kleine Antillen

...THES MEER

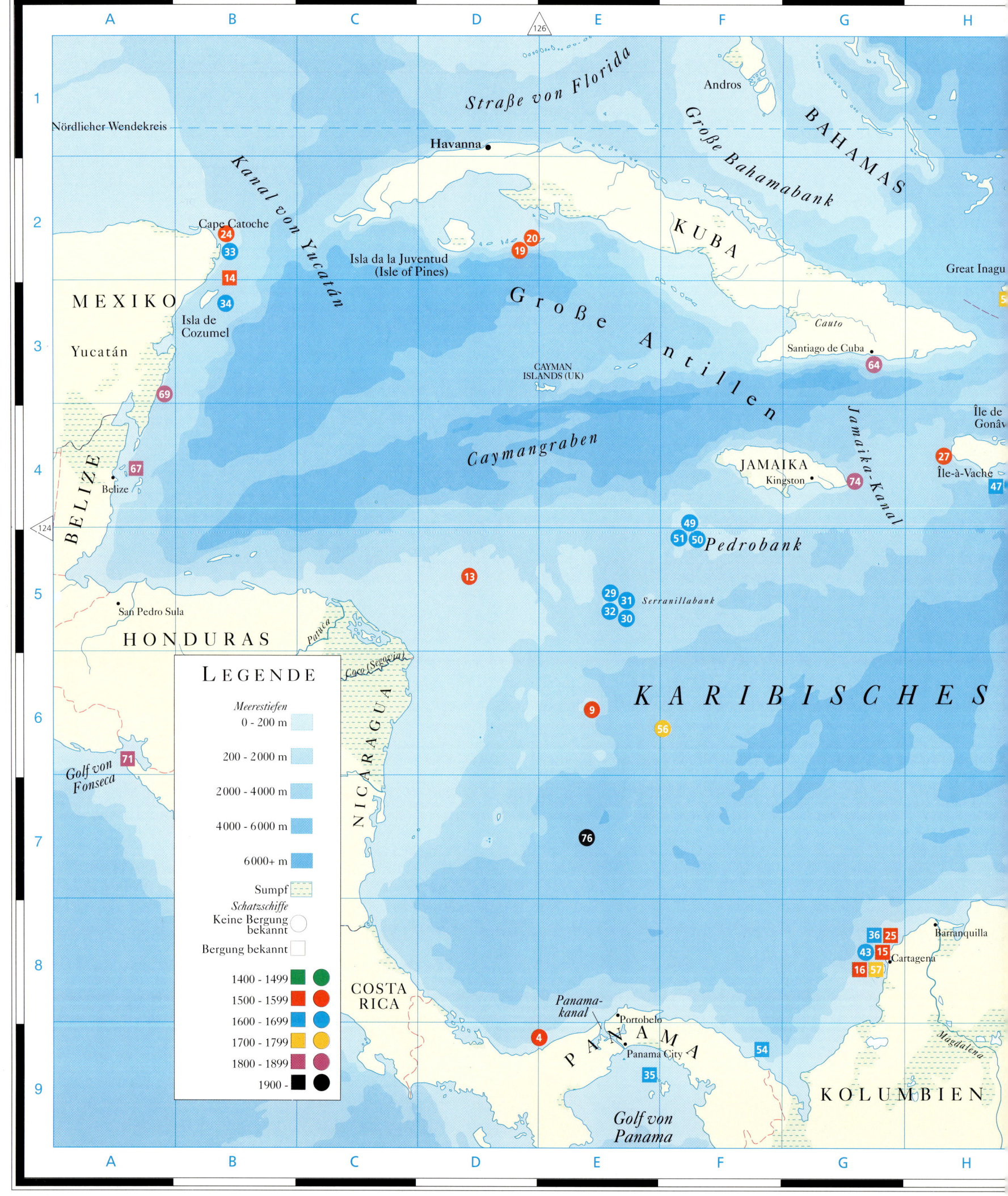

A B C D E F G H

1 Straße von Florida
Nördlicher Wendekreis
Andros
BAHAMAS

Havanna

2 Große Bahamabank
Kanal von Yucatán
Cape Catoche
24
33
14
KUBA
Great Inagu
34
20
19
Isla de la Juventud
(Isle of Pines)
5

MEXIKO
Isla de
Cozumel
Cauto
Große Antillen
Santiago de Cuba
64

3 Yucatán

69
CAYMAN
ISLANDS (UK)
Jamaika-Kanal
Île de
Gonâv

4 BELIZE
67
Belize
Caymangraben
JAMAIKA
Kingston
74
27
Île-à-Vache
47
124

49
51 50
Pedrobank

5 San Pedro SULA
13
29 31
32 30
Serranillabank

HONDURAS
Panca
Coco (Segovia)

KARIBISCHES

6 LEGENDE
Meerestiefen
0 - 200 m
9
56

Golf von
Fonseca
71
200 - 2000 m
NICARAGUA

7 2000 - 4000 m
4000 - 6000 m
76

6000+ m

8 Sumpf
Schatzschiffe
Keine Bergung
bekannt
Bergung bekannt
36 25
Barranquilla
43 15
Cartagena
16 57

1400 - 1499
1500 - 1599
1600 - 1699
COSTA
RICA
Panama-
kanal
Portobelo

9 1700 - 1799
1800 - 1899
1900 -
4
PANAMA
Panama City
54
KOLUMBIEN
35
Magdalena

Golf von
Panama

A B C D E F G H

I J K L M N O P

DIE KARIBIK

Die Karibik besitzt eine große Konzentration von Wracks mit reichen Schätzen, weil die Spanier vom 16. bis zum 18. Jahrhundert das südamerikanische Gold und Silber aus Cartagena in Kolumbien und Nombre de Dios in Panama zunächst nach Havanna auf Kuba transportierten, denn Havanna war der Sammelpunkt für die nach Spanien zurückkehrenden Flotten.

Die wichtigsten Gefahrenpunkte auf diesen Routen waren die Pedrobank und die Riffe vor der Serranillabank. Auch die Häfen waren damals ungeschützte, offene Reeden, so daß vor Anker liegende Schiffe oft bei Sturm auf Land geworfen wurden. Und schließlich gab es immer die Gefahr eines Angriffs durch Freibeuter, obwohl die Spanier bestimmt hatten, daß die heimwärts fahrenden Flotten von Kriegsschiffen begleitet wurden. *Siehe auch Seiten 163–165.*

ATLANTISCHER OZEAN

TURKS AND CAICOS ISLANDS (UK)

Silberbank

38

22
23 **21** **2** **75** **12**
1 **7**
Puerto Plata

Montecristi

Hispaniola

Puerto-Rico-Graben

59
48 **60**

HAITI

DOMINIKANISCHE REPUBLIK

6 **18**
5 **11**
Anegada
61

ANGUILLA (UK)

Inseln über dem Wind

28

Port-au-Prince

Santo Domingo **3**

26 **17** **10**

Isla Saona

66

63
Aguadilla
San Juan
PUERTO RICO (USA)
68
70
BRITISH VIRGIN ISLANDS (UK)

39

58 **65**

8
41 **40** **46**

VIRGIN ISLANDS (USA)

ANTIGUA AND BARBUDA

ST. KITTS AND NEVIS

Große Antillen

Kleine Antillen

MONTSERRAT (UK)

GUADELOUPE (Frankreich)

DOMINICA

53

MEER

MARTINIQUE (Frankreich)

ST. LUCIA

BARBADOS

ST. VINCENT AND THE GRENADINES
52

Kleine Antillen

GRENADA

NIEDERLÄNDISCHE ANTILLEN (Niederländisch)

ARUBA

Curaçao
73 Bonaire

77

78

Golf von Venezuela

Isla de Margarita

TRINIDAD AND TOBAGO

Maracaibo **42**
44

Tocuyo

72
La Guaira

37 **62**
• Carúpano

Valencia • Caracas

Maracaibo-See

79

VENEZUELA

Orinoco

| 0 | 100 | 200 | 300 km |

| 0 | 100 | 200 Meilen |

GUYANA

I J K L M N O P

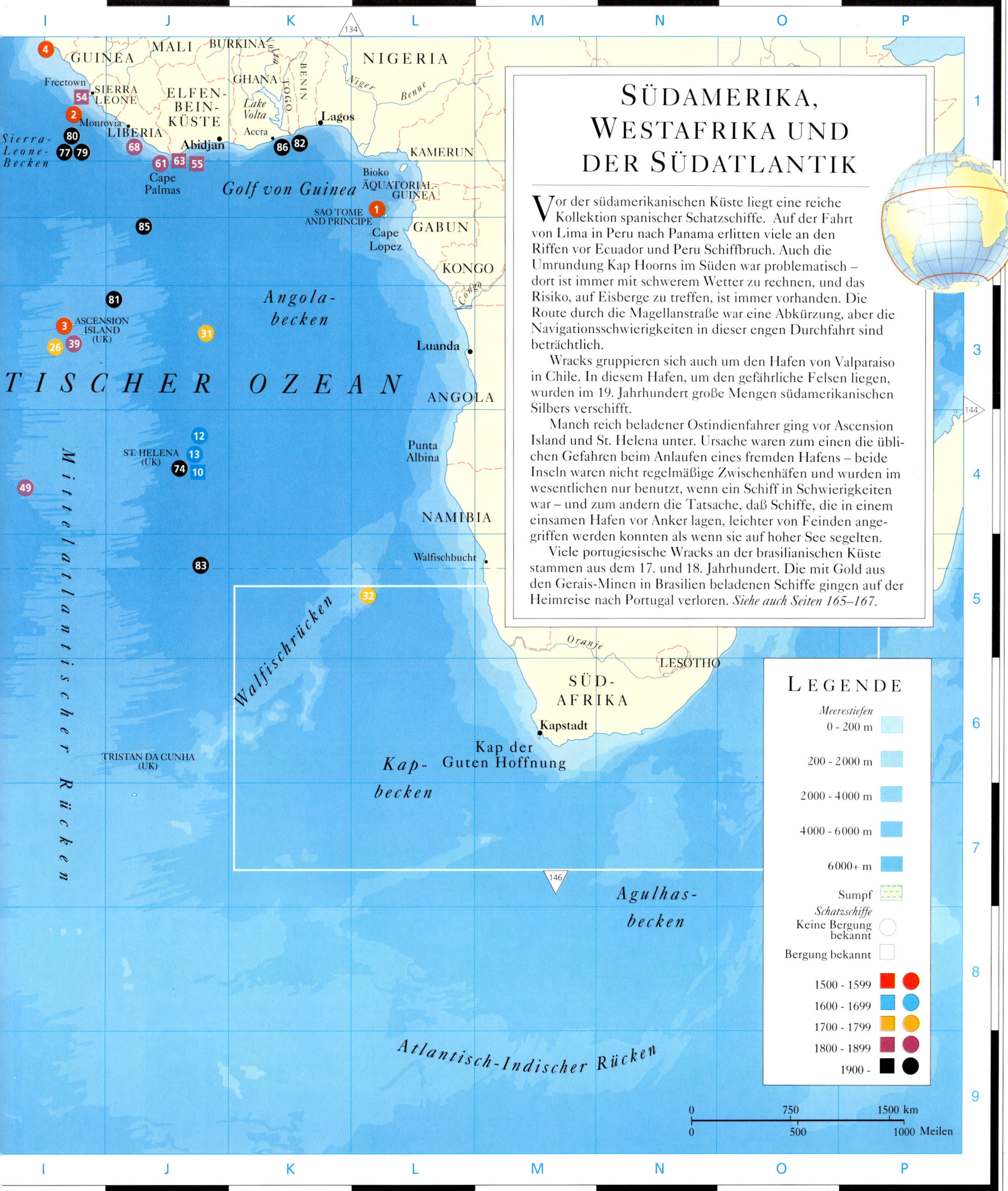

SÜDAMERIKA, WESTAFRIKA UND DER SÜDATLANTIK

Vor der südamerikanischen Küste liegt eine reiche Kollektion spanischer Schatzschiffe. Auf der Fahrt von Lima in Peru nach Panama erlitten viele an den Riffen vor Ecuador und Peru Schiffbruch. Auch die Umrundung Kap Hoorns im Süden war problematisch – dort ist immer mit schwerem Wetter zu rechnen, und das Risiko, auf Eisberge zu treffen, ist immer vorhanden. Die Route durch die Magellanstraße war eine Abkürzung, aber die Navigationsschwierigkeiten in dieser engen Durchfahrt sind beträchtlich.

Wracks gruppieren sich auch um den Hafen von Valparaiso in Chile. In diesem Hafen, um den gefährliche Felsen liegen, wurden im 19. Jahrhundert große Mengen südamerikanischen Silbers verschifft.

Manch reich beladener Ostindienfahrer ging vor Ascension Island und St. Helena unter. Ursache waren zum einen die üblichen Gefahren beim Anlaufen eines fremden Hafens – beide Inseln waren nicht regelmäßige Zwischenhäfen und wurden im wesentlichen nur benutzt, wenn ein Schiff in Schwierigkeiten war – und zum andern die Tatsache, daß Schiffe, die in einem einsamen Hafen vor Anker lagen, leichter von Feinden angegriffen werden konnten als wenn sie auf hoher See segelten.

Viele portugiesische Wracks an der brasilianischen Küste stammen aus dem 17. und 18. Jahrhundert. Die mit Gold aus den Gerais-Minen in Brasilien beladenen Schiffe gingen auf der Heimreise nach Portugal verloren. *Siehe auch Seiten 165–167.*

LEGENDE

Meerestiefen

- 0 - 200 m
- 200 - 2000 m
- 2000 - 4000 m
- 4000 - 6000 m
- 6000+ m
- Sumpf

Schatzschiffe

- Keine Bergung bekannt
- Bergung bekannt

- 1500 - 1599
- 1600 - 1699
- 1700 - 1799
- 1800 - 1899
- 1900 -

0   750   1500 km
0   500   1000 Meilen

GRÖNLAND
(Dänemark)

traße

*LABRADOR-
SEE*

OSTKÜSTE
NORDAMERIKAS

Die meisten Schatzschiffe in diesem Gebiet sind Postschiffe aus dem 19. Jahrhundert, die große Mengen Bargeld über den Atlantik transportierten. Als Hauptgefahren für die Schiffahrt wurden die dichten Nebel betrachtet, die in der Gegend von Neuschottland und Neufundland in Kanada auftreten und besonders in Kombination mit den starken Strömungen in der Bay of Fundy gefährlich werden konnten.

Sable Island auf der Nordroute nach Kanada bedeutete wegen seiner isolierten Lage ein besonderes Risiko, und viele Schiffe beendeten ihre Nordatlantikfahrt auf den Sandbarren dieser flachen und häufig die Gestalt wechselnden Insel. Im nördlichen Teil dieser Region waren auch Eisberge eine Gefahr für die Schiffahrt.

Cape Cod an der Küste von Massachusetts war ebenfalls immer ein dunkler Fleck für Schiffe, die Boston anliefen oder von dort absegelten. Es ist ein langer, schmaler, tiefliegender Landstreifen, der bei Sturm eine gefährliche Leeküste bildet. Außerdem boten die Sandbänke von Nantucket in Massachusetts Probleme für Schiffe mit Kurs New York.

Auf den Great Lakes in den USA treten oft heftige Stürme auf, und so gingen auch in diesen Gewässern einige Schiffe verloren, vor allem Raddampfer mit ihrer eingebauten Instabilität.
Siehe auch Seiten 167–168.

Anticosti
Island

Neufundland

St. John's

*St.-Lorenz-
Golf*

41

20 **38** **39**

ST. PIERRE
ET MIQUELON
(Frankreich)

6

3

23

rince
lward
land

Cape Breton
Island

8

51

tland

19 **2**

Halifax

Sable
Island

28

ATLANTISCHER

OZEAN

LEGENDE

Meerestiefen

0 - 200 m

200 - 2000 m

2000 - 4000 m

4000 - 6000 m

Sumpf

Schatzschiffe

Keine Bergung
bekannt

Bergung bekannt

1500 - 1599

1600 - 1699

1800 - 1899

1900 -

0	200	400 km	
0	100	200	300 Meilen

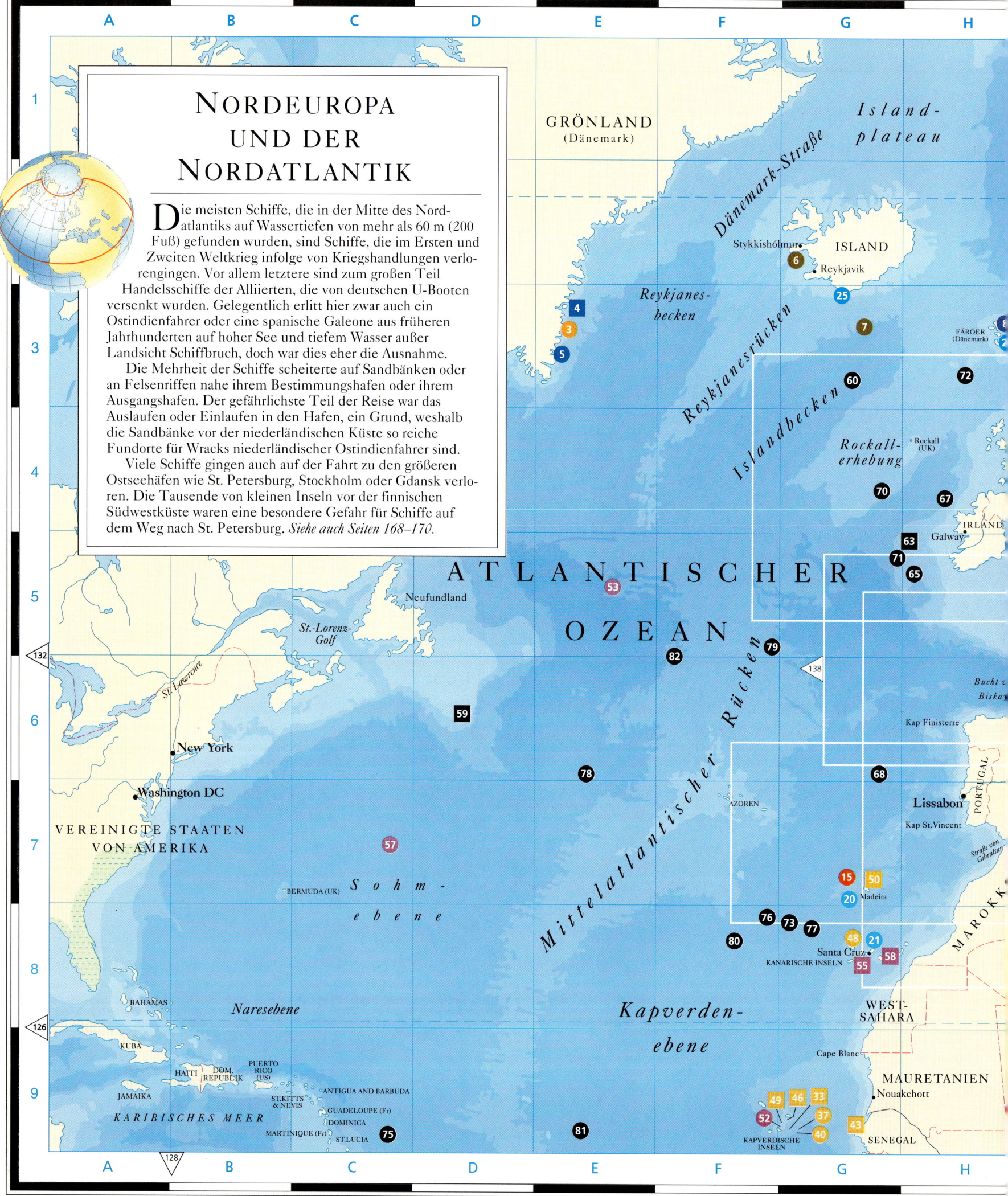

NORDEUROPA UND DER NORDATLANTIK

Die meisten Schiffe, die in der Mitte des Nord-atlantiks auf Wassertiefen von mehr als 60 m (200 Fuß) gefunden wurden, sind Schiffe, die im Ersten und Zweiten Weltkrieg infolge von Kriegshandlungen verlo-rengingen. Vor allem letztere sind zum großen Teil Handelsschiffe der Alliierten, die von deutschen U-Booten versenkt wurden. Gelegentlich erlitt hier zwar auch ein Ostindienfahrer oder eine spanische Galeone aus früheren Jahrhunderten auf hoher See und tiefem Wasser außer Landsicht Schiffbruch, doch war dies eher die Ausnahme.

Die Mehrheit der Schiffe scheiterte auf Sandbänken oder an Felsenriffen nahe ihrem Bestimmungshafen oder ihrem Ausgangshafen. Der gefährlichste Teil der Reise war das Auslaufen oder Einlaufen in den Hafen, ein Grund, weshalb die Sandbänke vor der niederländischen Küste so reiche Fundorte für Wracks niederländischer Ostindienfahrer sind.

Viele Schiffe gingen auch auf der Fahrt zu den größeren Ostseehäfen wie St. Petersburg, Stockholm oder Gdansk verlo-ren. Die Tausende von kleinen Inseln vor der finnischen Südwestküste waren eine besondere Gefahr für Schiffe auf dem Weg nach St. Petersburg. *Siehe auch Seiten 168–170.*

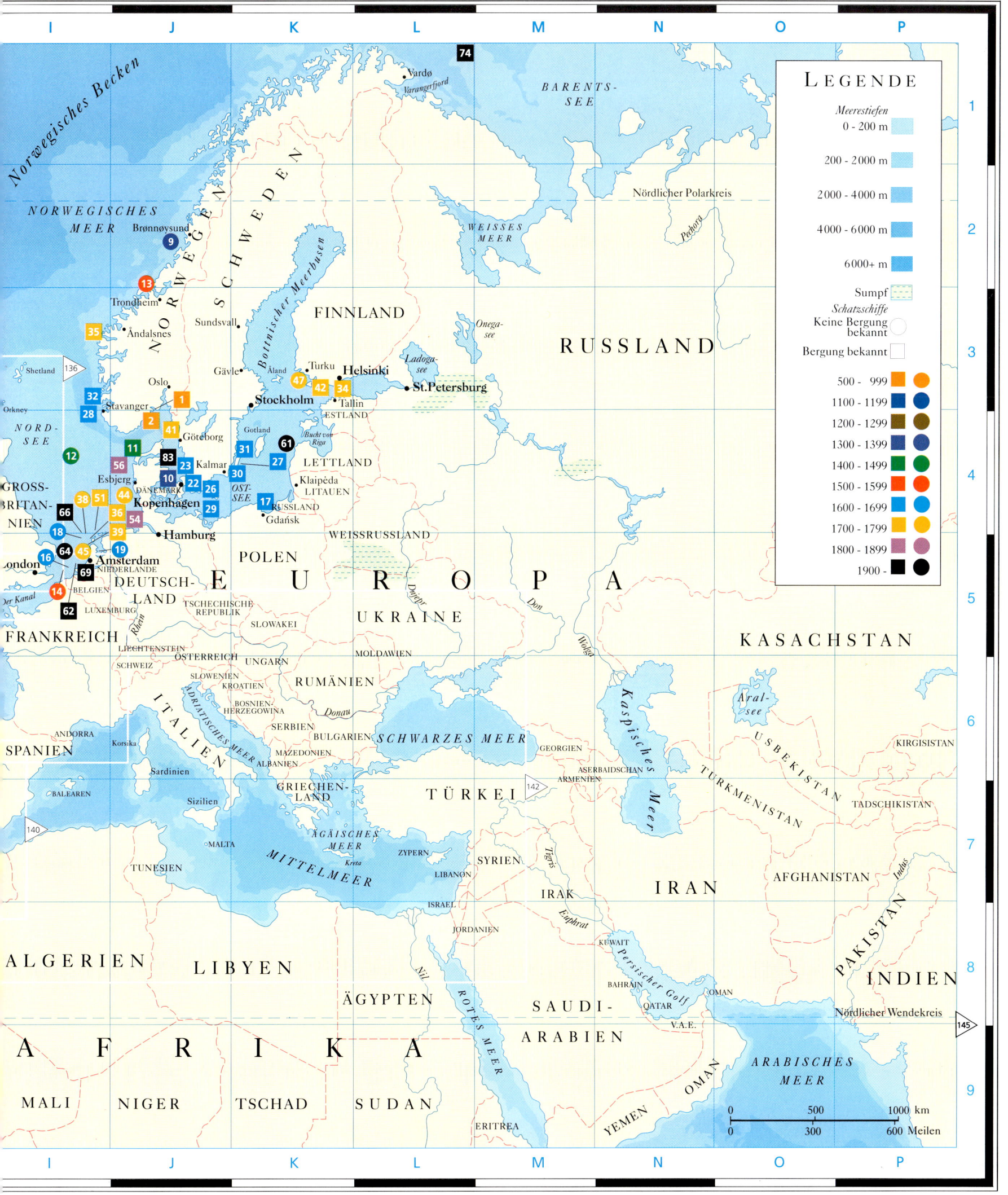

LEGENDE

Meerestiefen

0 - 200 m

200 - 2000 m

2000 - 4000 m

4000 - 6000 m

6000+ m

Sumpf

Schatzschiffe

Keine Bergung bekannt

Bergung bekannt

500 - 999

1100 - 1199

1200 - 1299

1300 - 1399

1400 - 1499

1500 - 1599

1600 - 1699

1700 - 1799

1800 - 1899

1900 -

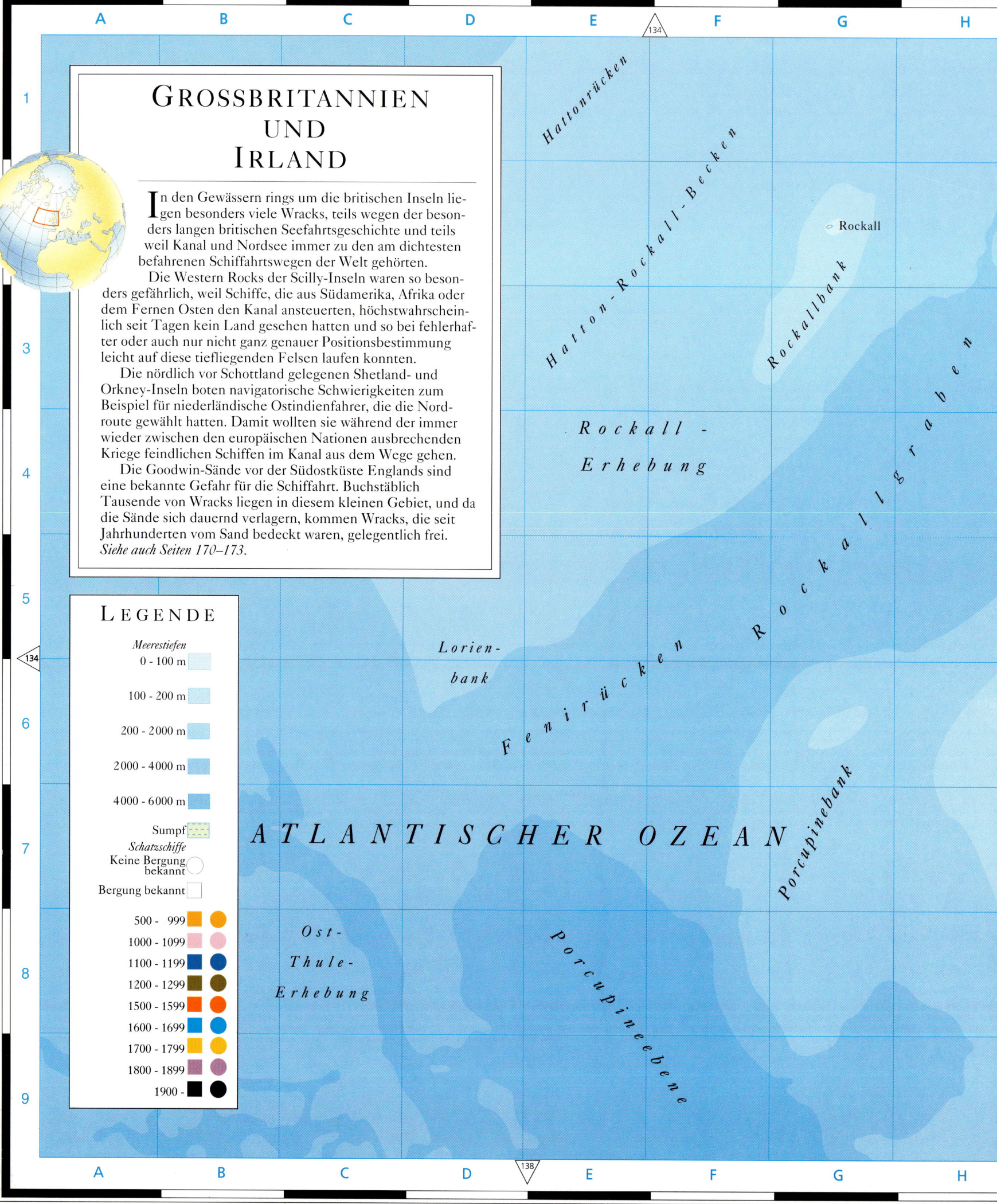

GROSSBRITANNIEN UND IRLAND

In den Gewässern rings um die britischen Inseln liegen besonders viele Wracks, teils wegen der besonders langen britischen Seefahrtsgeschichte und teils weil Kanal und Nordsee immer zu den am dichtesten befahrenen Schiffahrtswegen der Welt gehörten.

Die Western Rocks der Scilly-Inseln waren so besonders gefährlich, weil Schiffe, die aus Südamerika, Afrika oder dem Fernen Osten den Kanal ansteuerten, höchstwahrscheinlich seit Tagen kein Land gesehen hatten und so bei fehlerhafter oder auch nur nicht ganz genauer Positionsbestimmung leicht auf diese tiefliegenden Felsen laufen konnten.

Die nördlich vor Schottland gelegenen Shetland- und Orkney-Inseln boten navigatorische Schwierigkeiten zum Beispiel für niederländische Ostindienfahrer, die die Nordroute gewählt hatten. Damit wollten sie während der immer wieder zwischen den europäischen Nationen ausbrechenden Kriege feindlichen Schiffen im Kanal aus dem Wege gehen.

Die Goodwin-Sände vor der Südostküste Englands sind eine bekannte Gefahr für die Schiffahrt. Buchstäblich Tausende von Wracks liegen in diesem kleinen Gebiet, und da die Sände sich dauernd verlagern, kommen Wracks, die seit Jahrhunderten vom Sand bedeckt waren, gelegentlich frei. *Siehe auch Seiten 170–173.*

LEGENDE

Meerestiefen

- 0 - 100 m
- 100 - 200 m
- 200 - 2000 m
- 2000 - 4000 m
- 4000 - 6000 m
- Sumpf

Schatzschiffe
- Keine Bergung bekannt
- Bergung bekannt

- 500 - 999
- 1000 - 1099
- 1100 - 1199
- 1200 - 1299
- 1500 - 1599
- 1600 - 1699
- 1700 - 1799
- 1800 - 1899
- 1900 -

Hattonrücken

Hatton-Rockall-Becken

Rockall

Rockallbank

Rockall - Erhebung

Rockallgraben

Lorien- bank

Fenirücken

Ost- Thule- Erhebung

ATLANTISCHER OZEAN

Porcupinebank

Porcupineebene

I J K L M N O P

1

Cape Wrath
Hoy 3
Butt of Lewis

Färöerrinne

91
47 **Unst**
30 45
Yell **Fetlar**
50

Lewis

North Minch

St. Kilda

Äußere Hebriden

Hebridensockel

44
Hebridensockel

Shetland
Foula

31

2

Anton-Dohrn-Seegebirge

North Uist
Benbecula
South Uist

Moray Firth
Fraserburgh 67 9
Peterhead

Inverness

Aberdeen

6

Fair Isle

Barra

46

Little Minch

Isle of Skye
Kyle of Lochalsh

Spey

12

Orkney

51
86 4

3

Hebriden-Seegebirge

Rum

Coll

Tiree

16

Mull
Oban

Firth of Lorn

Dundee
29
Firth of Tay

Firth of Forth

25

Hoy
Pentland Firth
Dunnet Head

SHETLAND- & ORKNEY-INSELN

Colonsay
Jura

Islay

Glasgow

Edinburgh

4

Malin Head
87 14 17 94

Arran
Ayr

Firth of Clyde

Aran Island

97

North Channel

Newcastle upon Tyne
98
Tyne

NORDSEE

Dogger-bank

134

Benwee Head

Donegal Bay

Belfast
Lough Neagh

Solway Firth

Middlesbrough

GROSS-

5

chill sland

Barrow-in-Furness
Douglas

ISLE OF MAN(UK)

Flamborough Head
59

Infatigable-bänke

Dundalk Bay

IRISCHE SEE

Ouse

Leeds

Spurn Head

Humber

6

IRLAND

Galway Bay

Dublin

35 76
73 92
Holy Island **Anglesey**
38

Liverpool

Manchester

Sheffield

BRITANNIEN

The Wash

Aran Islands

Lough Derg

Wicklow Head

93
Bardsey

Trent

7

Loop Head

Shannon

Wexford
Waterford

Tuskar Rock

Cardigan Bay

Great Yarmouth
85
Lowestoft

42
13 *Dingle Bay*

Mine Head
72 99
88

Cork

5

St. George's Channel

Fishguard

Birmingham

1 34
48
Harwich
8

90

84 **Old Head of Kinsale**

Bantry Bay

78
Fastnet Rock

Worms Head
Swansea
Cardiff

Severn

Bristol

Themse

75
2 **London**
69 68
Chatham
70
Dover
53
96

19 55
21 20 33

8

Lundy
64

Bristol Channel

Southampton
Portsmouth
40 **Isle of Wight**
83 58 **Beachy Head**
56

Calais
Straße von Dover
Boulogne

74
49

Exeter

23
24 65
95

FRANKREICH

9

Keltischer Sockel

63
28 41
36 66
43 62 52
Isles of Scilly
39

26
10 7
60 79 54

Falmouth
32 22 27
82 18
77
80 61
89
Start Point

Plymouth

Lyme Bay
71
37

57
Portland Bill

81

11

Der Kanal

0 75 150 km
0 20 40 60 80 Meilen

Cherbourg

I J K L M N O P

138

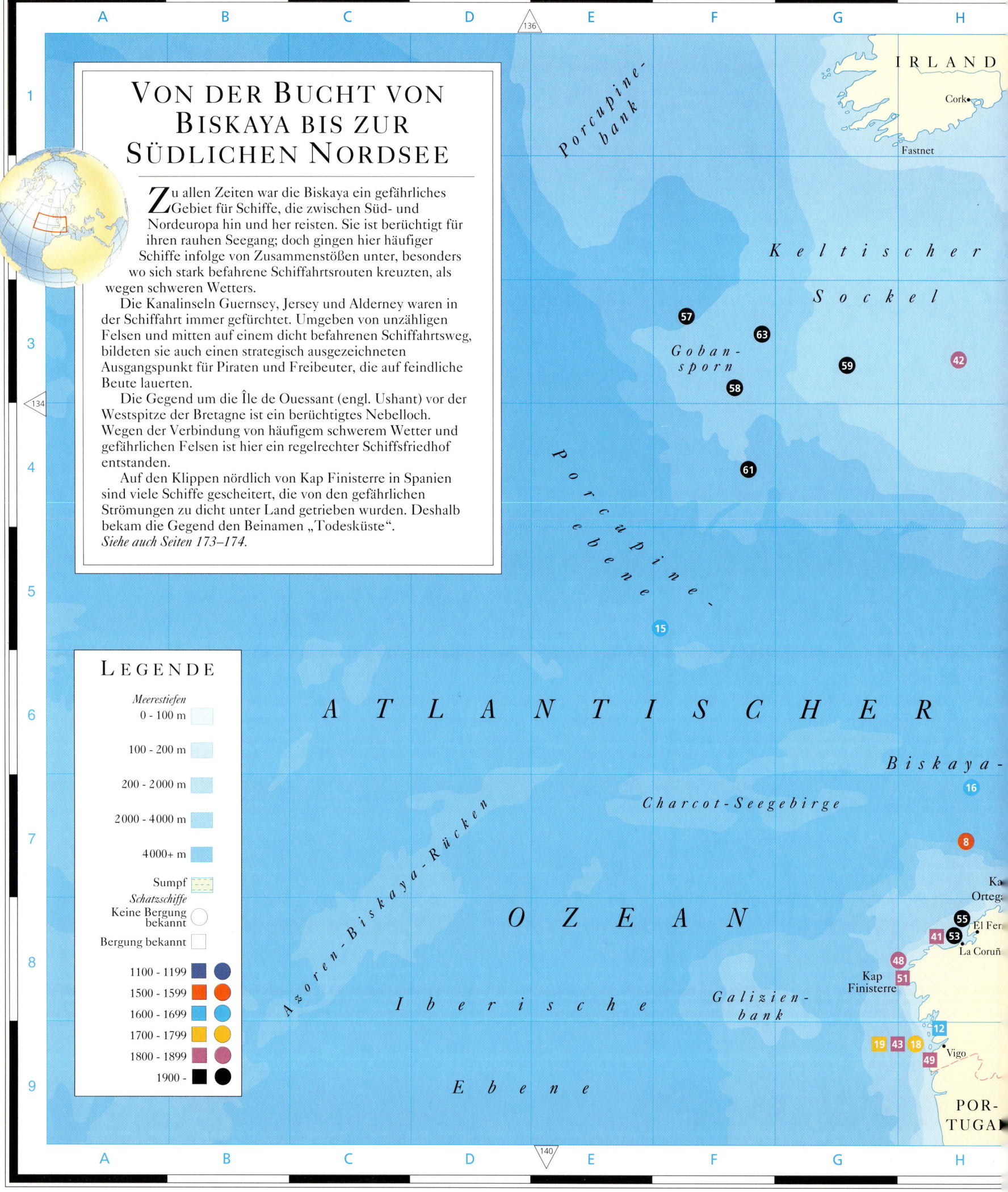

VON DER BUCHT VON BISKAYA BIS ZUR SÜDLICHEN NORDSEE

Zu allen Zeiten war die Biskaya ein gefährliches Gebiet für Schiffe, die zwischen Süd- und Nordeuropa hin und her reisten. Sie ist berüchtigt für ihren rauhen Seegang; doch gingen hier häufiger Schiffe infolge von Zusammenstößen unter, besonders wo sich stark befahrene Schiffahrtsrouten kreuzten, als wegen schweren Wetters.

Die Kanalinseln Guernsey, Jersey und Alderney waren in der Schiffahrt immer gefürchtet. Umgeben von unzähligen Felsen und mitten auf einem dicht befahrenen Schiffahrtsweg, bildeten sie auch einen strategisch ausgezeichneten Ausgangspunkt für Piraten und Freibeuter, die auf feindliche Beute lauerten.

Die Gegend um die Île de Ouessant (engl. Ushant) vor der Westspitze der Bretagne ist ein berüchtigtes Nebelloch. Wegen der Verbindung von häufigem schwerem Wetter und gefährlichen Felsen ist hier ein regelrechter Schiffsfriedhof entstanden.

Auf den Klippen nördlich von Kap Finisterre in Spanien sind viele Schiffe gescheitert, die von den gefährlichen Strömungen zu dicht unter Land getrieben wurden. Deshalb bekam die Gegend den Beinamen „Todesküste".

Siehe auch Seiten 173–174.

LEGENDE

Meerestiefen
- 0 - 100 m
- 100 - 200 m
- 200 - 2000 m
- 2000 - 4000 m
- 4000+ m
- Sumpf

Schatzschiffe
- Keine Bergung bekannt
- Bergung bekannt

- 1100 - 1199
- 1500 - 1599
- 1600 - 1699
- 1700 - 1799
- 1800 - 1899
- 1900 -

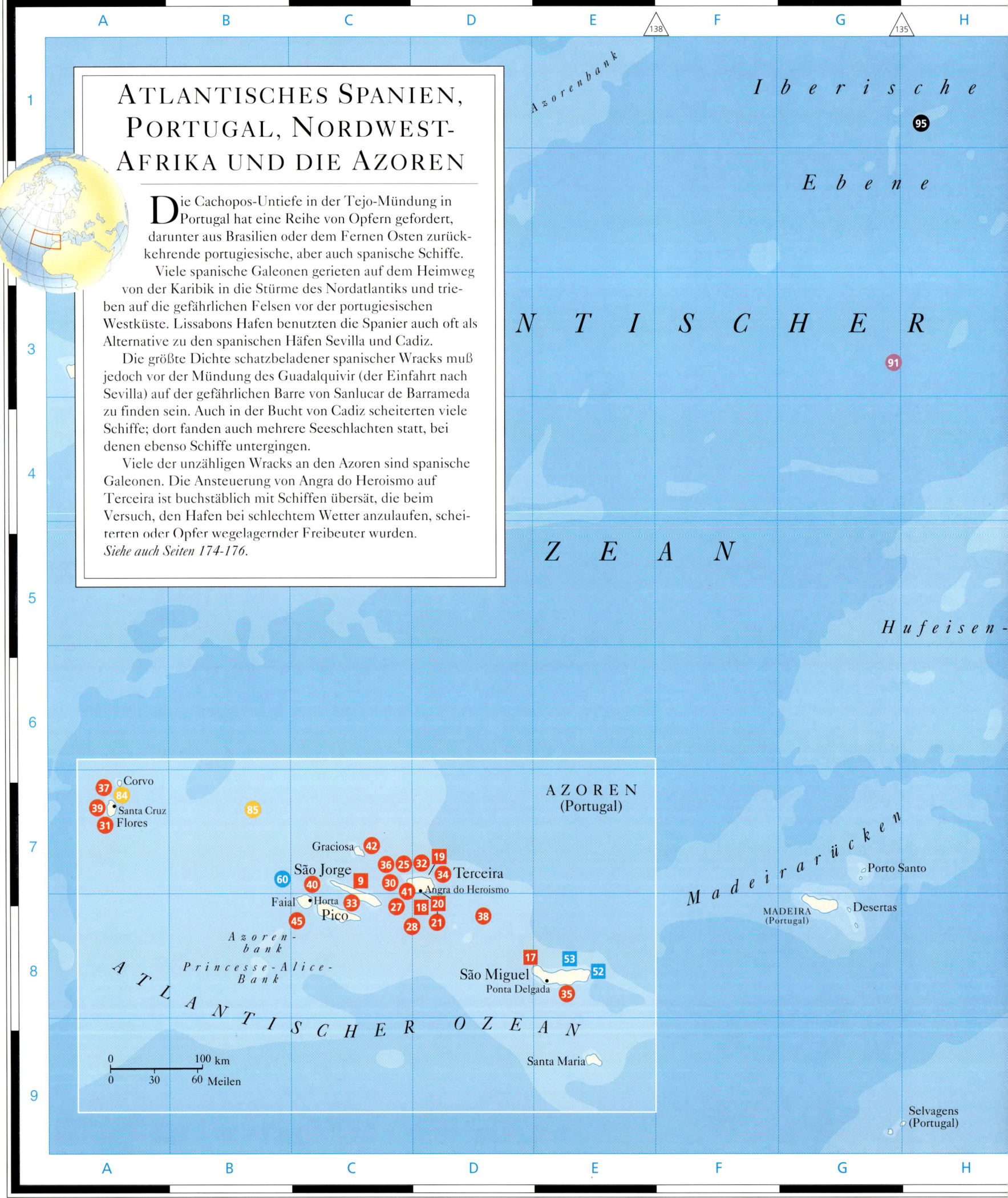

ATLANTISCHES SPANIEN, PORTUGAL, NORDWEST-AFRIKA UND DIE AZOREN

Die Cachopos-Untiefe in der Tejo-Mündung in Portugal hat eine Reihe von Opfern gefordert, darunter aus Brasilien oder dem Fernen Osten zurückkehrende portugiesische, aber auch spanische Schiffe.

Viele spanische Galeonen gerieten auf dem Heimweg von der Karibik in die Stürme des Nordatlantiks und trieben auf die gefährlichen Felsen vor der portugiesischen Westküste. Lissabons Hafen benutzten die Spanier auch oft als Alternative zu den spanischen Häfen Sevilla und Cadiz.

Die größte Dichte schatzbeladener spanischer Wracks muß jedoch vor der Mündung des Guadalquivir (der Einfahrt nach Sevilla) auf der gefährlichen Barre von Sanlucar de Barrameda zu finden sein. Auch in der Bucht von Cadiz scheiterten viele Schiffe; dort fanden auch mehrere Seeschlachten statt, bei denen ebenso Schiffe untergingen.

Viele der unzähligen Wracks an den Azoren sind spanische Galeonen. Die Ansteuerung von Angra do Heroismo auf Terceira ist buchstäblich mit Schiffen übersät, die beim Versuch, den Hafen bei schlechtem Wetter anzulaufen, scheiterten oder Opfer wegelagernder Freibeuter wurden.
Siehe auch Seiten 174-176.

AZOREN
(Portugal)

Corvo
Santa Cruz
Flores
Graciosa
São Jorge
Terceira
Angra do Heroismo
Faial · Horta
Pico
Azoren-bank
Princesse-Alice-Bank
São Miguel
Ponta Delgada
Santa Maria

ATLANTISCHER OZEAN

Porto Santo
MADEIRA
(Portugal)
Desertas

Selvagens
(Portugal)

0   100 km
0 30 60 Meilen

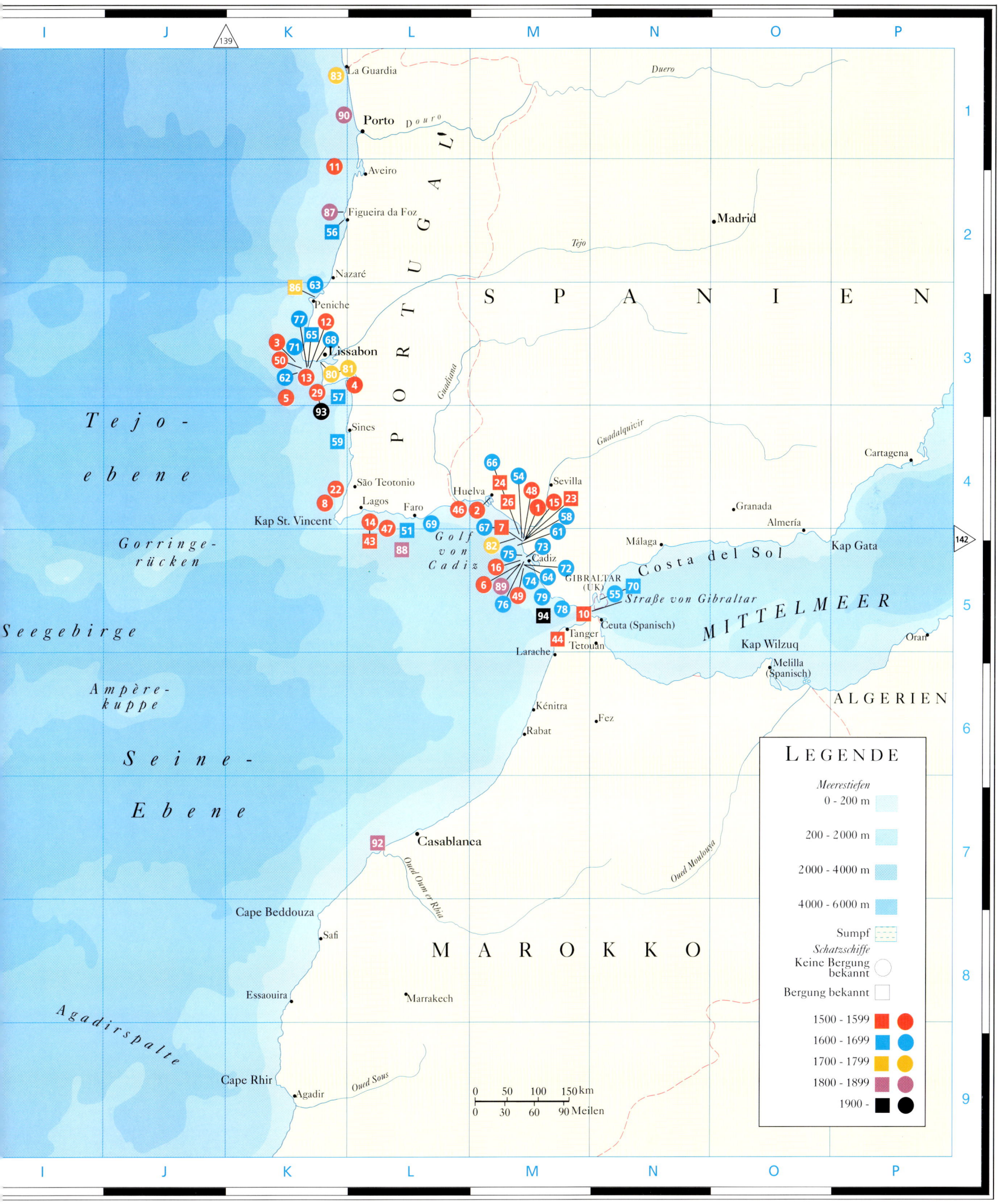

DAS MITTELMEER

Auf dem Boden des Mittelmeers liegen wahrscheinlich verschiedenartigere Wracks als in irgendeinem anderen Meer – von griechischen Galeeren bis zu Frachtschiffen aus dem Zweiten Weltkrieg.

Die Adria war für die Schiffahrt immer schon gefährlich. Die vielen winzigen Inseln waren gefürchtete Navigationshindernisse und bildeten zugleich ideale Piratenverstecke. Piraten überfielen zum Beispiel venezianische Handelsschiffe, die reich mit Gewürzen beladen waren. Auch die starken, unberechenbaren Winde, die vom Festland her auf See einfallen, bedrohten die Schiffahrt.

Die enge Straße von Gibraltar war schwierig zu durchfahren, und viele Schiffe endeten an der spanischen oder afrikanischen Küste. Wegen der starken Strömungen war ebenso der Bosporus in der Türkei ein schwieriges Fahrwasser.

Die kleinen Inseln zwischen dem griechischen Festland und Kreta waren Gefahren auf einem seit Tausenden von Jahren dichtbefahrenen Schiffahrtsweg. Auch viele der Inseln in der Ägäis haben wegen der schwierigen Strömungsverhältnisse und der unzähligen Riffe zahlreiche Opfer gefordert.

Die Starkwinde, die vom Rhônetal her einfallen, waren ein Problem für die Küstenschiffahrt im Golfe du Lion vor der Rhônemündung.

Siehe auch Seiten 177–178.

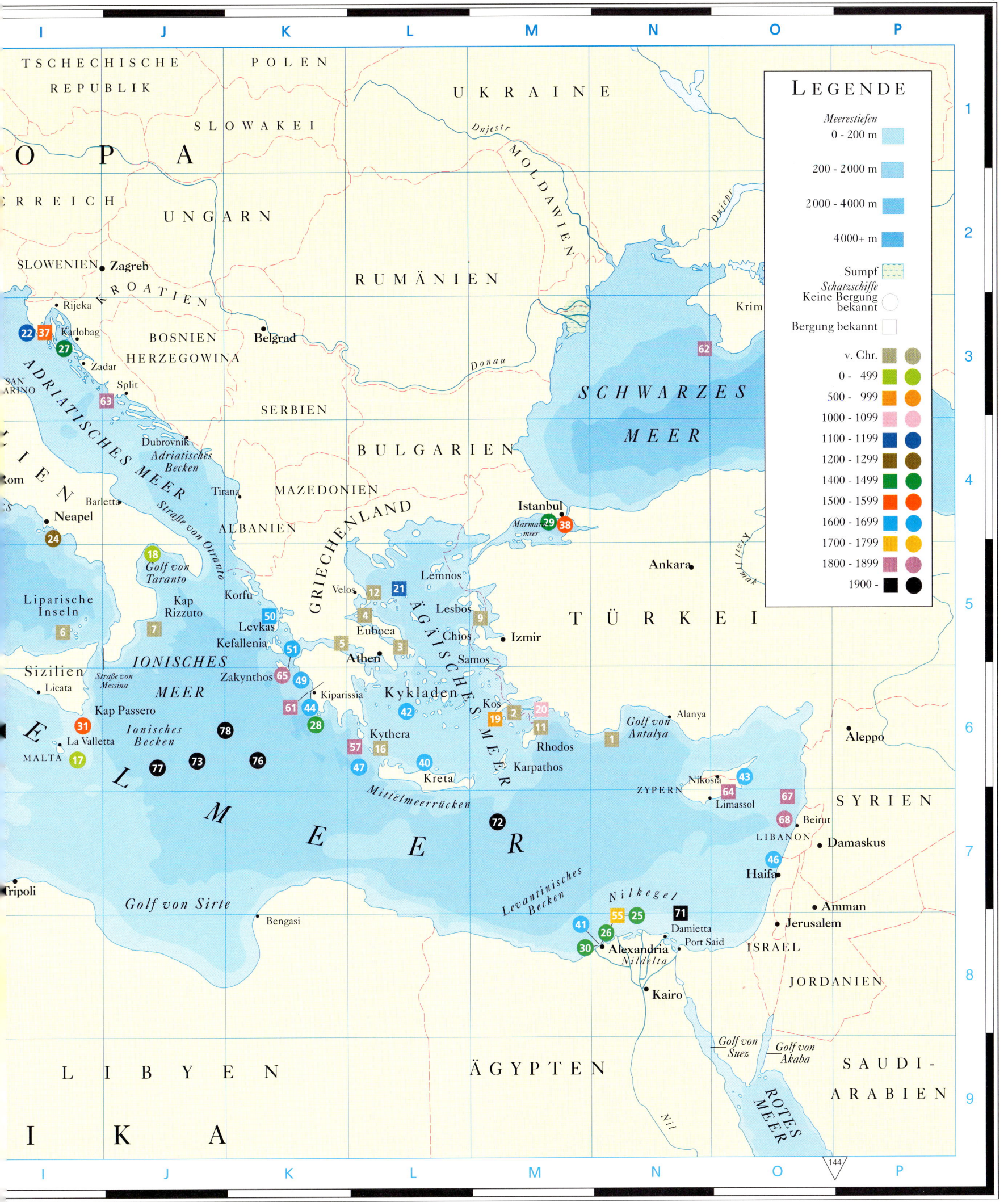

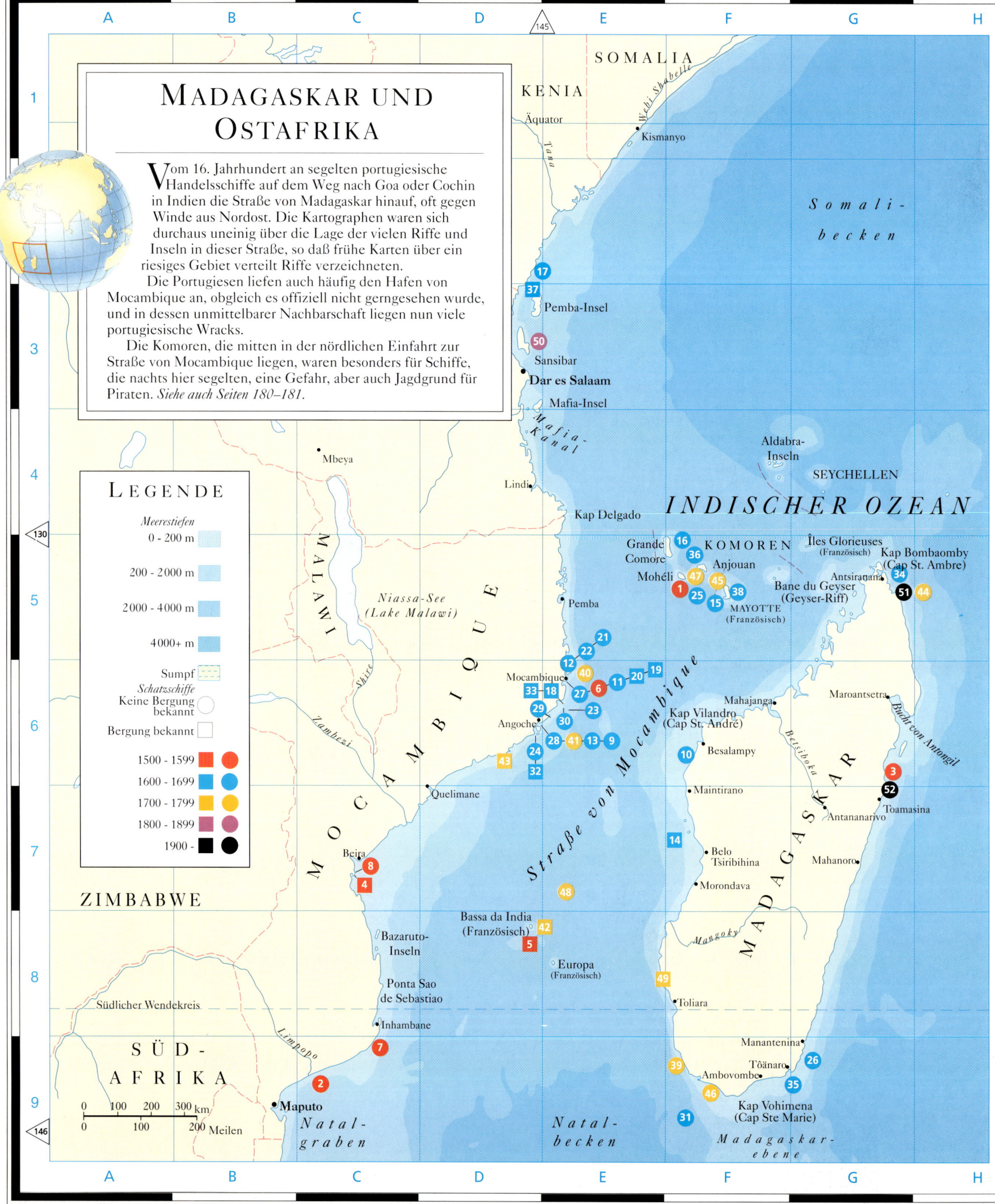

MADAGASKAR UND OSTAFRIKA

Vom 16. Jahrhundert an segelten portugiesische Handelsschiffe auf dem Weg nach Goa oder Cochin in Indien die Straße von Madagaskar hinauf, oft gegen Winde aus Nordost. Die Kartographen waren sich durchaus uneinig über die Lage der vielen Riffe und Inseln in dieser Straße, so daß frühe Karten über ein riesiges Gebiet verteilt Riffe verzeichneten.

Die Portugiesen liefen auch häufig den Hafen von Mocambique an, obgleich es offiziell nicht gerngesehen wurde, und in dessen unmittelbarer Nachbarschaft liegen nun viele portugiesische Wracks.

Die Komoren, die mitten in der nördlichen Einfahrt zur Straße von Mocambique liegen, waren besonders für Schiffe, die nachts hier segelten, eine Gefahr, aber auch Jagdgrund für Piraten. *Siehe auch Seiten 180–181.*

LEGENDE

Meerestiefen
- 0 - 200 m
- 200 - 2000 m
- 2000 - 4000 m
- 4000+ m

Sumpf

Schatzschiffe
- Keine Bergung bekannt
- Bergung bekannt

- 1500 - 1599
- 1600 - 1699
- 1700 - 1799
- 1800 - 1899
- 1900 -

SOMALIA

KENIA

Äquator

Kismanyo

Somali-becken

INDISCHER OZEAN

Pemba-Insel

Sansibar

Dar es Salaam

Mafia-Insel

Mafia-Kanal

Mbeya

Lindi

Kap Delgado

Aldabra-Inseln

SEYCHELLEN

MALAWI

Niassa-See (Lake Malawi)

Grande Comore

KOMOREN

Îles Glorieuses (Französisch)

Kap Bombaomby (Cap St. Ambre)

Mohéli

Anjouan

Bane du Geyser (Geyser-Riff)

Antsiranana

MAYOTTE (Französisch)

Pemba

Shire

Mocambique

MOCAMBIQUE

Angoche

Mahajanga

Maroantsetra

Kap Vilandro (Cap St. André)

Besalampy

Buch von Antongil

Zambesi

Quelimane

Straße von Mocambique

Maintirano

Besiboka

MADAGASKAR

Antananarivo

Toamasina

Belo Tsiribihina

Mahanoro

ZIMBABWE

Beira

Morondava

Bazaruto-Inseln

Bassa da India (Französisch)

Europa (Französisch)

Mangoky

Toliara

Ponta Sao de Sebastiao

Südlicher Wendekreis

Inhambane

Limpopo

Manantenina

Tôanaro

Ambovombe

SÜD-AFRIKA

Maputo

Natal-graben

Natal-becken

Kap Vohimena (Cap Ste Marie)

Madagaskar-ebene

0 100 200 300 km
0 100 200 Meilen

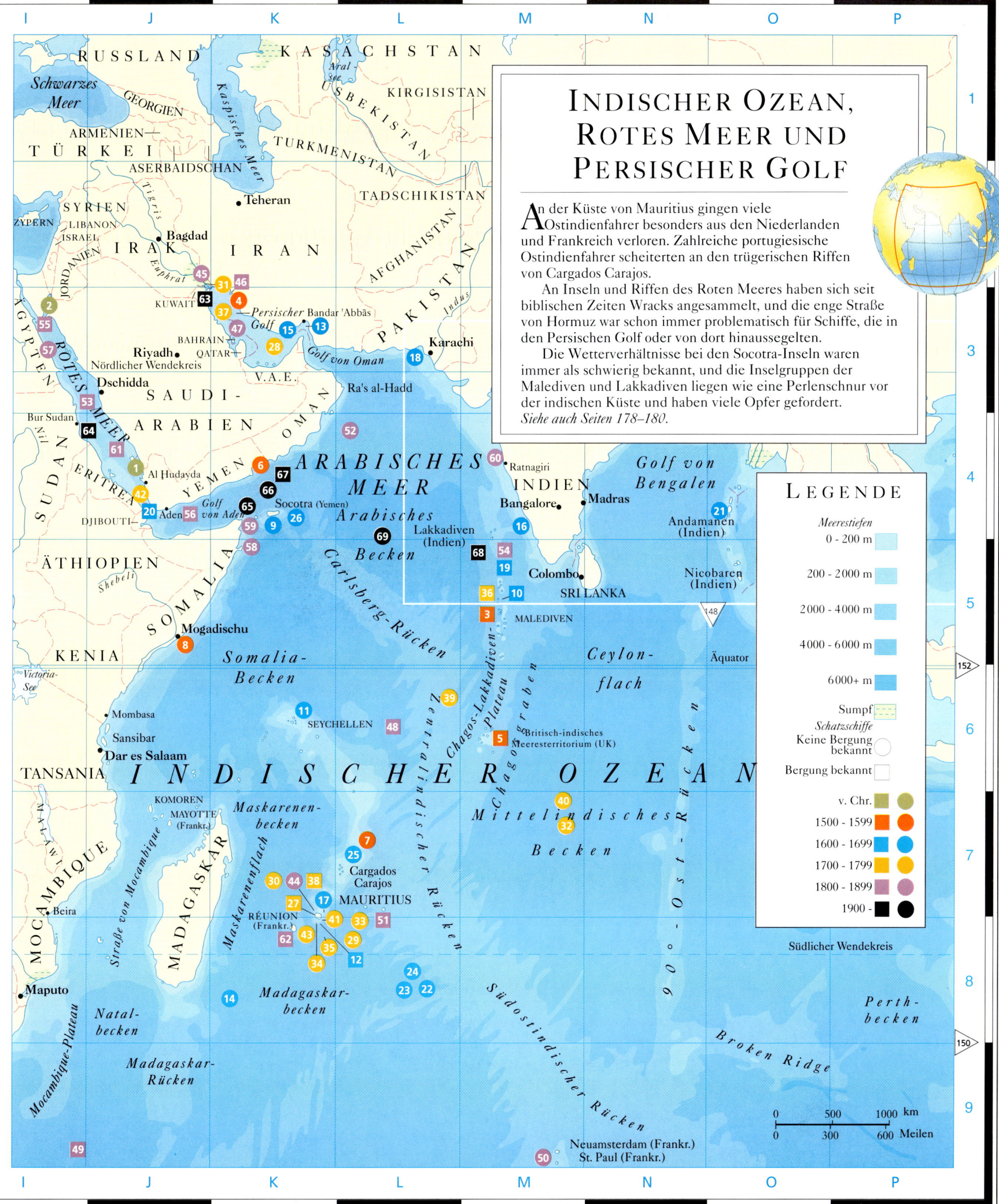

INDISCHER OZEAN, ROTES MEER UND PERSISCHER GOLF

An der Küste von Mauritius gingen viele Ostindienfahrer besonders aus den Niederlanden und Frankreich verloren. Zahlreiche portugiesische Ostindienfahrer scheiterten an den trügerischen Riffen von Cargados Carajos.

An Inseln und Riffen des Roten Meeres haben sich seit biblischen Zeiten Wracks angesammelt, und die enge Straße von Hormuz war schon immer problematisch für Schiffe, die in den Persischen Golf oder von dort hinaussegelten.

Die Wetterverhältnisse bei den Socotra-Inseln waren immer als schwierig bekannt, und die Inselgruppen der Malediven und Lakkadiven liegen wie eine Perlenschnur vor der indischen Küste und haben viele Opfer gefordert.
Siehe auch Seiten 178–180.

LEGENDE

Meerestiefen

0 - 200 m

200 - 2000 m

2000 - 4000 m

4000 - 6000 m

6000+ m

Sumpf

Schatzschiffe

Keine Bergung bekannt

Bergung bekannt

v. Chr.

1500 - 1599

1600 - 1699

1700 - 1799

1800 - 1899

1900 -

SÜDAFRIKA

Die portugiesischen Seefahrer des 16. Jahrhunderts wichen dem Kap der Guten Hoffnung wegen der häufigen starken Stürme möglichst aus. Die Niederländer und später die Engländer wollten jedoch die Attraktionen Südafrikas nicht missen. Das unmittelbare Hinterland Kapstadts war äußerst fruchtbar und eine willkommene Unterbrechung auf der langen Reise nach Fernost. Vom Oktober bis zum April, also in den Sommermonaten mit dem Südostmonsun, war der Hafen vor den Winden geschützt. Im Winter, also von Mai bis September, blies der Wind jedoch aus Nordwest, und Schiffe, die in der Tafelbucht, direkt nördlich von Kapstadt, vor Anker gingen, waren in Gefahr, auf das Felsenufer geworfen zu werden.

Die niederländischen Behörden überlegten Alternativen, sogar ihren Schiffen in den Wintermonaten einen Besuch am Kap zu untersagen, und so ankerten von der Mitte des 18. Jahrhunderts an die Schiffe in den Wintermonaten in der False Bay oder der Simon's Bay südlich von Kapstadt. Jedoch war der Ankerplatz nicht so bequem, so daß immer noch Schiffe auf der anderen Seite der Halbinsel in Not gerieten.

Viele portugiesische Schiffe scheiterten bei der Rückkehr von Indien an der afrikanischen Südostküste. Schuld waren vor allem navigatorische und kartographische Fehler. Eine Karte von 1575 zeigt z. B. die Küste von Afrika wenigstens 240 km (rd. 130 sm) weiter westlich ihrer tatsächlichen Lage, was vielleicht erklärt, warum so viele Schiffe an der afrikanischen Küste zerschellten.

Siehe auch Seiten 181–183.

LEGENDE

Meerestiefen
0 - 200 m
200 - 2000 m
2000 - 4000 m
4000 - 6000 m

Sumpf

Schatzschiffe
Keine Bergung bekannt
Bergung bekannt

1500 - 1599
1600 - 1699
1700 - 1799
1800 - 1899
1900 -

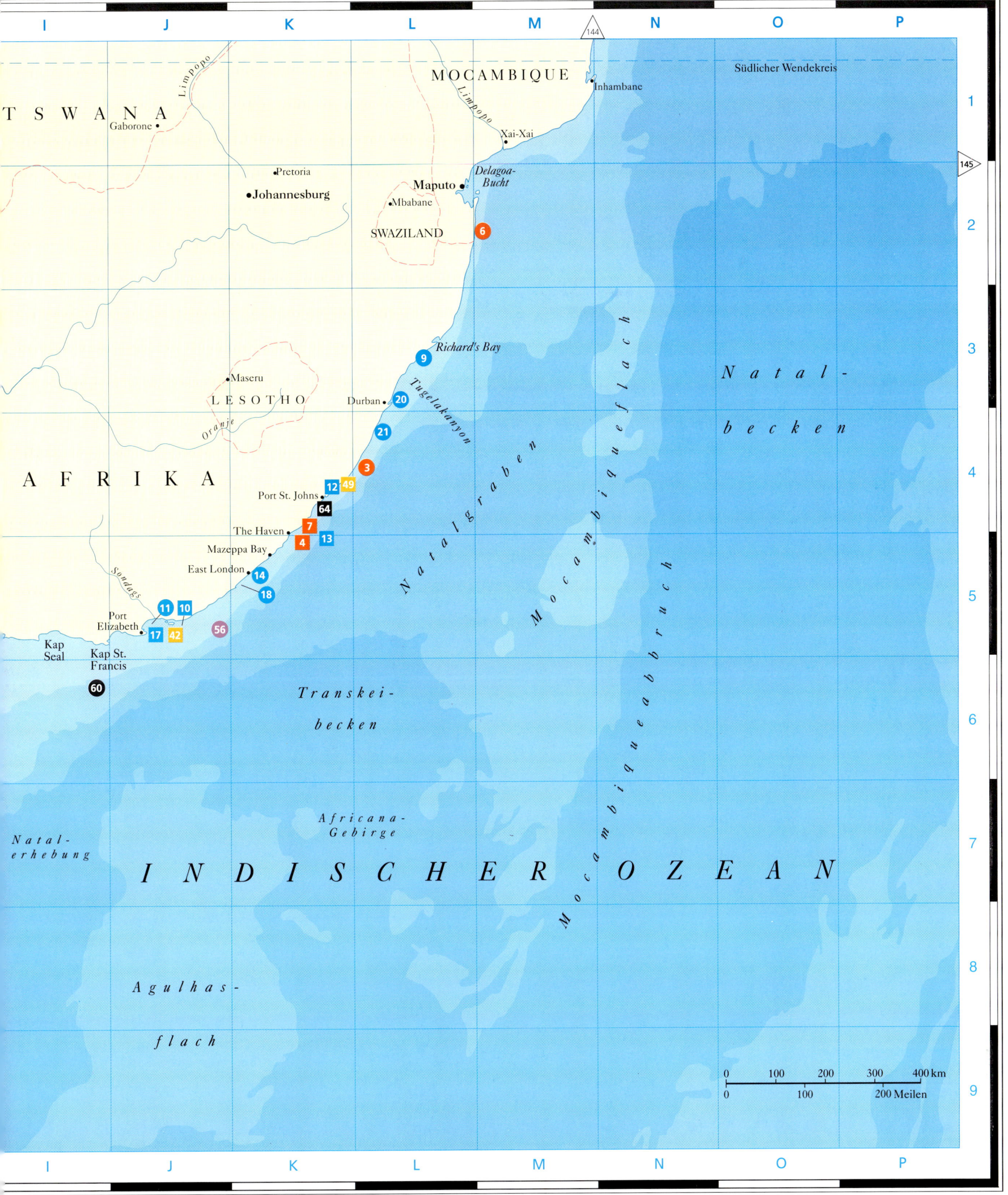

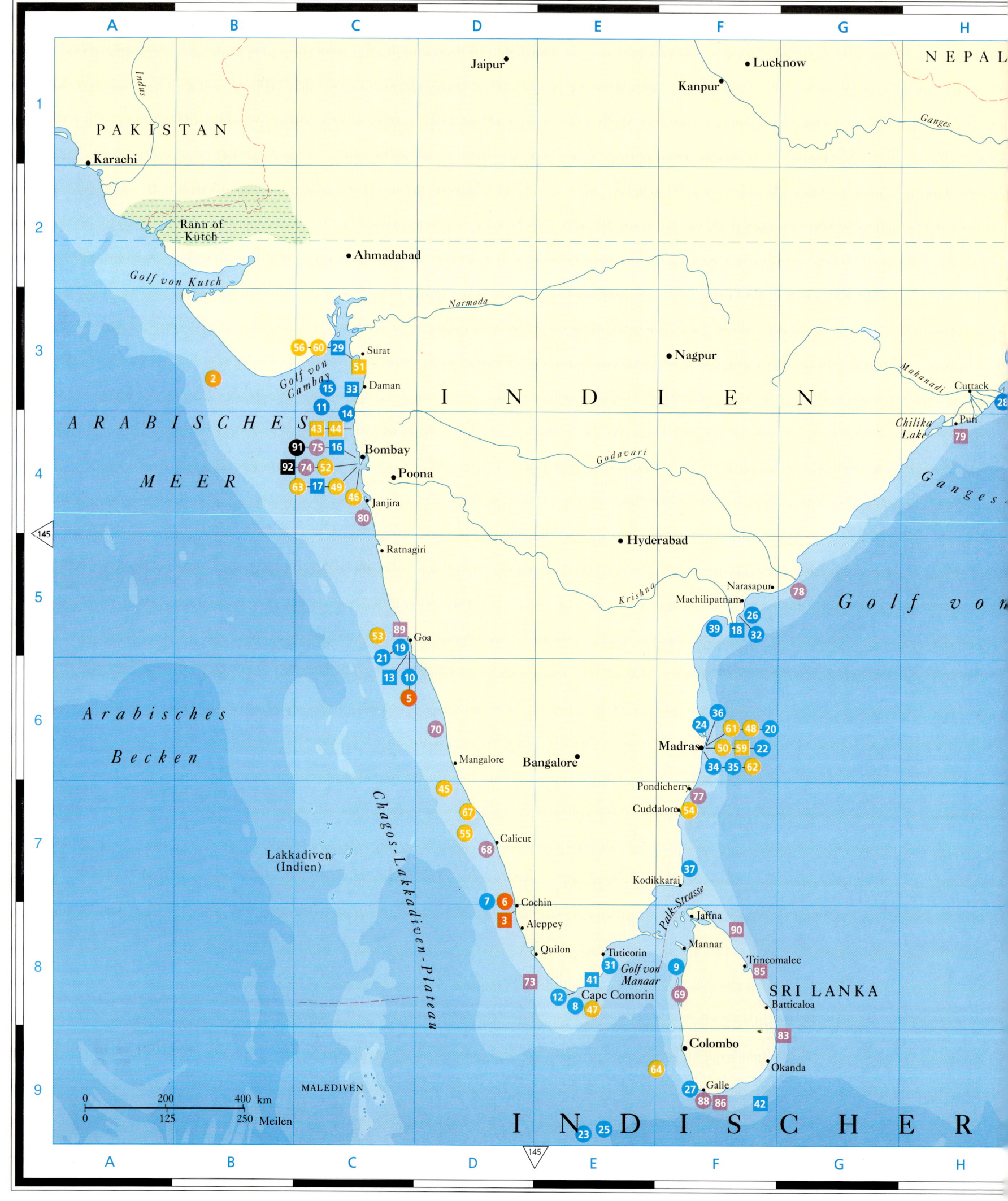

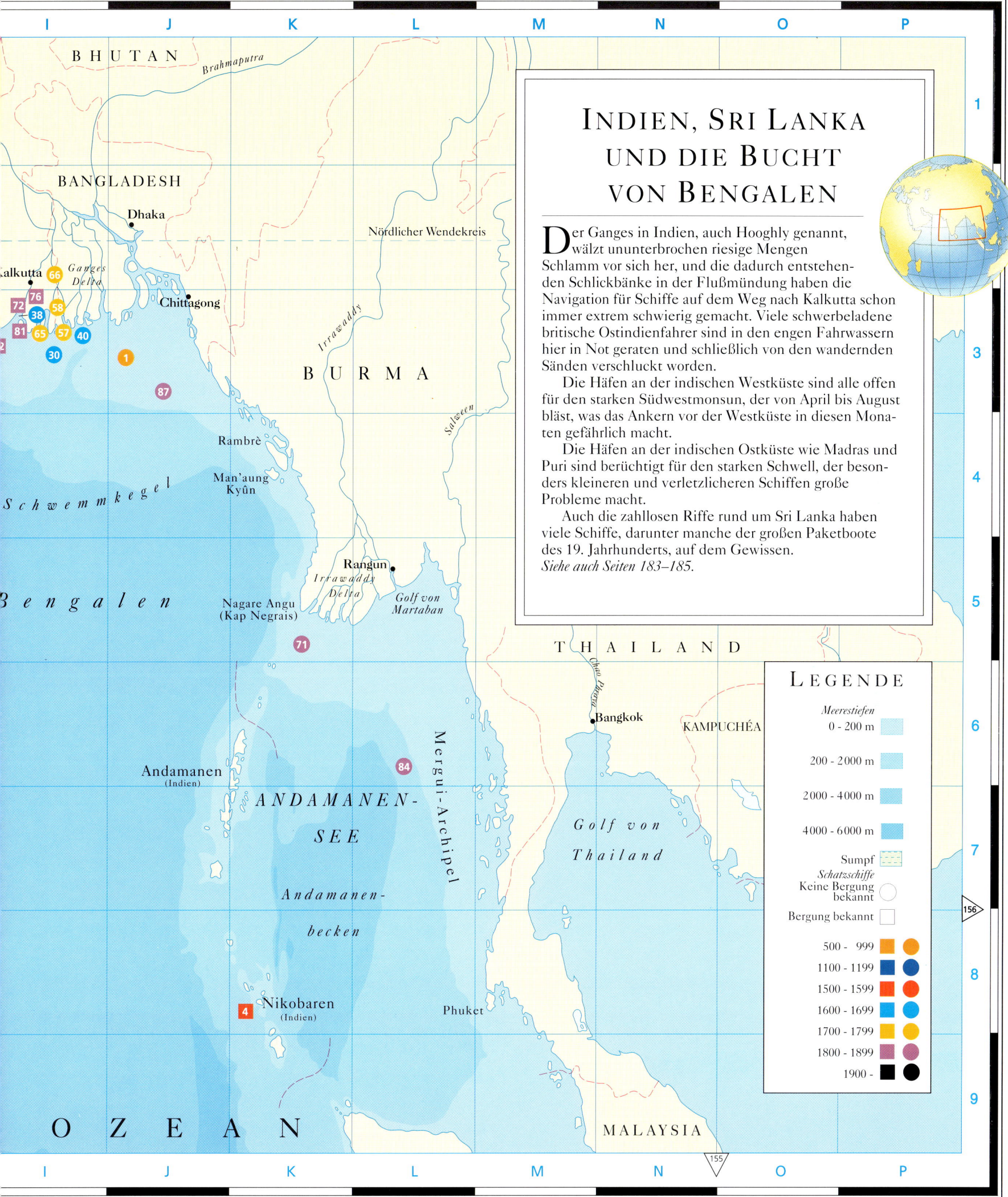

INDIEN, SRI LANKA UND DIE BUCHT VON BENGALEN

Der Ganges in Indien, auch Hooghly genannt, wälzt ununterbrochen riesige Mengen Schlamm vor sich her, und die dadurch entstehenden Schlickbänke in der Flußmündung haben die Navigation für Schiffe auf dem Weg nach Kalkutta schon immer extrem schwierig gemacht. Viele schwerbeladene britische Ostindienfahrer sind in den engen Fahrwassern hier in Not geraten und schließlich von den wandernden Sänden verschluckt worden.

Die Häfen an der indischen Westküste sind alle offen für den starken Südwestmonsun, der von April bis August bläst, was das Ankern vor der Westküste in diesen Monaten gefährlich macht.

Die Häfen an der indischen Ostküste wie Madras und Puri sind berüchtigt für den starken Schwell, der besonders kleineren und verletzlicheren Schiffen große Probleme macht.

Auch die zahllosen Riffe rund um Sri Lanka haben viele Schiffe, darunter manche der großen Paketboote des 19. Jahrhunderts, auf dem Gewissen.
Siehe auch Seiten 183–185.

LEGENDE

Meerestiefen

0 - 200 m

200 - 2000 m

2000 - 4000 m

4000 - 6000 m

Sumpf

Schatzschiffe
Keine Bergung bekannt

Bergung bekannt

500 - 999

1100 - 1199

1500 - 1599

1600 - 1699

1700 - 1799

1800 - 1899

1900 -

INDONESIEN

Java

FLORESSEE

Flores

Sundagraben

INDISCHER

Nord-
australisches
Becken

OZEAN

Kap Lévêque

Exmouth-
schwelle

Nordwest-
kap

Onslow

Ashburton

BANDASEE

Timor

TIMOR-
SEE

Kap Londonderry

Joseph-
Bonaparte-
Golf

Melville-
Insel

Darwin

Arnhem-
land

ARAFURASEE

Irian
Jaya

Neu-
guinea

Kap Arnhem

Carpentaria-
golf

PAPUA
NEUGUINEA

Papua-
golf

Thursday
Island

Kap York

Neu-Pommern
(New Britain)

Port Moresby

Großes

Kap Melville

Kap
York
Halbinsel

Cooktown

Korallensee-
becken

KORALLEN-
SEE

Barriereriff

Townsville

Große Sandwüste

Simpson-
Wüste

Südlicher Wendekreis

AUSTRALIEN

Murchison

Gantheaume-
Bucht

Geraldton

Houtman
Abrolhos

West-
australisches
Becken

Perth

Fremantle

Bunbury

Kap Leeuwin

Große Victoriawüste

Lake
Eyre

Darling

Brisbane

Newcastle

Sydney

Canberra

Große

Australische

Bucht

Känguruh-
Insel

Murray

Sandy Ca

Tasmanische Tiefeben

Kap Howe

Süd-
australisches
Becken

King-Insel

Cape Grim

Melbourne

Wilson's Promontory

Flinders Island

Bass-Strasse

Banks-Strasse

Tasmanien

Hobart

Südostkap

SÜDLICHER OZEAN

Süd-
tasmanischer
Rücken

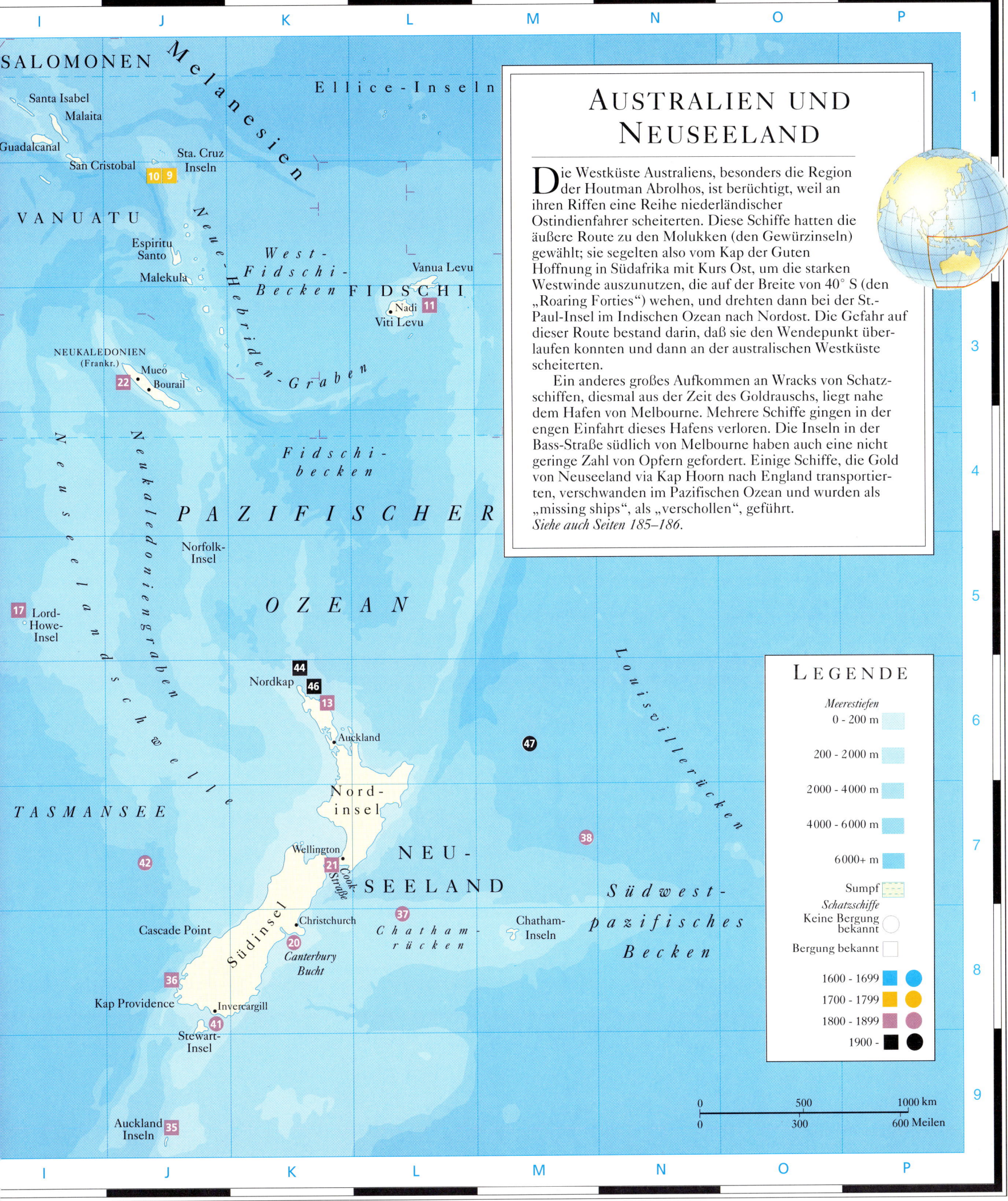

SALOMONEN

Melanesien

Ellice-Inseln

Santa Isabel
Malaita
Guadalcanal
San Cristobal
Sta. Cruz
Inseln

10 **9**

VANUATU

Neue - Hebriden

West-
Fidschi-
Becken

Vanua Levu

FIDSCHI

Espiritu
Santo
Malekula

Nadi **11**
Viti Levu

NEUKALEDONIEN
(Frankr.)

Mueo
Bourail

22

Neue-Hebriden-Graben

Fidschi-
becken

Neukaledoniengraben

PAZIFISCHER

Norfolk-
Insel

OZEAN

Louisviillerücken

Neuseelandschwelle

17 Lord-
Howe-
Insel

AUSTRALIEN UND NEUSEELAND

Die Westküste Australiens, besonders die Region der Houtman Abrolhos, ist berüchtigt, weil an ihren Riffen eine Reihe niederländischer Ostindienfahrer scheiterten. Diese Schiffe hatten die äußere Route zu den Molukken (den Gewürzinseln) gewählt; sie segelten also vom Kap der Guten Hoffnung in Südafrika mit Kurs Ost, um die starken Westwinde auszunutzen, die auf der Breite von 40° S (den „Roaring Forties") wehen, und drehten dann bei der St.-Paul-Insel im Indischen Ozean nach Nordost. Die Gefahr auf dieser Route bestand darin, daß sie den Wendepunkt überlaufen konnten und dann an der australischen Westküste scheiterten.

Ein anderes großes Aufkommen an Wracks von Schatzschiffen, diesmal aus der Zeit des Goldrauschs, liegt nahe dem Hafen von Melbourne. Mehrere Schiffe gingen in der engen Einfahrt dieses Hafens verloren. Die Inseln in der Bass-Straße südlich von Melbourne haben auch eine nicht geringe Zahl von Opfern gefordert. Einige Schiffe, die Gold von Neuseeland via Kap Hoorn nach England transportierten, verschwanden im Pazifischen Ozean und wurden als „missing ships", als „verschollen", geführt.
Siehe auch Seiten 185–186.

44
Nordkap **46**
13

Auckland

47

Nord-
insel

TASMANSEE

38

42

Wellington
21 Cook-
Straße

NEU-
SEELAND

Cascade Point

Südinsel

Christchurch

20

Canterbury
Bucht

Chatham-
rücken

Chatham-
Inseln

Südwest-
pazifisches
Becken

Kap Providence

36

Invercargill

41

Stewart-
Insel

Auckland
Inseln **35**

LEGENDE

Meerestiefen

0 - 200 m
200 - 2000 m
2000 - 4000 m
4000 - 6000 m
6000+ m

Sumpf
Schatzschiffe
Keine Bergung
bekannt
Bergung bekannt

1600 - 1699
1700 - 1799
1800 - 1899
1900 -

0   500   1000 km
0   300   600 Meilen

A B C D E F G H

1

2

3

4

5

6

7

8

9

THAILAND
Golf von Martaban
BURMA
• **Bangkok**
KAMPUCHÉA
VIETNAM
Golf von Thailand
• Ho-Chi-Minh-Stadt

ANDAMANEN-
SEE

Andamanen-becken

SÜD-CHINE-SISCHES MEER
Südchinesisches Becken
Reed Tafelberg

Manila
Luzon
Mindoro
Sama
Panay
Palawan
Negros
SULUSEE
Sulu-becken
Mindana

Palawan Passage

MALAYSIA

Kota Kinabalu
BRUNEI
CELEBESSEE (LAUT SULAWESI)
Celebes-becken

• Medan
• Kuala Lumpur
Malakkastraße
S u m a t r a
Grobe Sundainseln (Malakkischer Archipel)

Äquator
• Padang

Wharton-becken

• SINGAPUR
Anambas-Inseln
Natuna Islands
Sunda-schelf
• Kuching
B o r n e o
Bontang
Samarinda
Balikpapan

Mana

Makassarstraße (Sel. Makassar)
Tomini-golf
Celebes (Sulawesi)
Bone-golf
M
Nord banda becke

Bangka
Belitung
Palembang
Karimatastraße (Sel. Karimata)
I N D O N E
Banjarmasin

[46]
[9]
[32]
[41]
[51] [25]
[24]
[27] [28]
[39]
Ujung Pandang
Muna
Buton
[31]
[26]
[30] [37] [36]
Salayar
[35]
[20] [21]
[18] [19] [17] [43]

[40] [13]
[42]
[48] [47] [15] [23]
[52] [10] [14]
[45]
[34]

[16]
J A V A S E E
[54] Bawean

Tanjungkarang Telukbetung

[12]
[4]

Djakarta
Bandung
[49]
Semarang
Pekalongan
Surabaja
Madura
Bali
Lombok
Sumbawa
Sumba

Kleine Sundainseln
Flores

[56] [50]
[55]

Sundastraße (Sel. Sunda)
Sundagraben

CHRISTMAS-INSEL
(Australien)

J a v a g r a b e n

[44]

Tim

I N D I S C H E R   O Z E A N

Nord-australisches Becken

LEGENDE

Meerestiefen
0 - 200 m
200 - 2000 m
2000 - 4000 m
4000 - 6000 m
6000+ m
Sumpf
Schatzschiffe
Keine Bergung bekannt ○
Bergung bekannt □

1500 - 1599 ● (rot)
1600 - 1699 ● (blau)
1700 - 1799 ● (gelb)
1800 - 1899 ● (violett)
1900 - ● (schwarz)

148
156
154
155

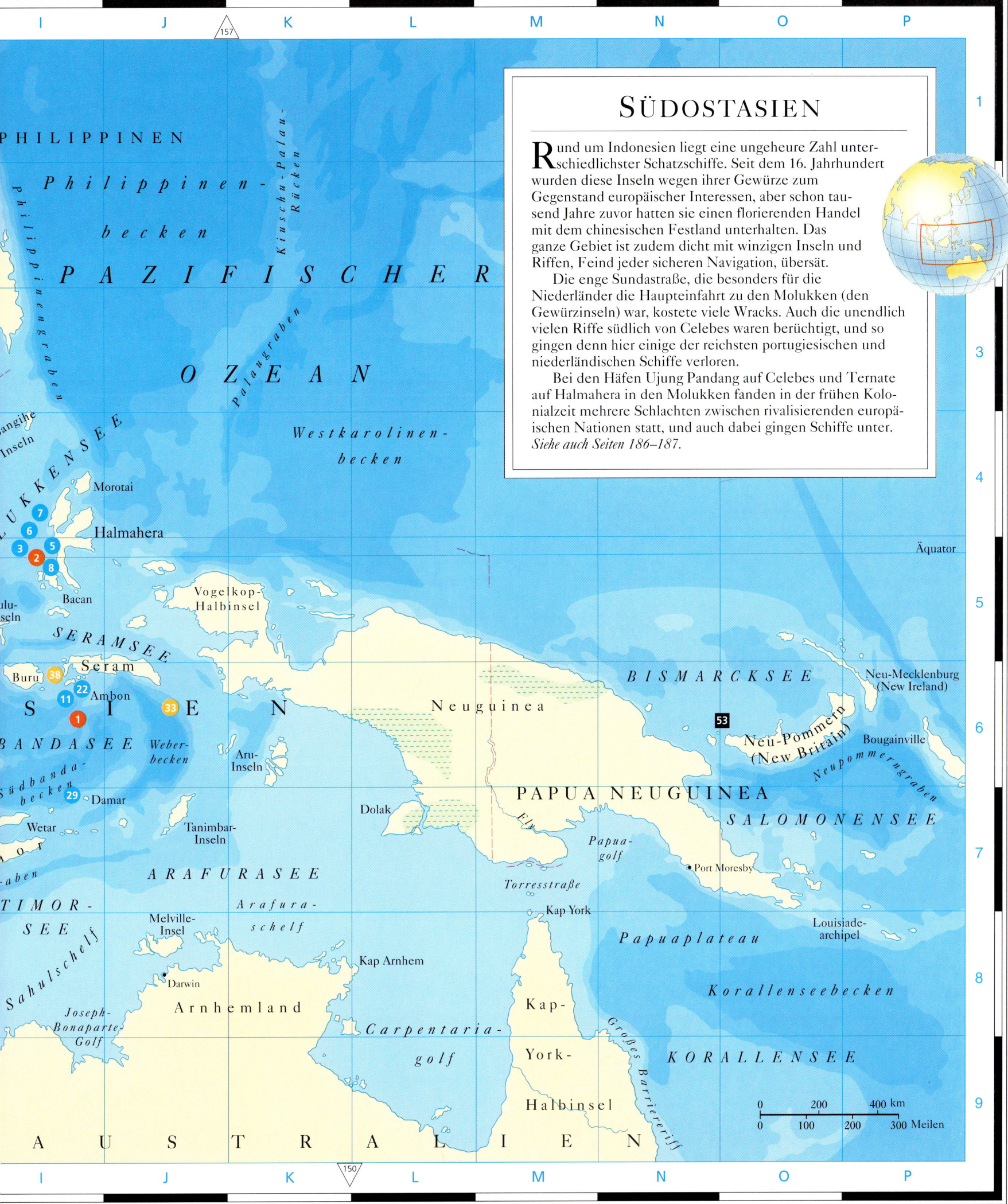

PHILIPPINEN

Philippinen-becken

Kiuschu-Palau-Rücken

PAZIFISCHER

Philippinengraben

Palaugraben

OZEAN

Westkarolinen-becken

SÜDOSTASIEN

Rund um Indonesien liegt eine ungeheure Zahl unter-
schiedlichster Schatzschiffe. Seit dem 16. Jahrhundert
wurden diese Inseln wegen ihrer Gewürze zum
Gegenstand europäischer Interessen, aber schon tausend Jahre zuvor hatten sie einen florierenden Handel
mit dem chinesischen Festland unterhalten. Das
ganze Gebiet ist zudem dicht mit winzigen Inseln und
Riffen, Feind jeder sicheren Navigation, übersät.
    Die enge Sundastraße, die besonders für die
Niederländer die Haupteinfahrt zu den Molukken (den
Gewürzinseln) war, kostete viele Wracks. Auch die unendlich
vielen Riffe südlich von Celebes waren berüchtigt, und so
gingen denn hier einige der reichsten portugiesischen und
niederländischen Schiffe verloren.
    Bei den Häfen Ujung Pandang auf Celebes und Ternate
auf Halmahera in den Molukken fanden in der frühen Kolonialzeit mehrere Schlachten zwischen rivalisierenden europäischen Nationen statt, und auch dabei gingen Schiffe unter.
Siehe auch Seiten 186–187.

MOLUKKENSEE

Morotai

Halmahera

Bacan

Sangihe-Inseln

Sulu-Inseln

Vogelkop-Halbinsel

SERAMSEE

Seram

Buru

Ambon

SIEN

BANDASEE

Weber-becken

Südbanda-becken

Damar

Wetar

Tanimbar-Inseln

Aru-Inseln

Neuguinea

BISMARCKSEE

Neu-Mecklenburg
(New Ireland)

Neu-Pommern
(New Britain)

Bougainville

Neupommerngraben

PAPUA NEUGUINEA

SALOMONENSEE

Papua-golf

Port Moresby

Fly

Dolak

Torresstraße

Kap York

Louisiade-archipel

Papuaplateau

Korallenseebecken

ARAFURASEE

Arafura-schelf

TIMOR-SEE

Timorgraben

Sahulschelf

Melville-Insel

Darwin

Kap Arnhem

Kap-York-Halbinsel

Großes Barriereriff

KORALLENSEE

Joseph-Bonaparte-Golf

Arnhemland

Carpentaria-golf

AUSTRALIEN

Äquator

| 0 | 200 | 400 km |
| 0 | 100 | 200 | 300 Meilen |

DIE PHILIPPINEN

Seit der Zeit, als im 17. Jahrhundert spanische Galeonen zwischen Manila und Acapulco in Mexiko pendelten, bis zum Zweiten Weltkrieg, als amerikanisches Silber hierher evakuiert wurde, war die Bucht von Manila als Friedhof der Schatzschiffe berüchtigt.

Schon immer waren die Inseln gegenüber dieser Bucht eine Gefahr für die Schiffahrt, und so liegen denn auch hier zahlreiche Wracks. Ebenso war die enge San-Bernardino-Straße Schauplatz von Unglück. Um die navigatorischen Schwierigkeiten der südlichen Route von Manila nach Acapulco zu vermeiden, segelten manche Galeonen trotz der risikoreichen Fahrt durch die Babuyan-Inseln vor der Nordspitze der Philippinen erst nach Norden. Einlaufende Schiffe hatten oft Schwierigkeiten, die San-Bernardino-Straße zu finden, und manche von ihnen scheiterten an der Insel Catanduanes nördlich der Straße, aber auch nahe Kap Espiritu Santo auf Samar im Süden.
Siehe auch Seiten 187–188.

LEGENDE

Meerestiefen
0 - 200 m
200 - 2000 m
2000 - 4000 m
4000 - 6000 m
6000+ m

Sumpf

Schatzschiffe
Keine Bergung bekannt
Bergung bekannt

1500 - 1599
1600 - 1699
1700 - 1799
1800 - 1899
1900 -

0 100 200 300 km
0 100 200 Meilen

Labels

Nördlicher Wendekreis
TAIWAN
Kao-Hsiung
PAZIFISCHER OZEAN
Luzón-Straße
Batan-Inseln
Babuyankanal
Babuyan-Inseln
Kap Bojeador
Aparri
Kap Engano
Pt. Estagno
Luzon
Cagayan
Kap Bolinao
Dagupan
Süd-chinesisches Becken
Polillo-Inseln
Olongapo
Quezon
Manila
Lamon-Bucht
Calapan
Mindoro
Sibuyan
San-Bernardino-Straße
Catanduanes
Tablas
Sibuyan Sea
PHILIPPINEN
Mindorostraße
Tablasstraße
Linapacanstraße
Calamian-gruppe
Panay
Visayan-see
Iloilo
Leyte
Leyte-golf
Guiuan
Dinagat
Samar
Philippinenbecken
Philippinengraben
Pt. Bayo
Panay-golf
Negros
Cebu
Bohol
Boholsee
Camiguin
SÜD-CHINESISCHES MEER
Palawan
Puerto Princesa
SULU-SEE
Sulubecken
Cagayan de Oro
Mindanao
Pagadian
Balabacstraße
Morogolf
Cotabato
Davao
Davao-golf
MALAYSIA
Jolo
Suluarchipel
Basilan
Pt. Tinaca
Celebes-see
Celebesbecken
BRUNEI
Borneo
INDONESIEN
Sangir
Kep. Talaud

MALAIISCHE HALBINSEL UND SUMATRA

Trotz der hier vorherrschenden starken Strömungen, engen Kanäle, Riffe, Piraten und der dichten Handelsschiffahrt war die Straße von Malakka eines der wichtigsten Handelsgebiete für die Ostindienfahrer und zugleich seit Hunderten von Jahren ein Schiffsfriedhof.

Im 19. Jahrhundert hatten bessere Seekarten das Risiko des Auflaufens an unbekannten Küsten vermindert. Doch zugleich hatte sich das Schiffahrtsaufkommen in der Straße von Singapur und der Straße von Malakka vervielfältigt, seit Singapur 1819 als Handelsposten eingerichtet worden war. Starke Stürme waren in dieser Gegend eine zusätzliche Gefahr; zahlreiche Schiffe wurden auch von Blitzen getroffen und gingen in Flammen auf.

Von den Tagen der niederländisch-portugiesischen Kämpfe im 17. Jahrhundert bis zum Zweiten Weltkrieg gingen in diesem Gebiet mehrere Schiffe infolge von Kriegshandlungen verloren. *Siehe auch Seiten 189–190.*

LEGENDE

Meerestiefen

0 - 200 m
200 - 2000 m
2000 - 4000 m
4000 - 6000 m
6000+ m

Sumpf
Schatzschiffe
Keine Bergung bekannt
Bergung bekannt

1400 - 1499
1500 - 1599
1600 - 1699
1700 - 1799
1800 - 1899
1900 -

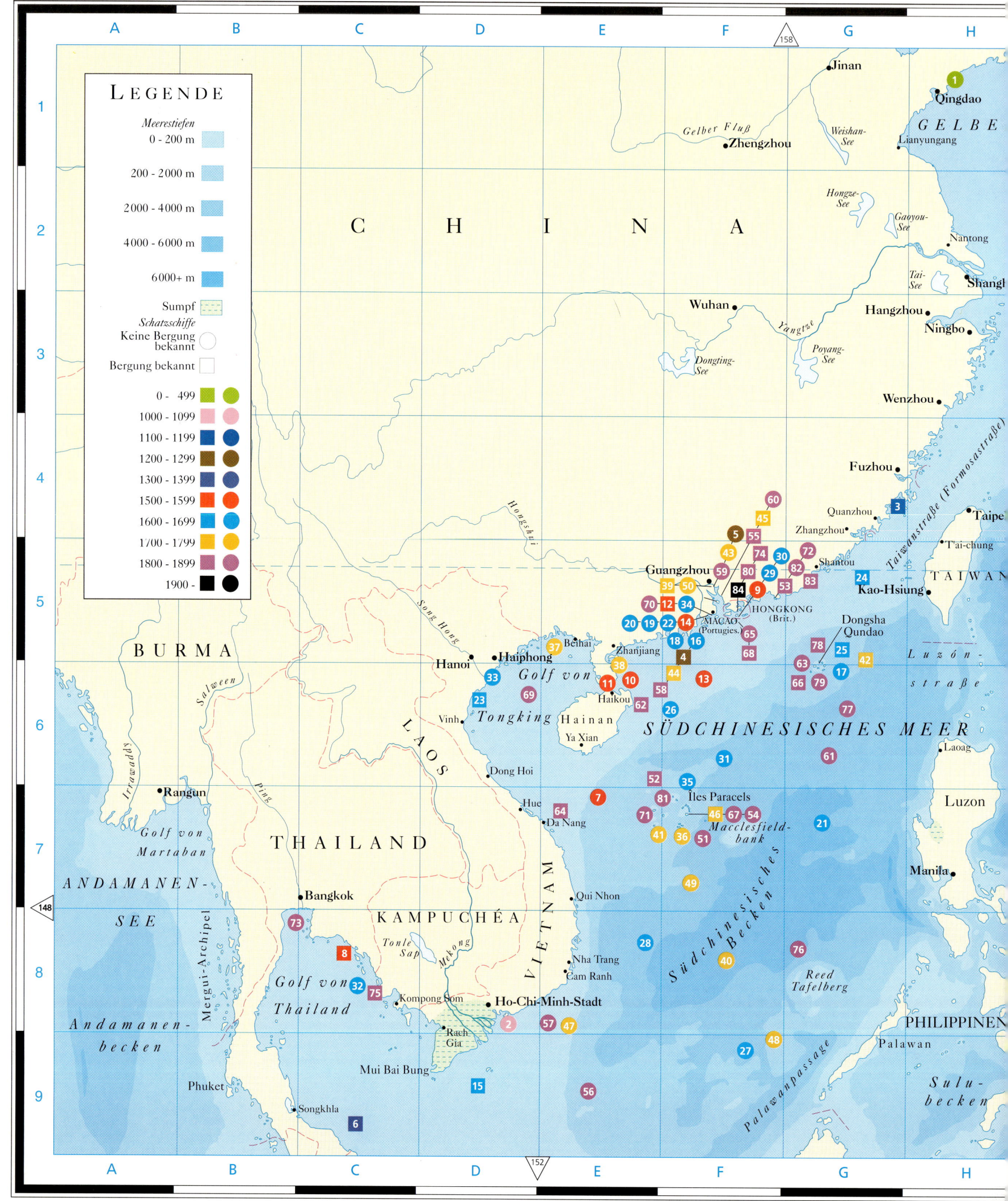

LEGENDE

Meerestiefen
0 - 200 m
200 - 2000 m
2000 - 4000 m
4000 - 6000 m
6000+ m

Sumpf

Schatzschiffe
Keine Bergung bekannt
Bergung bekannt

0 - 499
1000 - 1099
1100 - 1199
1200 - 1299
1300 - 1399
1500 - 1599
1600 - 1699
1700 - 1799
1800 - 1899
1900 -

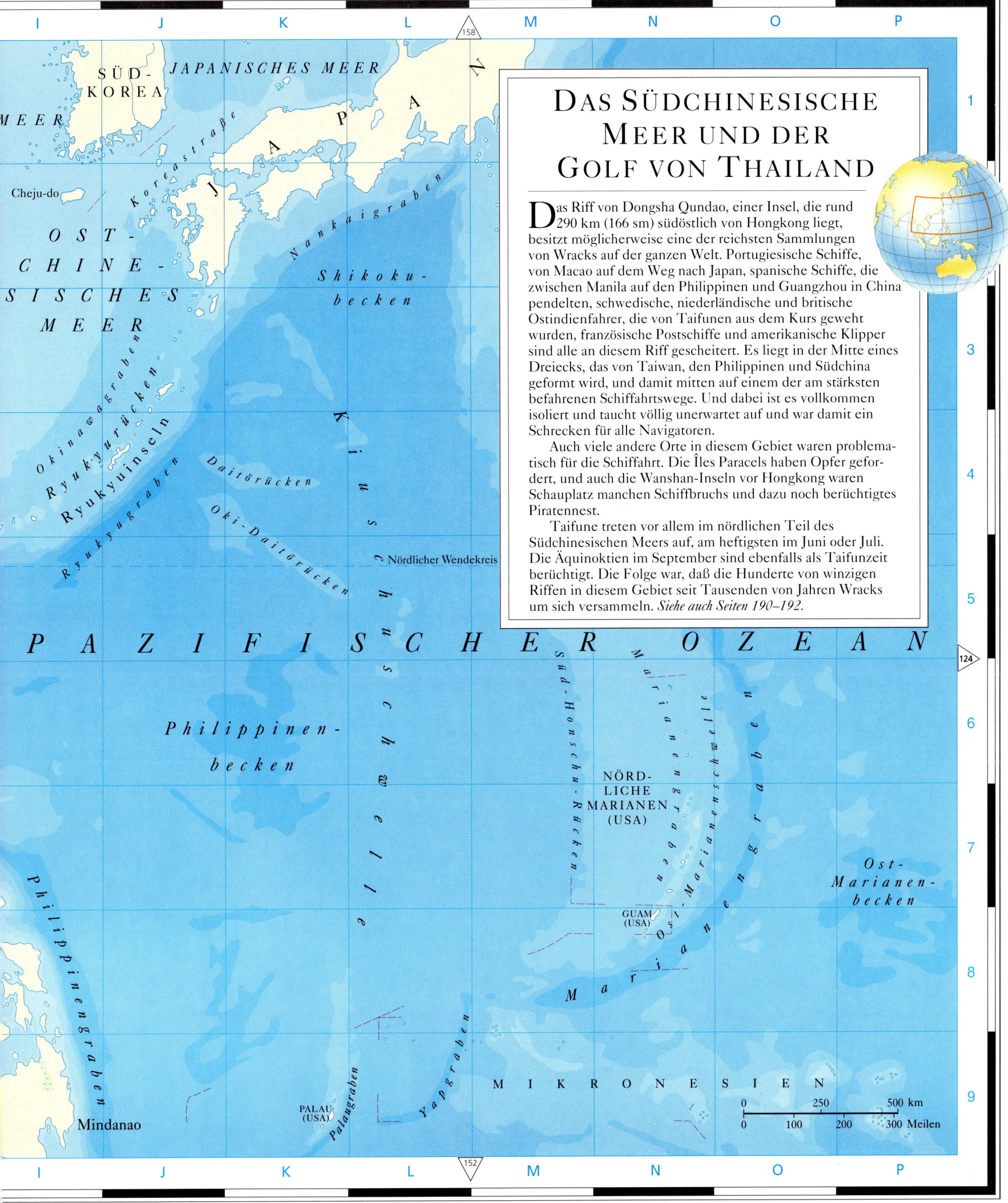

SÜD-
KOREA

JAPANISCHES MEER

MEER

Cheju-do

J   A   P   A   N

Koreastraße

O   S   T   -
C   H   I   N   E   -
S   I   S   C   H   E   S
M   E   E   R

Nankaigraben

*Shikoku-
becken*

Okinawagraben

Ryukyurücken

Ryukyuinseln

Ryukyugraben

Daitōrücken

Oki-Daitōrücken

K   i   u   s   c   h   ū   s   c   h   w   e   l   l   e

Nördlicher Wendekreis

DAS SÜDCHINESISCHE MEER UND DER GOLF VON THAILAND

D as Riff von Dongsha Qundao, einer Insel, die rund 290 km (166 sm) südöstlich von Hongkong liegt, besitzt möglicherweise eine der reichsten Sammlungen von Wracks auf der ganzen Welt. Portugiesische Schiffe, von Macao auf dem Weg nach Japan, spanische Schiffe, die zwischen Manila auf den Philippinen und Guangzhou in China pendelten, schwedische, niederländische und britische Ostindienfahrer, die von Taifunen aus dem Kurs geweht wurden, französische Postschiffe und amerikanische Klipper sind alle an diesem Riff gescheitert. Es liegt in der Mitte eines Dreiecks, das von Taiwan, den Philippinen und Südchina geformt wird, und damit mitten auf einem der am stärksten befahrenen Schiffahrtswege. Und dabei ist es vollkommen isoliert und taucht völlig unerwartet auf und war damit ein Schrecken für alle Navigatoren.

Auch viele andere Orte in diesem Gebiet waren problematisch für die Schiffahrt. Die Îles Paracels haben Opfer gefordert, und auch die Wanshan-Inseln vor Hongkong waren Schauplatz manchen Schiffbruchs und dazu noch berüchtigtes Piratennest.

Taifune treten vor allem im nördlichen Teil des Südchinesischen Meers auf, am heftigsten im Juni oder Juli. Die Äquinoktien im September sind ebenfalls als Taifunzeit berüchtigt. Die Folge war, daß die Hunderte von winzigen Riffen in diesem Gebiet seit Tausenden von Jahren Wracks um sich versammeln. *Siehe auch Seiten 190–192.*

P   A   Z   I   F   I   S   C   H   E   R   O   Z   E   A   N

*Philippinen-
becken*

Süd-Honschu-Rücken

Marianengraben

Marianenschwelle

Marianengraben

NÖRD-
LICHE
MARIANEN
(USA)

Ost-Marianengraben

*Ost-
Marianen-
becken*

Philippinengraben

GUAM
(USA)

M   a   r   i   a   n   e   n   g   r   a   b   e   n

M   I   K   R   O   N   E   S   I   E   N

Yapgraben

PALAU
(USA)

Palaugraben

Mindanao

0	250	500 km
0	100	200	300 Meilen

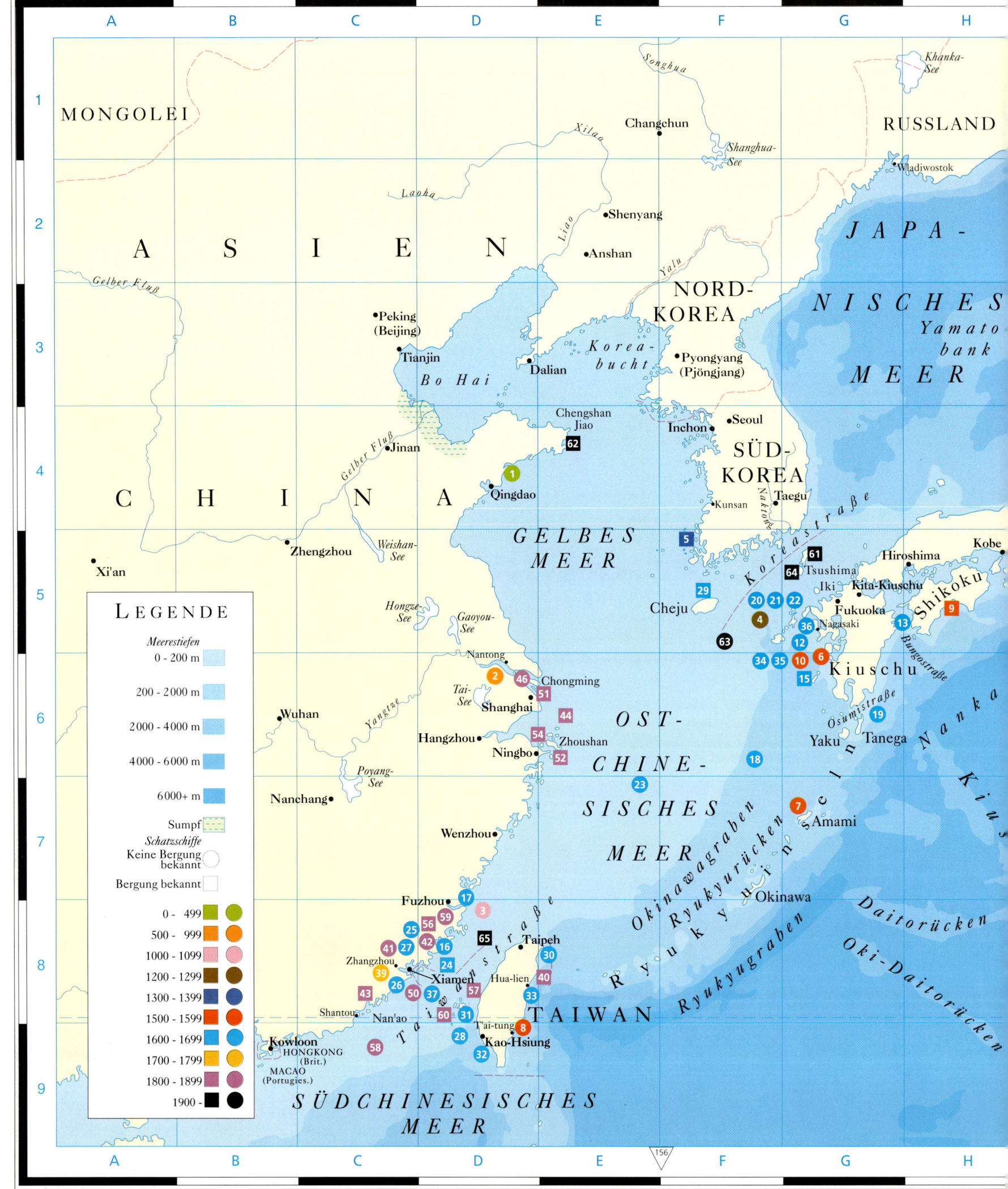

LEGENDE

Meerestiefen

0 – 200 m
200 – 2000 m
2000 – 4000 m
4000 – 6000 m
6000+ m

Sumpf

Schatzschiffe

Keine Bergung
bekannt

Bergung bekannt

0 – 499	
500 – 999	
1000 – 1099	
1200 – 1299	
1300 – 1399	
1500 – 1599	
1600 – 1699	
1700 – 1799	
1800 – 1899	
1900 –	

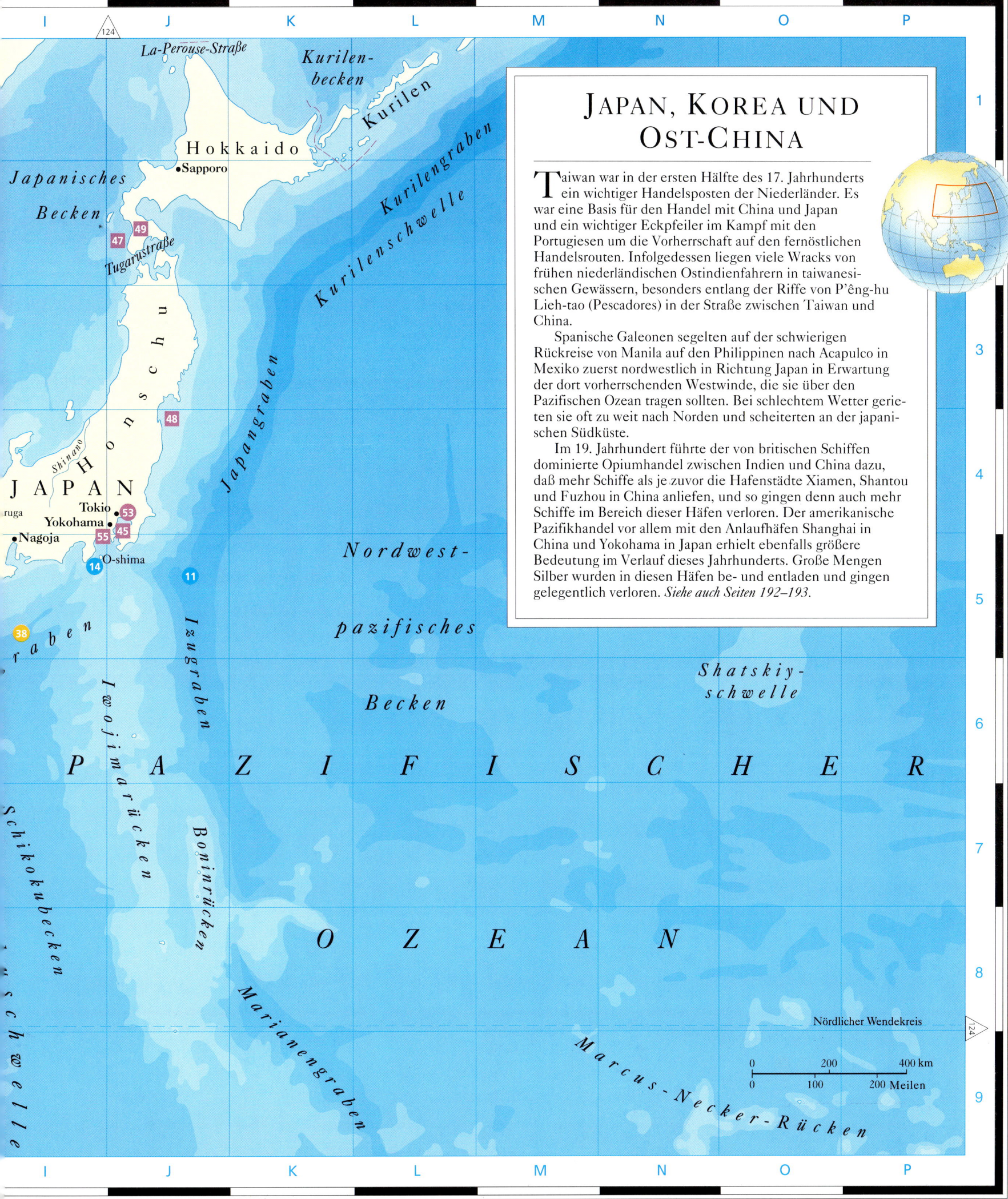

I · J · K · L · M · N · O · P

La-Perouse-Straße

Kurilenbecken

Kurilen

Hokkaido

Sapporo

Japanisches Becken

47 49

Tugarustraße

Kurilengraben

Kurilenschwelle

Honschu

48

Shinano

Japangraben

J A P A N

Tokio

Yokohama 53

55 45

Nagoja

14 O-shima

11

Nordwest-

pazifisches

Becken

Shatskiy-schwelle

38

raben

Izugraben

Iwojimarücken

P A Z I F I S C H E R

Schikokubecken

Boninrücken

O Z E A N

schwelle

Marianengraben

Nördlicher Wendekreis

Marcus-Necker-Rücken

0   200   400 km
0   100   200 Meilen

JAPAN, KOREA UND OST-CHINA

Taiwan war in der ersten Hälfte des 17. Jahrhunderts ein wichtiger Handelsposten der Niederländer. Es war eine Basis für den Handel mit China und Japan und ein wichtiger Eckpfeiler im Kampf mit den Portugiesen um die Vorherrschaft auf den fernöstlichen Handelsrouten. Infolgedessen liegen viele Wracks von frühen niederländischen Ostindienfahrern in taiwanesischen Gewässern, besonders entlang der Riffe von P'êng-hu Lieh-tao (Pescadores) in der Straße zwischen Taiwan und China.

Spanische Galeonen segelten auf der schwierigen Rückreise von Manila auf den Philippinen nach Acapulco in Mexiko zuerst nordwestlich in Richtung Japan in Erwartung der dort vorherrschenden Westwinde, die sie über den Pazifischen Ozean tragen sollten. Bei schlechtem Wetter gerieten sie oft zu weit nach Norden und scheiterten an der japanischen Südküste.

Im 19. Jahrhundert führte der von britischen Schiffen dominierte Opiumhandel zwischen Indien und China dazu, daß mehr Schiffe als je zuvor die Hafenstädte Xiamen, Shantou und Fuzhou in China anliefen, und so gingen denn auch mehr Schiffe im Bereich dieser Häfen verloren. Der amerikanische Pazifikhandel vor allem mit den Anlaufhäfen Shanghai in China und Yokohama in Japan erhielt ebenfalls größere Bedeutung im Verlauf dieses Jahrhunderts. Große Mengen Silber wurden in diesen Häfen be- und entladen und gingen gelegentlich verloren. *Siehe auch Seiten 192–193.*

DIE
WRACKLISTEN

Die in diesen Wracklisten zusammengetragenen Informationen beziehen sich auf die auf den vorhergehenden 20 Karten eingezeichneten Schiffswracks. Bei den meisten Eintragungen werden der Schiffstyp, seine Lage, die Route, die Fracht und das Datum des Untergangs angegeben. Über einige Schiffe ist jedoch wenig bekannt, so daß die Information unvollständig ist. Wo es möglich war, wurde eine moderne Schreibweise der Ortsnamen verwendet, aber wenn es keine direkte Entsprechung gibt, wurde die historische Schreibweise beibehalten.

WESTKÜSTE NORDAMERIKAS UND NORDPAZIFIK

Die Karte zu dieser Liste befindet sich auf den Seiten 124–125.

● Keine Bergung bekannt
■ Bergung bekannt

❶ N6 TRINIDAD 1540
SCHIFF spanisch
LAGE Nähe Santa Ana River, Kalifornien, USA
FRACHT Schatz

❷ B9 SAN PEDRO 1596
SCHIFF spanisch
LAGE Guam
ROUTE Manila, Philippinen, nach Acapulco, Mexiko
FRACHT Porzellan und Gold

❸ N6 SANTA MARTA 1582
SCHIFF spanisch
LAGE Santa Catalina Insel, Kalifornien, USA
ROUTE Manila, Philippinen, nach Acapulco, Mexiko
FRACHT Gold und Porzellan

❹ M6 SAN AUGUSTIN 1595
SCHIFF spanisch
LAGE nördl. der San Francisco-Bucht, Kalifornien, USA
ROUTE Manila, Philippinen, nach Acapulco, Mexiko
FRACHT Porzellan und Gold

❺ F7 HOOP 24. Sept. 1600
SCHIFF niederländ. Ostindienfahrer, 500 t
LAGE Gegend der Hawaii-Inseln
ROUTE Niederlande nach Fernost via Magellanstraße, Chile
FRACHT Münzen

❻ B8 SANTA MARGARITA 1603
SCHIFF spanisch
LAGE Carpana, Nördliche Marianen
ROUTE Manila, Philippinen, nach Acapulco, Mexiko
FRACHT Gold und Porzellan
BERGUNG zur Zeit des Untergangs geplündert und kürzlich von Bill Mathers wiederentdeckt

❼ B8 NUESTRA SENORA DE LA CONCEPCION 20. Sept. 1638
SCHIFF spanisch
LAGE Saipan, Nördliche Marianen
ROUTE Manila, Philippinen, nach Acapulco, Mexiko
FRACHT Gold, Silber und Juwelen
BERGUNG zur Zeit des Untergangs geplündert und kürzlich von Bill Mathers wiederentdeckt. *Siehe Seiten 56–57*

❽ B9 DAS AGANA-WRACK 1686
SCHIFF spanisch
LAGE Hafen von Agana, Guam
ROUTE Acapulco, Mexiko, nach Manila, Philippinen
FRACHT Silbermünzen

❾ B9 NUESTRA SENORA DEL PILAR 1690
SCHIFF spanisch
LAGE Riff vor Cocos Island bei Guam
ROUTE Acapulco, Mexiko, nach Manila, Philippinen
FRACHT Silbermünzen

❿ B9 DAS JUAN-RODRIGUEZ-WRACK 1696
SCHIFF spanisch
LAGE Bank von Santa Rosa, Guam
ROUTE Manila nach Acapulco
FRACHT Gold und Porzellan

⓫ B8 NUESTRA SENORA DE LA CONCEPCION 1775
SCHIFF spanisch
LAGE Nördliche Marianen
ROUTE Acapulco nach Cavite bei Manila
FRACHT Silber
BERGUNG geborgen zur Zeit des Untergangs

⓬ H9 ESPERANZA 1816
SCHIFF spanisch
LAGE Palmyra-Insel, Zentralpolynesische Sporaden
FRACHT Schatz
BERGUNG wahrscheinlich zur Zeit des Untergangs geborgen

⓭ J4 ROSE 1841
SCHIFF Schoner
LAGE Pazifik
ROUTE Fernost nach USA
FRACHT Münzen im Wert von 180.000 US $

⓮ D9 GEORGE BUCKHAM Juni 1851
SCHIFF britisch
LAGE Karolinen, 8°00 N, 154°00 E
ROUTE Newcastle nach Hongkong
FRACHT Münzen
BERGUNG teilweise zur Zeit des Untergangs geborgen

⓯ N7 UNION 5. Juli 1851
SCHIFF amerikanisch
LAGE 95 km (51 sm) südlich von San Quintin, Baja California, Mexiko
ROUTE San Francisco, USA, nach Panama
FRACHT Münzen
BERGUNG zur Zeit des Untergangs geborgen

⓰ M6 WINFIELD SCOTT
2. Dez. 1853
SCHIFF amerikanisch, Pacific Mail Steamship Company
LAGE vor Santa Barbara, Kalifornien, USA
ROUTE San Francisco, USA, nach Panama
FRACHT Gold im Wert von 1 Mill. US $
BERGUNG zur Zeit des Untergangs geborgen

⓱ M6 YANKEE BLADE
30. Sept. 1854
SCHIFF amerikanischer Raddampfer
LAGE vor Point Arguello, Santa Barbara, Kalifornien, USA
ROUTE San Francisco, USA, nach Panama
FRACHT Schatz im Wert von 153.000 US $
BERGUNG Schatz im Wert von 70.000 US $ 1854 geborgen

⓲ M7 MASTIFF 15. Sept. 1859
LAGE 30°46'N 128°35'W
ROUTE San Francisco nach Hongkong
FRACHT Gold
BERGUNG Gold im Wert von 83.000 US $ auf die *Achilles* umgeladen, aber privates Gold verloren

⓳ M6 SIERRA NEVADA Okt. 1859
SCHIFF amerikanisch
LAGE 130 km (70 sm) südlich von Monterey, Kalifornien, USA
ROUTE San Francisco, Kalifornien, USA, nach San Luis Obispo, Kalifornien, USA
FRACHT Münzen
BERGUNG größtenteils zur Zeit des Untergangs geborgen

⓴ M5 NORTHERNER 5. Jan. 1860
SCHIFF amerikanisch, Pacific Mail Steamship Company
LAGE 40°26'N 124°24'W
ROUTE San Francisco, USA, nach Kanada
FRACHT Gold
BERGUNG Postsäcke ans Ufer geschwemmt

㉑ O8 GOLDEN GATE 27. Juli 1862
SCHIFF amerikanischer Raddampfer, 2.850 t
LAGE vor Manzanillo, Mexiko, 19°03'N 104°20'W
ROUTE San Francisco nach New York
FRACHT Gold im Wert von 1.400.000 US $
BERGUNG größtenteils zur Zeit des Untergangs geborgen

㉒ M5 BROTHER JONATHAN
28. Juli 1865
SCHIFF amerikanischer Seitenraddampfer, 1.359 t
LAGE Leuchtfeuer St. George's Riff, NW Seal Rocks, Kalifornien, USA
ROUTE San Francisco, Kalifornien, USA, nach Victoria, British Columbia, Kanada
FRACHT Münzen im Wert von 250.000 US $

㉓ E8 LIBELLE Juli 1866
LAGE 19°11'N 166°31'E
ROUTE San Francisco nach Hongkong
FRACHT Münzen
BERGUNG einiges zur Zeit des Untergangs geborgen

㉔ N8 GOLDEN CITY 22. Feb. 1870
SCHIFF amerikanischer Raddampfer
LAGE Kap San Lázaro, Baja California, Mexiko
ROUTE San Francisco, Kalifornien, USA, nach Panama
FRACHT Gold im Wert von 791.000 US $
BERGUNG zur Zeit des Untergangs geborgen

㉕ O8 CONTINENTAL 26. Okt. 1870
SCHIFF amerikanisch
LAGE nahe Kap San Lucas, Baja California, Mexiko
ROUTE Mexiko nach San Francisco, Kalifornien, USA
FRACHT Münzen im Wert von 140.000 US $

㉖ N7 SACRAMENTO 5. Dez. 1872
SCHIFF amerikanisch, Pacific Mail Steamship Company
LAGE 29°10'N 115°22'W
ROUTE Panama nach San Francisco
FRACHT Münzen im Wert von 1,5 Mill. US $
BERGUNG teilweise geborgen

㉗ M6 PRINCE ALFRED
14. Juni 1874
SCHIFF amerikanisch
LAGE Duxbury-Riff, 10 km (5,4 sm) nördlich von San Francisco, USA
ROUTE San Francisco, Kalifornien, USA, nach Victoria, Vancouver Island, British Columbia, Kanada
FRACHT Gold
BERGUNG zur Zeit des Untergangs geborgen

㉘ M4 PACIFIC 4. Nov. 1875
SCHIFF Goodall, Nelson, Perkins & Co., Raddampfer, 875 t
LAGE 65 km (35 sm) südlich von Kap Flattery, Washington, USA
ROUTE Victoria, Vancouver Island, British Columbia, Kanada, nach San Francisco
FRACHT Schatz im Wert von 79.220 US $

㉙ P9 CITY OF SAN FRANCISCO
16. Mai 1877
SCHIFF amerikanisch, Pacific Mail Steamship Company
LAGE 16°16'N 98°36'W
ROUTE Panama nach San Francisco
FRACHT Gold
BERGUNG mehrere Bergeversuche, Resultate unbekannt

㉚ M4 GREAT REPUBLIC
19. April 1879
SCHIFF amerikanischer Raddampfer, Pacific Mail Steamship Company
LAGE vor Columbia River, Oregon, USA
ROUTE San Francisco, USA, nach Portland, Oregon, USA
FRACHT Münzen

㉛ M6 CITY OF CHESTER
22. Aug. 1888
SCHIFF amerikanisch
LAGE San Francisco, Kalifornien, USA
FRACHT möglicherweise Fracht im Wert von 30 Mill. US $

32 O8 COLIMA 27. Mai 1895
SCHIFF amerikanisch, Pacific Mail Steamship Company, 2.906 t
LAGE 80 km (43 sm) südlich von Manzanillo, Mexiko
ROUTE San Francisco, USA, nach Panama
FRACHT Gold

33 L2 MEXIKO 5. Aug. 1897
SCHIFF amerikanisch, Pacific Mail Steamship Company, 1.797 t
LAGE 57°03'N 135°18'W
ROUTE Alaska, USA, nach San Francisco
FRACHT Gold
BERGUNG einige Fracht aus den Deckskajüten wurde geborgen, aber nichts unter Deckebene

34 M6 CITY OF RIO DE JANEIRO 22. Feb. 1901
SCHIFF amerikanisch, Pacific Mail Steamship Company, 3.532 t
LAGE Mile Rock, Golden Gate, San Francisco, Kalifornien, USA
ROUTE Yokohama, Japan, nach San Francisco, Kalifornien, USA
FRACHT Gold

35 L2 ISLANDER 15. Aug. 1901
SCHIFF kanadisch, Pacific Navigation Company, 1.495 t
LAGE Steven's Passage, nahe Juneau, Alaska, USA
ROUTE Alaska, USA, nach Vancouver, British Columbia, Kanada
FRACHT Gold im Wert von 3 Mill. US $
BERGUNG größtenteils 1930 geborgen, kürzlich neue Versuche

36 L3 RAMONA 20. Nov. 1911
SCHIFF hölzerner Dampfer, 1.061 t
LAGE 56°01'N 134°09'W
ROUTE Alaska, USA, nach Vancouver, British Columbia, Kanada
FRACHT Gold im Wert von 25.000 £ Sterling
BERGUNG einiges zur Zeit des Untergangs geborgen

37 L2 PRINCESS SOPHIA 26. Okt. 1918
SCHIFF kanadisch, Pacific Railway Company, 2.320 t
LAGE Vanderbilt-Riff, Lynnkanal, Alaska, USA
ROUTE Skagway, Alaska, USA, nach Vancouver, British Columbia, Kanada
FRACHT Gold im Wert von 200.000 £ Sterling
BERGUNG einiges zur Zeit des Untergangs geborgen

38 I7 ASIATIC PRINCE 24. März 1928
SCHIFF britisch, Prince Line, 5.800 t
LAGE 24°00'N 155°00'W
ROUTE New York nach Yokohama, Japan
FRACHT Gold

39 N8 COLUMBIA 13. Sept. 1931
SCHIFF amerikanisch, Grace Line
LAGE Point Tosca, Santa-Margarita-Insel, Baja California, Mexiko
ROUTE New York nach San Francisco
FRACHT Silberbarren im Wert von 700.000 US $
BERGUNG Silberbarren im Wert von 600.000 US $ geborgen

40 M4 FELTRE 17. Feb. 1937
SCHIFF italienisch
LAGE Columbia River, Oregon, USA
FRACHT Silberbarren im Wert von 185.000 US $
BERGUNG größtenteils zur Zeit des Untergangs geborgen

41 B8 FLORENTINE 1951
SCHIFF amerikanisch
LAGE 22°30'N 140°28'E
FRACHT Gold

BUCHT VON MEXIKO BIS BERMUDAS

Die Karte zu dieser Liste befindet sich auf den Seiten 126–127.

● Keine Bergung bekannt
■ Bergung bekannt

1 E7 SCHIFF DES FRANCISCO PIZARRO 1510
SCHIFF spanische Pinasse
LAGE Kap San Antonio, Kuba
FRACHT kunsthandwerkliche Gegenstände

2 F6 SANTA CATALINA 1537
SCHIFF spanisch, 200 t
LAGE Hafen von Havanna, Kuba
ROUTE Havanna, Kuba, nach Spanien
FRACHT Gold und Silber
Kapitän Francisco Lopez

3 F6 SANTA MARIA 1544
SCHIFF spanisch, 180 t
LAGE nahe Havanna, Kuba
ROUTE Nombre de Dios nach Havanna
FRACHT Gold und Silber

4 F6 VISITACION 1550
SCHIFF spanisch, 200 t
LAGE Riffs von Los Martires, Florida, USA
ROUTE Veracruz, Mexiko, nach Spanien
FRACHT Gold und Silber

5 L3 SANTA BARBOLA 1551
SCHIFF spanisch, 400 t
LAGE Bermuda
ROUTE Nombre de Dios nach Spanien
FRACHT Gold und Silber
BERGUNG Schatz zur Zeit des Untergangs geborgen

6 D5 SANTA MARIA DE CAMINO 1554
SCHIFF spanisch, 350 t
LAGE Golf von Mexiko
ROUTE Karibik nach Spanien
FRACHT Gold und Silber
BERGUNG größtenteils zur Zeit des Untergangs geborgen. *Kapitän Diego Diaz*

7 A5 ESPIRITU SANTO 29. April 1554
SCHIFF spanisch
LAGE Padre Island, Texas, USA
ROUTE Veracruz nach Havanna
FRACHT Gold und Silber
BERGUNG zur Zeit des Untergangs geborgen und kürzlich wiederentdeckt

8 A5 SAN ESTEBAN 29. April 1554
SCHIFF spanisch
LAGE Padre Island, Texas, USA
ROUTE Veracruz nach Havanna
FRACHT Gold und Silber
BERGUNG zur Zeit des Untergangs geborgen und kürzlich wiederentdeckt

9 A5 SANTA MARIA DE YCIAR 29. April 1554
SCHIFF spanisch
LAGE Padre Island, Texas, USA
ROUTE Veracruz nach Havanna
FRACHT Silbermünzen, Rohsilber, flüssiges Bernstein, Koschenille, raffinierter Zucker, Wolle und Kuhhäute
BERGUNG zur Zeit des Untergangs geborgen und kürzlich wiederentdeckt

10 G5 SANTA MARIA DEL CAMINO 1555
SCHIFF spanisch, 200 t
LAGE Bahamakanal, Bahamas
ROUTE Havanna, Kuba, nach Spanien
FRACHT Gold und Silber
Kapitän Alonso Martin Morejon

11 A7 SANTA MARIA LA BLANCA 1555
SCHIFF spanisch, 220 t
LAGE San Juan Ulua, Veracruz, Mexiko
ROUTE Veracruz, Mexiko, nach Spanien
FRACHT Gold und Silber
BERGUNG größtenteils geborgen
Kapitän Francisco de Sanctana

12 F6 SANTA MARIA EN VILLACELAN 1556
SCHIFF spanisch, 220 t
LAGE nahe Matanzas, Kuba
ROUTE Havanna, Kuba, nach Spanien
FRACHT Gold und Silber

13 E6 LA CONCEPCION 24. Mai 1556
SCHIFF spanisch, 220 t
LAGE zwischen Kap San Antonio, Kuba, und Havanna, Kuba
ROUTE Nombre de Dios, Panama, nach Havanna, Kuba
FRACHT Gold und Silber

14 E6 LA MAGDALENA 24. Mai 1556
SCHIFF spanisch, 220 t
LAGE zwischen Kap San Antonio, Kuba, und Havanna, Kuba
ROUTE Nombre de Dios, Panama, nach Havanna, Kuba
FRACHT Gold und Silber
Kapitän Vicencia Bozino

15 L2 MADALENA 1563
SCHIFF spanisch
LAGE vor Riffen NW Bermudas, ungefähr 33°00'N
ROUTE Havanna, Kuba, nach Spanien
FRACHT Gold und Silber

16 H6 SAN CRISTOBAL 1563
SCHIFF spanisch, 120 t
LAGE Bahamas
ROUTE Santo Domingo, Dominikanische Republik, nach Spanien
FRACHT Gold und Silber
Kapitän Rodrigo Alonso

17 G5 SANTA CLARA 1564
SCHIFF spanisch, 300 t
LAGE Kleine Bahama-Bank, Bahamas
ROUTE Cartagena, Kolumbien, nach Spanien
FRACHT Gold und Silber
BERGUNG größtenteils zur Zeit des Untergangs geborgen
Kapitän Juan Diaz Bozino

18 A8 ANGEL 1568
SCHIFF englisch
LAGE Hafen von San Juan Ulua, Veracruz, Mexiko
FRACHT Münzen und Kunsthandwerk
Schiff aus Sir John Hawkins Flotte, ging bei Schlacht mit Spaniern verloren

19 B8 JESUS OF LUBECK 1568
SCHIFF englisches Kriegsschiff
LAGE Hafen von San Juan Ulua, Veracruz, Mexiko
FRACHT Münzen und Kunsthandwerk
Flaggschiff von Sir Thomas Hawkins Flotte, verloren in Schlacht mit Spaniern. Auch viele spanische Schiffe bei diesem Kampf gesunken.

20 E7 SCHIFF VON ERASSO 1577
SCHIFF Fregatte
LAGE vor West-Kuba
FRACHT Beute und Schätze
Enthielt Beute der Piraten Barker, Cox und Roche

21 D7 SCHIFF VON ANTONIO MANRIQUE 1581
SCHIFF spanisch
LAGE vor NE Yukatan, Mexiko
ROUTE Nombre de Dios nach Havanna
FRACHT Schatz

22 H2 TIGER Juni 1585
SCHIFF britisch
LAGE Ocracoke Inlet, North Carolina, USA
ROUTE Großbritannien nach USA
FRACHT kunsthandwerkliche Gegenstände
Flaggschiff von Sir Richard Grenville

23 G5 SAN JUAN 1586
SCHIFF spanisch, 120 t
LAGE Bahamakanal, Bahamas
ROUTE Karibik nach Spanien
FRACHT Gold und Silber
Kapitän Martin de Irigoyan

24 G4 JESUS MARIA 1589
SCHIFF spanisch, 400 t
LAGE Bahamakanal, Bahamas, etwa 30°00'N
ROUTE Veracruz, Mexiko, nach Spanien
FRACHT Gold und Silber
Kapitän Francisco Salvago

25 G4 SANTA CATALINA 1589
SCHIFF spanisch, 350 t
LAGE Bahamakanal, Bahamas, etwa 30°00'N
ROUTE Veracruz, Mexiko, nach Spanien
FRACHT Gold und Silber
Kapitän Domingo Ianez Ome

26 E6 SCHIFF VON MIGUEL DE ACOSTA 1590
SCHIFF spanisch, 400 t
LAGE vor Organos, bei Kap San Antonio, Kuba
ROUTE Karibik nach Spanien
FRACHT Gold und Silber
BERGUNG erfolgloser Bergeversuch
Teil der Flotte von Rodrigo de Rada. Zusammen mit einem Schiff von Diego de Bode beim Kampf mit britischen Korsaren verloren.

27 F6 NUESTRA SENORA DEL ROSARIO 1593
SCHIFF spanisch, 220 t
LAGE nahe Havanna, Kuba
ROUTE Veracruz, Mexiko, nach Spanien
FRACHT Gold und Silber
BERGUNG zur Zeit des Untergangs größtenteils geborgen

28 F6 SANTA MARIA DE SAN VICENTE 1593
SCHIFF spanisch
LAGE nahe Havanna, Kuba
ROUTE Veracruz, Mexiko, nach Spanien
FRACHT Silber
BERGUNG zur Zeit des Untergangs größtenteils geborgen
Kapitän Miguel de Alcate

29 L3 SCHIFF VON BARBOTIERE 17. Dez. 1593
SCHIFF französisch
LAGE NW-Riff von Bermuda, 32 km (17,5 sm) vom Strand
ROUTE Hispaniola nach Frankreich
FRACHT Münzen

30 K3 SAN PEDRO 1596
SCHIFF spanisch, 320 t
LAGE vor Somerset Island, Bermudas
ROUTE Havanna, Kuba, nach Spanien
FRACHT Schatz
BERGUNG kürzlich von Teddy Tucker geborgen
Kapitän Hieronimo de Porras

31 G6 SCHIFF VON DIEGO RODRIGUEZ 1600
SCHIFF spanisch, 50 t
LAGE Florida, USA
ROUTE Havanna, Kuba, nach Spanien
FRACHT Gold und Silber

32 L3 SANTA ANA 1605
SCHIFF spanisch, 200 t
LAGE Riffs westlich Bermuda
ROUTE Honduras nach Spanien
FRACHT Gold und Perlen
Kapitän Diego Cacolin

33 F6 SAN FRANCISCO 1606
SCHIFF spanisch, 100 t
LAGE Havanna, Kuba
ROUTE Havanna, Kuba, nach Spanien
FRACHT Gold und Silber
Kapitän Antonio Cardoso

34 L3 SEA VENTURE 1609
SCHIFF britisch
LAGE Ostspitze von Bermuda
ROUTE England nach Amerika
FRACHT Münzen und Kunsthandwerk
Schiff von Sir George Somers. Offenbar von Shakespeare als Vorlage für den „Sturm" benutzt.

35 E7 EL BUEN VIAJE 1621
SCHIFF spanisch, 150 t
LAGE zwischen Venezuela und Havanna
ROUTE Cartagena, Spanien, nach Havanna
FRACHT Gold, Silber und Perlen

36 B8 NUESTRA SENORA DEL ROSARIO 1621
SCHIFF spanisch, 370 t
LAGE Hafen von San Juan Ulua, Mexiko
ROUTE Veracruz, Mexiko nach Spanien
FRACHT Gold und Silber
BERGUNG größtenteils zur Zeit des Untergangs geborgen
Kapitän Juan de Benavides y Balan

37 K3 SAN ANTONIO 1621
SCHIFF spanisch, 300 t
LAGE westlich Bermuda, 16 km (8 sm) vom Land
ROUTE Havanna, Kuba, nach Spanien
FRACHT Schatz
BERGUNG größtenteils zur Zeit des Untergangs geborgen, Rest kürzlich von Teddy Tucker geborgen
Briten plünderten Fracht zur Zeit des Untergangs

38 F6 LA MARGARITA 1622
SCHIFF spanisch
LAGE Marquesas Keys, Florida, USA
ROUTE Havanna, Kuba, nach Spanien
FRACHT Gold und Silber
BERGUNG größtenteils wenige Jahre nach dem Untergang von Nunez Melian geborgen
Kapitän Pedro Guerrero de Espinosa. 10 oder 11 Schiffe gingen im gleichen Sturm in dieser Gegend unter.

39 L3 NUESTRA SENORA DE LA LIMPIA CONCEPCION 1622
SCHIFF spanisch, 116 t
LAGE Bermuda
ROUTE Honduras nach Spanien
FRACHT Gold und Silber

40 J3 SAN AUGUSTIN 1622
SCHIFF spanisch, 780 t
LAGE 725 km (391,5 sm) vor Bermuda
ROUTE Havanna, Kuba, nach Spanien
FRACHT Gold und Silber

41 L2 SAN IGNACIO 1622
SCHIFF spanisch, 750 t
LAGE nahe Bermuda
ROUTE Havanna, Kuba, nach Spanien
FRACHT Gold und Silber
Kapitän Simon de Beydacar

42 F6 NUESTRA SENORA DE ATOCHA 5. Sept. 1622
SCHIFF spanisch, 150 t
LAGE vor Matecumbe Keys, Florida, USA
ROUTE Havanna, Kuba, nach Spanien
FRACHT Gold und Silber im Wert von mehr als 1 Mill. Pesos – Fracht im heutigen Wert von 500 Mill. £ Sterling
BERGUNG 1980 von Mel Fisher nach 16jähriger Suche lokalisiert und bearbeitet

43 F6 NUESTRA SENORA DEL ROSARIO 5. Sept. 1622
SCHIFF spanisch, 600 t
LAGE Dry Tortugas, Florida, USA
ROUTE Havanna, Kuba, nach Spanien
FRACHT Gold und Silber
BERGUNG größtenteils zur Zeit des Untergangs geborgen

44 F6 DAS TORTUGAS-WRACK 5. Sept. 1622
SCHIFF spanisch
LAGE 30 km (16 sm) SW von Dry Tortugas
ROUTE Havanna, Kuba, nach Spanien
FRACHT Gold, Silber und Kunsthandwerk
BERGUNG geborgen 1990 von der amerikan. Bergefirma Seahawk. *Siehe Seiten 54–55.*

45 G5 ESPIRITU SANTO 1623
SCHIFF spanisch
LAGE Einfahrt zum Bahamakanal
ROUTE Havanna, Kuba, nach Spanien
FRACHT Gold und Silber

46 A7 LARGA 1628
SCHIFF spanisch
LAGE Veracruz, Mexiko
ROUTE Veracruz, Mexiko, nach Havanna
FRACHT Schatz
BERGUNG geborgen zur Zeit des Untergangs
Schiff sank beim Verlassen von Veracruz

47 G5 DAS LUCAYA-WRACK 1628
SCHIFF spanisch
LAGE Südseite von Grand Bahama Island
ROUTE Havanna, Kuba, nach Spanien
FRACHT Gold und Silber
BERGUNG lokalisiert von Jack Slack
Eines der von Piet Heyn gekaperten Schiffe

48 F6 DAS MATANZAS-WRACK 1628
SCHIFF spanisch
LAGE Einfahrt zum Matanzas-Fluß, Kuba
ROUTE Havanna, Kuba, nach Spanien
FRACHT Silber im Wert von 12 Mill. Florins
BERGUNG die meisten Schätze wurden von den Niederländern gekapert und in die Niederlande gebracht
15 Schiffe wurden von Piet Heyn gekapert oder verbrannt. Der spanische Kommandeur, Benavides, wurde später hingerichtet.

49 B7 NUESTRA SENORA DEL JUNCAL 1631
SCHIFF spanisch
LAGE nördlich Veracruz, Mexiko
ROUTE Veracruz, Mexiko, nach Havanna
FRACHT große Mengen Gold und Silber
Gehörte zur Flotte von Manuel Serrano de Rivera

50 A8 SANTA TERESA 1631
SCHIFF spanisch
LAGE Veracruz, Mexiko
ROUTE Veracruz, Mexiko, nach Havanna
FRACHT Gold und Silber

51 E6 NUESTRA SENORA DE LA ANUNCIADA 1635
SCHIFF spanisch
LAGE nördlich von Havanna, Kuba
ROUTE Havanna, Kuba, nach Spanien
FRACHT Silber
BERGUNG 2 Silberbarren gerettet, bevor das Schiff sank

52 L3 EL GALGO 1639
SCHIFF spanische Patasche
LAGE Bermuda-Riff, Bermudas, 14 km (7,5 sm) von Land
ROUTE Havanna, Kuba, nach Spanien
FRACHT Schatz
BERGUNG geplündert

53 L3 LA VIGA 1639
SCHIFF spanisch
LAGE Bermuda-Riff, Bermudas, 14 km (7,5 sm) von Land
ROUTE Havanna, Kuba, nach Spanien
FRACHT Schatz
BERGUNG geplündert
Kapitän Matthew Lorenzo

54 F6 NUESTRA SENORA DE ATOCHA Y SAN JOSEF 1641
SCHIFF spanisch, 400 t
LAGE nahe Havanna, Kuba
ROUTE Veracruz, Mexiko, nach Havanna
FRACHT Gold und Silber
BERGUNG teilweise zur Zeit des Untergangs geborgen
Kapitän Geronimo Beleno

55 F6 SAN MARCOS 1642
SCHIFF spanisch, 300 t
LAGE Havanna, Kuba
ROUTE Havanna, Kuba, nach Spanien
FRACHT Gold und Silber
BERGUNG zur Zeit des Untergangs geborgen

56 C8 MARICAO 11. Aug. 1644
SCHIFF Piratenschiff
LAGE Leceharos-Riffe, südl. von Kap Catoche
FRACHT Silberplatten und Juwelen
Das Schiff gehörte Jackson

57 C8 SWANN 11. Aug. 1644
SCHIFF Piratenschiff
LAGE Leceharos-Riffe, südl. von Kap Catoche
FRACHT Silberplatten und Juwelen
Das Schiff gehörte Jackson

58 C8 VALENTINE 11. Aug. 1644
SCHIFF Piratenschiff
LAGE Leceharos-Riffe, südl. von Kap Catoche
FRACHT Silberplatten und Juwelen
Das Schiff gehörte Jackson

59 C7 SANTIAGO 1647
SCHIFF spanisch
LAGE Campechebucht, Mexiko
ROUTE Veracruz, Mexiko, nach Havanna
FRACHT Gold und Silber
BERGUNG zur Zeit des Untergangs teilweise geborgen

60 L3 SPANISCHES SCHIFF 1648
SCHIFF spanisch, 350 t
LAGE Felsen vor Bermuda
ROUTE Karibik nach Spanien
FRACHT große Mengen Silberdollar

61 G5 NUESTRA SENORA DE LA MARA VILLAS 1656
SCHIFF spanisch, 650 t
LAGE Kleine Bahama-Bank, Bahamas
ROUTE Havanna, Kuba, nach Spanien
FRACHT Gold und Silber
BERGUNG kürzlich von Herbert Humphries geborgen
Kapitän Matias de Orellana

62 C7 NUESTRA SENORA DE LOS REMEDIOS 1668
SCHIFF spanisch
LAGE 77 km (41,5 sm) vom Hafen Campeche, Mexiko
ROUTE Mexiko nach Spanien
FRACHT Schatz

63 C8 NUESTRA SENORA DEL CARMEN 1669
SCHIFF spanisch
LAGE Campeche, Mexiko
FRACHT Münzen
Flotte von Espinosa

64 G5 WINCHESTER 1695
SCHIFF britisches Kriegsschiff
LAGE auf Felsen, 20 km (10,8 sm) von Kap Florida, USA
ROUTE Westindische Inseln nach Großbritannien
FRACHT Beute von der Eroberung von Port-de-Paix, Haiti
BERGUNG zur Zeit des Untergangs geborgen und kürzlich wieder lokalisiert

65 E7 NUESTRA SENORA DE LAS MERCEDES 1698
SCHIFF spanisches Admiralitätsschiff
LAGE Felsen von Sibarima, Kuba
ROUTE Veracruz, Mexiko, nach Spanien
FRACHT Gold und Silber

66 F6 SANTISIMA TRINIDAD 1711
SCHIFF spanisch
LAGE Hafen von Mariel, Kuba
ROUTE Veracruz, Mexiko, nach Spanien
FRACHT Silber
BERGUNG etwas zur Zeit des Untergangs geborgen

67 G6 FLOTTE VON UBILLA 30. Juli 1715
SCHIFF spanisch
LAGE Küste von Florida, USA
ROUTE Havanna, Kuba, nach Spanien
FRACHT Gold und Silber im Wert von über 6 Mill. Pesos, chinesisches Porzellan und Silberplatten
BERGUNG zur Zeit des Untergangs Fracht im Wert von über 5 Mill. Pesos geborgen. Kürzlich geborgen von Kip Wagner und der Real Eight Company.

68 L3 SCHIFF VON LORD BELHAVEN 1721
SCHIFF britisch, 50 Kanonen
LAGE Bermuda
ROUTE Großbritannien nach Barbados
FRACHT silberne Wertgegenstände
100 Mann Besatzung an Bord, nur 3 Überlebende

69 C7 SCHIFF VON ANTONIO SERRANO 1725
SCHIFF spanische Galeone
LAGE Sonda vor Campeche, Mexiko
ROUTE Campeche, Mexiko, nach Havanna
FRACHT Münzen

70 F5 FLOTTE VON RODRIGO DE TORRES 15. Juli 1733
SCHIFF spanisch
LAGE Matecumbe Keys, Florida, USA
ROUTE Havanna, Kuba, nach Spanien
FRACHT Gold und Silber im Wert von mindestens 12 Mill. Pesos
BERGUNG zur Zeit des Untergangs größtenteils geborgen. Vor nicht langer Zeit von Art McKee bearbeitet
Insgesamt gingen 15 Schiffe verloren

71 A8 INCENDIO 1738
SCHIFF spanisch
LAGE Veracruz, Mexiko
ROUTE Veracruz, Mexiko, nach Havanna
FRACHT Gold und Silber

72 A8 LANFRANCO 1738
SCHIFF spanisch
LAGE Veracruz, Mexiko
ROUTE Veracruz, Mexiko, nach Havanna
FRACHT Münzen

73 A7 GUADALUPE Aug. 1750
SCHIFF spanisch
LAGE Ocracoke Inlet, North Carolina, USA
ROUTE Westindische Inseln nach Spanien
FRACHT Münzen
BERGUNG zur Zeit des Untergangs geplündert

74 B4 EL NUEVO CONSTANTE 1766
SCHIFF spanisch
LAGE Galveston Island, Texas, USA
ROUTE Veracruz, Mexiko, nach Spanien
FRACHT Schatz
BERGUNG zur Zeit des Untergangs größtenteils geborgen

75 B4 LA CARAQUENA 4. Sept. 1766
SCHIFF spanisch
LAGE Galveston Island, Texas, USA
ROUTE Veracruz, Mexiko, nach Spanien
FRACHT Schatz
BERGUNG zur Zeit des Untergangs größtenteils geborgen

76 C4 EL CAZADOR Jan. 1784
SCHIFF spanische Kriegsbrigantine
LAGE etwa 80 km (43,2 sm) vor Louisiana
ROUTE Veracruz nach New Orleans
FRACHT 450.000 Pesos
BERGUNG im Aug. 1993 entdeckt; Bergung begann im Okt. 1993. 12.000 Silbermünzen und Schiffsglocke bis Dez. 1993 geborgen

77 A7 NUESTRA SENORA DE LA HABANA 1805
SCHIFF spanische Fregatte, 34 Kanonen
LAGE Veracruz, Mexiko
ROUTE Veracruz, Mexiko, nach Spanien
FRACHT Münzen

78 G3 GENERAL WELLESLEY 1814
SCHIFF britischer Ostindienfahrer
LAGE Ansteuerung von Charleston Hafen, South Carolina, USA
FRACHT Münzen

79 F6 SAN FULGENCIO 1814
SCHIFF spanisches Kriegsschiff, 64 Kanonen
LAGE Havanna Hafen, Kuba
FRACHT Münzen

80 F3 EMPECINADA 3. Jan. 1815
SCHIFF spanische Goleta
LAGE Amelia Island, Florida, USA, 30°36'N 81°26'W
ROUTE Havanna, Kuba, nach Spanien
FRACHT Gold und Silber
BERGUNG zur Zeit des Untergangs geborgen

81 L3 CONTEST April 1828
SCHIFF britisch, 12 Kanonen, 455 t
LAGE nahe Bermuda
FRACHT Werte für 10.000 £ Sterling an Bord

82 H2 AURORA Juni 1837
SCHIFF amerikanischer Schoner
LAGE 35°07'N 75°42'W
ROUTE Havanna, Kuba, nach New York
FRACHT Goldmünzen
BERGUNG zur Zeit des Untergangs geplündert

83 C3 BEN SHERROD 8. Mai 1837
SCHIFF amerikanisch
LAGE 16 km (8,6 sm) nördlich von Fort Adams, Mississippi, USA
FRACHT große Mengen Münzen, bestimmt für Banken in Tennessee, USA, und beträchtliche Mengen privater Schätze

84 H2 NORTH CAROLINA 25. Juli 1840
SCHIFF amerikanisch
LAGE vor Kap Fear, North Carolina, USA
ROUTE Wilmington, North Carolina, USA, nach Charleston, South Carolina, USA
FRACHT Münzen aus Passagierbesitz

85 E3 ORVILLE ST. JOHN 1850
SCHIFF amerikanischer Flußdampfer
LAGE 6 km (3,2 sm) südlich von Montgomery, Alabama River, Alabama, USA
FRACHT Goldstaub im Wert von 250.000 US $, Eigentum der Regierung, unter Aufsicht von Colonel Rodman
BERGUNG Bergeversuch zur Zeit des Untergangs

86 J1 SALLE FEARN Juni 1851
LAGE 36°40'N 70°45'W
ROUTE New Orleans, Louisiana, USA, nach Liverpool, England
FRACHT Gold im Wert von 120.000 US $ und Baumwolle
BERGUNG zur Zeit des Untergangs einiges geborgen
Schiff fing Feuer

87 O5 SANTA RITA Juni 1851
SCHIFF amerikanisch, Grace Line, 8.379 t
LAGE 26°11'N 55°40'W
ROUTE Suez, Ägypten, nach Philadelphia
FRACHT Gold im Wert von 20.000 £ Sterling

88 H3 CENTRAL AMERICA 12. Sept. 1857
SCHIFF amerikanischer Postdampfer, G. Law & Co., 1.200 t
LAGE etwa 260 km (140 sm) vor Charleston, USA, 31°50'N 76°15'W
ROUTE Havanna, Kuba, nach New York
FRACHT Gold im heutigen Wert von 625 Mill. £ Sterling
BERGUNG Bergeversuche sind im Gange
Siehe Seiten 94–95

89 E4 HEIDELBERG 14. Nov. 1859
LAGE Florida, USA
ROUTE New Orleans, Louisiana, USA, nach Le Havre, Frankreich
FRACHT Münzen
BERGUNG zur Zeit des Untergangs einiges geborgen

90 H2 REPUBLIC 12. Feb. 1871
LAGE 96 km (52 sm) östlich von Kap Look Out, North Carolina, USA
ROUTE Port-au-Prince, Haiti, nach Kap Look Out, North Carolina, USA
FRACHT Münzen

91 H3 BAVARIA 6. Feb. 1877
SCHIFF britischer Dampfer, Dominion Line, 2.300 t
LAGE 31°14'N 78°42'W
ROUTE New Orleans, Louisiana, nach Liverpool, England
FRACHT im Wert von 259.000 mexikan. $
BERGUNG zur Zeit des Untergangs möglicherweise etwas geplündert
Schiff brannte. Vorwurf, das Feuer sei Sabotage der Besatzung, um das Silber plündern zu können.

92 H1 VILLE DE ST. NAZAIRE 8. März 1897
SCHIFF französisch, Compagnie Générale Transatlantique, 2.640 t
LAGE vor Kap Hatteras, North Carolina
ROUTE New York, USA, nach Westindische Inseln
FRACHT Gold
Kapitän Jaguenau

93 H7 NUEVO MORTERA 27. Juli 1905
SCHIFF kubanisch
LAGE vor Nuevitas, Kuba
ROUTE Havanna, Kuba, nach Santiago de Kuba, Kuba
FRACHT Münzen im Wert von 30.000 £ Sterling
BERGUNG zur Zeit des Untergangs größtenteils geborgen

94 K1 PIPESTONE COUNTY 18. März 1942
SCHIFF amerikanisch
LAGE 37°43'N 66°16'W
ROUTE Maputo, Mocambique, nach Boston, Massachusetts, USA
FRACHT Gold im Wert von 17.600 £ Sterling

95 I2 CITY OF NEW YORK 30. März 1942
SCHIFF amerikanisch, American South African Line, 8.272 t
LAGE etwa 50 km (27 sm) östlich von Kap Hatteras, North Carolina, USA, 35°16'N 74°25'W
ROUTE Maputo, Mocambique, nach USA
FRACHT Diamanten

DIE KARIBIK

Die Karte zu dieser Liste befindet sich auf den Seiten 128–129.

● Keine Bergung bekannt
■ Bergung bekannt

1 I3 SANTA MARIA 25. Dez. 1492
SCHIFF spanische Karavelle, 100 t, 26 m (85') lang
LAGE nördlich der Dominikanischen Republik, 19°47'N 72°07'W
FRACHT Gold, Silber und kunsthandwerkl. Gegenstände
BERGUNG zur Zeit des Untergangs von Columbus geborgen
Schiff des Columbus', ging auf der ersten Expedition verloren

2 I3 SAN JUAN 1494–1495
SCHIFF spanisch
LAGE Hafen v. Isabella, Domin. Republik
FRACHT kunsthandwerkl. Gegenstände
Schiff des Columbus', ging auf der zweiten Expedition verloren

3 J4 CAPITANA 1502
SCHIFF spanisch
LAGE nahe Santo Domingo, Dominicanische Republik
ROUTE Santo Domingo nach Spanien
FRACHT Gold und Silber im Wert von 200.000 Castellanos

4 E9 GALLEGA 1503
SCHIFF spanische Karavelle
LAGE Mündung des Belen-Flusses, Santa Maria de Belen, Panama
FRACHT kunsthandwerkl. Gegenstände
Eines der Schiffe, die auf Columbus' vierter Reise verlorengingen

5 L4 SAN NICOLAS 25. Okt. 1515
SCHIFF spanisch
LAGE Llamada-Insel, Puerto Rico
ROUTE Spanien zur Karibik
FRACHT Silberplatten und Juwelenschmuck
Kapitän Domingo de Guedin

6 L4 SANTA MARIA 1524
SCHIFF spanisch, 110 t
LAGE nahe San Juan, Puerto Rico
ROUTE Spanien zur Karibik
FRACHT Münzen und Quecksilber
BERGUNG zur Zeit des Untergangs geborgen
Kapitän Juan Perez de Arrecabal

7 J3 SANTA MARIA 1525
SCHIFF spanisch, 110 t
LAGE Puerto Plata, Dominik. Republik
ROUTE Puerto Plata nach Spanien
FRACHT Gold und Silber
Kapitän Pedro Nunez

8 K4 DIE WRACKS VON SAN GERMAN 12. Aug. 1528
SCHIFF spanisch
LAGE Hafen von San Germán, Puerto Rico
ROUTE Puerto Rico nach Spanien
FRACHT Silber und Gold
Zwei Schiffe wurden angegriffen und verbrannt

9 E6 SCHIFF VON CIFUENTES 1538
SCHIFF spanisch
LAGE Serrana-Bänke
ROUTE Cartagena nach Spanien
FRACHT Gold und Silber

10 J4 SAN JUAN 1549
SCHIFF spanisch, 200 t
LAGE Santo Domingo, Dominik. Republik
ROUTE Spanien zur Karibik
FRACHT Silberplatten und persönl. Juwelen
BERGUNG zur Zeit des Untergangs teilweise geborgen
Kapitän Diego Bernal

11 L4 SANTA MARIA DE JESUS 1550
SCHIFF spanisch, 625 t
LAGE 5 km (2,7 sm) vor dem Hafen von San Juan, Puerto Rico
ROUTE Spanien nach Veracruz, Mexiko
FRACHT Silberplatten und Juwelen
BERGUNG zur Zeit des Untergangs teilweise geborgen

12 J3 SAN MIGUEL 1551
SCHIFF spanisch, 200 t
LAGE 145 km (78,3 sm) vor Puerto Plata, Dominikanische Republik
ROUTE Veracruz, Mexiko, nach Spanien
FRACHT Gold und Silber
BERGUNG zur Zeit des Untergangs größtenteils geborgen

13 D5 SANTA CATALINA 1552
SCHIFF spanisch, 200 t
LAGE zwischen Cartagena und Havanna
ROUTE Cartagena nach Havanna
FRACHT Gold und Silber

14 B2 LA MADALENA 1553
SCHIFF spanisch, 150 t
LAGE Küste von Yukatan, Mexiko
ROUTE Veracruz, Mexiko, nach Spanien
BERGUNG zur Zeit des Untergangs geborgen

15 G8 SAN MARCOS 1553
SCHIFF spanisch, 600 t
LAGE Küste von Cartagena, Kolumbien
ROUTE Cartagena, Kolumbien, nach Spanien
FRACHT Gold und Silber
BERGUNG zur Zeit des Untergangs teilweise geborgen

16 G8 SANTA MARIA DE VILLACELAN 1553
SCHIFF spanisch, 120 t
LAGE Cartagena, Kolumbien
ROUTE Cartagena, Kolumbien, nach Spanien
FRACHT Gold und Silber
BERGUNG zur Zeit des Untergangs teilweise geborgen

17 J4 SAN BARTOLOME 1556
SCHIFF spanisch, 200 t
LAGE Santo Domingo, Dominik. Republik
ROUTE Santo Domingo, Dominikanische Republik, nach Spanien
FRACHT Gold und Silber
BERGUNG zur Zeit des Untergangs teilweise geborgen
Kapitän Blas Alonso

18 L4 SAN ESTEVAN 1562
SCHIFF spanisch, 120 t
LAGE San Juan, Puerto Rico
ROUTE Santo Domingo, Dominikanische Republik, nach Spanien
FRACHT Gold und Silber

19 D2 SAN JUAN BAUTISTA 1563
SCHIFF spanisch, 150 t
LAGE Arrecifes de los Jardines, 39 bis 48 km (21 bis 26 sm) südlich von Kuba und 58 km (31,3 sm) von Isla de la Juventud (Isle of Pines)
ROUTE Spanien zur Karibik
FRACHT große Mengen persönlicher Wertgegenstände

20 D2 SAN SALVADOR 1563
SCHIFF spanisch, 350 t
LAGE Arrecifes de los Jardines, 39 bis 48 km (21 bis 26 sm) südlich von Kuba und 58 km (31,3 sm) von Isla de la Juventud (Isle of Pines)
ROUTE Spanien zur Karibik
FRACHT Quecksilber, Silberplatten, Juwelen
Kapitän Pedro Menendez Marquez

21 **I3** SAN JORGE 1564
Schiff spanisch, 250 t
Lage Hafen von Montecristi, Dominikanische Republik
Route Honduras nach Spanien
Fracht Gold und Silber
Kapitän Pedro Camina

22 **I3** SANTA CATALINA 1564
Schiff spanisch, 250 t
Lage Hafen von Montecristi, Dominikanische Republik
Route Veracruz, Mexiko, nach Spanien
Fracht Gold und Silber
Kapitän Rui Diaz Matamoros

23 **I3** SANTA MARIA DE GUADALUPE 1564
Schiff spanisch, 250 t
Lage nahe Montecristi, Dominikanische Republik
Route Honduras nach Spanien
Fracht Gold und Silber
Bergung zur Zeit des Untergangs teilweise geborgen
Kapitän Salvador Gomez

24 **B2** SANTA MARIA DE BEGONIA 1586
Schiff spanisch, 140 t
Lage Kap Catoche, Mexiko
Route Spanien nach Campeche, Mexiko
Fracht Quecksilber und Münzen

25 **G8** SPANISCHE FREGATTE
20. Juni 1592
Schiff spanische Fregatte
Lage 40 km (21,6 sm) nördlich von Cartagena, Kolumbien
Route Cartagena nach Havanna
Fracht Gold und Silber
Bergung zur Zeit des Untergangs größtenteils geborgen
Das spanische Schiff wurde von englischen Freibeutern gejagt. Eines der englischen Freibeuterschiffe lief auf einen Felsen und sank innerhalb einer halben Stunde.

26 **I4** EDWARD 1593–1594
Schiff englisch
Lage unbewohnter Hafen Barahona, Dominikanische Republik, 80 km (43,3 sm) von Santo Domingo
Fracht Münzen
Bergung zur Zeit des Untergangs einige Kanonen aus Messing und Eisen geborgen

27 **H4** NUESTRA SENORA DEL ROSARIO 1595
Schiff spanisch, 150 t
Lage nahe Kap Tiburon, westlichste Spitze von Haiti
Route Santo Domingo nach Spanien
Fracht Gold und Silber
Kapitän Melchor de los Reyes Orne

28 **I4** DAS WRACK VON HAITI
ca. 1600
Schiff spanisch
Lage vor dem Strand von Wahoo, NW von Port-au-Prince, Haiti
Route Karibik nach Spanien
Fracht Gold im Wert von 2 Milliarden US $ (nach Presseberichten)

29 **E5** NUESTRA SENORA DE BEGONA 1605
Schiff spanisch, 500 t
Lage Serranilla-Bank, etwa 16°15'N 80°45'W
Route Cartagena üb. Havanna n. Spanien
Fracht Juwelen, Gold- und Silbermünzen
Gehörte zur Flotte von Luis Hernandez de Cordoba

30 **E5** SAN AMBROSIA 1605
Schiff spanisch, 450 t
Lage Serranilla-Bank
Route Cartagena, Kolumbien, über Havanna, Kuba, nach Spanien
Fracht Gold und Silber
Gehörte zur Flotte von Luis Hernandez de Cordoba

31 **E5** SAN ROQUE 6. Nov. 1605
Schiff spanisch, 600 t
Lage Serranilla-Bank
Route Cartagena, Kolumbien, über Havanna, Kuba, nach Spanien
Fracht 300.000 Pesos und Smaragde
Gehörte zur Flotte von Luis Hernandez de Cordoba

32 **E5** SANTO DOMINGO
6. Nov. 1605
Schiff spanisch, 747 t
Lage Serranilla-Bank
Route Cartagena, Kolumbien, über Havanna, Kuba, nach Spanien
Fracht Gold, Silber und Juwelen
Gehörte zur Flotte von Luis Hernandez de Cordoba

33 **B2** DIE WRACKS VON KAP CATOCHE 1614
Schiff spanisch
Lage Kap Catoche, Mexiko
Route Cartagena, Kolumbien, über Havanna, Kuba, nach Spanien
Fracht Gold und Silber
Sieben Schiffe untergegangen

34 **B3** LA CANDELARIA 1623
Schiff spanisch, 250 t
Lage Isla de Cozumel, vor Yukatan, Mexiko
Route Mexiko nach Spanien
Fracht Gold und Silber

35 **E9** SAN JOSE 1631
Schiff Admiralitätsschiff der Armada der Südsee
Lage Garachiné-Insel, Panama
Route Callao, Peru, nach Panama
Fracht Gold und Silber
Bergung zur Zeit des Untergangs teilweise geborgen

36 **G8** LOS TRES REYES 4. Aug. 1634
Schiff spanisch
Lage Einfahrt zum Hafen von Cartagena, Kolumbien
Route Portobelo, Panama, nach Cartagena
Fracht Perlen, Gold und Silber
Bergung zur Zeit des Untergangs geborgen

37 **M8** SPANISCHES SCHIFF 1637
Schiff spanisch
Lage kleine Insel nahe Isla de Margarita
Route Südamerika nach Spanien
Fracht Perlen, Gold und Silber im Wert von 60 bis 80.000 Dukaten
Bergung zur Zeit des Untergangs zu einem Drittel geborgen

38 **J3** NUESTRA SENORA DE LA CONCEPCION 31. Okt. 1641
Schiff spanisch
Lage Riffe der Silberbank, nördlich der Dominikanischen Republik
Route Havanna, Kuba, nach Spanien
Fracht große Mengen Silber
Bergung 1680 von Phipps geborgen und kürzlich wiederentdeckt

39 **K4** SCHIFF VON PRINZ MAURICE 1653
Schiff britisches Kriegsschiff
Lage 30 km (16,2 sm) von Puerto Rico, nördlich von San Germán
Fracht Münzen und Silberplatten
Schiff in Gesellschaft mit Flotte von Prinz Rupert

40 **L4** SAN MARTIN 1659
Schiff spanisch
Lage Los Cayos de Quitasuenos, Puerto Rico
Route Cartagena nach Havanna
Fracht Gold und Silber
Galeone des Marques de Villarrubia

41 **L4** SANTIAGO 1659
Schiff spanisch
Lage Los Cayos de Quintasuenos, Puerto Rico
Route Cartagena nach Havanna, Kuba
Fracht Gold und Silber
Galeone des Marques de Villarrubia

42 **I8** MAGDALENA 1669
Schiff spanisch, 26 Kanonen und 12 kleine Kanonen
Lage Insel Zapan, Bucht von Maracaibo, Venezuela
Fracht Silberplatten und 40.000 Piaster
Bergung zur Zeit des Untergangs teilweise von Henry Morgan geborgen, der 15.000 Piaster und Schwertgriffe mitnahm
Die Spanier setzten das Schiff beim Kampf mit Henry Morgan in Brand; Schlacht von Maracaibo. Das Schiff war auch als San Felipe bekannt.

43 **G8** NUESTRA SENORA DEL CARMEN 1669
Schiff spanisch
Lage Cartagena, Kolumbien
Fracht Münzen

44 **I8** SAN LUIS 1669
Schiff spanisch, 26 Kanonen und 12 kleine Kanonen
Lage nahe Schloß Maracaibo, Venezuela
Die Spanier setzten das Schiff in Brand

45 **H4** OXFORD 2. Jan. 1669
Schiff englisch
Lage Île-à-Vache, Haiti, 18°10'N 73°45'W
Fracht möglicherweise Piratenbeute
Flaggschiff von Henry Morgan. Das Schiff explodierte, während Morgan seinen Angriff auf Cartagena, Kolumbien, plante

46 **L4** SCHIFF VON OGERON 1673
Schiff französisch
Lage westlich Puerto Rico
Fracht Münzen
Schiff von M. Ogeron, Gouverneur der Tortugas-Insel, NW von Hispaniola

47 **H4** HANDELSSCHIFF VON JAMAICA 1676
Schiff britisches Handelsschiff
Lage Riff vor Île-à-Vache, Haiti
Route London nach Port Royal, Jamaica
Fracht Kunstgegenstände
Bergung zur Zeit des Untergangs möglicherweise geborgen
An Bord war Sir Morgan, der in Jamaica stellvertretender Gouverneur werden sollte

48 **J4** GOLDEN FLEECE 1686
Schiff Piratenschiff
Lage Samaná-Bucht, Dominik. Republik
Fracht Piratenschatz

49 **F4** NUESTRA SENORA DE LA CONCEPCION 1691
Schiff spanisch
Lage Pedro-Bank
Route Veracruz, Mexiko, nach Havanna
Fracht Gold und Silber

50 **F5** NUESTRA SENORA DEL CARMEN 1691
Schiff spanisch
Lage Pedro-Bank
Route Veracruz, Mexiko, nach Havanna
Fracht Gold und Silber

51 **F5** SANTA CRUZ 1691
Schiff spanisch
Lage Pedro-Bank
Route Veracruz, Mexiko, nach Havanna
Fracht Gold und Silber

52 **O7** WILLIAM & MARY 1694–1695
Schiff britisch
Lage nahe Barbados
Route Windward Islands nach Großbritannien
Fracht Gold

53 **N5** FRANZÖSISCHER FREIBEUTER 4. Juni 1694
Schiff französisches Freibeuterschiff
Lage nahe Dominica, Windward Islands
Fracht Münzen
Schiff an Land getrieben und gesprengt durch Kapitän Julius auf HMS Chester

54 **F9** ST. ANTHONY
25. Dez. 1698
Schiff französisch, 42 Kanonen, davon 32 in Stellung
Lage 08°50'N 77°25'W
Fracht 60.000 Dukaten in Gold und Silber
Bergung erfolgloser Bergversuch zur Zeit des Untergangs

55 **H3** BARBADOES 28. Dez. 1705
Schiff englisch
Lage Bänke von Heniagoe, nahe Great Inagua, Bahamas, etwa 21°04'N 73°30'W
Route Karibik nach Großbritannien
Fracht Münzen
Bergung zur Zeit des Untergangs teilweise von den Franzosen geplündert

56 **F6** NEPTUNE 1707
Schiff britisch
Lage zwischen Portobelo, Panama, und Jamaica
Route Portobelo, Panama, nach Jamaica
Fracht 176.000 Dukaten

57 **G8** SAN JOSE 8. Juni 1708
Schiff spanisch
Lage 19 km (10,3 sm) südlich von Cartagena, Kolumbien, nahe Isla de Barú
Route Portobelo, Panama, nach Cartagena, Kolumbien
Fracht Smaragde, Gold und Silbermünzen im heutigen Wert zwischen 500 Mill. und 10 Milliarden US $
Bergung mehrmals wurde kürzlich behauptet, das Wrack sei gefunden worden, doch wegen Vertragsschwierigkeiten mit der kolumbianischen Regierung keine Bergung berichtet
Das Schiff sank auf 250 m (800') Wassertiefe

58 **L4** SUCCESS 1716
Schiff englischer Ostindienfahrer
Lage St. Thomas, Virgin Islands
Route England über St. Helena nach Bangkahulu, Sumatra
Fracht Münzen

59 **J3** NUESTRA SENORA DE GUADALUPE 24. Aug. 1724
Schiff spanisch
Lage Dominikanische Republik
Route Spanien zur Karibik
Fracht Quecksilber, Glaswaren und religiöse Gegenstände
Bergung kürzlich wiederentdeckt und ausgegraben
Siehe Seiten 60–61

60 **J4** CONDE DE TOLOSA
24. Aug. 1724
Schiff spanisch
Lage NE der Dominikanischen Republik
Route Spanien zur Karibik
Fracht Quecksilber, Glaswaren und religiöse Gegenstände
Bergung kürzlich wiederentdeckt und ausgegraben
Siehe Seiten 60–61

61 **M4** SAN IGNACIO 1742
Schiff spanisch
Lage Riffe vor Anegada, Virgin Islands
Route Karibik nach Spanien
Fracht Gold und Silber

62 **M8** SAN PEDRO 1815
Schiff spanisch, 74 Kanonen
Lage 8 km (4,3 sm) südlich der Westspitze von Isla Coche, Venezuela
Route Südamerika nach Spanien
Fracht im Wert von 800.000 Pesos
Bergung zur Zeit des Untergangs extensive Bergung durchgeführt
Alle 500 Menschen an Bord ertranken

63 **K4** PROSERPINA 1821
Schiff spanisch
Lage Küste von Aguadilla, Puerto Rico, etwa 18°30'N 67°20'W
Fracht Münzen

64 G3 LIGERA 1822
SCHIFF spanisch
LAGE Santiago de Kuba, Kuba
ROUTE Kuba nach Spanien
FRACHT Münzen

65 L4 CHARLES CROMWELL
1. Juli 1853
SCHIFF britisch
LAGE Virgin Passage vor St. Thomas, Virgin Islands
ROUTE St. Thomas, Virgin Islands, nach Turks Head, Turks and Caicos Islands
FRACHT Münzen

66 K4 HARVEY GALBRAITH
28. März 1854
LAGE Isla Saona, vor der Südküste der Dominikanischen Republik
ROUTE Curacao nach Liverpool
FRACHT große Mengen Münzen

67 A4 OSTERVALD 7. Mai 1858
LAGE 80 km (43 sm) von Belize
ROUTE New Orleans, Louisiana, USA, nach Liverpool, England
FRACHT Münzen im Wert von 45.000 US $
BERGUNG zur Zeit des Untergangs größtenteils geborgen

68 L4 WATERWITCH 15. Okt. 1858
LAGE nahe St. Thomas, Virgin Islands
ROUTE St. Thomas, Virgin Islands, nach Maracaibo, Venezuela
FRACHT Münzen

69 A3 MARY Nov. 1858
SCHIFF britisch
LAGE 18°45'N 87°25'W
ROUTE Belize nach New Orleans, USA
FRACHT Münzen

70 M4 RHONE 29. Okt. 1867
SCHIFF Dampfschiff, British Royal Mail, 2.738 t
LAGE Felsen von Salt Island, Virgin Islands, 40 km (21,6 sm) von St. Thomas, Virgin Islands
ROUTE Westindische Inseln nach Großbritannien
FRACHT Münzen

71 A6 PARKERSBURG
15. Sept. 1868
LAGE Fonseca-Bucht, Honduras
ROUTE Panama nach Honduras
FRACHT Münzen
BERGUNG zur Zeit des Untergangs größtenteils geborgen

72 L8 ESTRELLA 21. Dez. 1868
SCHIFF Dampfschiff
LAGE 26 km (14 sm) nördlich von La Guaira, Venezuela 10°37'N 66°56'W
ROUTE St. Thomas, Virgin Islands, nach Curacao, Niederländische Antillen
FRACHT Münzen
BERGUNG zur Zeit des Untergangs teilweise geborgen

73 K7 ROSANNA 14. Dez. 1871
SCHIFF Slup
LAGE 16 km (8,6 sm) NW von Bonaire, Niederländische Antillen
ROUTE St. Christopher, St. Christopher und Nevis, nach Maracaibo, Venezuela
FRACHT Münzen im Wert von 15.800 US $

74 G4 EMELINE 1. Feb. 1881
SCHIFF jamaicanisches Segelschiff
LAGE vor Ostküste von Jamaica
ROUTE Port Antonio nach Kingston
FRACHT Münzen

75 J3 TIBER 10. Feb. 1882
SCHIFF Dampfschiff, British Royal Mail
LAGE Puerto Plata, Dominik. Republik
ROUTE Havanna nach Southampton
FRACHT Münzen im Wert von 160.000 US $
BERGUNG zur Zeit des Untergangs größtenteils geborgen

76 E7 PORT MONTREAL 1942
SCHIFF britisch, Port Line, 5.882 t
LAGE 17°N 80°20'W
ROUTE Halifax, Neuschottland, Kanada, nach Melbourne, Australien
FRACHT Diamanten

77 M7 SURINAME 13. Sept. 1942
SCHIFF niederländisch
LAGE 12°07'N 63°32'W
ROUTE Mombasa, Kenia, nach New York
FRACHT Gold

78 O7 NIDARLAND 11. Nov. 1942
SCHIFF amerikanisch, aber in Norwegen registriert, GM Standifer Construction Corp., 6.076 t
LAGE nahe Tobago, Trinidad und Tobago, 11°41'N 60°42'W
FRACHT 175 Silberbarren

79 P8 CITY OF BATH 1. Dez. 1942
SCHIFF britisch, Ellerman Line, 5.079 t
LAGE 09°50'N 59°25'W
ROUTE Mombasa, Kenia, nach Trinidad, Trinidad und Tobago
FRACHT Platin
Schiff von deutschem U-Boot torpediert, 6 Mann getötet

SÜDAMERIKA, WESTAFRIKA UND DER SÜDATLANTIK

Die Karte zu dieser Liste befindet sich auf den Seiten 130–131.

● Keine Bergung bekannt
■ Bergung bekannt

1 L1 FRAMENGA 1559
SCHIFF portugiesischer Ostindienfahrer
LAGE São Tomé, São Tomé und Principe
ROUTE Indien nach Portugal
FRACHT Edelsteine und Gold

2 I1 MERLIN 1564
LAGE vor Sierra Leone
ROUTE Westafrika nach Großbritannien
FRACHT Gold und Elfenbein
Schiff explodierte

3 I3 NOSSA SENORA DA ESTRELLA 1568
SCHIFF portugiesischer Ostindienfahrer
LAGE NW von Ascension Island
ROUTE Portugal nach Fernost
FRACHT Schatz und Silbercruzados

4 I1 WILLIAM & JOHN 1568
SCHIFF englisches Sklavenschiff
LAGE Küste von Guinea
ROUTE Großbritannien nach Westafrika
FRACHT Münzen

5 C9 SCHIFF VON THOMAS CAVENDISH 1592
SCHIFF englisch
LAGE nahe der Magellanstraße
ROUTE England nach China
FRACHT Münzen und Kunsthandwerk
Teil von Cavendishs Expedition nach China via Magellanstraße

6 C9 BLACK PINNESSE 2. Okt. 1592
SCHIFF englische Pinasse
LAGE Magellanstraße
ROUTE England nach China
FRACHT Münzen und Kunsthandwerk
Teil von Cavendishs Expedition nach China via Magellanstraße

7 G3 SAN PEDRO 4. Aug. 1594
SCHIFF portugiesischer Ostindienfahrer
LAGE Küste von Brasilien
ROUTE Indien nach Portugal
FRACHT Gold, Juwelen und Porzellan
BERGUNG von Engländern ausgeraubt

8 C6 SAN JUAN BAUTISTA 1600
SCHIFF spanisch
LAGE Valparaiso, Chile
ROUTE Südamerika nach Spanien
FRACHT Gold und Silber
BERGUNG zur Zeit des Untergangs geborgen

9 B6 BUEN JESUS 15. Mai 1600
SCHIFF spanisch, 60 t
LAGE SW von Valparaiso, Chile
ROUTE Südamerika nach Spanien
FRACHT Gold und Silber
Kapitän Francisco de Ibarra. Angegriffen von Oliver van Noort. Das Wrack ist lokal als Los Picos bekannt.

10 J4 WITTE LEEUW 1613
SCHIFF niederländischer Ostindienfahrer
LAGE Insel St. Helena
ROUTE Banten, Java, nach Niederlande
FRACHT chinesisches Porzellan
BERGUNG von R. Stenuit 1976 geborgen
Sank beim Kampf mit zwei portugiesischen Schiffen

11 B4 DIE WRACKS VON CAÑETE 17. Juli 1615
SCHIFF spanisch
LAGE vor San Vicente de Cañete, Peru
ROUTE Südamerika nach Spanien
FRACHT Schatz
Schiff ging beim Kampf mit niederländischen Schiffen unter Spilbergen verloren

12 J4 CONCEICAO 1624
SCHIFF portugiesischer Ostindienfahrer
LAGE Insel St. Helena
ROUTE Portugal nach Goa, Indien
FRACHT Münzen

13 J4 MIDDELBURGH 1626
SCHIFF niederländischer Ostindienfahrer
LAGE Insel St. Helena
ROUTE Djakarta, Java, nach Niederlande
FRACHT Juwelen
Schiff ging beim Kampf mit Spaniern verloren

14 G3 PATERS FLAGGSCHIFF 1631
SCHIFF niederländisch
LAGE vor Recife, Brasilien
FRACHT Münzen
Im Kampf mit Portugiesen durch die Oquendo versenkt

15 A2 DAS CHANDUY-WRACK um 1640
SCHIFF spanisch
LAGE 40 km (21,6 sm) von Point of Santa Elena, Ecuador, 9,5 km (5,1 sm) von Land
ROUTE Peru nach Europa
FRACHT Dukaten
Schiff vermutlich unterwegs, um König Charles I. von England zu helfen

16 C4 SAN NICOLAS 13. Mai 1647
SCHIFF spanisch
LAGE vor Arica, Chile
ROUTE Südamerika nach Spanien
FRACHT Gold

17 A2 DAS CHANDUY-WRACK 1654
SCHIFF spanisch
LAGE Chanduy-Riff, nahe Münd. Guayaquil
ROUTE Ecuador nach Spanien
FRACHT Schatz

18 B2 DAS SANTA-ELENA-WRACK um 1665
SCHIFF spanisch
LAGE Point von Santa Elena, Ecuador
ROUTE Peru nach Spanien
FRACHT Schatz
In den Berichten von Dampier, Kapitän John Strong und Richard Simpson erwähnt

19 G4 SACRAMENTO 1668
SCHIFF portugiesischer Ostindienfahrer
LAGE unterhalb von Salvador, Brasilien
ROUTE Portugal nach Brasilien
FRACHT portugies. Kacheln, religiöse Figuren und Bronzekanonen niederländischer, englischer und portugiesischer Herkunft
BERGUNG kürzlich wiederentdeckt und geborgen

20 B2 DAS SANTA-CLARA-WRACK 1681
SCHIFF spanisch
LAGE Santa Clara, etwa 03°15'S 80°23'W
ROUTE Lima nach Guayaquil, Ecuador
FRACHT 100.000 Dukaten in Münzen

21 B2 ROSARIO 14. Sept. 1681
SCHIFF spanisch
LAGE 9,5 km (5,1 sm) von Kap Pasado
ROUTE Lima, Peru, nach Panama
FRACHT möglicherweise 700 Rohsilber-Barren
Piraten ließen die Rosario mit dem Rohsilber an Bord treiben, weil sie dachten, es handele sich um Zinnbarren. Von der Rosario entfernte Karten befinden sich heute in der British Library.

㉒ B3 SAN JOSE 1685
SCHIFF spanisch
LAGE Paita, Peru
ROUTE Südamerika nach Spanien
FRACHT Schatz

㉓ C9 WRACK IN DER MAGELLANSTRASSE ca. 1686
SCHIFF spanisch
LAGE Magellanstraße
ROUTE Südamerika nach Spanien
FRACHT Schatz
BERGUNG teilweise geborgen
Schiff nach Einnahme durch französische Seeräuber verlorengegangen

㉔ C9 LA PAVA 1687
SCHIFF englische Fregatte
LAGE Magellanstraße
FRACHT Münzen

㉕ G3 VOETBOOG 29. Mai 1700
SCHIFF niederländischer Ostindienfahrer
LAGE Recife, Brasilien
ROUTE Fernost nach Niederlande
FRACHT Porzellan

㉖ I3 DAMPIERS SCHIFF Feb. 1701
SCHIFF britisch
LAGE Ascension Island
FRACHT Münzen und Kunstgegenstände, inkl. vieler Bücher und Papiere Dampiers

㉗ B6 SPEEDWELL 1721
SCHIFF britisch
LAGE Insel nahe Juan Fernandez Inseln
FRACHT Gold und Silber
BERGUNG größtenteils geborgen

㉘ G3 SANTA ROSA 1726
SCHIFF portugiesisch
LAGE Recife, Brasilien
ROUTE Brasilien nach Portugal
FRACHT Gold

㉙ G3 NOSSA SENORA DA NAZARETH 1742
SCHIFF portugiesischer Ostindienfahrer
LAGE vor Salvador, Brasilien
ROUTE Portugal nach Indien
FRACHT Silber

㉚ B3 SANTO CRISTO DE LEON 1746
SCHIFF spanisch
LAGE Hafen von Callao, Peru
ROUTE Callao, Peru, nach Panama
FRACHT Münzen

㉛ J3 PRINCE 26. Juli 1752
SCHIFF französischer Ostindienfahrer
LAGE 08°30'S 05°00'W
ROUTE Lorient nach Pondicherry, Indien
FRACHT Münzen

㉜ L5 PRINCESSE WILHELMINE CAROLINE 1755
SCHIFF dänischer Ostindienfahrer
LAGE zwischen Kap der Guten Hoffnung, Südafrika, und der Insel St. Helena
ROUTE Fernost nach Dänemark
FRACHT Münzen

㉝ E6 EL PRECIADO 1792
SCHIFF französisch
LAGE Strand von Mulata, nahe dem Hafen von Montevideo, Uruguay
ROUTE Argentinien nach Spanien
FRACHT Schatz im Wert von 1,2 Milliarden US $
BERGUNG kürzlich von Reuben Collado geborgen
Schiff war von den Spaniern gechartert und wurde von englischen Piraten angegriffen und versenkt

㉞ E6 NUESTRA SENORA DE LORETO 1792
SCHIFF spanisch
LAGE La Plata Fluß, Argentinien/Uruguay
ROUTE Südamerika nach Spanien
FRACHT Schatz
Kapitän Diego Guinel

㉟ G4 QUEEN 1800
SCHIFF englischer Ostindienfahrer
LAGE vor Salvador, Brasilien
ROUTE Großbritannien nach Indien
FRACHT Juwelen, Silberplatten und Gepäck des Generals St. John, möglicherweise auch Gold
Kapitän Don Antonio Barreda

㊱ B2 SANTA LEOCADIA 16. Nov. 1800
SCHIFF spanisch, 34 Kanonen
LAGE südlich von Point of Santa Elena, Ecuador
ROUTE Peru nach Panama
FRACHT Silber im Wert von 2 Mill. Pesos
BERGUNG größtenteils geborgen

㊲ G2 BRITANNIA 1. Nov. 1805
SCHIFF englischer Ostindienfahrer
LAGE Riff von Rocas Island, Brasilien
ROUTE Großbritannien nach Fernost
FRACHT 15.592,5 kg Silber
BERGUNG 1.275,75 kg gerettet, bevor das Schiff sank
Schiff sank zu tief für weitere Bergung zur Zeit des Verlustes

㊳ F5 HMS THETIS 5. Dez. 1830
SCHIFF britisches Kriegsschiff
LAGE Kap Frio, Brasilien
ROUTE Brasilien nach Großbritannien
FRACHT 810.000 US $
BERGUNG 586.000 US $ von Kapitän Dickinson und 161.090 US $ von Kapitän de Roos geborgen

㊴ I3 DAS WRACK VON ASCENSION ISLAND 1839
SCHIFF niederländisches Handelsschiff
LAGE vor Pyramid Point, Ascension Island
ROUTE Fernost nach Niederlande
FRACHT Münzen

㊵ C9 MANUELA April 1850
SCHIFF englische Bark
LAGE Magellanstraße
FRACHT Schatz im Wert von 46.000 Pesos
Kapitän und Besatzung wurden von der Taboga aufgenommen

㊶ F2 MADAGASCAR 1853
SCHIFF britisch
LAGE angeblich vor der Bucht von Garupy, Brasilien, gesunken
ROUTE Melbourne nach London, England
FRACHT 1.020 kg Gold
Schiff gilt als vermißt

㊷ H3 CONDOR 10. Juni 1853
SCHIFF britische Bark
LAGE 05°00'S 25°00'W
FRACHT Gold im Wert von 80.000 £ Sterling
BERGUNG größtenteils von der *Charles & Pauline* geborgen

㊸ C4 QUITO 10. Juli 1853
SCHIFF britisch, Pacific Steam Navigation Company
LAGE Ponta Lobos, Chile
ROUTE Copiapó nach Huasco, Chile
FRACHT Silber- und Goldbarren und private Münzen
BERGUNG 24 Silber- und ein Goldbarren

㊹ D1 ORINOCO 19. Jan. 1854
SCHIFF venezolanisch
LAGE Orinoco, Venezuela
ROUTE Südamerika nach New York, USA
FRACHT Münzen

㊺ C6 VALDIVIA 11. Dez. 1857
SCHIFF britisch, Pacific Steam Navigation Company
LAGE Riff vor Llico, Chile
ROUTE Valparaiso nach Puerto Montt
FRACHT Regierungsschatz im Wert von 15.000 Pesos, dazu beträchtliche Menge Schatz im Privatbesitz
BERGUNG 10 – 11.000 Pesos geborgen

㊻ B3 J. F. L. 1. März 1860
LAGE etwa 11°00'S 82°00'W
ROUTE Callao, Peru, nach China
FRACHT Münzen
BERGUNG in eine Kiste geborgen

㊼ E6 FILIPPUS CORNELIUS Dez. 1862
LAGE vor Albardão, Brasilien
ROUTE Montevideo nach Paranagua
FRACHT Münzen
BERGUNG zur Zeit des Untergangs größtenteils geborgen

㊽ G1 B. F. HOXIE 14. Juni 1863
SCHIFF amerikanisch
LAGE 10°00'N 36°00'W
ROUTE USA nach Großbritannien
FRACHT Silber im Wert von 95.000 US $
BERGUNG größtenteils geborgen

㊾ I4 J. E. H. 1864
SCHIFF Holzschiff, 706 t
LAGE Südatlantik
ROUTE Melbourne nach London
FRACHT 283,5 kg Gold
Schiff vermißt

㊿ D6 OYAPOCK Sept. 1866
SCHIFF brasilianisch
LAGE vor Montevideo, Uruguay
FRACHT Münzen
BERGUNG Münzen im Wert von 250.000 US $ geborgen

51 E9 BLUE JACKET 9. Jan. 1869
SCHIFF amerikanisch
LAGE 650 km (351 sm) östlich der Falkland-Inseln
ROUTE Neuseeland nach Großbritannien
FRACHT Gold

52 C9 SANTIAGO 23. Jan. 1869
SCHIFF britisch, Pacific Steam Navigation Company, 1.160 t
LAGE 4 km (2,2 sm) von der Insel Desolación, Chile
ROUTE Valparaiso, Chile, nach Liverpool
FRACHT Gold und Silber

53 C4 CAPE HOORN 9. Sept. 1869
SCHIFF britisch, W. T. Myers & Sons
LAGE vor dem Casualidad-Felsen, 2,5 km (1,34 sm) NW von Ponta Lobos, Chile
ROUTE Pichidangul, Chile, nach Liverpool
FRACHT Silber
BERGUNG zur Zeit des Untergangs einiges geborgen

54 I1 NIGRETIA 14. Juni 1873
SCHIFF britisch, Elder Dempster Line
LAGE Carpenter's Rock, 6 km (3,2 sm) von Freetown, Sierra Leone
ROUTE Westafrika nach Großbritannien
FRACHT Münzen
BERGUNG zur Zeit des Untergangs größtenteils geborgen

55 J2 GAMBIA 18. Mai 1877
SCHIFF britisch, Elder Dempster Line
LAGE SE von Kap Palmas, Liberia
ROUTE Calabar, Nigeria, nach Liverpool, England
FRACHT Münzen und Elfenbein
BERGUNG 1 t Elfenbein 1889 geborgen

56 C6 ETEN 15. Juli 1877
SCHIFF britisch, Pacific Steam Navigation Company, 1.853 t
LAGE bei Kap Ventanas, 115 km (62 sm) nördlich von Valparaiso, Chile
ROUTE Valparaiso, Chile, nach Panama
FRACHT Münzen

57 F4 PARANA 7. Okt. 1877
SCHIFF französisch, Messageries Maritimes
LAGE Abrantes, nahe Salvador, Brasilien
ROUTE Bordeaux nach Buenos Aires
FRACHT Münzen
BERGUNG zur Zeit des Untergangs einiges geborgen

58 C5 ATACAMA 30. Nov. 1877
SCHIFF britisch, Pacific Steam Navigation Company
LAGE Caja Chica, Copiapó, Chile
ROUTE Carrizal Bajo, nach Caldera, Chile
FRACHT Gold und Silber

59 D1 SURINAM 26. Juli 1878
SCHIFF niederländisch
LAGE Mahaicony-Fluß, Guyana, 06°40'N 58°00'W
ROUTE Georgetown, Guyana, nach Surinam
FRACHT Münzen

60 D9 LUIGIAS 1885
SCHIFF italienisch
LAGE Falkland-Inseln
ROUTE Genua nach Valparaiso, Chile
FRACHT Marmorstatuen
BERGUNG einige Statuen geborgen

61 J2 SENEGAL 2. Juni 1887
SCHIFF britisch, African Steam Navigation Company
LAGE Tabou, Elfenbeinküste, 04°25'N 07°20'W
ROUTE Westafrika nach Großbritannien
FRACHT Gold

62 C9 MARLBOROUGH 1890
SCHIFF britisch, Shaw, Savill & Albion Company, 1.191 t
LAGE Südatlantik
ROUTE Neuseeland nach Großbritannien
FRACHT Gold, Tiefkühlfleisch und Wolle
Schiff vermißt. Vielleicht mit Eisberg südlich von Kap Hoorn, Argentinien, zusammengestoßen

63 J1 SOUDAN 16. Juli 1891
SCHIFF African Steamship Company, 2.689 t
LAGE 1,5 km (0,8 sm) von Tabou, Elfenbeinküste
ROUTE Westafrika nach Liverpool
FRACHT Münzen und Elfenbein
BERGUNG zur Zeit des Untergangs größtenteils geborgen

64 B6 JOHN ELDER 16. Jan. 1892
SCHIFF britisch, Pacific Steam Navigation Company, 4.160 t
LAGE Kap Humos, NE von Kap Carranza, Chile
ROUTE Valparaiso, Chile, nach Liverpool
FRACHT Gold und Silber
BERGUNG zur Zeit des Untergangs größtenteils geborgen durch *HMS Melpamere*

65 C6 CHILI 8. Mai 1892
SCHIFF französischer Dampfer, Compagnie Maritime du Pacific, 2.087 t
LAGE Point Tumbez, Hafeneinfahrt nach Talcahuano, Chile
ROUTE Guayaquil nach Le Havre
FRACHT 126 Sack Silber, 1 Kiste Gold und Silber und Silberbarren
BERGUNG zur Zeit des Untergangs einiges geborgen

66 C6 LAJA 14. Nov. 1893
SCHIFF Compagna Sud Americana de Vapores, 1.349 t
LAGE Hafen von Valparaiso, Chile
ROUTE von Pimentel, Peru
FRACHT Schatz im Wert von 45.000 £ Sterling
BERGUNG zur Zeit des Untergangs einiges geborgen

67 D9 CITY OF PHILADELPHIA 14. Mai 1896
SCHIFF amerikanisches Handelsschiff
LAGE vor Falkland-Inseln
FRACHT gerüchteweise Gold
BERGUNG ergebnisloser Bergeversuch

68 J1 CALABAR II 26. Okt. 1898
SCHIFF britisch, Elder Dempster Line
LAGE Yellow Well-Riff, Buchanan, Liberia
ROUTE Liberia nach Liverpool, England
FRACHT Münzen

69 **B8** SAKKARAH 13. Mai 1902
SCHIFF deutsch
LAGE Guamblin o Socorro Insel, Chile
ROUTE Valparaiso, Chile, nach Hamburg
FRACHT Gold und Münzen im Wert von
1,5 Mill. US $
BERGUNG zur Zeit des Untergangs teil-
weise geborgen

70 **C9** ISIS 11. Juni 1902
LAGE Magellanstraße
FRACHT Münzen im Wert von 150.000 £
Sterling
*Die Isis hatte Münzen von der untergegangenen
Sakkarah an Bord genommen*

71 **C6** AREQUIPA 2. Juni 1903
SCHIFF britisch, Pacific Steam Navigation
Company, 2.953 t
LAGE Hafen von Valparaiso, Chile
FRACHT Gold

72 **B3** COLOMBIA 9. Aug. 1907
SCHIFF britisch, Pacific Steam Navigation
Company, 3.335 t
LAGE Saenze Point, Insel Lobos de Tierra,
Peru, 06°28'S 80°50'W
ROUTE Paita, Peru, nach Puerto Eten, Peru
FRACHT Münzen
BERGUNG teilweise geborgen

73 **B9** HAZEL BRANCH 12. Nov. 1907
SCHIFF britisch, F. & W. Ritson, 2.623 t
LAGE Adelaide Patch, Magellanstraße,
etwa 53°00'S 74°50'W
ROUTE Antofagasta, Chile, nach Liverpool
FRACHT Silber
BERGUNG einiges geborgen

74 **J4** PAPANEWI 1911
LAGE Insel St. Helena
ROUTE Großbritannien nach Australien
FRACHT Krönungsgaben

75 **D9** ORAVIA 12. Nov. 1912
SCHIFF britisch, Pacific Steam Navigation
Company, 5.374 t
LAGE Billy Rock, Port Stanley, Falkland-
Inseln
ROUTE Liverpool nach Callao, Peru
FRACHT Münzen

76 **F5** PRINCIPE DE ASTURIAS
5. März 1916
SCHIFF spanisch, Pinillos Line
LAGE 5 km (2,7 sm) östlich von Ponta do
Boi, Brasilien
ROUTE Barcelona nach Buenos Aires
FRACHT Gold im Wert von 1 Mill. £ Ster-
ling und Juwelen im Wert von 500.000 £
Sterling
BERGUNG mehrere Bergeversuche

77 **I1** EMPIRE KOHINOR 2. Juli 1917
SCHIFF britisch, Anchor Line, 5.225 t
LAGE 240 km (129,6 sm) SW von Monro-
via, Liberia, 06°20'N 16°30'W
ROUTE Tafelbucht, Südafrika, nach Groß-
britannien
FRACHT 2 Päckchen Diamanten

78 **C6** ARAUCANIA 5. Sept. 1938
SCHIFF britisch
LAGE Felsen vor Quintero Point, Chile
ROUTE Huasco nach San Antonio, Chile
FRACHT Gold

79 **I1** BENMOHR 5. März 1942
SCHIFF britisches Handelsschiff
LAGE 06°05'N 14°15'W
ROUTE Bombay, Indien, nach Freetown,
Sierra Leone, und Oban, Schottland
FRACHT 42.525 kg Rohsilber

80 **I1** CITY OF WELLINGTON
21. Aug. 1942
SCHIFF britischer Dampfer, Ellerman
Line, 5.733 t
LAGE 07°29'N 14°40'W
ROUTE Mosselbaai, Südafrika, nach Free-
town, Sierra Leone
FRACHT Platin

81 **J3** LACONIA 12. Sept. 1942
SCHIFF britisch, Cunard & White Star Line
LAGE 05°05'S 11°38'W
ROUTE Suez, Ägypten, nach Großbritan-
nien, via Kap der Guten Hoffnung, Süd-
afrika
FRACHT Platin

82 **K1** NEW TORONTO 5. Nov. 1942
SCHIFF britisch, Elder Dempster Line
LAGE 05°57'N 02°30'E
ROUTE Westafrika nach Großbritannien
FRACHT Gold

83 **J5** CITY OF CAIRO 6. Nov. 1942
SCHIFF britischer Dampfer, Ellerman
Line, 8.034 t
LAGE 23°30'S 05°30'W
ROUTE Bombay nach Großbritannien
FRACHT über 85.000 kg Silber
Siehe Seiten 114–115

84 **H1** POLYDORUS 27. Nov. 1942
SCHIFF niederländisch
LAGE 09°01'N 25°38'W
ROUTE Liverpool, England, nach Free-
town, Sierra Leone
FRACHT Münzen

85 **J2** EMPRESS OF CANADA
13. März 1943
SCHIFF Canadian Pacific Company, 20.325 t
LAGE 01°13'S 09°57'W
ROUTE Südafrika nach USA
FRACHT Gold
*1.400 griechische und polnische Flüchtlinge an
Bord, dazu italienische Kriegsgefangene. Schiff
von italienischem U-Boot versenkt.*

86 **K1** PHEMIUS 19. Dez. 1943
SCHIFF britisch, A. Holt
LAGE 05°01'N 25°38'W
ROUTE Großbritannien nach Westafrika
FRACHT Münzen

87 **F5** MAGDALENA 26. April 1949
SCHIFF britisch, Royal Mail Line, 17.500 t
LAGE 32 km (17,3 sm) südlich von Rio de
Janeiro, Brasilien, 9,5 km (5,1 sm) von der
Küste
ROUTE Buenos Aires, Argentinien nach
London, England
FRACHT Münzen
BERGUNG zur Zeit des Untergangs einiges
geborgen

OSTKÜSTE NORDAMERIKAS

Die Karte zu dieser Liste befindet sich auf
den Seiten 132–133.
● Keine Bergung bekannt
■ Bergung bekannt

1 **H1** DENNIS 1578
LAGE Mündung von Frobisher Bay, NW
Territories, Kanada
ROUTE Großbritannien nach China
FRACHT wertvolle Kunstgegenstände und
Münzen

2 **J7** DELIGHT 1583
SCHIFF britisch
LAGE Sable Island, Neuschottland, Kanada
ROUTE Großbritannien nach Kanada
FRACHT Münzen und Kunstgegenstände
Teil von Sir Humphrey Gilberts Expedition

3 **I6** CHANCEWEL Juni 1597
SCHIFF britisch
LAGE St. Ann's Bay, Cape-Breton-Insel,
Neuschottland, Kanada
FRACHT Münzen
BERGUNG von Franzosen ausgeraubt

4 **H8** WHYDAH 1717
SCHIFF Piratenschiff
LAGE 0,4 km (0,22 sm) vor Cape Cod, Mas-
sachusetts, USA
ROUTE Karibik nach Cape Cod, USA
FRACHT Münzen
BERGUNG kürzlich von Barry Clifford, Ma-
ritime Explorations, lokalisiert
Siehe Seiten 68–69

5 **E8** LE JEAN FLORIN 2. Juli 1721
SCHIFF französische Fregatte
LAGE 16 km (8,6 sm) NE von Erie, USA
FRACHT Münzen

6 **I6** LE CHAMEAU 26. Aug. 1725
SCHIFF französischer Transporter, 600 t
LAGE Chameau Rock, vor Cape-Breton-
Insel, Neuschottland, Kanada
ROUTE Frankreich nach Louisbourg,
Neuschottland, Kanada
FRACHT Münzen im Wert von 300.000 Livres
BERGUNG von Alex Storm nach 1960 ge-
borgen

7 **F9** LA GALGA Aug. 1750
SCHIFF spanisch
LAGE Currituck Inlet, North Carolina,
USA, 36°29'N 75°33'W
ROUTE Westindische Inseln nach Spanien
FRACHT Gold- und Silbermünzen

8 **I6** TILBURY 11. Juni 1757
SCHIFF britisches Kriegsschiff
LAGE Riff von Cape-Breton-Insel, nahe
Louisbourg, Neuschottland, Kanada
FRACHT Münzen

9 **F8** MERLIN 1777
SCHIFF britisch
LAGE Delaware-Kanal, Delaware, USA
FRACHT Gerüchte von Schätzen

10 **G8** DEFENCE 10. März 1779
LAGE vor Bartlett's Riff, Waterford, nahe
London, Connecticut, USA 41°21'N 72°06'W
FRACHT Münzen im Wert von 200.000 US $

11 **G8** HUSSAR 13. Sept. 1780
SCHIFF britische Fregatte
LAGE äußerstes Ende East River, Long Is-
land Sound, New York, USA
FRACHT Gerüchte über Gold im Wert von
mehreren Mill. Pfund Sterling
BERGUNG mehrmals geplant und versucht,
offensichtlich ohne Ergebnis

12 **G8** LEXINGTON 21. Sept. 1780
SCHIFF britisches Kriegsschiff
LAGE Hell's Gate, East River, Long Island
Sound, New York, USA
FRACHT Gerüchte über Gold

13 **G8** LIVELY 8. Juli 1781
SCHIFF amerikanischer Freibeuter
LAGE vor Long Island, New York, USA
FRACHT Gerüchte über Gold

14 **G8** HERMIONE 1. Nov. 1782
SCHIFF amerikanischer Freibeuter
LAGE New London, Connecticut, USA
FRACHT Gerüchte über Münzen im Wert
von 100.000 US $

15 **F7** ONTARIO 23. Nov. 1783
SCHIFF englische Slup
LAGE Lake Ontario, 5 km (2,7 sm) vor Os-
wego, New York, USA
FRACHT Münzen

16 **F9** HMS DE BRAAK 23. Mai 1798
SCHIFF britische Marineslup
LAGE Delaware, USA
FRACHT möglicherweise Schatz
BERGUNG viele Bergeversuche, keine
wichtigen Ergebnisse
Gerüchte über Schatz vielleicht unbegründet

17 **F9** JUNO 28. Okt. 1802
SCHIFF spanisch
LAGE Caudales de Indias, nahe Kap May,
vor der Küste von New Jersey, USA
ROUTE Veracruz nach Cadiz, Spanien
FRACHT Silbermünzen

18 **F9** MOLLY 26. Nov. 1803
LAGE 5 km (2,7 sm) südlich von Currituck
Inlet, North Carolina, USA
ROUTE Kingston, Jamaika, nach New York
FRACHT Münzen

19 **I7** BARBADOES 28. Sept. 1812
SCHIFF britisches Kriegsschiff 6. Ranges, 755 t
LAGE NW Barre von Kap Sable Island,
Neuschottland, Kanada
ROUTE Bermuda nach St. John's, Kanada
FRACHT Münzen im Wert von 60.000 £
Sterling
Kapitän T. Huskisson

20 **J6** COMUS 4. Nov. 1816
SCHIFF britisches Kriegsschiff 6. Ranges, 522 t
LAGE vor Kap Pine, St. Mary's Bay, Neu-
fundland, Kanada
FRACHT Münzen
BERGUNG zur Zeit des Untergangs teil-
weise geplündert

21 **G7** MIDAS 17. Jan. 1820
LAGE vor Boston, Massachusetts, USA
ROUTE Santo Domingo, Dominikanische
Republik, nach Boston, Massachusetts
FRACHT angeblich beträchtliche Mengen
Münzen an Bord

22 **G8** CATHARINE 1821
SCHIFF englische Brigg
LAGE Siasconcet, südlich von Nantucket Is-
land, Massachusetts, USA, 41°15'N 69°58'W
ROUTE Montego Bay nach Bermuda
FRACHT Münzen

23 **I6** LEONIDAS 28. Aug. 1832
SCHIFF britisch
LAGE Küste von Kap Breton, Scatarie Is-
land, 96 km (61,9 sm) von Sydney,
Neuschottland, Kanada
FRACHT 170 Kisten mit Münzen
BERGUNG 25 Kisten mit Münzen geborgen

24 E7 ERIE 1841
LAGE Lake Erie, vor Silver Creek, 53 km (28,6 sm) von Buffalo, New York, USA
ROUTE Buffalo, New York, USA, nach Chicago, Illinois, USA
FRACHT Gold- und Silbermünzen
BERGUNG Münzen im Wert von 200.000 US $ bei Hebung des Schiffes 1856 geborgen
Rumpf auf 6 km (3,24 sm) ans Ufer herangeschleppt, wo er auf 11 Faden (20 m) Wassertiefe sank.

25 H7 COLUMBIA 1. Juli 1843
SCHIFF britisch, Cunard Line, 1.138 t
LAGE ging auf dem Felsen von Devil's Limb, 1,5 km (0,97 sm) vom Land, Kap-Sable-Island, Neuschottland, Kanada, verloren
ROUTE Boston, Massachusetts, USA, nach Halifax, Neuschottland, Kanada
FRACHT Münzen
BERGUNG zur Zeit des Untergangs geborgen
Schiff durch Nebel und starke Strömungen in der Bay of Fundy, Kanada, verloren.

26 G8 LEXINGTON 19. Nov. 1846
SCHIFF amerikanisches Luxus-Linienschiff
LAGE vor Old Field Point, Long Island, 6 km (3,2 sm) vor Point Mouille, New York
ROUTE New York nach Stonington, USA
FRACHT Münzen
BERGUNG zur Zeit des Untergangs 800 US $ geborgen; kürzlich wiederentdeckt zwischen Port Jefferson, New York, USA, und Stony Brook, New York, USA
Schiff von Cornelius Vanderbilt gebaut

27 E7 ATLANTIC 19. Aug. 1852
SCHIFF Raddampfer
LAGE Lake Erie, 9,5 km (5,13 sm) östlich von Long Point Island, Ontario, Kanada
ROUTE Buffalo, Michigan, nach Detroit
FRACHT Gold, Silber und Kunstgegenstände kürzlich auf 150 Mill. £ Sterling geschätzt
BERGUNG kürzlich von Mar Dive Corporation, Los Angeles, USA, wiederentdeckt

28 I7 HUMBOLDT 5. Dez. 1853
SCHIFF amerikanisch, New York and Le Havre Steamship Company
LAGE The Sisters, vor Sambro Leuchtfeuer, 13 km (7 sm) südlich von Halifax, Neuschottland, Kanada
ROUTE Le Havre nach New York
FRACHT Münzen
BERGUNG zur Zeit des Untergangs einiges geborgen
Schiff ging in dichtem Nebel verloren

29 D6 SUPERIOR 29. Okt. 1856
LAGE vor Grand Island, Lake Superior, Michigan, USA
ROUTE Niagara, Michigan, nach Lake Michigan, Michigan, USA
FRACHT Münzen

30 G8 BLACK WARRIOR 20. Feb. 1859
SCHIFF amerikanisch, 1.556 t
LAGE Rockaway Inlet, Hafen von New York
ROUTE Havanna, Kuba, nach New York
FRACHT Münzen im Wert von 208.100 US $
BERGUNG zur Zeit des Untergangs vollständig geborgen

31 H7 CONNAUGHT 7. Okt. 1860
SCHIFF britisch, Galway Lines, eiserner Raddampfer, 4.400 t
LAGE 225 km (121,5 sm) von Boston, Massachusetts, USA, 42°32'N 68°14'W
ROUTE Galway, Irland, nach Boston, Massachusetts, USA
FRACHT Gold im Wert von 10.000 £ Sterling
BERGUNG Post geborgen, aber Gold verloren
Schiff geriet in Brand

32 D7 BLACK HAWK Nov. 1862
SCHIFF Brigg
LAGE Lake Michigan, 6 km (3,2 sm) nördlich von Frankfort, Michigan, USA
FRACHT Münzen und Buntglas

33 G7 BOHEMIAN 22. Feb. 1864
SCHIFF Montréal Steamship Company, 2.200 t
LAGE Alden's Rock, 6 km (3,2 sm) von Kap Elizabeth, nahe Portland, Maine, USA
ROUTE Liverpool, England, nach USA
FRACHT Gold
BERGUNG 500 Sovereigns geborgen

34 B7 BERTRAND 1. April 1865
LAGE Missouri River, 50 km (27 sm) nördlich von Omaha, Nebraska, USA
FRACHT Gold
BERGUNG geborgen, aber kein Gold

35 E7 PEWABIC 12. Aug. 1865
SCHIFF kanadisch, 960 t
LAGE Lake Huron, 3 km (1,6 sm) vor Thunder Bay Island, Michigan, USA
FRACHT Münzen und Kupfer
BERGUNG Kupfer 1917 geborgen; mehrere weitere Versuche, Ergebnisse nicht bekannt

36 F8 DE LA MAR Juni 1866
SCHIFF spanisch
LAGE Lower Bay, New York, USA
FRACHT Gold
BERGUNG zur Zeit des Untergangs einiges geborgen

37 H5 NORTH AMERICAN 16. Juni 1867
LAGE Anticosti Island, Québec, Kanada
ROUTE Québec, Kanada, nach Liverpool, England
FRACHT Münzen
BERGUNG zur Zeit des Untergangs geborgen

38 K5 GERMANIA 7. August 1869
SCHIFF deutsch
LAGE Cape Race, Neufundland, Kanada
ROUTE New York nach Hamburg
FRACHT Münzen
BERGUNG teilweise geborgen

39 K6 HERDER 10. Okt. 1882
SCHIFF deutsch
LAGE vor Cape Race, Neufundland, Kanada, 46°39'N 53°04'W
ROUTE New York nach Hamburg
FRACHT Münzen
BERGUNG 3 Kisten Münzen geborgen

40 G8 OREGON 14. März 1886
SCHIFF Cunard Line, 7.375 t
LAGE 42 km (22,7 sm) SE von Fire Island, Long Island, New York
ROUTE Liverpool nach New York
FRACHT Diamanten
BERGUNG zur Zeit des Untergangs einiges geborgen

41 J4 LILY 16. Sept. 1889
SCHIFF britisches Kanonenboot, 720 t
LAGE Felsen nahe Point d'Amour, Straße von Belle Isle, Neufundland, Kanada
ROUTE St. Margaret's Bay, Neufundland, Kanada, nach Forteau Bay, Labrador, Neufundland, Kanada
FRACHT Münzen

42 E7 DEAN RICHMOND 11. Okt. 1893
SCHIFF Western Transportation Company, 1.257 t
LAGE 1,5 km (0,8 sm) vor Van Buren Point, nahe Dunkirk, New York, USA
ROUTE Toledo, Ohio, USA, nach Buffalo, New York, USA
FRACHT Münzen

43 G8 PORTLAND 26. Nov. 1898
SCHIFF amerikanisch, Portland Steam Packet Company, hölzerner Seitenraddampfer, 2.284 t
LAGE 16 bis 24 km (8,6 bis 13 sm) nördlich von Peaked Hill Bars vor Cape Cod, Massachusetts, USA
ROUTE Boston, Massachusetts, USA, nach Portland, Maine, USA
FRACHT Münzen und Juwelen

44 G8 HAROLD 27. Sept. 1903
SCHIFF amerikanisch
LAGE vor Sewaren, New Jersey, USA, 40°33'N 75°43'W
FRACHT Silber
BERGUNG teilweise geborgen

45 G8 REPUBLIC 23. Jan. 1909
SCHIFF britisch, White Star Line, Oceanic Steam Navigation Company, 15.378 t
LAGE 32 km (17,3 sm) südlich von Nantucket-Feuerschiff, Massachusetts, USA
ROUTE New York, USA, nach Genua, Italien, und Alexandria, Ägypten
FRACHT Goldmünzen im Wert von 3 Mill. US $
BERGUNG viele ergebnislose Versuche
Schiff kollidierte mit der Florida

46 E8 CLARION 8. Dez. 1909
SCHIFF kanadisch, Erie & Western Transport Company, 1.712 t, gebaut 1881
LAGE vor Point Pelee, Lake Erie, Ontario
FRACHT Gold und Silber
Schiff von Feuer zerstört

47 F9 MERIDA 12. Mai 1911
SCHIFF amerikanisch, New York and Kuba Mail Steamship Company
LAGE vor Virginia Capes, 88 km (47,5 sm) von Cape Charles, Virginia, USA
ROUTE Veracruz, Mexiko, nach New York
FRACHT 13.600 kg Silber
BERGUNG mehrere Bergeversuche mit unklarem Ergebnis um 1980
Schiff kollidierte mit der Admiral Farragut

48 H5 EMPRESS OF IRELAND 29. Mai 1914
SCHIFF Canadian Pacific Railway Company, 14.191 t
LAGE 8 km (4,3 sm) östlich von Father Point, Mündung des St. Lawrence River, Québec, Kanada
ROUTE Québec, Kanada, nach Liverpool
FRACHT Silber
BERGUNG zur Zeit des Untergangs größtenteils geborgen

49 G9 SAMOA 14. Juni 1918
SCHIFF norwegisch, 1.137 t
LAGE 145 km (78,3 sm) vor der Küste von Virginia, USA, 37°30'N 72°10'W
ROUTE Südafrika nach New York, USA
FRACHT Silber

50 H8 WEST IMBODEN 21. April 1942
SCHIFF amerikanisch
LAGE 41°14'N 65°55'W
ROUTE Durban, Südafrika, nach Boston
FRACHT Gold im Wert von 29.000 £ Sterling

51 K6 EMPIRE MANOR 27. Jan. 1944
SCHIFF britisch, Transportministerium, 7.071 t
LAGE 44°05'N 52°10'W
ROUTE New York, USA, nach Halifax, Neuschottland, Kanada
FRACHT 70 Goldbarren im Gesamtgewicht von 810 kg
BERGUNG teilweise um 1970 von Risdon Beazley Marine geborgen

52 G8 U-8536 Mai 1945
SCHIFF deutsches U-Boot
LAGE vor Block Island, südlich von Rhode Island, USA
FRACHT Gerüchte über Gold

53 G8 ANDREA DORIA 25. Juli 1956
SCHIFF italienisch, 29.083 t
LAGE vor Feuerschiff Nantucket Island, Massachusetts, USA, 40°37'N 69°37'W
ROUTE Genua, Italien, nach New York
FRACHT möglicherweise Gold
BERGUNG 1984 von Peter Gimbel in Zusammenarbeit mit Oceaneering International geborgen, aber nichts Wesentliches gefunden
Siehe Seiten 108–109

NORDEUROPA UND DER NORDATLANTIK

Die Karte zu dieser Liste befindet sich auf den Seiten 134–135.

● Keine Bergung bekannt
■ Bergung bekannt

1 J3 OSEBERG-GRABSCHIFF 800
SCHIFF Wikingerschiff
LAGE Oseberg, Norwegen
FRACHT wertvolle Holzschnitzereien
BERGUNG ausgegraben
Grabschiff. Siehe Seiten 22–23

2 J4 GOKSTAD-GRABSCHIFF 870
SCHIFF Wikingerschiff
LAGE Gokstad, Norwegen
FRACHT wertvolle Holzschnitzereien
BERGUNG ausgegraben
Grabschiff

3 E3 FLOTTE VON ERIK RAUDI 986
SCHIFF Wikingerschiffe
LAGE Ostküste Grönlands
ROUTE Island nach Grönland
FRACHT Wertgegenstände
Während dieser ersten Kolonisierungsreise nach Grönland gingen mehrere Schiffe verloren

4 E3 SCHIFF VON ARNBJØRN 1125
SCHIFF Wikingerschiff
LAGE Ostküste Grönlands
ROUTE Norwegen nach Grönland
FRACHT große Summen Geld und andere Wertgegenstände
BERGUNG Geld zur Zeit des Verlustes geborgen und später in einem Lager am Ufer zurückgelassen
Die Entdeckung von Geld führte zu einem Familienkrieg zwischen rivalisierenden Anspruchserhebungen.

5 E3 STANGARFOLI 1189
SCHIFF Wikingerschiff
LAGE Küste von Grönland
ROUTE Island nach Grönland
FRACHT Geld und kunsthandwerkliche Gegenstände

6 G2 SCHIFF VON BISCHOF OLAF 1266
SCHIFF Wikinger-Knorr
LAGE Kap Hitarnes, Island
ROUTE Igaliku, Grönland, nach Island
FRACHT wertv. Fracht von Walroß-Elfenbein

7 G3 WIKINGER-KNORR 1266
SCHIFF Wikinger-Knorr
LAGE zwischen Norwegen und Grönland
ROUTE nach Grönland
FRACHT Geld u. kunsthandwerkl. Gegenstände

8 H3 SCHIFF VON GUDMUND ORMSSON ca. 14. Jh.
SCHIFF Wikingerschiff
LAGE vor Färöer Inseln
FRACHT wertv. kunsthandwerkl. Gegenstände

9 J2 WIKINGERSCHIFF 1323
SCHIFF Wikingerschiff
LAGE Westküste Norwegens, etwa 65°50'N
ROUTE von Island
FRACHT große Mengen Geld
An Bord war der gewählte Lord Bischof.

10 J4 VEJBY-KOGGE ca. 1380
SCHIFF Kogge
LAGE Vejby, vor der Küste des nördlichen Sjaelland, 50 km (27 sm) NW von Kopenhagen
ROUTE Westeuropa nach Dänemark
FRACHT Zinnplatten und Nobel (Goldmünzen)
BERGUNG 1976 entdeckt und ausgegraben

11 J4 DAS VIGSØ-WRACK 15. Jh.
LAGE Sanddünen von Vigsø, Dänemark
FRACHT Wasserkannen aus Bronze
BERGUNG vor kurzem ausgegraben

12 I4 PIERO QUIRINO 1431
LAGE Nordsee, 800 km (432 sm) von Norwegen
ROUTE Iraklion, Kreta, nach Flandern
FRACHT Gewürze, Baumwolle, Glaswaren und silberne kunsthandwerkliche Gegenstände
Überlebende erreichten die norwegische Isle of Saints.

13 J2 BONA CONFIDENTIA 1556
SCHIFF gehörte zur Botschaft des russischen Zaren, Iwan Wassiliwitsch
LAGE 63°26'N 10°24'E
ROUTE Rußland nach Großbritannien
FRACHT Gold und juwelenbesetzte Geschenke

14 I5 SAN FELIPE Sept. 1588
SCHIFF spanisch
LAGE Bänke von Nieuwpoort, Niederlande
FRACHT Fracht der Spanischen Armada
Kapitän Don Francisco de Toledo. Trieb auf die Bänke vor Nieuwpoort nach der Armada-Schlacht im Englischen Kanal.

15 G7 SAN LUCAS 1591
SCHIFF portugiesischer Ostindienfahrer
LAGE Madeira
ROUTE Portugal nach Indien
FRACHT Münzen

16 I5 GELDERLAND 20. Juli 1606
SCHIFF niederländischer Ostindienfahrer, 500 t
LAGE Reede von Vlissingen, Niederlande
ROUTE Niederlande nach Fernost
FRACHT Münzen
BERGUNG teilweise geborgen
Im Stadtmuseum Vlissingen zu besichtigen

17 K4 SOLEN 28. Nov. 1627
SCHIFF schwedisches Kriegsschiff
LAGE Danziger Bucht, Polen
FRACHT wertvolle kunsthandwerkliche Gegenstände und Münzen
BERGUNG zwischen 1969 und 1980 geborgen
Ging während der Schlacht zwischen Polen und Schweden verloren. Ausgezeichnete Kunstgegenstände im Schiffahrtsmuseum von Gdansk.

18 I4 MORRIS 19. Nov. 1628
SCHIFF englischer Ostindienfahrer
LAGE Vlieland nahe Texel, Niederlande
ROUTE Fernost nach Großbritannien
FRACHT Gold- und Silbergeschenke vom König von Bantam, Cocos Island, an König Charles I. von England

19 J5 WRACK DES KÖNIGS VON BÖHMEN 7. Jan. 1629
LAGE Haarlemmer Meer bei Amsterdam
FRACHT Besitz des Königs von Böhmen
Schiff wurde von einer mit Bier beladenen Bark versenkt, während es auf dem Weg zur Besichtigung der spanischen Schatzschiffe war, die Piet Heyn gekapert hatte. Dabei ertrank der Sohn des Königs von Böhmen.

20 G7 SAN JOSEFE 1635
SCHIFF spanisch, 600 t
LAGE Madeira
ROUTE Santo Domingo, Dominikanische Republik, nach Spanien
FRACHT Gold und Silber
Kapitän Juan de Aquinaga

21 G8 WRACKS VON SANTA CRUZ 1657
SCHIFF spanisch
LAGE Hafen von Santa Cruz, Teneriffa
FRACHT Münzen
Zwei Galeonen, acht Handelsschiffe und eine Patasche. Versenkt durch Robert Blake.

22 J4 WRACK DER INSEL VEN 1658
LAGE Dänemark, 55°55'N 12°45'E
FRACHT wertv. kunsthandwerkl. Gegenstände
BERGUNG um 1950 geplündert
Kunstgegenstände im Handel- og Sjøfartsmuseet, Kronborg, Dänemark, und im Orlogsmuseet, Kopenhagen, Dänemark

23 J4 BREDERODE 8. Nov. 1658
SCHIFF niederländisches Kriegsschiff
LAGE Helsingør, Dänemark
FRACHT verschiedenartige kunsthandwerkliche Gegenstände
BERGUNG 1909 geborgen
Kunstgegenstände im Historisch Scheepvaart Museum, Amsterdam, Niederlande, und im Tojhus Museum, Kopenhagen, Dänemark

24 H3 WALCHEREN Sept. 1667
SCHIFF niederländ. Ostindienfahrer, 840 t
LAGE nahe Faröer Inseln
ROUTE Djakarta, Java, nach Niederlande
FRACHT Porzellan und Juwelen

25 G3 WAPEN VAN AMSTERDAM 19. Sept. 1667
SCHIFF niederländ. Ostindienfahrer, 920 t
LAGE südlich von Island
ROUTE Djakarta, Java, nach Niederlande
FRACHT Porzellan und Juwelen

26 J4 DEN FORGYLLDA SOLEN 1673
SCHIFF schwedisches Handelsschiff
LAGE Tejn, Nordküste Bornholms
ROUTE Stockholm nach Großbritannien
FRACHT Silbermünzen
BERGUNG 1969 geborgen

27 K4 KRONAN 1676
SCHIFF schwedisches Kriegsschiff
LAGE 6 km (3,2 sm) vor Öland-Insel, Schweden
FRACHT Bronzekanone und kunsthandwerkliche Gegenstände
BERGUNG um 1980 geborgen
Kunstgegenstände im Museum von Kalmar, Schweden

28 I4 STADT HAARLEM 1676
SCHIFF niederländisch
LAGE Kvitsøy nahe Stavanger, Norwegen
ROUTE Terschelling, Niederlande, nach Stavanger, Norwegen
FRACHT Porzellan
BERGUNG kürzlich vom Norsk Sjofartsmuseum in Verbindung mit dem Stavanger Sjofartsmuseum, Norwegen, ausgegraben

29 J4 WRACKS VON SOSEVIG 1678
SCHIFF schwedisch
LAGE Küste von Sosevig, Bornholm
FRACHT Goldmünzen – Gehälter für die schwedische Armee
BERGUNG 1978 geborgen
Insgesamt 19 Schiffe versenkt

30 K4 ENIGHED 1679
SCHIFF dänisches Kriegsschiff
LAGE Kalmar-Sund, Schweden
FRACHT Kunstgegenstände
BERGUNG Anfang des 20. Jh. geborgen
Kunstgegenstände im Schiffahrtsmuseum von Stockholm, Schweden

31 K4 NYCKELN 1679
SCHIFF schwedisches Kriegsschiff
LAGE Kalmar-Sund, Schweden
FRACHT wertvolle Kunstgegenstände
BERGUNG im 19. Jh. und erneut Anfang des 20. Jh.s geborgen
Einige Kunstgegenstände im Schiffahrtsmuseum Stockholm, Schweden

32 I3 DAS KVITSØY-WRACK 1692
SCHIFF spanisch
LAGE Kvitsøy bei Stavanger, Norwegen
FRACHT Silber
BERGUNG kürzlich ausgegraben

33 G9 VANSITTART 2. März 1719
SCHIFF englischer Ostindienfahrer, 480 t
LAGE Maio, Kap Verde
ROUTE Großbritannien nach Madras, Indien
FRACHT 3.998 kg Silber
BERGUNG zur Zeit des Untergangs sehr wenig geborgen

34 K3 JOHN BAPTIST ca. 1721
SCHIFF russisches Kriegsschiff
LAGE vor Helsinki, Finnland
FRACHT Schatz
BERGUNG im 19. Jh. versucht

35 I3 AKERENDAM 8. März 1725
SCHIFF niederländ. Ostindienfahrer, 850 t
LAGE Insel Rundøy, Norwegen
ROUTE Niederlande nach Djakarta, Java
FRACHT Münzen
BERGUNG um 1970 wiederentdeckt

36 J4 BUREN 9. Dez. 1729
SCHIFF niederländ. Ostindienfahrer, 450 t
LAGE Noorderhaaks bei Texel, Niederlande
ROUTE Niederlande nach Djakarta, Java
FRACHT Münzen
BERGUNG englische Taucher bargen Teile der Takelage und eine Kanone, aber Fracht verloren
Schiff strandete im Sturm

37 G9 SLOT TER HOGE 19. Juni 1732
SCHIFF niederländ. Ostindienfahrer, 850 t
LAGE Insel Maio, Kap Verde
ROUTE Niederlande nach Djakarta, Java
FRACHT Münzen

38 I4 ANNA CATHARINA 3. Feb. 1735
SCHIFF niederländ. Ostindienfahrer, 600 t
LAGE Dorpel-Sandbank, Deurloo-Kanal, Texel, Niederlande
ROUTE Niederlande nach Djakarta, Java
FRACHT Silbermünzen

39 J4 'T VLIEGEND HART 3. Feb. 1735
SCHIFF niederländ. Ostindienfahrer, 850 t
LAGE Dorpel-Sandbank, Deurloo-Kanal, Texel, Niederlande
ROUTE Niederlande nach Djakarta, Java
FRACHT Gold und Silber im Wert von 67.000 Gulden
BERGUNG teilweise von Rex Cowan geborgen

40 G9 PRINCESS LOUISA 18. April 1743
SCHIFF englischer Ostindienfahrer, 498 t
LAGE Felsenriffe nahe Maio, Kap Verde
ROUTE Großbritannien nach Iran und Bombay, Indien
FRACHT 1.977 kg Silber und Elfenbein

41 J4 GÖTEBORG 1745
SCHIFF schwedischer Ostindienfahrer
LAGE Hafen von Göteborg, Schweden
FRACHT Porzellan
BERGUNG Anfang der 20. Jh.s geborgen, um aus dem schwarzen Holz Möbel zu machen
Kunstgegenstände im Historischen Museum von Göteborg, Schweden

42 K3 SANKT MIKAEL 1747
SCHIFF Dreimast-Galiot, in russischem Besitz
LAGE Borsto, Finnland
ROUTE Amsterdam, Niederlande, nach St. Petersburg, Rußland
FRACHT Gold- und Silberschmuck und andere wertvolle Kunstgegenstände
BERGUNG in den 50er und 60er Jahren geborgen
Sehr interessante Zeichnungen im Schiffahrtsmuseum von Finnland

43 G9 DUKE OF CUMBERLAND 16. Jan. 1750
SCHIFF englischer Ostindienfahrer
LAGE Bucht von Ayoffe, Kap Verde, Senegal
ROUTE Großbritannien nach China
FRACHT 73 Kästchen mit Silbermünzen
BERGUNG erfolgloser Bergeversuch zur Zeit des Untergangs, aber möglicherweise ausgeraubt

44 J4 AMSTELLAND 18. Sept. 1751
SCHIFF niederländ. Ostindienfahrer, 850 t
LAGE Insel Sylt, Deutschland
ROUTE Niederlande nach Djakarta, Java
FRACHT Silbermünzen

45 I5 VROUWE ELISABETH DOROTHEA 27. Nov. 1767
SCHIFF niederländ. Ostindienfahrer, 600 t
LAGE 52°45'N 04°40'E
ROUTE Djakarta, Java, nach Niederlande
FRACHT Porzellan

46 G9 LEIMUIDEN 25. Jan. 1770
SCHIFF niederländ. Ostindienfahrer, 1.150 t
LAGE Kap Verde
ROUTE Niederlande nach Djakarta, Java
FRACHT 37 Goldbarren
BERGUNG 21 Goldbarren geborgen

47 K3 VROUW MARIA 4. Okt. 1771
SCHIFF niederländische Schnau
LAGE nahe Turku, Finnland
ROUTE Niederlande nach Rußland
FRACHT Teile der Braamkamp-Bildersammlung, von Katharina der Großen gekauft
Siehe Seiten 86–87

48 G8 DUIVENBERG 14.–16. Mai 1777
SCHIFF niederländ. Ostindienfahrer, 1.150 t
LAGE Kanarische Inseln
ROUTE Djakarta, Java, nach Niederlande
FRACHT Porzellan

49 F9 HARTWELL 24. Mai 1787
SCHIFF englischer Ostindienfahrer
LAGE Hartwell-Riff, Boa Vista, Kap Verde
ROUTE Großbritannien nach China
FRACHT 5.933 kg Silbermünzen
BERGUNG 2.768 kg Silbermünzen in den vier Jahren nach dem Untergang geborgen, dann Arbeit aufgegeben
Siehe Seiten 76–77

50 G7 SLOT TER HOGE 19. Nov. 1794
SCHIFF niederländ. Ostindienfahrer, 850 t
LAGE Porto Santo, Madeira
ROUTE Niederlande nach Djakarta, Java
FRACHT Silberbarren und Münzen
BERGUNG Silberbarren, Münzen, Tabakdosen, Pfeifen, Kerzenhalter, Löffel, Gabeln, Zapfhähne und Keramik geborgen
Kunsthandwerkliche Gegenstände bei Christie's in Amsterdam versteigert

51 I4 LUTINE 7. Okt. 1799
SCHIFF britisches Marineschiff
LAGE vor Terschelling, Niederlande
ROUTE Großbritannien nach Niederlande
FRACHT große Mengen Silber, Rohgold und Sovereigns
BERGUNG im Laufe der Jahre extensive Bergeunternehmungen, aber 245 Goldbarren und 79 Silberbarren noch unentdeckt

52 F9 LADY BURGESS 19. April 1806
SCHIFF englischer Ostindienfahrer
LAGE Leton Rock, Kap Verde
ROUTE Großbritannien nach Indien
FRACHT wahrscheinlich private Münzen

53 E5 PRESIDENT 11. März 1841
SCHIFF British and American Steam Navigation Company, 1.863 t
LAGE Mittelatlantik
ROUTE New York, USA, nach Liverpool, England
FRACHT Münzen im Wert von 30.000 US $ aus Besitz des Schauspielers Tyrone Power

54 J4 BURNHOLM 5. April 1850
SCHIFF spanisch
LAGE 54°11'N 07°53'E
FRACHT Gold
BERGUNG zur Zeit des Untergangs größtenteils geborgen

55 G8 NIGER 12. Juni 1857
SCHIFF britisch, Elder Dempster Line
LAGE Santa Cruz, Teneriffa, Kanarische Inseln
ROUTE Sierra Leone nach Teneriffa, Kanarische Inseln
FRACHT Münzen
BERGUNG zur Zeit des Untergangs einiges geborgen

56 J4 LOUISIANA Jan. 1868
SCHIFF deutsch, 1.300 t
LAGE 56°29'N 08°09'E
ROUTE Bremerhaven nach New York
FRACHT Porzellan, Porzellanpuppen und antikes Spielzeug
BERGUNG um 1980 geborgen
Geborgene Puppen in Legoland, Billund, Dänemark, ausgestellt

57 C7 PIZARRO 11. Sept. 1878
LAGE 37°30'N 57°00'W
ROUTE St. George's Insel, Bermuda, nach Faial, Azoren
FRACHT Münzen

58 G8 ALFONSO XII 1885
SCHIFF spanisch
LAGE vor Gran Canaria, Kanarische Inseln
ROUTE Cadiz, Spanien, nach Havanna
FRACHT 10 Kisten mit Gold, jede mit 10.000 Goldmünzen
BERGUNG 9 Kisten geborgen

59 D6 TITANIC 15. April 1912
SCHIFF White Star Line
LAGE 41°43'45N 49°56'50W
ROUTE Southampton nach New York
FRACHT Kunst- und persönliche Wertgegenstände
BERGUNG einige Gegenstände kürzlich geborgen
Siehe Seiten 104–105

60 G3 BREMEN Okt. 1915
SCHIFF deutsches U-Boot
LAGE 480 km (259 sm) südlich von Island
ROUTE Deutschland nach New York, USA
FRACHT Wertgegenstände und Edelsteine

61 K4 PRINZ ADALBERT Okt. 1915
SCHIFF deutscher Kreuzer, 9.050 t
LAGE 56°32'N 21°01'E
FRACHT möglicherweise Gold
Von britischem U-Boot versenkt

62 I5 TUBANTIA 16. März 1916
SCHIFF Koninklijke Hollandsche Lloyd Line, 13.911 t
LAGE 6 km (3,2 sm) ENE von Nord Hinder Feuerschiff
ROUTE Niederlande nach Südamerika
FRACHT Diamanten und gerüchteweise Gold
BERGUNG um 1920 versucht
Berühmtes Gerichtsverfahren über die Rechte des „salvor in possession" (Rechtsstellung des Entdeckers und Bergers)

63 H5 LACONIA 25. Feb. 1917
SCHIFF britisch, Cunard Line, 18.099 t, 17 kn
LAGE 260 km (140,4 sm) NW zu W von Fastnet, Irland
ROUTE USA nach Großbritannien
FRACHT 30.070 kg Silber inkl. 132 Kisten Münzen
BERGUNG Schiff gefunden und teilweise geöffnet, aber keine Bergung

64 I5 HEALDTON 21. März 1917
SCHIFF amerikanischer Tanker
LAGE vor den Niederlanden
FRACHT gerüchteweise Gold im Wert von 3 Mill. US $

65 N5 ABOSSO 24. April 1917
SCHIFF britisch, Elder Dempster Line, 7.782 t, 13 kn
LAGE 290 km (156,6 sm) NW von Fastnet, Irland
ROUTE Sierra Leone nach Liverpool
FRACHT Gold

66 I4 RENATE LEONHARDT Aug. 1917
SCHIFF deutsch
LAGE 8 km (4,3 sm) vor Texel, Niederlande
ROUTE Rotterdam, Niederlande, nach Norddeutschland
FRACHT Gold im Wert von 4–7 Mill. £ Sterling
BERGUNG mehrere Bergeversuche, aber ohne bedeutendes Ergebnis

67 H4 ATLANTIAN 25. Juni 1918
LAGE 177 km (95,6 sm) NW zu W von Eagle Island, Irland
ROUTE Galveston, Texas, USA, nach Liverpool, England
FRACHT Gold und Silber

68 G6 BADAGRI 13. Juli 1918
SCHIFF 2.956 t
LAGE 684 km (369,3 sm) WNW von Kap St. Vincent, Portugal
FRACHT Gold, Silber und Münzen

69 I5 LOTSENDAMPFER 11. Mai 1940
LAGE vor Ostspitze der Insel Rozenburg, zwischen Rotterdam und Hoek van Holland, Niederlande
ROUTE Niederlande nach Großbritannien
FRACHT 200 Kisten Gold im Gewicht von je 57 kg
BERGUNG größtenteils geborgen

70 G4 APAPA 15. Nov. 1940
SCHIFF britisch, Elder Dempster Line, 9.333 t, 14,5 kn
LAGE 54°34'N 16°47'W
ROUTE Lagos, Portugal, nach Liverpool
FRACHT Gold im Wert von 19.188 £ Sterling

71 G5 GAIRSOPPA 16. Feb. 1941
SCHIFF British India Steam Navigation Company, 5.237 t, 10,5 kn
LAGE etwa 500 km (270 sm) SW der Galway-Bucht, Irland
ROUTE Freetown, Sierra Leone, nach Großbritannien
FRACHT 85.000 kg Gold und Silber

72 H3 BEAVERBRAE 25. März 1941
SCHIFF britisch
LAGE 60°12'N 09°00'W
ROUTE Liverpool, England, nach St. John, New Brunswick, Kanada
FRACHT Gold, 25 Kisten Platinkorn und ein Päckchen Rohdiamanten

73 G8 LAFIAN 24. Sept. 1941
SCHIFF britisch
LAGE 31°12'N 23°32'W
ROUTE Port Harcourt, Nigeria, nach Liverpool, England
FRACHT ungemünztes Edelmetall

74 L1 HMS EDINBURGH 7. Mai 1942
SCHIFF britisches Kriegsschiff, 10.000 t
LAGE 71°51'N 35°10'E
ROUTE Rußland nach Großbritannien
FRACHT Gold im Wert von 45 Mill. £ Sterling bei Bergung
BERGUNG um 1980 von Keith Jessops Konsortium geborgen
Siehe Seiten 112–113

75 C9 CITY OF MELBOURNE 13. Mai 1942
SCHIFF britisch, Ellerman Line
LAGE 15°00'N 54°40'W
ROUTE Südafrika nach USA
FRACHT Gold

76 F8 SIRIS 12. Juli 1942
SCHIFF britisch
LAGE 31°20'N 24°48'W
FRACHT Goldmünzen und Goldbarren

77 G8 STENTOR 27. Okt. 1942
SCHIFF britisch, 6.148 t, China Mutual Steam Navigation Company, 14,5 kn
LAGE 29°31'N 20°55'W
ROUTE Lagos, Nigeria, nach Liverpool, England
FRACHT 140 kg Gold

78 E6 HENRY STANLEY 6. Dez. 1942
SCHIFF britisch, Elder Dempster Line, 5.026 t, 13 kn
LAGE 40°35'N 39°40'W
FRACHT 3 Kisten Diamanten

79 F5 SOEKABOEMI 28. Dez. 1942
SCHIFF niederländisch, Rotterdamsche Lloyd Line, 7.051 t
LAGE 47°25'N 25°20'W
ROUTE Glasgow, Schottland, nach Salvador, Brasilien
FRACHT möglicherweise Edelsteine

80 F8 WILLIAM WILBERFORCE 9. Jan. 1943
SCHIFF britisch, Elder Dempster Line
LAGE 29°20'N 26°53'W
ROUTE Afrika nach Großbritannien
FRACHT Gold im Tresorraum in der Poop

81 E9 I-52 23. Juni 1944
SCHIFF japanisches U-Boot
LAGE 15°16'N 39°55'W
ROUTE Singapur nach Lorient, Frankreich
FRACHT große Mengen Gold
Siehe Seiten 116–117

82 F5 U-1062 30. Sept. 1944
SCHIFF deutsches Fracht-U-Boot
LAGE Mittelatlantik
ROUTE Fernost nach Deutschland
FRACHT Gold

83 J4 U-534 5. Mai 1945
SCHIFF deutsches U-Boot
LAGE Insel Anholt, Dänemark
FRACHT Geheimfracht
BERGUNG Boot am 23. Okt. 1993 gehoben

GROSSBRITANNIEN UND IRLAND

Die Karte zu dieser Liste befindet sich auf den Seiten 136–137.

● Keine Bergung bekannt
■ Bergung bekannt

1 O7 GRABSCHIFF VON SUTTON HOO 625
SCHIFF Wikingerschiff
LAGE Sutton Hoo, England
FRACHT Schätze
BERGUNG 1939 ausgegraben
Siehe Seiten 20–21

2 O8 DRAKAR 851
SCHIFF Wikingerschiff
LAGE Themse, England
FRACHT kunsthandwerkliche Gegenstände

3 M1 SCHIFF VON KÖNIG HÅKON 1029
SCHIFF Wikingerschiff
LAGE Pentland Firth, Schottland
ROUTE Schottland nach Norwegen
FRACHT Wertgegenstände
Schiff kehrte nach Verhandlungen mit König Canute nach Norwegen zurück. Ging im Sturm verloren

4 N3 SCHIFF VON FLOSSI 12.–13. Jh.
SCHIFF Wikingerschiff
LAGE Westray-Sund, Orkney-Inseln, Schottland
ROUTE Norwegen nach Island
FRACHT Wertgegenstände inkl. Geld
Schiff sank, weil es überladen war

5 K8 WRACK VOR DEN SMALLS 1100
SCHIFF Wikingerschiff
LAGE vor den Smalls, West-Wales
FRACHT Wikingerschwert
BERGUNG 1991 geborgen

6 O2 SCHIFF VON CECILIA 1248
SCHIFF Wikingerschiff
LAGE Roost, südlich von Shetland, Schottland
ROUTE Hebriden nach Bergen
FRACHT wertvolle Geschenke
Tochter König Håkons von Norwegen auf der Heimfahrt nach der Hochzeit mit König Harald der Hebriden an Bord. Wrackteile an die Strände der Orkney- und Shetland-Inseln, Schottland, gespült.

7 K9 ST. ANTHONY 19. Jan. 1527
LAGE Gunwalloe Cove, Cornwall, England
ROUTE Lissabon, Portugal, nach Antwerpen, Belgien
FRACHT Kupfer- und Silberbarren
BERGUNG zur Zeit des Untergangs geborgen und kürzlich ausgegraben
Einige Barren im British Museum, London

8 O7 LION 1547
SCHIFF schottisches Kriegsschiff
LAGE Hafen von Harwich, England
ROUTE Frankreich nach Schottland
FRACHT Nachschub aus Frankreich für Schottland
Beute der Pauncye, Sir Andrew Dudleys Flaggschiff. Schiff ging durch Nachlässigkeit unter.

9 M2 EDWARD BONAVENTURE
7. Nov. 1556
LAGE Bucht von Pettislego, nahe Fraserburgh, Schottland
ROUTE Rußland nach Schottland
FRACHT Juwelen, Geschenke, Gold, Silber und Pelze
BERGUNG von Anwohnern teilw. geplündert

10 K9 SPANISCHES SCHIFF 1557
SCHIFF spanisch
LAGE vor Land's End, England
FRACHT Münzen im Wert von 10.000 £ Sterling
BERGUNG Münzen zur Zeit des Untergangs geborgen

11 N9 MOROSINI E TIEPOLO 1558
SCHIFF venezianisch, 950 t
LAGE Englischer Kanal
ROUTE Venedig, Italien, nach England
FRACHT Gold- und Silberdukaten, Gewürze

12 O3 EL GRAN GRIFON Sept. 1588
SCHIFF Schiff der spanischen Armada
LAGE Fair Isle, Shetland, Schottland
FRACHT kunsthandwerkliche Gegenstände
BERGUNG kürzl. gefunden und ausgegraben

13 I7 TRINIDAD 15. Sept. 1588
SCHIFF Schiff der spanischen Armada, kastilianisches Geschwader, 872 t, 24 Kanonen, 302 Mann
LAGE Valencia Island, County Kerry, Nordirland

14 K4 TRINIDAD VALENCERA
16. Sept. 1588
SCHIFF Schiff der spanischen Armada, 1.100 t, 42 Kanonen, 360 Mann
LAGE 180 m (600') vor dem Westende der Kinnagoe Bay, Inishowen-Halbinsel, County Donegal, Irland
BERGUNG vom Tauchclub der Stadt Derry wiederentdeckt

15 I7 SANTA MARIA DE LA ROSA 21. Sept. 1588
SCHIFF Schiff der span. Armada, 1.400 t
LAGE 180 m (600') SE des Stromboli-Riffs, Blasked Sound, County Kerry, Irland
FRACHT kunsthandwerkliche Gegenstände
BERGUNG von Sydney Wignall lokalisiert

16 K3 SAN JUAN DE SICILIA
Okt. 1588
SCHIFF Schiff der spanischen Armada
LAGE Bucht von Tobermory, Schottland
FRACHT Gerücht über große Reichtümer an Bord
BERGUNG seit 400 Jahren viele Bergeversuche, geringer Erfolg
Siehe Seiten 48–49

17 K4 GIRONA 28. Okt. 1588
SCHIFF Schiff der spanischen Armada, Geschwader von Neapel, 700 t, 50 Kanonen
LAGE vor Port na Spaniagh, nahe Giant's Causeway, Nordirland
FRACHT kunsthandwerkliche Gegenstände
BERGUNG 12.000 kunsthandwerkliche Gegenstände Ende der 60er Jahre von Robert Stenuit geborgen, darunter Juwelen und Münzen
Siehe Seiten 50–51

18 L9 SAN PEDRO MAYOR
28. Okt. 1588
SCHIFF Schiff der spanischen Armada, 580 t
LAGE Bolt Tail, Devon, England
ROUTE Großbritannien nach Spanien
FRACHT Münzen und Gold
BERGUNG zur Zeit des Untergangs geplündert

19 O8 GOLDEN LION Dez. 1592
SCHIFF britisch
LAGE Goodwin-Sände, England
FRACHT Silbermünzen
BERGUNG zur Zeit des Untergangs teilweise geborgen

20 P8 RED LION Dez. 1592
SCHIFF britisch
LAGE Goodwin-Sände, England
FRACHT Münzen
BERGUNG von Richard Basset teilw. geborgen

21 O8 PEGASUS 1598
SCHIFF britisch
LAGE Goodwin-Sände, England
ROUTE Puerto Rico nach Großbritannien
FRACHT Schatz
Cumberlands 12. Reise, Rückkehr von Plünderung Puerto Ricos

22 L9 DAS WRACK VON LIZARD POINT 1617
LAGE Polperro Cove, England
ROUTE Sanlúcar de Barrameda, Spanien, nach Vlissingen, Niederlande
FRACHT Silberbarren und Münzen
BERGUNG 3 Silberbarren im Gewicht von 47 kg 1620 geborgen; Schiff 1968 wiederentdeckt, 700 Münzen geborgen

23 M8 KAMPEN 1627
SCHIFF niederländ. Ostindienfahrer, 300 t
LAGE Needles, Isle of Wight, England
ROUTE Niederlande nach Djakarta, Java
FRACHT viele Kisten Silber und andere Wertgegenstände
BERGUNG zur Zeit des Untergangs geborgen; 1983 wiederentdeckt, zusätzliche kunsthandwerkliche Gegenstände

24 N8 VLIEGENDE DRAAK
23. Okt. 1627
SCHIFF niederländ. Ostindienfahrer, 320 t
LAGE Needles, Isle of Wight, England
FRACHT Silber
BERGUNG zur Zeit des Untergangs geborgen und kürzlich wiederentdeckt

25 M4 WRACK CHARLES I. 1633
SCHIFF schottische Fähre
LAGE zwischen Burntisland und Leith, Schottland, auf 36 m (118') Wasser
ROUTE Burntisland nach Leith, Schottland
FRACHT Geschenke, darunter Tafelgeschirr aus vergoldetem Silber in 280 Teilen als Geschenk an König Charles I. von England
BERGUNG Suche 1992, Ergebnisse noch nicht bekannt

26 K9 WRACK IM GUAVER'S LAKE 1634
SCHIFF spanisch
LAGE Guaver's Lake nahe Penzance, England
ROUTE Karibik nach Spanien
FRACHT Gold und Silber
BERGUNG zur Zeit des Untergangs geplündert
Schiff auf Heimfahrt nach Spanien von Niederländern gekapert

27 L9 PALSGRAVE 1637
SCHIFF englischer Ostindienfahrer
LAGE Plymouth Sound, England
ROUTE Indien nach Großbritannien
FRACHT Gold, Juwelen, Seide und Pfeffer
BERGUNG zur Zeit des Untergangs einiges geborgen

28 K9 DAS JACKSON-WRACK 1643
SCHIFF Piratenschiff
LAGE vor Land's End, England
FRACHT Münzen

29 M3 WRACKS IM FIRTH OF TAY 1651
LAGE Firth of Tay, Schottland
Flotte von George Monck auf dem Rückzug

30 O1 LASTDRAGER 2. März 1655
SCHIFF niederländischer Ostindienfahrer
LAGE Nordspitze der Shetland- und Orkney-Inseln, Schottland
ROUTE Niederlande nach Djakarta, Java
FRACHT Münzen und Gold
BERGUNG zur Zeit des Untergangs 2 Kisten Silber geborgen; weitere Bergungen kürzlich
Möglicherweise noch Silbermünzen zu bergen

31 P2 KENNERMERLAND
20. Dez. 1664
SCHIFF niederländischer Ostindienfahrer
LAGE Stour Stack, Out Skerries, Shetland, Schottland
ROUTE Niederlande nach Djakarta, Java
FRACHT Silbermünzen im Wert von 20.000 Florin
BERGUNG zur Zeit des Untergangs geborgen; kürzlich wieder geborgen
Einige Gegenstände im Lerwick-Museum, Schottland

32 L9 SANTO CRISTO DE CASTELLO 7. Okt. 1666
SCHIFF Schiff von Genua
LAGE Polperro Cove, England
FRACHT Silbermünzen
BERGUNG kürzlich ausgegraben
Sammlung von Gegenständen im Royal Institute of Cornwall, England

33 P8 JOHN 25. Jan. 1669
SCHIFF Londoner Schiff
LAGE Goodwin-Sände, England
ROUTE Kanarische Inseln nach Großbritannien
FRACHT 2 Kisten Goldstaub, Elefantenzähne und andere Wertgegenstände
BERGUNG zur Zeit des Untergangs einiges geborgen; Seeleute bargen mit Booten die meisten Elefantenzähne

34 O7 ROYAL JAMES 28. Mai 1672
SCHIFF englisches Kriegsschiff
LAGE vor Aldeburgh, England
FRACHT 106 Messingkanonen und Silberteller aus dem Besitz von Lord Sandwich
BERGUNG kürzl. gesucht, noch keine Bergung
In der Schlacht von Solebay untergegangen

35 L6 MARY 1675
SCHIFF Pläsieryacht von König Charles II. von England
LAGE Skerries, Wales
FRACHT Gold- und Silbermünzen, Juwelen
BERGUNG 1971 wiederentdeckt
46 Passagiere, darunter Earl of Meath, Lord Ardee und Earl of Ardglass. Gegenstände im Merseyside-Museum, England

36 K9 PHOENIX 11. Jan. 1679
SCHIFF englischer Ostindienfahrer
LAGE etwa 500 m (0,27 sm) vom Pednathise-Felsen, Westseite von Broadneck, England
ROUTE Fernost nach Großbritannien
FRACHT Diamanten

37 M8 ANNA MARIA 16. Okt. 1682
SCHIFF niederländisch, 400 t, 32 Kanonen
LAGE Strand von Portland, England
ROUTE Venedig, Italien, via Cadiz, Spanien, nach Amsterdam, Niederlande
FRACHT Reis, Schwefel und Silber
BERGUNG bis auf 7 'Sau' (Silberbrocken) alles verloren
Kapitän John Sluymer

38 M6 DAS CHESTER-WRACK 1686
LAGE nahe Chester, England
ROUTE Irland nach Großbritannien
FRACHT Eigentum von Lord Blessington, gerüchteweise im Wert von über 12.000 £ Sterling

39 K9 PRINSES MARIA 4. Jan. 1686
SCHIFF niederländischer Ostindienfahrer
LAGE Western Rocks, Scilly-Inseln, Engl.
ROUTE Niederlande nach Djakarta, Java
FRACHT Silbermünzen
BERGUNG zur Zeit des Untergangs geplündert; 1973 von Rex Cowan geborgen
Tiefe Sanddecke machte Ausgrabung schwierig

40 N8 DIE GUYNE-FREGATTE 1691
SCHIFF Fregatte
LAGE nahe Portsmouth, England
ROUTE Westafrika nach Großbritannien
FRACHT Gold
BERGUNG zur Zeit des Untergangs einiges geborgen

41 K9 BERKELEY CASTLE
17. März 1694
SCHIFF englischer Ostindienfahrer
LAGE vor Land's End, England
ROUTE Fort St. George, Madras, Indien, nach Großbritannien
FRACHT Diamanten
BERGUNG sehr kleine Menge Diamanten geborgen, bevor das Schiff sank
Schiff von der Le Bon von Petit Renau gekapert und kurz darauf gesunken

42 I7 HENRY 1695
SCHIFF englischer Ostindienfahrer
LAGE Dingle Bay, Ventry, Irland
ROUTE Indien nach Großbritannien
FRACHT Diamanten im Wert von 75.000 £ Sterling
BERGUNG zur Zeit des Untergangs einiges geborgen, aber kein Hinweis, daß darunter Diamanten waren

43 K9 HMS ASSOCIATION 22. Okt. 1707
SCHIFF britisches Kriegsschiff
LAGE Gilstone Rock, SW-Ecke der Scilly-Inseln, England
ROUTE Lissabon nach Großbritannien
FRACHT Münzen
BERGUNG kürzlich von Roland Morris gefunden und geborgen

44 P2 DE LIEFDE Nov. 1711
SCHIFF niederländischer Ostindienfahrer
LAGE Riff von Miouw, Out Skerries, Shetland
ROUTE Niederlande nach Djakarta, Java
FRACHT Silbermünzen
BERGUNG in den 60er Jahren von Tauchern bearbeitet

45 P1 RIJNENBURG 15. März 1713
SCHIFF niederländ. Ostindienfahrer, 618 t
LAGE Ham of Muness, Unst, Shetland
ROUTE Niederlande nach Djakarta, Java
FRACHT Silber
BERGUNG 10 Kisten Münzen und eine Doppelkiste geborgen

46 J2 ADELAAR 1728
SCHIFF niederländischer Ostindienfahrer
LAGE South Uist, Hebriden, Schottland
ROUTE Niederlande nach Fernost
FRACHT Silbermünzen
BERGUNG zur Zeit des Untergangs größtenteils geborgen

47 P1 CURACAO 1729
SCHIFF portugiesischer Ostindienfahrer
LAGE Nordspitze von Shetland, Schottland
ROUTE Fernost nach Portugal
FRACHT Porzellan
BERGUNG kürzlich lokalisiert; Bergung einiger kunsthandwerklicher Gegenstände

48 O7 DAS EGMONT-WRACK 1733
LAGE vor Harwich, England
ROUTE Harwich, Engl., nach Niederlande
FRACHT Gold
BERGUNG 1 Kiste Gold von Kapitän Philips geborgen

49 K9 TRIUMPH 9. Okt. 1736
LAGE Westseite von St. Mary's, Scilly-Inseln
ROUTE Jamaica, nach Großbritannien
FRACHT Goldmünzen im Wert von 10.000 £ Sterling
BERGUNG große Mengen der Fracht geborgen; einige Leute starben beim Versuch, Säcke mit Geld an Land zu bringen

50 P2 VENDELA 18. Dez. 1737
SCHIFF dänischer Ostindienfahrer
LAGE Heilanabretta, East Fetlar, Shetland- und Orkney-Inseln, Schottland
ROUTE Dänemark nach Fernost
FRACHT Silbermünzen und -barren
BERGUNG zur Zeit des Untergangs 75 % der Fracht geborgen. Wiederentdeckt 1972 von Robert Stenuit
Münzen unterschiedlicher Nationalität gefunden, was auf Schwäche der dänischen Währung zur Zeit des Untergangs hinweist

51 O3 SVECIA 18. Nov. 1740
SCHIFF schwedischer Ostindienfahrer, 600 t, 28 Kanonen
LAGE Riff von Dyke Shoal, 2,5 km (1,35 sm) südlich von North Ronaldsay, Orkney, Schottland
ROUTE Bengalen nach Göteborg, Schweden
FRACHT Seide- und Baumwollwaren, einige portugiesische Münzen
BERGUNG 1976 wiederentdeckt

52 K9 MARIA ADRIANA 1743
SCHIFF niederländ. Ostindienfahrer, 650 t
LAGE Scilly-Inseln, England
ROUTE Djakarta, Java, nach Niederlande
FRACHT Goldbarren im Wert von 12,8 Mill. £ Sterling (nach jüngsten Zeitungsberichten, doch ist die Summe unwahrscheinlich)
BERGUNG Wrackort angeblich gefunden, doch keine Bergung

53 O8 NOTTINGHAM 25. Feb. 1743
SCHIFF englischer Ostindienfahrer
LAGE Untergang bei Broadstairs, England
ROUTE Großbritannien nach Indien
FRACHT 1.230 Elefantenzähne und privat verschifftes Silber
BERGUNG Silber geborgen

54 K9 HOLLANDIA 13. Juli 1743
SCHIFF niederländischer Ostindienfahrer
LAGE vor St. Agnes, Scilly-Inseln, England
ROUTE Niederlande nach Djakarta, Java
FRACHT Silbermünzen
BERGUNG zur Zeit des Untergangs von John Lethbridge erfolglos versucht; 1971 wiederentdeckt, mehr als 35.000 Silbermünzen geborgen

55 P8 DOLPHIN 1747
SCHIFF englischer Ostindienfahrer
LAGE Goodwin-Sände, England
ROUTE London, England, nach Bombay, Indien
FRACHT 40 Kisten Silber im Gewicht von 3.970 kg
Nach Verlassen Englands hörte man nie wieder etwas vom Schiff. Kapitän George Newton

56 N8 LA NYMPHA 23. Nov. 1747
LAGE Beachy Head, England
ROUTE Veracruz, Mexiko, nach Cadiz, Spanien
FRACHT Gold
BERGUNG zur Zeit des Untergangs geborgen; 1974 auf den Seven Sisters nahe Crow Link Gap, England, wiederentdeckt

57 M9 HOPE 16. Jan. 1749
SCHIFF niederländisch, 30 Kanonen
LAGE vor Weymouth, England
ROUTE Curaçao, Niederländische Antillen, nach Amsterdam, Niederlande
FRACHT Gold und Silber im Wert von 50.000 £ Sterling
Schiff wahrscheinlich „Hoop" oder „Hof" genannt

58 O8 AMSTERDAM 26. Jan. 1749
SCHIFF niederländ. Ostindienfahrer, 1.150 t
LAGE Hastings, England
ROUTE Niederlande nach Fernost
FRACHT Münzen und Silberbarren im Wert von 300.104 Florin
BERGUNG zur Zeit des Untergangs geborgen
Schiff vor kurzem ausgegraben

59 N5 BONHOMME RICHARD 25. Sept. 1779
SCHIFF amerikanisch, 40 Kanonen, wahrscheinlich 37 m (120') lang
LAGE vor Flamborough Head, England
ROUTE Frankreich nach England
FRACHT Geld und kunsthandwerkliche Gegenstände aus dem Besitz von John Paul Jones
BERGUNG wahrscheinlich während einer Expedition 1976 lokalisiert, aber keine Kunstgegenstände geborgen
Siehe Seiten 80–81

60 K9 NANCY 4. März 1784
SCHIFF Paketboot
LAGE Rosevear, 6 km (3,2 sm) südlich von St. Agnes, Scilly-Inseln, England
ROUTE Bombay nach Großbritannien
FRACHT Post und Besitz, meist Bargeld, der bekannten Schauspielerin Mrs. Cargill
BERGUNG Post geborgen, doch wenig andere Fracht
Schiff lief auf Felsen

61 L9 DAS GUNWALLOE-WRACK ca. 1789
SCHIFF niederländisch
LAGE unter Penguinion Head nahe Gunwalloe Cove, Cornwall, England
FRACHT gerüchteweise 14 Tonnen Silberdollars
BERGUNG zahlreiche Bergversuche seit dem 19. Jh.

62 K9 MERCURY 23. Feb. 1791
LAGE Scilly-Inseln, England
ROUTE Virginia, USA, nach London
FRACHT Silber
BERGUNG 38 kg Silber geborgen

63 K9 ZEELILIE 14. Okt. 1795
SCHIFF niederländischer Ostindienfahrer
LAGE Western Rocks, Scilly-Inseln, Engl.
ROUTE Fernost nach Großbritannien
FRACHT Tee und Porzellan
Als die Zeelilie sank, war sie vom Kriegsschiff Scepter gekapert worden. Wahrscheinlich ist das Porzellan zerbrochen.

64 L8 JENNY 20. Feb. 1797
SCHIFF englisch
LAGE Jenny's Cove, Lundy, England
ROUTE Westafrika nach Großbritannien
FRACHT Elfenbein und Goldstaub
BERGUNG zur Zeit des Untergangs geborgen

65 N9 HENRY ADDINGTON Dez. 1798
SCHIFF englischer Ostindienfahrer
LAGE Isle of Wight, England
ROUTE Großbritannien nach Indien
FRACHT 18.590 kg Silber
BERGUNG zur Zeit des Untergangs geborgen

66 K9 HMS COLOSSUS 10. Dez. 1798
SCHIFF britisches Kriegsschiff 3. Ranges, 74 Kanonen
LAGE Felsen von Southward Well, südlich von Samson Island, Scilly-Inseln, England
ROUTE Mittelmeer nach Großbritannien
FRACHT Sir William Hamiltons Antiken-Sammlung
BERGUNG kürzlich wiederentdeckt und von Roland Morris geborgen

67 M2 PHAETON 7. Jan. 1800
SCHIFF schwedische Brigg
LAGE Fraserburgh, Schottland
ROUTE Cayenne, Französisch Guayana, nach Göteborg, Schweden
FRACHT Gold und kostbare kunsthandwerkliche Gegenstände

68 O8 HINDOSTAN 1803
SCHIFF englischer Ostindienfahrer
LAGE Wedge Sands vor Margate, England
ROUTE Großbritannien nach Indien
FRACHT 13 Kisten Silber an Bord
BERGUNG 11 Kisten geborgen

69 O8 ACTIVE 10. Jan. 1803
SCHIFF britisch
LAGE Margate Roads, England
ROUTE Westindische Inseln nach Großbritannien
FRACHT Gold im Wert von 67.000 £ Sterling
BERGUNG zur Zeit des Untergangs einiges geborgen

70 O8 SAN JUAN BAUTISTA 25. Dez. 1803
SCHIFF spanische Barkantine, 60 t
LAGE North Downs, England
ROUTE Spanien nach Großbritannien
FRACHT Münzen

71 M9 EARL OF ABERGAVENNY 6. Feb. 1805
SCHIFF englischer Ostindienfahrer
LAGE 3 km (1,6 sm) vom Strand von Weymouth, England, auf 12 Faden Wasser
ROUTE Großbritannien über Bengalen nach China
FRACHT 275.000 US $, Steingut, Zinn, Kupfer, Blei, Tuche und allgemeine Handelswaren
BERGUNG Silber, Dollars und Metalle größtenteils zur Zeit des Untergangs geborgen
Kapitän Wordsworth, Bruder des englischen Dichters William Wordsworth, ertrank

72 K7 IRLAM 1812
LAGE Tuskar Rock, Irland
ROUTE Barbados nach Liverpool, England
FRACHT Silberteller und Goldguineen

73 L6 PANTHEA 15. Jan. 1827
LAGE Ostseite vom Hafen Holyhead, Engl.
ROUTE New York nach Großbritannien
FRACHT Münzen
BERGUNG zur Zeit des Untergangs teilweise geborgen

74 K8 HOPE 20. Jan. 1830
SCHIFF Brigg
LAGE St. Martin's, Scilly-Inseln, England
FRACHT Elfenbein und Goldstaub
BERGUNG größtenteils zur Zeit des Untergangs geborgen

75 O8 ROYAL ADELAIDE 30. März 1850
SCHIFF Bark, Dublin Steampacket Company, 450 t
LAGE Tongue Sands vor Margate, England
ROUTE Cork, Irland, nach London
FRACHT angeblich Gold im Wert von 300.000 £ Sterling
24 Mann Besatzung und 12 Passagiere verloren

76 L6 ROYAL CHARTER 25. Okt. 1859
SCHIFF britisch, Liverpool and Australian Steam Navigation Company, 2.719 t
LAGE Moelfre Bay nahe Point Lynas, Wales
ROUTE Melbourne, Australien, nach Liverpool, England
FRACHT Gold-Sovereigns und -barren im Wert von 321.000 £ Sterling
BERGUNG zur Zeit des Untergangs größtenteils geborgen; seitdem häufiger untersucht
Siehe Seiten 98–99

77 L9 HIOGO 1. Okt. 1867
LAGE vor Eddystone-Leuchtfeuer, Englischer Kanal
FRACHT Münzen im Wert von 20.000 £ Sterling und wertvolle Handelswaren
BERGUNG Münzen geborgen

78 J8 CRESCENT CITY 9. Feb. 1871
SCHIFF britisch, Liverpool and Mississippi Steamship Company, 2.039 t
LAGE Dhulie Rock nahe Galley Head, Irland
ROUTE New Orleans, Louisiana, USA, nach Liverpool, England
FRACHT 40 Kisten Münzen im Wert von 101.402 US $
BERGUNG 20 Kisten Münzen in den ersten beiden Jahren nach dem Untergang geborgen

79 K9 SCHILLER 7. Mai 1875
SCHIFF deutsch, Transatlantic Steam Navigation Company, 3.421 t
LAGE Retarrier Ledges, Scilly-Inseln, England
ROUTE New York nach Hamburg
FRACHT Münzen im Wert von 300.000 US $
BERGUNG zur Zeit des Untergangs geborgen

80 L9 MOSEL 10. Aug. 1882
LAGE unter Signalstation Lizard Point, England
FRACHT große Mengen Münzen
BERGUNG zur Zeit des Untergangs geborgen

81 N9 EIDER 31. Jan. 1892
LAGE Atherfield, Isle of Wight, England
ROUTE New York nach Bremen
FRACHT Gold und Silber im Wert von 300.000 £ Sterling
BERGUNG zur Zeit des Untergangs geborgen

82 L9 JEBBA 18. März 1907
SCHIFF britisch, Elder Dempster Line, 3.813 t
LAGE nahe Bolt Tail, Devon, England
ROUTE Westafrika nach Plymouth und Southampton, England
FRACHT Münzen, Elfenbein, Palmöl, Früchte und Post im Wert von 200.000 £ Sterling insgesamt
BERGUNG zur Zeit des Untergangs größtenteils geborgen

83 N8 OCEANA 16. März 1912
SCHIFF britisch, P & O Line
LAGE 50°43'N 00°27'E
ROUTE London nach Bombay, Indien
FRACHT Silber, Gold, Elfenbein und Münzen im Wert von 747.610 £ Sterling
BERGUNG zur Zeit des Untergangs geborgen

84 J8 LUSITANIA 7. Mai 1915
SCHIFF britisch, Cunard Line, 30.396 t
LAGE km (8,6 sm) südlich von Old Head of Kinsale, Irland
ROUTE New York nach Liverpool
FRACHT unbestätigte Gerüchte über Edelmetalle und Wertgegenstände
BERGUNG mehrere Versuche, nur silberne Teelöffel geborgen
Der Verlust der Lusitania war Mit-Ursache für den Eintritt der USA in den Ersten Weltkrieg

85 O7 BATAVIA 17. Mai 1916
SCHIFF britisch
LAGE vor Great Yarmouth, England
FRACHT 14 Kisten Gold, jede im Wert von 5.000 £ Sterling
BERGUNG 1963 von Hugh Edwards geborgen

86 N3 HMS HAMPSHIRE 5. Juni 1916
SCHIFF britischer Kreuzer
LAGE 2,5 km (1,35 sm) vor dem Strand zwischen Brough of Bersey und Marwick Head, Orkney, Schottland
ROUTE Schottland nach Rußland
FRACHT gerüchteweise Gold im Wert von 2 Mill. £ Sterling
BERGUNG Bergversuch in den 30er Jahren
Lord Kitchener ertrank mit insgesamt 650 Besatzungsmitgliedern; nur 12 wurden gerettet

87 J4 LAURENTIC 23. Jan. 1917
SCHIFF britisch, White Star Line, 14.892 t
LAGE 16 km (8,6 sm) nördlich von Lough Swilly, Irland
ROUTE Großbritannien nach USA
FRACHT Gold im Wert von 5 Mill. £ Sterling
BERGUNG alle Fracht geborgen bis auf 20 bis 25 Goldbarren und etwa 60.000 £ Sterling aus der Schiffskasse. Viele Versuche aus jüngster Zeit, den Rest zu bergen.

88 J7 GOLD COAST 19. April 1917
SCHIFF britisch, Elder Dempster Line
LAGE 23 km (12,4 sm) südlich von Mine Head, Irland
ROUTE Westafrika nach Liverpool
FRACHT Rohgold

89 M9 MEDINA 28. April 1917
SCHIFF britisch, P & O Line, 12.358 t
LAGE 3 bis 5 km (1,62 bis 2,7 sm) ENE von Start Point, England
ROUTE Indien nach Großbritannien
FRACHT Zinn, Kupfer, Silber, Blei, Wolfram und eine Kiste Rohsilber, dazu Juwelen aus dem Besitz des Vizekönigs von Indien, im Wert von 1 Mill. £ Sterling
BERGUNG in den 70er und 80er Jahren bearbeitet
Kürzlicher Versuch, Gegenstände zu verauktionieren, brachte enttäuschende Ergebnisse

90 I8 **TARQUAH** 7. Juli 1917
SCHIFF britisch, Elder Dempster Line,
3.359 t
LAGE 16 km (8,6 sm) südlich von Bull
Rock, Irland
ROUTE Westafrika nach Liverpool
FRACHT Gold
BERGUNG in den 80er Jahren geborgen,
aber kein Gold entdeckt

91 P1 **UMGENI** 9. Nov. 1917
SCHIFF britisch, Bullard, King & Co., 2.662 t
LAGE nördlich von Shetland- und Orkney-
Inseln, Schottland
ROUTE Clyde River, Schottland, nach
Lagos, Nigeria
FRACHT 12 Kisten Silbermünzen

92 L6 **APAPA** 28. Nov. 1917
SCHIFF britisch, Elder Dempster Line,
7.832 t
LAGE 5 km (2,7 sm) NE von Point Lynas,
Wales, 53°26'45N 04°18'50W
ROUTE Westafrika nach Großbritannien
FRACHT Silbermünzen und Elfenbein
BERGUNG in den 70er Jahren etwas gebor-
gen

93 L7 **AGBERI** 28. Dez. 1917
SCHIFF britisch, 4.821 t
LAGE 29 km (15,7 sm) NW halb W von
Bardsey Island, Wales
ROUTE Westafrika nach Liverpool
FRACHT Silbermünzen und Elfenbein

94 K4 **ANDANIA** 27. Jan. 1918
SCHIFF britisch, Cunard Line, 13.405 t
LAGE 3 km (1,62 sm) NNE von Rathlin Is-
land, Nordirland
FRACHT Silberwaren und Diamanten

95 N9 **SHIRALA** 2. Juli 1918
SCHIFF British India Steam Navigation
Company
LAGE 6 km (3,24 sm) NE zu E halb E vom
Owers Feuerschiff, England
ROUTE London, England, nach Indien
FRACHT Elefanten-Stoßzähne und 4
Päckchen Diamanten
BERGUNG Stoßzähne 1978 geborgen, doch
keine Nachricht über Bergung der Diaman-
ten

96 O8 **DUNBAR CASTLE** 9. Jan. 1940
SCHIFF Union Castle Mail
Steamship Company, 1930 von Harland &
Wolff gebaut, 10.002 t
LAGE 3 km (1,62 sm) NE zu E vom Good-
win-Feuer, England
ROUTE London nach Beira, Mocambique
FRACHT Juwelen
Schiff lief auf Mine

97 I4 **EMPRESS OF BRITAIN**
26. Okt. 1940
SCHIFF britisch, Canadian Pacific, 42.348 t
LAGE 55°16'N 09°50'W
ROUTE Südafrika nach Großbritannien
FRACHT Gold
BERGUNG nach Zeitungsberichten Berge-
versuche in den 40er Jahren, kein Nach-
weis über Ergebnisse

98 N4 **SOMALI** 26. März 1941
SCHIFF britisch, P & O Line
LAGE 1,5 km (0,8 sm) östlich von Snoop
Head, Sunderland, England
ROUTE London, England, nach Methil,
Schottland
FRACHT Gold und Edelsteine

99 K7 **DARU** 15. Sept. 1941
SCHIFF britisch, 3.854 t
LAGE vor Waterford, Irland, 51°56'N
05°58'W
ROUTE Westafrika nach Liverpool, Eng-
land
FRACHT 50 Kisten Münzen

VON DER BUCHT VON BISKAYA BIS ZUR SÜDLICHEN NORDSEE

Die Karte zu dieser Liste befindet sich auf
den Seiten 138–139.

● Keine Bergung bekannt
■ Bergung bekannt

1 L3 **BLANCHE NEF** 25. Nov. 1120
LAGE Felsen vor Barfleur, Frankreich
FRACHT Münzen und Wertgegenstände
Kinder von König Henry I. von England an Bord

2 J4 **CORDELIERE** 1513
SCHIFF Kriegsschiff
LAGE 5 km (2,7 sm) vor Brest, Frankreich
FRACHT 16 Messingkanonen, eine große
Summe Geld und Goldketten
Schiff explodierte in Schlacht mit der Regent

3 J4 **REGENT** 1513
SCHIFF Kriegsschiff
LAGE 5 km (2,7 sm) vor Brest, Frankreich
FRACHT Wertgegenstände

4 M2 **LUBECK** ca. 1514
LAGE vor Calais, Frankreich
ROUTE England nach Frankreich
FRACHT Wert- und kunsthandwerkliche
Gegenstände
*Lady Mary, Schwester von König Henry VIII.
von England, befand sich an Bord.*

5 J7 **SCHIFF VON KÖNIG
PHILIP II.** 1558
SCHIFF spanisch
LAGE vor Nord-Spanien
ROUTE Flandern, Belgien, nach Spanien
FRACHT Wertgegenstände und Dokumente
BERGUNG zur Zeit des Untergangs teil-
weise geborgen

6 J8 **DONCELLA** Sept. 1588
SCHIFF Schiff der spanischen Armada
LAGE Hafen von Santander, Spanien
Schiff strandete nach Abreiten eines Atlantiksturms

7 K3 **DAS ALDERNEY-WRACK**
SCHIFF elisabethanisches Kriegsschiff
LAGE Alderney, Kanalinseln
FRACHT kunsthandwerkliche Gegenstände
BERGUNG Ausgrabung begann 1993 durch
das Team der Oxford-Universität, England

8 H7 **MERLIN** 21. Okt. 1564
SCHIFF britisch
LAGE Bucht von Biskaya
ROUTE England nach Westafrika
FRACHT Münzen

9 K3 **DELIGHT** Aug. 1590
SCHIFF britisch
LAGE Monville de Hage, 13 km (7 sm)
westlich von Cherbourg, Frankreich
ROUTE Südamerika nach England
FRACHT Silber

10 L6 **WRACKS IN DER GIRONDE**
17. Jh.
SCHIFF französisch
LAGE Gironde (Fluß), Frankreich
FRACHT Marmorstatuen für Louis XIV.
von Frankreich

11 N2 **SAN LUIS** Sept. 1615
SCHIFF spanisches Flaggschiff
LAGE Dünkirchen, Frankreich
ROUTE Spanien nach Flandern, Belgien
FRACHT Münzen für die flandrische Armee
*Flaggschiff des Diego Brochero. Gehörte zu einer
Flotte von 15 Handelsschiffen und 4 Galeonen,
die Truppen und Nachschub brachten.*

12 H9 **NUESTRA SENORA DEL
SOCORRO** 1619
SCHIFF spanisch, 120 t
LAGE Pontevedra, Galizien, Spanien
ROUTE Puerto Rico nach Spanien
FRACHT Münzen
BERGUNG zur Zeit des Untergangs einiges
geborgen
Kapitän Antonio de la Pena

13 L6 **SANTA ELENA** 1625
SCHIFF portugiesischer Ostindienfahrer
LAGE Küste von Frankreich
ROUTE Indien nach Portugal
FRACHT Edelsteine

14 J8 **DAS SANTONA-WRACK**
16. Aug. 1639
SCHIFF spanisch, 40 Bronzekanonen
LAGE Santander, Spanien
ROUTE Spanien nach Niederlande
FRACHT Münzen
Schiff von Admiral Monsieur de Bordeaux versenkt

15 F5 **NATHANIEL** 10. Feb. 1685
SCHIFF britisch
LAGE 725 km (381,5 sm) vor Lizard Point, Engl.
ROUTE Indien nach Großbritannien
FRACHT wahrscheinlich u.a. Juwelen und
Porzellan

16 H7 **WATERLAND** 12. Sept. 1692
SCHIFF niederländ. Ostindienfahrer, 1.138 t
LAGE etwa 45°00'N
ROUTE Fernost nach Niederlande
FRACHT Edelsteine und Porzellan
Schiff von Franzosen versenkt

17 O1 **WRACK IN DER MAAS**
13. Juli 1694
SCHIFF niederländ. Fregatte, 42 Kanonen
LAGE vor der Maasmündung, Niederlande
ROUTE Niederlande nach Westindien
FRACHT Schatz im Wert von über 100.000
£ Sterling

18 H9 **SANTO CRISTO DE
MARACAIBO** Okt. 1702
SCHIFF spanisch
LAGE Einfahrt zur Vigo-Bucht, Spanien
ROUTE Spanien nach England
FRACHT Münzen, Silberteller und Juwelen
Prise des englischen Schiffes Monmouth *nach
der Schlacht von Vigo*

19 G9 **WRACKS IN DER VIGO-
BUCHT** Okt. 1702
SCHIFF spanisch
LAGE Vigo-Bucht, Spanien
ROUTE Havanna, Kuba, nach Cadiz
FRACHT Silber i. Wert v. über 13 Mill. Pesos
BERGUNG viele Bergeversuche, keine be-
deutenden Ergebnisse
*Zur spanischen Flotte gehörten 22 Schiffe; die
meisten wurden von der englisch-niederländi-
schen Flotte in der Bucht von Vigo zerstört. Das
meiste Silber und Wertgegenstände waren bereits
entladen und ins Inland gebracht worden.
Siehe Seiten 58–59*

20 K4 **GRANDE BRETAGNE**
23. Nov. 1711
SCHIFF französischer Freibeuter
LAGE Felsen vor St. Malo, Frankreich
FRACHT Münzen

21 N2 **BARNEVELD** 14. Feb. 1724
SCHIFF niederländ. Ostindienfahrer, 1.008 t
LAGE zwischen Grevelingen, Niederlande,
und Dünkirchen, Frankreich
ROUTE Niederlande nach Djakarta, Java
FRACHT Münzen

22 N1 **BETHLEHEM** 29. Feb. 1741
SCHIFF niederländ. Ostindienfahrer, 850 t
LAGE Sandbänke vor Oostende, Belgien
ROUTE Niederlande nach Sri Lanka
FRACHT Silbermünzen

23 M2 **WATERVLIET** 5. Mai 1742
SCHIFF niederländ. Ostindienfahrer, 650 t
LAGE vor Calais, Frankreich
ROUTE Niederlande nach Djakarta, Java
FRACHT Münzen

24 K3 **VICTORY** 4. oder 5. Okt. 1744
SCHIFF britisches Kriegsschiff, 1.920 t
LAGE Casquets nahe Alderney, Kanalinseln
ROUTE Lissabon nach Großbritannien
FRACHT 110 Messingkanonen und Münzen
BERGUNG 2 Messingkanonen möglicher-
weise 1993 von diesem Wrack geraubt

25 K5 **PRINCE DE CONTY** Dez. 1746
SCHIFF französischer Ostindienfahrer, 600 t
LAGE Klippen von Port Loscat vor der
Südspitze von Belle-Île, Frankreich
ROUTE Huang-Pu, China, nach Frankreich
FRACHT Porzellan und Gold
BERGUNG 1985 untersucht, 3 Goldbarren
geborgen

26 M2 **ERFPRINS** 16. Okt. 1758
SCHIFF niederländ. Ostindienfahrer, 850 t
LAGE nahe Calais, Frankreich
ROUTE Niederlande nach Djakarta, Java
FRACHT Münzen

27 M2 **LORD CLIVE** 27. Feb. 1767
SCHIFF englischer Ostindienfahrer
LAGE 14 km (7,6 sm) südlich von Boulogne
ROUTE Großbritannien nach China
FRACHT Münzen
BERGUNG zur Zeit des Untergangs einiges
geborgen

28 J4 **WALENBURG** 13. Jan. 1770
SCHIFF niederländ. Ostindienfahrer, 880 t
LAGE vor Portsall, Küste der Bretagne,
Frankreich, 48°33'N 04°42'W
ROUTE Niederlande nach Djakarta, Java
FRACHT Münzen

29 K3 **PRISE DER RESOLUTION**
1779
SCHIFF französischer Ostindienfahrer mit
Fracht im Wert von etwa 100.000 £ Sterling
LAGE Küste von Guernsey, Kanalinseln
ROUTE Indien nach Frankreich
*Die Resolution kaperte ein anderes Schiff, das
nicht gestrandet war, und brachte auf ihar
106.000 £ Sterling nach London, England.*

30 K3 **VALENTINE** 16. Nov. 1779
SCHIFF englischer Ostindienfahrer
LAGE Riff von Le Neste, Westseite von
Brechou vor Sark, Kanalinseln
ROUTE China nach Großbritannien
FRACHT Porzellan
BERGUNG zur Zeit des Untergangs einiges ge-
borgen; 1975 von örtlichen Tauchern bearbei-
tet

31 M2 **BRESLAU** 1783
SCHIFF niederländischer Ostindienfahrer
LAGE vor Boulogne, Frankreich
ROUTE Guangzhou, China, nach Niederlande
FRACHT Porzellan

32 M3 **TELEMAQUE** 1790
SCHIFF französisch
LAGE Seinemündung vor Quillebeuf,
Frankreich
FRACHT Gold und andere Wertgegenstände
BERGUNG viele Bergeversuche, keine be-
deutenden Ergebnisse
*An Bord französische Aristokratie auf der
Flucht vor der Revolution*

33 L3 **ZAANSTROM** 28. Feb. 1791
SCHIFF niederländ. Ostindienfahrer, 564 t
LAGE vor Barfleur, Frankreich
ROUTE Niederlande nach Djakarta, Java
FRACHT Münzen

34 M2 ZORG 4. Nov. 1795
SCHIFF niederländ. Ostindienfahrer, 900 t
LAGE vor Boulogne, Frankreich
ROUTE Niederlande nach Djakarta, Java, via Plymouth
FRACHT Münzen

35 J5 BETSEY 1799
SCHIFF englische Brigg
LAGE vor Pointe de Penmarch, Frankreich
ROUTE Santa Cruz, Spanien, nach Liverpool, England
FRACHT Münzen
Die Betsey wurde von der Melpomene unter Kapitän C. Hamilton gejagt, als sie strandete.

36 L3 BHAVANI Nov. 1799
SCHIFF englischer Ostindienfahrer
LAGE vor der französischen Küste, gegenüber Dunstone Head, England
ROUTE Kalkutta, Indien, nach London
FRACHT Münzen
BERGUNG zur Zeit des Untergangs einiges geraubt

37 J4 HMS MAGNIFICENT 25. März 1804
SCHIFF britisches Kriegsschiff 3. Ranges, 74 Kanonen
LAGE Boufaloe-Felsen, 11 bis 13 km (5,93 bis 7,02 sm) von Brest, Frankreich
FRACHT wertvolle Silberteller

38 L6 JEUNE HENRI 1820
SCHIFF französisch
LAGE Île d'Oléron, Frankreich
ROUTE Venedig, Italien, nach Frankreich
FRACHT Gold und Juwelen
BERGUNG mehrere erfolglose Bergeversuche, jüngster 1927

39 L6 LA CONFIDANTE 24. Dez. 1821
SCHIFF englischer Ostindienfahrer
LAGE Île de Ré, Frankreich, 46°12'N 01°25'W
FRACHT Gold

40 J5 KENT 1. März 1825
SCHIFF englischer Ostindienfahrer
LAGE Bucht von Biskaya
ROUTE Großbritannien nach Indien
FRACHT Münzen
Schiff brannte auf See

41 H8 SOLWAY 8. April 1843
SCHIFF britisch, Royal Mail Line
LAGE 32 km (17,3 sm) westlich von La Coruña
ROUTE London nach Westindische Inseln
FRACHT Münzen
BERGUNG größtenteils geborgen

42 H3 AMAZON 2. Jan. 1852
SCHIFF britischer Dampfer, Royal Mail Line
LAGE 177 km (95,6 sm) WSW der Scilly-Inseln, England
ROUTE Großbritannien nach Westindische Inseln
FRACHT Münzen im Wert von 20.000 £ Sterling
Schiff brannte auf See

43 G9 MADRID 20. Feb. 1857
SCHIFF britisch, P & O Line, 480 t
LAGE nahe Vigo, Spanien
ROUTE Southampton nach Cadiz, Spanien
FRACHT Münzen im Wert von 26.857 £ Sterling
BERGUNG alle Münzen geborgen
Schiff lief bei der Einfahrt nach Vigo, Spanien, auf einen Felsen und strandete in einer kleinen Bucht. Kapitän Bradshaw.

44 L3 ALABAMA 19. Juni 1864
SCHIFF Marinekreuzer der Konföderierten Staaten, 1.040 t
LAGE 11 bis 13 km (5.94 bis 7,02 sm) vor Cherbourg, Frankreich
FRACHT wertvolle kunsthandwerkliche Gegenstände
Schiff ging bei Seeschlacht verloren

45 J4 BOYNE 11. Aug. 1875
SCHIFF britisches Dampf-Paketboot, Royal Mail Line
LAGE Felsen vor Isle Molène, Frankreich
ROUTE Brasilien nach Southampton
FRACHT Münzen im Wert von 20.682 £ Sterling
BERGUNG zur Zeit des Untergangs von Tauchern geborgen

46 I4 SARPEDON 4. Sept. 1876
SCHIFF britisch, Ocean Steamship Company, 1.556 t, Eisenbau
LAGE 110 km (59,4 sm) SW von Ouessant, Frankreich
ROUTE Schanghai, China, nach London
FRACHT Münzen, Tee und Seide
BERGUNG Münzen geborgen

47 J4 EUROPEAN Dez. 1877
SCHIFF britisch, Union Castle Line
LAGE Barre Meur, westlich von Ouessant, Frankreich
ROUTE Südafrika nach Großbritannien
FRACHT große Mengen Diamanten
BERGUNG Post gerettet, die meisten Diamanten lose in Postsäcken geborgen

48 G8 DOURO 1. April 1882
SCHIFF britisch, Royal Mail Line
LAGE 72 km (38,9 sm) nördlich von Kap Finisterre, Spanien
ROUTE Brasilien nach Southampton

49 H9 VALPARAISO 28. Feb. 1887
SCHIFF britisch, Pacific Steam Navigation Company, 3.575 t
LAGE Boneira, Bucht von Vigo, Spanien
ROUTE Liverpool nach Valparaiso, Chile
FRACHT Münzen und Quecksilber
BERGUNG Münzen und 1.000 Flaschen Quecksilber geborgen

50 I4 PRINS FREDERIK 25. Juni 1890
SCHIFF niederländisches Dampfschiff, Maatschappij Nederland, 2.997 t
LAGE 113 km (61 sm) SW zu W von Ouessant, Frankreich
ROUTE Niederlande nach Djakarta, Java
FRACHT 400.000 Silber-Rijksdaalders (Münzen)
Siehe Seiten 102–103

51 H8 SKYRO April 1891
LAGE Dayo-Riff vor Kap Finisterre, Spanien
FRACHT 88 Silberbarren
BERGUNG Teilweise geborgen; 81 Barren waren geborgen, als 1897 die Arbeit aufgegeben wurde

52 J4 DRUMMOND CASTLE 16. Juni 1896
SCHIFF britisch, Castle Mail Packets Company, 3.706 t
LAGE Felsenriff Pierres Vertes, südliche Einfahrt zum Fronveur-Sund nahe der Insel Molène, Frankreich
ROUTE Kapstadt, Südafrika, nach London
FRACHT gerüchteweise Rohgold

53 H8 PALERMO 11. Dez. 1910
SCHIFF deutscher Dampfer, 1.107 t
LAGE nahe La Coruña, Spanien
ROUTE Hamburg ins Mittelmeer
FRACHT Gold

54 I4 MADEIRA 17. Nov. 1914
SCHIFF britisch
LAGE 47°59'N 06°28'W
ROUTE Westafrika nach Großbritannien
FRACHT Gold

55 H8 HIGHLAND WARRIOR 3. Okt. 1915
SCHIFF britisch, Nelson Line, 7.485 t
LAGE nördlich von Kap Prior, Spanien
ROUTE London, England, nach Buenos Aires, Argentinien
FRACHT Gold

56 M2 SOCOTRA 30. Nov. 1915
SCHIFF britisch, P & O Line, 6.009 t
LAGE vor Le Touquet, Frankreich
ROUTE Brisbane, Australien, nach London
FRACHT Rohgold

57 F3 MANTOLA 9. Feb. 1917
SCHIFF britisch, India Steam Navigation Company, 8.260 t, 14,5 kn
LAGE 49°45'N 13°20'W
ROUTE Großbritannien nach Indien
FRACHT 17.000 kg Silber
Schiff trieb einen Tag, bevor es sank

58 F3 ALNWICK CASTLE 19. März 1917
SCHIFF britisch, Union Castle Line, 5.900 t, 14 kn
LAGE 500 km (270 sm) W zu S von Bishop Rock, Scilly-Inseln, England
ROUTE Plymouth, England, nach Südafrika
FRACHT Silber

59 G3 GALICIA 10. Juni 1917
LAGE 49°00'N 10°00'W
ROUTE Malaga, Spanien, nach London
FRACHT 9 Kisten Silber und Elfenbein

60 K5 ELISABETHVILLE 6. Sept. 1917
SCHIFF belgisches Dampfschiff, Cie Belge Maritime du Congo, 7.017 t
LAGE vor Belle-Île, Frankreich
FRACHT Diamanten im Wert von 100.000 £ Sterling und Elfenbein
BERGUNG Elfenbein geborgen, aber keine Diamanten

61 F4 PRESIDENT LINCOLN 31. Mai 1918
SCHIFF Schiff der US-Regierung, 18.168 t, 14,5 kn
LAGE 560 km (302,4 sm) westlich von Brest, Frankreich
ROUTE Frankreich nach USA
FRACHT Gold

62 I4 ORIGEN 30. Juni 1918
SCHIFF britisch
LAGE 185 km (99,9 sm) vor Ouessant, Frankreich
ROUTE Großbritannien nach Südamerika
FRACHT Münzen
BERGUNG Fracht zur Zeit des Untergangs geborgen

63 F3 GALWAY CASTLE 12. Sept. 1918
SCHIFF britisch, Union Castle Line, 7.988 t, 14 kn
LAGE 260 km (140,4 sm) SW halb S von Fastnet Rock, Irland
ROUTE Plymouth, England, nach Durban, Südafrika
FRACHT Silber
Schiff von Torpedo getroffen, schwamm aber noch drei Tage

64 J4 EGYPT 20. Mai 1922
SCHIFF britischer Dampfer, P & O Line, 7.941 t
LAGE nahe Ouessant, Frankreich
ROUTE London nach Bombay, Indien
FRACHT Gold und Silber im Wert von mehr als 1 Mill. £ Sterling
BERGUNG 98 % der Fracht von der italienischen Firma Sorima geborgen
Die noch nicht geborgenen Goldsovereigns haben einen heutigen Wert von etwa 1 Mill. £ Sterling.
Siehe Seiten 106–107

65 L6 TANNENFELS 25. Aug. 1944
SCHIFF 7.840 t
LAGE Gironde-Mündung, 15 km unterhalb von Bordeaux, Frankreich, 44°47'02N 32°07'W
FRACHT Gold, Silber und Kriegsbeute
BERGUNG einiges zur Zeit des Untergangs von Les Abeilles geborgen
Schiff von Deutschen freiwillig versenkt

ATLANTISCHES SPANIEN, PORTUGAL, NORDWEST-AFRIKA UND DIE AZOREN

Die Karte zu dieser Liste befindet sich auf den Seiten 140–141.

● Keine Bergung bekannt
■ Bergung bekannt

1 M4 LA TRINIDAD 1541
SCHIFF spanisch, 130 t
LAGE Barre von Sanlúcar de Barrameda, Spanien
ROUTE Karibik nach Spanien
FRACHT Gold und Silber

2 M4 SAN MEDEL Y CELEDON 1544
SCHIFF spanisch, 180 t
LAGE Hafen von Huelva, Spanien
ROUTE Veracruz, Mexiko, nach Spanien
FRACHT Gold und Silber

3 K3 LA ASUNCION 1551
SCHIFF spanisch, 150 t
LAGE nahe Lissabon, Portugal
ROUTE Karibik nach Spanien
FRACHT Gold und Silber

4 L3 LA PIEDAD 1551
SCHIFF spanisch, 200 t
LAGE Setúbal, Portugal
ROUTE Karibik nach Spanien
FRACHT Gold, Silber und Perlen

5 K3 NUESTRA SENORA DE LA CONCEPCION 1551
SCHIFF spanisch, 120 t
LAGE nahe Lissabon, Portugal
ROUTE Monteristi, Dominikanische Republik, nach Spanien
FRACHT Gold und Silber

6 M5 SANTA LUCIA 1551
SCHIFF spanisch, 200 t
LAGE Arenas Gordas, Spanien
ROUTE Puerto Plata, Dominikanische Republik, nach Spanien
FRACHT Gold und Silber

7 M4 ANUNCIADA 1553
SCHIFF spanisch, 120 t
LAGE Chipiona, eben nördlich von Rota, Spanien
ROUTE Santiago de Kuba nach Spanien
FRACHT Gold und Silber
BERGUNG zur Zeit des Untergangs einiges geborgen

8 K4 NUESTRA SENORA DE LA CONCEPCION 1553
SCHIFF spanisch, 200 t
LAGE Villanueva, Portugal
ROUTE Puerto Plata nach Spanien
FRACHT Gold und Silber

9 C7 NUESTRA SENORA DE GUADALUPE 1554
SCHIFF spanisch, 120 t
LAGE Sao Jorge, Azoren
ROUTE Santo Domingo nach Spanien
FRACHT Gold und Silber
BERGUNG zur Zeit des Untergangs größtenteils geborgen

10 M5 SANTA CRUZ Jan. 1555
SCHIFF spanisch
LAGE Küste von Zahara de los Antunes, Spanien, gegenüber der Straße von Gibraltar
ROUTE Cartagena, Kolumb., nach Spanien
FRACHT Gold und Silber
BERGUNG zur Zeit des Untergangs größtenteils geborgen
Kapitän Juan de Mondragon

11 K2 SANCT SALBADOR 1556
SCHIFF spanisch, 120 t
LAGE Küste von Portugal
ROUTE San Juan, Puerto Rico, nach Spanien
FRACHT Gold und Silber
Kapitän Guillen de Lugo

12 K3 NUESTRA SENORA DE LA MERCEDES 1561
SCHIFF spanisch, 120 t
LAGE Cachoposbänke nahe Lissabon
ROUTE Santo Domingo, Dominikanische Republik, nach Spanien
FRACHT Gold und Silber
Kapitän Domingo de Jarano

13 K3 SAN JUAN 1564
SCHIFF spanisch, 250 t
LAGE Cachoposbänke, 15 km (8 sm) von Lissabon, Portugal
ROUTE Veracruz, Mexiko, nach Spanien
FRACHT Gold und Silber
Kapitän Francisco Martin

14 L4 NUESTRA SENORA DE LA CONCEPCION 1566
SCHIFF spanisch, 120 t
LAGE Lagos, Portugal
ROUTE Santo Domingo, Dominikanische Republik, nach Spanien
FRACHT Gold und Silber
Kapitän Francisco de Morales Carnacho

15 M4 SAN ANTON 1566
SCHIFF spanisch
LAGE Hafen von Sanlúcar de Barrameda, Spanien
ROUTE Santo Domingo, Dominikanische Republik, nach Spanien
FRACHT Gold und Silber
Kapitän Benito Perez Carrasco

16 M5 SAN ANTONIO 1566
SCHIFF spanisch, 120 t
LAGE nahe Arenas Gordas 34 km (18,4 sm) nördlich von Cadiz, Spanien
ROUTE Puerto Rico nach Spanien
FRACHT Gold und Silber
Kapitän Juan Arze

17 D8 LA CONCEPCION 1567
SCHIFF spanisch, 120 t
LAGE nahe Point Bretanha, Sao Miguel, Azoren
ROUTE Havanna, Kuba, nach Spanien
FRACHT Gold und Silber
BERGUNG zur Zeit des Untergangs teilweise geborgen
Kapitän Luis de Alcala

18 D8 DAS WRACK VON GUALUA 2. Nov. 1579
SCHIFF spanisch
LAGE Gualua, 9,5 km (6,12 sm) von Angra do Heroismo, Terceira, Azoren
ROUTE Karibik nach Spanien
FRACHT Schatz
BERGUNG einige Kanonen geborgen, aber Schatz wurde über Bord geworfen, bevor das Schiff strandete

19 D7 NUESTRA SENORA DE LA CONCEPCION 1586
SCHIFF spanisch, 600 t
LAGE Terceira, Azoren
ROUTE Veracruz, Mexiko, nach Spanien
FRACHT Gold und Silber
BERGUNG Kanonen und Teile des Schatzes wurden ein Jahr nach dem Untergang geborgen
Kapitän Martin de Vittoria

20 D8 NUESTRA SENORA DE LOS REMEDIOS 1586
SCHIFF spanisch, 120 t
LAGE Angra do Heroismo, Terceira, Azoren
ROUTE Santo Domingo, Dominikanische Republik, nach Spanien
FRACHT Münzen, Leder und Ingwer
BERGUNG zur Zeit des Untergangs geborgen
Kapitän Francisco Ximenez

21 D8 SANTA MARIA DEL JESUS 1586
SCHIFF spanisch, 300 t
LAGE Angra do Heroismo, Terceira, Azoren
ROUTE Veracruz, Mexiko, nach Spanien
FRACHT Gold und Silber
Kapitän Antonio Jorge

22 K4 SAN JUAN 1587
SCHIFF spanisch, 150 t
LAGE Villanueva, Portugal
ROUTE Insel Margarita, Venezuela, nach Spanien
FRACHT Gold, Silber und Perlen
Kapitän Gonzalo Milanes

23 M4 SAN PEDRO 1587
SCHIFF spanisch
LAGE Barre von Sanlúcar de Barrameda, Spanien
ROUTE Havanna, Kuba, nach Spanien
FRACHT Gold und Silber
BERGUNG Schatz geborgen

24 M4 SANTA MARIA MADALENA 1587
SCHIFF spanisch, 300 t
LAGE Barre von Sanlúcar de Barrameda, Spanien
ROUTE Havanna, Kuba, nach Spanien
FRACHT Gold und Silber
BERGUNG Schatz geborgen
Kapitän Francisco Romero

25 C7 SANTIAGO 1587
SCHIFF portugiesischer Ostindienfahrer
LAGE Terceira, Azoren
ROUTE Malakka, Malaysia, nach Portugal
FRACHT Juwelen, Porzellan und Gold

26 M4 TRINIDAD 1587
SCHIFF spanisch
LAGE Barre von Sanlúcar de Barrameda, Spanien
ROUTE Havanna, Kuba, nach Spanien
FRACHT Gold und Silber
BERGUNG Schatz geborgen

27 C8 LA TRINIDAD 1589
SCHIFF spanisch, 350 t
LAGE vor Südküste von Terceira, Azoren
ROUTE Veracruz, Mexiko, nach Spanien
FRACHT Schatz
Kapitän Martin Monte Bernardo

28 C8 NUESTRA SENORA DE GUIA 1589
SCHIFF spanisch, 230 t
LAGE südlich von Terceira, Azoren
ROUTE Veracruz, Mexiko, nach Spanien
FRACHT Schatz
Kapitän Francisco Perez Granillo. Schiff von englischen Korsaren, wahrscheinlich zur Expedition des Herzogs von Cumberland gehörend, versenkt.

29 K3 NUESTRA SENORA DEL ROSARIO 1589
SCHIFF spanisch, 120 t
LAGE Kap Espichel, Portugal
ROUTE Puerto Rico, nach Spanien
FRACHT Gold und Silber
Kapitän Asencio de Vedos

30 C7 SAN CRISTOBAL 1589
SCHIFF spanisch, 350 t
LAGE vor Terceira, Azoren
ROUTE Veracruz, Mexiko, nach Spanien
FRACHT Schatz
Kapitän Francisco Bernal

31 A7 ASCENSION 1591
SCHIFF spanisch, Schiff von Sevilla
LAGE vor Flores, Azoren
ROUTE Havanna, Kuba, nach Spanien
FRACHT Gold und Silber
Schiff im Kampf mit der Revenge *gesunken*

32 D7 ESPIRITU SANTO 1591
SCHIFF spanisch, 150 t
LAGE Nordseite von Terceira, Azoren
ROUTE Veracruz, Mexiko, nach Spanien
FRACHT Schatz
Kapitän Pedro Milanes de Mendoza

33 C8 NUESTRA SENORA DEL JUNCAL 1591
SCHIFF spanisch, 500 t
LAGE nahe Pico, Azoren
ROUTE Cartagena, Kolumbien, nach Spanien
FRACHT Schatz
Kapitän Gaspar Nunez

34 D7 NUESTRA SENORA DEL ROSARIO 1591
SCHIFF spanisch, 350 t
LAGE Terceira, Azoren
ROUTE Cartagena, Kolumbien, nach Spanien
FRACHT Schatz
Kapitän Tomas Gallardo

35 E8 SAN BARTOLOME 1591
SCHIFF spanisch, 200 t
LAGE nahe Vila Franca do Campo, São Miguel, Azoren
ROUTE Veracruz, Mexiko, nach Spanien
FRACHT Schatz
Kapitän Pedro Martin

36 D7 SAN JUAN 1591
SCHIFF spanisch, 200 t
LAGE vor Terceira, Azoren
ROUTE Veracruz, Mexiko, nach Spanien
FRACHT Schatz
Kapitän Augustin de Paz. Schiff von englischen Korsaren angegriffen.

37 A7 SAN JUAN BAUTISTA 1591
SCHIFF spanisch, 400 t
LAGE vor Flores, Azoren
ROUTE Cartagena, Kolumbien, nach Spanien
FRACHT Schatz
Kapitän Rodrigo Gonzalez

38 D8 SAN SALVADOR 1591
SCHIFF spanisch, 600 t
LAGE nahe Terceira, Azoren
ROUTE Veracruz, Mexiko, nach Spanien
FRACHT Schatz
Kapitän Juan de Lambarri

39 A7 SANTA CATALINA 1591
SCHIFF spanisch, 450 t
LAGE vor Flores, Azoren
ROUTE Cartagena, Kolumbien, nach Spanien
FRACHT Schatz
Kapitän Hernando Guillen

40 C7 SANTA MARIA DE BEGONIA 1591
SCHIFF spanisch, 200 t
LAGE vor Faial, Azoren
ROUTE Cartagena, Kolumbien, nach Spanien
FRACHT Schatz
Kapitän Pedro de Fontidueiras

41 C7 SANTA MARIA DEL PUERTO 1591
SCHIFF spanisch, 300 t
LAGE 9,5 km (5,13 sm) vom Hafen von Terceira, Azoren
ROUTE Veracruz, Mexiko, nach Spanien
FRACHT Schatz
Kapitän Melchior Martin

42 C7 LA MADALENA 3. Sept. 1591
SCHIFF spanisch, 650 t
LAGE vor Graciosa, Azoren
ROUTE Cartagena, Kolumbien, nach Spanien
FRACHT Schatz
Kapitän Antonio Jorge

43 L5 SANTA ANA 1593
SCHIFF spanisch, 100 t
LAGE Lagos, Portugal
ROUTE Honduras nach Spanien
FRACHT Gold und Silber
Kapitän Juan Ximenez

44 M5 TOBIE 19. Okt. 1593
SCHIFF englisches Handelsschiff
LAGE 19 km (10,3 sm) südlich von Kap Spartel, Marokko
ROUTE Großbritannien nach Livorno, Italien, Zakynthos und Patras, Griechenland
FRACHT Münzen, Zinn, Wolle, Gold, Perlen
BERGUNG zur Zeit des Untergangs einiges geborgen
Siehe Seiten 34–35

45 C8 LAS CINQUE CHAGAS 23. Juni 1594
SCHIFF portugiesischer Ostindienfahrer
LAGE 29 km (15,7 sm) südl. von Faial, Azoren
ROUTE Hinterindien nach Portugal
FRACHT persönliche Juwelen und Fracht im Wert von 2 Mill. Dukaten
Siehe Seiten 64–65

46 L4 LA CONCEPCION 1595
SCHIFF spanisch, 100 t
LAGE nahe Ayamonte, Spanien
ROUTE Santo Domingo, Dominikanische Republik, nach Spanien
FRACHT Gold und Silber
Schiff ging auf der Flucht vor Engländern verloren

47 L5 SAN FRANCISCO 1596
SCHIFF spanisch, 100 t
LAGE Algarve, Portugal
ROUTE Santo Domingo, Dominikanische Republik, nach Spanien
FRACHT Gold und Silber
Kapitän Francisco Marquez

48 M4 SANTA MARIA DEL JESUS 1596
SCHIFF spanisch, 100 t
LAGE Barre von Sanlúcar de Barrameda, Spanien
ROUTE Santo Domingo, Dominikanische Republik, nach Spanien
FRACHT Gold und Silber

49 M5 PHILIP 21. Juni 1596
SCHIFF spanisch
LAGE Mündung der Bucht von Cadiz, bei Puente de Suaco, Spanien
ROUTE Havanna, Kuba, nach Spanien
FRACHT Gold und Silber
Schiff im Kampf in die Luft gesprengt

50 K3 SCHIFF VON AYRES DE SALDANNA 1597
SCHIFF portugiesisch
LAGE Lissabon, Portugal
FRACHT Münzen

51 L5 NUESTRA SENORA DEL ROSARIO 1600
SCHIFF spanisch, 500 t
LAGE Faro, Portugal
ROUTE Karibik nach Spanien
FRACHT Gold und Silber
BERGUNG zur Zeit des Untergangs größtenteils geborgen

52 E8 SANTA ANA MARIA 1600
SCHIFF spanisch, 700 t
LAGE São Miguel, Azoren
ROUTE Cartagena, Kolumbien, nach Spanien
FRACHT Schatz
BERGUNG zur Zeit des Untergangs geborgen
Kapitän Fermin de Iturnia

53 E8 NUESTRA SENORA DE LOS REYES 1604
SCHIFF spanisch, 180 t
LAGE São Miguel, Azoren
ROUTE Havanna, Kuba, nach Spanien
FRACHT Schatz
BERGUNG zur Zeit des Untergangs geborgen

54 M4 NUESTRA SENORA DEL ROSARIO 1605
SCHIFF spanisch, 450 t
LAGE Barre von Sanlúcar de Barrameda, Spanien
ROUTE Honduras nach Spanien
FRACHT Gold und Silber
Kapitän Santiago de Arrieta

55 N5 SAN ANTONIO 1609
SCHIFF spanisch, 200 t
LAGE Strand von Jetares, Gibraltar
ROUTE Santo Domingo, Dominikanische Republik, nach Spanien
FRACHT Gold und Silber
Kapitän Goncalo de la Rocha

56 K2 NUESTRA SENORA DE AYUDA 1610
SCHIFF spanisch, 120 t
LAGE Kap Mondego, Portugal
ROUTE Kuba nach Spanien
FRACHT Gold und Silber
BERGUNG teilweise geborgen
Kapitän Lucas Correa

57 K3 NUESTRA SENORA DE GRACIA 1610
SCHIFF spanisch, 100 t
LAGE Barre von Setúbal, Portugal
ROUTE Santo Domingo, Dominikanische Republik, nach Spanien
FRACHT Gold und Silber
BERGUNG zur Zeit des Untergangs einiges geborgen
Kapitän Sebastian Leyton

58 M4 SAN PEDRO Y LAS ANGUSTIAS 1612
SCHIFF spanisch, 150 t
LAGE Küste von Carbonero, 15 km (8 sm) von Sanlúcar de Barrameda, Spanien
ROUTE Puerto Rico nach Spanien
FRACHT Gold und Silber
Kapitän Francisco de Uncibay

59 K4 LA ENCARNACION 1614
SCHIFF spanisch, 150 t
LAGE vor Kap Sines, Portugal
ROUTE Santo Domingo, Dominikanische Republik, nach Spanien
FRACHT Gold und Silber
BERGUNG zur Zeit des Untergangs geborgen
Kapitän Diego de Vales Ravelo

60 B7 NOSSA SENHORA DA LUZ 1615
SCHIFF portugiesischer Ostindienfahrer
LAGE vor Faial, Azoren
ROUTE Indien nach Portugal
FRACHT Juwelen, Porzellan und Gold

61 M5 LA CARIDAD 1616
SCHIFF spanisch, 350 t
LAGE Chipiona, eben nördl. von Rota, Spanien
ROUTE Honduras nach Spanien
FRACHT Gold und Silber
Kapitän Francisco Monte Manzera

62 K3 LAS ANGUSTIAS 1618
SCHIFF spanisch
LAGE Lissabon, Portugal
ROUTE Veracruz, Mexiko, nach Spanien
FRACHT Gold und Silber
Kapitän Pedro Diaz Cordero

63 K3 NOSSA SENHORA DA CONCEICAO Okt. 1621
SCHIFF portugiesischer Ostindienfahrer
LAGE in Sichtweite von der Insel Berlenga, nördlich von Lissabon, Portugal
ROUTE Goa, Indien, nach Lissabon
FRACHT Edelsteine, Gold und Porzellan
Schiff brannte nach Konflikt mit algerischen Piraten

64 M5 SAN JUAN BAUTISTA 1623
SCHIFF spanisch, 600 t
LAGE Las Puercas, Bucht von Cadiz
ROUTE Havanna, Kuba, nach Spanien
FRACHT Gold und Silber
Leitschiff der Flotte von Juan de Benavides Bazan; Kapitän Luis Ortiz

65 K3 FRANCISCO XAVIER 23. Okt. 1625
SCHIFF portugiesischer Ostindienfahrer
LAGE Einfahrt zum Rio Tejo, Cachoposbänke, nahe Lissabon, Portugal
ROUTE Indien nach Portugal
FRACHT Juwelen und Gold
BERGUNG zur Zeit des Untergangs einiges geborgen

66 M4 NUESTRA SENORA DE LA ENCARNACION 1626
SCHIFF spanisch, 300 t
LAGE Sanlúcar de Barrameda, Spanien
ROUTE Santo Domingo, Dominikanische Republik, nach Spanien
FRACHT Gold und Silber

67 M4 LA VIZCAINA GRANDE 1629
SCHIFF spanisch
LAGE Cazuela-Felsen, Barre von Sanlúcar de Barrameda, Spanien
ROUTE Havanna, Kuba, nach Spanien
FRACHT Gold und Silber

68 K3 SAO IGNACIO 1630
SCHIFF portugiesischer Ostindienfahrer
LAGE Barre des Rio Tejo, Portugal
ROUTE Goa, Indien, nach Lissabon
FRACHT Juwelen, Gold und Porzellan

69 L4 SAN LUIS Y LA CANDELARIA 1638
SCHIFF spanische Fregatte
LAGE Tavira, östlich von Faro, Portugal
FRACHT Münzen

70 N5 NUESTRA SENORA DE LA CONCEPCION 1648
SCHIFF spanisch, 100 t
LAGE Gibraltar
ROUTE Maracaibo, Venezuela, nach Spanien
FRACHT Gold und Silber
BERGUNG die meisten Wertsachen wurden entfernt, bevor das Schiff sank

71 K3 DAS WRACK AUF DEM FELSEN VOR LISSABON 19. Aug. 1650
SCHIFF portugiesisch
LAGE Felsen vor Lissabon, nördlich des Rio Tejo, Portugal
FRACHT Silberteller im Wert von 100.000 £ Sterling
Schiff wurde von der Constant Warwick *versenkt*

72 M5 SCHIFF VON JOHN RODRIQUES CALDRON 1656
SCHIFF spanisch
LAGE Bucht von Cadiz, Spanien
ROUTE Havanna, Kuba, nach Spanien
FRACHT Gold und Silber
Schiff ging im Kampf mit der englischen Flotte von Kapitän Richard Stayner verloren

73 M5 SAN FRANCISCO JAVIER 1656
SCHIFF Schiff des spanischen Admirals
LAGE am Ufer der Bucht von Cadiz, Span.
ROUTE Karibik nach Spanien
FRACHT 600.000 Dukaten
Schiff von der Flotte von Kapitän Richard Stayner im Kampf in der Bucht von Cadiz versenkt

74 M5 SCHIFF DES SPAN. VIZEADMIRALS 1656
SCHIFF Schiff des spanischen Vizeadmirals
LAGE weniger als 19 km (10,3 sm) von Cadiz, Spanien
ROUTE Havanna, Kuba, nach Spanien
FRACHT 600.000 Dukaten und das persönliche Vermögen des Marquis de Badex
Schiff im Kampf mit der englischen Flotte von Kapitän Richard Stayner versenkt

75 M5 SAN BERNANDO 1660
SCHIFF spanisch
LAGE Rota, Spanien
ROUTE Havanna, Kuba, nach Spanien
FRACHT Gold und Silber

76 M5 KONING SALOMON 1664
SCHIFF niederländisch
LAGE Bucht von Cadiz, Spanien
ROUTE Niederlande nach Izmir, Türkei
FRACHT große Mengen Münzen

77 K3 JULES 5. April 1673
SCHIFF portugiesisch
LAGE Cachoposbänke nahe Lissabon, Portugal
ROUTE Indien nach Portugal
FRACHT Bernstein, Perlen und Münzen aus dem Besitz von Francois Caron

78 M5 SPANISCHE CAPITANA 1684
SCHIFF spanisch, 72 Messingkanonen
LAGE Straße von Gibraltar
ROUTE Havanna, Kuba, nach Spanien
FRACHT Gold und Silber

79 M5 THOLEN 1687
SCHIFF niederländisch
LAGE 113 km (61 sm) von der Straße von Gibraltar, Richtung Cadiz, Spanien
FRACHT Gold

80 K3 SANTA TERESA 1704
SCHIFF spanisch
LAGE Barre des Rio Tejo, Portugal
ROUTE Havanna, Kuba, nach Spanien
FRACHT Münzen

81 K3 TRINIDAD 1706
SCHIFF portugiesisch
LAGE Riff vor dem Hafen von Lissabon, Portugal
ROUTE Lissabon, Portugal, nach Goa, Indien
FRACHT Münzen

82 M5 SCHIFF VON SEBASTIAN DE CABRERA 1707–1708
SCHIFF spanisch
LAGE Sanlúcar de Barrameda, Spanien
ROUTE Havanna, Kuba, nach Spanien
FRACHT Gold und Silber

83 K1 PORTUGIESISCHES SCHIFF 20. Jan. 1708
SCHIFF portugiesischer Ostindienfahrer
LAGE nahe Arcos de Vale de Vez, Portugal
ROUTE Macao nach Portugal
FRACHT Porzellan und Gold

84 A7 HILVERSBEEK 28. Juni 1741
SCHIFF niederländ. Ostindienfahrer, 850 t
LAGE vor Flores, Azoren
ROUTE Djakarta, Java, nach Niederlande
FRACHT Porzellan

85 B7 CONCORDIA 24. Mai 1781
SCHIFF niederländischer Ostindienfahrer
LAGE Azoren
ROUTE Djakarta, Java, nach Niederlande
FRACHT Porzellan

86 K3 SAN PEDRO ALCANTARA 2. Feb. 1786
SCHIFF spanisch
LAGE Bucht von Peniche, nördlich des Rio Tejo, Portugal
ROUTE Callao, Peru, nach Spanien
FRACHT immense Mengen Gold und Silber im Wert von über 7 Mill. Pesos
BERGUNG zur Zeit des Untergangs größtenteils geborgen

87 K2 APOLLO 1. April 1804
SCHIFF brit. Kriegsschiff 5. Ranges, 956 t
LAGE 15 km (8,1 sm) nördlich von Kap Mondego, Portugal, 180 m vom Ufer, 40°22'N
ROUTE Queenstown, Irland, nach Westindische Inseln
FRACHT Münzen
Schiff begleitete einen Konvoi aus 60 Handelsschiffen, von denen auch viele auf dem gleichen Riff verlorengingen. Großer Verlust an Eigentum und Menschenleben.

88 L5 MERCEDES 5. Okt. 1804
SCHIFF spanische Galeone
LAGE ca. 56 km (30,2 sm) SW von Kap Santa Maria, Portugal
ROUTE Montevideo, Uruguay, nach Cadiz, Spanien
FRACHT 871.000 Silberpesos und Gold, Silberteller und Juwelen
BERGUNG bei kürzlichem Bergeversuch ist das Wrack möglicherweise lokalisiert worden

89 M5 BLACK JOKE 1828
SCHIFF Piratenschiff
LAGE Cadiz, Spanien
FRACHT Schatz
Schiff des Piraten Benito de Soto

90 K1 TIBER 21. Feb. 1847
SCHIFF britisch, P & O Line
LAGE Vila de Cupa, nördlich von Porto, Portugal
ROUTE Gibraltar nach Großbritannien
FRACHT Münzen

91 G3 CANDACE 1858
SCHIFF britischer Schoner, African Steam Company
LAGE 38°38'N 15°57'W
ROUTE Westafrika nach Großbritannien
FRACHT Gold

92 L7 AMAZON 1. Jan. 1868
SCHIFF britisch, Mersey Steamship Company
LAGE vor Azemmour, Marokko
ROUTE London, England, nach El Jadida, Marokko
FRACHT Münzen
BERGUNG zur Zeit des Untergangs einiges geborgen

93 K4 MILTON 15. Juni 1911
SCHIFF britisch, Lamport & Holt, 2.679 t
LAGE nahe Kap Espichel, Portugal
ROUTE London, England, nach Santos, Brasilien
FRACHT Münzen

94 M5 DELHI 13. Dez. 1911
SCHIFF britisch, P & O Line, 8.090 t
LAGE 3 km (1,93 sm) vor Kap Spartel, Marokko
ROUTE Großbritannien nach Indien
FRACHT Rohgold und -silber im Wert von 295.925 £ Sterling, 7 Mill. Pesos
BERGUNG zur Zeit des Untergangs geborgen
Duke und Duchess of Fife, Schottland, befanden sich unter den Passagieren

95 H1 CALIFORNIA 11. Juli 1943
SCHIFF britisch, Anchor Line, 16.792 t
LAGE 41°15'N 15°24'W
ROUTE Freetown, Sierra Leone, nach Schottland
FRACHT 7 Kistchen mit Diamanten im Wert von 72.250 £ Sterling

DAS MITTELMEER

Die Karte zu dieser Liste befindet sich auf den Seiten 142–143.

● Keine Bergung bekannt
■ Bergung bekannt

1 N6 WRACK VOM KAP GELIDONYA 1200 v. Chr.
SCHIFF bronzezeitlich
LAGE Südostküste der Türkei
FRACHT Bronzebarren
BERGUNG kürzlich gefunden und ausgegraben

2 M6 WRACK VON ANATOLIEN v. Chr.
LAGE nahe Bodrum, Türkei, 90 m (300') tief
FRACHT Statue eines afrikanischen Jungen
BERGUNG 1962 entdeckt

3 L5 WRACK IN DER BUCHT VON MARATHON v. Chr.
SCHIFF griechisch
LAGE Bucht von Marathon, Griechenland
FRACHT Jünglingsstatue
BERGUNG 1925 geborgen

4 L5 WRACK VON KAP ARTEMISIUM möglicherweise v. Chr.
SCHIFF griechisch
LAGE Kap Artemisium, Nordende der Insel Euböa, Griechenland
FRACHT Bronzestatue eines Reiterjungen
BERGUNG Wrack wurde 1927 gefunden, doch nun wieder verloren

5 K5 WRACK IM GOLF VON KORINTH v. Chr.
SCHIFF griechisch
LAGE Golf von Korinth, Griechenland
FRACHT Zeusstatue
BERGUNG 1809 geborgen

6 I5 WRACK VON LIPARI v. Chr.
SCHIFF griechisch
LAGE Liparische Inseln, Italien
FRACHT Bronzestatuen
BERGUNG 1927 einiges geborgen, weitere Bergung 1969

7 J5 WRACK VON LYSIPPOS v. Chr.
SCHIFF griechisch
LAGE vor Italien
FRACHT Skulpturen
Überreste im J. Paul Getty Museum, Kalifornien, USA

8 H6 WRACK VON MAHDIA v. Chr.
SCHIFF griechisch
LAGE vor Mahdia, Tunesien, 5 km (2,7 sm) vom Strand
ROUTE Griechenland nach Italien
FRACHT 60 Marmorsäulen und viele Statuen
BERGUNG zwischen 1907 und 1913 gefunden und bearbeitet
Kunstgegenstände im El Alaoui Museum, Tunis, Tunesien

9 M5 MARMARIS v. Chr.
SCHIFF griechisch
LAGE Türkei
FRACHT Demeterstatue
BERGUNG 1953 gefunden

10 H4 WRACK VON PIOMBINO v. Chr.
SCHIFF griechisch
LAGE Toskana, Italien
FRACHT Apollostatue
BERGUNG 1832 entdeckt

11 M6 WRACK VON RHODOS v. Chr.
SCHIFF griechisch
LAGE Rhodos, Griechenland
FRACHT Aphroditestatue
BERGUNG 1929 geborgen

12 L5 WRACK VON SKIATHOS v. Chr.
SCHIFF griechisch
LAGE Skiathos, Griechenland
FRACHT Götterstatuen
BERGUNG kürzlich ausgegraben

13 H4 WRACK VON GIGLIO 750-500 v. Chr.
SCHIFF etruskisch
LAGE Insel Giglio, Italien
FRACHT Helme, Töpferei und Musikinstrumente
BERGUNG von einem Team aus Oxford, England, unter Leitung von Mensun Bound

14 G3 WRACK VON GRAND CONGLUE 200-100 v. Chr.
SCHIFF römisches Frachtschiff von Marcus Sextus
LAGE kleine Insel SW von Marseille, Frankreich
FRACHT Amphoren
BERGUNG von Cousteau und Dumas bearbeitet

15 H4 WRACK VON SPARGI 170-100 v. Chr.
SCHIFF griechisch
LAGE zwischen Korsika, Frankreich, und Sardinien, Italien, auf 18 m (60') Wassertiefe
FRACHT Amphoren und Teller
BERGUNG teilweise geborgen

16 L6 DAS ANTIKYTHERA-WRACK 120-82 v. Chr.
SCHIFF römisch
LAGE mitten zwischen Kythera und der Spitze von Kreta, Griechenland
ROUTE Griechenland nach Rom, Italien
FRACHT Statuen, Glasgefässe und Goldbroschen
BERGUNG im frühen 19. Jh., als das Wrack von Schwammtauchern entdeckt wurde
Siehe Seiten 14–15

17 I6 SCHIFF DES HEILIGEN PAULUS 59-60
SCHIFF Ponto, 300 t
LAGE Küste von Malta
ROUTE Cäsarea, Israel, nach Rom, Italien, via Myra, Türkei
FRACHT wertvolle Kunstgegenstände

18 J5 DAS SAN-PIETRO-WRACK 200-250
SCHIFF römisch
LAGE SE von Taranto, Italien
ROUTE Kleinasien nach Rom, Italien
FRACHT nicht fertiggestellte Marmorsarkophage

19 M6 WRACK VON YASSI ADA 625
SCHIFF byzantinisch
LAGE 19 km (10,3 sm) westlich von Bodrum, Türkei
FRACHT wertvolles Kunsthandwerk
BERGUNG von George Bass ausgegraben

20 M6 DAS SERCE-LIMANI-WRACK ca. 1000
SCHIFF byzantinisches Handelsschiff
LAGE Südküste der Türkei gegenüber von Rhodos, Griechenland
FRACHT Gold- und Silberjuwelen, Schwerter, Lanzen, Spiesse und Schwertklinge mit bronzenem, dekoriertem Heft
BERGUNG kürzlich geborgen
Siehe Seiten 16–17

21 L5 WRACK VON PELAGOS NISOS 12. Jh.
SCHIFF 100 t
LAGE Sporaden, Griechenland
FRACHT 1.200 Stück farbiges Steingut
BERGUNG kürzlich ausgegraben

22 I3 KING RICHARD 1. Dez. 1192
SCHIFF englisch
LAGE Küste von Istrien, Kroatien, nahe dem inneren Ende der Adria
ROUTE von Syrien
FRACHT wertvoller persönlicher Besitz

23 H5 WRACK AUF DEM SHIRKI-FELSEN 13. Jh.
LAGE Shirkifelsen, Sizilien, Italien
FRACHT Bronzestatuen
BERGUNG 1960 geborgen

24 I4 SCHIFF DES KARL VON SALERNO 5. Juni 1284
SCHIFF Flaggschiff
LAGE Golf von Neapel, Italien
FRACHT Wertgegenstände

25 N8 KATALANISCHE SCHIFFE 1411
SCHIFF katalanische Schiffe
LAGE Alexandria, Ägypten
ROUTE Küste von Katalonien, Spanien, nach Alexandria, Ägypten
FRACHT im Wert von 80.000 Dukaten, wahrscheinlich inkl. Korallen

26 N8 WRACK VON ABU QIR 1415
SCHIFF katalanische Kogge
LAGE vor Abu Qîr, Ägypten
ROUTE Küste von Katalonien, Spanien, nach Damyat, Ägypten
FRACHT Safran, Tuch, Olivenöl, Mandeln und Korallen

27 I3 SCHIFF VON NICOLO BARBARIGO Dez. 1417
SCHIFF venezianische Galeere
LAGE Insel Ulbo, Kroatien
ROUTE Alexandria, Ägypten, nach Venedig
FRACHT Porzellan, Perlen, Edelsteine, Gewürze und allgemeine Fracht aus dem mittleren Orient
Siehe Seiten 32–33

28 K6 ANN 23. Dez. 1446
SCHIFF englische Kogge
LAGE Modon, Süd-Griechenland
ROUTE Jaffa, Israel, nach England
FRACHT Produkte des mittleren Orients, darunter Perlen, Edelsteine, Wolle und Zinn
Das nach England zurückkehrende Schiff hatte 160 Pilger von England nach Jaffa gebracht. Die 37köpfige Besatzung kam um.

29 M4 VENEZIANISCHES SCHIFF 1452
SCHIFF venezianisch
LAGE nahe Istanbul, Türkei
FRACHT Wertgegenstände

30 M8 SAN MICHELE 1479
SCHIFF italienisch, Schiff von Neapel
LAGE Alexandria, Ägypten
FRACHT Wertgegenstände

31 I6 SCHIFF VON JUAN ANDREA DORIA 1559
SCHIFF spanische Galeere
LAGE Kap Passero, Sizilien, Italien
FRACHT Münzen

32 D6 WRACKS VON LA TORRE DE VELEZ MALAGA 1562
SCHIFF spanische Galeeren
LAGE 36°43'N 04°23'W
FRACHT Schatz von 80.000 Dukaten

33 E6 ESPIRITU SANCTO 1563
SCHIFF spanisch, 120 t
LAGE Kap Palos nahe Cartagena, Spanien
ROUTE Karibik nach Spanien
FRACHT Gold und Silber

34 F3 WRACK IN DER RHONE I 1564
SCHIFF französisch
LAGE nahe Arles, Frankreich
ROUTE Arles nach Paris, Frankreich
FRACHT Kirchenschätze von Nôtre Dame
BERGUNG erfolgloser Bergeversuch 1933

35 H3 GALEERE April 1582
SCHIFF spanische Galeere
LAGE zwischen Barcelona und Genua
ROUTE Barcelona nach Genua, Italien
FRACHT 56 Kisten Reals und eine ganze Kiste Escudos, dazu andere Goldmünzen

36 G4 COMPAGNO COMPAGNI 1592
SCHIFF spanische Galeere
LAGE Mittelmeer
ROUTE Barcelona nach Genua, Italien
FRACHT 600 bis 800.000 Kronen und Kisten mit Münzen, Eigentum der gesamten Gesellschaft

37 I3 SAETTIA VIDALA Feb. 1592
SCHIFF venezianische Saettia
LAGE in einer Bucht der Insel Cherso, Kroat.
ROUTE von Venedig, Italien
FRACHT Handelsware, Juwelen und Gold im Wert von 30.000 Dukaten
BERGUNG teilweise geplündert
Schiff von Piraten geplündert

38 M4 MARTINENGA 1594
SCHIFF venezianisch
LAGE Istanbul, Türkei
ROUTE Istanbul, Türkei, nach Venedig
FRACHT Gold, Silber und Münzen

39 G5 SCHIFF VON FRANCOIS LULLIER 17. Jh.
SCHIFF französisch
LAGE Mittelmeer
ROUTE Ägypten nach Frankreich
FRACHT Ägyptische Kuriositäten

40 L6 LA COMETE 17. Jh.
SCHIFF französisches Freibeuterschiff
LAGE Kreta, Griechenland
FRACHT Gold und Silber
Schiff der Ritter von St. Johannes von Malta

41 M8 PERASTANA 1605
SCHIFF venezianisch
LAGE Alexandria, Ägypten
FRACHT Gold

42 L6 MORESINA 1606
SCHIFF venezianisch
LAGE Milos, Griechenland
ROUTE Zypern, nach Venedig, Italien
FRACHT Diamanten

43 O6 PIRAT BERTONI 1607
SCHIFF Piratenschiff
LAGE Saline, Zypern
FRACHT Wertgegenstände
Schiff wurde beim Angriff auf venezianisches Schiff versenkt

44 K6 BALBI 1608
SCHIFF venezianisch
LAGE Hafen von Pylos, Griechenland
FRACHT Wertgegenstände
Schiff von Piraten gekapert

45 H6 SCHIFF VON KAPITÄN BINNY 1608
SCHIFF Piratenschiff
LAGE vor Karthago, Tunesien
FRACHT Piratenbeute
Schiff im Sturm verloren. Kapitän Binny war ein Genosse von Ward

46 O7 SALVETTA Jan. 1609
SCHIFF venezianisch
LAGE außerhalb von Akkra, Israel
FRACHT Wertgegenstände
Schiff von Piraten gekapert, dann untergegangen

47 L6 REINERA E SODERINA 1609
SCHIFF venezianisch
LAGE vor Kythera, Griechenland
FRACHT Piratenbeute. *Siehe Seiten 66–67*

48 H6 WRACKS VON TUNIS 1609
SCHIFF Piratenschiffe
LAGE Tunis, Tunesien
FRACHT Piratenbeute
Schiff brannte im Hafen von Tunis

49 K6 VENIER 1609
SCHIFF venezianisch
LAGE Strivadi, Griechenland
FRACHT Silber

50 K5 WRACK VON SANTA MAURA 1610
LAGE Einfahrt zum Hafen von Santa Maura nahe Korfu, Griechenland
FRACHT Münzen
BERGUNG etwas geplündert

51 K5 GUIDOTTA E SIMONA 1612
SCHIFF venezianisch
LAGE außerhalb von Zakynthos, Griech.
ROUTE Alexandria, Ägypten, nach Venedig
FRACHT Edelsteine und Gold
Von Berber-Seeräuber Bertoni angegriffen. Besatzung und Fracht gingen verloren. Kapitän Alvise di Girolamo

52 F4 HERZOG DORIAS GOLD 1641
LAGE vor Perpignan, Frankreich
FRACHT Gold im Wert von 1 Mill. £ Sterling
Herzog Doria warf die Goldfracht kurz vor der Kaperung durch Marschall De Breze über Bord

53 F5 WRACKS VON MENORCA 1682
SCHIFF niederländisch
LAGE Menorca, Balearen
FRACHT Silber
BERGUNG zur Zeit des Untergangs einiges geborgen

54 H3 ST. GEORGE 1757
SCHIFF Freibeuter im Besitz von Fortunatus Wright aus Liverpool, England
LAGE vor Livorno, Italien, 43°33'N 10°20'E
FRACHT Münzen

55 N8 ORIENT Aug. 1798
SCHIFF französisches Kriegsschiff
LAGE Bucht von Abu Qîr, Ägypten
FRACHT Schätze
BERGUNG viele Bergeversuche
Siehe Seiten 82–83

56 F3 WRACK IN DER RHONE II ca. 1800
LAGE Arles, Frankreich
ROUTE Arles nach Paris, Frankreich
FRACHT von Napoleon gesammelte römische Statuen und Reliquien
BERGUNG erfolgloser Bergeversuch 1933

57 L6 MENTOR Sept. 1802
SCHIFF britische Brigg
LAGE Bucht von St. Nicholas, Hafen von Kythera, Griechenland
ROUTE Griechenland nach Großbritannien
FRACHT antiker Marmor, 14 Stücke vom Parthenonfries, 4 Stücke vom Tempel der Athena Nike und ein antiker Thron
BERGUNG zur Zeit des Untergangs größtenteils geborgen
Siehe Seiten 88–89

58 H4 POLLUCE 1806
SCHIFF spanisches Segelschiff
LAGE Portolongone-Bucht, Elba, Italien
ROUTE Italien nach Frankreich
FRACHT Schätze aus dem Königspalast Ferdinand IV. von Neapel und Sizilien
Unter den Schätzen befindet sich vermutlich eine komplette goldene Kutsche

59 H6 HMS ATHENIENNE 20. Okt. 1806
SCHIFF britisches Kriegsschiff
LAGE Keith's Riff bei den Esquerques, 130 km (70,2 sm) W von Sizilien, nahe Tunis
ROUTE Gibraltar nach Malta
FRACHT 40.000 Piaster, englische Münzen
BERGUNG von Robert Stenuit geborgen

60 F4 JUSTINA 1822
SCHIFF spanisch
LAGE Hafen von Tarragona, Spanien
FRACHT Münzen

61 K6 DAS NAVARINO-WRACK 1827
SCHIFF Flaggschiff der türkischen Flotte
LAGE Pilos, Griechenland
FRACHT Gold
BERGUNG viele Bergeversuche

62 N3 BLACK PRINCE 14. Nov. 1854
SCHIFF britisches Frachtschiff
LAGE Schwarzes Meer nahe Sewastopol, Ukraine
ROUTE Großbritannien zur Krim, Ukraine
FRACHT Gold im Wert von 500.000 £ Sterling
BERGUNG 1899 mit unbekanntem Erfolg versucht.
Gold wahrscheinlich in Istanbul, Türkei, entladen

63 J3 BOMBAY 9. Nov. 1859
SCHIFF österreichisch
LAGE Kroatien
ROUTE Constantina, Spanien, nach Triest, Italien
FRACHT Münzen
BERGUNG zur Zeit des Untergangs einiges geborgen

64 O7 EUROPA 11. Nov. 1863
SCHIFF österreichisch
LAGE Larnaka, Zypern
ROUTE Türkei nach Zypern
FRACHT Münzen
BERGUNG zur Zeit des Untergangs geborgen

65 K6 ITALIA UNA 20. Sept. 1865
SCHIFF russisch
LAGE 37°47'N 20°54'E
ROUTE Zakynthos nach Kalamai, Griechenland
FRACHT Münzen im Wert von 60.000 US $

66 H4 TASMANIA 17. März 1887
SCHIFF britisch, P & O Line, 4.488 t
LAGE vor Pointe Roccapina, Küste von Korsika, Frankreich
ROUTE Bombay, Indien, nach London, England, via Port Said, Ägypten, und Marseille, Frankreich
FRACHT Juwelen im Tresorraum
BERGUNG zur Zeit des Untergangs einiges geborgen

67 O7 HMS VICTORIA 22. Juni 1893
SCHIFF englisches Marineschiff, 10.470 t
LAGE 8 km (4,3 sm) vor Tripoli, Syrien
FRACHT gerüchteweise Armeesold an Bord
BERGUNG jüngst Versuche zur Bergung des Rumpfes
Schiff kollidierte mit HMS Camperdown, dabei kamen viele Menschen um

68 O7 MABROUK 21. Jan. 1895
SCHIFF türkisch
LAGE 9,5 km (5 sm) vor Beirut, Libanon
ROUTE Beirut, Libanon, nach Tel Aviv-Jaffa, Israel
FRACHT Gold im Wert von 75.000 £ Sterling
Versicherungsbetrug; unwahrscheinlich, daß Gold an Bord war

69 G3 MEUSE 1899
LAGE vor Marseille, Frankreich
FRACHT Gold
BERGUNG teilweise geborgen

70 H5 ANCONA 8. Nov. 1915
SCHIFF italienischer Dampfer, 8.210 t
LAGE vor Kap Carbonara, Sardinien, Italien
ROUTE Neapel, Italien, nach New York, USA
FRACHT 12 Fässer Goldmünzen
BERGUNG erfolgloser Bergeversuch 1990
Von deutschem U-38, das als österreichisches U-Boot eskamotiert hatte, versenkt, bevor Italien in die Ersten Weltkrieg eintrat.

71 N8 YASAKA MARU 21. Dez. 1915
SCHIFF japanisch, Nippon Yusen, 10.932 t
LAGE 96 km (51,8 sm) vor Port Said, Ägypten
ROUTE London, England, nach Japan
FRACHT Goldsovereigns im Wert von 200.000 £ Sterling
BERGUNG zur Zeit des Untergangs einiges geborgen

72 M7 PERSIA 30. Dez. 1915
SCHIFF britisch, P & O Line, 7.974 t
LAGE 114 km (75,6 sm) SE zu S von Kap Martello, Kreta, Griechenland
ROUTE London, England, nach Indien, via Marseille, Frankreich
FRACHT 11.340 kg Rohsilber, Münzen und Diamanten

73 J6 MARERE 18. Jan. 1916
SCHIFF britisch
LAGE 380 km (205 sm) östlich von Malta
FRACHT Silber

74 G4 MIRA 15. Mai 1916
SCHIFF französisch, Société Générale de Transports Maritimes
LAGE Mittelmeer
FRACHT große Mengen Gold

75 I6 RUPERRA 20. Juni 1916
SCHIFF 4.232 t
LAGE 32 km (17,3 sm) E zu S von der Insel Pantelleria, Italien
ROUTE Afrika nach London, England
FRACHT Gold
BERGUNG eine Kiste Gold vor dem Untergang gerettet

76 K4 ARABIA 6. Nov. 1916
SCHIFF britisch, P & O Line, 7.933 t
LAGE 35°56'N 20°15'E
ROUTE Australien nach Großbritannien
FRACHT Silber und Juwelen

77 J6 CALEDONIA 4. Dez. 1916
SCHIFF britisch, Anchor Line, 9.223 t
LAGE 200 km (108 sm) E zu S von Malta
ROUTE Aden, Jemen, nach Großbritannien
FRACHT Silbermünzen

78 J6 MINAS 15. Feb. 1917
SCHIFF italienischer Dampfer, 2.854 t
LAGE 260 km (140,4 sm) westlich von Akra Tainaron, Griechenland
ROUTE Neapel, Italien, nach Thessaloniki, Griechenland
FRACHT Gold im Wert von 2 Mill. £ Sterling

79 H5 MOOLTAN 26. Juli 1917
SCHIFF britisch, P & O Line, 9.723 t
LAGE 85 km (45,9 sm) NNW halb W von Kap Serrat, Tunesien, 35°56'N 08°34'E
ROUTE Fremantle, Australien, über Bombay, Indien, nach Großbritannien
FRACHT Gold

80 D6 NAMUR 29. Okt. 1917
SCHIFF britisch, P & O Line, 6.701 t
LAGE 88 km (47,5 sm) E zu S halb S von Gibraltar, 36°05'N 04°15'W
ROUTE Pinang, Malaysia, nach London, England, via Marseille, Frankreich
FRACHT Gold

81 H4 ROMMELS SCHATZ 18. Sept. 1943
LAGE 3 bis 5 km (1,62 bis 2,7 sm) im Meer vor der Mündung des Flusses Golo an der Ostküste Korsikas, Frankreich, auf 22 Faden Wassertiefe
FRACHT Schatz im Wert von 30 Mill. £ Sterling, geraubt von der italienischen Staatsbank
BERGUNG offensichtlich finanzierte die französische Regierung 1949 einen Bergeversuch, der wohl erfolglos war
Schatz wurde von Barkasse ins Wasser geworfen.

MADAGASKAR UND OSTAFRIKA

Die Karte zu dieser Liste befindet sich auf der Seite 144.

● Keine Bergung bekannt
■ Bergung bekannt

1 F5 SCHIFF VON RUI PEREIRA 1510
SCHIFF portugiesisch
LAGE Komoren
ROUTE Portugal nach Indien
FRACHT Münzen

2 C9 GARCA 1559
SCHIFF portugiesisch
LAGE vor Vila de Joao Belo, Mocambique, 25°00'S
ROUTE Indien nach Portugal
FRACHT Edelsteine und Porzellan

3 G6 SANTA MARIA DE BARCA 1559
SCHIFF portugiesischer Ostindienfahrer
LAGE Ostküste von Madagaskar, etwa 18°00'S
ROUTE Cochin, Indien, nach Lissabon
FRACHT Edelsteine

4 C7 SAO PEDRO 1582
SCHIFF portugiesischer Ostindienfahrer
LAGE Riff von Sofala, Mocambique
ROUTE Portugal nach Indien
FRACHT Gold und Silber
BERGUNG Fracht auf die *Chagas* umgeladen

5 D8 ST. JAGO 1585
SCHIFF portugiesischer Ostindienfahrer
LAGE Bassas da India zwischen Madagaskar und Afrika
ROUTE Portugal nach Indien
FRACHT Gold und Silber
BERGUNG von Klaar 1977 wiederentdeckt
Das Schiff lag 16 Tage bekalmt vor Guinea; es gab einen Streit, ob man in Madagaskar anlegen oder nach Cochin in Indien durchsegeln sollte.

6 E6 SAN FRANCISCO DOS ANJOS 1591
SCHIFF portugiesischer Ostindienfahrer
LAGE vor Mocambique
ROUTE Indien nach Portugal
FRACHT Juwelen und Porzellan

7 C9 PENELOPE Aug. 1591
LAGE Kap Corrontes, Mocambique
ROUTE England nach Fernost
FRACHT Gold- und Silbermünzen

8 C7 NOSSA SENHORA DO CASTELO 1599
SCHIFF portugiesischer Ostindienfahrer
LAGE Riff von Sofala, Mocambique
ROUTE Portugal nach Indien
FRACHT Gold und Silber

9 E6 SAO FELIPE 1604
SCHIFF portugiesischer Ostindienfahrer
LAGE Angoche, Mocambique
ROUTE Portugal nach Indien
FRACHT Gold und Silber

10 F6 SAO ANTONIO 1607
SCHIFF portugiesischer Ostindienfahrer
LAGE Küste von Madagaskar
FRACHT Edelsteine
Besatzung von der Mauritius übernommen, die auch verlorenging

⑪ E6 ZIERIKZEE 26. Mai 1607
SCHIFF niederländ. Ostindienfahrer, 760 t
LAGE vor Mocambique
ROUTE Niederlande nach Goa, Indien
FRACHT Münzen

⑫ E6 SAO FRANCISCO 1. Sept. 1607
SCHIFF portugiesischer Ostindienfahrer
LAGE vor Mocambique
ROUTE Portugal nach Indien
FRACHT Gold und Silber
Kapitän D. Francisco de Lima

⑬ E6 NOSSA SENHORA DA PALMA 26. Mai 1609
SCHIFF portugiesischer Ostindienfahrer
LAGE Angoche-Inseln, Mocambique
ROUTE Portugal nach Fernost
FRACHT Gold und Silber

⑭ F7 SAMARITAN 1615
SCHIFF englischer Ostindienfahrer
LAGE Madagaskar
ROUTE Großbritannien nach Indien
FRACHT Münzen
BERGUNG zur Zeit des Untergangs größtenteils geborgen
Gehörte zu Middletons Expedition

⑮ F5 WRACK VON ANGAZIYA 1616
SCHIFF portugiesischer Ostindienfahrer
LAGE Insel Angaziya nahe Mayotte, Komoren
ROUTE Portugal nach Indien
FRACHT Gold und Silber

⑯ F5 SAN JULIAO 1616
SCHIFF portugiesischer Ostindienfahrer
LAGE Komoren
ROUTE Portugal nach Indien
FRACHT Gold und Silber
Schiff kämpfte mit 4 englischen Schiffen und ging im Kampf unter

⑰ D2 SANTO AMARO 10. Dez. 1620
SCHIFF portugiesischer Ostindienfahrer
LAGE Einfahrt nach Mombasa, Kenia
ROUTE Portugal nach Indien
FRACHT Gold und Silber
Kapitän Pedro de Morais Sarmento

⑱ E6 SANTA TEREZA 20. Juli 1622
SCHIFF portugiesischer Ostindienfahrer
LAGE nahe Felseninsel, auf der ein Fort stand, 2,5 km (1,35 sm) von der Barre von Mocambique
ROUTE Portugal nach Goa, Indien
FRACHT Gold und Silber
BERGUNG zur Zeit des Verlustes einiges Gold und Silber geborgen und Schiff verbrannt, um Plünderung zu verhindern
Schiff war auf Untiefe gelaufen

⑲ E6 SAO CARLOS 25. Juli 1622
SCHIFF portugiesischer Ostindienfahrer
LAGE in felsenreicher Bucht nahe Fort Santo Antonio, SW Mocambique
ROUTE Portugal nach Indien
FRACHT Gold und Silber
BERGUNG zur Zeit des Verlustes geborgen
Schiff ging im Kampf mit englisch-niederländischer Flotte verloren

⑳ E6 SAO JOZEPH 25. Juli 1622
SCHIFF portugiesischer Ostindienfahrer, Karacke
LAGE Riffe von Mogincali, Mocambique
ROUTE Portugal nach Indien
FRACHT Gold und Silber
BERGUNG die englisch-niederländische Flotte nahm 68.553 Silberpesos an sich; 40 Kisten waren bereits von den Portugiesen entfernt worden

㉑ E5 SAO BRAZ 24. Jan. 1624
SCHIFF portugiesischer Ostindienfahrer, Pinasse
LAGE vor Mocambique
ROUTE Portugal nach Indien
FRACHT Gold und Silber

㉒ E5 SAO SIMAO 24. Jan. 1624
SCHIFF portugiesischer Ostindienfahrer
LAGE vor Mocambique
ROUTE Portugal nach Indien
FRACHT Gold und Silber

㉓ E6 SANTA IZABEL 28. Jan. 1624
SCHIFF portugiesischer Ostindienfahrer, Karacke
LAGE Monomocaia, Mocambique
ROUTE Portugal nach Goa, Indien
FRACHT Gold und Silber
Kapitän Diego Castelo Branco starb nahe Mocambique; sein Nachfolger war D. Joao Coutinho

㉔ D6 SANTIAGO 1629
SCHIFF portugiesischer Ostindienfahrer
LAGE Felsen von Joao da Nova, Primeira-Inseln
ROUTE Portugal nach Goa, Indien
FRACHT Gold und Silber
Kapitän Francisco de Sousa de Castro

㉕ F5 SAMARITAN 1635
SCHIFF englisch
LAGE Komoren
FRACHT Beute von Schiffen reicher indischer Moguln, darunter Gold und Silber
Schiff gehörte zu einem privat finanzierten Freibeuter-Unternehmen, mit Rückendeckung von Endymion Porter

㉖ G9 KONING DAVID 29. März 1639
SCHIFF niederländ. Ostindienfahrer, 200 t
LAGE SE-Küste von Madagaskar
ROUTE Niederlande nach Ostindien
FRACHT Münzen

㉗ E6 SAO BENTO 27. Dez. 1642
SCHIFF portugiesischer Ostindienfahrer
LAGE vor Mocambique
ROUTE Portugal nach Indien
FRACHT Gold und Silber

㉘ E6 SANTO ANTONIO 1644
SCHIFF portugiesischer Ostindienfahrer
LAGE Angoche, Mocambique
ROUTE Portugal nach Goa, Indien
FRACHT Gold und Silber
Kapitän Amador Lousado

㉙ D6 NOSSA SENHORA DO BOM 3. Sept. 1649
SCHIFF portugiesischer Ostindienfahrer
LAGE Riffe von Mogincali zwischen den Angoche-Inseln und Mocambique
ROUTE Portugal nach Fernost
FRACHT Gold und Silber

㉚ E6 SAO LOURENCO 3. Sept. 1649
SCHIFF portugiesischer Ostindienfahrer
LAGE Bänke von Mogincali, Mocambique
ROUTE Lissabon nach Goa, Indien
FRACHT Gold und Silber
Der 1. Offizier wurde gehängt und der Lotse zu 10 Jahren Galeere verurteilt

㉛ F9 TULIP 2. Dez. 1656
SCHIFF niederländischer Ostindienfahrer
LAGE vor Madagaskar
ROUTE Niederlande nach Djakarta, Java
FRACHT Münzen

㉜ D6 SMYRNA MERCHANT 1660
SCHIFF englischer Ostindienfahrer
LAGE Insel Joao da Nova, Primeira-Inseln
ROUTE London, England, nach Madras, Indien
FRACHT Silbermünzen
BERGUNG 10 Kisten Silber geborgen
Überlebende von der Mayflower gerettet

㉝ D6 LOVE 28. Nov. 1665
SCHIFF englischer Ostindienfahrer
LAGE 96 km (51,8 sm) von Mocambique
ROUTE Al Mukha, Jemen, nach Großbritannien
FRACHT Münzen
BERGUNG Münzen im Wert von 12.000 US $ geborgen
Schiff lief auf Felsbank

㉞ G5 TAUREAU 1666
SCHIFF französischer Ostindienfahrer
LAGE Nordküste von Madagaskar
FRACHT Wertgegenstände

㉟ F9 SOLEIL D'ORIENT 1681
SCHIFF französischer Ostindienfahrer
LAGE nahe Fort Dauphin, SE von Madagaskar
ROUTE Thailand nach Frankreich
FRACHT wertvolle Gold- und Silbergegenstände vom König von Siam an Louis XIV. von Frankreich
BERGUNG kürzlich gesucht, aber nicht gefunden

㊱ F5 HERBERT 3. Juli 1690
SCHIFF englischer Ostindienfahrer, 750 t, 54 Kanonen montiert
LAGE vor Anjouan, Komoren
ROUTE Großbritannien nach Indien
FRACHT Silbermünzen und -barren
Schiff explodierte im Kampf mit Franzosen

㊲ D3 SANTO ANTONIO DE TANAH 20. Okt. 1697
SCHIFF 50-Kanonen-Fregatte, 1681 am Tanah-Bach nahe Bassein, Burma, gebaut
LAGE SE eines Forts bei Mombasa, Kenia
FRACHT Münzen
BERGUNG Anfang der 60er Jahre von Tauchern wiederentdeckt

㊳ F5 RUBY 28. April 1699
SCHIFF englischer Ostindienfahrer
LAGE Mayotte, Komoren, 12°47'S 45°16'E
ROUTE Großbritannien nach Iran
FRACHT 7 Kästen Silberreals und 11 Kisten Glaswaren

㊴ F9 DEGRAVE 1701
SCHIFF englischer Ostindienfahrer, 700 t
LAGE Süd-Madagaskar
ROUTE Indien nach Großbritannien
FRACHT Edelsteine

㊵ E6 LIAMPA 7. Juni 1705
SCHIFF englischer Ostindienfahrer
LAGE nahe Mocambique
ROUTE Großbritannien nach Iran
FRACHT Münzen

㊶ E6 NOSSA SENHORA DA GUIA 10. Aug. 1719
SCHIFF portugiesisch
LAGE Angoche-Inseln, etwa 145 km (78,3 sm) von Mocambique
ROUTE Portugal nach Fernost
FRACHT Gold und Silber

㊷ D8 SUSSEX 1738
SCHIFF englischer Ostindienfahrer
LAGE Straße von Mocambique
ROUTE China nach Großbritannien
FRACHT Porzellan und 53 Tonnen Zink
BERGUNG einige Porzellanscherben geborgen; Schiff wurde kürzlich lokalisiert

㊸ D6 BREDENHOF 1753
SCHIFF niederländischer Ostindienfahrer
LAGE 190 km (103 sm) südlich von Mocambique, 21 km (11,3 sm) von der Küste
ROUTE Niederlande nach Djakarta, Java
FRACHT 29 Kisten Silber und 1 Kiste Gold
BERGUNG von Klaar und Clackworthy geborgen
Gegenstände und Edelmetall bei Christie's in London versteigert

㊹ H5 AURORA Jan. 1770
SCHIFF englische Fregatte
LAGE NE Madagaskar
ROUTE Großbritannien nach Indien
FRACHT Münzen

㊺ F5 HUNTINGDON 16. April 1774
SCHIFF englischer Ostindienfahrer
LAGE Sände zwischen Anjouan und Saddle Island, Komoren
ROUTE China nach Großbritannien
FRACHT Porzellan

㊻ F9 ST. JOHN BAPTISTE 1777
SCHIFF französischer Ostindienfahrer
LAGE auf einem Felsen nahe der südlichsten Spitze von Madagaskar
ROUTE Frankreich nach Indien
FRACHT Münzen

㊼ F5 BRILLIANT 28. Aug. 1782
SCHIFF englischer Ostindienfahrer
LAGE auf einem Felsen nahe Saddle Island, SW von Anjouan, Komoren
ROUTE Großbritannien nach Indien
FRACHT Münzen

㊽ E7 AURORE Feb. 1790
SCHIFF französisch, 700 t
LAGE Straße von Mocambique
ROUTE von Pondicherry, Indien, via Mauritius
FRACHT Münzen

㊾ E7 WINTERTON 20. Aug. 1792
SCHIFF englischer Ostindienfahrer, 771 t
LAGE 101 km (54,5 sm) nördlich der St.-Augustin-Bucht, Madagaskar, 9,5 km (5,1 sm) vom Festland
ROUTE Großbritannien nach Indien
FRACHT 75 Kisten Silber, insgesamt 7.400 kg, und privat verschiffte Münzen
BERGUNG etwa die Hälfte von örtlichen Fischern geborgen

㊿ D3 JONAS 1857
SCHIFF französisch
LAGE 16 km (8,6 sm) von Barre von Sansibar, Tansania
ROUTE Marseille, Frankreich, nach Fernost
FRACHT Münzen

51 G5 SALAZIE 21. Nov. 1912
SCHIFF französisch, Messageries Maritimes, 4.147 t
LAGE Nosykombariffe, S Antsiranana, Madagaskar
ROUTE Marseille, Frankreich, nach Mauritius
FRACHT Münzen

52 G7 AMANDA 4. März 1927
SCHIFF norwegisch, J. P. Pedersen & Sohn, 1.170 t
LAGE Toamasina, Madagaskar
FRACHT Silber
Schiff ging im Zyklon verloren

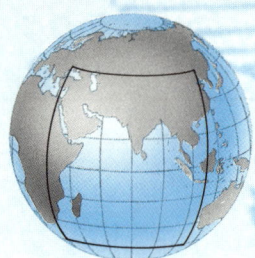

INDISCHER OZEAN, ROTES MEER UND PERSISCHER GOLF

Die Karte zu dieser Liste befindet sich auf der Seite 145.

● Keine Bergung bekannt
■ Bergung bekannt

❶ J4 PHARAO-SCHIFFE 2000 v. Chr.
LAGE Insel im Roten Meer, Zweimonatsreise von Theben, Ägypten, entfernt
ROUTE Ophir nach Theben, Ägypten
FRACHT Gold, Silber, Juwelen, Holz, Elfenbein, Affen und Pfauen

❷ I3 WRACKS DES KÖNIG JOSAPHAT 873–849 v. Chr.
LAGE Hafen in der nordöstlichsten Ecke des Roten Meeres
FRACHT wertvolle Kunstgegenstände

❸ M5 DAS GOURADOU-WRACK
16. Jh.
SCHIFF chinesisch
LAGE Süd-Male-Atoll, Malediven, 03°53'N
ROUTE von Sunda, Indonesien
BERGUNG zur Zeit des Untergangs einiges geborgen

❹ K3 SANCTA CRUZ 1510
SCHIFF portugiesisch
LAGE Nordküste des Persischen Golfs, etwa 27°30'N 53°00'E
ROUTE Portugal nach Indien
FRACHT Münzen

❺ M6 NOSSA SENHORA DA CONCEICAO 1555
SCHIFF portugiesischer Ostindienfahrer
LAGE Baixos Pero dos Banhos, Chagos-Archipel
ROUTE Portugal nach Indien
FRACHT Königsschatz inkl. Gold und Silber
BERGUNG etwas vom Königsschatz zur Zeit des Verlustes geborgen

❻ K4 ATJEHER-SCHIFF März oder April 1561
SCHIFF atjehisch
LAGE vor Qishn, Jemen
FRACHT Gold und Juwelen im Wert von über 200.000 Cruzados, für Sultan der Türkei
Schiff ging im Kampf mit zwei portugiesischen Galeonen verloren; auch eine der portugiesischen Galeonen sank

❼ L7 BOM JESUS 1593
SCHIFF portugiesischer Ostindienfahrer
LAGE Cargados Carajos Inseln
ROUTE Indien nach Portugal
FRACHT Edelsteine und Porzellan
Manuel de Sousa Coutinho verlor mit diesem Schiff sein Leben

❽ J5 MADRE DE DEUS 1595
SCHIFF portugiesischer Ostindienfahrer
LAGE Küste von Somalia
ROUTE Indien nach Portugal
FRACHT Gold und Edelsteine

❾ K4 SANTO ANTONIO 1601
SCHIFF portugiesischer Ostindienfahrer
LAGE Socotra
ROUTE Portugal nach Indien
FRACHT Gold- und Silbermünzen

❿ M5 CORBIN Juni 1602
SCHIFF französisch
LAGE Riff, 24 bis 29 km (13 bis 15,7 sm) vom Felidu-Atoll und südlich vom Maaloosmadulu-Atoll. 04°54'N
ROUTE Frankreich nach Indien
FRACHT Silber
BERGUNG Bergeversuch zur Zeit des Untergangs, aber Schiff lag zu tief

⓫ K6 SAINT BOAVENTURA 1615
SCHIFF portugiesischer Ostindienfahrer
LAGE 25 Tage von Goa, Indien
ROUTE Goa, Indien, nach Portugal
FRACHT Edelsteine und Porzellan

⓬ L8 BANDA 6. März 1615
SCHIFF niederländ. Ostindienfahrer, 600 t
LAGE Bucht von Tombeau, Mauritius
ROUTE Banten, Java, nach Niederlande
FRACHT fernöstliche Waren im Wert von 110.370 Florin und persönliches Vermögen des Pieter Both
BERGUNG zur Zeit des Untergangs einiges geborgen; Schiff kürzlich wiederentdeckt

⓭ K3 SAO PEDRO 1622
SCHIFF portugiesisch
LAGE Strand nahe Bandar'Abbas, Iran
ROUTE Portugal nach Indien
FRACHT Münzen
Bei der Belagerung der Festung Hormuz, Iran, verloren

⓮ K8 GOUDA 18. März 1625
SCHIFF niederländ. Ostindienfahrer, 800 t
LAGE nahe Madagaskar
ROUTE Djakarta, Java, nach Niederlande
FRACHT Porzellan

⓯ K3 LION 18. Nov. 1625
SCHIFF englischer Ostindienfahrer
LAGE Bandar'Abbas, Iran
ROUTE Großbritannien nach Iran
FRACHT Münzen

⓰ M4 COMFORT 20. Nov. 1638
SCHIFF englischer Ostindienfahrer
LAGE zwischen Machilipatnam und Surat, Indien, 11°20'N
ROUTE Banten, Java, nach Surat, via Machilipatnam, Indien
FRACHT Edelsteine
Schiff wurde von Piraten der Malabarküste gejagt; zur Verteidigung selbst zur Explosion gebracht

⓱ K7 HENRY BONAVENTURE ca. 1645
SCHIFF englischer Ostindienfahrer
LAGE Mauritius
ROUTE Indien nach Großbritannien
FRACHT Edelsteine

⓲ L3 ENDEAVOUR 8. Jan. 1654
SCHIFF englischer Ostindienfahrer
LAGE vor Sind, Pakistan
ROUTE Großbritannien nach Iran
FRACHT Münzen

⓳ M5 PERSIA MERCHANT 9. Aug. 1658
SCHIFF englischer Ostindienfahrer
LAGE nahe Insel Ingramrudoo, Malediven
ROUTE Großbritannien nach Bengalen
FRACHT 8 Kisten Silber und wahrscheinlich Gold aus Westafrika
BERGUNG erfolgloser Bergeversuch zur Zeit des Untergangs

⓴ J4 SCHIFF VON VINGECLA 2. Juni 1661
LAGE Insel in der Mündung des Roten Meeres
FRACHT Juwelen, 5 oder 6 t Gold und andere Wertgegenstände
BERGUNG zur Zeit des Verlustes einiges geborgen

㉑ O4 WEESP 27. Sept. 1661
SCHIFF niederländ. Ostindienfahrer, 560 t
LAGE Insel Sawalang nahe Japara, Andamanen, einen Musketenschuß vom Strand
ROUTE Thailand nach Bengalen
FRACHT Gold

㉒ L8 GEKROONDE LEEUW 10. od. 11. Feb. 1662
SCHIFF niederländischer Ostindienfahrer, 1.200 t
LAGE Indischer Ozean, etwa 25°00'S
ROUTE Djakarta, Java, nach Niederlande
FRACHT Porzellan

㉓ L8 PRINS WILLEM 10. od. 11. Feb. 1662
SCHIFF niederländ. Ostindienfahrer, 1.100 t
LAGE Indischer Ozean, etwa 25°00'S
ROUTE Djakarta, Java, nach Niederlande
FRACHT Porzellan

㉔ L8 WAPEN VAN HOLLAND 10. Feb. 1662
SCHIFF niederländ. Ostindienfahrer. 920 t
LAGE Indischer Ozean, etwa 25°00'S
ROUTE Djakarta, Java, nach Niederlande
FRACHT Porzellan

㉕ L7 ARNHEM 12. März 1662
SCHIFF niederländ. Ostindienfahrer. 1.000 t
LAGE Brandao, Insel auf den Cargados-Untiefen, östlich von Madagaskar
ROUTE Djakarta, Java, nach Niederlande
FRACHT Porzellan und Edelsteine

㉖ K4 THOMAS 1698
SCHIFF privates englisches Handelsschiff
LAGE vor Socotra
ROUTE Indien nach Al Mukha, Jemen
FRACHT Edelsteine und Münzen

㉗ K7 SPEAKER 1702
SCHIFF Piratenschiff
LAGE Mauritius
FRACHT Beute
BERGUNG von P. Lize und anderen geborgen

㉘ K3 HESTOR 1704
SCHIFF englischer Ostindienfahrer, 350 t
LAGE Persischer Golf
ROUTE Großbritannien nach Iran
FRACHT Münzen

㉙ L8 CONCORDIA 1708
SCHIFF niederländ. Ostindienfahrer, 900 t
LAGE nahe Mauritius
ROUTE Djakarta, Java, nach Niederlande
FRACHT Porzellan

㉚ K7 ZUIDERBURG 1708
SCHIFF niederländ. Ostindienfahrer, 618 t
LAGE nahe Mauritius
ROUTE Djakarta, Java, nach Niederlande
FRACHT Porzellan

㉛ K2 BLENHEIM 1712
SCHIFF englischer Ostindienfahrer
LAGE Euphrat, Basra, Irak
ROUTE Großbritannien nach Iran
FRACHT Münzen

㉜ M7 BLEIJENBURG 1722
SCHIFF niederländ. Ostindienfahrer, 1.100 t
LAGE zwischen Djakarta, Java, und Kap der Guten Hoffnung, Südafrika
ROUTE Djakarta, Java, nach Niederlande
FRACHT Porzellan

㉝ L8 HUIS TE FOREEST 1722
SCHIFF niederländ. Ostindienfahrer, 600 t
LAGE nahe Mauritius
ROUTE Djakarta, Java, nach Niederlande
FRACHT Porzellan

㉞ K8 RAADHUIS VAN MIDDELBURG 1722
SCHIFF niederländ. Ostindienfahrer, 890 t
LAGE nahe Mauritius
ROUTE Djakarta, Java, nach Niederlande
FRACHT Porzellan

㉟ K8 RIJNESTEIN 1722
SCHIFF niederländ. Ostindienfahrer, 608 t
LAGE nahe Mauritius
ROUTE Djakarta, Java, nach Niederlande
FRACHT Porzellan

㊱ M5 RAVENSTEIN 8. Mai 1726
SCHIFF niederländ. Ostindienfahrer, 800 t
LAGE Malediven, etwa 05°39'N
ROUTE Niederlande nach Djakarta, Java
FRACHT Gold und Silber
BERGUNG 9 Kisten Silber und 1 Kiste Gold zur Zeit des Verlustes geborgen

㊲ K3 RIDDERKERK 1743
SCHIFF niederländ. Ostindienfahrer, 500 t
LAGE Iran
ROUTE Djakarta, Java, nach Iran
FRACHT Münzen

㊳ K7 SAINT GERAN 18. Aug. 1744
SCHIFF französischer Ostindienfahrer
LAGE Riff, 5 km (2,7 sm) südlich von Île d'Ambre, Mauritius
ROUTE Lorient, Frankreich, nach Mauritius
FRACHT 18 Kisten und 1 Faß Silber
BERGUNG zur Zeit des Untergangs einiges von örtlichen Tauchern geraubt
Geld war in der Achterkajüte verstaut, doch Schiff brach auf, bevor es gerettet werden konnte

㊴ L6 PRINCE OF ORANGE 1745
SCHIFF englischer Ostindienfahrer
LAGE Indischer Ozean
ROUTE Indien nach Großbritannien
FRACHT Edelsteine
Nach der Übergabe des Kapitänsbriefs auf der Reede von Anjengo, Indien, hörte man nie wieder etwas von dem Schiff

㊵ M7 DRONNINGEN AF DANMARK I 1746
SCHIFF dänischer Ostindienfahrer
LAGE Indischer Ozean
ROUTE Fernost nach Dänemark
FRACHT Porzellan

㊶ K8 NORTHAMPTON 27. März 1746
SCHIFF englischer Ostindienfahrer
LAGE 240 km (130 sm) östlich von Mauritius
ROUTE Guangzhou, China, nach Großbritannien
FRACHT Porzellan und Gold

㊷ J4 HEATHCOTE 9. Juni 1747
SCHIFF englischer Ostindienfahrer
LAGE Straße von Bab al Mandab nahe Al Mukha, Jemen
ROUTE Großbritannien nach Iran
FRACHT 30 Kisten Silber

㊸ K8 VERELST 23. April 1771
SCHIFF englischer Ostindienfahrer
LAGE nahe Mauritius
ROUTE Indien nach Großbritannien
FRACHT Edelsteine

㊹ K7 KENT 1800
SCHIFF englischer Ostindienfahrer
LAGE Port Louis, Mauritius
ROUTE Großbritannien nach Indien
FRACHT Gold
Die Kent war von Surcouf gekapert, aber nicht gesunken; aus Protest gegen die Ansprüche der französischen Admiralität warf Surcouf das Gold in Port Louis über Bord

㊺ J2 WRACK IM TIGRIS 19. Jh.
LAGE im Tigris, Irak
ROUTE Irak nach Louvres, Frankreich
FRACHT Assyrische Kunstschätze

㊻ K2 ARRAN 1808
LAGE Insel Karak, Persischer Golf
ROUTE vom Persischen Golf
FRACHT Kupfer, Arzneimittel und viele Schätze
BERGUNG zur Zeit des Untergangs einiges geborgen

㊼ K3 DURABLE 21. Aug. 1817
LAGE Durable-Untiefe vor Bahrain, 26°57'N 50°21'E
ROUTE Bushehr, Iran, nach Bahrain
FRACHT Münzen

48 L6 RUBY 10. Aug. 1838
SCHIFF britische Bark, 441 t
LAGE 05°43'S 64°40'E
ROUTE China nach Bombay, Indien
FRACHT Gold und Silber im Wert von
800.000 US $
BERGUNG kleine Menge Gold und Silber
gerettet, bevor das Schiff sank

49 I9 REGULAR 13. März 1843
SCHIFF niederländ. Ostindienfahrer, 850 t
LAGE 37°30'S 36°30'E
ROUTE Niederlande nach Djakarta, Java
FRACHT 22 Kisten Gold und Silber
BERGUNG zur Zeit des Untergangs einiges
geborgen

50 M9 JOHN HENDRIK 1845
SCHIFF niederländisch
LAGE Felsen vor St. Paul Insel, 38°43'S
77°31'E
ROUTE Niederlande nach Djakarta, Java
FRACHT Münzen

51 L8 JAMES GIBBON 1857
SCHIFF australisch
LAGE 19°40'S 63°26'E
ROUTE Adelaide, Australien, nach Mauritius
FRACHT Münzen
BERGUNG zur Zeit des Untergangs einiges
geborgen

52 L4 SULTAN 1858
SCHIFF britisch
LAGE Riff im Arabischen Meer
ROUTE Großbritannien nach Bombay
FRACHT Silber

53 I3 ALMA 12. Juni 1859
SCHIFF britisch, P & O Line
LAGE Rotes Meer
ROUTE Kalkutta nach Suez, Ägypten
FRACHT Münzen und Post
BERGUNG Post gerettet, aber Münzen verloren

54 M5 COLOMBO 19. Nov. 1862
SCHIFF britisch, P & O Line
LAGE Minicoy, Lakkadiven, Indien
ROUTE Kalkutta, Indien, nach Ägypten
FRACHT Münzen
BERGUNG zur Zeit des Untergangs einiges
geborgen

55 I3 CARNATIC 13. Sept. 1869
SCHIFF britisch, P & O Line, 1.776 t
LAGE Korallenriff, Shadwân, Golf von Suez
ROUTE Großbritannien nach Bombay
FRACHT Münzen im Wert von 40.000 £
Sterling
BERGUNG teilweise geborgen; Münzen im
Wert von 8.000 £ Sterling noch nicht geborgen

56 J4 HARVESTER Sept. 1870
SCHIFF britisch
LAGE 190 km (102,6 sm) östlich von Aden,
Jemen
ROUTE Aden, Jemen, nach Muscat, Oman
FRACHT Münzen
BERGUNG zur Zeit des Untergangs größtenteils geborgen

57 I3 PRINCE HENDRIK Okt. 1873
SCHIFF niederländisch
LAGE nördl. der Brothers Islands, Rotes Meer
ROUTE Java nach Rotterdam, Niederlande
FRACHT Münzen

58 K5 MEIKONG 17. Juni 1877
SCHIFF französisch, Messageries Maritimes
LAGE Raas Hafoun, 130 km (70 sm) südlich von Kap Gardafui, Somalia
ROUTE Hongkong nach Marseille, Frankr.
FRACHT 5 Schatzkisten

59 K4 CASHMERE 5. Juli 1877
SCHIFF British Indian Steam Navigation
Company, 1.083 t
LAGE 9,5 km (5,1 sm) südlich von Raas Asir,
Kap Gardafui, Somalia, 11°50'N 51°18E
ROUTE Sansibar, Tansania, nach Aden, Jemen
FRACHT Schatz

60 M4 RAGUDONATHA 26. April
1886
SCHIFF indisch
LAGE nahe Bankot, Indien, 17°59'N 73°03'E
ROUTE Bankot nach Calicut, Indien
FRACHT Münzen

61 J4 HONGKONG 1. Dez. 1890
SCHIFF britisch, P & O Line, 3.174 t
LAGE Azalea-Felsen, Rotes Meer
ROUTE Schanghai nach Großbritannien
FRACHT Münzen
BERGUNG zur Zeit des Untergangs einiges
geborgen

62 K8 WARREN HASTINGS
14. Juni 1897
SCHIFF britisch
LAGE Südostküste von Réunion
ROUTE Kapstadt nach Mauritius
FRACHT 7 Kisten Regimentssilber der britischen Armee (Green Jackets)
BERGUNG eine Expedition der Regimentstaucher, um die Silberteller zu bergen, war
1988 erfolglos

63 J3 WRACK IM EUPHRAT
2. Okt. 1916
SCHIFF Shaktur
LAGE südl. von Hadethah, Persischer Golf
FRACHT Gold
BERGUNG 1917 von Deutschen versucht

64 J4 CEREBOLI 11. April 1929
LAGE 18°00'N 37°30'E
ROUTE Mits'iwa, Eritrea, nach Dschidda,
Saudi Arabien
FRACHT 17 Kisten Münzen
BERGUNG Münzen im Wert von 3.000 £
Sterling geborgen

65 K4 GEORGES PHILIPPAR
19. Mai 1932
SCHIFF französisch, Messageries Maritimes, 17.000 t
LAGE Golf von Aden, 233 km (126 sm)
NNE von Kap Gardafui, Somalia
ROUTE Yokohama nach Marseille
FRACHT Rohgold und -silber im Wert von
30.000 £ Sterling
*Schiff fing Feuer und trieb mehrere Tage, bevor
es unterging*

66 K4 RAHMANIE 14. Juli 1943
SCHIFF britisch, 5.436 t
LAGE 14°52'N 52°06'E
ROUTE Bombay nach Saudi Arabien
FRACHT Goldsovereigns

67 K4 JOHN BARRY 28. Aug. 1944
SCHIFF amerikan. Liberty-Schiff, 7.176 t
LAGE 15°10'N 55°18'E
ROUTE USA nach Indien
FRACHT 3 Mill. saudi-arabische Silber-
Riyal und möglicherweise 2.000 t Silberbarren
BERGUNG kürzlich auf 1.800 m (6.000')
Wassertiefe lokalisiert; Bergarbeiten begannen
Siehe Seiten 118–119

68 M5 LUCONA 23. Jan. 1977
SCHIFF panamaisch
LAGE 160 km (86,4 sm) vor Minicoy, Lakkadiven
ROUTE Chioggia, Italien, nach Hongkong
FRACHT angeblich Teile einer Uranfabrik
im Wert von 10 Mill. £ Sterling
BERGUNG kürzlich lokalisiert und auf
Video genommen
*Teil des Versicherungsbetrugs durch Udo
Proksch; an Bord wurde nur Metallschrott gefunden*

69 L4 ALIAKMON RUNNER Feb.
1983
LAGE 10°01'N 63°18'E
ROUTE Singapur nach Piräus, Griechenland
FRACHT Kunstgegenstände aus antiken
Tempeln im Wert von 13 Mill. US $

SÜD-
AFRIKA

Die Karte zu dieser Liste befindet sich auf
den Seiten 146–147.

● Keine Bergung bekannt
■ Bergung bekannt

**❶ H6 SCHIFF VON BARTOLO-
MEU DIAS** 1500
SCHIFF portugiesisch
LAGE Agulhasbank, Südafrika
ROUTE Portugal nach Fernost
FRACHT Gold- und Silbermünzen

❷ G6 BOM JESUS 1533
SCHIFF portugiesischer Ostindienfahrer
LAGE vor Südafrika
ROUTE Lissabon nach Goa, Indien
FRACHT Münzen

❸ L4 SAO JOAO 1552
SCHIFF portugiesischer Ostindienfahrer
LAGE eben nördlich von Point Edward,
Südafrika, etwa 31°00'S
ROUTE Cochin, Indien, nach Portugal
FRACHT Juwelen und Porzellan

❹ K5 SAO BENTO 22. April 1554
SCHIFF portugiesischer Ostindienfahrer
LAGE Felsen von Pedro dos Parcos vor
Ostküste Südafrikas, 32°19'S
ROUTE Portugal nach Goa, Indien
FRACHT Gold- und Silbermünzen
BERGUNG 5 Kisten Silber gerettet

❺ H6 BOA VIAGEM 1584
SCHIFF portugiesischer Ostindienfahrer
LAGE vor Kap der Guten Hoffnung
ROUTE Cochin, Indien, nach Portugal
FRACHT Porzellan und Edelsteine

❻ M2 SAO THOME 1589
SCHIFF portugiesischer Ostindienfahrer
LAGE vor Hully Point nahe Grenze zwischen Mocambique und Südafrika, 39 km
(21 sm) von Land, 27°20'S
ROUTE Indien nach Portugal
FRACHT Juwelen und Porzellan
*Dom Paolo de Lima und Bernadim de Carvalho an Bord; der Lotse, Gaspar Goncalves,
war zuvor auf der verlorenen Santiago gewesen*

❼ K4 SAO ALBERTO 1593
SCHIFF portugiesischer Ostindienfahrer
LAGE 32°02'S 29°07'E
ROUTE Indien nach Portugal
FRACHT Juwelen, Gold und Porzellan
BERGUNG Dosen mit vielen Gold- und Silberstücken und Kisten mit Kristall-Rosenkränzen wurden zur Zeit des Untergangs
geborgen; kürzlich von D. R. Wratten lokalisiert

❽ F5 OOSTERLAND 24. Mai 1607
SCHIFF niederländ. Ostindienfahrer, 1.123 t
LAGE Mündung des Salt River, Tafelbucht, Südafrika
ROUTE Sri Lanka nach Niederlande
FRACHT Juwelen

❾ L3 SAO ESPIRITO 1608
SCHIFF portugiesischer Ostindienfahrer
LAGE Küste von Natal, Südafrika
ROUTE Portugal nach Indien
FRACHT Münzen

❿ J5 SAO JOAO BAPTISTA 1622
SCHIFF portugiesischer Ostindienfahrer
LAGE möglicherweise Fundort einer Kanone, 6 km (3,24 sm) südlich von Kap Padrone nahe der Mündung des Keiskamma
River, Südafrika, etwa 33°00'S
ROUTE Goa, Indien, nach Portugal
FRACHT Juwelen, Gold und Porzellan
BERGUNG Juwelen zur Zeit des Verlustes
gerettet
Schiff ging nach 19tägiger Schlacht mit niederländischen Korsaren verloren

⓫ J5 SAO GONCALO 1630
SCHIFF portugiesischer Ostindienfahrer
LAGE Algoa-Bucht, Südafrika
ROUTE Indien nach Portugal
FRACHT Porzellan und Juwelen

⓬ K4 SAO JOAO BAPTISTA 1634
SCHIFF portugiesischer Ostindienfahrer
LAGE nördlich von Port St. Johns, Südafrika
FRACHT Edelsteine und Porzellan
BERGUNG zur Zeit des Verlustes geborgen

**⓭ K5 NOSSA SENHORA DE
BELEM** 1635
SCHIFF portugiesischer Ostindienfahrer
LAGE nahe Mündung des Umzimvubu
River, 210 km (113 sm) südlich von Durban, Südafrika, etwa 32°00'S
ROUTE Goa, Indien, nach Portugal
FRACHT Juwelen, Porzellan und Gold
BERGUNG zur Zeit des Untergangs einiges
geborgen
*Kapitän Joseph de Cabreira; Überlebende gelangten an der afrikanischen Westküste bis nach
Luanda, Angola*

⓮ K5 SANTA MARIA DE DEUS
1643
SCHIFF portugiesischer Ostindienfahrer
LAGE Bonza-Bucht, 8 km (4,3 sm) nördlich
von East London, Südafrika
ROUTE Indien nach Portugal
FRACHT Juwelen, Porzellan und Gold
In der Bonza-Bucht wurde chinesisches Porzellan gefunden

⓯ G5 MAURITIUS EILAND
7. Feb. 1644
SCHIFF niederländischer Ostindienfahrer
LAGE Riff vor Saldanha-Bucht, Südafrika
ROUTE Niederlande nach Djakarta, Java
FRACHT Münzen
BERGUNG Münzen zur Zeit des Untergangs geborgen

⓰ G5 HAARLEM 6. April 1647
SCHIFF niederländischer Ostindienfahrer,
500 t
LAGE auf Sandstrand gegenüber Tafelbucht, zwischen Robben Island und dem
südafrikanischen Festland
ROUTE Djakarta, Java, nach Niederlande
FRACHT Porzellan und Edelsteine
BERGUNG zur Zeit des Untergangs einiges
geborgen

⓱ J5 SACRAMENTO 30. Juni 1647
SCHIFF portugiesischer Ostindienfahrer
LAGE Sardinie-Bucht nahe Südspitze der
Algoabucht, Südafrika, etwa 34°00'S
ROUTE Goa, Indien, nach Portugal
FRACHT Juwelen, Porzellan und Gold
BERGUNG kürzlich von Dave Allan und
Gerry van Niekerk wiederentdeckt; Ming-Porzellan und 26 Bronzekanonen
gehoben
*Lage auf einer Karte von Robert Jacob Gordon,
1778, eingezeichnet*

**⓲ K5 NOSSA SENHORA DE
ATALAIA** 4. Juli 1647
SCHIFF portugiesischer Ostindienfahrer
LAGE vor Cintsa-Bucht, südlich des Great
Kei River, Südafrika, 33°20'S
ROUTE Portugal nach Goa, Indien
FRACHT Gold- und Silbermünzen

19 F5 **JOHANNA** 1682
SCHIFF englischer Ostindienfahrer
LAGE Kap der Guten Hoffnung, Südafrika
ROUTE Großbritannien nach Indien
FRACHT 70 Schatzkisten
BERGUNG kürzlich wieder geortet

20 L4 **GOOD HOPE** Mai 1685
SCHIFF englischer Ostindienfahrer
LAGE Hafen von Durban, Südafrika
ROUTE Großbritannien nach Indien
FRACHT Münzen

21 L4 **STAVENISSE**
16. Feb. 1686
SCHIFF niederländischer Ostindienfahrer
LAGE Strand von Ifafa, 64 km (34,56 sm) südlich von Durban, Südafrika, etwa 30°28'S
ROUTE Bengalen nach Niederlande
FRACHT Edelsteine

22 F5 **MILAGRES** 18. April 1686
SCHIFF portugiesischer Ostindienfahrer
LAGE Kap der Guten Hoffnung, Südafrika
ROUTE Goa, Indien, nach Portugal
FRACHT Edelsteine, Porzellan und Gold

23 G5 **GOEDE HOOP**
5. Juni 1692
SCHIFF niederländischer Ostindienfahrer, 1.177 t
LAGE nahe Salt River, Tafelbucht, Südafrika
ROUTE Djakarta, Java, nach Niederlande
FRACHT Edelsteine und Porzellan
BERGUNG zur Zeit des Untergangs vieles geborgen

24 G5 **HOOGERGEEST**
10. Juni 1692
SCHIFF niederländischer Ostindienfahrer, 222 t
LAGE Salt River, Tafelbucht, Südafrika
ROUTE Djakarta, Java, nach Niederlande
FRACHT Porzellan und Edelsteine

25 G6 **ORANGE** 1693
SCHIFF englischer Ostindienfahrer
LAGE Mündung des Salt River, Tafelbucht, Südafrika
ROUTE Indien nach Großbritannien
FRACHT Diamanten
BERGUNG 10 Säckchen Diamanten geborgen

26 G5 **GOUDE BUYS**
Okt. 1693
SCHIFF niederländischer Ostindienfahrer
LAGE 39 km (21 sm) nördlich der St. Helena-Bucht, Südafrika
ROUTE Niederlande nach Djakarta, Java
FRACHT 17 Schatzkisten
BERGUNG Schatz auf die *Dageraad* gebracht

27 G5 **DAGERAAD** Dez. 1693
SCHIFF niederländischer Ostindienfahrer, 140 t
LAGE Felsen an der Westseite von Robben Island, Südafrika
ROUTE Niederlande nach Djakarta, Java
FRACHT 17 Schatzkisten, die von der *Goude Buys* übernommen wurden

28 G6 **WADDRINXVEEN**
Mai 1697
SCHIFF niederländischer Ostindienfahrer
LAGE Mündung des Salt River, Tafelbucht, Südafrika
ROUTE Sri Lanka nach Niederlande
FRACHT Edelsteine

29 G6 **T'HUIS TE KAIJENSTEIN**
27. Mai 1698
SCHIFF niederländischer Ostindienfahrer, 1.154 t
LAGE Oudekraal, Camps Bay, 5 km (2,7 sm) von Kapstadt, Südafrika
ROUTE Niederlande nach Djakarta, Java
FRACHT 19 Kisten mit Geld
BERGUNG 17 Kisten mit Geld geborgen

30 G5 **MERESTEIN**
3. April 1702
SCHIFF niederländischer Ostindienfahrer
LAGE Jutten Eiland, Saldanha-Bucht, Südafrika
ROUTE Niederlande nach Djakarta, Java
FRACHT 16 Kisten mit Münzen
BERGUNG Begeversuch 1728 von John Lethbridge ohne großen Erfolg; weitere Bergung in den 70er Jahren und Verkauf der kunsthandwerklichen Gegenstände in London

31 H6 **BENNEBROEK** 1711
SCHIFF niederländischer Ostindienfahrer, 800 t
LAGE Struys-Bucht, östlich von Kap Agulhas, Südafrika
ROUTE Sri Lanka nach Niederlande
FRACHT Edelsteine

32 G6 **CHANDOS** 1719
SCHIFF englischer Ostindienfahrer
LAGE Kap der Guten Hoffnung, Südafrika
ROUTE Großbritannien nach Bombay, Indien
FRACHT Münzen
BERGUNG Kapitän Samuel Brathwait von der HMS Salisbury an Bergung beteiligt

33 H6 **ADDISON** 5. Nov. 1720
SCHIFF englischer Ostindienfahrer
LAGE Kap der Guten Hoffnung, Südafrika
ROUTE Großbritannien nach Indien
FRACHT Silbermünzen
BERGUNG Kapitän Samuel Brathwait von der HMS Salisbury an Bergung beteiligt

34 G6 **NIGHTINGALE**
26. Feb. 1721
SCHIFF englischer Ostindienfahrer
LAGE Kap der Guten Hoffnung, Südafrika
ROUTE Großbritannien nach Madras, Indien
FRACHT Silbermünzen
BERGUNG Kapitän Samuel Brathwait von der HMS Salisbury an Bergung beteiligt

35 G6 **ROTTERDAM**
15. Juni 1722
SCHIFF niederländischer Ostindienfahrer, 800 t
LAGE Kap der Guten Hoffnung, Südafrika
ROUTE Niederlande nach Djakarta, Java
FRACHT Silbermünzen
BERGUNG 1727 Bergeversuch von Lethbridge

36 G6 **STANDVASTIGHEID**
15. Juni 1722
SCHIFF niederländischer Ostindienfahrer, 888 t
LAGE Kap der Guten Hoffnung, Südafrika
ROUTE Niederlande nach Djakarta, Java
FRACHT Münzen
BERGUNG Bergeversuch von Lethbridge, aber Silber nicht geborgen

37 G4 **METEREN** 7. Nov. 1723
SCHIFF niederländischer Ostindienfahrer
LAGE Westküste von Südafrika, etwa 31°20'S
ROUTE Niederlande nach Djakarta, Java
FRACHT Silber

38 G5 **MIDDENRAK**
3. Juli 1728
SCHIFF niederländischer Ostindienfahrer
LAGE Salt River, Tafelbucht, Südafrika
ROUTE Niederlande nach Djakarta, Java
FRACHT Münzen
Schiff ging in gleicher Gegend und im gleichen Jahr verloren wie die Haarlem

39 G5 **HAARLEM** 4. Dez. 1728
SCHIFF niederländischer Ostindienfahrer, 850 t
LAGE Salt River, Tafelbucht, Südafrika
ROUTE Niederlande nach Djakarta, Java
FRACHT Silbermünzen
2 Geldkästchen wurden an den Strand gespült

40 H6 **SAKSENBURG** 8. Jan. 1730
SCHIFF niederländischer Ostindienfahrer, 610 t
LAGE nahe Kap Agulhas
ROUTE Niederlande nach Djakarta, Java
FRACHT Münzen

41 G5 **REIJGERSDAAL**
25. Okt. 1747
SCHIFF niederländischer Ostindienfahrer, 850 t
LAGE nahe Dassen Island am Festland, Südafrika
ROUTE Niederlande nach Djakarta, Java
FRACHT Silbermünzen
BERGUNG zur Zeit des Untergangs einiges geborgen

42 J5 **DODDINGTON** 17. Juli 1754
SCHIFF englischer Ostindienfahrer
LAGE Bird Island vor Port Elizabeth, Südafrika
ROUTE Indien nach Großbritannien
FRACHT Goldmünzen und Silbergeld
BERGUNG zur Zeit des Untergangs einiges geborgen; Schiff wurde kürzlich von Dave Allan wiederentdeckt, Münzen, Glas und Kämme aus Schildpatt gefunden

43 G6 **VOORZICHTIGHEID**
8. Juni 1757
SCHIFF niederländischer Ostindienfahrer, 850 t
LAGE Kap der Guten Hoffnung, Südafrika
ROUTE Fernost nach Niederlande
FRACHT Reis und Porzellan

44 G5 **JONGE THOMAS**
2. Juni 1773
SCHIFF niederländischer Ostindienfahrer, 1.150 t
LAGE Sände nahe Salt River, Kap der Guten Hoffnung, Südafrika
ROUTE Niederlande nach Djakarta, Java
FRACHT Silber

45 G6 **NIEUW RHOON** 5. Feb. 1776
SCHIFF niederländischer Ostindienfahrer, 1.150 t
LAGE Kap der Guten Hoffnung, Südafrika
ROUTE Djakarta, Java, nach Niederlande
FRACHT Porzellan
BERGUNG kürzlich wiederentdeckt und einiges Porzellan geborgen

46 G5 **COLEBROOKE**
Aug. 1778
SCHIFF englischer Ostindienfahrer
LAGE Ostufer der Kogel Bay, Südafrika
ROUTE Großbritannien nach Indien
FRACHT kleine Menge Münzen
BERGUNG 1986 wieder lokalisiert
Schiff lief auf Anvil Rock in der False Bay, Südafrika

47 H6 **MENTOR** 5. Jan. 1780
SCHIFF niederländischer Ostindienfahrer
LAGE Riff vor Kap Agulhas, Südafrika
ROUTE Djakarta, Java, nach Niederlande
FRACHT Porzellan

48 G5 **MIDDELBURG** 21. Juli 1781
SCHIFF niederländischer Ostindienfahrer
LAGE Saldanha-Bucht, Südafrika
ROUTE China nach Niederlande
FRACHT Porzellan
BERGUNG kürzlich von Bill Dodds geborgen

49 K4 **GROSVENOR**
4. Aug. 1782
SCHIFF englischer Ostindienfahrer
LAGE Mündung des Tezani River, 32 km (17,3 sm) nördlich von Port St. Johns, Südafrika
ROUTE Indien nach Großbritannien
FRACHT Gold, Juwelen und Pfauenthrone (gerüchteweise); tatsächlich transportierte das Schiff nur eine relativ kleine Menge Edelsteine
BERGUNG viele erfolglose Versuche

50 G6 **NICOBAR** 1783
SCHIFF dänischer Ostindienfahrer
LAGE nahe Kap der Guten Hoffnung, Südafrika
ROUTE Dänemark nach Fernost
FRACHT Münzen

51 F6 **HOOP** 30. Juni 1784
SCHIFF niederländischer Ostindienfahrer, 800 t
LAGE Mouille Point, Tafelbucht, Südafrika
ROUTE Djakarta, Java, nach Niederlande
FRACHT Porzellan

52 H6 **BREDERODE** 4. Mai 1785
SCHIFF niederländischer Ostindienfahrer, 1.150 t
LAGE vor Kap Agulhas, Südafrika
ROUTE China nach Niederlande
FRACHT Porzellan

53 F6 **AVENHOORN** 22. Jan. 1788
SCHIFF niederländischer Ostindienfahrer, 880 t
LAGE Tafelbucht, Südafrika
ROUTE Djakarta, Java, nach Niederlande
FRACHT Porzellan

54 G6 **STERRESCHANS**
20. Mai 1793
SCHIFF niederländischer Ostindienfahrer, 850 t
LAGE vor Felsen südlich einer Festung, Tafelbucht, Südafrika
ROUTE Niederlande nach Djakarta, Java
FRACHT Münzen

55 H7 **GANGES** 29. Mai 1807
SCHIFF englischer Ostindienfahrer
LAGE vor Laccams Channel, 38°22'S 19°50'E
ROUTE China nach Großbritannien
FRACHT Porzellan
Schiff brannte

56 J5 **WILLIAM PITT** 16. Dez. 1814
SCHIFF englischer Ostindienfahrer
LAGE östlich der Algoa Bay, Südafrika
ROUTE Großbritannien nach Indien
FRACHT Münzen

57 G5 **BIRKENHEAD** 7. Jan. 1852
SCHIFF britisch, Fracht-Raddampfer, 1.400 t
LAGE 3 km (1,62 sm) vom Strand, Felsnadel vor Danger Point, False Bay, Südafrika
ROUTE Kapstadt nach Port Elizabeth, Südafrika
FRACHT Goldmünzen im Wert von 240.000 £ Sterling als Armeesold vermutet
BERGUNG zwischen 1986 und 1988 geborgen, doch nur minimale Funde an Goldsovereigns

58 H6 **QUEEN OF THE THAMES**
18. März 1871
SCHIFF Dampfer, Devitt & Moore
LAGE Sandspitze nahe Kap Agulhas, Südafrika
ROUTE Melbourne, Australien, nach London, England
FRACHT Goldstaub im Wert von 7.000 £ Sterling

59 G5 **THERMOPYLAE**
11. Sept. 1899
SCHIFF britisch, Henderson Line
LAGE Green Point Leuchtturm, Tafelbucht, Südafrika
ROUTE Australien nach Großbritannien
FRACHT Gold
BERGUNG zur Zeit des Untergangs einiges geborgen

60 I6 **WARATAH** 1909
SCHIFF britisch, Blue Anchor Line, 9.339 t
LAGE zwischen Durban und Kapstadt, Südafrika
ROUTE Sydney, Australien, nach London, England
FRACHT Gerüchte über Gold
Schiff vermißt

61 **E4** KALEWA 1. Aug. 1942
SCHIFF britisch, Burma Line
LAGE 30°16'S 13°39'E
ROUTE Glasgow, Schottland, nach Süd-
afrika
FRACHT Münzen

62 **F6** COLORADAN 9. Okt. 1942
SCHIFF amerikanisch, Hawaiian Steamship
Company, 6.557 t
LAGE 35°47'S 14°34'E
ROUTE Südafrika nach USA
FRACHT Gold

63 **F6** ORCADES 10. Okt. 1942
SCHIFF britisch, Orient Steam Navigation
Company, 23.456 t
LAGE 35°51'S 14°40'E
ROUTE Südafrika nach Großbritannien
FRACHT Platin

64 **K4** MELISKERK 8. Jan. 1943
SCHIFF niederländisch
LAGE Port St. Johns, Südafrika
FRACHT ungemünztes Gold
BERGUNG zur Zeit des Untergangs gebor-
gen

INDIEN, SRI LANKA UND DIE BUCHT VON BENGALEN

Die Karte zu dieser Liste befindet sich auf
den Seiten 148–149.

● Keine Bergung bekannt
■ Bergung bekannt

1 **J3** PERSISCHE SCHIFFE 10. Jh.
SCHIFF persische Schiffe
LAGE Golf von Bengalen
ROUTE Sri Lanka nach Palembang, Sumatra
FRACHT Leinen, Baumwolle, Wolle, Decken,
Metallarbeiten und ungemünztes Gold

2 **B3** SCHIFF VON AHMAD 919
SCHIFF arabisch
LAGE vor Saymur, Westküste Indiens
ROUTE Persischer Golf nach Indien
FRACHT enorme Schätze inkl. Rohgold
2 weitere Schiffe desselben Konvois gingen auch verloren

3 **D8** ARRELIKIAS 16. Jh.
SCHIFF portugiesisch
LAGE außerhalb Cochin, Indien
ROUTE Indien nach Portugal
FRACHT Gold und Juwelen
BERGUNG Taucher bargen nur einige Kisten

4 **K8** PORTUGIESISCHE
WRACKS 1592
SCHIFF portugiesische Ostindienfahrer
LAGE Nikobaren
ROUTE Portugal nach China
FRACHT Silberreals
BERGUNG teilw. von Eingeborenen geborgen
*James Lancaster erhielt einige der geborgenen
Reals auf seiner Reise im Jahre 1592*

5 **C6** PORTUGIESISCHES
SCHIFF April 1594
SCHIFF portugiesisch
LAGE außerhalb Goa, Indien
ROUTE China nach Goa, Indien
FRACHT Gold und Porzellan
Schiff in drei Tage dauerndem Kampf zerstört

6 **D7** NOSSA SENHORA DE
GUADALUPE 1598
SCHIFF portugiesischer Ostindienfahrer
LAGE Cochin, Indien
FRACHT Juwelen und Porzellan
Schiff brannte beim Beladen in Cochin, Indien

7 **D7** WRACK VON COCHIN 1600
SCHIFF portugiesischer Ostindienfahrer
LAGE Cochin, Indien
ROUTE Indien nach Portugal
FRACHT Edelsteine, Gold und Porzellan
*Schiff brannte; enthielt zur Zeit des Verlustes
Reichtümer im Wert von 1,5 Mill. £ Sterling*

8 **E8** DON ANTONIO DE
MENESEZ 1607
SCHIFF portugiesischer Ostindienfahrer
LAGE vor Kap Comorin, Indien
ROUTE Goa, Indien, nach China
FRACHT Münzen
Viele Händler und Passagiere an Bord

9 **F8** SAN MARTINHO 1607
SCHIFF portugiesisch, 27 Messingkanonen
LAGE vor Manaar, Sri Lanka
ROUTE Goa, Ind., nach Malakka, Malaysia
FRACHT Münzen

10 **C6** SANTO ANDRE 27. Mai 1608
SCHIFF portugiesisch
LAGE Barre von Goa, Indien
ROUTE Portugal nach Goa, Indien
FRACHT Münzen
Kapitän Luis de Brito de Melo

11 **C3** ASCENSION 2. Sept. 1609
SCHIFF englischer Ostindienfahrer
LAGE 96 km (51,84 sm) von der Küste von
Chaul, aus dem Mua-Kanal ausfahrend, öst-
lich von Diu, Indien
ROUTE Rotes Meer nach Indien
FRACHT Münzen im Wert von 10.000 £
Sterling

12 **E8** SANTO ANTONIO 1610
SCHIFF portugiesisch
LAGE Kap Comorin, Indien
ROUTE Goa, Indien, nach Macao
FRACHT Münzen

13 **C6** NOSSA SENHORA DE
GUADALUPE 1615
SCHIFF portugiesischer Ostindienfahrer
LAGE Melinde, Indien
ROUTE Portugal nach Indien
FRACHT Münzen
BERGUNG Münzen teilweise gerettet

14 **C4** DAS BASSEIN-WRACK
16. Mai 1618
SCHIFF portugiesisch
LAGE Bassein-Fluß nahe Bombay, Indien
ROUTE Hormuz, Iran, nach Indien
FRACHT Gold und Münzen

15 **C3** WHALE 1623–24
SCHIFF englischer Ostindienfahrer, 700 t
LAGE 48 km (26 sm) von der Reede von
Surat, Indien
ROUTE Iran nach Surat, Indien
FRACHT Gold und Münzen

16 **C4** MISERICORDIA 1625
SCHIFF portugiesisch
LAGE Sanjan nahe Bombay, Indien
ROUTE Muscat, Oman, nach Suvali, Indien
FRACHT Münzen
BERGUNG Artillerie geborgen

17 **C4** SANCTO ANTONIO 1625
SCHIFF portugiesische Galeone
LAGE Bombay, Idien
ROUTE Muscat, Oman, nach Suvali, Indien
FRACHT Gold und Wertgegenstände
BERGUNG Artillerie geborgen

18 **F5** ROSE 21. Juli 1627
SCHIFF englischer Ostindienfahrer
LAGE Küste von Machilipatnam, Indien
ROUTE Großbritannien nach Bengalen
FRACHT Münzen
BERGUNG Geschütze zur Zeit des Verlus-
tes gerettet

19 **C5** MADRE DE DEUS 4. Aug. 1635
SCHIFF portugiesisch
LAGE Panaji, Indien
ROUTE Portugal nach Indien
FRACHT Münzen
Schiff brannte

20 **F6** EAGLE 1638
SCHIFF englischer Ostindienfahrer
LAGE Reede von Madraspatnam, Indien
ROUTE Großbritannien nach Bengalen
FRACHT Münzen

21 **C5** MADRE DE DEUS 1638
SCHIFF portugiesisch
LAGE Goa, Indien
ROUTE Portugal nach Indien
FRACHT Münzen
Schiff explodierte im Kampf mit Niederländern

22 **F6** UNITY 1640
SCHIFF englischer Ostindienfahrer
LAGE Madras, Indien
ROUTE Großbritannien nach Indien
FRACHT Gold

23 **E9** DRAGON 1641
SCHIFF englischer Ostindienfahrer
LAGE 190 km (102,6 sm) von Sri Lanka
Richtung Kap der Guten Hoffnung
ROUTE Fernost nach Großbritannien
FRACHT Juwelen und Gold
*Eines der Schiffe von Kapitän Weddel; von Nie-
derländern gekapert, geplündert und versenkt*

24 **F6** JOHN 1641
SCHIFF englischer Ostindienfahrer
LAGE Armagon, Indien, 13°55'N 80°14'E
ROUTE Großbritannien nach Indien
FRACHT Münzen

25 **E9** KATHERINE 1641
SCHIFF englischer Ostindienfahrer
LAGE 190 km (102,6 sm) von Sri Lanka
Richtung Kap der Guten Hoffnung
ROUTE Fernost nach Großbritannien
FRACHT Juwelen und Gold
*Eines der Schiffe von Kapitän Weddel; von Nie-
derländern gekapert, geplündert und versenkt*

26 **F5** SAMARITAN 1659
SCHIFF englischer Ostindienfahrer
LAGE zwischen Machilipatnam und
Narasapur, Indien
ROUTE Großbritannien nach Indien
FRACHT Gold im Wert von 5.000 £ Sterling
Schiff strandete

27 **F9** HERCULES 21. Mai 1661
SCHIFF niederländ. Ostindienfahrer, 540 t
LAGE Point de Galle, Sri Lanka
ROUTE Niederlande nach Djakarta, Java
FRACHT Gold und Silber

28 **H3** JAMES AND HENRY 1663
SCHIFF englischer Ostindienfahrer
LAGE 29 bis 39 km (15,7 bis 21 sm) west-
lich der Barre von Baleshwar, Richtung Pal-
myras Point, Indien
ROUTE Großbritannien nach Bengalen
FRACHT 70.000 Silberreals

29 **C3** VINE 29. April 1664
SCHIFF englischer Ostindienfahrer
LAGE 6 km (3,24 sm) von Surat, Indien
ROUTE Surat, Indien, nach Sumatra
FRACHT Gold
BERGUNG erfolgloser Bergeversuch

30 **I3** HAPPY ENTRANCE
Nov. 1670
SCHIFF englischer Ostindienfahrer
LAGE Golf von Bengalen, Indien
ROUTE Bengalen nach Großbritannien
FRACHT Edelsteine

31 **E8** GEORGE 1673
SCHIFF englischer Ostindienfahrer
LAGE vor Riff nahe Tuticorin, Indien,
08°48'N 78°10'E
ROUTE nach Surat, Indien
FRACHT Münzen
*Schiff von Niederländern gekapert, bevor es auf
Riff lief*

32 **F5** ANTELOPE 22. Aug. 1673
SCHIFF englischer Ostindienfahrer
LAGE Bucht von Pettipollee vor Machili-
patnam, Indien 16°10'N 81°11'E
ROUTE Großbritannien nach Indien
FRACHT Münzen
*Schiff von Niederländern gekapert und am
nächsten Tag versenkt*

33 **C3** REVENGE 21. Jan. 1682
SCHIFF englischer Ostindienfahrer
LAGE 6 km (3,24 sm) von Daman, Indien
ROUTE Großbritannien nach Indien
FRACHT Münzen
BERGUNG zur Zeit des Verlustes einiges
geborgen

34 **F6** ADVENTURE 7. Dez. 1684
SCHIFF englischer Ostindienfahrer
LAGE Madras, Indien
ROUTE Großbritannien nach Indien
FRACHT Münzen

㉟ F6 BORNEO MERCHANT 4. Okt. 1687
SCHIFF englischer Ostindienfahrer
LAGE Fort St. George, Madras, Indien
ROUTE Bengalen nach Großbritannien
FRACHT Edelsteine

㊱ F6 LOYAL ADVENTURE 8. Okt. 1687
SCHIFF englischer Ostindienfahrer
LAGE nahe Südende von Mucquaw, einem Dorf südlich von White Town, Indien
ROUTE Bengalen nach Großbritannien
FRACHT Geschenke des Königs von Siam, darunter Porzellan und Goldkästchen

㊲ F7 MADRAS FRIGATE 1688
SCHIFF englischer Ostindienfahrer
LAGE vor Tranquebar, Indien
ROUTE Großbritannien nach Indien
FRACHT Münzen

㊳ I3 JAMES AND MARY 1694
SCHIFF englischer Ostindienfahrer
LAGE James-and-Mary-Untiefe nahe Tunbolee Point, Hugli-Fluß, Indien
ROUTE Großbritannien nach Bengalen
FRACHT Schatz

㊴ F5 GINGERLEE 1696
SCHIFF englischer Ostindienfahrer
LAGE Pettipollee, Indien
ROUTE Indien nach Großbritannien
FRACHT Edelsteine

㊵ I3 GRACEDIEU 3. Dez. 1698
SCHIFF englischer Ostindienfahrer
LAGE Golf von Bengalen, Indien
ROUTE Großbritannien nach Bengalen
FRACHT 73.294 Silberreals

㊶ E8 PRINCESS LOUISE 1699
SCHIFF dänischer Ostindienfahrer
LAGE Manapaer nahe Tuticin, Indien
ROUTE Dänemark nach Bengalen
FRACHT Münzen
BERGUNG zur Zeit des Untergangs einiges geborgen

㊷ F9 WRACK VON RAN MUTHU spätes 17. Jh.
SCHIFF wahrscheinlich niederländisch
LAGE vor Sri Lanka
FRACHT Silbermünzen
BERGUNG kürzlich von Arthur C. Clarke und P. Throckmorton bearbeitet

㊸ C4 SOLDAET 1700
SCHIFF niederländischer Ostindienfahrer
LAGE Klippen von Tarrapour, ind. Westküste
ROUTE Niederlande nach Fernost
FRACHT Gold- und Silbermünzen
BERGUNG zur Zeit des Untergangs einiges geborgen

㊹ C4 WIJCK OP ZEE 1700
LAGE Klippen von Tarrapour, ind. Westküste
ROUTE Niederlande nach Fernost
FRACHT Gold und Silber im Wert von 204.236 Rijksdaalders (Münzen)
BERGUNG zur Zeit des Verlusts teilw. geborgen

㊺ D7 BOMBAY FRIGO 18. Okt. 1706
SCHIFF englischer Ostindienfahrer
LAGE Malabarküste, Indien
ROUTE St. Helena nach Al Mukha, Jemen, und Indien
FRACHT Münzen

㊻ C4 GODOLPHIN 9. April 1709
SCHIFF englischer Ostindienfahrer
LAGE Insel vor Bombay, Indien
ROUTE Plymouth, England, nach Al Mukha, Jemen, und Bombay, Indien
FRACHT Kaffee und Münzen

㊼ E8 PHOENIX 15. April 1710
SCHIFF englischer Ostindienfahrer
LAGE nahe Kap Comorin, Indien
ROUTE Großbritannien nach Indien
FRACHT Münzen

㊽ F6 KING GEORGE 28. Feb. 1719
SCHIFF englischer Ostindienfahrer
LAGE Fort St. George, Madras, Indien
ROUTE Bengalen nach Großbritannien
FRACHT Edelsteine

㊾ C4 ST. GEORGE 8. Dez. 1719
SCHIFF englischer Ostindienfahrer
LAGE Bombay, Indien
ROUTE Großbritannien nach Indien
FRACHT Münzen

㊿ F6 DARTMOUTH 14. Nov. 1721
SCHIFF englischer Ostindienfahrer
LAGE Madras, Indien
ROUTE Großbritannien nach Bengalen
FRACHT 20 Kisten Silber

51 C3 WRACK AUF DER SURAT-REEDE 29. April 1725
LAGE Reede von Surat, Indien, 1,5 km (0,97 sm) vom Ufer
FRACHT spanische Dollars, Silberbarren und andere Schätze
BERGUNG zur Zeit des Verlustes etwa 5.000 £ Sterling vom britischen Schiff Monmouth geborgen

52 C4 BERRINGTON 13. Dez. 1729
SCHIFF englischer Ostindienfahrer, 440 t
LAGE Bombay, Indien
ROUTE Al Mukha, Jemen. nach Bombay
FRACHT Gold und Münzen

53 C5 ANGLESEA 23. Juli 1738
SCHIFF englischer Ostindienfahrer, 490 t
LAGE Wallwan-Küste, nördl. von Goa, Indien
ROUTE Großbritannien nach Madras via Bombay, Indien
FRACHT Münzen

54 F7 LINCOLN 14. April 1749
SCHIFF englischer Ostindienfahrer
LAGE nahe Fort St. David, Indien. 11°46'N 79°46'E
ROUTE Großbritannien nach Bengalen
FRACHT 28 Kisten Münzen
Schiff trieb in starkem Sturm an den Strand

55 D7 WIMMENUM Jan. 1754
SCHIFF niederländ. Ostindienfahrer, 1.150 t
LAGE vor Malabarküste, Indien
ROUTE Djakarta, Java, nach Niederlande
FRACHT Porzellan
Schiff wurde von der Angrias angegriffen und explodierte

56 C3 BLOEMENDAAL 1756
SCHIFF niederländ. Ostindienfahrer, 1.150 t
LAGE vor Surat, Indien
ROUTE Niederlande nach Djakarta, Java
FRACHT Münzen im Wert v. 215.620 Florin

57 I3 LORD HOLLAND 1769
SCHIFF englischer Ostindienfahrer
LAGE Mündung des Hugli-Flusses, Indien
ROUTE Bengalen nach Großbritannien
FRACHT nach zeitgenössischer niederländischer Quelle 13 Tonnen Gold, was unwahrscheinlich ist

58 I3 DUKE OF ALBANY 26. Juli 1772
SCHIFF englischer Ostindienfahrer
LAGE Hugli-Fluß, Indien
ROUTE Großbritannien nach Bengalen
FRACHT Münzen

59 F6 MARQUIS OF ROCKINGHAM 20. Mai 1777
SCHIFF englischer Ostindienfahrer
LAGE Felsen nahe Madras, Indien
ROUTE Bombay nach Madras, Indien
FRACHT 23 Kisten mit Schätzen
BERGUNG 22 Kisten geborgen

60 C3 FATTY BUMBARASH 20. April 1782
SCHIFF indisch
LAGE Reede von Surat, Indien
ROUTE Surat, Indien, nach Basra, Irak
FRACHT Juwelen und Münzen

61 F6 EARL OF HERTFORD 15. Okt. 1782
SCHIFF englischer Ostindienfahrer
LAGE Madras, Indien
ROUTE China nach Großbritannien
FRACHT Porzellan
Schiff ging in Brandung verloren

62 F6 DUKE OF ATHOLL 19. April 1783
SCHIFF englischer Ostindienfahrer
LAGE Madras, Indien
ROUTE Großbritannien nach Bengalen
FRACHT Münzen
Schiff explodierte

63 C4 FAIRFORD 5. Juni 1783
SCHIFF englischer Ostindienfahrer
LAGE Bombay, Indien
ROUTE Großbritannien nach Indien
FRACHT Münzen
Schiff explodierte

64 F9 DUKE OF KINGSTON 20. Aug. 1783
SCHIFF englischer Ostindienfahrer
LAGE vor Sri Lanka
ROUTE Großbritannien nach Indien
FRACHT Münzen

65 I3 MAJOR 23. April 1784
SCHIFF englischer Ostindienfahrer
LAGE Culpee, Hugli-Fluß, Indien
ROUTE Großbritannien nach Bengalen
FRACHT Münzen

66 I2 ROYAL CHARLOTTE 8. Okt. 1797
SCHIFF englischer Ostindienfahrer
LAGE Kedgeree an Mündung Hugli-Fluß, Indien
ROUTE Großbritannien nach Indien
FRACHT Münzen
Schiff explodierte

67 D7 PRINCESS AMELIA 5. April 1798
SCHIFF englischer Ostindienfahrer
LAGE verbrannt vor Pidgeon Island nahe Cannanore, Indien
ROUTE Bombay nach Tellicherry, Indien
FRACHT Schatz oder Münzen zur Bezahlung der Truppen in Madras, Indien

68 D7 MARQUIS OF WELLESLEY 2. April 1806
SCHIFF englischer Ostindienfahrer
LAGE vor Calicut, Indien
ROUTE Großbritannien nach Indien
FRACHT Münzen

69 F8 WRACK VON PUTTALAM 1807
SCHIFF Piratenschiff
LAGE Fort Puttalam, Sri Lanka
FRACHT Münzen im Wert von 20.000 Rupien

70 D6 CEYLON 1808
SCHIFF portugiesisch registriertes Schiff
LAGE 24 km (13 sm) nördlich von Mangalore, Indien
ROUTE Portugal nach Indien
FRACHT Münzen im Wert von 600.000 Rupien

71 K5 TRAVERS 7. Nov. 1808
SCHIFF englischer Ostindienfahrer
LAGE auf Felsen NE zu N von Drowned Island, Burma, 15°28'N 94°20'E
ROUTE Großbritannien nach Bengalen
FRACHT Kupfer und Münzen

72 I3 ASIA 1. Juni 1809
SCHIFF englischer Ostindienfahrer
LAGE Hugli-Fluß nahe Mud Point, Diamond Harbour, Indien
ROUTE Großbritannien nach Kalkutta
FRACHT 10.000 £ Sterling, Wollsachen, Madeirawein und Kupfer
BERGUNG sehr wenig gerettet

73 D8 NANCY GRAB 1810
SCHIFF Grab (zweimastiges Küstenschiff)
LAGE Indien
FRACHT 230.000 Münzen („Star Pagodas")
BERGUNG zur Zeit des Untergangs einiges geborgen

74 I3 EARL CAMDEN 24. Juli 1810
SCHIFF englischer Ostindienfahrer
LAGE Hafen von Bombay, Indien
ROUTE Großbritannien nach Indien
FRACHT Münzen

75 C4 MARQUIS OF WELLESLEY 1813
SCHIFF englischer Ostindienfahrer
LAGE Bombay, Indien
ROUTE Großbritannien nach Indien
FRACHT Münzen

76 I3 WRACKS VON SUROJPOOR 24. Mai 1815
SCHIFF Pinassen und andere kleine Schiffe
LAGE auf Felsbank von Surojpoor nahe Monghyr, Indien
ROUTE nach Kalkutta, Indien
FRACHT 2,5 Mill. Rupien
BERGUNG zur Zeit des Verlustes größtenteils geborgen
13 von 15 Schatzschiffen gingen verloren

77 F7 LALLA ROOKH 1828
LAGE nahe Pondicherry, Indien, 11°56'N 79°50'E
ROUTE Großbritannien nach Indien
FRACHT Silber

78 G5 PERSEVERANCE Mai 1829
LAGE Koromandelküste, 64 km (34,6 sm) südlich von Coringa, Indien, 16°21'N
ROUTE England nach Singapur
FRACHT Münzen

79 H4 DAS POOREE-WRACK 1838
SCHIFF kleines Schiff, das Schatz von größerem Schiff entlud
LAGE Puri, Indien, 19°48'N 85°49'E
FRACHT Schatz
BERGUNG Bergeversuch wegen starker Brandung erfolglos

80 C4 CANDAHAR 1844
LAGE Küste von Janjira, Indien
ROUTE von Bombay, Indien
FRACHT Goldstaub, für 50.000 US $ versichert

81 I3 COLUMBINE 8. März 1844
LAGE Sagarsände, Indien
FRACHT Schatz
BERGUNG einiges gerettet

82 I3 HARLEQUIN 1845
LAGE Sandheads, Hugli-Fluß, Indien
ROUTE China nach England
FRACHT Münzen im Wert von 750.000 US $
BERGUNG verschiedene, wegen starker Strömung erfolglose Versuche, das Schiff zu bergen

83 G9 ERIN 6. Juni 1857
SCHIFF britisch, P & O Line, 850 t
LAGE Ostküste von Sri Lanka
ROUTE Bombay, Indien, nach China
FRACHT Münzen, Schatz und Opium
BERGUNG zur Zeit des Untergangs einiges geborgen

84 L6 CORNELIA Feb. 1858
SCHIFF Segelbark
LAGE Distanz von 1 oder 2 Tagen von Rangun, Burma
ROUTE Singapur nach Rangun, Burma
FRACHT Silber im Wert von 22.000 Reals
Schiff kenterte auf Sandbank

85 F8 AVA 16. Feb. 1858
SCHIFF britisch, P & O Line
LAGE Pigeon Island vor Tricomalee, Sri Lanka
ROUTE Kalkutta via Suez nach London
FRACHT Münzen im Wert von 250.000 £ Sterling
BERGUNG zur Zeit des Verlustes geborgen

86 F9 MALABAR Juni 1860
SCHIFF britisch, P & O Line
LAGE Point de Galle, Sri Lanka
ROUTE Hongkong nach Indien
FRACHT 1.080 Kisten mit Rohsilber im
Wert von 300.000 £ Sterling
BERGUNG Edelmetall im Wert von 280.000
£ Sterling von Siebe geborgen

87 J3 THUNDER 1867
SCHIFF Dampfer
LAGE Golf von Bengalen, Indien
ROUTE Hongkong nach Kalkutta, Indien
FRACHT Schatz im Wert von über 50.000 £
Sterling
*Verließ Pinang, Malaysia, am 27. Oktober
1867; spurlos verschwunden*

88 F9 RANGOON 1. Nov. 1871
SCHIFF britisch, P & O Line
LAGE Kadir-Felsen, 1,5 km (0,81 sm) vom
Hafen von Point de Galle, Sri Lanka
ROUTE China nach Großbritannien
FRACHT Münzen

89 C5 CHALDEA 22. März 1874
SCHIFF britisch
LAGE 16 km (8,64 sm) von Vengurla, Indien
ROUTE Bombay nach Kalkutta, Indien
FRACHT Münzen
BERGUNG Schiff auf den Strand gesetzt
und Fracht gerettet
Schiff war auf Felsen gelaufen

90 F8 INDUS 8. Nov. 1885
SCHIFF britisch, P & O Line
LAGE Sandbank Muliavatti, 96 km (52 sm)
nördlich von Trincomalee, Sri Lanka
ROUTE Kalkutta, Indien, nach London,
England
FRACHT Münzen
BERGUNG zur Zeit des Verlusts einiges ge-
borgen
*Münzen im Wert von 2.750 £ Sterling geborgen,
möglicherweise noch Werte von 40.000 £ Ster-
ling an Bord*

91 C4 MONGOLIA 23. Juni 1917
SCHIFF britisch, P & O Line, 9.505 t
LAGE 80 km (43,2 sm) S zu W von Bom-
bay, Indien
ROUTE London, England, nach Australien
via Indien
FRACHT große Mengen Papiergeld

92 B4 FORT STIKINE 14. April 1944
SCHIFF britisch, Kriegstransporter, 7.142 t
LAGE Hafen von Bombay, Indien
ROUTE Großbritannien nach Indien
FRACHT Gold im Wert von 1 Mill. £ Sterling
BERGUNG etwa 50 % des Goldes geborgen
*Schiff explodierte und verstreute Goldbarren
über ein großes Gebiet*

AUSTRALIEN UND NEUSEELAND

Die Karte zu dieser Liste befindet sich auf
den Seiten 150–151.

● Keine Bergung bekannt
■ Bergung bekannt

1 B3 DAS TRYAL-WRACK 1622
SCHIFF englischer Ostindienfahrer
LAGE Tryal-Felsen, Monte Bello Islands,
Australien 20°16'S 115°23'E
ROUTE Großbritannien nach Fernost
FRACHT Silbermünzen und Goldschmuck
für den König von Siam
BERGUNG Lage kürzlich wiederentdeckt,
aber zweifelhaft

2 B5 BATAVIA 4. Juni 1629
SCHIFF niederländischer Ostindienfahrer
LAGE Morning-Riff, Ost-Wallabi-Inseln,
Houtman Abrolhos, Australien
ROUTE Niederlande nach Djakarta, Java
FRACHT Silbermünzen und Silberwaren
für den Großmogul Janghir
BERGUNG in den 70er Jahren wiederent-
deckt und ausgegraben
Siehe Seiten 72–73

3 B5 VERGULDE DRAECK 1656
SCHIFF niederländischer Ostindienfahrer
LAGE Riff vor Westaustralien, 31°16'S
ROUTE Niederlande nach Djakarta, Java
FRACHT 8 Kistchen Silbermünzen im Wert
von 78.600 Gulden
BERGUNG zur Zeit des Untergangs einiges
geborgen; 1963 wiederentdeckt, Blei, El-
fenbein, Bernstein und Korallen geborgen,
dazu 10.000 Münzen
*Gegenstände im Fremantle Maritime Museum,
Australien, ausgestellt*

**4 A5 DE RIDDERSCHAP VAN
HOLLAND** 1684
SCHIFF niederländischer Ostindienfahrer
LAGE möglicherweise Westaustralien
ROUTE Niederlande nach Djakarta, Java
FRACHT Silbermünzen
*Schiff vielleicht von Piraten gekapert und nach
Madagaskar gebracht*

5 A4 ZUYTDORP 1712
SCHIFF niederländischer Ostindienfahrer
LAGE 800 km (432 sm) NW von Perth, 60
km (32,4 sm) nördlich der Mündung des
Murchison River, Australien
ROUTE Niederlande nach Djakarta, Java
FRACHT Silber- und möglicherweise Gold-
münzen im Schätzwert von 250.000 Gulden
BERGUNG Lage kürzlich wiederentdeckt,
aber schwierig auszugraben

6 B3 FORTUYN 1724
SCHIFF niederländischer Ostindienfahrer
LAGE möglicherweise Westaustralien
ROUTE Niederlande nach Djakarta, Java
FRACHT Silbermünzen
Vermißtes Schiff

7 A5 AAGTERKERKE 1726
SCHIFF niederländischer Ostindienfahrer
LAGE wahrscheinlich auf Riff vor Houtman
Abrolhos, Australien
ROUTE Niederlande nach Djakarta, Java
FRACHT Silbermünzen und ungemünztes
Silber im Wert von 200.000 Gulden

8 B5 ZEEWYK 1727
SCHIFF niederländischer Ostindienfahrer
LAGE Half Moon Reef, Houtman Abrolhos, Australien, 28°50'S
ROUTE Niederlande nach Djakarta, Java
FRACHT 10 Kistchen Münzen im Wert von
315.836 Gulden
BERGUNG kürzlich ausgegraben; chinesisches Porzellan und deutsche sowie
asiatische Tonwaren geborgen; Silber wahrscheinlich zur Zeit des Verlustes geborgen

9 J2 ASTROLABE 1788
SCHIFF französisch
LAGE Riffe von Vanikoro Island, Santa
Cruz Inseln
FRACHT kunsthandwerkliche Gegenstände
BERGUNG 1826 von Kapitän Peter Dillon
wiederentdeckt
*Schiff gehörte zur französischen Forschungsexpe-
dition von La Perouse*

10 J2 BOUSSOLE 1788
SCHIFF französisch
LAGE Riffe von Vanikoro Island, Santa
Cruz Inseln
FRACHT kunsthandwerkliche Gegenstände
BERGUNG 1826 von Kapitän Peter Dillon
wiederentdeckt
*Schiff gehörte zur französischen Forschungsexpe-
dition von La Perouse*

11 L3 ELIZA Juni 1808
SCHIFF amerikanische Brigg
LAGE Riff östlich von Viti Levu, Fidschi
ROUTE Sydney, Australien, nach Norfolk
Island und Fidschi
FRACHT Münzen im Wert von 60.000 US $
BERGUNG zur Zeit des Untergangs größ-
tenteils geborgen

**12 A4 WRACK VON POINT
CLOATES** ca. 1809
SCHIFF portugiesisch
LAGE Point Cloates, Nordwestkap, Austra-
lien
ROUTE Lissabon, Portugal, nach Macao
FRACHT 20.000 spanische und US $
BERGUNG 1978 geborgen

13 K6 BOYD Dez. 1809
SCHIFF britisch, 500 t
LAGE Hafen von Whangaroa, Neuseeland
ROUTE Neuseeland nach Großbritannien
FRACHT 30.000 £ Sterling, das persönliche
Vermögen von Kapitän Burnsides
BERGUNG möglicherweise ausgeraubt

14 A3 RAPID 7. Jan. 1811
SCHIFF 367 t
LAGE Ningaloo-Riff nahe Point Cloates,
Westaustralien, 22°43'S 113°41'E
ROUTE Boston, Massachusetts, USA, nach
Guanzhou, China
FRACHT Fracht im Wert von 330.000 US $
BERGUNG zur Zeit des Untergangs größ-
tenteils geborgen; 1981 wiederentdeckt

15 G1 SUN 1826
SCHIFF Brigg, 185 t
LAGE Eastern Fields, 309 km (167 sm) E
zu N von Thursday Island, Australien
ROUTE Sydney, Australien, via Djakarta,
Java, nach Singapur
FRACHT 40.000 spanische $

16 G8 HOPE 29. April 1827
LAGE Hope Beach nahe Derwent-Fluß,
Tasmanien, Australien
FRACHT Gold

17 I5 GEORGE 1830
SCHIFF Walfänger
LAGE Lord Howe Insel
FRACHT 5.000 Sovereigns
BERGUNG zur Zeit des Verlustes geborgen

18 B5 CUMBERLAND 28. Aug. 1834
SCHIFF Kutter, 16 t
LAGE zwischen Kap Peron und Penguin Is-
land, Australien, etwa 32°10'S 115°40'E

Route Fremantle nach Port Augusta, Australien
FRACHT Juwelen und Silberwaren aus Besitz der Familie Bussell
BERGUNG zur Zeit des Untergangs geborgen

19 B5 LANCIER 28. Sept. 1839
SCHIFF Bark, 285 t
LAGE vor Fremantle, Australien
ROUTE Port Louis, Mauritius, nach Ho-
bart, Australien
FRACHT vermutet wird eine beträchtliche
Menge Goldsovereigns

20 K8 MAGNET 3. Sept. 1844
SCHIFF neuseeländische Bark, 148 t
LAGE Ickolaki südlich von Akaroa, Neu-
seeland
ROUTE Wellington nach Waikouaiti, Neu-
seeland
FRACHT Münzen

21 K7 TYNE 4. Juli 1845
SCHIFF Bark
LAGE Rimarapa Rocks dicht bei Sinclair
Head, Neuseeland, 41°22'S 174°43'E
FRACHT Münzen
BERGUNG zur Zeit des Verlustes geborgen

22 J3 PATAGONIA 4. Feb. 1851
SCHIFF britisch
LAGE Neukaledonien, Pazifischer Ozean
ROUTE Sydney, Australien, nach Manila,
Philippinen
FRACHT Münzen

23 H6 FAVORITE 1852
LAGE Ten Mile Beach nahe Kap Howe,
Australien
ROUTE Melbourne nach Sydney, Australien
FRACHT 57 kg Gold und große Mengen
privaten Goldes, das von Kapitän Kersopp,
Mr. Smyth und Mr. Peppers verschifft wor-
den war

24 G7 UNION März 1852
LAGE 2,5 km (1,35 sm) NW von Swan Is-
land, Australien
ROUTE Geelong nach Hobart, Australien
FRACHT Gold

25 H4 THOMAS KING 17. April 1852
SCHIFF Bark, 346 t
LAGE 27 km (15 sm) östlich von Cato Riff,
Korallenmeer
ROUTE Sydney, Australien, nach Manila,
Philippinen
FRACHT Münzen im Wert von 3.500 £
Sterling und Goldstaub im Wert von 8.000
£ Sterling

26 G6 NELSON 1. Juni 1852
SCHIFF Segelschiff
LAGE Melbourne, Australien
ROUTE Melbourne, Australien, nach Lon-
don, England
FRACHT Gold im Wert von 25.000 £ Sterling
BERGUNG Schiff geplündert

27 G2 ROYAL PACKET Juli 1852
SCHIFF britisch
LAGE Großes Barriereriff, Australien
ROUTE Sydney, Australien, nach Java
FRACHT Gold
BERGUNG zur Zeit des Untergangs einiges
geborgen

28 B5 EGLINTON 3. Sept. 1852
SCHIFF britische Bark, 462 t
LAGE North Beach, 32 km (17,3 sm) nörd-
lich von Fremantle, Australien
ROUTE London, England, nach Australien
FRACHT 65.000 Goldsovereigns im hinte-
ren Laderaum
BERGUNG zur Zeit des Untergangs einiges
geborgen

29 G7 CONSIDE 14. Sept. 1852
LAGE Port Phillip Heads, Victoria, Australien
FRACHT Münzen
BERGUNG zur Zeit des Untergangs geborgen

30 G7 MAHOMED SHAH 1853
LAGE Tasmanien, Australien
ROUTE Großbritannien nach Neuseeland
FRACHT Münzen
BERGUNG zur Zeit des Verlustes geborgen

31 G6 SACRAMENTO 27. April 1853
SCHIFF 447 t
LAGE Point Lonsdale, Port Phillip Heads, Victoria, Australien
ROUTE London, England, nach Melbourne, Australien
FRACHT Münzen im Wert von 60.000 £ Sterling
BERGUNG zur Zeit des Untergangs geborgen

32 G7 PRINCE OF WALES 30. Mai 1853
LAGE Bass-Straße, Australien
ROUTE Melbourne nach Sydney, Australien
FRACHT Goldstaub

33 F7 WATERWITCH 20. Sept. 1854
SCHIFF Segelschiff
LAGE Westseite von King Island, Bass-Straße, Australien
ROUTE Melbourne, Australien, nach Mauritius
FRACHT Gold im Wert von 20.000 £ Sterling
BERGUNG zur Zeit des Untergangs geborgen

34 G7 EMPRESS OF THE SEA 19. Dez. 1861
SCHIFF 2.200 t
LAGE Queenscliff, Australien
FRACHT Gold
BERGUNG 584 kg Gold zur Zeit des Untergangs entfernt
Schiff durch Feuer zerstört

35 J9 GENERAL GRANT 14. Mai 1866
SCHIFF amerikanischer Klipper. 1.103 t
LAGE nahe Disappointment Island, Auckland-Inseln, Neuseeland
ROUTE Melbourne, Australien, nach London, England
FRACHT 73 kg Gold laut Papieren, doch vermutlich viel mehr an Bord
BERGUNG viele erfolglose Bergeversuche
Siehe Seiten 96–97

36 J8 SOUTH AUSTRALIAN 2. April 1867
LAGE Coal Point, Südinsel Neuseeland, etwa 40°07'S 166°38'E
ROUTE Dunedin, Neuseeland, nach Melbourne, Australien
FRACHT Gold
BERGUNG zur Zeit des Verlusts größtenteils geborgen

37 L8 MATOAKA 1869
SCHIFF britisch, Shaw, Savill & Albion Line
LAGE vor Neuseeland
ROUTE Lyttleton, Neuseeland, nach London, England
FRACHT Gold
Schiff ist vermißt

38 M7 GLENMARK 1872
SCHIFF 953 t
LAGE Pazifischer Ozean
ROUTE Lyttleton, Neuseeland, nach London, England
FRACHT Gold im Wert von 80.000 £ Sterling
Schiff ist vermißt

39 G3 GOTHENBURG 24. Feb. 1875
SCHIFF McMeckan, Blackwood & Co., 501 t
LAGE 39 km (21 sm) vor Kap Upstart, Flinders-Passage, Großes Barriereriff
ROUTE Port Darwin nach Adelaide, Australien
FRACHT Gold im Wert von 43.000 £ Sterling
BERGUNG zur Zeit des Untergangs geborgen

40 F2 HEROINE 24. April 1846
LAGE McKenzie-Untiefe, Endeavour-Straße, NE-Spitze Australiens
ROUTE Sydney, Australien, nach Singapur
FRACHT Goldsovereigns

41 J8 TARANUA 29. April 1881
SCHIFF Dampfer, 692 t
LAGE Otara-Riff nahe Waipapa Point, zwischen Dunedin und Bluff, Neuseeland
ROUTE Port Chalmers nach Bluff, Neuseeland
FRACHT Gold

42 J7 TAKARNA 1884
LAGE zwischen Neuseeland und Australien
ROUTE Neuseeland nach Australien
FRACHT Silber

43 H5 CATTERTHUN 8. Aug. 1895
SCHIFF australisch, Eastern and Australian Steamship Company, 2.179 t
LAGE Seal Rocks nahe Sugarloaf Point, Neusüdwales, Australien, auf 30 Faden Wasser
ROUTE Sydney, Australien, nach Hongkong
FRACHT 11.000 Goldsovereigns
BERGUNG Goldsovereigns im Wert von 8.000 £ Sterling geborgen
2.000 Sovereigns begraben, als das Wrack auseinanderfiel; Gold in Tank unter dem Boden des Kartenraums verstaut

44 K6 ELINGAMITE 9. Nov. 1902
SCHIFF Huddart, Parker & Co., 2.585 t
LAGE West Island, Three Kings Island, Neuseeland
ROUTE Sydney, Australien, nach Auckland, Neuseeland
FRACHT 1 Kiste Gold und 49 Kisten Silber
BERGUNG etwa 25 % des Goldes und Silbers 1907 von Kapitän Willis geborgen

45 G6 BEGA 29. März 1908
SCHIFF australisch, Illawarra Shipping Company, 567 t
LAGE Tanga Point nahe Bermagui, 257 km (139 sm) südlich von Sydney, Australien
ROUTE Tathra nach Sydney, Australien
FRACHT 16 kg Gold und silberner Schauteller aus Besitz von Reverend Briscombe
BERGUNG zur Zeit des Untergangs einiges geborgen, jedoch mit unbekanntem Ergebnis

46 K6 NIAGARA 18. Juni 1940
SCHIFF britisch, Canadian Australian Line, 13.415 t
LAGE 35°53'S 174°54'E
ROUTE Auckland, Neuseeland, nach Vancouver, British Columbia, Kanada
FRACHT Gold im Wert von 2,5 Mill. £ Sterling
BERGUNG 2.379.000 £ Sterling 1942 und 120.000 £ Sterling 1953 geborgen, letzteres von Risdon Beazley

47 M6 RANGETANE 26. Nov. 1940
SCHIFF britisch, New Zealand Shipping Company, 16.712 t
LAGE 36°58'S 175°22'W
ROUTE Neuseeland nach Panama
FRACHT Silber

48 M6 PEARY 19. Feb. 1942
SCHIFF USA, Zerstörer
LAGE Darwin, Australien
FRACHT Berichte über ungemünztes Gold im Wert von 1 Mill. £ Sterling
Keine Begründung für Zeitungsberichte über Goldschatz

SÜDOSTASIEN

Die Karte zu dieser Liste befindet sich auf den Seiten 152–153.

● Keine Bergung bekannt
■ Bergung bekannt

1 I6 SCHIFF VON FRANCISCO SERRAO 1512
SCHIFF portugiesisch
LAGE Insel Luco Pino, südlich von Ambon, Molukken
ROUTE Malakka, Malaysia, nach Molukken
FRACHT Münzen

2 I5 SCHIFF VON SANCHO DE VASCONCELOS 1571
SCHIFF portugiesisch
LAGE Kap Nousanive, 58 km (31 sm) von Tidore, Halmahera, Molukken
ROUTE Goa, Indien, nach Ambon, Molukken
FRACHT Münzen

3 I5 HENDRIK FREDERIK Feb. oder März 1601
SCHIFF niederländ. Ostindienfahrer, 350 t
LAGE Ternate, Halmahera, Molukken
ROUTE Niederlande nach Ternate, Halmahera, Molukken
FRACHT Münzen

4 E6 SCHIFF VON PEREIRA DE SANDE 3. Feb. 1601
SCHIFF portugiesisch
LAGE Felsen von Peressada, NE Java
ROUTE Malakka, Malaysia, nach Ambon, Molukken
FRACHT Gold- und Silbermünzen

5 I5 ENKHUIZEN 1607
SCHIFF niederländischer Ostindienfahrer, 300 t
LAGE Halmahera, Molukken, 01°00'N 127°00'W
ROUTE Lokalhandel
FRACHT Münzen

6 I4 WALCHEREN 1608
SCHIFF niederländischer Ostindienfahrer, 700 t
LAGE vor Ternate, Halmahera, Molukken
ROUTE Lokalhandel
FRACHT Münzen

7 I4 CHINA Juli 1608
SCHIFF niederländischer Ostindienfahrer, 420 t
LAGE vor Ternate, Halmahera, Molukken
ROUTE Niederlande nach Fernost
FRACHT Münzen
Schiff vor Anker liegend verloren

8 I5 GROTE AEOLUS 31. Jan. 1613
SCHIFF niederländischer Ostindienfahrer, 300 t
LAGE nahe Makian, Halmahera, Molukken
ROUTE Lokalhandel
FRACHT Münzen

9 G6 THOMAS ca. 1618
SCHIFF englischer Ostindienfahrer
LAGE Straße von Desalon, 106 km (57,2 sm) vor Ujung Pandang, Celebes
FRACHT Münzen
BERGUNG zur Zeit des Untergangs einiges geborgen

10 D6 ZWARTE LEEUW 1619
SCHIFF niederländischer Ostindienfahrer
LAGE Djakarta, Java
ROUTE Djakarta, Java, nach Niederlande
FRACHT Gold

11 I6 EENDRACHT 13. Mai 1622
SCHIFF niederländ. Ostindienfahrer, 700 t
LAGE Westküste von Ambon, Molukken
ROUTE Lokalhandel
FRACHT Münzen

12 E6 REFUGE 1623
SCHIFF englischer Ostindienfahrer
LAGE Java
ROUTE Großbritannien nach Fernost
FRACHT Münzen

13 D6 BANTAM 24. März 1627
SCHIFF niederländ. Ostindienfahrer, 800 t
LAGE Djakarta, Java
ROUTE Niederlande nach Djakarta, Java
FRACHT Münzen
Schiff brannte an der Kaimauer

14 D6 KAMEEL 17. Feb. 1630
SCHIFF niederländ. Ostindienfahrer, 500 t
LAGE Boompjes Insel vor Java
FRACHT Münzen

15 D6 NIJMEGEN Aug. 1632
SCHIFF niederländischer Ostindienfahrer
LAGE nahe Djakarta, Java
ROUTE Djakarta, Java, nach Niederlande
FRACHT Porzellan

16 E6 GOUDEN LEEUW 1634
SCHIFF niederländ. Ostindienfahrer, 550 t
LAGE Riff nahe Borneo
ROUTE Lokalhandel
FRACHT Silber

17 G7 AAGTERKERKE 4. März 1650
SCHIFF niederländischer Ostindienfahrer
LAGE Riff südlich von Celebes
ROUTE Lokalhandel
FRACHT Münzen

18 G7 BERGEN OP ZOOM 4. März 1650
SCHIFF niederländ. Ostindienfahrer, 300 t
LAGE Riff südlich von Celebes
ROUTE Lokalhandel
FRACHT Münzen

19 G7 JUFFER 4. März 1650
SCHIFF niederländ. Ostindienfahrer 480 t
LAGE Riff südlich von Celebes
FRACHT Münzen

20 G7 LUIPAARD 4. März 1650
SCHIFF niederländ. Ostindienfahrer, 320 t
LAGE Riff südlich von Celebes
FRACHT Münzen

21 H7 TIJGER 4. März 1650
SCHIFF niederländ. Ostindienfahrer, 1.000 t
LAGE südlich von Celebes
ROUTE Djakarta, Java, nach Ambon, Molukken
FRACHT Münzen

22 I6 GOEDE HOOP 13. Juli 1654
SCHIFF niederländischer Ostindienfahrer
LAGE nahe Ambon, Molukken
ROUTE Djakarta nach Ambon, Molukken
FRACHT Münzen

23 D6 WINDHOND 30. Mai 1658
SCHIFF niederländ. Ostindienfahrer, 360 t
LAGE Insel Boompjes vor Java
ROUTE Lokalhandel
FRACHT Münzen

24 G6 FRANCISCO VIERA DE FIGUEIREDO 29. Mai 1660
SCHIFF portugiesisch
LAGE Hafen von Ujung Pandang, Celebes
ROUTE Ujung Pandang, Celebes, nach Goa, Indien
FRACHT Gold

㉕ G6 DIE MACASSAR-WRACKS
8. Juni 1660
SCHIFF portugiesisches Schiff und ein weiteres Wrack
LAGE Hafen von Ujung Pandang, Celebes
ROUTE Ujung Pandang, Celebes, nach Djakarta, Java
FRACHT Gold und Silber
Schiff ging in Kampf mit Niederländern verloren

㉖ G6 WALVIS 7. Jan. 1663
SCHIFF niederländ. Ostindienfahrer, 1.000 t
LAGE Salayar-Insel, Celebes
ROUTE Lokalhandel
FRACHT Münzen

㉗ G6 ZIERIKZEE 1668
SCHIFF niederländischer Ostindienfahrer, 400 t
LAGE vor Ujung Pandang, Celebes
ROUTE Lokalhandel
FRACHT Münzen

㉘ G6 NIEUWENDAM 2. Okt. 1670
SCHIFF niederländ. Ostindienfahrer, 210 t
LAGE zwischen Bima, Sumbawa, und Ujung Pandang, Celebes
ROUTE Ujung Pandang, Celebes, nach Ambon, Molukken
FRACHT Münzen

㉙ I7 HUIS TE NOORDWIJK
24. Jan. 1687
SCHIFF niederländischer Ostindienfahrer, 506 t
LAGE Insel Damar, etwa 07°30'S 128°00'E
FRACHT Münzen

㉚ H6 NOORDBECK 9. Juli 1730
SCHIFF niederländ. Ostindienfahrer, 858 t
LAGE Klippen von Lapando, eben südlich der Insel Buton, Celebes
ROUTE Djakarta, Java, nach Ternate, Halmahera, Molukken
FRACHT Münzen

㉛ H6 DELFT 1731
SCHIFF niederländischer Ostindienfahrer, 600 t
LAGE eben westlich der Insel Buton, Celebes
ROUTE Lokalhandel
FRACHT Münzen

㉜ G6 RIJKSDORP 1. Juni 1734
SCHIFF niederländ. Ostindienfahrer, 792 t
LAGE Bucht von Bone, Celebes
FRACHT Münzen

㉝ J6 SPIERING 10. März 1740
SCHIFF niederländischer Ostindienfahrer, 810 t
LAGE Insel Watubela nahe Banda-Inseln, Indonesien
ROUTE Lokalhandel
FRACHT Münzen

㉞ D6 KASTEEL VAN WOERDEN
1744
SCHIFF niederländ. Ostindienfahrer, 850 t
LAGE vor Felsen, 14 km (7,6 sm) von Pamanukan, Java
FRACHT Münzen

㉟ G6 MAARSSEVEEN 1748
SCHIFF niederländischer Ostindienfahrer, 850 t
LAGE dicht östlich der Insel Salayar, Celebes
ROUTE Banda-Inseln, Indonesien, nach Djakarta, Java
FRACHT Gold
Schiff explodierte

㊱ H6 NIEUWERKERK 1748
SCHIFF niederländischer Ostindienfahrer, 1.135 t
LAGE östlich der Insel Binongko, Celebes
ROUTE Djakarta, Java, nach Banda-Inseln, Indonesien
FRACHT Münzen

㊲ H6 SCHELLAG 1748
SCHIFF niederländ. Ostindienfahrer, 850 t
LAGE eben östl. der Insel Binongko, Celebes
ROUTE Japan nach Djakarta, Java
FRACHT Silber und Porzellan

㊳ I6 SCHAKENBOS 17. Feb. 1752
SCHIFF niederländ. Ostindienfahrer. 850 t
LAGE Manipa-Straße zwischen Buru und Seram, Molukken
ROUTE Djakarta, Java, nach Ambon, Molukken
FRACHT Münzen

㊴ F6 KLEVERSKERKE 1761
SCHIFF niederländ. Ostindienfahrer, 850 t
LAGE zwischen Djakarta, Java, und Ujung Pandang, Celebes
ROUTE Djakarta nach Ujung Pandang
FRACHT Münzen

㊵ D6 PIJLSWAART 24. Feb. 1765
SCHIFF niederländ. Ostindienfahrer, 880 t
LAGE nahe Djakarta, Java
ROUTE Niederlande nach Djakarta, Java
FRACHT Münzen

㊶ H6 GIESSENBERG 1766
SCHIFF niederländ. Ostindienfahrer, 1.150 t
LAGE eben nördl. der Insel Buton, Celebes
ROUTE Djakarta, Java, nach Banda-Inseln, Indonesien
FRACHT Münzen

㊷ D6 EUROPA 23. Juli 1784
SCHIFF niederländ. Ostindienfahrer, 1.200 t
LAGE Felsen von Indramajoe, wenige km östlich von Djakarta, Java
ROUTE Lokalhandel
FRACHT Münzen

㊸ H7 OCEAN 1. Feb. 1797
SCHIFF englischer Ostindienfahrer
LAGE Insel Kalaotoa, Indonesien
ROUTE Großbritannien nach China
FRACHT Münzen

㊹ G7 ALICE 1817
LAGE Insel Sumba südlich von Flores
ROUTE Port Louis, Mauritius, nach Surabaja, Java
FRACHT Münzen
BERGUNG zur Zeit des Untergangs 820 Sovereigns geborgen

㊺ D6 JOANNA MARIA WILHELMINA 1831
LAGE Java
FRACHT Münzen im Wert von 130.000 Gulden

㊻ G5 PREMIER 27. Juli 1844
LAGE Insel Panjang, Borneo
ROUTE Hongkong nach Bali
FRACHT Münzen und Juwelen
BERGUNG ausgeraubt

㊼ D6 WENA 26. Dez. 1852
SCHIFF niederländisch
LAGE nahe Djakarta, Java
ROUTE Rotterdam, Niederlande, nach Djakarta, Java
FRACHT Münzen
BERGUNG zur Zeit des Untergangs einiges geborgen

㊽ C6 ROBERTUS HENDRIKUS
10. Juni 1856
SCHIFF niederländisch
LAGE Reede von Djakarta, Java
ROUTE Niederlande nach Djakarta, Java
FRACHT Geld der Regierung im Wert von 80.000 Florin

㊾ E6 LIEUTENANT ADMIRAAL STELLINGWERF 1857
SCHIFF niederländischer Schoner
LAGE 07°01'S 110°27'E
ROUTE Semarang, Java, nach Singapur
FRACHT Schatz im Wert von 20- bis 30.000 US $

㊿ D7 AGATHA MARIA 17. Juni 1861
SCHIFF niederländisches Segelschiff
LAGE Riff nahe Cilacap, Java, etwa 07°41'S 109°05'E
ROUTE Cilacap, Java, nach Amsterdam, Niederlande
FRACHT Münzen
BERGUNG Bergeversuch mit unbekanntem Ergebnis zur Zeit des Verlustes

51 G6 FRANKFORT OLD
19. Feb. 1863
SCHIFF britische Bark
LAGE Riff nahe Ujung Pandang, Celebes
ROUTE Cardiff, Wales, nach Schanghai, China
FRACHT Gold- und Silbermünzen im Wert von 50.000 £ Sterling
Kapitän Hicks

52 C7 NEVA 7. Aug. 1875
SCHIFF französisch, Messageries Maritimes
LAGE 13 km (7 sm) von Djakarta, Java
ROUTE Singapur nach Djakarta, Java
FRACHT Münzen
BERGUNG zur Zeit des Untergangs einiges geborgen

53 N6 WRACK VON NEUGUINEA
1943
SCHIFF japanisch
LAGE vor Sepik, Papua Neuguinea
FRACHT Gold im Wert von 1,68 Milliarden US $
BERGUNG von einer Gruppe aus Singapur versucht
Schiff vermutlich von britischem U-Boot versenkt

54 E6 ITSUKISHIMA 17. Okt. 1944
SCHIFF japanischer Minenleger, 1.970 t
LAGE 05°27'S 112°43'E
ROUTE Indonesien nach Japan
FRACHT 2 Tonnen Gold

55 D7 BARENTSZ 1945
SCHIFF niederländisch
LAGE Hafen von Cilacap, Java
ROUTE Indonesien nach Japan
FRACHT möglicherweise 20 t Gold
BERGUNG wahrscheinlich geborgen

56 D7 PASIR 1945
SCHIFF niederländisch, 1.187 t
LAGE Hafen von Cilacap, Java
ROUTE Indonesien nach Japan
FRACHT 5 t Gold
BERGUNG wahrscheinlich geborgen

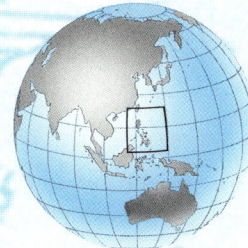

DIE PHILIPPINEN

Die Karte zu dieser Liste befindet sich auf der Seite 154.

● Keine Bergung bekannt
■ Bergung bekannt

❶ F5 SAN JUANILLO 1575
SCHIFF spanisch
LAGE San-Bernardino-Straße, Philippinen
ROUTE Manila, Philippinen. nach Acapulco, Mexiko
FRACHT Gold und Porzellan
Kapitän Juan de Ribera

❷ E5 WRACK VON MARINDUQUE 1590
SCHIFF Schiff der spanischen Admiralität
LAGE Insel Marinduque zwischen Mindoro und Luzon, Philippinen
ROUTE Acapulco, Mexiko, nach Manila, Philippinen
FRACHT Silbermünzen

❸ F5 SAN JERONIMO Juni 1596
SCHIFF spanisch
LAGE Riffe von Catanduanes, Philippinen
ROUTE Acapulco, Mexiko, nach Manila, Philippinen
FRACHT Silbermünzen
Kapitän Fernando de Castro

❹ D6 CHINESISCHE DSCHUNKE
ca. 1600
SCHIFF chinesisch
LAGE Royal-Captain-Untiefe, 76 km (41 sm) westlich von Palawan, Philippinen
FRACHT Porzellan
BERGUNG von Frank Goddio Ende der 80er Jahre lokalisiert und geborgen

❺ D7 WRACK AUF DER ROYAL-CAPTAIN-UNTIEFE 16.–17. Jh.
SCHIFF chinesische Dschunke
LAGE Royal-Captain-Untiefe, 76 km (41 sm) westlich von Palawan, Philippinen
ROUTE China nach Borneo via Manila, Philippinen
FRACHT Porzellan, Perlenschnüre (als Währung benutzt) und Messinggongs
BERGUNG von Frank Goddio und Wild West First geborgen
Wrack wurde bei der Suche nach der Royal Captain gefunden

❻ E5 SAN DIEGO 12. Dez. 1600
SCHIFF spanisch
LAGE Isle of Fortune, Bucht von Manila, Philippinen
FRACHT Porzellan und andere kunsthandwerkliche Gegenstände
BERGUNG kürzlich von Frank Goddios Team entdeckt
Schiff im Kampf mit dem Niederländer Oliver van Noort verloren

❼ F5 SANTO TOMAS Mai 1601
SCHIFF spanisch
LAGE Bucht von Cantamban, Catanduanes, Philippinen
ROUTE Acapulco nach Manila, Philippinen
FRACHT Silbermünzen im Wert von 2,5 Mill. Pesos
BERGUNG zur Zeit des Untergangs teilweise geborgen

8 E5 NUESTRA SENORA DE LOS REMEDIOS 1603
SCHIFF spanisch
LAGE Manila, Philippinen
ROUTE Acapulco, Mexiko, nach Manila, Philippinen
FRACHT Silbermünzen

9 G7 JESUS MARIA 1606
SCHIFF spanisch
LAGE Mindanao, Philippinen
ROUTE Acapulco, Mexiko, nach Manila, Philippinen
FRACHT Silbermünzen
BERGUNG zur Zeit des Untergangs größtenteils geborgen

10 D5 AEOLUS GROTE 16. April 1617
SCHIFF niederländischer Ostindienfahrer, 320 t
LAGE nahe Witter's Island, nördlich der Bucht von Manila, Philippinen
FRACHT Beute aus zwei chin. Dschunken
Schiff explodierte in der Schlacht von Manila

11 E4 GROOTE ZON 16. April 1617
SCHIFF niederländischer Ostindienfahrer, 600 t
LAGE Bucht von Manila, Philippinen
FRACHT Beute aus zwei chin. Dschunken
Schiff explodierte in der Schlacht von Manila

12 E5 NIEUWE SONNE 16. April 1617
SCHIFF niederländischer Ostindienfahrer, 320 t
LAGE nahe Witter's Island, nördlich der Bucht von Manila, Philippinen
FRACHT Beute von chin. Dschunken
Schiff brannte

13 E4 TER VEERE 16. April 1617
SCHIFF niederländischer Ostindienfahrer, 320 t
LAGE nahe Witter's Island, nördlich der Bucht von Manila, Philippinen
FRACHT Beute von chinesischen Dschunken
Schiff explodierte während der Schlacht von Manila

14 G7 SANTA ANA 1620
SCHIFF spanisch
LAGE Mindanao, Philippinen
ROUTE Acapulco, Mexiko, nach Manila, Philippinen
FRACHT Silbermünzen
BERGUNG zur Zeit des Untergangs größtenteils geborgen

15 E5 SANTA MARIA MAGDALENA 1631
SCHIFF spanisch
LAGE Hafen Cavite, Manila, Philippinen
ROUTE Manila, Philippinen, nach Acapulco, Mexiko
FRACHT Porzellan und Gold

16 E5 CHAMPAN 1639
SCHIFF spanisch
LAGE 19 km (10,3 sm) von Manila, Philippinen
ROUTE Manila, Philippinen, nach China
FRACHT Silbermünzen

17 F4 SAN AMBROSIO 1639
SCHIFF spanisch
LAGE Ostküste von Luzon, Philippinen
ROUTE Acapulco, Mexiko, nach Manila, Philippinen
FRACHT Silbermünzen
BERGUNG Privatfracht im Wert von 550.000 Pesos nicht geborgen, aber die dem König gehörende Fracht wurde gerettet

18 E3 SAN LUIS 1646
SCHIFF spanisch
LAGE Philippinen
ROUTE Acapulco, Mexiko, nach Manila, Philippinen
FRACHT Silbermünzen
BERGUNG Silbermünzen gerettet

19 E5 SAN DIEGO Juni 1654
SCHIFF spanisch
LAGE nahe Balaian, Bucht von Manila, Philippinen
ROUTE Acapulco, Mexiko, nach Manila, Philippinen
FRACHT Silbermünzen
BERGUNG zur Zeit des Untergangs einiges geborgen

20 E5 WILLIAM 1658
SCHIFF englischer Ostindienfahrer
LAGE auf Sichtweite vom Hafen von Manila, Philippinen
ROUTE Indien nach Manila, Philippinen
FRACHT Münzen

21 G6 SAN FRANCISCO JAVIER ca. 1659
SCHIFF spanisch
LAGE Hafen Borongan, Samar, Philippinen
ROUTE Acapulco, Mexiko, nach Manila, Philippinen
FRACHT Silbermünzen
BERGUNG zur Zeit des Verlustes geplündert, etwas geborgen

22 F8 TREVITORE 4. Sept. 1678
SCHIFF englischer Ostindienfahrer
LAGE Mindanao, Philippinen
ROUTE Madras, Indien, nach Manila, Philippinen
FRACHT Münzen

23 E5 SAN JOSE 1694
SCHIFF spanisch
LAGE Insel Lubang, Philippinen
ROUTE Manila, Philippinen, nach Acapulco, Mexiko
FRACHT Porzellan und Gold
BERGUNG 1990 von Frank Goddios Team ausgegraben

24 F5 SANTO CRISTO DE BURGOS 1726
SCHIFF spanisch
LAGE Insel Ticao, Philippinen
ROUTE Manila, Philippinen, nach Acapulco, Mexiko
FRACHT Porzellan und Gold

25 G7 NUESTRA SENORA DE LOS DOLORES 1729
SCHIFF spanische Patasche
LAGE nahe der Stadt Abulu, nördlich von Mindanao, Philippinen
ROUTE Manila, Philippinen, nach Acapulco, Mexiko
FRACHT Porzellan und Gold

26 F6 SACRA FAMILIA 1730
LAGE Embocadero, San-Bernardino-Straße, Philippinen
ROUTE Acapulco, Mexiko, nach Manila, Philippinen
FRACHT Münzen

27 D6 PATASCHE 1735
SCHIFF spanisch
LAGE Felsen vor Calamia-Gruppe, Philippinen
ROUTE Acapulco, Mexiko, nach Manila, Philippinen
FRACHT Silbermünzen
BERGUNG zur Zeit des Untergangs über 1,5 Mill. Pesos geborgen

28 G5 CAPITANA 1756
SCHIFF spanisch
LAGE vor Catanduanes, Philippinen
ROUTE Acapulco, Mexiko, nach Manila, Philippinen
FRACHT Silbermünzen

29 F5 LA GALERA 1756
SCHIFF spanisch
LAGE Catanduanes, Philippinen
ROUTE Acapulco, Mexiko, nach Manila, Philippinen
FRACHT Silbermünzen

30 E8 GRIFFIN 20. Juni 1761
SCHIFF englischer Ostindienfahrer
LAGE Griffin-Felsen, nördlich von Jolo, Philippinen
ROUTE China via Philippinen nach Großbritannien
FRACHT Porzellan
BERGUNG kürzlich lokalisiert und teilweise geborgen

31 D7 ROYAL CAPTAIN 17. Dez. 1773
SCHIFF englischer Ostindienfahrer, 499 t
LAGE Royal-Captain-Untiefe, 76 km (41 sm) westlich von Palawan, Philippinen
ROUTE Manila, Philippinen, nach Großbritannien
FRACHT Porzellan, Glasperlen und Gold
Frank Goddio suchte nach dem Schiff, fand es jedoch nicht

32 F6 SAN ANDRES Okt. 1797
SCHIFF spanisch
LAGE Naranjos-Untiefe nahe der Insel Ticao, San-Bernardino-Straße, Philippinen
ROUTE Acapulco, Mexiko, nach Manila, Philippinen
FRACHT Silbermünzen

33 E5 TELLICHERRY 1808
SCHIFF Schiff aus der Botany Bay
LAGE Apo-Untiefe, Mondoro, Philippinen
ROUTE Australien nach China
FRACHT Münzen

34 E5 FIDELIDAD 1821
SCHIFF spanisch
LAGE vor Insel Lubang, Philippinen
FRACHT Münzen

35 D5 REGENT 3. Nov. 1822
SCHIFF englischer Ostindienfahrer
LAGE nahe Manila, Philippinen
ROUTE London, England, nach Manila, Philippinen
FRACHT Münzen

36 E5 ASIA 24. Okt. 1827
LAGE vor Insel Lubang, Philippinen
FRACHT Münzen
BERGUNG Kapitän Campbell von der *HMS Cyrene* an Bergung beteiligt

37 D6 SULTANA 4. Jan. 1841
LAGE 50 km (27 sm) NE der Bombay-Untiefe, Küste von Palawan, Philippinen
FRACHT Münzen und Juwelen
BERGUNG teilweise geborgen

38 G5 OHIO Nov. 1852
SCHIFF deutsch
LAGE Philippinen
ROUTE Lima, Peru, nach China
FRACHT Münzen
BERGUNG zur Zeit des Untergangs einiges geborgen

39 D4 REINDEER 12. Feb. 1859
SCHIFF amerikanischer Klipper
LAGE Korallenriff nahe Iba, Luzon, Philippinen
ROUTE Manila, Philippinen, nach San Francisco, Kalifornien, USA
FRACHT Gold

40 E4 CHINA PACKET 4. Aug. 1868
SCHIFF amerikanisch
LAGE Philippinen
ROUTE Kalifornien, USA, nach Hongkong
FRACHT Münzen

41 D6 QUEEN 27. Juli 1878
LAGE 24 Stunden Segeln von Palaos, Palawan, Philippinen
ROUTE Singapur nach Manila, Philippinen
FRACHT große Mengen Münzgeld

42 E2 RAINBOW 31. Okt. 1891
SCHIFF britisch
LAGE etwa 20°00'N 120°00'E
FRACHT Münzen

43 E5 CORREGIDOR 1942
LAGE Corregidor-Insel, Bucht von Manila, Philippinen
FRACHT 15.792.000 Silberpesos
BERGUNG größtenteils im 2. Weltkrieg geborgen; aber Schätzung, daß über 1 Mill. Pesos nicht geborgen wurden
Von US-Minenwerfer Harrison versenkt, um Einnahme durch Japaner zu verhindern

44 D4 HOSPITALSCHIFF 1945
SCHIFF japanisches Hospitalschiff
LAGE 16°22'N 119°49'E
ROUTE Philippinen nach Japan
FRACHT Gerüchte über ungemünztes Gold

MALAIISCHE HALB-INSEL UND SUMATRA

Die Karte zu dieser Liste befindet sich auf der Seite 155.

● Keine Bergung bekannt
■ Bergung bekannt

1 I3 SCHIFF VON TU YUAN ca. 1400
SCHIFF chinesische Dschunke
LAGE Chi Shui Lian, Surat-Passage vor Aceh-Vorgebirge, Sumatra
ROUTE China nach Indien
Chinesische Dschunke der Cheng-Ho-Ära

2 M6 SCHIFFE VON CH'EN TSU-I 1407
SCHIFF chinesische Piratenschiffe
LAGE Palembang, Sumatra
FRACHT Schatz
Schiffe von Cheng Ho auf der Heimreise von seiner ersten Expedition verbrannt und versenkt

3 K4 SANTA CLARA 1508
SCHIFF portugiesisch
LAGE Insel Polveira v. Küste v. Ost-Sumatra
FRACHT Silber

4 K4 FLOR DE LA MAR 1511
SCHIFF portugiesisch
LAGE Insel Polveira v. Küste v. Ost-Sumatra
ROUTE Malakka, Malaysia, nach Goa
FRACHT Beute bei der Einnahme von Malakka inkl. juwelen- und goldbesetzte Gegenstände, 4 Schmucklöwen, 2 Dolche und Königsthron
Neuere Zeitungsberichte, das Wrack sei gefunden worden, sind unbewiesen. Siehe Seiten 38–39

5 J3 SCHIFF VON ANTONIO PACHECO 1516
SCHIFF portugiesisch
LAGE NE von Sumatra, etwa 05°20'N 97°00'E
ROUTE Indien nach China
FRACHT Münzen

6 I3 SCHIFF VON FRANCISCO DE MELO 1527
SCHIFF portugiesisch
LAGE nahe Aceh, Sumatra
ROUTE Aceh, Sumatra, nach Goa, Indien
FRACHT Gold

7 K5 SAO PAULO Jan. 1561
SCHIFF portugiesischer Ostindienfahrer
LAGE vor Westküste von Sumatra
ROUTE Portugal nach Indien
FRACHT Schatz und Waffen
BERGUNG einige Fracht an den Strand gespült
Siehe Seiten 40–41

8 J3 ATJEHER-SCHIFF März 1565
SCHIFF atjehisch
LAGE vor Nord-Sumatra
ROUTE Iran nach Aceh, Sumatra
FRACHT Silber, Gold und Juwelen
Schiff ging im Kampf mit portugiesischer Galeone Sao Sebastiao verloren; beide Schiffe fingen Feuer und wurden zerstört

9 L5 SCHIFF VON COUTINHO 1583
SCHIFF portugiesisch
LAGE vor Malakka, Malaysia
ROUTE Goa, Indien, nach China
FRACHT Münzen
Schiff explodierte im Kampf mit Atjehern

10 L5 WRACK VON JOHOR 1583
SCHIFF portugiesisch
LAGE Felsen von Johor, nahe Malakka, Malaysia
ROUTE Goa, Indien, nach Macao
FRACHT 1 Mill. Silbercruzados für den chinesischen Seidenhandel

11 I3 SCHIFF VON SIMAO FERREIRA Jan. 1583
SCHIFF portugiesisch
LAGE zwischen Changi Point und Bedok, SE Singapur
ROUTE Malakka, Malaysia, nach China
FRACHT große Mengen Silbercruzados
BERGUNG zur Zeit des Verlustes einiges geborgen

12 I3 SCHIFF VON LEONARDO DA SA 1588
SCHIFF portugiesische Karacke
LAGE Aceh, Sumatra
ROUTE Goa, Indien, nach China
FRACHT Münzgeld zum Kauf von Kupfer

13 L5 DON DUARTE DE GUERRA 16. Aug. 1607
SCHIFF portugiesisch
LAGE vor Kap Tuan, Malaysia
FRACHT Münzen
BERGUNG 1993 von einer Gesellschaft aus Malaysia, Transea sdn, lokalisiert; Bronzekanone geborgen
Schiff in der Schlacht von Malakka durch Feuer zerstört

14 L4 NOSSA SENHORA DE CONCEPCION 29. Okt. 1607
SCHIFF portugiesisch, 1.000 t
LAGE vor Malakka, Malaysia
FRACHT Münzen
Schiff in der Schlacht von Malakka durch Feuer zerstört

15 L4 SCHIFF VON PAULO DE PORTUGAL 29. Okt. 1607
SCHIFF portugiesische Karacke
LAGE vor Malakka, Malaysia
ROUTE Goa, Indien, nach China
FRACHT 200.000 Cruzados und große private Handelsware
Schiff in der Schlacht von Malakka verloren

16 L5 SCHIFF IN DER STRASSE VON JOHOR 1615
SCHIFF portugiesische Karacke
LAGE 01°27'N 103°46'E
ROUTE Indien nach China
FRACHT Silber
Zur Zeit des Untergangs 1.000 Menschen an Bord

17 L8 AEOLUS KLEINE 25. Aug. 1616
SCHIFF niederländ. Ostindienfahrer, 240 t
LAGE Felsen von Enggano, Indonesien
ROUTE Koromandel, Indien, nach Banten, Java
FRACHT Handelsware und möglicherweise Silber
BERGUNG zur Zeit des Untergangs nur sehr wenig gerettet

18 L8 SUN Nov. 1618
SCHIFF englischer Ostindienfahrer, 700 t
LAGE Felsen von Enggano, Indonesien
ROUTE Großbritannien nach China
FRACHT Schatz der English East India Company und Sir Thomas Dales privater Schatz, dazu 80.000 Reals von unterwegs gekaperten portugiesischen Schiffen
BERGUNG größtenteils erfolgloser Bergeversuch zur Zeit des Untergangs

19 L7 HOORN 14. Dez. 1619
SCHIFF niederländ. Ostindienfahrer, 700 t
LAGE 130 km (70 sm) westlich von Sumatra, 05°00'S
ROUTE Niederlande nach Banten, Java
FRACHT Münzen
An Bord Bontekoe, niederländischer Autor eines frühen Reisebuchs

20 L5 CONCEICAO 1620
SCHIFF portugiesischer Ostindienfahrer
LAGE Insel nahe Festung von Malakka, Malaysia
ROUTE Goa, Indien, nach Macao
FRACHT Silbermünzen

21 L5 WIERINGEN 2. Juni 1636
SCHIFF niederländischer Ostindienfahrer
LAGE außerhalb Malakka, Malaysia
FRACHT Münzen

22 M8 PRINS WILLEM 2. Jan. 1637
SCHIFF niederländ. Ostindienfahrer, 500 t
LAGE Sundastraße
ROUTE Djakarta, Java, nach Niederlande
FRACHT Porzellan
BERGUNG zur Zeit des Untergangs einiges geborgen

23 M5 WRACK AUF DEM ADMI-RAAL-STELLINGWERF-RIFF 1643
SCHIFF chinesische Dschunke
LAGE Admiraal-Stellingwerf-Riff östlich von Bintan, Indonesien
ROUTE China nach Indonesien
FRACHT Mingporzellan aus dem 17. Jh.
BERGUNG von Michael Hatcher geborgen
Nach diesem Wrack fand Hatcher auch die Geldermalsen etwa 1,5 km (0,8 sm) entfernt

24 M6 FREDERIK HENDRIK 1646
SCHIFF niederländ. Ostindienfahrer, 1.100 t
LAGE Riff in Bangka-Straße
ROUTE Djakarta, Java, nach China
FRACHT Gold- und Silbermünzen

25 M7 SCHERMER 4. Juni 1671
SCHIFF niederländ. Ostindienfahrer, 636 t
LAGE Bangka-Straße
ROUTE Djakarta, Java, nach China
FRACHT Silber

26 N6 PRINS WILLEM HENDRIK 18. Sept. 1686
SCHIFF niederländ. Ostindienfahrer, 1.094 t
LAGE Bangka-Straße
ROUTE Djakarta, Java, nach Thailand
FRACHT Münzen

27 L5 SPEEDWELL Feb. 1702
SCHIFF schottischer Ostindienfahrer
LAGE auf Felsen, Reede von Malakka, Malaysia
ROUTE Großbritannien nach China
FRACHT Münzen
BERGUNG zur Zeit des Untergangs größtenteils geborgen

28 M8 KATTENDIJK April 1709
SCHIFF niederländischer Ostindienfahrer, 759 t
LAGE Sundastraße
ROUTE Lokalhandel
FRACHT Münzen

29 N7 CATHERINE 20. Sept. 1716
SCHIFF englischer Ostindienfahrer
LAGE Catherine-Felsen östlich von Belitung, Indonesien
ROUTE Großbritannien nach Bangkahulu, Sumatra
FRACHT Silbermünzen
BERGUNG zur Zeit des Verlustes einiges geborgen

30 L5 WRACKS IM JOHOR-FLUSS März 1718
SCHIFF 2 Slups
LAGE Johor-Fluß nahe Pancor, Malaysia
FRACHT 200 „Pecules" (12.000 kg) Gold und viele andere Wertgegenstände aus Besitz des Königs Raiamuda von Johor

31 M5 RISDAM 1726
SCHIFF niederländ. Ostindienfahrer, 520 t
LAGE nahe Insel Setindam, Malaysia, 02°30'N 103°52'E
ROUTE Thailand nach Djakarta, Java
FRACHT Elfenbein
BERGUNG kürzlich geborgen

32 M5 GELDERMALSEN 3. Jan. 1752
SCHIFF niederländ. Ostindienfahrer, 1.150 t
LAGE Admiraal-Stellingwerf-Riff östlich von Bintan, Indonesien
ROUTE China nach Niederlande
FRACHT Porzellan und Gold
BERGUNG von Michael Hatcher und Max de Rham geborgen; Fracht für 10 Mill. £ Sterling bei Christie's in Amsterdam versteigert
Siehe Seiten 74–75

33 L7 DENHAM 1758
SCHIFF englischer Ostindienfahrer
LAGE Reede von Bangkahulu, Sumatra, 03°47'S 102°15'E
ROUTE Großbritannien nach Bangkahulu, Sumatra
FRACHT Silbermünzen
Schiff verbrannt, um Kaperung durch Franzosen zu entgehen

34 M7 LINDENHOF 15. Mai 1766
SCHIFF niederländ. Ostindienfahrer, 1.150 t
LAGE Tree-Island, Indonesien, etwa 04°10'S 106°00'E
ROUTE Djakarta, Java, nach China
FRACHT 10.000 Silbergulden

35 M8 ZEEPLOEG 1779
SCHIFF niederländ. Ostindienfahrer, 1.150 t
LAGE Sundastraße
ROUTE China nach Niederlande
FRACHT Porzellan

36 L4 OVERDUIN 27. Juni 1784
SCHIFF niederländ. Ostindienfahrer, 1.150 t
LAGE Reede von Malakka, Malaysia
ROUTE Djakarta, Java, nach Niederlande
FRACHT Porzellan

37 K4 WRACK IN DER MALAKKA-STRASSE 1787
SCHIFF portugiesische Karacke
LAGE Straße von Malakka
ROUTE Goa, Indien, nach Macao
FRACHT Silber und wertvolle persönliche Besitztümer

38 M6 VANSITTART 24. Aug. 1789
SCHIFF englischer Ostindienfahrer, 828 t
LAGE Bangka, Indonesien
ROUTE Großbritannien nach China
FRACHT 45 Kisten Silber, jede mit 4.450 kg
BERGUNG nur 3 der 13 über Bord geworfenen Kisten wurden geborgen; die 6 im Frachtraum verbliebenen lagen zu tief zur Bergung

39 M6 HMS RESISTANCE 24. Juli 1798
SCHIFF britisches Kriegsschiff
LAGE nahe Palembang, Sumatra, 14 km (7,6 sm) vor der Küste
ROUTE nach China
FRACHT Münzen
HMS Resistance hatte mehrere niederländische Prisen aufgebracht

40 O6 ONTARIO 4. Jan. 1799
SCHIFF amerikanischer Ostindienfahrer
LAGE Ontario-Riff, Karimatastraße
ROUTE China nach USA
FRACHT Porzellan für den New Yorker Markt
BERGUNG Teil des Wracks 1992 gefunden, aber nichts geborgen

41 N7 FORBES 11. Nov. 1806
SCHIFF englisches Handelsschiff
LAGE Südende der Straße von Belitung
ROUTE China nach Indien
FRACHT Gold und Porzellan

42 L8 UNION 1815
SCHIFF englischer Ostindienfahrer
LAGE Enggano, Indonesien
ROUTE Großbritannien nach Fernost
FRACHT Münzen

43 L5 DIANA 1817
SCHIFF britisch
LAGE vor Malakka, Malaysia
ROUTE China nach Großbritannien
FRACHT Porzellan
Wrack wird zur Zeit gesucht

44 N7 HMS ALCESTE 18. Feb. 1817
SCHIFF britische Fregatte
LAGE Felsen in der Gasparstraße, 5 bis 6 km (2,7 bis 3,2 sm) von Insel Liat, Indonesien
ROUTE China nach Großbritannien
FRACHT Dr. Abels gesamte Sammlung an Pflanzen, Mineralien und anderen Dingen
BERGUNG von Piraten einiges geplündert

45 L7 FAME 2. Feb. 1824
SCHIFF englischer Ostindienfahrer
LAGE 80 km (43 sm) SW von Bangkahulu, Sumatra
ROUTE Sumatra nach Großbritannien
FRACHT Raffles gesamte Sammlung an Büchern und anderen Wertgegenständen ging ebenso wie Gold, Juwelen und ein Silber-Service, das Raffles von den Javanern geschenkt worden war, verloren
Siehe Seiten 90–91

46 M5 DOURADO 25. Jan. 1829
SCHIFF portugiesische Brigg
LAGE Küste von Bintan, Indonesien, nahe Pedra-Branca-Felsen
ROUTE Macao nach Bombay, Indien
FRACHT 500.000 US $ und wertvolle Kunstgegenstände und Antiquitäten
BERGUNG möglicherw. einiges geplündert
An Bord der Archäologe Domenic de Rienzi mit seiner Sammlung seltener astronomischer Instrumente; siehe Seiten 44–45

47 M5 WRACK VON PEDRA BRANCA Juli 1830
SCHIFF chinesische Dschunke
LAGE nahe Felsen von Pedra Branca, Straße von Singapur
ROUTE Singapur nach Schanghai, China
FRACHT 22.016 Singapur $

48 M5 PARSEE Nov. 1845
SCHIFF britische Bark, 390 t
LAGE NE-Spitze von Bintan, Indonesien
FRACHT sehr wertv. Fracht inkl. Münzgeld
BERGUNG zur Zeit des Untergangs teilweise geborgen

49 M5 FREDERICK VI. 6. Juli 1846
SCHIFF britisches Postschiff, P & O Line
LAGE 00°36'N 105°17'E
FRACHT Münzen

50 J2 ARDASSEER 17. April 1851
SCHIFF britisch
LAGE etwa 09°00'N 97°30'E
ROUTE China via Singapur nach Kalkutta
FRACHT große Mengen Münzen
BERGUNG einige Schätze gerettet, bevor das Schiff sank

51 L5 PACHA 22. Juli 1851
SCHIFF britischer Raddampfer, P & O Line
LAGE Mount Formosa, 13 km (7 sm) NE halb E von Malakkastraße
ROUTE Hongkong nach Kalkutta, Indien
FRACHT ursprünglich Fracht im Wert von 600.000 US $ an Bord, darunter 42 Kisten Goldbarren, 47 Kisten Golddollar, 9 Kisten Goldstaub, 6 Kisten Feinsilber (Barren), 1 Kiste Diamanten und 1 Kiste Silberwaren
BERGUNG Fracht im Wert von 300.000 bis 350.000 US $ geborgen

52 M7 WILLEM KROONPRINS 9. Nov. 1878
SCHIFF niederländischer Dampfer
LAGE Bangka-Straße
FRACHT Münzen
BERGUNG Bergeversuch mit unbekanntem Ergebnis zur Zeit des Untergangs
Kollision mit der Atjeh brachte das Schiff auf 13 Faden Wassertiefe zum Sinken

53 M5 LA SEYNE 14. Nov. 1909
SCHIFF französischer Postdampfer, Messageries Maritimes
LAGE nahe Singapur, 01°01'N 104°12'10E
ROUTE Djakarta, Java, nach Europa
FRACHT Diamanten
Schiff kollidierte mit der Onda

54 M6 VYNER BROOKE 13. Feb. 1942
SCHIFF Sarawak Steamship Company
LAGE 24 km (13 sm) nördlich von Mentok, Bangka, Indonesien
FRACHT Juwelen

55 K4 I-34 12. Nov. 1943
SCHIFF japanisches U-Boot
LAGE 05°17'N 100°05'E
ROUTE Japan nach Deutschland
FRACHT halbe Tonne Gold
BERGUNG geborgen, aber kein Bericht über Goldfund

56 K4 HAGURA 16. Mai 1945
SCHIFF japanischer schwerer Kreuzer
LAGE 50 km (27 sm) SW von Pinang, Malaysia
ROUTE Malaysia nach Japan
FRACHT Gold

57 M6 ASHIGARA 8. Juni 1945
SCHIFF japanischer schwerer Kreuzer, 12.700 t
LAGE Nordeinfahrt zur Bangka-Straße, 01°59'S 104°57'E
ROUTE Indonesien nach Japan
FRACHT Gold
BERGUNG 1988 von einem gemeinsamen japanischen und indonesischen Unternehmen bearbeitet
Schiff von britischem U-Boot versenkt

DAS SÜDCHINESISCHE MEER UND DER GOLF VON THAILAND

Die Karte zu dieser Liste befindet sich auf den Seiten 156–157.

● Keine Bergung bekannt
■ Bergung bekannt

1 H1 DIE WU-WRACKS 233
SCHIFF Kriegsschiffe
LAGE Gelbes Meer
FRACHT kunsthandwerkliche Gegenstände
Schiffe des Staates Wu, im Sturm untergegangen

2 D8 DRACHENDSCHUNKE 1069
SCHIFF Drachendschunke
LAGE Felsen nahe Hafen von Bo Chanh, wahrscheinlich nahe Vung Tau, China
FRACHT Schatz

3 G4 WRACK VON QUANZHOU 12. Jh.
SCHIFF chinesisch
LAGE Quanzhou, China
FRACHT kunsthandwerkliche Gegenstände
BERGUNG kürzlich ausgegraben
Schiff der Sung-Dynastie

4 F5 WRACK VOM MANDARIN-KAP 12.–13. Jh.
SCHIFF chinesische Dschunke
LAGE dicht beim Mandarin-Kap, etwa 96 km (51,8 sm) SW von Macao
ROUTE vielleicht China nach Indonesien
FRACHT Porzellan, Silberbarren und Goldketten
BERGUNG Ende der 80er Jahre von Roy Martin und Lyle Craigie Halkett in Zusammenarbeit mit Chinesen teilweise geborgen

5 F4 SUNG-WRACKS 1279
SCHIFF chinesisch
LAGE nahe Guangzhou, China
FRACHT kunsthandwerkliche Gegenstände
Schiff in Schlacht zwischen Sung-Truppen und Mongolen verloren

6 C9 WRACK VON THAILAND 14. Jh.
LAGE 96 km (51,8 sm) vor der Küste von Thailand
FRACHT Porzellan im Wert von 2,8 Mill. £ Sterling
BERGUNG 1992 von Michael Hatcher geborgen; Fracht von der Thai-Regierung beschlagnahmt

7 E7 SCHIFF VON ANTONIO DE FARIA 16. Jh.
SCHIFF portugiesisch
LAGE Südchinesisches Meer
ROUTE Hainan, China, nach Goa, Indien
FRACHT Raub aus Königsgräbern in Hainan, China

8 C8 DAS KO-CHANG-WRACK 16. Jh.
LAGE nahe Ko Chang, Thailand
FRACHT Porzellan
BERGUNG kürzlich ausgegraben

9 F5 4 SCHIFFE VON FARIA 1540
LAGE Wanshan-Insel, China
FRACHT geraubter Schatz

10 E6 SCHIFF VON EMMANUEL DE MENDOZA Okt. 1561
SCHIFF spanisch
LAGE Hafen von Haikou, Hainan, China
ROUTE China nach Malakka, Malaysia
FRACHT Porzellan und Gold

11 E6 SCHIFF VON ALFARO 1580
SCHIFF portugiesisch
LAGE Haikou, Hainan, China
ROUTE Macao nach Goa, Indien
FRACHT Münzen

12 F5 SAN MARTIN 1587
SCHIFF spanisch
LAGE Macao
ROUTE Manila, Philippinen, nach Macao
FRACHT Münzen
BERGUNG zur Zeit des Untergangs größtenteils geborgen
Schiff strandete und brannte; Kapitän D. Lopez de Palaios

13 F6 SCHIFF VON JOHN CAVADO DE GAMBOA 1595
SCHIFF portugiesisch
LAGE 290 km (156,6 sm) von Macao
ROUTE Goa, Indien, nach Macao
FRACHT Silber

14 F5 ALMIRANTA 1598
SCHIFF spanisch
LAGE unbewohnte Insel südlich von Macao
ROUTE Manila, Philippinen, nach Macao
FRACHT Silber
Schiff gehörte dem spanischen Kapitän Dasmarinas

15 D9 DAS VUNG-TAU-WRACK 17. Jh.
SCHIFF chinesische Dschunke
LAGE 30 km (16 sm) östlich der Condor-Insel, ESE der Insel Hon Bay Canh, Vietnam; 08°38'N 106°48'E
ROUTE von China
FRACHT Porzellan
BERGUNG 1991 von Sverker Hallström geborgen und bei Christie's in Amsterdam für 4 Mill. £ Sterling versteigert
Siehe Seiten 28–29

16 F5 WRACK AN DER GUANGDONG-KÜSTE 1601
SCHIFF portugiesisch
LAGE Küste von Guangdong, China
ROUTE Goa, Indien, nach Macao
FRACHT 400.000 „Pardos" Silberreals

17 G6 PORTUGIESISCHES SCHIFF 1609
SCHIFF portugiesisch
LAGE unbewohnte Insel zwischen Macao und Manila, Philippinen, vielleicht Dongsha Qundao, China
ROUTE Macao nach Manila, Philippinen
FRACHT Bernstein, Moschus, Perlen und Edelsteine

18 F5 WRACK VON SHANGCHUAN 1613
SCHIFF portugiesisch
LAGE nahe Shangchuan, China, 290 km (157 sm) von Macao
ROUTE Goa, Indien, nach Macao
FRACHT Silber
Schiff ging im Taifun verloren

19 E5 UNICORN 1619
SCHIFF englischer Ostindienfahrer
LAGE nahe Macao
ROUTE Banten, Java, nach Japan
FRACHT Münzen
Besatzung überlebte

20 E5 HOOP 1622
SCHIFF niederländischer Ostindienfahrer
LAGE nahe Macao
ROUTE Djakarta nach Guangzhou, China
FRACHT Münzen

21 G7 SCHIFF VON ANTONIO SOARES VIVAS 1630
SCHIFF portugiesisch
LAGE Südchinesisches Meer
ROUTE China nach Indien
FRACHT 150.000 Silber-Xerafins

22 F5 SCHIFF VON ANTONIO PINTO 1636
SCHIFF portugiesisch, Generalkapitän der japanischen Flotte
LAGE Macao
ROUTE Macao nach Japan
FRACHT Gold

23 D6 KEIZERIN 29. Okt. 1636
SCHIFF niederländ. Ostindienfahrer, 200 t
LAGE Bucht von Padaran, Champa, Vietnam
ROUTE Taiwan nach Vietnam
FRACHT Porzellan
BERGUNG kürzlich erfolglose Versuche zur Lokalisierung des Wracks

24 G5 JONKER 21. Okt. 1647
SCHIFF niederländischer Ostindienfahrer
LAGE nahe Guangzhou, China, 23°14'N 118°16'E
ROUTE Djakarta, Java, nach Guangzhou, China
FRACHT 75.000 Taels Silber
BERGUNG 52 Kisten von Chinesen geborgen

25 G5 UTRECHT 22. Juni 1654
SCHIFF niederländischer Ostindienfahrer
LAGE Riff vor Dongsha Qundao, China
ROUTE Djakarta, Java, nach China
FRACHT Silber
BERGUNG 1 Kiste Silber gerettet

26 F6 GEELMUIDEN 1659
SCHIFF niederländ. Ostindienfahrer, 202 t
LAGE Südchinesisches Meer
ROUTE Djakarta, Java, nach Guangzhou, China
FRACHT Silber

27 F9 ZWARTE BUL 1659
SCHIFF niederländ. Ostindienfahrer, 400 t
LAGE Südchinesisches Meer
ROUTE Djakarta, Java, nach Japan
FRACHT Münzen

28 E8 WAPEN VAN ZEELAND 16. Sept. 1663
SCHIFF niederländischer Ostindienfahrer
LAGE Südchinesisches Meer
ROUTE Djakarta, Java, nach China
FRACHT Silber

29 F5 SCHIFF VON PENHA DE FRACA 1668
SCHIFF portugiesisch
LAGE Wanshan-Insel, China
ROUTE Goa, Indien, nach Macao
FRACHT Silbermünzen

30 F5 SAN MIGUEL 1668
SCHIFF spanisch
LAGE Wanshan-Insel, China
ROUTE Manila, Philippinen, nach Macao
FRACHT Münzen

31 F6 HOOGKARSPEL 1670
SCHIFF niederländischer Ostindienfahrer, 212 t
LAGE Südchinesisches Meer zwischen Vietnam und Japan
ROUTE Vietnam nach Japan
FRACHT Münzen

32 C8 LANTHAM 16. Feb. 1680
SCHIFF englisches Handelsschiff
LAGE Küste von Kambodscha
ROUTE China nach Indien
FRACHT Porzellan und Gold

33 D6 IMYRNASTE 25. Feb. 1683
SCHIFF englischer Ostindienfahrer
LAGE Barre von Tongking, Vietnam
ROUTE Großbritannien nach China
FRACHT Münzen

34 F5 MONSARATE 1686
SCHIFF portugiesisch
LAGE nahe Macao
ROUTE Goa, Indien, nach Macao
FRACHT Silber

35 F6 PORTUGIESISCHES WRACK 1690
SCHIFF portugiesisch
LAGE nördliche Paracel-Inseln
ROUTE Goa, Indien, nach Macao
FRACHT Silber

36 F7 ARION 1714
SCHIFF niederländ. Ostindienfahrer, 630 t
LAGE Paracel-Inseln
ROUTE Djakarta, Java, nach Japan
FRACHT Münzen

37 E5 NUESTRA SENORA DE LORETO 1719
SCHIFF spanisch
LAGE Küste von Vietnam
ROUTE Indien nach Thailand
FRACHT Münzen

38 E6 ALBLASSERDAM 1735
SCHIFF niederländischer Ostindienfahrer
LAGE vor Küste von China
ROUTE Guangzhou, China, nach Niederlande
FRACHT Porzellan

39 F5 DEN DAM 3. Juli 1735
SCHIFF niederländischer Ostindienfahrer
LAGE nahe Guangzhou, China
ROUTE Djakarta nach Guangzhou, China
FRACHT Silber
BERGUNG kleine Menge Silber entfernt, bevor Schiff kenterte

40 F8 VERWACHTING 1744
SCHIFF niederländ. Ostindienfahrer, 850 t
LAGE Südchinesisches Meer
ROUTE China nach Surat, Indien
FRACHT Porzellan und Gold

41 E7 EARL TEMPLE 1759
SCHIFF britisch
LAGE südlich der Paracel-Inseln
ROUTE Djakarta nach Manila, Philippinen
FRACHT Münzen

42 G5 FREDERIK ADOLPHUS 4. Sept. 1761
SCHIFF schwedischer Ostindienfahrer
LAGE östlich Dongsha Qundao, China
FRACHT Silber
BERGUNG 39 Kisten Silber gerettet

43 F5 ELIZABETH 8. Jan. 1763
SCHIFF englischer Ostindienfahrer
LAGE Peak of Lintin, SE zu E und 10 km (5,4 sm) vom Kanton-Fluß, China
ROUTE Großbritannien nach China
FRACHT Silber
Schiff explodierte; Feuer gelegt durch 2 französische Gefangene und den Segelmacher, der im Kabelgatt rauchte

44 F6 RIJNSBURG 17. Juli 1772
SCHIFF niederländ. Ostindienfahrer, 850 t
LAGE nahe Mandarin-Kap, China, etwa 96 km (51,8 sm) SW von Macao
ROUTE Djakarta, Java, nach Guangzhou, China
FRACHT 1.223,84 kg Silber und 385.560 kg Zinn
BERGUNG das meiste Silber zur Zeit des Verlustes geborgen
8 chinesische Taucher wurden bei der Bergung des Silbers von Haien gefressen

45 F4 PRINCESS SOPHIE FREDERICK 1781
SCHIFF dänischer Ostindienfahrer
LAGE Huang-Pu, China
ROUTE Dänemark nach China
FRACHT Silbermünzen im Wert von 60.000 £ Sterling
BERGUNG anscheinend einiges geborgen

46 F7 ADMIRAAL DE SUFFREN 1787
SCHIFF niederländischer Ostindienfahrer, 1.300 t
LAGE Felsen vor Lincoln Island, Paracel-Inseln, 16°40'N
ROUTE China nach Niederlande
FRACHT Porzellan und Seide
BERGUNG Seide von Piraten geraubt, aber Porzellan wahrscheinlich nicht entfernt

47 E8 HASTINGS 1787
SCHIFF englisches Handelsschiff
LAGE zwischen Poulo Sapate und Macclesfield-Bank
ROUTE Guangzhou, China, nach Bombay, Indien
FRACHT Porzellan

48 F9 MIDDELWIJK 1788
SCHIFF niederländischer Ostindienfahrer, 800 t
LAGE Südchinesisches Meer
ROUTE Djakarta, Java, nach China
FRACHT Silber

49 F7 CANTON 1790
SCHIFF niederländischer Ostindienfahrer, 1.150 t
LAGE Südchinesisches Meer
ROUTE Djakarta, Java, nach Guangzhou, China
FRACHT Silber

50 F5 SANTA CLARA 18. Aug. 1799
SCHIFF portugiesisch
LAGE westlich der Reede von Guangzhou, China
ROUTE Goa, Indien, nach Macao
FRACHT Münzen

51 F7 EARL TALBOT ca. 16. Aug. 1800
SCHIFF englischer Ostindienfahrer, 1.500 t
LAGE Paracel-Inseln
ROUTE Bombay, Indien, nach China
FRACHT Münzen

52 E6 GENEROUS FRIENDS Nov. 1801
LAGE Paracel-Inseln, auf Riff, zwei Tagesreisen SW zu S von Macao
ROUTE von Macao
FRACHT Gold und US Dollars
BERGUNG geplündert

53 F5 FERROLENA URCA 15. Sept. 1802
SCHIFF spanisch
LAGE Brandons Bay nahe Pedro Branco, vor China, 22°50'N 113°42'E
ROUTE Manila, Philippinen, nach Guangzhou, China
FRACHT Silber
BERGUNG zur Zeit des Verlustes das meiste geborgen, einiges geraubt; Fracht im Wert von 1,8 Mill. US $
Gesamtmenge des Silbers unbekannt, weil große Menge inoffizieller Fracht an Bord war

54 F7 ST. ANTONIO 22. Juli 1804
SCHIFF portugiesisch
LAGE auf einer Sandbank, Paracel-Inseln, 16°45'N
ROUTE Ho-Chi-Minh-Stadt (Saigon), Vietnam, nach Guangzhou, China
FRACHT Münzen

55 F4 ALBION Dez. 1807
SCHIFF englischer Ostindienfahrer
LAGE Huang-Pu, China
ROUTE Großbritannien nach China
FRACHT Fracht im Wert von 1,5 Mill. US $
BERGUNG die meiste Fracht geborgen

56 E9 TRUE BRITON 13. Okt. 1809
SCHIFF englischer Ostindienfahrer
LAGE Südchinesisches Meer
ROUTE Bombay, Indien, nach Guangzhou, China
FRACHT Münzen
Schiff vermißt

57 E8 OCEAN Sept. 1810
SCHIFF englischer Ostindienfahrer
LAGE vor Poulo Sapate
ROUTE China nach Großbritannien
FRACHT Porzellan
Seit Treffen mit Fregatte Modeste hörte man nichts wieder von dem Schiff

58 E6 PRESIDENT ADAMS 1813
SCHIFF amerikanisch
LAGE St. John's Island, SW von Guangzhou, China
ROUTE Boston, Massachusetts, USA, nach Guangzhou, China
FRACHT Silbermünzen und türkisches Opium im Wert von 170.000 US $
BERGUNG geplündert

59 F5 ELPHINSTONE 1817
SCHIFF englischer Ostindienfahrer
LAGE Guangzhou, China
ROUTE Großbritannien nach Guangzhou, China
FRACHT Münzen

60 F4 ROYAL GEORGE 24. Dez. 1825
SCHIFF englischer Ostindienfahrer
LAGE Huang-Pu, China
ROUTE Großbritannien nach China
FRACHT Münzen

61 G6 MATADOR Okt. 1835
SCHIFF dänisch
LAGE 18°00'N 117°00'E
FRACHT Silberdollars
Kisten mit Dollars an Deck gebracht, doch Schiff kollidierte mit der Golconda und sank, bevor sie entfernt werden konnten

62 E6 SUNDA Okt. 1840
LAGE vor Insel Taya nahe Hainan, China, 19°55'N 111°20'E
FRACHT Schatz
BERGUNG möglicherweise ausgeraubt

63 G5 SINGULAR 1842
SCHIFF spanische Brigg
LAGE Dongsha Qundao, China
ROUTE Manila, Philippinen, nach China
FRACHT Gold im Wert von 50.000 US $

64 E7 CHRISTINA 1. Juli 1842
SCHIFF englischer Ostindienfahrer
LAGE Vietnam
ROUTE Macao nach Bombay, Indien
FRACHT große Schätze
BERGUNG 1 oder 2 Jahre nach dem Untergang einiges von Fischern geborgen; kürzlich erfolgloser Versuch zur Lokalisierung

65 F5 MAVIS 29. Aug. 1842
LAGE in östlicher Peilung von Wanshan-Insel, China
FRACHT Münzen im Wert von 20.000 US $
Schiff vom Blitz getroffen und explodiert; Kapitän Cow von der British Sovereign nahm Überlebende auf

66 G6 CITY OF SHIREZ 1845
LAGE Riff vor Dongsha Qundao, China
ROUTE Huang-Pu, China, nach Bombay, Indien
FRACHT Münzen
BERGUNG Bergeversuch mit unklarem Resultat 1846

67 F7 CASTLE HUNTLEY 27. Okt. 1845
SCHIFF britisch
LAGE Lincoln-Untiefe, Paracel-Inseln
ROUTE Bombay, Indien, nach Guangzhou, China
FRACHT Schatz im Wert von 15.000 US $

68 F5 PARADOX 1848
SCHIFF kleiner Schoner
LAGE Einfahrt zum Hafen von Hongkong
FRACHT Münzen
BERGUNG Bergung erfolglos versucht
Schiff kenterte und sank

69 D6 SHAP'NG TSAIS FLOTTE 1850
Schiff vietnamesisches Piratenschiff
Lage Golf von Tongking, Vietnam
Fracht Schatz

70 E5 DONNA MARIA II 29. Okt. 1851
Schiff portugiesisch
Lage Macao
Fracht große Menge Geld an Bord

71 E7 DOURO 24. Mai 1853
Schiff britisch, P & O Line
Lage Paracel-Inseln
Fracht Münzen

72 G5 ELIZA THORNTON 30. Sept. 1854
Schiff amerikanische Brigg
Lage Pedro Branco vor China, etwa 22°50'N 115°20'E
Route San Francisco, Kalifornien, USA, nach Hongkong
Fracht Gold
Bergung Passagiere versuchten vergeblich mit Gürteln voller Goldstaub zu schwimmen

73 B8 NEPTUNE 26. Feb. 1856
Schiff 1.000 t
Lage Barat Menam, Thailand
Fracht Goldbarren, Blattgold und Feinsilber-Barren
Schiff explodierte und brannte 28 Stunden

74 F5 JAMES HARTLEY 29. Okt. 1859
Schiff britisch
Lage nahe Hongkong
Fracht Schatz
Bergung zur Zeit des Verlustes geborgen

75 C8 CONDOR 3. Feb. 1860
Schiff deutsch
Lage vor Thailand, etwa 11°00'N 103°00'E
Route Macao nach Bangkok, Thailand
Fracht Schatz
Bergung zur Zeit des Verlustes geborgen

76 G8 BALD EAGLE 1861
Schiff amerikanischer Klipper
Lage Südchinesisches Meer
Route Hongkong nach San Francisco, Kalifornien, USA
Fracht Münzen im Wert von 100.000 US $

77 G6 BELLA CARMEN 26. März 1861
Lage Südchinesisches Meer
Route Manila, Philippinen, nach Xiamen, China
Fracht Münzen im Wert von 30.000 US $

78 G5 PHANTOM 12. Juli 1862
Schiff amerikanischer Klipper
Lage nördlich Dongsha Qundao, China
Route San Francisco, Kalifornien, USA, nach Hongkong
Fracht Schatz im Wert von 50.576 US $
Bergung das meiste vom Schatz geborgen

79 G6 GEORGES SAND Aug. 1863
Schiff amerikanisch
Lage Riff vor Dongsha Qundao, China
Route San Francisco, Kalifornien, USA, nach Hongkong
Fracht Gold, gerüchteweise im Wert von mehr als 2 Mill. £ Sterling, doch wahrscheinlich wesentlich weniger

80 F5 DOUGLAS 1870
Schiff britisch
Lage Hongkong
Fracht Schatz
Bergung Schatz im Wert von 450.000 US $ geborgen

81 E7 YANGTZE 1871
Schiff amerikanischer Tee-Klipper
Lage Paracel-Inseln
Route New York nach Fuzhou, China
Fracht Münzen

82 G5 MARS 14. Juni 1871
Schiff britisch, Dampfer aus Eisen, 1.021 t
Lage Riff nahe Cupchi Point vor Brewers Point, China
Route Hongkong nach Xiamen, China
Fracht Schatz im Wert von 7.000 US $

83 G5 JAPAN 18. Dez. 1874
Schiff amerikanischer Seitenraddampfer
Lage etwa 22°50'N 113°42'E
Route San Francisco, Kalifornien, USA, nach Hongkong
Fracht Schatz im Wert von 365.000 US $ und Gold und Goldstaub
Bergung mehrjährige Bergeversuche, bis 1878 Schatz im Wert von 183.000 US $ geborgen; dann wurden weitere Versuche aufgegeben

84 F5 SHIROGANE MARU 14. März 1945
Schiff japanisch
Lage vor Hongkong, etwa 22°18'N 114°10'E
Route Malaysia nach Japan
Fracht Gold und Silber
Bergung mehrere Bergeversuche

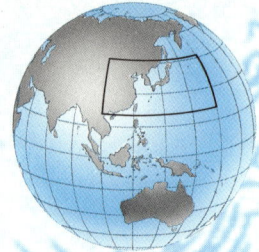

JAPAN, KOREA UND OSTCHINA

Die Karte zu dieser Liste befindet sich auf den Seiten 158–159.
● Keine Bergung bekannt
■ Bergung bekannt

1 D4 DIE WU-WRACKS 233
Schiff Kriegsschiffe
Lage Gelbes Meer, China
Fracht kunsthandwerkliche Gegenstände
Schiffe des Staates Wu, im Sturm untergegangen

2 D6 SCHIFF VON ENNIN 838
Schiff japanisch
Lage Mündung des Yangtze-Flusses, China
Route Kioto, Japan, nach China
Fracht Geschenke für den Kaiser von China inkl. Seide, juwelenbesetzte Säbel und Edelmetalle
An Bord war eine Gruppe japanischer Mönche; das Schiff ging nach 15 Tagesreisen unter

3 D8 DAS T'AI-PING-WRACK 1056
Schiff chinesisch
Lage T'ai Ping nahe Mündung des Min-Flusses, China
Fracht Geschenke
Botschafter am Hof von China an Bord

4 F5 DIE FLOTTE KUBLAI-KHANS 1281
Schiff chinesische Invasionsflotte
Lage vor Nord-Kiuschu, Japan
Route China nach Japan
Fracht kostbare und seltene Kunstwerke

5 F5 DAS SINAN-WRACK 1323
Schiff chinesische Dschunke
Lage 35°01'15N 126°05'06E
Route China nach Japan
Fracht 28 Tonnen Münzen und Kunstgegenstände
Bergung kürzlich ausgegraben
Siehe Seiten 26–27

6 G6 PORTUGIESISCHES SCHIFF 1573
Lage vor Insel Amakusa bei Nagasaki, Japan
Route China nach Japan
Fracht Gold und Porzellan

7 G7 WRACK AM ILHAS-DOS-LEQUIOS-RIFF 1583
Schiff portugiesisch
Lage Ilhas-dos-Lequios-Riff, Ryukyu-Inseln
Route Macao nach Japan
Fracht Gold und Porzellan

8 D9 SPANISCHES SCHIFF 1583
Schiff spanisch
Lage Taiwan
Route China nach Manila, Philippinen
Fracht Porzellan
P. Alonso Sanchez an Bord

9 H5 SAN FELIPE 19. Okt. 1596
Schiff spanisch
Lage vor Tosa, Shikoku, 160 km (86,4 sm) vom Hafen von Nagasaki, Japan
Route Manila nach Acapulco, Mexiko
Fracht 30.000 Pesos an Gold und Porzellan
Bergung zur Zeit des Verlustes einiges geborgen

10 G6 DSCHUNKE 1599
Schiff chinesisch
Lage außerhalb Nagasaki, Japan
Route Nagasaki, Japan, nach Macao
Fracht Silber im Wert von 400.000 Cruzados

11 J5 SAN ANTONIO Juni 1603
Schiff spanisch
Lage etwa 34°00'N
Route Manila, Philippinen, nach Mexiko
Fracht Gold und Porzellan
Kapitän D. Diego de Mendoza

12 G5 SPANISCHE FREGATTE 1605
Schiff spanische Fregatte
Lage vor Nagasaki, Japan
Route Manila, Philippinen, nach Japan
Fracht Münzen im Wert von 50.000 Cruzados

13 G5 SANTA ANNA 1609
Schiff spanisch
Lage Bungostraße, Japan
Route Manila, Philippinen, nach Acapulco, Mexiko
Fracht Gold und Porzellan
Schiff strandete in schwerem Wetter

14 I5 SAN FRANCISCO 1609
Schiff spanisch
Lage 190 km (102,6 sm) von Tokio, Japan
Route Manila, Philippinen, nach Acapulco, Mexiko
Fracht Gold und Porzellan

15 G6 MADRE DE DEUS 9. Juli 1609
Schiff portugiesisch
Lage Fukunda, Bucht von Nagasaki, Japan
Route Macao nach Nagasaki, Japan
Fracht Gold und Schatz; Wert 1980 auf 300 - 400 Mill. Yen geschätzt
Bergung in den 80er Jahren von japanischer Maritime Development Company mit unbekanntem Ergebnis versucht
Schiff von portugiesischem Kapitän in Seeschlacht mit Japanern versenkt; siehe Seiten 42–43

16 D8 DSCHUNKE 1611
Schiff chinesische Dschunke
Lage Küste von Fujian, China
Route Manila, Philippinen, nach Japan
Fracht Gold

17 D8 SCHIFF VON MACAO 1611
Schiff portugiesisch
Lage Küste von Fujian, China
Route Macao nach Nagasaki, Japan
Fracht Goldmünzen

18 F6 ROODE LEEUW 31. Jan. 1613
Schiff niederländ. Ostindienfahrer, 400 t
Lage nahe Japan
Route Manila, Philippinen, nach Japan
Fracht Münzen

19 G6 SPANISCHES SCHIFF 1616–1617
Schiff spanisch
Lage Südjapan
Route Manila, Philippinen, nach Japan
Fracht große Mengen Schatz

20 F5 EXPEDITION 1620
Schiff englischer Ostindienfahrer
Lage Firando, NW Kiuschu, Japan
Route Großbritannien nach Japan
Fracht Münzen

21 F5 HOND 1622
Schiff niederländischer Ostindienfahrer
Lage Reede von Cochie, Hafen Firando, NW Kiuschu, Japan
Route Banten, Java, nach Japan
Fracht Münzen

22 G5 MAAN 1622
Schiff niederländischer Ostindienfahrer
Lage Reede von Cochie, Hafen Firando, NW Kiuschu, Japan
Route Indonesien nach Japan
Fracht Münzen

㉓ E7 SANTA CROIX 1622
SCHIFF niederländisch
LAGE zwischen Japan und P'eng-Hu Lieh-Tao, Taiwan
ROUTE Japan nach Taiwan
FRACHT Silber und Porzellan

㉔ D8 TIJGER Sept. 1622
SCHIFF niederländ. Ostindienfahrer, 140 t
LAGE Fluß Chincheu bei Xiamen, China
FRACHT Münzen
BERGUNG von Chinesen geborgen

㉕ C8 MUIDEN 1623
SCHIFF niederländ. Ostindienfahrer, 160 t
LAGE vor Insel Kolongsoe bei Xiamen, China
ROUTE China nach Japan
FRACHT Münzen
Schiff strandete und verbrannte vollständig; nach Astley strandete es an der Insel Glan Fau

㉖ C8 OUDERKERK 12. Okt. 1627
SCHIFF niederländisch, 100 t
LAGE bei Xiamen, China
FRACHT Münzen
Schiff ging im Kampf mit Portugiesen verloren

㉗ C8 SLOTEN 7. Okt. 1633
SCHIFF niederländ. Ostindienfahrer, 100 t
LAGE Fluß Chincheu nahe Küste von China
FRACHT Münzen

㉘ D9 VLIEGENDE HERTE 1643
SCHIFF niederländischer Ostindienfahrer
LAGE Rovers Island, P'eng-Hu Lieh-Tao, Taiwan, 23°31'N 119°33'E
ROUTE China nach Djakarta, Java
FRACHT Porzellan

㉙ F5 SPERWER 15. Aug. 1653
SCHIFF niederländ. Ostindienfahrer, 540 t
LAGE Insel Cheju, vor Korea, 33°14'N 126°35'E
ROUTE Taiwan nach Japan
FRACHT Münzen
BERGUNG kürzlich gefunden

㉚ E8 VREDE 28. Okt. 1654
SCHIFF niederländischer Ostindienfahrer
LAGE Nordküste von Taiwan
ROUTE Djakarta, Java, nach Taiwan
FRACHT Münzen

㉛ D8 VLEERMUIS 26. Sept. 1655
SCHIFF niederländ. Ostindienfahrer, 150 t
LAGE Riffe der Vuile-Insel, P'eng-Hu Lieh-Tao, Taiwan
ROUTE China nach Japan
FRACHT Silber im Wert von 25.773,20 Florin

㉜ D9 MAARSSEN 11. Sept. 1656
SCHIFF niederländischer Ostindienfahrer
LAGE Reede von Taiwan
ROUTE Djakarta, Java, nach Taiwan
FRACHT Münzen

㉝ D8 KORTENHOEF 16. Sept. 1661
SCHIFF niederländ. Ostindienfahrer, 216 t
LAGE Fort Zeelandia, Taiwan
ROUTE Djakarta, Java, nach Fort Zeelandia, Taiwan
FRACHT Münzen

㉞ F6 PEPERBAL 26. Aug. 1663
SCHIFF niederländischer Ostindienfahrer
LAGE vor Insel Mishima, SW von Japan, etwa 32°00'N 128°30'E
ROUTE Djakarta, Java, nach Japan
FRACHT Münzen

㉟ F6 VOLLENHOVEN 26. Aug. 1663
SCHIFF niederländischer Ostindienfahrer
LAGE vor Insel Mishima, SW von Japan, etwa 32°00'N 128°30'E
FRACHT Münzen

㊱ G5 ROODE HERT 7. Juli 1665
SCHIFF niederländ. Ostindienfahrer, 340 t
LAGE vor Bucht von Nagasaki, Japan
ROUTE Djakarta, Java, nach Japan
FRACHT Münzen

㊲ D8 HMS HARWICH 1698
SCHIFF britisch
LAGE Xiamen, China
FRACHT Silber

㊳ I5 VALKENBOS Aug. 1722
SCHIFF niederländischer Ostindienfahrer
LAGE nahe Japan
FRACHT Münzen

㊴ C8 WRACK VON AMOY 1749
SCHIFF chinesisches Schiff
LAGE nahe Xiamen, China
ROUTE Luzon, Philippinen, nach China
FRACHT Silberdollars

㊵ E8 ANN 1841
SCHIFF britisch
LAGE Taiwan
FRACHT Silber
BERGUNG Schiff ausgeraubt

㊶ C8 PIRATENSCHIFF 31. Mai 1848
SCHIFF Piratenschiff
LAGE Insel Chimmo bei Fuzhou, China
FRACHT erbeutete Schätze
Schiff von Commander Frederick Johnston mit der Scout versenkt

㊷ D8 BEN AVON 1856
SCHIFF britisch
LAGE Felsen vor Hoc Tow Point, 32 km (17,3 sm) nördlich vom Xiamen, China
ROUTE London, England, nach Schanghai, China
FRACHT Münzen

㊸ C8 MAZEPPA 1857
SCHIFF Opiumschoner
LAGE nahe Shantou, China
FRACHT Schatz
BERGUNG Kapitän Tucker suchte das Wrack, fand es vielleicht auch; keine Nachricht über Bergung
Schiff vermutlich in Schlamm begraben

㊹ E6 CAIRNSMORE 1858
SCHIFF britisch
LAGE etwa 30°45'N 122°20'E
ROUTE Hongkong nach Schanghai, China
FRACHT Münzen
BERGUNG etwas geborgen

㊺ J4 LOCH LOMOND 5. Juli 1859
LAGE Bucht von Tokio, Japan
ROUTE Nagasaki nach Kanagaiva, Japan
FRACHT Münzen
BERGUNG zur Zeit des Untergangs einiges geborgen

㊻ D6 SANTA CRUZ 14. März 1862
LAGE Yangtze-Fluß, China
ROUTE Schanghai nach Hankou, China
FRACHT Schatz

㊼ J2 ASHMORE 24. Nov. 1864
LAGE Benten Sama, Tsugarustraße, bei Hakodate, Japan
ROUTE Jokohama nach Hakodate, Japan
FRACHT Schatz
BERGUNG Schatz zur Zeit des Verlusts geborgen

㊽ J4 ONWARD 29. Dez. 1865
SCHIFF britische Bark
LAGE Kashima, Ostküste von Japan, 400 km (216 sm) von Jokohama
ROUTE Jokohama nach Hakodate, Japan
FRACHT Münzen
BERGUNG zur Zeit des Untergangs geborgen

㊾ J2 SINGAPORE 20. Aug. 1867
SCHIFF britisch, P & O Line
LAGE 13 km (7 sm) vor Hakodate, Japan
BERGUNG Münzen nur teilweise geborgen

㊿ C8 NIPHON 23. Jan. 1868
SCHIFF britischer Dampfer, P & O Line
LAGE Riff von House Hill bei Xiamen, China
ROUTE Hongkong nach Schanghai, China
FRACHT Münzen

51 E6 BENARES 23. Mai 1868
SCHIFF britisch, P & O Line
LAGE Schanghai, China
ROUTE Schanghai, China, nach Hongkong
FRACHT Münzen
BERGUNG Münzen später von Tauchern geborgen

52 E6 HAMILLA MITCHELL 11. Aug. 1869
LAGE Leuconna-Felsen, 190 km (102,6 sm) SE von Schanghai, China
ROUTE London, England, nach Schanghai
FRACHT Schatz
BERGUNG Schatz im Wert von 17.000 US $ geborgen; 2 verschiedene Bergeoperationen fanden statt, bevor Berger aufgaben

53 J4 ONEIDA 24. Jan. 1870
SCHIFF Korvette der USA-Navy
LAGE vor Saratoga Spit, Bucht von Tokio, Japan, 8 km (4,3 sm) vom Strand
ROUTE Jokohama, Japan, nach Hongkong
FRACHT gerüchteweise Gold im Wert von 400.000 US $; kleine Menge Silber mit Sicherheit an Bord

54 D6 TONBRIDGE 1872
SCHIFF britisch
LAGE nahe Gutzlaff, China, etwa 30°48'N
FRACHT Schatz
BERGUNG von Tauchern der *HMS Cadmus* geborgen

55 I5 AMERICA 24. Aug. 1872
SCHIFF amerikanischer Raddampfer, Pacific Mail Line, 4.560 t
LAGE Hafen von Yokohama, Japan
ROUTE Kalifornien nach Yokohama, Japan
FRACHT Gold, 1,6 Mill. mexikanische Dollars
BERGUNG zur Zeit des Untergangs größtenteils geborgen

56 D8 GLENGYLE 30. Dez. 1875
SCHIFF britisch
LAGE Felsen in der Three-Chimneys-Passage vor China, etwa 25°10'N 119°58'E
ROUTE Schanghai nach Shantou, China
FRACHT Schatz
BERGUNG Pläne zur Bergung 3 Jahre nach Untergang, Ergebnis unbekannt

57 D8 TAIWAN 14. Feb. 1879
LAGE NW P'eng-Hu Lieh-Tao, Taiwan
FRACHT große Mengen Schatz
BERGUNG Wrack von chinesischem Bergeunternehmen gekauft

58 C9 YESSO 17. März 1879
LAGE vor Insel Lamock, China, 23°05'N 117°18'E
ROUTE Shantou nach Xiamen, China
FRACHT Schatz im Wert von 100.000 US $

59 D8 KWANGTUNG 5. Dez. 1884
SCHIFF britisch, Douglas Steamship Company
LAGE Min-Fluß bei Fuzhou, China
FRACHT Münzen

60 D8 BOKHARA 10. Okt. 1892
SCHIFF britisch, P & O Line, 2.944 t
LAGE P'eng-Hu Lieh-Tao, Taiwan
ROUTE Schanghai, China, nach Hongkong
FRACHT Münzen im Wert von 200.000 US $
BERGUNG Münzen im Wert von 90.000 US $ geborgen

61 G5 ADMIRAL NAKHIMOFF 28. Mai 1905
SCHIFF russischer Kreuzer, 8.524 t
LAGE vor Insel Tsushima, Japan
ROUTE im russisch-japanischen Krieg versenkt
FRACHT inkl. Gold und Platin; neuere Zeitungsberichte schätzen den Wert der Fracht auf 3,774 Mill. US $
BERGUNG viele Bergepläne; die jüngste Bergung in den 80er Jahren durch Nippon Marine Development Company; Ergebnisse wurden angezweifelt

62 E4 TOONAN 10. Juli 1933
SCHIFF China Merchants' Steam Navigation Company, 1.482 t
LAGE 36°52'30N 122°47'30E
ROUTE Yingkou nach Schanghai, China
FRACHT Feinsilberbarren im Wert von 1,5 Mill. US $
BERGUNG von Tokyo Salvage Company geborgen
Schiff kollidierte mit Chosun Maru

63 F5 TOYOURA MARU 6. Mai 1944
SCHIFF japanisch, Nippon Yusen Company, 2.510 t
LAGE 32°18'N 127°11'E
FRACHT Gold
Von amerikanischem U-Boot Spearfish versenkt

64 G5 SANSEI MARU 28. Juni 1944
SCHIFF japanisch, Yamashita Kisen Company, 2.386 t
LAGE 33°53'N 129°01'E
ROUTE Indonesien nach Japan
FRACHT wahrscheinlich große Mengen Münzgeld an Bord
BERGUNG enttäuschende Bergeergebnisse

65 D8 AWA MARU 1. April 1945
SCHIFF japanisch, Nippon Yusen Company, 11.249 t
LAGE 24°40'N 119°45'E
ROUTE Singapur nach Japan
FRACHT Gold und Schätze
BERGUNG von chinesischer Bergegesellschaft nur Zinn und Gummi geborgen
Gerüchteweise eines der reichsten Schatzschiffe der Welt

66 H4 HIKAWA MARU II 19. Aug. 1945
SCHIFF früher niederländisches Hospitalschiff *Op Ten Noort*, 6.076 t
LAGE Einfahrt zur Wakasa-Bucht, nördlich der Kammuri-Insel, Japan, 35°45'N 135°30'E
ROUTE nach Japan
FRACHT Gold, Schätze und Kriegsbeute
BERGUNG vermutlich von japanischer Bergegesellschaft in den 80er Jahren lokalisiert; Ergebnisse unbekannt

GLOSSAR

ACHTERER FRACHTRAUM Abteilungen unter dem unteren Achterdeck zum Verstauen von Fracht oder Proviant.

ADMIRAL Kommandeur einer Flotte oder von Teilen einer Flotte; kann sich (im Englischen) auch auf das Flaggschiff beziehen.

ARGOSY Großes Handelsschiff vor dem 18. Jh.

ASTROLABIUM Navigatorisches Hilfsmittel zum Messen der Position von Sternen oder Sonne.

AZOGUE Spanisches Schiff zum Transport von Quecksilber.

BACK Aufbau auf dem Vorschiff, früher Standort für Artillerie.

BARK Dreimastiges Segelschiff; Rahsegel an den beiden vorderen, Gaffelsegel am achteren Mast.

BEMANNTES UNTERWASSERFAHRZEUG Kleines bemanntes U-Boot, das bei Bergeunternehmungen auf unterschiedlichen Tiefen verwendet wird.

BERGANTINE Kleines Schiff mit Riemen und Segeln, im Mittelmeer zwischen dem 14. und dem 16. Jahrhundert verwendet.

BESANMAST Achterster, nicht voll getakelter Mast eines Segelschiffs.

BLOCKADEBRECHER Schiff, das im Krieg mit wichtigem Nachschub in blockierte Häfen einzudringen versucht.

BRIGANTINE Zweimastiges Schiff, Rahsegel am vorderen, Gaffelsegel am Großmast.

BRIGG Zweimastiges Schiff mit Rahsegeln.

BRUTTO-RAUMGEHALT Der gesamte Schiffsraum unterhalb des Decks; die Angabe erfolgt in BRT = Bruttoregistertonnen (1 RT = 100 Kubikfuß).

CAISSONKRANKHEIT Eine plötzliche Dekompression von Nitrogen im Blutstrom, die Tiefseetaucher beim Auftauchen befallen kann.

CRUZADO Portugiesische Gold- und Silbermünze (nach dem Kreuz auf der Rückseite).

DAMPFER Ein Schiff, das durch eine Dampfmaschine angetrieben wird.

DHAU Kleines Segelschiff mit Lateinsegeln, verbreitet im Indischen Ozean.

DSCHUNKE Fernöstliches Segelschiff mit flachem Boden, hohem Heck und rechteckigem Bug; besonders von den Chinesen verwendet.

DUBLONE Spanische Goldmünze.

DUKAT Gold- oder Silbermünze von unterschiedlichem Wert, in Europa verwendet.

FERNGESTEUERTES FAHRZEUG Unbemanntes, vom Schiff aus gesteuertes Fahrzeug, das besonders beim Erforschen eines Wracks eingesetzt wird (engl. ROV = Remote-Operated Vehicle).

FLORIN (1) Goldmünze des 13. Jahrhunderts, geprägt in Florenz (Fiorino). (2) Bezeichnung für den niederländischen Gulden vom 17. bis 19. Jahrhundert (Hfl = holländischer Florin).

FREGATTE Kleines Kriegsschiff, das oft für besondere od. unabh. Aufgaben eingesetzt wurde.

FREIBEUTER Person, die von einer Regierung mit einer Lizenz (Kaperbrief) ausgestattet ist, um feindliche Akte gegen Handelsschiffe einer befeindeten Nation auszuführen; auch das Schiff selbst.

FREIBORD Der Teil des Schiffsrumpfes zwischen Oberdeck und Wasserlinie.

GALEASSE Langes schmales Schiff mit Rudern und Segeln, besonders im 16. Jahrhundert im Mittelmeerraum.

GALEERE Gefechtsschiff, das gerudert und gesegelt werden konnte, vor allem im Mittelmeer verbreitet.

GALEONE Im 16. Jahrhundert aus der Karacke entstandenes großes Segelschiff, aber mit niedrigerer Back. Zunächst als Kriegsschiff benutzt (zum Schutz der spanischen Silberflotten), später auch als Handelsschiff.

GALERA Galeerenartiges spanisches Kriegsschiff.

GREIFER Mechanisches Gerät an Kran oder Bagger, auch zum Bergen schwerer Objekte benutzt.

HULK Großes breites Lastschiff der späten Hansezeit.

KARACKE Großes Handelsschiff mit hoher Back (Vorschiff), in Europa vom 15. bis zum 17. Jh. beliebt. Fock- und Großmast besaßen üblicherweise Rahsegel, der Besanmast ein Lateinsegel.

KARAVELLE Kleines leichtes Segelschiff, gebräuchlich in Spanien und Portugal zwischen dem 15. und dem 17. Jahrhundert.

KIELHOLEN Methode zum Reinigen oder Reparieren des Unterwasserschiffs, bei der das Schiff auf die Seite gelegt wird.

KLIPPER Sehr schnelles Segelschiff des 19. Jh.

KNORR Handelsschiff der norwegischen Wikinger, ähnlich dem Langschiff, aber eher zum Transport als zum Kriegführen verwendet; es hatte einen Mast mit Rahsegel (auch Knarr).

KOGGE Breites und hochbordiges Handelsschiff, das in Europa zwischen dem 13. und 15. Jahrhundert beliebt war.

KORSAR Bezeichnung, die besonders für Freibeuter und ihre Schiffe benutzt wurde, die im Mittelmeer operierten.

LANGBOOT Das größte Beiboot auf einem Segelschiff.

LANGSCHIFF (LANGSKIP) Durch Riemen und ein Rahsegel angetriebenes Wikingerschiff, leicht gebaut und sehr schnell.

LANGZEITTAUCHEN Eine Form des Tauchens, bei der der Taucher längere Zeit unter Überdruck bleibt (Sättigungstauchen); wird bei zeitempfindl. Bergunternehmungen verwendet.

LATEINSEGEL Bezeichnung für ein dreieckiges bis trapezförmiges Segel an schräggestellter Rah, seit früher Zeit allgemein im Mittelmeerraum verbreitet.

LINIENSCHIFFE Schiffe der Hauptschlachtlinie im 18. und 19. Jahrhundert. Die Bezeichnung bezieht sich auf die Strategie, die Schiffe in Linie (Bug an Heck) aufzureihen und dem Feind die Breitseite zuzukehren.

LORCHA Leichtes Segelschiff mit europäischem Rumpf (portugiesischer Einfluß) und chinesischem Dschunkensegel; in der fernöstlichen Küstenschiffahrt eingesetzt.

MAGNETOMETER Bergegerät zum Entdecken und Lokalisieren von Eisen an einer Wrackstelle.

MINENLEGER Schnelles Kriegsschiff, ausgerüstet zum Verlegen von Minen, besonders im Ersten Weltkrieg eingesetzt.

MÜNZE Hier verwendet für alle Arten von Münzgeld.

NO CURE, NO PAY (HONORAR NUR BEI ERFOLG) Auch heute noch weltweit übliche Formel bei der Bergung. Ist die Bergung erfolglos, erhält die Bergegesellschaft keine Bezahlung.

PAKETBOOT Schnelles Schiff, das im 19. Jahrhundert zum Transportieren von Post und Paketen verwendet wurde.

PIASTER Alte spanische Münze, die acht Reals oder einen spanischen Dollar wert war, im Englischen „Piece" oder „Real of eight".

PINASSE Kleines zweimastiges Schiff, oft eingesetzt, um Nachrichten zwischen den großen Schiffen einer Flotte zu überbringen.

PINK Kleines rahgetakeltes Schiff.

PIRAT Person oder Schiff, das auf See gesetzlos raubt und plündert.

PUNT Kleines flaches, oft floßähnliches Fahrzeug.

QUARTERDECK Teil des Oberdecks am Heck des Schiffes (Achterdeck).

RADDAMPFER Fahrzeug, das durch achtern oder seitlich angebrachte Schaufelräder vorwärtsbewegt wird, die von Dampfmaschinen angetrieben werden.

RAHSEGLER Ein Schiff, das mit Rahsegeln gerigt ist.

REEDE Wasserfläche unmittelbar außerhalb eines Haupthafens, auf der die Schiffe ankern können.

REGISTERSCHIFF Bezeichnung für spanische Galeonen, die Schätze aus Süd- oder Mittelamerika nach Spanien transportierten; auch allgemein für Schatzschiffe.

ROHGOLD ODER -SILBER Edelmetall, bevor es zu Münzen oder Barren geformt wird.

SAETTIA Kleines venezianisches Segelschiff mit Lateinsegeln.

SCHANZDECK (oder Schandeck) Planke, die die Oberkante der Schiffsseite bildet.

SCHEBECKE Kleines dreimastiges Segelschiff mit Lateinsegeln, ausschließlich im Mittelmeer vom 16. bis 19. Jahrhundert verwendet.

SCHNAU Europäisches zweimastiges Handelsschiff, zwischen dem 16. und 19. Jahrhundert verbreitet. Die Bezeichnung stammt vom niederländischen „snauw" (Grobian), das sich auf die Bugform bezog.

SCHONER Segelschiff, gewöhnlich mit zwei Masten mit Schratsegeln und Topp-Rahsegel am Vormast, entwickelt Anfang des 18. Jh.

SCHOTT Senkrechte Unterteilung des Schiffsrumpfs in einzelne (oft wasserdichte) Abschnitte.

SKIFF Schmales leichtes Ruderboot für einen oder (in England) auch zwei Ruderer.

SLUP Kleines einmastiges Segelboot mit nur einem Vor- und Großsegel.

SONARSCANNER Bergegerät, mit dem der Meeresboden mittels Schallwellen untersucht wird.

SPIERE Bezeichnung für Hölzer in der Takelage (Baum, Klüverbaum usw.).

SUPERKARGO Person, die im Auftrag der Besitzer eines Handelsschiffs auf einer Reise alle Gesichtspunkte des Handels überwacht.

TAEL Geldeinheit (keine Münze) in China; ursprünglich ein Silbergewicht.

TENDER Kleines Boot, mit dem ursprünglich Waren oder Passagiere im Hafen zu einem größeren Schiff gebracht wurden.

TONNE Alte Maßeinheit für die Transportfähigkeit eines Schiffs; gemessen wurde in Tonnen Wein, die das Schiff in seinem Laderaum transportieren konnte.

ZERSTÖRER Schnelles leichtes Kriegsschiff, entstanden Ende des 19. Jahrhunderts, hauptsächlich zum Schutz von Handelsschiffen vor feindlichen U-Booten eingesetzt.

BIBLIOGRAPHIE

Andrews, Kenneth R., *Trade Plunder & Settlement: Maritime Enterprise & the Genesis of the British Empire, 1480-1630*, Cambridge University Press, Cambridge, 1984

Ballard, Robert D., *The Discovery of the Titanic*, Hodder & Stoughton, London, 1987

Barker, Ralph, *Goodnight, Sorry for Sinking You, The Story of the SS City of Cairo*, Collins, London, 1984

Bass, George, *Ships and Shipwrecks of the Americas*, Thames & Hudson, London, 1988

Bastin, John, ed., *Memoir of Sir T.S. Raffles by Sophia*, Oxford University Press, London, 1991

Blair, E.H. & Robertson, J.A., ed., *The Philippine Islands, 1493-1898*, 55 Bde., A.H. Clark & Co., Cleveland, Ohio, 1903-1909

Bonsor, N.R.P., *North Atlantic Seaway*, Patrick Stephens Ltd., Cambridge, 1983
South Atlantic Seaway, T. Stephenson & Sons Ltd., Lancashire, 1955

Boxer, C.R., *The Affair of the Madre de Deus*, Kegan Paul & Co., London, 1929
Further Selections from the Tragic History of the Sea, Cambridge University Press, Cambridge, 1968
The Portuguese Seaborne Empire 1415-1825, Hutchinson & Co., London, 1969
The Tragic History of the Sea 1589-1622, Cambridge University Press, Cambridge, 1959

Braudel, Fernand, *The Mediterranean and the Mediterranean World in the Age of Philip II*, William Collins, London, 1972

Brogger, A.W. and Shetelig, H., *The Viking Ships*, Dreyers Forlag, Oslo, 1953

Bruin, J.R., ed., et alia, *Dutch Asiatic Shipping in the 17th & 18th Centuries*, 3 Bde., Den Haag, Martinus Nijhoff, 1987

Burney, James, *A Chronological History of Voyages*, 5 Bde., G. & N. Nicol, London, 1803

Campbell, John, *Lives of the Admirals*, 4 Bde., London, 1750

Care Evans, Angela, *The Sutton Hoo Ship Burial*, British Museum Publications, London, 1986

Cederlund, Carl, *The Old Wrecks of the Baltic Sea*, Oxford, 1983

Chaudhuri, K.N., *Trade and Civilisation in the Indian Ocean*, Cambridge University Press, Cambridge, 1985

Chaunu, H. & P., *Seville et l'Atlantique*, 8 Bde., Ecole pratique des hautes études, Paris 1955-56

Clowes, W.L., *The Royal Navy, A History from the Earliest Times to the Present*, 7 Bde., Sampson Low, London, 1897-1903

Cowden, James and Duffy, John, *The Elder Dempster Fleet History*, Mallet & Bell, 1986

Cruikshank, E.A., *Life of Sir Henry Morgan*, Macmillan, London, 1935

D'Alboquerque, Afonso, *The Commentaries*, 4 Bde., Cambridge University Press, Cambridge, 1880 (übers. aus der portugies. Ausgabe v. 1774)

De Latil, Pierre, and Rivoire, Jean, *Man and the Underwater World*, Jarrolds London, 1956

De Navarrette, M. Fernandez, *Coleccion de los viages y descubrimientos que bicieron por mar los espanoles desde fines del siglo XV*, 5 Bde., Imprenta Real, Madrid, 1825-1829

De la Roncière, C.B., *Histoire de la Marine Française*, Paris, 1932

Duffy, James, *Shipwreck and Empire*, Harvard University Press, Cambridge, Mass., 1955

Duncan, A., *The Mariner's Chronicle*, 6 Bde., London, 1810

Duro, C. Fernandez, *Armada Espanola desde la union de los reinos de Castilla y de Aragon*, 9 Bde., Museo Naval, Madrid, 1873

Earle, P., *Corsairs of Malta & Barbary*, Sidgwick & Jackson, London, 1970
The Wreck of the Almiranta, Sir William Phips and the Hispaniola Treasure, Macmillan, London, 1979

Edwards, Hugh, *Islands of Angry Ghosts*, Hodder & Stoughton, London, 1966

Esquemeling, J., *Bucaniers of America*, London, 1684

Eunson, Keith, *The Wreck of the General Grant*, Reed, Wellington, New Zealand, 1974

Fallon, Niall, *The Armada in Ireland*, Stanford Maritime, London, 1978

Fernandez, Armesto Felipe, *The Spanish Armada*, Oxford University Press, Oxford, 1988

Gibbs, James, Jnr., *Shipwrecks of the Pacific Coast*, Portland, Oregon, 1957

Gilly, W.O.S., *Narratives of Shipwrecks of the Royal Navy*, John Parker, London, 1851

Glamann, K., *Dutch Asiatic Trade 1620-1750*, Danish Science Press and Nartinus Niyoff, Kopenhagen & Den Haag, 1958

Gores, J.N., *Marine Salvage: The Unforgiving Business of No Cure, No Pay*, Doubleday, Garden City, New York, 1971

Gosse, Philip, *The History of Piracy*, Longmans, London, 1932

Gosset, W.P., *The Lost Ships of the Royal Navy 1793-1900*, Mansell Publishing Ltd., London, 1986

H.M.S.O. *British Vessels Lost at Sea 1939-1945*, London, 1947

Hakluyt, R., *The Principal Navigations Voyages Traffiques & Discoveries of the English Nation*, 12 Bde., Glasgow, 1903

Haring, C.H., *The Buccaneers in the West Indies in the Seventeenth century*, New York, 1910
Trade and Navigation between Spain and the Indies in the time of the Habsburgs, Cambridge, Mass., 1918

Hatcher, Michael, *The Nanking Cargo*, Hamish Hamilton, London, 1987

Henderson, G., *Unfinished Voyages*, Perth, 1980

Hocking, Charles, *Dictionary of Disasters at Sea During the Age of Steam, 1824-1962*, 2 Bde., Lloyds Register of Shipping, London, 1969

Hoffer, William, *Saved: The Story of the Andrea Doria*, Macmillan, London, 1980

Horner, D., *The Treasure Galleons*, Hale, London, 1973

Hourani, G.F., *Arab Seafaring in the Indian Ocean in Ancient and Early Medieval Times*, Princeton University Press, Princeton, New Jersey, 1951

Ingram, W.N., and Wheatley, P. Owen, *Shipwrecks, New Zealand Disasters*, 1795-1950, Reed, Wellington, New Zealand, 1951

James, W., *The Naval History of Great Britain*, 5 Bde., Richard Bentley, London, 1822-1824

Kirby, P.R., *The True Story of the Wreck of the Grosvenor*, Oxford University Press, 1960

Knox-Johnston, Robin, *The Cape of Good Hope*, Hodder & Stoughton, 1989

Lane, Frederic, *Venetian Ships and Shipbuilders of the Renaissance*, John Hopkins Press, Baltimore, 1934
Venice & History, John Hopkins Press, Baltimore, 1960

Larn, Richard, *Shipwrecks of Great Britain & Ireland*, David & Charles, Newton Abbott, 1981

Lloyd, Chris, *English Corsairs on the Barbary Coast*, Collins, London, 1981

Loney, J.K., *Victorian Shipwrecks*, Hawthorn Press, Melbourne, 1971

Lucie-Smith, E., *Outcasts of the Sea*, Paddington Press, London, 1978

Marcus, G. J., *The Conquest of the North Atlantic*, Boydell Press, Suffolk, 1980

Martin, Colin, and Parker, Geoffrey, *The Spanish Armada*, Hamish Hamilton, London, 1988

Marx, Robert, *Shipwrecks in the Americas*, Dover Books, New York, 1971

May, R., *The Gold Rushes*, Luscombe, London, 1977

McKee, Alex, *The Golden Wreck* (Royal Charter), Souvenir Press, London, 1961

McLeay, Alison, *The Tobermory Treasure*, Conway Maritime Press, London, 1986

Mills, J.V.G., ed., *The Overall Survey of the Ocean's Shores*, Cambridge University Press, Cambridge, 1980

Morga, Antonia de, *The Philippine Islands*, Cambridge University Press, Cambridge, 1868 (übers. aus der span. Ausgabe v. 1609)

Naverrete, Domingo, *The Travels and Controversies 1618-86*, 2 Bde., Cambridge University Press, Cambridge, 1962

Needham, Joseph, *Science & Civilisation in China*, Bd. 4, Teil 111, Cambridge University Press, Cambridge, 1971

Parry, J.H., *The Spanish Seaborne Empire*, Hutchinson, London, 1977

Penrose, Barrie, *Stalin's Gold*, (HMS Edinburgh), Granada Publishing Ltd., London, 1982

Pope, Dudley, *Harry Morgan's Way*, Secker & Warburg, London, 1977

Potter, John S., Jnr., *The Treasure Diver's Guide*, Doubleday, 1972

Rohwer, Jürgen, *Axis Submarine Successes 1939-1945*, Patrick Stephens Ltd., Cambridge, 1983 (übersetzt aus der deutschen Ausgabe)

Schaeper, Thomas J., *John Paul Jones and the Battle of Flamborough Head*, Peter Lang Publishing, New York, 1990

Schurz, W.L., *The Manila Galleon*, New York, 1939

Scott, David, *The Egypt's Gold*, Faber & Faber, London, 1932

Serjeant, R.B., *The Portuguese off the South Arabian Coast*, Oxford, 1963

Simkin, C.G.F., *The Traditional Trade of Asia*, Oxford University Press, London, 1968

Snow, E.R., *Pirates and Buccaneers*, Hankee Publishing Company, Boston, Mass., 1944

Stenuit, Robert, *Treasures of the Armada*, (Girona) E.P. Dutton & Co., New York, 1973

Sue, E., *Histoire de la Marine Française*, 5 Bde., Paris, 1835-1837

Tavernier, Bruno, *Great Maritime Routes*, Viking, New York, 1972

Tenenti, Alberto, *Piracy and the Decline of Venice*, Longmans, London, 1967

Throckmorton, P., ed., *History from the Sea: Shipwrecks and Archaeology*, London, 1987

Valentyn, François, *Oud en Nieuw Oost-Indien*, 5 Bde., Dordrecht, 1724-1726

Wright, I.A., ed., *Spanish Documents Concerning English Voyages to the Caribbean, 1527-1568*, Hakluyt Society, London, 1929

Wurtzburg, C.E., *Raffles of the Eastern Isles*, Hodder & Stoughton, London, 1954

ZEITSCHRIFTEN:
International Journal of Nautical Archaeology
National Geographic

DANKSAGUNGEN

Besonderen Dank an: Christian Ahlström für Informationen über die *Vrouw Maria*, Sverker Hallström für Informationen über das Vung-Tau-Wrack, George Bass für Informationen über das Serce-Limani-Wrack und Ralph Barker für Informationen über die *City of Cairo*.

Zusätzliche redaktionelle Hilfe:
Lorna Damms, Elise Bradbury, Roderick Craig, Debra Clapson, Francis Dunne

Zusätzliche Hilfe bei der Gestaltung:
Ursula Dawson, Robyn Tomlinson, Nathalie Godwin, Glenda Tyrell, Steve Painter, Steve Josland

DTP-Designer: Karen Ruane

Zusätzliche Hilfe bei der Bildrecherche: Fiona Watson

Index: Hilary Bird

Autor und Verlag möchten für die freundliche Erlaubnis zur Wiedergabe der Fotos danken:
Ancient Art and Architecture Collection: 56-57; John Bastin 91mu; Battye Library: 72-73o, 73mu; Bibliothèque Nationale de France: 32ro; Bodrum Museum: 16r, 17mu,
17mr; Tracy Bowden/Pedro Borell: 9om, 60r, 61mr, 61m, 61ur, Umschlag bl, mlo, Rückseite mr, ul; Bridgeman Art Library: 86ml, 88ur, 92or, 120-121; British Library: 45mru, 63ol, 76ul, 86-87; British Library Oriental and India Office Collection: 90ul, 91o; British Museum: 6u, 20u, 21or, 21mr, 34-35o, 59o, 89ml; Bill Buckhart: 57mr, 57or; Christies: 29r, 75ol, 75ul; David G. Crawford: 112-113u; E. T. Archive: 10/11, 31ol, 32mr, 53ur, 71ml; Mary Evans Picture Library: 36ur, 37ol, 44-45, 59ur, 61or, 67ur, 68r, 74-75m, 87mla, 102-103u, 104or; Florida Division of Historical Research: 52ur, 53ol, 56mr, 56ur, 56ur, 56mu, 68ur; Gemeentearchief Amsterdam: 103m; Giraudon: 84mr; Sverker Hallström: 28ul, 28mu, 28or; Michael Holford: 15ur; Hulton Deutsch Collection: 34um, 108-109u, 108-109o, 109or, 109ur; The Mansell Collection: 33m, 81mr; Maritime Heritage, Boston: 94-95o; Mull Museum: 49or; Museum von Athen: 13o, 15ol; Museum of the History of Science, Oxford: 40ur; Museum of the Order of St. John: 67mru; Museum de St. Malo: 63or; National Archives: 117o, 117u; National Geographic/ Edward H. Kim: 27m; National Maritime Museum: 2, 4m, 4ur, 7m, 38ul, 38-39u, 39mr, 41o, 41ml, 46mlu, 41mlo, 47mr, 48m, 48ur, 50-51m, 51ur, 58mu, 62ul, 65o, 65r, 67ol, 68mr, 76or, 77mr, 76-77u, 79mr, 79ur, 80-81u, 81ol, 82or, 83om, 83ul, 88-89, 89ul, 96-97, 101ol, 118-119u; National Museums of Merseyside: 98 mr; National Portrait Gallery,
Hamilton von J. Reynolds: 85ol, *Raffles* von George Francis Joseph: 91ur; Peter Newarks Western Americana: 92 ul, 94m; Christine Osbourne: 45mu; Otago Witness: 96mu, 97or; Douglas Quantrill: 115mr; Rijksmuseum, Amsterdam: 87ur; Rigsarkivet (Dänemark): 87ol; Royal Charter Salvage Operation/Peter Day/Jack Smart/Ken Jones: 3ur, 99mr, 99ur; The Royal Navy Submarine Museum: 116m; Scala: 33or; Science Museum: 66-67; Scottish Records Office: 102-103; Seahawk Deep Ocean Technology/Greg Stemm: 55or, 55ol, 55mr; Southland Museum: 96or; Sunday Times/Ian Yeomans: 112or, 113ol, 113m, 113ml; Ulster Museum Belfast: 3m, 50ul, 51m, 51or, 51mr; University of Glasgow: 114-115o; University of Wales Museum: 18ml; Louis Vuitton: 101ma; Wallace Collection: 31ul; Wells Fargo Historical Service: 94ur; Werner Forman Archives/H. M. de Young Memorial Museum, San Francisco: 42-43; Western Australian Maritime Museum: 72ul, 72ur; Worlds End Picture Library: 99ol.

Der Verlag hat versucht, alle Copyright-Inhaber ausfindig zu machen. Sollten dennoch Auslassungen vorhanden sein, entschuldigt sich der Verlag und bittet um Hinweise, damit er diese in zukünftigen Ausgaben hinzufügen kann.